rowohlt
BERLIN

Lorenz Jäger

Heidegger

Ein deutsches Leben

ROWOHLT · BERLIN

Originalausgabe
Veröffentlicht im Rowohlt · Berlin Verlag, Oktober 2021

Satz Maiola bei Pinkuin Satz und Datentechnik, Berlin
Innentypografie Daniel Sauthoff
Druck und Bindung CPI books GmbH, Leck, Germany
ISBN 978-3-7371-0036-6

Die Rowohlt Verlage haben sich zu einer nachhaltigen Buchproduktion verpflichtet. Gemeinsam mit unseren Partnern und Lieferanten setzen wir uns für eine klimaneutrale Buchproduktion ein, die den Erwerb von Klimazertifikaten zur Kompensation des CO_2-Ausstoßes einschließt.
www.klimaneutralerverlag.de

FSC www.fsc.org
MIX
Papier aus verantwortungsvollen Quellen
FSC® C083411

Meinem lieben Hans Imhoff

In einem Leben schien man Äonen zu durchreisen.

D. H. Lawrence, Liebende Frauen

Es gibt hier noch Weiteres zu sehen, dreh mich doch nach allen Seiten, durchlaufe mich dabei mit dem Blick, tritt näher heran, öffne mich, zerteile mich. Immer von neuem vollziehe Umblick und allseitige Wendung. So wirst du mich kennenlernen nach allem, was ich bin, all meinen oberflächlichen Eigenschaften, meinen inneren sinnlichen Eigenschaften usw.

Edmund Husserl, Analysen zur passiven Synthesis

Wer durch Schwaben reist, der sollte nie vergessen, auch ein wenig in den Schwarzwald hineinzuschauen; nicht der Bäume wegen, obgleich man nicht überall solch unermessliche Menge herrlich aufgeschossener Tannen findet, sondern wegen der Leute, die sich von den andern Menschen ringsumher merkwürdig unterscheiden.

Wilhelm Hauff, Das kalte Herz

INHALT

Er will immer die Zeit sagen. Das ist seine Aufgabe, sein Amt seit der Kindheit. Die Glocken müssen geläutet werden: «In der Frühe des Weihnachtsmorgens gegen halb vier Uhr kamen die Läuterbuben ins Mesmerhaus.»[1] Die Welt und die Zeit sind katholisch geordnet. Dann, eines Tages, die Ausrichtung auf den Segen des Kirchenläutens ist nur noch Erinnerung, will er die Zeit neu sagen: «Von der Größe des geschichtlichen Augenblicks, durch den jetzt das deutsche Volk hindurchgeht, weiß die akademische Jugend.»[2] Das Jahr ist leicht zu erraten.

Es gibt die Tageszeit, die Weltzeit, auch die Jahreszeit, und er muss alles noch einmal anders sagen und die Saison direkt ansprechen: «Lachender Frühherbst / Das Gartentor auf!»[3] Der lachende Frühherbst ist das Selbstbild des Mannes, der an einem 26. September geboren wurde, kurz nach der Tag-und-Nacht-Gleiche, deren sinnreiches Zeichen die Waage ist. Im Französischen bedeutet «le temps» die Zeit und ebenso das Wetter, in der Vorstellung des schlechthin Veränderlichen hängen sie zusammen: «Wenn in den Winternächten Schneestürme / an der Hütte zerren und eines Morgens die / Landschaft in ihr Verschneites gestillt ist ...»[4] Oder: «Wenn der Wind, rasch umsetzend, im / Gebälk der Hütte murrt und das Wetter / verdrießlich werden will ...»[5]

Dann schreibt er ein Buch, das er «Sein und Zeit» nennt. Und er hört nicht auf, er schreibt Abhandlungen, die er nie veröffentlichen wird, eine heißt «Vom Ereignis», eine andere «Der Anfang». Er wird sehr alt. Nun klingen seine Worte fast chinesisch-weise: «Das Mühelose – / Geschenk und Gipfel / ungesäumter Mühen / im Verglühen / eines Göttertages.»[6] Das Heilige ist wieder da, aber verwandelt. Und als es zum Tod nicht mehr weit ist, entsteht das schlichte, sachliche Gedicht «Zeit»: «Wie weit? / Erst wenn sie steht, die Uhr / im Pendelschlag des Hin und Her, / hörst Du: sie geht, sie ging und geht / nicht mehr. // Schon spät am Tag die Uhr, sie, blasse Spur zur Zeit, / die, nah der Endlichkeit, / erst ihr ent-steht.»[7] Wie das Wort «Zeit» einen Bedeutungsspielraum hat, so auch das Wort «sagen». Von solchen Spielräumen handelt dieses Buch.

1. KAPITEL

Die Glocken von Meßkirch

Der Glockenklang verspricht denen einen Segen, die ihm irgendwie antworten. Er versammelt die Gläubigen. Er spricht zur Seele. Er sagt die Stunden. Und vor allem: Er klingt! Damit erreicht er nicht nur die Ratio, sondern bringt, als auf eigentümliche Töne gestimmter Klang, in eine Stimmung. Und nur als Ensemble dieser Momente gliedert der Glockenklang auch die Zeit. In den Prozess wurde schon der junge Martin Heidegger als ein mit gewisser Verantwortung Handelnder eingebunden. Das Läuten der Glocken von Sankt Martin wird ihm und seinem Bruder Fritz vom Vater, dem Mesmer, übertragen.

Um die Bedeutung der Glocken richtig erfassen zu können, muss man andere Glocken kennen. Der Berliner Dichter Jakob van Hoddis, zwei Jahre älter als Heidegger, versank vor rund hundert Jahren in geistiger Umnachtung. Bei ihm lesen wir in einem Gedicht aus dem Jahr 1914 (aber noch vor dem großen Krieg) die Vision einer nicht nur gottlosen, sondern auch ihrer Melodie beraubten Welt: «Verdrossen klopfen die Glocken am verwitterten Dom. / Viele Weiber siehst du und Mädchen zur Arbeit gehn. / Im bleichen Licht. Wild von der Nacht. Ihre Röcke wehn. / Glieder zur Liebe geschaffen. / Hin zur Maschine und mürrischem Mühn.» Das ist die völlige Entzauberung: Die Welt singt nicht mehr, die Glocken selbst scheinen in die maschinistische, kapitalistische, sexualisierte großstädtische Moderne einbezogen zu sein, indem sie nur noch tonlos-depressiv als bloßes Geräusch *klopfen.*

An seine spätere Frau Elfride schrieb Heidegger im Dezember 1915, kurz nach dem Kennenlernen, von seiner Jugendzeit: wie er die «wundervolle Poesie eines Küstersohnes auskostete, stundenlang auf dem Kirchturm lag und den Mauerschwalben nachschaute u. über die dunklen Tannenwälder wegträumte, der auf dem Dachboden der Kirche in alten verstaubten Büchern gramte u. sich als König fühlte bei den vielen Büchern, die er nicht verstand, deren jedes er aber kannte u. ehrfürchtig liebte. Und wenn der Bub, der von seinem Vater den Schlüssel zum Turm bekam u. verfügen konnte, wer von den andern Jungen mit hinauf darf.»[1] Hier spielt das Kirchliche gerade keine Rolle, denn Heidegger hatte sich damals vom Katholischen zu entfernen begonnen und Elfride war Protestantin. Eher sind es Visionen der Weite und Größe und die Versprechen des Lesens: eine Poesie. Er fühlte sich schon als König zwischen den Büchern. Und es wurde ja wahr! Hannah Arendt fand kein anderes Wort, als sie Heideggers frühen Ruhm um 1920 schilderte, der sich allein auf Vorlesungsmitschriften gründete: «Da war kaum mehr als ein Name, aber der Name reiste durch ganz Deutschland wie das Gerücht von einem heimlichen König.»[2]

Heideggers Glockendienst war in den Rhythmus des geistlichen Jahres eingebunden. «Vom Geheimnis des Glockenturms» heißt eine kaum drei Seiten füllende Schrift, 1954 verfasst. Alles ist in eine zauberhafte Atmosphäre getaucht, eine Stimmung der Freude wird heraufgerufen. Heidegger beginnt seine Schilderung mit der frühesten Frühe des Weihnachtsmorgens. Die anderen Läuterbuben treffen gegen halb vier im Haus des Mesmers ein. Die Mutter hat den Tisch gedeckt, es gibt Kuchen und Milchkaffee. «Er stand neben dem Christbaum, dessen Duft von Tannen und Lichtern noch vom Hl. Abend her in der warmen Stube lag.»[3] Woher kommt der Zauber dieser Stunde? Vom «Wundersamen des Hauses, des ungewöhnlichen Augenblicks», der «Erwartung des Läutens und des Festtages selbst».[4] Jede Zeit klingt anders, es gibt große und kleine Glocken. «Sobald die vier Stundenschläge der Weihnachtsfrühe verklungen waren, setzte die kleinste Glocke ein – ‹das Dreie›, womit täglich nachmittags um drei Uhr geläutet werden musste. (…) Das ‹Dreie› war zugleich die Sterbeglocke, mit der ‹das Zeichen› geläutet wurde. Das ‹Zeichenläuten› besorgte stets der Mesmervater selbst.»[5] Auf die «Dreie» folgt der «dunkel-süße Klang des ‹Alve›»[6], dann das Geläut zur Kinder- und Christenlehre, andere schließen sich stündlich an, sieben sind es insgesamt, zuletzt schlägt «die Große»: «Mit ihrem vollen schweren weit hinaustragenden Klang hörte das morgendliche Einläuten der hohen Festtage auf.»[7] Zu den sieben tritt das zarte «silberne Messglöckle», mit dem der Mesmer den Knaben «während der hl. Wandlung das ‹Zeichen› zum Ein- und Aussetzen des Geläuts» gibt. In der Zeit von Gründonnerstag bis zum Karsamstag tritt das Klingen dem traurigen Anlass gemäß zurück und das «Rätschen» an seine Stelle: «Eine durch eine gedrehte Kurbel in Bewegung gesetzte Reihe von Holzhämmern schlugen auf hartes Holz und gaben ein Geräusch, das den herben Tagen der Karwoche angemessen war.»[8]

So sind die Zeiten nicht nur Abfolgen des Immergleichen, sondern in ihrem Charakter, in ihrer Stimmung unterschieden. Die kirchlichen Feste mit ihren Vorbereitungszeiten weben sich in den Gang der Jahres- und Tagzeiten, und so ist die Zeit nicht bloß eine horizontale Linie, sondern stuft sich in Sinnschichten, sodass, wie Heidegger sagt, «immerfort *ein* Läuten durch die jungen Herzen, Träume, Gebete und Spiele ging». Es wird fortgehen «bis zum letzten Geläut ins Gebirg des Seyns».[9] Das ist Heideggers Chiffre für den Tod, damit schließt der kurze Text, und wir sind den Weg vom frühen Katholizismus bis zu seinem späten Denken des «Seyns» gegangen.

1949 erinnerte sich Heidegger in dem ebenfalls kurzen Text «Der Feldweg» etwas anders an seine Jugend und die Glocken: «Hinter dem Schloss ragt der Turm der St. Martinskirche. Langsam, fast zögernd verhallen elf Stundenschläge in der Nacht. Die alte Glocke, an deren Seilen oft Bubenhände sich heißrieben, zittert unter den

Schlägen des Stundenhammers, dessen drolliges Gesicht keiner vergisst. Die Stille wird mit seinem letzten Schlag noch stiller. Sie reicht bis zu jenen, die durch zwei Welt-Kriege vor der Zeit geopfert sind.» Heidegger kann die Zeit nicht ohne die Geschichte denken. Glocken sind keine Uhren, oder erst in zweiter Linie: Sie melden eine Zeit, die die Menschen – die «Sterblichen», wie Heidegger später sagen wird – in ein Verhältnis zum Göttlichen setzt. Der mit ihrem Dienst beauftragt ist, erfährt ihn als Geheimnis und Wunder.

In Meßkirch, zwischen Donau und Bodensee gelegen, kam Heidegger 1889 als das erste von drei Geschwistern zur Welt. 1891 folgte seine Schwester Maria, 1894 sein Bruder Fritz. Heideggers Jahrgangsgenossen sind Hitler, Ludwig Wittgenstein, der christliche Existentialist Gabriel Marcel und der Geschichtsphilosoph Arnold Toynbee. Nietzsche versinkt 1889 im Wahnsinn. Der Eiffelturm wird fertiggestellt, ein gebautes Manifest für die moderne Ablösung von Holz und Stein durch das Eisen.

In einem philosophischen Dialog über Hölderlin mit dem Titel «Das abendländische Gespräch», den Heidegger 1946/48 verfasste, beginnt der jüngere der beiden Gesprächspartner mit der Anrufung des Ister, der Donau also, mit ihrem griechisch-antiken Namen: «Als schwinge das Wort im glänzenden Tal über dem zögernden Strom zwischen den wartenden Wäldern, am Abend eines Tages im sich neigenden Sommer, so ereignishaft ist das Sagen Hölderlins, das mir jetzt in der Ister-Hymne immer bleibender zuklingt.»[10] Der ältere antwortet: «Vielleicht schenkt dies die Nähe des einfachen Stammhauses deiner Väter, das dort inmitten der stillen Wiesen am Waldrand unter den Felsen in der Nachbarschaft des Stromes steht.» Dem Herausgeber Curt Ochwald verdanken wir die Erläuterung: Gemeint ist der Schäferhof in der Gemeinde Beuron, den die Fürsten zu Fürstenberg «mit zugehörigem ‹Schafhaus› (Schafstall) 1654 erbauen ließen. 1760 heiratete ein Fidelis Heidegger in den Schäferhof ein;

Die beiden Brüder in Meßkirch: Martin Heidegger mit Schiebermütze, ganz rechts der jüngere Fritz.

1925 verkaufte Thomas Heidegger als letzter aus der dort ansässigen Familie, der auch die Meßkircher Heidegger entstammen.» Heidegger «zeigte oder nannte den in einer Biegung der Donau gelegenen Hof Freunden gern als einen Ort seiner Herkunft».[11]

Die Bestimmung des Menschen als «Hirt des Seins», wie sie Heidegger in den späten vierziger Jahren formulierte, leuchtet dem Nachkommen von Schäfern ein. Und allein die Tatsache, dass hier, mit dem bloßen Wort «Ister», nicht lateinische, sondern griechische Antike in Deutschland noch zu erahnen war, mag den Knaben geprägt haben. Zum nahegelegenen Benediktinerkloster Beuron hatte Heidegger seit der Kindheit eine enge Beziehung, den Wallfahrtsweg dorthin ging er oft mit seiner Mutter, später kehrte er gern an diesen Ort zurück.

Sein Vater war der Küfermeister und Mesmer Friedrich Heidegger. Ein Küfer stellt Holzgefäße her. Durch das Material seiner Tätigkeit steht er in einer besonderen Beziehung zum Boden; «Bodenständigkeit» ist ihm keine wesensfremde, erst literarisch vermittelte Ideologie, vielmehr ergibt sie sich aus seinem Gewerbe. Darüber, dass der Vater «ein großer Schweiger» war, wie Fritz Heidegger berichtet,[12] wird noch zu sprechen sein. Und doch trug dieser Vater zwischen 1904 und 1911 mehrmals bei öffentlichen Anlässen auswendig Schillers «Lied von der Glocke» vor – ein Gedicht, das die Verbindung des Glockendienstes zur Welt der Kultur stiften konnte. In einem Lebenslauf, 1934 verfasst, als man ins Zeitalter der Genealogie eingetreten war, schreibt Heidegger, er entstamme einem «alemannisch-schwäbischen Bauerngeschlecht, das mütterlicherseits (Kempf), auf demselben Hof ansässig, lückenlos bis 1510 feststeht.»[13]

Über Jahrhunderte auf beiden Seiten der Familie nur die minimalste räumliche Mobilität. Und doch kann man nicht sagen, diese Welt sei schlechthin bildungsfremd gewesen. Die ältere Schwester von Heideggers Mutter, seine Tante Gertrud, heiratete einen Lehrer und bewohnte mit ihm das Dorfschulhaus in Göggingen. «Das war

Die Eltern Friedrich und Johanna Heidegger, geborene Kempf.

nicht nur ein Gebäude, darin der Unterricht für die Dorfkinder abgehalten wurde, es war das, was ein rechtes Dorfschulhaus sein soll: das wirksame Vorbild einer einfachen Lebensführung und des geordneten Hauswesens für das ganze Dorf.»[14] Das Haus ist für den Knaben ein erster Ort der Schrift: man hörte «in der Stube den bedächtigen und sanften Federzug des Gänsekiels über die Blätter gehen».[15]

Und zugleich blühte diese Welt, Kultur gab es also, nur war sie nicht primär intellektueller Art. Schon das Wort «Kultur» verweist in seinem lateinischen Ursprung «colere» auf die Tätigkeiten des Urbarmachens, Bebauens und Pflegens. Die beiden Schwestern, Johanna – die in Meßkirch den Blumenschmuck der Kirche verantwortete, sie galt als «Künstlerin im Zieren der Altäre vor den kirchlichen Hochfesten»[16] – und Gertrud, müssen ein besonderes

Verhältnis zum Blühenden gehabt haben, denn auch vom Schulhaus heißt es, alle seine Fenster seien «mit leuchtenden Blumen» geschmückt gewesen. Dem Knaben schien es merkwürdig, dass er «vor lauter Blumen nicht zum Fenster hinaussehen konnte, sondern gerade nur den Himmel sah, der über dem Dorfe lag».[17] Unvergesslich sind ihm die «leuchtenden Blumenbeete des Gartens».[18] Durch die Besuche bei der Tante erfuhr er «jenes Land, durch dessen Felder die Vorfahren den Pflug geführt und im sicheren Wechsel der Jahreszeiten die einfache Ordnung ihres bäuerlichen Lebens verwirklichten».[19]

Heidegger besuchte die Volks- und Bürgerschule in Meßkirch, und er erhielt Privatunterricht in Latein. 1903 trat er in die Untertertia des Gymnasiums in Konstanz ein, wo er im Erzbischöflichen Knabenkonvikt lebte.[20] Später rühmte er den Bodensee und seinen Zauber, «die Einmaligkeit seiner Ufer und ihren Frieden».[21] Vom Sommer 1908 bis zum Sommer 1909 ging er auf das Berthold-Gymnasium in Freiburg, auch dort lebte er im Knabenkonvikt. Er entdeckte die Mathematik, in der letzten Klasse vor dem Abitur eröffnete sich ihm Platon.

Meßkirch ist in Heideggers Kindheit und Jugend der Schauplatz eines Glaubenskampfes. Die Moderne hält in der Gestalt des religiösen Konflikts Einzug. 1870 war beim Vatikanischen Konzil die Unfehlbarkeit des Papstes in Glaubensangelegenheiten verkündet worden. Wer diese neuen Dogmen ablehnte, wurde exkommuniziert. So kam eine schismatische Achse zustande, mehr oder weniger entlang dem Rhein, von der Schweiz über den Westen Deutschlands bis nach Holland. Meßkirch gehörte zu den Gemeinden, in denen die Altkatholiken, wie sie sich selbst nannten, in der Mehrheit waren. Sie sahen sich als «katholische Reformbewegung».[22] Altkatholisch, nämlich kirchenreformerisch eingestellt, waren die örtlichen Modernisierungseliten mit der ihnen eigenen Arroganz. Der Freiburger Erzbischof Conrad Gröber hat die Stimmung festgehalten: «Wir wissen es aus der eigenen bitteren Erfahrung, wieviel Jugendglück in jenen rauhen Jahren zerstört wurde, wo die reicheren altkatholischen Kinder die ärmeren katholischen Kinder abstießen, (...) sie durchprügelten und in Brunnentröge tauchten, um sie wiederzutaufen. Wir wissen leider auch aus der eigenen Erfahrung, wie selbst die altkatholischen Lehrer die Schafe von den Böcken schieden, die katholischen Schüler mit dem Kosenamen ‹schwarze Siechen› belegten und es handgreiflich fühlen ließen, dass man nicht ungestraft auf römischen Pfaden wandeln dürfe. Sie waren ja alle bis auf einen abgefallen und mussten sich den Altkatholiken anschließen, wenn sie in Meßkirch eine definitive Stelle erhalten wollten.»[23]

Die Familie Heidegger bleibt Rom treu. Durch Gröber erhielt der junge Martin ein Stipendium für das Konstanzer Gymnasium, wie sein Bildungsweg insgesamt von kirchlicher Förderung bestimmt war. Heftige publizistische Kämpfe zwischen dem katholischen Zentrum und den Liberalen, die als «Meßkircher Zeitungskrieg» bekannt wurden, politisieren 1911 den jungen Heidegger, der unter dem Kürzel «gg» als Verteidiger der Katholiken auftrat.[24] Es geht um Wissenschaft und Wahrheit. Die Liberalen machten geltend, die Katholiken seien durch das Dogma zur freien Wissenschaft nicht fähig. Heidegger stellte dagegen das Amt der Kirche, die «göttliche ewige Wahrheit» zu hüten.

Die Heideggers sterben oft im Mai: der Vater an einem 1., die Mutter an einem 3., Martin an einem 26. und an einem 8. die Schwester.

2. KAPITEL

Wahrheit, Glaube und Philosophie

Im Spätsommer 1909 trat Heidegger in das Noviziat des Jesuitenordens in Tisis ein, das im österreichischen Vorarlberg rund hundertvierzig Kilometer von Meßkirch entfernt liegt. Ein Noviziat dient der Prüfung, ob ein junger Mann, der einem Orden angehören will, tatsächlich zu einem Leben in Armut, Ehelosigkeit und Gehorsam bereit ist. Schon nach zwei Wochen wurde Heidegger wegen «gesundheitlicher Probleme» entlassen.[1] Im Wintersemester 1909 kam er an die Universität Freiburg, zunächst als Student der katholischen Theologie, auch hörte er die «damals vorgeschriebenen philosophischen Vorlesungen».[2] Im Wintersemester 1911/12 schrieb er sich in der naturwissenschaftlich-mathematischen Fakultät ein, gleichzeitig konnte er nun, wie er in einem Lebenslauf von 1915 sagt, «philosophische Vorlesungen in ausgedehnterem Maße besuchen».[3] In diesem Studiengang erscheint der Sinn für das Heilige als Grundlage und das philosophische Forschen als das weitertreibende Motiv. Heidegger nennt seine Studentenzeit die «erregenden Jahre zwischen 1910 und 1914».[4] Der Bruch in seinem Bildungsleben ist erkennbar und muss erklärt werden.

Betrachten wir die akademische Welt um 1910 soziologisch unter dem Gesichtspunkt der Konfessionen, dann ergibt sich ein aufschlussreiches Bild. Unter den Studenten der katholischen Theologie sind vergleichsweise wenige, deren Eltern schon Akademiker waren, dafür mehr aus der unteren Mittelklasse oder direkt ärmeren Schichten. Allein dies marginalisierte die katholische Gruppe bereits deutlich gegenüber der protestantischen. Konrad Jarausch hat feststellen können, dass rund ein Fünftel der Studenten der katholischen Theologie aus bäuerlichem Milieu stammte, ein weiteres Fünftel aus Handwerkerfamilien. Weniger als ein Zehntel der Eltern dieser Gruppe gehörten der Elite an.[5] 36 Prozent der preußischen Protestanten an den Universitäten kamen aus akademischen Familien gegenüber 3,8 Prozent unter den katholischen Theologiestudenten. Diese waren zudem die am wenigsten mobile Gruppe in einem räumlichen Sinn; nur wenige waren zwischen der Geburt und der Immatrikulation einmal umgezogen, und sie bildeten die am stärksten ländlich geprägte Gruppe.

Dies vorausgesetzt, lässt sich verstehen, dass gerade dieser Gruppe die eigene Verbundenheit mit dem «Volk» besonders einleuchtete. Ihre Loyalitäten waren ganz andere als die der Studenten aus gehobenen bürgerlichen Schichten. Aus dieser marginalisierten Stellung innerhalb der deutschen akademischen Welt bezogen sie einen besonderen Stolz, der sich aus einer Resistenz gegenüber dem Fortschritt fast naturwüchsig ergab. Wenn es bei Karl Marx und Friedrich Engels in triumphierendem Ton heißt: «Die Bourgeoisie hat das Land der Herrschaft der Stadt unterworfen. Sie hat enorme Städte geschaffen, sie hat die Zahl der städtischen Bevölkerung gegenüber der ländlichen in hohem Grade vermehrt und so einen bedeutenden Teil der Bevölkerung dem Idiotismus des Landlebens entrissen»,[6] dann musste das als Provokation verstanden werden, und die des Idiotismus Geziehenen mussten sich überlegen, wie sie sich behaupten sollten. Eine solche Gruppe hatte sich, wollte sie nicht aufgerieben werden, im kulturellen Feld schärfer zu profilieren.

Nehmen wir noch hinzu, was Fritz K. Ringer über die Hintergrundgewissheiten der Universitäten um 1900 behauptet hat – «die idealistische Philosophie selbst ähnelte einem unvollständig säkularisierten Protestantismus»[7] –, dann haben wir einen ersten Eindruck von der akademischen Umwelt, in der sich der junge Heidegger zu bewähren hatte. Denn die meisten der Marginalitätskriterien trafen auf ihn zu: katholisch, Herkunft aus einem Handwerkerhaushalt, lange bäuerliche Vorfahrenreihe von der Seite der Mutter her, ohne akademischen Hintergrund in der Familie, die räumliche Mobilität beschränkt auf den Weg von Meßkirch nach Konstanz (gut fünfzig Kilometer) und Freiburg (rund hundertvierzig Kilometer). Und das Allererste, was sich von seinem Habitus sagen lässt, ist: Er nahm diese Ausgangslage an, er dachte und schrieb aus ihr heraus, er versuchte nicht, sich etwa ein urbanes, kosmopolitsches, modernes, großbürgerliches Kostüm überzuwerfen, wie es für den in Berlin in das wohlhabende Bürgertum hineingeborenen Soziologen Georg Simmel oder den Philosophen Walter Benjamin eben gerade kein Kostüm, sondern die natürlichste, schon von der Herkunft nahegelegte Rolle war.

Und eben diese bewusst angenommene Provinzialität prägt seinen Stil, wenn er von einer lokalen Begebenheit zu berichten hat: «Der naturhafte, frischgesunde, zuweilen grobkörnige Akzent gibt diesem Ereignis sein spezifisches Gepräge.»[8] So beginnt Heideggers vermutlich erste Veröffentlichung, sie handelt von der Enthüllung eines Denkmals für Abraham a Sancta Clara in Kreenheinstetten am 15. August 1910. Der berühmte Wiener Hof- und Volksprediger war dort unweit von Meßkirch geboren worden. Alles in dem Artikel der Münchner katholischen Wochenzeitung «Allgemeine Rundschau» hatte einen polemischen Sinn und diente der stolzen Bescheidenheit einer provinziellen Lebenswelt, in der schon die Natur nichts besonders Prunkendes vorweisen kann. «Das anspruchslose Dorf *Kreenheinstetten* mit seinen zähen, selbstbewussten, eigenbrödlerischen Bewohnern liegt verschlafen in einer niedrigen Talmulde. Selbst der Kirchturm ist ein Sonderling.»[9] Ein paar Sätze später hören wir noch einmal von dieser eigentümlichen Resistenz: «Der Festzug ohne Pomp, doch selbstbewusst, ganz nach Heubergerart, hat sich durch die krummen, feiertäglich gescheuerten Straßen hindurch beim Denkmal an der Südseite der Dorfkirche mit den vielen Fremden zusammengefunden.»[10] Außer diesem berechtigten Selbstbewusstsein gibt es kaum etwas, womit man sich äußerlich hervortun könnte: «Nicht wie seine Brüder» schaue der Kirchturm frei ins Land, «er muss sich bei seiner Schwerfälligkeit zwischen den schwarzroten Dächern vergraben. Die fast gestaltlose Gegend, die nebelumflorten, dunklen Tannenwälder, der da und dort blitzartig hervorleuchtende, grelle Kalkstein schaffen ein seltsames Stimmungsbild.»[11]

Unangepasst, traditional, zäh, nicht unbedingt kommunikationsfreudig, fast trotzig gegen die üblichen ästhetischen Erwartungen gestellt – so schildert Heidegger die Leute in einem Land, das ihrem Charakter entspricht. Denn es geht um ein Ereignis in einer Gegend, Geschichte wird dargestellt, gelebt, wird festlich gegenwärtig gemacht. Und man kann es nicht ernst genug nehmen, dass in dieser ersten Publikation ein *Ereignis* der Stoff ist, wenn man bedenkt, dass Jahrzehnte später «Ereignis» zum Grundwort von Heideggers Denken wurde. Entworfen wird ein Zeit-Raum. Die Verbindung von Kreenheinstetten mit Wien, die sich durch Abraham a Sancta Clara ergibt, wird aufgenommen, die Städte «reichen sich heute die Hände», wie ein Festredner sagt. Der Prediger sei für die bedrängte Stadt ein «Mann der Vorsehung» gewesen, «wie in der folgenden Zeit ein Clemens Maria Hofbauer und der unvergessliche Lueger».[12] Wien war die erste Großstadt, in der von 1897 bis 1910 in Gestalt von Karl Lueger ein antisemitischer Bürgermeister amtierte; Hitler konnte sich manches von ihm abschauen. Nur hatte Lueger als christlichsozialer Politiker noch den Segen des Vatikans.

«Urkatholische Kraft, Glaubenstreue und Gottesliebe» erkennt Heidegger in der Festrede des Pfarrers von Eigeltingen. Das Denkmal selbst wird gerühmt, der «geniale Kopf», der tiefen Geist, wetterharte Energie und pulsierenden Tatendrang erraten lasse.[13] Besondere Aufmerksamkeit widmet Heidegger der Sprache: Abrahams «schalkhafter Humor, sein sprühender Witz, seine oft beißende Ironie» seien in eine «kurze, prägnante, fügsame und biegsame Sprache gefasst», dabei aber von «theologisch-wissenschaftlicher Durchbildung und Belesenheit» geprägt, der Prediger sei ein «oratorisches Genie» gewesen.[14] Gegenwartsschelte kommt bei Heidegger nie zu kurz, und so auch hier, wenn er die «grundstürzende Neuerungswut» tadelt und das «tolle Hinwegspringen über den tieferen Gehalt des Lebens und der Kunst», kurz den «modernen Lebenssinn».[15] Sehen wir nicht schon den ganzen Heidegger vor uns: Geschichtlichkeit, Sprache, Kunst, Heimat, Ereignis, Göttliches, Modernekritik? Nur wird hier alles erblickt in der Antizipation, in der Verpuppungsform der Einzelheit.

Modernismuskritik war in den Jahren um 1910 ein dramatisches Anliegen der katholischen Kirche, die sich – vielleicht zum letzten Mal mit solcher Entschlossenheit – gegen die dominierenden Tendenzen der Zeit aufbäumte. Am 1. September 1910 trat der «Antimodernisteneid» in Kraft, den man den Geistlichen abverlangte. Papst Pius X. hatte schon 1907 die Enzyklika «Pascendi Dominici gregis» veröffentlichen lassen, in der die Lehren der Modernisten verurteilt wurden. Und in diesen Zusammenhang stellen sich die ersten Veröffentlichungen Heideggers in der Zeitschrift «Der Akademiker. Monatsschrift des Katholischen Akademiker-Verbandes». Diese war klar papsttreu und antimodernistisch. Da die deutschen Universitäten, wie wir gesehen haben, protestantisch geprägt waren, brauchte man auf katholischer Seite ein so entschiedenes Organ.

Von «M. Heidegger, stud. theol.» erschien dort im März 1910 die Besprechung von Johannes Jörgensens «Lebenslüge und Lebenswahrheit» unter dem Titel «Per mortem ad vitam», durch den Tod zum Leben. Erzählt wird in dem Buch die Bekehrung eines Atheisten zum Glauben, das religiöse Leben wird an seinem dramatischsten Punkt ergriffen. Heidegger rühmt an dem Werk das «mächtige Sichlosringen von einer verkehrten lügenhaften Philosophie, das rastlose Suchen und Aufbauen», ja, den letzten Schritt zum Gipfel der Wahrheit.[16] Wahrheit ist der Kern, in ihrem Namen wird die Kritik geführt. Aber zugleich liegt der Akzent auf der Wahrheits*suche.* Wir ahnen, dass es sich um einen Prozess handeln wird. «Die Wahrheit muss naturaliter zum Glücke, die Lüge zum Untergang führen. (...) Geh aus der Wahrheit heraus, sie wird dich für deine Übertretung strafen.»[17] Der Freidenker aber «*will* nicht glauben, er *will* die Wahrheit niedertreten, er *will* seine Launen und Leidenschaften».[18] Und die freien Persönlichkeiten, was werde denn aus ihnen? «Sieh jene Reihe von Zeugen, wie sie abseits gegangen und sich den Revolver vor die Stirn gehalten. Also hatten sie alle die Wahrheit nicht.»[19] Nietzsche dagegen wird damals von Heidegger noch in eine Reihe gestellt mit den bloß «Interessanten», mit Oscar Wilde, Verlaine, Maxim Gorki. Jens Peter Jacobsen, «der zu schwach zum Leben und nicht krank zum Tode sich durch sein elendes Dasein schleppte», wird zum «Musterdekadenten» erklärt.[20] Von Georg Brandes sei er hergekommen, dem «Heine Dänemarks»[21], dessen Parolen zum «Schlachtruf des modernen dänischen Literaten» geworden seien.[22] Jörgensen aber, der Bekehrte, ist für Heidegger ein «moderner Augustinus».[23] Das Christliche erscheint hier weniger in seiner Breite als in seiner Höhe. Um Wahrheit dreht sich alles, eine «lügenhafte Philosophie» muss überwunden werden. Und alles wird aufgefasst als etwas Dynamisches, niemals als ein Zustand.

In einer andern Besprechung aus dem Jahr 1910 lobt Heidegger anfangs den Menschen, der «den Fuß nie auf Irrwege setzte», und schließt doch mit der rätselhaften, sündenstolzen und für sein Leben am Ende bestimmend gewordenen Formel: «Doch ‹grandes passus extra viam›.»[24] Große Fahrten gehen vom Wege ab, gemeint ist: vom rechten, üblichen, vorgeschriebenen, man muss etwas riskieren. Alles konnte damit zugestanden werden, jede Übertretung, nur jeweils das Einzelne nicht, um das es gerade ging. Eigentümlich früh wird Heideggers Lebensentwurf deutlich. In den Jugendschriften hat er noch das Wort «Lüge», das später verschwindet. Nun gibt es keine Lüge mehr. Es gibt Unwahrheit, sicher, aber sie firmiert unter dem Titel «Irre». Irre ist in dieser Lesart ebenso eine Versuchung wie ein Ausweis der Größe. In die «Irre» und in den «Irrtum» war er im Nationalsozialismus gegangen, mehr ins Detail zu gehen war seine Sache nicht. Alles Verhalten wird in so ragende Höhen und große Dimensionen gebracht, dass es im Alltag nicht mehr fassbar wird, nicht angesprochen werden kann. Größe bedeutet großes Irren: Das wird die Formel, unter der Heidegger sein Leben verstehen wird. Mit zwanzig Jahren hat er sie gefunden.

Gemieden wird im Lektürekanon des jungen Heidegger, was sich zu leicht das Etikett «modern» anheften lässt. So kommt Karl Marx nicht vor und nicht Sigmund Freud, kein Wedekind und kein Heinrich Mann. Maxim Gorki las Heidegger heimlich und mit einer gewissen Angstlust in der Schule. Der Name Zola taucht nur als Schmähwort auf, wenn 1910 der «verbohrte Wirklichkeitsfanatismus der naturalistisch-sozialistischen Lebensordnung» aufs Korn genommen wird.[25] Die Wirklichkeit ist nicht die letzte Instanz. «Schon die fast erdrückende Tatsache, dass die meisten Menschen, auf sich selbst gestellt, die Wahrheit nicht finden, nicht erringen wollen, sie vielmehr ans Kreuz schlagen, entzieht der Möglichkeit einer individualistischen Ethik jedes Fundament.» Auch lassen sich die «fundamentalen Lebenswahrheiten» nicht wissenschaftlich konstruieren. Die Kirche schützt den «Wahrheitsschatz» vor «den zersetzenden Einflüssen des Modernismus», sie gibt das hohe «Glück des Wahrheitsbesitzes», im «Lichtglanz der Wahrheit» darf man sich «durchs Leben wagen».[26] Das entscheidende Wort «Licht» ist gefallen; später wird Heidegger von der «Lichtung» sprechen.

Einen Antiintellektualismus, der Philosophie zum «Erlebnis» macht, lehnte der junge Heidegger ab; er verstand ihn als Schwäche, wie er im März 1911 wiederum im «Akademiker» schreibt: «Eine strenge, eisig kalte Logik widerstrebt der fein*fühligen* modernen Seele. Das ‹Denken› kann sich nicht mehr einzwängen lassen in die unverrückbaren Schranken der logischen Grundsätze. Da haben wir's schon. Zum streng logischen Denken (...) gehört ein gewisser Fond ethischer Kraft, die Kunst der Selbsterraffung und Selbstentäußerung.»[27] Das Verlangen nach «abgeschlossenen, abschließenden Antworten auf die Endfragen des Seins» treibt ihn an (die Formulierung lässt schon an die spätere «Seinsfrage» denken), Antworten auf Fragen, «die zuweilen so jäh aufblitzen, und die dann manchen Tag ungelöst wie Bleilast auf der gequälten, ziel- und wegarmen Seele liegen».[28] Aus diesen Sätzen spricht eine Krisenstimmung. Dass es die Grundfragen der Philosophie sind, die sein Gefühl so tief treffen können, zeigt den Ernst des Studenten.

Im März 1911 erscheint das Gedicht «Ölbergstunden meines Lebens».[29] Am Ölberg sagte Jesus zu den Jüngern: Betet, dass ihr nicht in Versuchung geratet. Dann sondert er sich von ihnen ab und spricht: «Vater, wenn du willst, lass diesen Kelch an mir vorübergehen. Doch nicht mein, sondern dein Wille geschehe.» Da erschien ihm, heißt es weiter, «ein Engel vom Himmel und stärkte ihn».[30] Bei Heidegger lesen wir eine variierende Aneignung dieser Szene eines Gebets in größter Not: «im düstern Schein / mutlosen Zagens / habt ihr mich oft geschaut. // Weinend rief ich: nie vergebens. / Mein junges Sein / hat müd des Klagens / dem Engel ‹Gnade› nur vertraut.»[31] Das eigene Innenleben hat hier den substanziellsten Gehalt: Es geht um Gottnähe und Gottferne, um das Irren und die Irrlichter, um Gnade, um Mutlosigkeit und um Wahrheit. Am 5. Dezember 1910 hatte Heidegger geschrieben: «Hast die Sonne Du verloren, / Trübes, müdes Winterwerden? / Irrst durchs Land / mit schmerzgefurchten / weinend-zuckenden Gebärden.»[32] Das klingt nach einer schweren Melancholie und am Ende nach großer Liebessehnsucht: «Winterwerden! *eine* Blume / rührst Du nicht mit Grabeshauch. – / Träumend-wartend glüht in den Sternen / Sehnsucht nach den Rosen, den fernen –» Fern mussten die Rosen bleiben, solange das Priesteramt sein Ziel bleiben sollte.

Die Kirche kontrollierte in erheblichem Maße die Studien der Priesteramtsanwärter, deren Ausbildung sich nicht nur an den Universitäten, sondern auch in Priesterseminaren abspielte. Die akademische Freiheit dieser jungen Männer war beschränkt; die Atmosphäre der Priesterseminare war reglementierter, allerdings war das Studium dort auch billiger. So entstand hier das traditionellste und am wenigsten akademische Milieu der höheren Ausbildung.[33] In einem Lebenslauf von 1922 erinnert sich Heidegger an seine Dissidenz: «Das Bestreben, über das Gebotene hinauszusehen, führte mich auf die kritischen Untersuchungen von Franz Overbeck und machte mich überhaupt mit der protestantischen dogmengeschichtlichen Forschung bekannt. Entscheidend wurde für mich, dass die modernen religionsgeschichtlichen Forschungen von Gundel, Bousset, Wendland und Reitzenstein und die kritischen Arbeiten von Albert Schweitzer in meinen Gesichtskreis kamen. Im Verlauf der ersten Semester hatte mein theologisch-philosophisches Studium eine solche Richtung genommen, dass ich im Frühjahr 1911 aus dem Konvikt austrat und das theologische Studium aufgab, da ich den damals zur ausdrücklichen Forderung erhobenen ‹Modernisteneid› nicht auf mich nehmen konnte.»[34]

Das war aber noch kein Bruch mit dem Glauben. 1912 veröffentlicht Heidegger, wiederum im «Akademiker», eine ausführliche Besprechung von Georg Weingärtners im Jahr zuvor erschienener Abhandlung «Das Unterbewusstsein». Heidegger hält die Berufung auf ein Unterbewusstes zur Begründung der Religion für unzureichend. So sei etwa das Gebet «wesentlich Aktivität».[35] Bei der Bekehrung, dem dramatischen Vorgang, der ihn besonders beschäftigte, liege es ähnlich: «Beachten wir das Wesensmoment der Bekehrung, die Willenstätigkeit, dann kann das Unterbewusstsein überhaupt nicht grundlegender Faktor des Bekehrungsvorgangs sein.»[36] Protestantische Theologie dagegen sehe «den einzigen Ausgangspunkt für eine Glaubensbegründung in dem subjektiven religiösen Erle-

Heidegger (rechts) und ein Freund, der Geschichtsstudent Ernst Laslowski, im Frühjahr 1912.

ben» und fordere deshalb die «Analyse des Seelenlebens nach dieser Richtung hin».[37] Heidegger weist die Ansichten von William James zurück: «Wie soll überhaupt durch ein hochgespanntes Gefühlsleben eine Erkenntnis möglich sein?»[38] Und er zitiert zustimmend einen anderen Autor mit der Aussage, das Gefühl begleite zwar die Entstehung des Gottesgedankens, aber es sei weder selber dieser Gedanke noch dessen Ursprung.[39] Dennoch ahnt man, dass es ihm in seiner Beschäftigung gerade um die eigene religiös krisenhaft getönte Stimmungswelt geht, um die Augenblicke seiner «gottfremden Seele», die er am 5. November 1910 in einem Gedicht beschrieben hatte.[40] Wenn er die «religiösen Bewusstseinserscheinungen: Glauben, Hoffen, Lieben, Beten, Zweifeln usw.» nennt,[41] so spricht er auch vom Gehalt seiner frühen Lyrik.

Die Schrift «Das Gottesbedürfnis. Als Gottesbeweis den Gebildeten dargelegt» des Jesuiten Otto Zimmermann bespricht Heidegger

1911 in der «Akademischen Bonifatius-Korrespondenz», einem «Organ zur Pflege des religiösen Lebens in der katholischen Studentenschaft». Heidegger hält den Gottesbeweis aus dem «unendlichen Sehnen und Verlangen» des Menschen zumindest für möglich, auch wenn dieser Beweisgang sich mit «recht modernen Ideen» berühre, die «mit inneren Erlebnissen Gottes, mit inneren Postulaten seines Daseins operieren, zumal seit Kant».[42] Vielleicht sei es «klug, unser System gerade nach der von Zimmermann in den Vordergrund gerückten Seite auszubauen».[43] So deutet sich für Heidegger eine erste Fragerichtung an: Ist die Wahrheit ein rein objektiver Begründungszusammenhang – jedenfalls darin wären sich die katholische Lehre und die Logik sehr nahe –, oder muss man eine irgendwie geartete Beteiligung des lebendigen Menschen an dieser Wahrheit annehmen?

Der Wechsel von der Theologie zur Philosophie veränderte das Verhältnis zu seinen Eltern. Ergreifend hat Heidegger die Reaktion seiner Mutter geschildert, in einem der ersten Briefe an Elfride, in dem er von sich in der dritten Person spricht: «Und er bohrte u. suchte u. wurde immer stiller u. schon hatte er ein dunkles Ideal – den Gelehrten – in der Seele und die fromme schlichte Mutter hoffte auf den ‹Pfarrer› – es war ein Kampf bis er sich's errungen hatte, rein der Erkenntnis leben zu dürfen, bis die Mutter es glaubte, dass auch der Philosoph Großes für die Menschen u. ihr ewiges Glück leisten kann – wie oft hat sie den Sohn gefragt, ‹was ist Philosophie, sag mir's doch› u. er wusste selbst keine Antwort. (...) Und sein Vater, dessen grüblerische Verschlossenheit er geerbt, war stolz u. ist es heute noch, so fremd u. unverständlich ihm all die Arbeit seines Sohnes ist.»[44]

Deutlicher Unmut gegenüber der katholischerseits gelehrten Philosophie spricht wenig später, 1912/13, aus Heideggers Besprechung des Buches «Elementa Philosophiae Aristotelico-Thomisticae». Es sei «für Schulzwecke» passabel, indes: «Die scholastische Logik sollte doch allmählich sich aus ihrer Starrheit und vermeintlichen

Abgeschlossenheit losmachen.» Wesentliche Umgestaltungen seien nötig, «indem der von Aristoteles herrührende metaphysische Einschlag auszuschalten wäre; es wäre damit die Logik als theoretische Fundamentallehre, als die Wissenschaft aller Wissenschaften in ihrer vollen Reinheit gefasst.»[45] Ansonsten drohe Gefahr: Aus Erstarrung werde bekanntlich Dekadenz.

Zur Religion als geistiger Macht trat in jenen Jahren für Heidegger die Dichtung. An Hannah Arendt schreibt er am 15. Dezember 1952: «Ich wurde in das Jahr 1912 versetzt, wo ich als Student in der Freiburger Akademischen Lesehalle den *Brenner* las und dabei zum ersten Mal auf Gedichte Trakls stieß. Seitdem haben sie mich nicht mehr losgelassen.» Vielleicht konnte sich Heidegger nur via Trakl der Moderne nähern, denn die Schauplätze von dessen Gedichten – «Verstreute Dörfer, Sumpf und Weiher»[46] – waren dem jungen Mann aus Meßkirch näher als das Berlin der Expressionisten.

Als eine Verflechtung von philosophischen und dichterischen Motiven schilderte Heidegger im Rückblick des Jahres 1957 bei der Aufnahme in die Heidelberger Akademie der Wissenschaften seine Entwicklung zwischen 1903 und 1914. Allerdings sind diese Erinnerungen redigiert, seine religiösen Seelenkämpfe bleiben ausgespart. An den beiden Gymnasien in Konstanz und in Freiburg wurde zwischen 1903 und 1909 der Grundstein gelegt für ein «fruchtbares Lernen bei ausgezeichneten Lehrern der griechischen, lateinischen und deutschen Sprache».[47] Dazu kam, was von außerhalb der Schule ihm zufiel und «zum Bleibenden werden sollte»: 1905 Stifters Erzählungen «Bunte Steine», bei denen Heidegger sich vom demütigen Naturblick angesprochen fühlen musste, der ihm in den Sätzen der Vorrede entgegentrat: «Das Wehen der Luft, das Rieseln des Wassers, das Wachsen der Getreide, das Wogen des Meeres, das Grünen der Erde, das Glänzen des Himmels, das Schimmern der Gestirne halte ich für groß.» Im gleichen Jahr wies ihn ein Lehrer auf die wahrlich lebensentscheidende Schrift Franz Brentanos «Von der mannigfachen Bedeutung des Seienden nach Aristoteles» hin. 1908 findet er «durch ein heute noch erhaltenes Reclam-Bändchen seiner Gedichte zu Hölderlin».[48] Seit 1909 versucht er sich, «freilich ohne die rechte Anleitung», an Edmund Husserls «Logischen Untersuchungen». Der in Freiburg lehrende Philosoph Heinrich Rickert wird erwähnt, aber mehr als Vermittler zu den Schriften von Emil Lask, den Heidegger wohl wirklich bewunderte. Die Jahre zwischen 1910 und 1914 werden in Hervorhebungen einzelner Lektüren beschrieben: Nietzsches «Wille zur Macht», Kierkegaard und Dostojewski in Übersetzungen. Das Interesse für Hegel und Schelling erwacht, Rilkes Dichtungen treten neben die von Trakl, Diltheys «Gesammelte Schriften» eröffnen die Geschichte.

Was ausfällt, ist der bildungsbürgerliche Hausschatz: Goethe, Schiller und Heine. Goethe vor allem lag für Heideggers Generation zu nah am Gesellschaftlichen. Hölderlins Gedichte dagegen wurden erst in jenen Jahren als eine höchste Erscheinung der deutschen Sprache erkannt, nachdem das 19. Jahrhundert in ihm nur den Kleinmeister gesehen hatte. Von Hölderlin führen Wege zu Trakl und Rilke. Wir finden diesen aufgerauten Kanon – mit Nietzsche, Hölderlin und Dostojewski als Sternen erster Größe – als eine generationstypische spirituelle Bildungsradikalisierung und -beunruhigung. Das zwanzigste Jahrhundert trieb auf Entscheidungen zu, Aufschub und Warten waren keine Optionen mehr. Und diese Erregung verbindet sich mit einer philosophischen: Husserl versuchte in den «Logischen Untersuchungen» nichts Geringeres als die Rettung der Philosophie überhaupt.

Mit Nietzsche und Kierkegaard sind zwei Denker genannt, die von der Philosophie aus die Existenz in den Blick nehmen und damit die Philosophie herausfordern. Existenz beschäftigte auch den jungen Heidegger, und nicht nur von den religiösen Aspekten her. «Fernes Land»[49] ist der Titel eines frühen Gedichts:

Ich liebe jene abendliche Weile,
da Silbermondlicht mir durchs Fenster
Zwerge, Elfen, Nix, Gespenster
In die Stube zaubert.
  Von Kreisel, Reif und Pfänderspiel,
  Kleinkinderschule, von dem ersten Gänsekiel
  Träumt mir lang –
  Ich wandre weit zurück
  Den frühverlassenen Weg entlang
  Und suche, suche Kinderglück
  Und Knabenlust ...
Ein scharfer Windstoß reißt mich aus dem Jugendland
Der Spuk entweicht.
Noch seh ich wie dort an der Wand
Fahles Mondlicht über den Totenkopf schleicht.

Das Gedicht ist auf den 19. November 1910 datiert, unterzeichnet mit «M.», es blieb unveröffentlicht. Heidegger war nach damaligem Recht soeben erwachsen geworden. Nun kann er auf das Kindheitsidyll zurückblicken, das ihm zum «fernen Land» geworden ist. Eine Märchen- und Sagenwelt scheint auf, und wie es der Konvention entspricht, ist sie ins «Silbermondlicht» getaucht. Die geliebte «abendliche Weile» ist eine Zeit von unbestimmter Dauer, die verfließt, ohne zu drängen, ohne von Sorgen und Mühen belastet zu sein. Dass die Zeit «lang» sei, heißt es wenig später. Sie ist gedehnt, auseinandergezogen; will sagen: Sie wurde, wie der Raum, dem Zauber und dem Traum gefügig gemacht. Diese ganze Welt ist harmlos, ungefährlich, von einem Kind und für Kinder geformt, sie besitzt keine feste Konsistenz, sondern hat ihre einzige Wirklichkeit in der Phantasie.

So kann man sagen, die Gedanken des Dichters seien bei ihm selbst und doch nicht bei ihm selbst; er sei da, jedoch in einer Weise, die ihm nicht mehr entspricht, und deshalb doch nicht da. Aber jetzt geschieht etwas Wirkliches. Das bloße Dahinfließen der Traumzeit wird unterbrochen: Ein «scharfer Windstoß» reißt aus dem Kinderland heraus. Dieser Stoß, von dem der Dichter sofort weiß, dass er ihm selbst gilt, hat gar keine inhaltliche Botschaft, wie es denn jetzt sein solle oder besser werden könne. Als Stoß *ist* er schon die Botschaft. Sie erweist sich im Effekt: Die unangemessene Rolle, die verkehrte Selbstdeutung, die vom Selbst in Wahrheit ablenkt, ist mit einem Schlag verlassen und entpuppt sich nun als Fluchtversuch. Das silberne Mondlicht wandelt sich in ein «fahles». Etwas nicht unbedingt Angenehmes geschieht dem Menschen, er ist übergetreten in eine andere Art, da zu sein. Mit der seelischen Bequemlichkeit ist es jedenfalls aus, ein neuer Ernst behauptet sich gegenüber dem Kinderzauber. Das ist Heideggers eigenste Dynamik, die er später «Entschlossenheit» nennt.

Und das ungefähr meinte man dann mit dem Wort «existentiell». «Sein und Zeit», Heideggers bekanntestes philosophisches Werk, 1927 erschienen, handelt vor allem von solchen Bewegungen. Denn hier geht es nun ausdrücklich um das «Ergreifen» und das «Versäumen» der Existenz: «Die Frage der Existenz ist immer nur durch das Existieren selbst ins Reine zu bringen.» Die Gefährdung des Daseins kommt nicht von außen, nicht aus globaler gesellschaftlicher Verdinglichung, sondern aus der Suche nach Beruhigungen, aus der «ständigen Versuchung zum Verfallen». Auch Heidegger spricht nun (wie damals alle Welt) von einer Entfremdung, der das Dasein zutreibe, «in der sich ihm das eigenste Seinkönnen verbirgt. Das verfallende In-der-Welt-sein ist als versuchend-beruhigendes zugleich *entfremdend*.» Die existentielle Selbsttherapie des Gedichts erweist sich im scharfen Kontrast der Stimmungen. «Gestimmtheit» war für Heidegger alles andere als trivial oder bloß subjektiv, vielmehr trug sie zur Erschließung der Welt bei: «Die Stimmung macht offenbar, ‹wie einem ist und wird.› In diesem ‹wie einem ist› bringt das Gestimmtsein das Sein in sein ‹Da›.»[50]

Als ein *scharfer Windstoß* brach Heidegger Anfang der zwanziger Jahre in die Philosophie ein, als einer, der sie mitten in der Windstille des Systems an das «Sein zum Tode» erinnerte und an einen Ernst der Endlichkeit, der sich in unserem Gedicht im «Totenkopf», dem letzten Requisit aus der sicheren Dingwelt, andeutet. In «Sein und Zeit» lesen wir vom Ruf des Gewissens: «In der Erschließungstendenz des Rufes liegt das Moment des Stoßes, des abgesetzten Aufrüttelns.»[51] Und in einer viel späteren Aufzeichnung beschreibt sich Heidegger als «vom Fragen gestoßen».[52] Das war seine eigentliche philosophische Geste, und man kann von hier aus weiter assoziieren zum phallischen Stoßen und zu Heideggers zahlreichen Geliebten. Im Gedicht, nicht in philosophischer Sprache, war seine Geste ihm erstmals aufgegangen.

Von Heidegger geht eine Beunruhigung aus, die nicht nachlässt. Die Philosophie ist nähergekommen und rückt den Menschen auf den Leib. Das war die Geste einer ganzen Generation. Heidegger wurde 1889 geboren, ebenso Siegfried Kracauer; 1887 der Italiener Carlo Michelstaedter, Franz Rosenzweig 1886, Georg Lukács 1885. Die erste Gemeinsamkeit dieser Denker ist die Abkehr vom System, das seit hundert Jahren aus drei Teilen bestand: einem Buch zur Logik, einem zur Ästhetik, einem zur Ethik. Hinzu kam manchmal noch eine Religionsphilosophie als Anhang. Nach Kants Vorbild, der eine Kritik der reinen und eine der praktischen Vernunft verfasst hatte, dazu eine Kritik der Urteilskraft und eine Schrift über «Die Religion innerhalb der Grenzen der bloßen Vernunft», dachte etwa auch der Neukantianer Hermann Cohen; das Ergebis waren eine «Logik der reinen Erkenntnis» (1902), eine «Ethik des reinen Willens» (1904), eine «Ästhetik des reinen Gefühls» (1912) und als Schlussband «Religion der Vernunft aus den Quellen des Judentums» (1918). Der Gedanke war: Alles, das Ganze und Große, aus einer und *nur* einer maximal einfachen, schlechterdings unbestreitbaren Grundeinsicht abzuleiten. Ein Happy End war im System eingeplant, und der Einzelne spielte keine sonderliche Rolle, es sei denn, der Weltgeist hatte ihn eigens beauftragt. Für die Jahrgänge, von denen wir sprechen, ist diese Vorstellung nicht mehr nachvollziehbar. Plötzlich kippt alles in die Endlichkeit; Menschen sterben, und kein System kann ihnen etwas dazu sagen. Diese Denker suchen Antworten auf Fragen, die nicht auf die Unendlichkeit, sondern auf die eigene Endlichkeit zielen. Eingeschlossen in ein Gehäuse der Konventionen, suchen sie ihr eigentliches, authentisches Selbst.

Ein radikaler Gestus ist diesem Denken unausweichlich, er gehört zur Sache selbst. Die Philosophie tendiert nun zum Weckruf, auch zum Manifest, und sie findet eine Reihe von Kategorien, um das unwahre Leben der Konvention zu beschreiben. Bei Heidegger, in «Sein und Zeit», ist es das «Man», von dem sich die «Entschlossenheit» absetzt; bei Carlo Michelstaedter das, was «Rhetorik» genannt wird, ein System von sprachlichen und verhaltensmäßigen Anpassungszwängen, in denen die Lebenserfahrung verdeckt, verdrängt und verdinglicht wird. Im Einzelnen heißt das bei Michelstaedter: Sicherheitsbedürfnis, «Sekurismus» und Konformismus, Leben mit reduzierter Individualität, statt als «schönes Raubtier» authentisch zu werden, «Vorsorge» als höchstes Lebensziel.[53] Georg Lukács sieht die Existenzhöhe in den Menschen der Tragödie: «Nackte Seelen halten hier mit nackten Schicksalen einsame Zwiesprache. Beiden ist alles entrissen, das nicht ihr innerstes Wesen ist; alle Beziehungen des Lebens sind vertilgt, um die Schicksalsbeziehung herstellen zu können; alles Atmosphärische zwischen Menschen und Dingen ist entschwunden, dass zwischen ihnen die klare, nichts verhüllende, harte Höhenluft der letzten Fragen und letzten Antworten sei. (...) Die Tragödie hat nur eine Ausdehnung: die der Höhe. Sie setzt ein mit dem Moment, wo rätselhafte Kräfte das Wesen aus dem Menschen heraustreiben, ihn zur Wesenhaftigkeit zwingen, und ihr Gang ist nur ein Immer-offenbarer-werden dieses einzigen, wahren Seins.»[54] Siegfried Kracauer verkündet in der ersten Hälfte der zwanziger Jahre ein Ideal des «ausgerichteten Menschen», wobei der Sinn des Wortes zwischen der religiösen und der ethischen Sphäre schwankt, und derselbe Kracauer ist es, der dagegen den «Kult der Zerstreuung» in den Kinopalästen kritisch analysiert. Rosenzweig sieht in der Philosophie ein Instrument zur Ruhigstellung der Menschen: «Die Angst des Irdischen abzuwerfen, dem Tod seinen Giftstachel, dem Hades seinen Pesthauch zu nehmen, des vermisst sich die Philosophie.»[55]

Man erkennt eine Familienähnlichkeit. Der Weltbürgerkrieg wirft seine Schatten voraus. Denn er ist es, der mit Heidegger die «Entschlossenen» braucht, mit Michelstaedter die «Überzeugten», mit Kracauer die «Ausgerichteten», mit Lukács die Menschen, die das Tragische auf sich nehmen, mit Rosenzweig jene, die zum jüdischen Volk zurückfinden. Sie alle treten aus der durchschnittlichen Bürgerlichkeit heraus.

3. KAPITEL

Ein Anfang mit Logik und Geschichte

Das späte neunzehnte, das frühe 20. Jahrhundert war eine für die Logik außerordentlich fruchtbare und dynamische Epoche. Wenn man an Namen denkt wie Gottlob Frege, Bertrand Russell, Charles Sanders Peirce und schließlich Ludwig Wittgenstein, den Verfasser des «Tractatus logico-philosophicus», Heideggers Jahrgangsgenossen, dann ist dieser Kontext angedeutet. In dem Lebenslauf, den Heidegger seinem Habilitationsgesuch 1915 beilegte, spricht er dankbar von seinem während des Studiums gewonnenen «Einblick in die Logik, der mich bis heute vor allem interessierenden philosophischen Disziplin».[1]

Heideggers erste philosophische Veröffentlichung ist die Sammelbesprechung «Neuere Forschungen über Logik», die 1912 in der Freiburger «Literarischen Rundschau für das katholische Deutschland» erschien. Sie erlaubt es, auch seine späteren Arbeiten in ihrem Richtungssinn angemessen zu verstehen. Es geht darin nicht nur um die zeitgenössische Auseinandersetzung mit dem Psychologismus oder dem Methodenstreit um «Erklären» und «Verstehen» – denn diese müssten uns nur noch historisch interessieren. Was sich damals ereignete, war die große Gabelung in der Logik überhaupt, deren Folgen noch niemand recht übersah. Heidegger jedenfalls beobachtete sie.

Bertrand Russells und Alfred North Whiteheads «Principia Mathematica» und Gottlob Freges Entwicklung der «Begriffsschrift» näherten Logik und Mathematik einander an. Man nannte diese Richtung damals «Logistik». Sie kommt von Leibniz her und setzt sich später, in den dreißiger Jahren, in Rudolf Carnaps «Logischer Syntax der Sprache» fort. Alles, was mit Sprache als Information im engeren Sinn, mit Computern und Künstlicher Intelligenz zu tun hat, findet hier seine Begründung und seine begrifflichen Mittel. Vor allem Donald Gillies hat in seinem Aufsatz «Logicism and the Development of Computer Science» diese Verbindung geschildert.[2] Auch Martin Davis erzählt dieses Kapitel der Philosophiegeschichte auf faszinierende Weise.[3]

Die Idee der «Logistik» oder der «symbolischen Logik», so schreibt Heidegger 1912, habe «schon Leibniz in der Characteristica universalis vorgeschwebt. In der zweiten Hälfte des vergangenen Jahrhunderts verfeinerten sich in der Mathematik die Methoden. Die Untersuchungen der Mathematiker zielten auf eine schärfere Fassung der Begriffe ab und zugleich auf die systematische Festlegung der leitenden Prinzipien und Grundlagen ihrer Wissenschaft. Diese philosophisch gerichteten Bestrebungen führten zur Begründung der Mengenlehre und Gruppentheorie. Zugleich begann man, die formale Logik über die überlieferte Subsumtionslogik hinaus zu erweitern; man schuf die allgemeine Logik der Relationen, wobei die algebraische Methode und deren Symbole zur Behandlung der logischen Probleme herangezogen wurden. Diese beiden gleichsam konvergierenden Bewegungen ließen die Logistik entstehen. Sie bildet den logischen Aufriss der Mathematik. Die Systematik und Geschlossenheit der logistischen Probleme erscheint am weitesten fortgeschritten bei Bertrand Russell. Während der Bearbeitung des zweiten Bandes in Verbindung mit A. Whitehead erkannte Russell, dass der Gegenstand seiner Untersuchung sich ausgedehnter zeige, zugleich aber auch, dass manches in der früheren Darstellung ‹zweifelhaft und dunkel› geblieben sei. Russell und Whitehead schufen daher ein völlig neues Werk, dessen erster Band vorliegt. Das ‹Urteilskalkül›, ‹Klassenkalkül› und ‹Relationskalkül› behandeln die logischen Grundbegriffe und Funktionen. Durch den Beweis, dass diese und nur diese fundamentalen Phänomene den Bau der Mathematik stützen, ist die Identität von Logik und Mathematik gegeben. Der Logik entsteht mit dieser Theorie eine neue Aufgabe der Gebietsabgrenzung. Bei deren Lösung ist meines Erachtens vor allem nachzuweisen, dass die Logistik überhaupt nicht aus der Mathematik herauskommt und zu den eigentlich logischen Problemen nicht vorzudringen vermag. Die Schranke sehe ich in der Anwendung der mathematischen Symbole und Begriffe (vor allem des Funktionsbegriffes), wodurch die Bedeutungen und Bedeutungsverschiebungen der Urteile verdeckt werden. Der tiefere Sinn der Prinzipien bleibt im Dunkeln, das Urteilskalkül z. B. ist ein Rechnen mit Urteilen, die Probleme der Urteilstheorie kennt die Logistik nicht.»[4]

Die Aufgabe der «Gebietsabgrenzung» von Logik und Mathematik, die Heidegger im Sinn hat, ist nicht veraltet. Am 21. Oktober 2017 las man in der «Neuen Zürcher Zeitung» einen Beitrag von Martin J. Rees, dem ehemaligen Präsidenten der britischen Royal Society, in dem es hieß: «Nach allen Definitionen von ‹Denken› dürfte die Leistung organischer Gehirne wie des menschlichen hinsichtlich Umfang und Intensität von der Hirntätigkeit künstlicher Intelligenz weit übertroffen werden.»[5] Aber: Gerade diesen Satz zu formulieren wäre keine künstliche Intelligenz fähig. Wenn wir dagegen wissen, dass «Denken» etwas ist, das von künstlicher Intelligenz nie erreicht wird, und zwar grundsätzlich, dann wissen wir es vor allem von Heidegger. Man kann am Ende seine Lebensleistung in der Bearbeitung dieser einzigen Frage sehen: Worin unterscheidet sich Denken von einem Operieren mit Algorithmen? Heidegger ist unser Zeitgenosse.

Die religiösen Jugendschriften waren auf Wahrheit ausgerichtet. Diese Richtung wird nicht aufgegeben, aber der Schauplatz ist nun nicht mehr die Theologie, sondern die Philosophie. So würde die knappste Zusammenfassung von Heideggers Absichten lauten, die

Unbefangen selbstbewusst: 1913 nach der Promotion.

er mit seiner Doktorarbeit «Die Lehre vom Urteil im Psychologismus. Ein kritisch-positiver Beitrag zur Logik» verband. Sie wurde 1913 eingereicht und mit der Bestnote summa cum laude bewertet. Das Urteil ist philosophisch als die Form eines Satzes definiert, der entweder wahr oder falsch sein kann. Insofern bedeutete die Wahl dieses Untersuchungsgegenstands die direkte Fortsetzung der religiösen Wahrheitssuche.

Schon Kant hatte eine psychologische Deutung der Logik zurückgewiesen: «Einige Logiker setzen zwar in der Logik *psychologische* Prinzipien voraus. Dergleichen Prinzipien aber in die Logik zu bringen, ist eben so ungereimt, als Moral vom Leben herzunehmen.»[6] Nun war aber gut hundert Jahre später, Ende des 19. Jahrhunderts, die psychologische Interpretation der Logik weit fortgeschritten und schien die Diskussion zu bestimmen. Deshalb Heideggers ausdrückliche Auseinandersetzung mit dem «Psychologismus». Er stellte sich in *die* zentrale philosophische Debatte seiner Zeit. Husserls Einleitung zu den «Logischen Untersuchungen» hatte den Ort dieser Debatte bestimmt: «Um so mehr beunruhigte mich (...) der prinzipielle Zweifel, wie sich die Objektivität der Mathematik und aller Wissenschaften überhaupt mit einer psychologischen Begründung des Logischen vertrage.»[7] Steht nicht, wenn logische Kohärenz und sichere Begründung der Wissenschaft brüchig werden, ein Europa im geistigen Sinne, wie es seit den Griechen existierte, schlechthin zur Disposition?

Mit der Kritik des Psychologismus bewegt sich Heidegger also auf den Spuren Husserls. Psychologismus bedeutete, dass die Philosophie die Souveränität auf ihrem ureigensten Gebiet an eine empirische Einzelwissenschaft abtreten würde; hätte diese Lehre sich durchgesetzt, dann wäre die Philosophie selbst am Ende gewesen. Durch die Herausforderung des Psychologismus erlebte die Disziplin ihre Existenzkrise. Für das Provokationspotential solcher Perspektiven lässt Husserl John Stuart Mill zu Wort kommen: «Die Logik ist nicht eine von der Psychologie gesonderte und mit ihr koordinierte Wissenschaft. Sofern sie überhaupt Wissenschaft ist, ist sie ein Teil oder Zweig der Psychologie (...). Ihre theoretischen Grundlagen verdankt sie sämtlich der Psychologie, und sie schließt soviel von dieser Wissenschaft ein, als nötig ist, die Regeln der Kunst zu begründen.»[8] Theodor Lipps nannte die Logik die «Physik des Denkens», die sich mit den «Naturgesetzen» des Denkens befasse.[9] Husserls Einwand klingt erstaunlich aktuell: «Dem naturwissenschaftlichen *Vorbild* folgen, das besagt fast unvermeidlich: das Bewusstsein zu verdinglichen.»[10]

Das Urteil, so wird das Dissertationsprojekt begründet, werde mit Recht «als ‹Zelle›, d.h. als Urelement der Logik» betrachtet.[11] Wir befinden uns in der Herzkammer der Rationalität, des Verstandesgebrauchs, der Vernunft. Hier entscheidet sich die Würde des Denkens. Die Arbeit ist aber mehr als eine bloße Ergänzung des von Husserl schon Geleisteten. Sie ist für das Gesamtvorhaben einer Zurückweisung des Psychologismus geradezu entscheidend, weil, wie Heidegger darlegt, «vom Urteil aus der eigentliche Aufbau der Logik sich zu vollziehen hat».[12] Und er zitiert Alois Riehl: «*Die Reform der Logik ist zu einer Reform der Urteilslehre geworden.*»[13] Das ist für eine Dissertation ein enormes Selbstbewusstsein – denn es handelt sich nicht um ein begrenztes Vorhaben, ein Spezialproblem, eine Nische, sondern um eine Conditio sine qua non der Logik und damit der Philosophie.

Nehmen wir das einfache Beispiel eines Urteils: «Die Sieben ist eine Primzahl». In Heideggers Darstellung zeigt sich, dass das unscheinbarste Element des Urteils, das «ist», die Kopula, sich plötzlich als Problem ersten Ranges erweist. Denn das «ist» im Urteil ist keineswegs jenes «ist», das wir einem physischen Ding zusprechen, es «existiert» nicht irgendwo draußen als ein Vorhandenes. Und doch ist es da «und macht sich sogar mit einer Wucht und Unumstößlichkeit geltend (…). So muss es demnach noch eine Daseinsform geben neben den möglichen Existenzarten des Physischen, Psychischen und Metaphysischen.»[14] Mit Hermann Lotze findet Heidegger die gesuchte Wirklichkeitsform im «gelten». Urteile haben einen Sinn. Die Wirklichkeitsform des Sinns ist die Geltung und nicht die empirische Existenz eines psychischen Urteils*vorgangs*. Die Kopula, so schließt Heidegger, «ist also nicht nur nicht ein ‹spätes Produkt unseres Denkens›, wie Wundt meint, sie hat auch keine Beziehung zur abstrakten Verbalform ‹ist›, sondern repräsentiert etwas eminent Logisches, sofern dessen Wirklichkeitsform gerade das Gelten ist. Man kann geradezu im Gegensatz zu Theorien, die der Kopula nur eine subalterne Stellung im Urteil zuweisen, sagen, sie sei das wesentlichste und eigentümliche Element im Urteil, aus dem einleuchtenden Grunde, weil in einer Relation eben die Relation vor den Gliedern, allerdings mitbestimmt durch dieselben, das Wesensmoment darstellt.»[15]

Heidegger ist mit seinem Argument völlig eigenständig, er wiederholt hier nicht einfach Thesen Husserls. «Ist» ist die dritte Person Singular des Verbs «sein». Der Schluss der Doktorarbeit weist weit voraus: «Erst wenn (...) die reine Logik auf- und ausgebaut ist, wird man mit größerer Sicherheit an die erkenntnistheoretischen Probleme herantreten können und den Gesamtbereich des ‹Seins› in seine verschiedenen Wirklichkeitsweisen gliedern, deren Eigenartigkeit scharf herausheben und die Art ihrer Erkenntnis und die Tragweite derselben sicher bestimmen können.»[16] In diesen Sätzen lässt Heidegger den Anlass einer akademischen Qualifikationsschrift hinter sich. Und was folgt darauf? Das Problem der Kopula wird herangezoomt, und aus der Frage nach dem Sinn des «ist» wird die Frage nach dem Sinn von Sein, mit der «Sein und Zeit» dreizehn Jahre später anhebt. Bereits hier ist eine Positionsbestimmung von Heideggers Projekt möglich: Es steht von Anfang bis Ende in einer gespannten Beziehung zu den Einzelwissenschaften. Ihnen gegenüber das Eigenrecht des Denkens zu betonen bleibt das Anliegen bis ins Spätwerk hinein. Das ist keineswegs ein Ausweis von «Wissenschaftsfeindlichkeit», sondern der Versuch einer erkennenden Rettung von Sinnstrukturen des menschlichen Lebens, die in wissenschaftlichen Untersuchungen grundsätzlich nicht zum Erkenntnisgegenstand werden können. Wir werden diesem Problem von Jahrzehnt zu Jahrzehnt in neuer Formulierung begegnen.

Heideggers Habilitationsschrift «Die Kategorien- und Bedeutungslehre des Duns Scotus» wurde am 2. Juli 1915 eingereicht, schon am 19. Juli lag Heinrich Rickerts Gutachten vor. 1916 veröffentlicht, widmet sie sich einem Traktat des Thomas von Erfurt, von dem man damals noch annahm, er sei von Duns Scotus verfasst worden. Thomas lebte um 1300; sein «Tractatus de modis significandi», den

Der kulturell und historisch sensible Philosoph Heinrich Rickert, bei dem sich Heidegger habilitierte, um 1933.

man auch unter dem Titel «Grammatica speculativa» kennt, widmet sich dem Bereich, wo Sprache und Denken einander durchdringen. Als «curious amalgam of philosophy, grammar, and linguistics» bezeichnet die in diesem Fall ungnädige «Stanford Encyclopedia of Philosophy» das Werk.[17] Es war Rickert, der Heidegger auf den Traktat hingewiesen hatte. Am 24. April 1914 dankt dieser seinem Lehrer für die «wertvolle Anregung bezüglich Duns Scotus, ihn einmal mit den Mitteln der modernen Logik zu verstehen».[18] Und schon fragt er sich, «ob hierdurch nicht etwas für die Formenlehre der vorwissenschaftlichen Wirklichkeit genommen werden kann»[19] – ein Problem, das erst später von ihm wirklich bearbeitet wird.

Heideggers Fragerichtung ist nicht philosophie*geschichtlich* im engeren Sinn. Ihn interessieren weniger die Herkunft der Ideen oder Einflüsse, die Stellung im historischen Ablauf der Philosophie, als vielmehr etwas, das er mit betonender Kursivierung «*problemgeschichtlich*» nennt. Das wird später seine eigenste Methode: Er geht an eine überlieferte Philosophie mit echten, heutigen Fragen heran und holt sie so aus dem bloß Vergangenen heraus. Die Überlieferung scharf befragen, sie zum Sprechen bringen – das bleibt sein Stil, das machte seine Faszination als Lehrer aus. Genau da setzte aber auch Rickerts Kritik an. In seinem Gutachten heißt es: «Die historische Einleitung, die Dr. Heidgeger versucht hat, ist verfehlt und muss ganz wegbleiben.»[20] Heidegger sei «rein systematisch an modernen Problemstellungen orientiert, und seine Arbeit bleibt nur dann unangreifbar, wenn sie ausdrücklich auf eine historische Einreihung des Duns Scotus verzichtet.»[21]

Es geht Heidegger in dieser Arbeit darum, Wirklichkeiten im Plural, «Gegenstandssphären», aufzufinden. Schon hier liegt der Akzent darauf, dass es nicht nur eine, die empirische Wirklichkeit gebe. Heidegger nennt ausdrücklich «die logische, mathematische, physische, psychische und metaphysische Wirklichkeit» als gleichberechtigte und philosophisch zu durchdringende Bereiche.[22] Sodann beabsichtigt er, «eine bestimmte Gegenstandssphäre, die der Bedeutungen», eingehender darzustellen.[23] Ihn treibt dabei die Ahnung, dass diese verschiedenen Wirklichkeitsbereiche zu ihrem Verständnis jeweils unterschiedliche Kategorien erfordern könnten. Kategorien sind die primären Formen, in denen wir uns das Seiende zugänglich machen. Aristoteles kannte deren zehn: Substanz, Quantität, Qualität, Relation, Wo, Wann, Lage, Haben, Tun, Leiden. Und sogleich kommt Heidegger zur Sache, zu seiner Gewissheit nämlich, «dass die aristotelischen Kategorien nur als eine *bestimmte Klasse eines bestimmten Bereiches* erscheinen und nicht als die Kategorien *schlechthin.* Ja, darauf ruht mit der Nachdruck unserer ganzen Untersuchung, darzutun, dass, falls es verschiedene Wirklichkeitsbereiche gibt, diese in ihrer Eigenart deutlich zu erkennen und dementsprechend zu fixieren und gegeneinander abzugrenzen sind.»[24] Noch einmal schärfer formuliert: «Mathematisch-naturwissenschaftliche Erkenntnis ist nicht *die* Erkenntnis.»[25] Wieder die gespannte Stellung gegenüber der Wissenschaft! Das Seiende könnte, so Heidegger, in einer Pluralität von Seinsweisen vorkommen, und dann müssten auch die Kategoriensysteme plural sein.

Die Seinsweisen müssen aufgewiesen werden. «Das Zunächstliegende dürfte die empirische Wirklichkeit sein, in der wir uns täglich bewegen, das in Raum und Zeit Gegebene, die *physische Naturwirklichkeit*»,[26] die Heidegger dann auch «Umwelt» nennt. Duns Scotus nennt als erste Kategorie das «ens», das Seiende, griechisch «on». Dies ist die «Kategorie der Kategorien».[27] Die empirische Wirklichkeit ist eine Ansammlung, ein Konglomerat von schlechthin Verschiedenem, ein «heterogenes Kontinuum» nach Heidegger, und insofern wesensmäßig anders aufgebaut als das «homogene Kontinuum des Mathematischen», in dem stoffliche Verschiedenheiten keinen Platz haben.[28] Schließlich aber gibt es die «logische Sphäre des Sinns», die von beidem abzugrenzen ist.

Nun kommt Heidegger zu dem eigentlichen Argument gegen Unternehmungen wie die Russell-Whiteheadschen «Principia Mathematica»: «Der logische Bereich ist ein homogener. Dasselbe wurde vom mathematischen gesagt. Der logische Bereich ist ein unsinnlicher. Dasselbe gilt vom mathematischen. Fallen nun beide Bereiche zusammen? Ist Logik Mathematik oder Mathematik Logik, oder trifft keines von beiden zu?»[29] Nein, sagt Heidegger, die beiden Bereiche können nicht zusammenfallen: «Die Homogenität, die durch die Einheit der Hinsicht ihren eigentümlichen Charakter erhält, ist in beiden Welten verschieden. Die Homogenität des mathematischen Bereichs hat ihren Grund in der Quantität. Die Homogenität des logischen Geltungsbereichs ruht auf der Intentionalität, dem Hingeltungscharakter. So sehr Intentionalität und Quantität auseinanderfallen, so sehr unterscheiden sich Logik und Mathematik.»[30] Die Logik hat es auch nicht mit dem realen Bereich und dessen Existenz zu tun, sondern mit dem, was «auf eigentümliche Weise, durch das Urteil nämlich, bezeichnet, d.h. ‹bedeutet› wird».[31] Die Logik kann nicht und darf nicht in Mathematik aufgehen. Vielmehr muss sie, gerade als Logik, in ein engeres Verhältnis mit der Sphäre der Bedeutungen treten.

Eine Eigentümlichkeit der sinnhaften Gebilde, so eröffnet Heidegger den neuen Schauplatz, «ist bis jetzt absichtlich unbeachtet geblieben, die Tatsache nämlich, dass Bedeutung und Sinn an Worten und Wortkomplexen (Sätzen) haften. Sinn und Bedeutung sind durch sprachliche Gebilde ausdrückbar.»[32] Das ist Heideggers entscheidende Abbiegung in die Richtung der Sprache: Philosophie wird für ihn fortan immer auch – und in immer höheren Sphären, bis zur Dichtung – Sprachdenken meinen. Die weiteren Einzelheiten der Bedeutungslehre des Duns Scotus müssen nicht unbedingt behandelt werden; es mag genügen, dass Heidegger in den einzelnen Formen – Nomen, Pronomen (ich, du, er, sie, es), Verb (Tätigkeitswort), Adverb (Ort, Zeit und Modalität bestimmend), Partizip (essend, trinkend), Konjunktion (und, etc.), Präposition (aus, von, zu) und Interjektion (aua, ach, oh, pfui) – verschiedene Arten der «Bewandtnis» aufweist, die Interjektionen etwa mit den «Gemütsbewegungen wie Schmerz, Trauer, Freude, Bewunderung, Furcht und Schrecken»[33] verbindet. So hat er später die Weichenstellung dieser Schrift selbst verstanden: Schon im Titel «kamen die beiden Ausblicke zum Vorschein: ‹Kategorienlehre› ist der übliche Name für die Erörterung des Seins des Seienden; Bedeutungslehre meint die grammatica speculativa, die metaphysische Besinnung auf die Sprache in ihrem Bezug zum Sein. Doch all diese Verhältnisse waren mir damals noch undurchsichtig.»[34]

Der Mensch ist ein wahrheitsuchendes Wesen. Deshalb ist die Frage der springende Punkt seiner Existenz. In der alten Welt wurden Orakel befragt, Vergil fragt die Muse nach den Gründen für den

Groll der Juno – «So groß glüht himmlischen Seelen der Zorn auf?», heißt es in der «Äneis» –, Pilatus fragt Jesus nach dem Wesen der Wahrheit, der Gekreuzigte fragt den Vater, warum er ihn verlassen habe, Gretchen fragt den Faust. Fast könnte man sagen: Der Mensch ist wahrheitssüchtig. Deshalb kommt sein Fragen zu keinem Ende. Eine Frage ist der Ort einer Öffnung; das Massiv des Seienden lässt immer noch Fragen übrig, gerade dann, wenn es am undurchdringlichsten erscheinen will. Fragen bringen einen allzu schweren, allzu aufdringlichen, allzu dinghaft fixierten Weltgehalt in die Schwebe. Sie eröffnen Möglichkeiten.

Im Seminar von Heinrich Rickert spricht Heidegger am 10. Juli 1915 unter dem Titel «Frage und Urteil». Mit dem Problem des Urteils hatte sich seine Doktorarbeit befasst. Die Struktur des Urteils aber «wird ersichtlich, wenn man es als Antwort auf eine Frage auffasst».[35] Zwar könne man das Urteil auch ohne Rücksicht auf das Problem der Frage logisch analysieren. Die Antwort aber lasse sich nur als Antwort auf eine Frage fassen.

Der Urteilsgehalt existiert nicht zeitlich, sondern gilt zeitlos: «Er ist gegenüber dem dynamischen Getriebe der psychischen Vorgänge das statische Moment.»[36] Von der Seite des Akts her gesehen erscheint etwas Ähnliches: «Der Leistungssinn des Urteilsaktes besagt etwas Abgeschlossenes, Fertiges, Endgültiges. Das Subjekt ist in ihnen und durch sie aller sinnhaften Spannungszustände entledigt.»[37] Es handelt sich für das Subjekt im Urteil um eine «Haltgewinnung».[38] Das Fragen dagegen «stellt etwas bereit, schafft einen Gehalt, der in der Möglichkeit stehen soll, Urteilsgehalt zu werden».[39]

Ein Schlüsselwort von Heideggers Denken ist gefallen, das uns auf diesen Seiten immer wieder begegnen wird: *Möglichkeit*. Und so lautet die Schlussfolgerung am Ende der kleinen Abhandlung: «Das Wunschmoment im Aktsinn der Frage bringt es mit sich, dass die Frage etwas Unabgeschlossenes, ein über sich selbst hinaus weisendes Gebilde ist; sie hat in sich keinen eigenen Halt, so dass man nicht mit

Unrecht sagt: eine Frage ‹schwebt›. Die Frage ist ein teleologisches Gebilde. Die Urteilsakte der Entscheidung geben dem Subjekt eine gewisse Vollendung, lassen es durch das Leben im transzendenten geltenden Urteilssinn zur Ruhe kommen, ‹heben› es gleichsam auf. Fragend dagegen lebt das Subjekt in einem gewissen Spannungszustand; es strebt nach Vollendung, Ruhe in der Antwort.»[40]

So ist die Frage im Bereich der Erkenntnis als das eigentlich bewegende Moment erwiesen. Für einen Philosophen, ja für einen Wissenschaftler überhaupt ist dieses Energetische entscheidend, diese Intensität in der Fähigkeit, Probleme und Fragen zu formulieren. Fragen können erschüttern. Für Heidegger war aber die Frage auch in einem sehr persönlichen Sinne das Zentrum: Seine eigene intellektuelle Biographie mit dem scharfen Übergang von der Theologie zur Philosophie musste dem Akt des Fragens die höchste Bedeutung zuschreiben.

Heideggers Schüler Hans-Georg Gadamer hat in seinen Erinnerungen den Kern dieser Energie getroffen. Er spricht von dem «atemberaubenden Wirbel von Fragen», als der sich ihm Heideggers Art des Lehrens dargestellt habe: «Was er gab, war (...) der volle Einsatz der ganzen Kraft – und welcher genialen Kraft – eines revolutionären Denkers, der vor der Kühnheit seiner sich immer stärker radikalisierenden Frage selbst förmlich erschrak und den die Leidenschaft des Denkens so erfüllte, dass sie auf sein Auditorium mit einer durch nichts zu brechenden Faszination überging.»[41] Gadamers Weiterentwicklung der Hermeneutik konnte hier anknüpfen. Man verstehe einen Text, sagt er, wenn man die Frage rekonstruieren könne, auf die der Text eine Antwort gibt. Das kommt erkennbar aus Heideggers Schule, nur dass Gadamer daraus die Konsequenz einer Philosophie des Gesprächs zieht. Heideggers wilder, radikaler Impuls wird zivilisatorisch rückgebunden an die Gespräche Platons und die Fragen des Sokrates, an die humanistische Überlieferung. «Logos» bedeutet für Gadamer: das Gespräch.

Am 27. Juli, gut zwei Wochen nach dem Vortrag über die Frage, hält Heidegger seine Probevorlesung: «Der Zeitbegriff in der Geschichtswissenschaft». Schon hier stoßen wir auf die Frage nach der Geschichte. Sie wird allerdings nicht freihändig oder religiös oder literarisch und schon gar nicht subjektiv-improvisierend erörtert, sondern in ausgesprochen strenger Orientierung an der Wissenschaft oder vielmehr den Wissenschaften. Diese werden vorausgesetzt, und zwar in ihrer aktuellen, ganz und gar gegenwärtigen Gestalt. In den Naturwissenschaften, die Heidegger kontrastierend untersucht, ist zwar Galilei die Grundlage, vor allem aber wird die Zeitauffassung der modernen Physik in den Forschungen von Max Planck und Einstein dargelegt. In der Geschichtswissenschaft ist einer der Zeugen der Althistoriker Eduard Meyer, dann folgen Johann Gustav Droysen und Ernst Troeltsch.

Auch diese Abhandlung will *logisch* verstanden werden: «Die Herausstellung der logischen Grundlagen der Forschungsmethoden in den Einzelwissenschaften ist (...) eine Angelegenheit der Logik als Wissenschaftslehre. Diese kann nun im folgenden nicht in ihrer Ganzheit entwickelt werden; vielmehr wird eine bestimmte Einzelkategorie (logisches Grundelement) – der Zeitbegriff – ausgewählt und seine Struktur geklärt.»[42] In der Physik stellt sich das Problem so dar: *«Die Funktion der Zeit ist es, Messung zu ermöglichen.»*[43] Die Zeit hat hier einen «homogenen, quantitativ bestimmbaren Charakter».[44] Die sinnlich-anschaulichen Qualitäten des definierten Phänomens seien dabei «ausgelöscht und ganz in das Mathematische gehoben».[45]

Anders in der Geschichtswissenschaft: «Frage ich nach dem Wann eines *historischen* Ereignisses, so frage ich nach der Stelle im *qualitativen historischen* Zusammenhang, nicht nach einem Wieviel.»[46] Die Jahreszahlen der Geschichtsschreibung interessieren nicht als Quantum, sie sind Verdichtungen von Leben. Dies unterscheidet sie von der Zeit in der Naturwissenschaft: «Die ‹leitenden Tendenzen› [ein

Bezug auf Leopold von Ranke] eines *Zeitalters* sind richtunggebend für dessen Abgrenzung gegen ein anderes. Der Zeitbegriff in der Geschichtswissenschaft hat somit gar nichts von dem homogenen Charakter des naturwissenschaftlichen Zeitbegriffes. Die historische Zeit kann deshalb auch nicht mathematisch durch eine Reihe ausgedrückt werden, da es kein Gesetz gibt, das bestimmt, wie die *Zeiten* aufeinander folgen.»[47]

Jetzt hat Heidegger erstmals feste Kriterien dafür gewonnen, was es heißt, «die Zeit zu sagen». Anders ausgedrückt: Er hat in dem damals geführten Methodenstreit zwischen Natur- und Geisteswissenschaften, zwischen «Erklären» und «Verstehen» eine eigenständige, rein aus dem Begriff der Zeit entwickelte Position bezogen. Und wir sehen ihn zum zweiten Mal – nach dem Psychologismus-Streit – mit einer eigenen, artikulierten, argumentativ durchgeformten Ansicht schon als Mittzwanziger im Zentrum einer philosophischen Debatte seiner Zeit.

Die frühen Schriften enthalten in der Form der bestimmten, konturierten gegenseitigen Absetzung der Problembezirke die Konstellation von Heideggers späterem Werk: Die Fragen nach der Wahrheit und nach dem Status des «ist», also des Seins, der «Wirklichkeitsweise» der Geltung und des Sinns im Unterschied von der des natürlichen Existierens werden in der Dissertation behandelt. Der detailliert aufgefächerten und feinkörnigen Betrachtung von Sein und Sprache widmet sich die Habilitationsschrift; der Akt der Frage als solcher wird zum Thema in dem Vortrag bei Rickert, schließlich der Zeit- und Geschichtsbegriff nun ausdrücklich in der Probevorlesung. Alles, was folgt, läuft darauf hinaus, diese Sphären und Problembereiche einander anzunähern, ja sie zu verschmelzen. Den Punkt, an dem diese Kernschmelze stattfindet, nennt Heidegger seit Mitte der dreißiger Jahre «das Ereignis».

Aber wir können die frühen Schriften auch aus einer Außenperspektive betrachten. Sprache und Geschichte waren auch die beiden Brennpunkte der philosophischen Ellipse im Denken von Walter Benjamin. «Ich habe das Buch von Heidegger über Duns Scotus gelesen», meldet er an seinen Freund Gershom Scholem. «Es ist unglaublich, dass sich mit so einer Arbeit, zu deren Abfassung *nichts* als großer Fleiß und Beherrschung des scholastischen Lateins erforderlich ist und die trotz aller philosophischen Aufmachung im Grunde nur ein Stück guter Übersetzerarbeit ist, jemand habilitieren kann. Die nichtswürdige Kriecherei des Autors vor Rickert und Husserl macht die Lektüre nicht angenehmer. Philosophisch ist die Sprachphilosophie von Duns Scotus in diesem Buch unbearbeitet geblieben und damit hinterlässt es keine kleine Aufgabe.»[48] Und anlässlich der Abhandlung über den «Zeitbegriff in der Geschichtswissenschaft» schrieb Benjamin an denselben Adressaten, der Aufsatz dokumentiere «in exakter Weise (...), wie man die Sache *nicht* machen soll».[49]

Sprache und Geschichte in ihren konkreten Verbindungen machen das aus, was wir Geisteswissenschaften nennen. Deshalb wurden Martin Heidegger und Walter Benjamin die beiden gegenstrebigen Gründergestalten der neueren Geisteswissenschaften. Ein Unterschied liegt im Habitus und im Stil der Argumentation. Benjamins Gedanken zur Sprachtheorie – «Über Sprache überhaupt und über die Sprache des Menschen», wie eine seiner Abhandlungen betitelt ist – beziehen sich an keiner Stelle auf irgendeinen wissenschaftlichen Vorläufer, auf eine akademische Diskussion, eine Sprachtheorie oder Ideen der Sprachwissenschaft; sein einziger Referenztext ist die Bibel. Sein Habitus ist nicht universitär, und der diskursive «Ort», von dem aus er schreibt, ist kaum identifizierbar. Adorno spricht es auf seine Weise aus: «Was Benjamin sagte, klang, als ob es aus dem Geheimnis käme.»[50] Seine Thesen «Über den Begriff der Geschichte» beziehen sich auf den historischen Materialismus, auf Marx, dann auf Anekdotisches wie den Schachautomaten, in dem verborgen ein Zwerg agiert, oder ein Kunstwerk wie Klees «Angelus Novus». Wieder gibt es keinen Bezug auf die Geschichtswissenschaft, dafür aber ist der Kontext klar: Es ist die «kämpfende, unterdrückte Klasse».[51]

Für Benjamin war die Universität nach der gescheiterten Habilitation in Frankfurt verschlossen. Heidegger aber hielt 1933 als Rektor der Universität Freiburg seine Rede «Die Selbstbehauptung der deutschen Universität».

4. KAPITEL

Elfride Petri, das «Seelchen»

Elfride Petri, am 3. Juli 1893 im sächsischen Leisnig geboren als Tochter des Hauptmanns Richard Petri und dessen Frau Martha, evangelisch getauft, war, anders als Heidegger, vertraut mit den europäischen Hauptstädten Paris (1908 mit den Eltern besucht) und London (Sommer 1909, allein). Sie hatte eine Lehrerinnenausbildung abgeschlossen und engagierte sich während des Ersten Weltkriegs sofort im Nationalen Frauendienst. Dieser war von der deutschen Frauenbewegung ins Leben gerufen worden, als weibliches Gegenstück zum Frontdienst der Männer. Gertrud Bäumer, die große bürgerliche Frauenpolitikerin, mit der sich Elfride, ebenso wie ihre und Heideggers Vertraute Elisabeth Blochmann, später gut befreundete, war die Initiatorin. Aber nicht die eigentliche Kranken- und Verwundetenpflege sah man als Aufgabe: Die blieb dem Roten Kreuz. Alice Salomon schrieb damals in diesem Sinne: «‹Wir wollen dienen, gleich wie auch ihr dienet.› Das ist nicht nur der Ausdruck unseres Empfindens im Kriege. Das ist stets das Leitmotiv aller modernen Frauenbestrebungen gewesen.»[1] Gertrud Bäumer, an der sich Elfride Petri orientierte, gehörte zu den geistigen Führerinnen der Konservativen in der deutschen Frauenbewegung. Sie war eine engagierte Gegnerin einer Reform der Abtreibungsgesetze.[2] Im Ersten Weltkrieg sprach sie von einer Verwandlung der deutschen Frauenbewegung in einen «nationalen Frauendienst»: «‹Heimatdienst› ist für uns die Kriegsübersetzung des Wortes Frauenbewegung.»[3] Wenn man von einem Feminismus bei Gertrud Bäumer sprechen kann, dann war er in der

Auffassung von der besonderen, unveräußerlichen Aufgabe begründet, die im eigenen Wesen der Frau ihre Wurzel habe. Dass eine Offizierstochter wie Elfride Petri ihr (und nicht linken, internationalistischen, «fortschrittlichen» Teilen der Frauenbewegung) nahestand, ist plausibel.[4]

Nachdem sie die Ergänzungsprüfungen zur Hochschulreife abgelegt hatte, begann Elfride Petri im Wintersemester 1915/16 das Studium der Nationalökonomie in Freiburg. Im Dezember 1915 belegte sie ein Seminar bei Heidegger über Kants «Prolegomena zu einer jeden künftigen Metaphysik, die als Wissenschaft wird auftreten können». Wir sehen eine gebildete, geistig hellwache und über Fachgrenzen hinaus interessierte, mehrsprachige moderne Frau, die als Tochter eines Offiziers auch weltklug gewesen sein muss. Heidegger und sie kommen ins Gespräch. «Als Elfride ein Referat halten soll», so berichtet ihre Enkelin Gertrud Heidegger, «bietet Martin ihr seine Hilfe dabei an und lädt Elfride ein, ihn zu Hause zu besuchen. Er wohnt zu dieser Zeit bei einer Tante in der Hohenzollernstraße 1.»[5] Heidegger ist weitab der Front zum Militärdienst verpflichtet; wie viele Intellektuelle wird er zur Postüberwachung eingezogen. Seinen Dienst leistet er in Freiburg ab.

Am 9. Dezember 1915 geht Heideggers erster Brief an sie: «Liebes Fräulein Petri!» Ein Gespräch hat stattgefunden, und sogleich ist klar, dass es mehr als ein Gespräch war. Heidegger sah, «wie Ihr Blick nachdenklich und ernst und beklommen wurde».[6] Er bedauert, dass er sie des Dienstes wegen «in einer qualvollen Unruhe» lassen musste, und ein paar Zeilen später korrigiert er sich schon, es ist ja nicht *ihre* Unruhe allein, die spürbar wurde, sondern ebenso die seine: «u. wenn wir uns in Unruhe bringen, dann ist es jene, der gegenüber Worte ohnmächtig bleiben». Taktvoller kann man eine solche Situation nicht beschreiben: Man sagt *alles*, aber man sagt es in einer Sprache der Seele; deutlich, aber ohne eine junge Frau mit Provokationen zu erschrecken. Der Denker dankt ihr für die «nachdenklichen Stunden», es müssen also mehrere gewesen sein, man konnte sich nicht voneinander trennen. Sie hat ihn verstanden: «Ich fühlte es mit Ergriffenheit, wie meine Gedanken in ihrer aufhorchenden Seele weiterschwangen – es liegt wie eine Weihe seitdem in meinem Studierzimmer – und ihr schlichter Dank – Gott, es war alles so tief ursprünglich – dass mir diese Stunden unvergesslich bleiben.»[7]

Bei den Gesprächen ging es nicht mehr um Kant und die «Prolegomena», vielmehr muss Agnes Günthers 1913 erschienener Roman «Die Heilige und ihr Narr» eine Rolle gespielt haben. Die Hauptprotagonistin, eine Prinzessin, erhält darin den Kose- und Ehrennamen «Seelchen», mit dem auch schon ihre Rolle umschrieben ist.[8] Bereits in seiner Habilitationsschrift hatte Heidegger an die Gefühlsnähe der sprachlichen Verkleinerungsformen gedacht: «Neben die Patronymica ordnet Duns Scotus die *Diminutiva* und bestimmt ihre Bedeutungsform dahin, dass sie den durch sie auszudrückenden Gegenstand in *‹verkleinerter Form›* meinen. Statt ‹Blume› – ‹Blümlein›, statt ‹Stein› – ‹Steinchen›. Es ist gewiss richtig, dass dieser Sinn in den Diminutiva liegt, aber er dürfte mit dieser gleichsam quantitativen Charakteristik nicht erschöpft sein. Wir gebrauchen Diminutiva zum Ausdruck der Freude, des Scherzes, des Zartgefühls, der Zuneigung usf.»[9] Jedenfalls verbinden sich mit dem Diminutiv «seelische Stimmungen, Gefühlsakte»[10] und nicht nur Verminderungen der räumlichen Ausdehnung. Und deshalb lesen wir am Schluss dieses ersten Briefes: «Ich brauche Ihnen nicht zu begründen, dass Sie kommen *sollen* – ‹Seelchen›.»[11]

Am Tag darauf verfasst Heidegger das Gedicht «Meinem Seelchen».[12] «Und Gedanken aus der Stille steigen, / wie aus dem bergverborgnen Dorfe her / der Stundenschlag … // und die erdgelöste Seele sucht ein eigen / Land, wo keine Grenzen, keiner Zeiten Wiederkehr, / das ohne Wandertag … / und wie im Schauer müdgespielter Geigen / stirbt der Wunsch, und jede Lust wird schwer / im Wellenschlag … / und sinkt – nur Seele will sich neigen / zu Seele wie aus Ewigkeiten her / zum Liebestag –» Sie sind seit Ewigkeiten irgendwie verbunden, das ist das natürliche Empfinden in jeder großen Liebe, aber der eigentliche Liebestag soll erst kommen, er ist das Ziel, das letzte Wort, und ihm folgt kein Punkt, sondern ein Gedankenstrich, der sagt: Hier ist etwas Unausgesprochenes, selbst im Gedicht nicht Auszusprechendes. Gerade genug, dass der Strich darauf hindeutet und dass die Worte «Wunsch», «Lust» und «Schauer» es andeuten. Vergessen wir dabei nicht, dass das Gedicht mit den «Gedanken» (und dem «Stundenschlag»!) beginnt, wie auch schon der erste Brief von Gedanken und dem gemeinsamen Nachdenken sprach. So erklärt ein Philosoph seine Liebe.

Im zweiten Brief, wenige Tage später geschrieben, gilt schon das «Du», den ersten Kuss muss man sich dazudenken: «Komm, Seelchen, und ruh Dich aus an meinem Herzen, ganz tief und ewig lang will ich in Deine Mädchenaugen schauen und Dir *danken.*»[13] Wie in dem Gedicht beschreibt Heidegger seinen Zustand mit dem Wort «Schauer», das heftigste Empfindungen vermuten lässt: Seine Seele sei «durch alle Schauer des Zweifels hindurchgepeitscht», «Schauer der Ewigkeit» jagten ihm «wild durch die Seele».[14] Aber die lyrischen Idealisierungen nehmen in diesem Brief überhand. «Warum musste ich mich, als ich Dein engelreines, märchendurchsonntes, kinderseligkeitstrunkenes Gedicht gelesen, niederwerfen u. meine Augen schließen?»[15] «Und diese hohe, feierliche, überzeitliche Sendung», fährt er fort (gemeint ist seine Philosophie), «ist nun in die Engelshände der ‹Heiligen› gelegt, die ganze Flut tiefsten Erlebens umströmt das harte Ringen – die Rosen streut das Seelchen auf den steilen Bergpfad zu den ragenden Firnen reiner Erkenntnis u. seligsten Erlebnis in diesen beiden Menschenkindern, die Gott ihre Wege führte, seinen unerforschlichen, bis sie plötzlich vom heiligen Drang durchschauert sich fanden: diese beiden werden ein Glück sich bauen, in dem Geist, Reinheit, Güte zusammenrauschen u.

überströmend sich ergießen in die schmachtenden Seelen derer, die dürsten –»[16]

Heidegger deutet hier die Liebe als ein gemeinsames, auch pädagogisches Projekt. Nicht er allein ist der Denker, sondern sie soll dabei sein, auch sie steht – eben als «Seelchen» – im Zusammenhang der großen Aufgabe, er braucht sie dazu. Das ist Werbung, aber vielleicht nicht nur. Bei bloßen Seelensteigerungen kann es allerdings für einen Mann von fünfundzwanzig Jahren nicht lange bleiben, sonst wird er böse oder krank. Zwar schreibt er ihr von einer Zweisamkeit, «wo alles nur heilig ist u. alle Finsternis verbannt bleibt»,[17] aber ganz glauben mag man es nicht.

Am 1. Februar 1916 verkündet Heidegger: «Ein hochwertiges Leben steht mir bevor.»[18] Und am 5. März: «Das Leben war zu mir gekommen – u. es war ein Aufleuchten dieses Lebens, wie ich Euch beide frisch-sonnige Menschenkinder zur Bergfahrt begleiten durfte.»[19] Dazwischen ist etwas geschehen, wir erfahren es aus seinem Brief vom 10. Februar: Elfride hat ihn mit ihrem «heiligen Opfer»[20] überwältigt. «Das macht mich so klein u. arm.» Sie hat ihm «etwas in die Seele gesenkt, etwas Unerreichbares – Fruchtbares – ein neuer Quell des Erlebens ist hervorgebrochen u. an seinen Wassern werde ich nie den heiligen Durst nach Lebensfülle löschen, weil er ewig ist, u. weil dieser Quell seine Fülle nur denen schenkt, die Gottbegnadigt sind – u. wir leben doch immer in Gegensätzen – u. doch – so rastlos, lebendig, glutend u. selig hab ich noch nie erlebt: die Gegensatzlosigkeit, des Insich zur Ruhe kommen – das So-ganz – Ausruhen-können – ich schreibe ja nur Worte u. komme noch gar nicht zu dem, was in mir lebendig ist – aber jeden Tag werde ich ihm näher kommen, u. diese große keusche Stunde tiefer so wie ichs erlebe auch deuten – denn ich strebe immer zum Sinn – zur Philosophie – Und wie kam *alles* nur, so vornehm, zart, hingebend, andachtsvoll – u. alle Dinge voll Schönheit u. Zauber – Seelchen, dass ich schauen durfte, wie Du Dich ankleidest, ich weiß es heute noch nicht zu deuten all das

Klingen u. Läuten, all die Schönheit, die um Deine Gestalt dabei schwebte u. in meine Seele sich weiterwiegte – Du musst Deinem Bub verzeihen, er wird nicht so leicht, nein gar nie fertig, mit diesen unseren schönsten, geheimnisvollsten Erlebnissen – u. Du hast jene Seele der Frau, aus der alles geboren wird voll Schönheit, so dass jedesmal alles in einer Fülle aufleuchtet – u. uns in die Alltäglichkeit und Gewöhnung etwas ertötet.»

Ein einziger Satz! Die normale, alltägliche, vernünftige Gliederung der Prosa ist außer Kraft gesetzt. Am Ende spricht Heidegger noch von den «heiligen Dingen» und unterzeichnet als «Dein/selig verwirrter/Bub». Er erfährt eine Lebenssteigerung, die vital und mystisch zugleich ist. Ein Aufleuchten ist da, eine Befruchtung durch den Quell, eine Gottesnähe, er glüht, er ahnt einen Sinn, und das ist nun weitaus realer, näher am eigenen Erleben und Können als die Engel-Litaneien der früheren Briefe. Dies und nichts anderes, dieser ersehnte «Liebestag», befreit Heidegger zu seiner eigenen Sprache, zu seinem eigenen Weg. Er ist dem Schuldialekt der Philosophie nicht mehr ausschließlich verpflichtet, sondern der Sprache einer Lebensintensität auf der Spur.

Am 5. März, also noch keinen Monat nach ihrem «Opfer», schreibt Heidegger an Elfride: «Ich weiß heute, dass es eine Philosophie des lebendigen Lebens geben *darf* – dass ich dem Rationalismus den Kampf bis aufs Messer erklären *darf* – ohne dem Bannstrahl der Unwissenschaftlichkeit zu verfallen – ich *darf* es – ich *muss* es – u. so steht heute vor mir die Notwendigkeit des Problems, wie ist Philosophie als lebendige Weisheit zu schaffen u. als Schöpfung der Persönlichkeit wert u. machtvoll.»[21] Nichts Abgelöst-Überirdisches mehr! *Er* ist es, der da spricht, kühner und selbstbewusster als je zuvor, mit dem höchsten Anspruch; und er weiß von Problemen, die kein anderer auch nur ahnt. Lebensbezug ist es, was die Philosophie bringen soll, «Liebe zur Weisheit» also in Gestalt der «lebendigen Weisheit». Als er seine Habilitationsschrift für den Druck überarbeitet, schreibt er im Vorwort, das auf den September 1916 datiert ist, vom «schöpferischen Gestalten der Probleme aus dem starken persönlichen Erlebnis».[22] Man möchte von einer Selbstcharismatisierung sprechen. Da äußert sich nicht irgendein Akademiker. Er hat eine Aufgabe, an der das Schicksal der Philosophie hängt, und vielleicht mehr: «Wir dürfen unseren jungen Helden, wenn sie hungrig aus dem Kampffeld zurückkommen nicht Steine statt Brot geben, nicht unwirkliche u. tote Kategorien, nicht schattenhafte Formen u. blutleere Schubfächer um das rationalistisch zerriebene Leben fein säuberlich darin aufzubewahren und vermodern zu lassen.»[23]

An seinen Lehrer Heinrich Rickert, dem er die Habilitationsschrift widmet, schreibt Heidegger am 28. November 1916 im Begleitbrief zu einem Exemplar des nun gedruckten Bandes: «Das neugeschriebene Schlusskapitel dürfte Sie besonders interessieren.»[24] Tatsächlich enthält dieses Kapitel die entscheidende Erfahrung dieses Jahres. Der jubelnde Ton der Elfride-Briefe ist auch hier zu vernehmen, wenn Heidegger seine letzten Absichten offenbart: Er will eine «Philosophie des lebendigen Geistes, der tatvollen Liebe, der verehrenden Gottinnigkeit»[25] vorbereiten. Der lebendige Geist ist der bewegende. Nicht eine vereinzelte Aufgabe schwebt ihm vor, sondern ein ganzes Feld. Erstens müsse die Logik selbst aus einem «translogischen Zusammenhang» gedeutet werden.[26] Zweitens gehe es um einen Begriff von «sinnvoller und sinnverwirklichender lebendiger Tat», nicht um biologisch blinde Tatsächlichkeit. Und nun folgt die eigentliche Pointe: *«Der lebendige Geist ist als solcher wesensmäßig historischer Geist im weitesten Sinne des Wortes.»*[27] «Historisch»: das heißt schon fast «Sein und Zeit». Deshalb geht es um das «Problem des Verhältnisses von Zeit und Ewigkeit» und darum, aus der Zeitkrankheit einer Lebensgestaltung in bloß *«inhaltlich flüchtiger Breite»* herauszufinden.[28] «Gottinnigkeit» meint nicht mehr ein katholisch gebundenes Leben, auf das Heidegger sich einmal vorbereitet hatte, das aber in einem Bund mit der evangelischen Elfride endgültig unmöglich geworden war, sondern eine Klärung der Religion in der «faktischen Lebenserfahrung», wie er es später nennen wird und in frühen Vorlesungen über Paulus, Augustinus und die Mystik darzulegen versucht. Er will nicht irgendeine Erkenntnistheorie, sondern die *«eigentliche Optik»* der Philosophie: *«die Metaphysik».*[29] Kurz und dramatisch gesagt: den *«Durchbruch* in die wahre Wirklichkeit und wirkliche Wahrheit».[30]

Das Schlusskapitel endet mit Pauken und Posaunen. Denn nun wird der Ausblick eröffnet auf die «große Aufgabe einer prinzipiellen Auseinandersetzung mit dem an Tiefe, Erlebnisreichtum und Begriffsbildung gewaltigsten System einer historischen Weltanschauung, als welches es alle vorausgegangenen fundamentalen philosophischen Problemmotive in sich aufgenommen hat, mit Hegel.»[31] Platon, Kant ... und jetzt komm ich, Privatdozent der Philosophie, gerade siebenundzwanzig Jahre alt geworden. Vorhang.

5. KAPITEL

Ehemann und Privatdozent

Heideggers Eltern sind nicht nur in ihrem Glauben katholisch, und dieser bleibt keine innerseelische Angelegenheit. Die Bindung an die Kirche ist der eigentlich strukturierende Teil ihrer Lebensform. Mit tausend praktischen Fäden sind sie an die Kirche gebunden, zudem haben sie in der Krise zwischen der Kirche und den Altkatholiken ihre Rom-Treue bewährt. Ihr alltägliches Leben ist mehr als das anderer Laien in den Kreis des heiligen Jahres verwoben. Das betrifft nicht nur den Glockendienst. Die Stellung des Mesmers schließt das Bereitlegen der priesterlichen Messgewänder und der Predigttexte vor der Messe ein, das Anzünden der Kerzen, Hausmeisterdienste in der Kirche. In ähnlicher Weise hatte Heideggers Mutter ihren Ort gefunden. Zu ihrem Namenstag am 22. Mai schreibt ihr der Sohn 1922, die schönste Freude könne sie sich selbst bereiten: «denn der Mai ist der Monat, wo Du in der Sorge für den Dienst in der Kirche Dein Bestes geben kannst. Der Blumenschmuck des Maialtars und das Schmücken selbst war Dir immer mehr als ein äußerliches Zurechtmachen. Dein Überlegen, wie Du nun die Blumen am schönsten ordnen solltest, ist immer die Sorge, der Maienkönigin den reichsten Schmuck zu spenden. Und ich wünsche von Herzen, daß Du diese Maienfreude noch recht oft für Dich haben kannst.»[1]

Dies alles bedeutet aber, dass das Heilige für Heidegger stets mit der Idee eines heiligen Ortes verbunden war, mit einer ausgezeichneten Stätte. Wie seine Eltern primär wohl nicht mit einem Dogma verbunden waren, sondern mit einem Hier dieser konkreten Kirche und einem Jetzt der Gebetszeiten und des Festkalenders, so war es Heidegger viel später, in seiner Abhandlung über den «Ursprung des Kunstwerkes», ein Hauptanliegen, Gott, Tempel und Gegend in seiner Auslegung der griechischen Kunst zusammenzudenken. Es gibt keine «reine» Heiligkeit, sondern nur eine, die auf der Erde ruht und diese aus der Umgebung ebenso heraushebt wie sie von ihr gleichsam hervorgerufen und begünstigt wird. Auch das Kreenheinstettener Denkmal für Abraham a Sancta Clara gewinnt seinen Sinn, wenn man Heidegger folgt, aus dem Zusammenspiel mit der regionalen Landschaft. Immer dann, wenn Heidegger von Erde und Gegend spricht, darf man nicht ein primitives Denken von «Blut und Boden» voraussetzen, sondern immer neue Versuche, der elterlichen Lebenspraxis gedanklich zu entsprechen.

Max Müller hat aus Heideggers späteren Jahren eine bezeichnende Szene überliefert: «Auf den Wanderungen, die ich zusammen mit ihm machte, haben wir auch manchmal Kirchen und Kapellen besucht. Zu meinem tiefen Erstaunen nahm er Weihwasser und machte eine Kniebeuge.»[2] Als der Jüngere eine Inkonsequenz darin sehen will, dass Heidegger sich von den Lehren der Kirche entfernt habe – «Für Sie ist Christus doch nicht im Altar» – und dennoch den Bräuchen folgt, wird er von dem Älteren belehrt: «Geschichtlich muss man denken. Und wo so viel gebetet worden ist, da ist das Göttliche in einer ganz besonderen Weise nahe. Wie Sie nun auch die Gestalt deuten, ich würde meinen, das Göttliche war auch einmal in der Gestalt Christi ungewöhnlich nahe. Heute ist es wohl so nicht mehr. Aber eine solche Kirche jahrhundertealter Verehrung ist ein Ort, wo man Ehrfurcht haben muss.»[3]

«Ein Ort» – es gibt keine Frömmigkeit ohne ihn. Das ist die Lehre, die Heidegger von seinen Eltern übernahm. Ihre Erwartungen mussten darauf gehen, dass auch der erstgeborene Sohn diese im Lebensrhythmus gründende, nicht nur erdachte Frömmigkeit zu seiner Sache machen werde – und diese Erwartungen waren mit der anfänglichen Entscheidung zum Priestertum sogar noch übertroffen worden, wenn auch nur für Augenblicke. Schon die Entscheidung für die Philosophie war eine Abbiegung.

Martin und Elfride, seit Dezember 1915 ein Liebespaar, wissen bald, dass sie zusammengehören, spätestens seit dem, was er im Februar 1916 ihr «heiliges Opfer» nennt.[4] Schon in einem Brief vom Januar 1916 hatte er ihr so entschieden wie idyllisch ein gemeinsames Familienleben ausgemalt: «Was werden wir für wundervolle Winter erleben, wenn der weiße Lichtschein vom Schnee draußen uns ins Zimmer fließt u. wir den wirbelnden Flocken in losgelöster stillfreudiger Ruhe u. glücklicher Geborgenheit nachschauen (...) u. wenn unser kleiner Bub mit seinen Fingerchen am Fenster klopft u. seine Augensterne – *Deine* lieben bergseelichen Augen aufleuchten.»[5]

Er ist sechsundzwanzig Jahre alt, will nicht mehr warten. Beide sind sich einig, am 6. März «hält Martin brieflich bei Elfrides Vater um ihre Hand an».[6] Ihre Eltern in Wiesbaden reagieren wohlwollend, weniger erfreut zeigt man sich in Meßkirch angesichts einer Protestantin. Heidegger besucht seine Eltern und schreibt am 3. April an Elfride, er habe nun Klarheit über deren Schweigen gewonnen: «Sie sind noch nicht darüber hinweg, dass wir verschiedener Konfession sind; Du darfst darüber aber nicht betrübt sein – meine Eltern denken hier eben in ihrer Art u. Du brauchst keine Sorge haben, dass ich nicht der Sache in aller Ruhe und Güte Herr werde, wenn auch der Widerstand nicht klein ist – ich rechnete damit eigentlich gar nicht, weil ich selbst natürlich alles von anderen Gesichtspunkten sehe. Nun musst Du mir aber auch gehorchen u. darfst Dich nicht etwa quälen u. ängstigen über diese Episode.»[7]

Das war allzu optimistisch gedacht, die Hindernisse scheinen sich nun erst recht aufzutürmen. Heidegger weiß, dass Elfride bald heiraten will, er bittet um Geduld. Zwischen ihnen beiden könne die «Konfessionsfrage» kein ernsthaftes Problem sein, er «glaube überhaupt nicht, daß wir irgendwie von einander abweichen».[8] Wegen der Widerstände seiner Eltern aber schiebt er den geplanten und an sich selbstverständlichen Besuch bei Elfrides Eltern in Wiesbaden hinaus – die nun ihrerseits ungehalten sind und ihrer Tochter den Kontakt mit Martin, wenn auch vergeblich, untersagen.[9] Sie steht zu ihm, am 26. April dankt er ihr dafür «aus innerstem Herzen».[10] Allerdings wird ihm aus ihrem Verhalten bald klar, dass es jetzt nicht ewig weiter stocken darf. Einen gewissen Druck muss sie ihm gemacht haben, wenn wir seinen Brief vom 18. Juni 1916 richtig verstehen: «Ich weiß nicht, was Dich plötzlich so traurig machte – jedenfalls bin ich Schuld daran u. bitte Dich herzlichst um Verzeihung – ich war tatsächlich nicht im geringsten disponiert für die Dinge, worüber Du Klarheit haben wolltest, da ich den ganzen Nachmittag Hegel arbeitete, der mich zwar auch noch zum Urteil führte, aber in ganz andre Zusammenhänge. Sei mir nicht böse, ich will sehen, daß ich Dir Klarheit geben kann morgen.»[11]

Heideggers Freund Ernst Laslowski lehnt Elfride ab. Ein anderer Freund, Heinrich Ochsner, bleibt, obwohl katholisch, ihr gegenüber aufgeschlossen. Heidegger fühlt sich überfordert: «Noch einmal bitt ich Dich, mein Teuerstes, glaube meinem Innersten u. meiner Liebe zu Dir – aber erlass mir jetzt die Erinnerungen an alles – sonst müsste ich vielleicht eine entscheidende Hemmung in meinem sowieso erzwungenen Schaffen erleben – das Semester mindestens lass mich zu Ende führen (…) Tu es der Sache zulieb, an die ich gebunden bin, nachher wollen wir mit allem aufräumen.»[12] Er schildert sich Anfang Juli als einen «Ringenden», und, mit großer Selbsteinsicht, als einen Mann, der «in metaphysischer Hinsicht» zwar Reife und Sicherheit besitze, nicht aber «im natürlichen Leben – vielleicht, weil ich von jeher wenig mit Menschen zusammenlebte, verkehrte, Gedanken austauschte».[13] Wieder gelingt es ihm, das Eis zu brechen; am 4. Juli dankt er ihr «innigst» für einen «lieben Brief». Auch ihr Kuchen «hat sehr gut geschmeckt».[14]

Im August verloben sich Heidegger und Elfride Petri auf der Bodenseeinsel Reichenau – es war das nächste gerade noch erschwingliche Ziel, das dem Ereignis eine malerisch-romantische Atmosphäre gab, mit Türmen, Fachwerkhäusern, mittelalterlicher Altstadt und silbernem Mondlicht. Elfrides Freundin Gertrud Mondorf begleitete als «Anstandsdame» das Paar.[15] Martins Eltern hat man glaubhaft machen können, Elfride werde bald zum katholischen Glauben konvertieren.

Heidegger hält den Augenblick in dem Gedicht «Abendgang auf der Reichenau»[16] fest, das die ruhige Liebesluft dieser Tage enthält:

Seewärts fließt ein silbern Leuchten
zu fernen dunkeln Ufern fort,
und in die sommermüden, abendfeuchten
Gärten sinkt wie ein verhalten Liebeswort
die Nacht.
Und zwischen mondenweißen Giebeln
verfängt sich noch ein letzter Vogelruf
vom alten Turmdach her –
und was der lichte Sommertag mir schuf
ruht früchteschwer
aus Ewigkeiten
eine sinnentrückte Fracht –
mir in der grauen Wüste
einer großen Einfalt.

Auffallen mag die Formulierung «ein verhalten Liebeswort». Es sagt das Höchste überhaupt – die Liebe –, aber zugleich ist dieses Wort von einem Schweigen und einer Scheu wie von einem Hof umgeben. Ausschweifende Oratorik ist ihm fremd. «Verhaltenheit» wird später zu einem Ideal-Habitus in Heideggers Denken, geradezu die «Grundstimmung des Denkens».[17] «Die Verhaltenheit ist die stärkste und zugleich zarteste Bereitschaft des Daseins für die Er-eignung», heißt es Mitte der dreißiger Jahre.[18]

Martin und Elfride lesen in den Tagen auf Reichenau gemeinsam Meister Eckhart als ihren eigensten Schutzpatron einer überkonfessionellen Mystik für eine bikonfessionelle Ehe. Sie fahren abends mit dem Boot, machen Spaziergänge, einen Ausflug nach Konstanz. Ein Missgeschick ereignet sich, das weniger stabile Naturen als schlechtes Omen geschreckt hätte: Bei einer der Bootsfahrten rutscht Heideggers Ring vom Finger und fällt ins Wasser – an das «Ringlein im See» erinnert er sich später in einem kritischen Augenblick ihrer Ehe.[19] Das Paar hatte die goldenen Eheringe der Großeltern von Elfrides Mutter bekommen, nun muss ein neuer angeschafft werden. Er erhält die Gravur «Seelchen 1915 Bodensee 1916».[20]

Im Oktober verbringt Heidegger drei Tage in Wiesbaden bei Elfride und ihrer Mutter, der Vater ist dienstlich in Leipzig. Aus Freiburg schreibt er an Elfride am 11. Oktober in den höchsten Tönen, was die Intensität seiner Arbeit angeht, aber der nächste Rückschlag steht bevor: Den Lehrstuhl für katholische Philosophie, auf den er gehofft hatte, erhält der Privatdozent Heidegger nicht. Damit entfällt die materielle Grundlage für eine baldige Hochzeit: Er ist noch nicht in der Lage, eine Familie zu ernähren.

Indessen verschärft sich die Krise im Deutschen Reich. Die britische Seeblockade macht sich empfindlich bemerkbar, «fleischlose Tage» werden amtlich eingeführt. Nudeln, Grieß, Kartoffeln werden rationiert – sie sind nur mit Lebensmittelkarten zu beziehen. 1916/17 kann von einem ersten «Hungerwinter» gesprochen werden. Judenfeindliche Einstellungen finden Gehör; für den 1. November 1916 wird im Heer die berüchtigte «Judenzählung» angeordnet. Selbst im Reichstag werden antisemitische Stimmen laut. In diese Zeit fällt die erste von Heidegger dokumentierte antisemitische Äußerung, über deren konkreten Anlass die Briefedition nichts sagt, die aber ganz der Zeitstimmung gerade in jenen Monaten entspricht. An Elfride

Gesten der Innigkeit: das Brautpaar 1916.

schreibt er am 18. Oktober 1916: «Die Verjudung unserer Kultur u. Universitäten ist allerdings schreckerregend u. ich meine die deutsche Rasse sollte noch so viel innere Kraft aufbringen um in die Höhe zu kommen. Allerdings das Kapital!»[21]

Was die Ernährung angeht, ist Heidegger auf die Hilfe seiner Eltern angewiesen, die Pakete schicken. «Wenn ihr mir etwas schicken könntet – Speck oder so etwas – wär ich sehr froh», bittet er.[22] An sie und seine Schwester meldet Heidegger am 1. März 1917: «Elfride und ich haben daran gedacht recht bald zu heiraten, ich wäre dann doch am besten versorgt und die ewige Wirtshauskost und überhaupt das Ungemütliche hätte ein Ende. Freilich bin ich noch Privatdozent.»[23] Die Geldmittel werden durchgerechnet; er hat die Kolleggelder und ein Stipendium der (katholischen) Görres-Gesellschaft. Elfride verdient als Lehrerin: «Wir könnten also schon ordentlich leben.»[24] Nun stellt er seine Eltern vor vollendete Tatsachen, Pläne für den Sommer sind schon gemacht. «Ich glaube nun fast, dass Euch die Sache etwas zu rasch ankommen wird. Jedenfalls möchte ich Euch bitten, mir zu sagen, wie Ihr Euch dazu stellt. Elfrides Eltern haben auch noch keinen Bescheid gegeben.»[25] Dann wieder macht er pragmatische Erwägungen stark: Direkt nach dem Krieg würde es mit einer Wohnung noch schwieriger werden als jetzt. Und in der Hauptsache – den Vorbehalten gegenüber einer «Mischehe» – vertröstet er die Eltern: «Und bezüglich der Konfession müssen wir mit Elfride Geduld haben. Ich meine, so ein Schritt ist nicht eine Sache von heute auf morgen. Und nur aus äußeren Gründen schnell übertreten, ist doch nicht in unserem Sinn und im übrigen auch wertlos.»[26]

Tatsächlich geht es jetzt so schnell, dass seinen Eltern keine Möglichkeit mehr für weitere Bremsmanöver bleibt. Das Paar heiratet, ohne die Eltern Heidegger ins Bild zu setzen, am 20. März standesamtlich in Freiburg, am Tag darauf findet die katholische Kriegstrauung in der Universitätskapelle des Freiburger Münsters statt, am 25. März werden Martin und Elfride von Pfarrer Lieber evangelisch in Wiesbaden getraut, die Mutter hat eine kleine Feier ausgerichtet, der Vater ist wiederum dienstlich unabkömmlich. Das frischvermählte Paar, so informiert uns Gertrud Heidegger, «bezieht zwei möblierte Zimmer in der Karlstraße, zu Mittag essen sie jeden Tag im Kolpinghaus».[27]

Zu ihrem Geburtstag im Juli 1918 verfasst Heidegger für Elfride eine Art Rechenschaftsbericht, überschrieben «Im ‹Du› zu Gott». Es ist die Beschreibung dessen, was sie in ihm bewirkt hat, was sich ereignete, und das ist das Ereignis selbst, nämlich die Aufkündigung des bloßen «Zustands» als Lebensform.[28] Was er bisher gelebt hatte, war ein verkrustetes «Leben in Meinungen», die ihm aber fremd blieben. «Ein Zustand verharrte so unverbunden neben einem

Dasein, beide sich mühend um das Recht der vollen Inanspruchnahme des unentwickelten Selbst.» Sein inneres Leben verharrt in «überkommenen Sätzen» und kann seinen eigenen Reichtum nicht ausschöpfen. Eine Scheinwelt bildet sich, gespeist aus den «nur mehr bildhaft zugänglichen Wirkungskräften eines versunkenen religiösen Zeitalters».[29] Die erste Wende bringt ihm ein im Intellektuellen bleibendes «modernes Problembewusstsein», aber auch hier droht die Erstarrung als «Gegenstand und Mittel überlieferter, eingefressener Dialektik».[30] Noch gibt es keinen «wahrhaften Aufbruch des Inneren», dieser erfährt vielmehr durch die Gegenkräfte eine «radikale Hemmung». Überschüttet ist er von wissenschaftlichem Stoff, der sich noch keinem ihn «wahrhaft ergreifenden Selbst geöffnet hatte».[31] Dies war ein Leben im «Zustand», das sich keine eigene Richtungsdynamik zutraute – das Wort sagt hier, dass das Bewusstsein nicht «vom ursprünglichen Leben eines echten Selbst genährt und gelenkt ist».[32] «Dem zuständlichen Menschen hat sich, so heftig er sich den Besitz eines wahren Selbst einredet, das wahre Ich verschüttet. (...) Der in gewisser Weise einheitliche Sinn jeder Zuständlichkeit entspringt nicht einer Sinngebung des personalen Bewusstseins von seinem echten Grunde her, sondern ist eine schlechte Einheitlichkeit, die den Charakter des Geschlossenseins der durchgängigen Abgespaltenheit vom Lebensgrunde verdankt. Es trägt alle Zuständlichkeit die Vortäuschung wahrhaften Seins bei sich und wird spät und schwer als überdeckende und lebenhemmende Schicht des Bewusstseins bloßgestellt.» Es handelt sich um eine «Vortäuschung wahrhaften Seins».[33] So war sein Leben in der Einsamkeit verlaufen. Aber dann kommt Elfride: «Zuständlichkeit wurde gebrochen durch Ursprünglichkeit (...). Das ‹Du› Deiner liebenden Seele traf mich. Das Erlebnis des Getroffenseins war der Anfang des Aufbruchs meines eigenen Selbst.»[34]

Das ist autobiographisch erzählt, und zugleich ist es das Programm einer Philosophie, der Heidegger sich widmen wird: eine Rettung der Bedeutungspotentiale, die in der Lebenspraxis selbst liegen und nur überdeckt sind von fremden Leitvorstellungen. Hier finden wir auch Heideggers Begriff des «Anfangs»: Eine neue Konstellation der Wahrheit und zugleich der Geschichte tritt auf. Wir werden auf dieses Wort vom «Anfang» zurückkommen, dem Heidegger 1941 ein ganzes Buch widmet. «Das Denken des Seyns als Anfang denkt vor in das Wesen des Seyns als Ereignis», heißt es dort.[35] Wir sind schon in dieser Gegend, wenn auch im begrenzten eigenen Leben des Schreibenden, der 1918 «historisches Bewusstsein» fordert und das «lebendige Sein» anders verstehen möchte als die Philosophen, nämlich als *«vertrauenden Glauben»*.[36] Man muss das «zu Gott» im Titels seines Rechenschaftsberichts ernstnehmen: Was Heidegger beschreiben will, ist nicht ein Abschied von Gott selbst, sondern ein neues Verhältnis zu ihm, das er zu finden sucht. Um die ganze Bedeutung des Wortes «Anfang» in seinem Werk auszumessen, muss man zu dem schlichten Anfang im eigenen Denken dieses Textes von 1918 den von 1941 legen, in dem der «andere Anfang» des Denkens schlechthin thematisiert wird. Dieser «wandelt das Menschen- und Götterwesen zumal. Nicht nur treten andere Götter an die Stelle der alten, sondern das Wesen der Gottschaft ist ein anderes.»[37] Wir werden gut daran tun, bei jeder gedanklichen Wendung Heideggers nicht nur den radikalen Neueinsatz zu betrachten, sondern auch die besondere Heraushebung einzelner Worte und Motive.

Ebenso deutlich wird, dass für Heidegger immer das eigene Denken im Mittelpunkt zu stehen hat. Mit den Worten «Und Gedanken» hatte sein erstes Liebesgedicht für Elfride begonnen. Er ist auf eine manchmal beklemmend konzentrierte Weise ein Denker, und selbst die von fern tagebuchähnlich erscheinenden «Schwarzen Hefte» sind primär Denktagebücher. «Wo Philos. (...) absolute Wissenschaft ist, da wird sie für den Forschenden zu einem Erlebnis – zu einem Typus personalen Lebens überhpt», heißt es in einem Brief an Elfride vom April 1919.[38] Die entscheidende Rolle beim Durchbruch seines Denkens vom Zustand zum Anfang, von der «lastenden Schwere» zum «lebendigen Sein» schreibt Heidegger seiner Frau zu.[39] Gemeint ist damit, dass ihre vitale Präsenz der «durchgängigen Abgespaltenheit» seines Denkens vom Leben ein Ende setzte. Er schreibt als einer, der sich nun seiner weiteren Schritte sicher ist. Ein Exzerpt dieses Briefes hat Elfride Heidegger in einer Zeit der tiefsten Entfremdung von ihrem Mann – 1956 – angefertigt und mit einem ebenso knappen wie bitteren Kommentar versehen: «Aus einem Brief v. Martin 1918 Modell für all seine Liebesbriefe an die vielen ‹Geliebten›».[40]

Im Juli 1918 beginnt für Heidegger der wirkliche Kriegsdienst, seine Felddiensttauglichkeit wird festgestellt, er soll bei der Frontwetterwarte meteorologische Daten erheben und den kämpfenden Teilen weiterleiten. Seine kurze Ausbildung findet im Charlottenburger «Heimat-Wetter-Warten-Kommando» statt. Er muss sich für die Zeit von acht Wochen eine Wohnung suchen. Die Verpflegung ist katastrophal, er bittet Elfride um Kartoffeln und fügt hinzu: «Ich bewundere die Berliner, mit welcher Selbstverständlichkeit und Einsicht sie *hungern.*»[41] Meteorologische Erhebungen waren besonders deshalb wichtig, weil man seit 1915 mit Giftgas kämpfte und die örtlichen Windverhältnisse kennen musste. Am 13. September schreibt Heidegger aus Nouillonpont an Elfride von seiner Tätigkeit hinter der Front: Er sitze am Telefon und gebe «eine Unmenge von Zahlen an Artillerie, Luftschiffer, Gasoffiz. u. s. f. durch».[42] Allerdings kann man ihn einer direkten Mittäterschaft am Gaskrieg nicht bezichtigen; die letzten deutschen Angriffe mit dieser furchtbaren, schlechthin unritterlichen Waffe fanden am 15. und 17. September 1918 auf einem ganz anderen Schauplatz statt, in der Nähe des flandrischen Diksmuide.

Die Zeit seiner Ausbildung in Berlin bestimmte fortan Heideggers Sicht der Großstadt. Betrachtet man die Bilder, die Künstler wie Ludwig Meidner, Ernst Ludwig Kirchner und George Grosz von der Berliner Friedrichstraße zwischen 1910 und 1920 gemalt haben, drängt sich der Satz auf: Der Sinn der Großstadt ist die Sünde.[43] Der Maler Rudolf Schlichter flanierte dort wie durch eine Hölle. Das war noch nicht die Ansicht des Stadt-Physiognomikers Georg Simmel, der doch an der Ecke Friedrich- und Leipziger Straße aufgewachsen war, denn der neue Charakter kam erst nach 1900 zur Entfaltung. George Grosz, von dem eines der eindrucksvollsten und unheimlichsten Bilder dieser Straße existiert, schrieb in seinen Lebenserinnerungen: «In der Friedrichstraße wimmelte es von Huren. Sie standen in den Hauseingängen wie Schildwachen und flüsterten ihr stereotypes: ‹Kleiner, kommste mit?› Es war die Zeit der großen Federhüte, der Federboas und des hochgeschnürten Busens. Die hin und her geschwenkte Tasche war das Abzeichen der Gilde. Das berühmteste Hurencafé war das Café National in der Friedrichstraße.»[44]

Der gebürtige Berliner Walter Benjamin genoss die Angstlust beim Überschreiten einer Schwelle: «Stets aber war am Anfang dieses Überschreiten einer sozialen Schwelle auch das einer topographischen, dergestalt, dass ganze Straßenzüge so im Zeichen der Prostitution entdeckt wurden. Aber war es wirklich ein Überschreiten, ist es nicht vielmehr eher ein eigensinnig-wollüstiges Verharren auf der Schwelle, ein Zögern, das das triftigste Motiv in dem Umstand hat, dass diese Schwelle ins Nichts führt? Unzählig aber sind in den großen Städten die Stellen, wo man auf der Schwelle ins Nichts steht und die Huren sind gleichsam Laren dieses Kultus des Nichts und stehen in den Haustoren der Mietskasernen und auf dem sanfter schallenden Asphalt der Perrons. So wurden mir auf diesen Irrgängen ganz besonders die Bahnhöfe vertraut, die ihre Weichbilder wie die Städte haben: der Schlesische, der Stettiner, der Görlitzer, Bahnhof Friedrichstraße.»[45]

«Kultus des Nichts» – das hätte auch Heidegger über die Friedrichstraße schreiben können. An Elfride berichtet er am 21. Juli 1918, nachdem er seinen Ausbildungskurs absolviert hatte, sein Entsetzen: «Wir unternahmen gestern Abend etwas Besonderes, fuhren nach Berlin u. sahen uns den Betrieb auf der Friedrichstraße an – in ein Lokal zu gehen hatten wir nicht den Mut – um ½ 12 fuhren wir, beide angeekelt bis oben, nach Hause – ich denke wohl, dass wir nur die Oberfläche sahen – aber es ist so toll, dass ich mir nie eine Vorstellg davon hätte machen können. Eine solche Luft hochgezüchteter gemeinster u. raffiniertester Sexualität hätte ich nicht für möglich gehalten, ich verstehe aber jetzt Berlin schon besser – der Charakter der Friedrichstraße hat auf die ganze Stadt abgefärbt – u. in einem solchen Milieu kann es keine wahrhafte Geisteskultur geben – a priori nicht – u. wenn alle Hilfsmittel in der vollkommensten Form zur Verfügung stehen – es fehlt das schlicht Große-*Göttliche.*»[46]

Das war nun haargenau die Vision, die George Grosz in seinem Bild «Friedrichstraße» aus dem Jahr 1924 zeigte. Man könnte bis zu Percy Bysshe Shelley zurückgehen, der in seinem Poem «Peter Bell the Third» davon gesprochen hatte, die Hölle sei eine Stadt sehr ähnlich London: «Hell is a city much like London.»[47] Zeitlebens fand Heidegger kein positives Verhältnis zur Großstadt – Bremen, wo sich ein Freundeskreis bildete, ist eine Ausnahme –; er blieb der Mann vom Land, aus der Provinz. Später erhielt er zweimal einen Ruf an die Berliner Universität, einmal von dem sozialdemokratischen Minister Adolf Grimme, einem Husserl-Schüler der Göttinger Zeit, einmal schon im Nationalsozialismus, doch beide Male lehnte er ab und blieb in Freiburg.

Am 23. August 1918 kommt der Kriegseinsatz, der Transport geht nach Montmédy in Lothringen, dann in ein Dorf in der Nähe von Verdun. Seiner Frau meldet er: «Das Felddasein hat etwas merkwürdig Ernstes – u. doch Ruhig – Aufgeschlossen – Vertrauendes – Gefahr besteht wohl kaum für uns – nicht mal Flieger, da wir ganz abseits liegen.»[48] Bei sich hat er Kunstpostkarten holländischer Meister, nun wünscht er sich ein Bild von seiner Frau, am liebsten im «Worpsweder Kleid».[49] Zwei Tage später schreibt er ihr früh am Mor-

George Grosz zeichnete die Berliner Friedrichstraße 1918. Als Heidegger sie im selben Jahr durchschritt, fasste er eine lebenslange Abneigung gegen Großstädte.

gen, noch vor dem Beginn des Dienstes. Seine Stimmung sei eigentümlich: beruhigte Freude über sein momentanes Dasein – «dabei doch vertrauendes Hoffen auf die eigentliche Existenz – ernstes Sichfügen in die Entbehrung vieler bisheriger Bequemlichkeiten u. in all dem verhaltene Sehnsucht u. Gewissheit des Aneinanderdenkens – starkes Glücksgefühl u. Bewunderung der raum u. zeitlosen Liebe».[50] Bis nach kurzer Zeit auch dieser lange *eine* Satz der Liebe in eine unbeholfene technisch-philosophische Terminologie kippt, die fast komisch wirkt: Die Gewissheit der Liebe wirke «stark belebend» auf ihn, gesteht er, «u. zwar latent – nicht bloß auf der Unterlage eigens erweckter Erinnerungsakte und Sehnsuchtseinstellungen des Daimonion der Liebe».[51]

Heidegger ist in den Krieg gezogen, als er schon definitiv verloren ist. Zwar steht er nicht unmittelbar an der Front, doch erlebt er die Schrecken selbst: «Dabei rollen die schweren Geschütze u. krachen die Einschläge, dass alles in der Bude wackelt – wahrscheinlich wird es noch lebhafter.»[52] Was er sieht, ist das Gegenbild zu den jubelnden, blumengeschmückten Freiwilligen des Sommers 1914; die Spuren von vier Jahren Krieg graben sich in die Physiognomien ein. In den Soldaten, die Heidegger beschreibt, ist jede Spur der hergebrachten, wilhelminischen Welt erloschen und ein Neues zu erahnen: «Im Dorf fahren dicht die Kolonnen zu dreien – Sturmbataillone marschieren durch, junge etwas bleiche, scharfe Gesichter – entschlossene Blicke – kein Lachen, kein Singen, noch weniger Befangenheit oder Niedergeschlagenheit – sondern ganz eiserne Kraft – merkwürdige Bilder hab ich schon erlebt, 20 m von uns zieht eine Landstraße von Nord nach Süd – wir sehen gegen Westen – das Abendrot stand hinter den Wäldern, da kam auf der Straße in ziemlich eiligem Schritt ein Sturmbataillon marschiert – die Gewehrmündungen scharf in die Luft stechend – die einzelnen Gruppen in scharfer Abhebung schwarz gegen Abendrot – die Wegkreuzung herüber fährt schwere Artillerie, wundervolle Pferde mit straff gespannten Muskeln Batterieführer sprangen die Kolonne entlang – Befehle werden durchgerufen – Autos rasen die Straße lang, Motorräder nach der entgegengesetzten Seite – die Menschen sind alle still, in sich gekehrt, wenige Kilometer u. sie stehen in der Hölle.»[53]

«Entschlossene Blicke» deuten voraus auf die «Entschlossenheit» als Existenzbestimmung in «Sein und Zeit»: «Die im Gewissen-haben-wollen liegende Erschlossenheit des Daseins wird (...) konstituiert durch die Befindlichkeit der Angst, durch das Verstehen als Sichentwerfen auf das eigenste Schuldigsein und durch die Rede als Verschwiegenheit. Diese ausgezeichnete, im Dasein selbst durch sein Gewissen bezeugte eigentliche Erschlossenheit – *das verschwiegene, angstbereite Sichentwerfen auf das eigenste Schuldigsein* – nennen wir die *Entschlossenheit.*»[54] Eine Metaphysik der Sturmbataillone ... Selbst die schwarz-rot drohende Färbung der Szene meint man in dieser Philosophie nachwirken zu sehen. Nachts kann Heidegger vom Beobachtungsturm aus das Mündungsfeuer von Fort Douaumont erkennen, wo es 1916 die schlimmsten Schlächtereien gegeben hatte, «u. die Einschläge erst recht».[55]

Seit der Eheschließung hatte der Streit um die Konfession des Ehepaares geruht. Doch alles wird wieder heftig, als ein Sohn unterwegs ist, der Anfang 1919 zur Welt kommt: In welches Bekenntnis soll er durch die Taufe aufgenommen werden? Die Eltern entscheiden sich für das protestantische. Heideggers Schwester Maria fühlt sich berechtigt, am 31. Mai 1918 mit einem Brief an den katholischen Philosophen Heinrich Ochsner, einen Freund Heideggers, zu intervenieren: Sie sei «sehr enttäuscht und erbittert. Besonders grämen sich jetzt meine lieben Eltern furchtbar hierüber.»[56] Doch die müssen sich dreinschicken. Elfride schreibt ihnen mit dem Weihnachtsbrief am 22. Dezember 1918. Sie bittet ebenso bestimmt wie höflich um «Vertrauen auf unser eifriges Forschen nah dem Rechten».[57] Dazu gibt es so nette Geschenke – «für den Vater hat der hiesige Soldatenrat noch rechtzeitig Zigarren und Tabak freigegeben»[58] –, dass das

Eis schon fast gebrochen ist. Martin nimmt Anfang Januar 1919 noch einmal das Wort: «Ihr müsst Euch immer klar sein, dass ich (...) alles Wertvolle schätze, an dem auch der Katholizismus reich ist.»[59] Das Andersdenken dürfe nicht «Veranlassung sein, unser seelisches Verhältnis irgendwie zu stören». Bald sind die Fakten geschaffen, an denen nun nicht mehr gezerrt werden kann.

6. KAPITEL

Stil der Intensität

Heideggers Philosophie lässt sich nicht schildern ohne die Erregungszustände, in denen sie sich bildete. Noch in den dreißiger Jahren schreibt er: Wer «nie auf der Verwandlungsschwelle des Menschen in das Da-sein für kurze Zeit starker Erschütterungen aller Wesenszusammenhänge gestanden hat, weiß nicht, was denken ist».[1] Charisma, sagt Max Weber, ist etwas, das Menschen mit außeralltäglichen Gaben und Eigenschaften ausstrahlen. Vergebens, angesichts von Heideggers Fähigkeit, zu erregen und zu erschüttern, nur von äußerlicher Zuschreibung oder innerlichem Rollenspiel sprechen zu wollen. Ginge es um eine Rolle, dann hätten die Schüler sie dem Meister ablernen können, wovon aber nichts bekannt ist. Wäre alles nur Zuschreibung ohne echte Substanz, dann müssten sich die Zeugnisse widersprechen, sie sind aber einstimmig.

Geben wir Karl Löwith das Wort, einem seiner frühesten Schüler, der von Heidegger fasziniert war, «weil er an Intensität des philosophischen Wollens alle andern Universitätsphilosophen weit überragte».[2] Aus dem Munde von Löwith bedeutet das umso mehr, als er den anderen Charismatiker der deutschen Universität in München aus der Nähe kennengelernt hatte: Max Weber. Und noch vor jeder persönlichen Begegnung empfand Hans-Georg Gadamer, ebenfalls ein früher Heidegger-Schüler, ähnlich, als er eine für den Philosophen Paul Natorp bestimmte Ausarbeitung zum ersten Mal las: «Das war für mich wie das Getroffenwerden von einem elektrischen Schlage.»[3] Schließlich war auch Hans Jonas angezogen von der «Intensität, mit der er die Griechen studierte und uns erschloss».[4] Er vergleicht seine Lehrer: «Karl Jaspers, der von der Psychologie kam, war erst dabei, sich einen philosophischen Ruf zu erwerben. Auch später wurde er, obwohl er eine eindrucksvolle Gestalt von ungemein fesselndem und anregendem Denken war, niemals ein so ursprünglicher Philosoph wie Heidegger, und auch nicht ein so kraftvoller Denker wie Husserl.»[5] Jaspers wiederum notierte in den späten zwanziger Jahren nach Zeiten großer Nähe, inzwischen aber mit wachsender Distanz, zur Charakteristik Heideggers: «Spannung der welt- und gottlosen Existenz in sich selbst zu ungeheurer Intensität.»[6] Die Gabe wird nicht bestritten, aber sie ist moralisch zweideutig.

Nicht anders sprechen die Selbstzeugnisse. «Das geistige Leben», erklärt er im Juni 1918 gegenüber Elisabeth Blochmann, «soll bei uns wieder ein wahrhaft *wirkliches* werden – es muss eine aus dem Persönlichen geborene Wucht bekommen, die ‹umwirft› u. zum echten Aufstehen zwingt – und diese Wucht äußert sich als echte nur in der Schlichtheit, nicht im Blasierten, Dekadenten, Erzwungenen.»[7] Die betonte «Schlichtheit» ist der Aufstand des Landes gegen die Stadt. Am 17. April 1919 schreibt Heidegger aus Konstanz an Elfride, dass «zum produktiven Arbeiten doch Hochspannung gehört, aus der sich die phänomenolog. Intuition gleichsam entladen kann».[8] Zuweilen ist die Produktivität so, «dass ich kaum Herr werde».[9] Er fühlt sich überflutet von Einsichten, manchmal sind sie «überquellend».[10] Solche Episoden können auf eigene Weise beängstigend werden: «Diese absolute Produktivität hat ebenfalls ihre Unheimlichkeit: *es* schafft scheinbar u. doch erlebt man sich absolut dabei – besonders wenn der Zustand abklingt u. die Erschlaffung kommt u. man sich wieder zurücksucht in die Umwelt.»[11] Am 1. Mai 1919 heißt es, wiederum an Elisabeth Blochmann: «Wir müssen warten können auf hochgespannte Intensitäten sinnvollen Lebens – u. wir müssen mit diesen Augenblicken in Kontinuität bleiben – sie nicht so sehr genießen – als vielmehr ins Leben eingestalten – im Fortgehen des

Lebens sie mitnehmen u. einbeziehen in die Rhythmik alles kommenden Lebens.»[12] «In einem vehementen Leben» soll der Mensch sein. Nur aus solcher Wucht und dem «Vertrauen zum Geist» werde eine «unreflektierte schöpferische Kultur wiedererstehen u. fortwirken», während die bloße Pflege des Kulturbetriebs niemals «dem unmittelbaren Leben u. Erleben» auch nur um einen Schritt näherbringe.[13]

Von hier aus definiert Heidegger seine Aufgabe an der Universität, seine eigene Philosophie wird das Leben zum Thema haben. «Am weitesten sind in diesen Grundeinsichten, intuitiv u. mehr erfühlend, unsere jungen Künstler vorgedrungen.» Man weiß, dass er mit den «jungen Künstlern» namentlich Franz Marc und im weiteren Sinne auch Vincent van Gogh meinte. Am 7. November 1918, kurz vor dem Waffenstillstand, gegenüber Elisabeth Blochmann, geht er einen Schritt weiter: «Wie ja das Leben überhpt sich gestalten wird nach diesem Ende, das kommen musste u. unsere einzige Rettung ist, ist ungewiss – Sicher ist u. unerschütterlich die Forderung an die wahrhaft geistigen Menschen, gerade jetzt nicht schwach zu werden sondern eine entschlossene Führung in die Hand zu nehmen u. das Volk zur Wahrhaftigkeit u. echten Wertschätzung der echten Güter des Daseins zu erziehen.»[14] Führung brauche das seelisch aufgewühlte, geistig chaotisierte und militärisch geschlagene Land. Heidegger ist von Anfang an mehr als ein Fachvertreter der philosophischen Fakultät. Er erkenne «immer dringender die Notwendigkeit der Führer», schreibt er seiner Frau am 17. Oktober 1918: «Nur der Einzelne ist schöpferisch (auch in der Führerschaft) die Masse nie.»[15] Draußen ist in diesen Tagen Zusammenbruch. Hoffnung sieht er in einer neuen Generation: «Nur noch die Jugend wird uns retten.»[16] Von den «alldeutschen Phantastereien» seien die Menschen angeekelt, diese nämlich hatten Eroberungen im Außen versprochen, imperial, und waren damit nur der äußerste Gipfel des «Oberflächendaseins». Er kennt nun seine künftigen Hörer: Es ist die «Jugend», und es sind die

«Menschen von der Front», und er kennt seine Rolle ihnen gegenüber. Heideggers Intensität ist eine eigene, persönlichste Gabe und zugleich eine Forderung, die die deutschen Zustände an ihn stellen.

Aber gerade die Intensität verhindert, dass aus dem Philosophieren der Gang über eine glatte Hochebene wird. Sie setzt quälende Perioden der Brache voraus: «Titanenhaft ist mein Beginnen u. es endet bei Begriffen – die Welt fällt mir aus der zitternden Hand, kalt, ausdrucklos, eindrucksarm, ein Stück erkaltender Lava, u. in mir spüre ich das Brodeln u. Aufquellen der feurigen, wogenden Kräfte.»[17] Wenn Titanen kämpfen, geht es um die Frage, welche Götter künftig gelten sollen. Dann zittert die Hand. Die Erregungszustände sind krisenträchtig. Gadamer erzählte, wie Heidegger vom Denken außer sich geraten konnte, verzweifelt, weil er nicht das richtige Wort fand. «Ungeheuer aufgeregt» sei er zuweilen gewesen, in Diskussionen «sah man, wie er zitterte».[18] Sehr viel später hat sich Heidegger zu diesem Zittern bekannt und es geradezu in ein Ehrenzeichen des wesentlichen Denkens umgedeutet: «Unter den Philosophen sind die Denker selten, jene, die im Beben eines Seynsgeschickes erzittern, welche Unruhe zu stillen, Stille sich ereignet.»[19] Hans Jonas berichtet Ähnliches aus den Vorlesungen: «Nicht fertige Lehre wie bei Husserl wurde vorgetragen, das arbeitende Denken selbst wurde laut, im stockenden Monolog sich vortastend zur verborgenen Sache.»[20] Erschütternd ist Gadamers Bericht über eine viel spätere Szene, Anfang der vierziger Jahre in der Todtnauberger Hütte. Heidegger las vor, es mochten zwanzig Minuten vergangen sein, als er plötzlich, erregt, verzweifelnd an der Sprache, mit der Hand auf den Tisch schlug: «Das ist doch alles Chinesisch!» Gadamers Kommentar: «Das war Sprachnot, die nur einer erfährt, der etwas zu sagen hat.»[21] Hier ist der jüdische Religionsphilosoph Martin Buber hellsichtig: Überliefert ist seine mündliche Äußerung, bei Heidegger höre man «das Rumoren der Sprache. Er verfolgt sie, wie sie ihn verfolgt. Es ist ein dämonisches Verhältnis.»[22]

«Sprachnot» und Krisen des Sprechens sind unter den männlichen Mitgliedern der Familie Heidegger endemisch. Vom Vater sagte Martin, er habe dessen «grüblerische Verschlossenheit» geerbt.[23] Der «geheimnisvolle, schweigsam in sich hineingrübelnde Charakter des Vaters» wird auch von Fritz erwähnt, und damit ist ein im Innerlichen bleibender, zu keinem Ende kommender Gedankenprozess gemeint.[24] «Mein Vater war ein stiller Mann», schreibt Heidegger an anderer Stelle. «Mein Großvater war noch stiller und ein Schuster. Er empfing die Stille aus dem einsamen Felsental des sinnenden Ister. Ob er so still war wie der stillste aller Schuster – Jakob Böhme?»[25] Da spielt Selbstmythologisierung hinein: Der Ister, die Donau also, von Hölderlin besungen, von den Argonauten nach ihrer Flucht aus Kolchis bis zur Quelle befahren und insofern an die Antike angeschlossen, dann Jakob Böhme, der «philosophus teutonicus» schlechthin – das sind keine schlechten griechisch-deutschen Projektionsfiguren für einen Denker. Seiner späteren Frau erzählt Heidegger in einem Brief, wie er «noch die Glasglocke gesehen, bei deren Lichtschein der Großvater auf dem Dreifuß saß u. Nägel in die Schuhe hämmerte».[26] Mit einem wunderbaren soziologischen Blitz hat Max Weber die Welt dieser schweigsamen Grübler erhellt: «Der Handwerker speziell hat ferner während der Arbeit wenigstens bei gewissen, in unserem Klima stark stubengebundenen Gewerben – so in den Textilhandwerken, die daher überall besonders stark mit sektenhafter Religiosität durchsetzt sind – Zeit und Möglichkeit zum Grübeln.»[27] Heidegger selbst wollte die Krisenmomente des Sprechens aus seiner philosophischen Aufgabe heraus verstehen und nicht als ein psychologisches Phänomen: «Ein anderes ist es, über Seiendes erzählend zu berichten, ein anderes, das Seiende in seinem Sein zu fassen. Es fehlen oft nicht nur die Worte, sondern vor allem die Grammatik. Die Sprache hat die primäre Tendenz, das Seiende auszusprechen und auszudrücken, nicht über sein Sein Aufschluss zu geben.»[28]

Martin Heidegger suchte nach dem Sinn von Sein und Zeit, Bruder Fritz (links) suchte nach dem Gegen-Sinn in der Ausnahme-Zeit des Karnevals.

Das erklärt manches, aber nicht die Häufung von Sprachkrisen gerade in dieser Familie. Fritz zitterte nicht, aber er stotterte. Was er sagen wollte, berichtet Hans Dieter Zimmermann, brachte er nicht heraus: «Peinvolle Minuten des vergeblichen Versuchs, bis endlich das begonnene Wort zu Ende gesprochen war. (...) Das *Stottern* wurde so stark, dass man ihm mit einer Sprachschulung zu helfen suchte, doch vergeblich, er erhielt schließlich das ‹consilium abeundi›, den Rat, die Schule zu verlassen.»[29] Nur beim Karneval, dem großen Fest der Umkehrung des Sinns, legte sich die Sprachbehinderung, sie schlug um und verwandelte sich in ein Redetalent. Vielleicht darf man als ein biographisches Datum hier festhalten, dass Fritz Heidegger an einem Faschingsdienstag zur Welt gekommen war. In diesem Sinne berichtet Fritz am 30. März 1930 seinem Bruder: «Am Fastnachtsball des Gesangvereins habe ich wieder einen großen Erfolg mit meinen humoristischen Ansprachen gehabt. Ich musste ein paar Mal wohl eine Minute lang – da ist eine Minute nicht so kurz – die Rede unterbrechen, bis sich der Beifallssturm (mit Händen und Füßen) gelegt hatte. Nur mit größtem Widerwillen hatte ich zugesagt; tatsächlich kommen mir die besten Einfälle während einer düsteren, schwermütigen Stimmung, wenn sie verbunden ist mit dem Gefühl der Tragik oder dem der Erhabenheit in irgendeiner bestimmten Sache; schließlich hatte ich auch Mitleid mit dem Publikum; so konnten sich die Leute wiedermal gesund lachen; auch wollte ich mir selber mal wieder beweisen, dass ich keinen eigentlichen Sprachfehler habe. Da wandelte sich das negative Selbstgefühl wieder um in stolzes Selbstbewusstsein, in ein herrliches Machtgefühl über den großen Haufen; als Motto stellte ich meinen Produktionen voran Nietzsches Ode an die Mitternacht aus dem Zarathustra.»[30]

Die Krise der Intensität hat, in drei Heidegger-Generationen, einen Ort, einen Schauplatz: das Wort und die Grammatik. Dort muss die Bearbeitung des Problems stattfinden. Deshalb legten die Dissertation und die Habilitationsschrift so großes Gewicht auf die sprachliche Gestalt des Denkens, deshalb die Verachtung des «Geredes» in «Sein und Zeit», und ebenfalls dort das große Lob des Schweigens, das sich später noch steigert, und in dieser späten Epoche die neue Wendung von der Aussage (die das Urteil definierte) zur «Sage»: «Im Hinblick auf die Bezüge des Sagens nennen wir das Sprachwesen im Ganzen *die Sage.*»[31] Deshalb der betonte Versuchscharakter von Heideggers Buchtitel: «Unterwegs zur Sprache». Und deshalb darin wiederum eine Abhandlung mit dem schlichten Titel «Das Wort».

Über Johanna Heidegger, geborene Kempf, erfahren wir ein aufschlussreiches Detail in einer Aufzeichnung aus den «Schwarzen Heften»: «Woher der Glanz in den Augen der Mutter stammte, habe ich nie ergründet. Vielleicht vom Schimmer der frisch gepflügten

Äcker des Lochbauernhofes, wo sie als jüngstes von neun Geschwistern aufwuchs, von woher auch ihre schaffige Heiterkeit stammen mochte.»[32] Glanz ist das unmittelbar Schöne, fast dessen Synonym, wie das Gold, das schon Kindern einleuchtet. «Schön», sagt Heidegger in seiner Vorlesung über Anaximander, bedeute ursprünglich «Glanz». Vom Kind aus gesehen ist der Glanz im Auge der Mutter die Liebe. «Heiter» gehört zu einem weiten Wortfeld (Aufheiterung, die Heitere, Verheiterung und mehr), das später gedanklich (nicht psychologisch) immer wichtiger für Heidegger wird. «Heiter» ist in Heideggers Denken der mütterliche und weibliche Aspekt der Wahrheit, so wie das immer wieder thematisierte «Schweigen» ihr väterlicher und männlicher.

Auch Heideggers eigener Blick muss etwas von dem Glanz geerbt haben. Ernst Nolte hat aus dem Sommersemester 1944 berichtet, wie er in der Heraklit-Vorlesung «mit seinen strahlenden Augen das ganze Publikum in andächtige Zuhörer verwandelte».[33] In Heideggers Augen, so Ernst Jünger, sei eine Intensität gewesen, die ihn an den Blick Picassos erinnerte.[34] Weiter sprach Jünger von der ersten Begegnung auf der Hütte in Todtnauberg, als auch sein Bruder und der Verleger Klostermann anwesend waren. Ihnen erschien Heidegger als eine Art Berggeist mit scharf durchdringendem und gleichzeitig verschmitztem, schelmischem Blick; gerade aus den Tiefen des Schwarzwaldes an die Oberfläche gekommen und bereit, augenblicklich wieder zu verschwinden.[35]

7. KAPITEL

In der Nähe von Edmund Husserl

1916 kommt Edmund Husserl als Nachfolger von Heinrich Rickert von Göttingen nach Freiburg. Er ist inzwischen mit der von ihm begründeten Phänomenologie zu einem der international am meisten beachteten deutschen Philosophen geworden. Spät hat sich Heidegger über diese Zeit geäußert, da er als Privatdozent in der Nähe des Meisters die Arbeitsweise der Phänomenologie näher und nicht nur aus Lektüren kennenlernte: Die Belehrung «geschah in der Form einer schrittweisen Einübung des phänomenologischen ‹Sehens›, das zugleich ein Absehen vom ungeprüften Gebrauch philosophischer Kenntnisse verlangte, aber auch den Verzicht, die Autorität der großen Denker ins Gespräch zu bringen».[1] Seit dem 1. Januar 1919 arbeitete Heidegger als Husserls Privatassistent und war damit der Nachfolger von Edith Stein. Husserl hatte sich schon 1916 in einem Gutachten für einen Druckkostenzuschuss der Habilitationsschrift eingesetzt.[2]

Noch 1917 spielt Heidegger sein Verhältnis zu dem Älteren eher herunter, noch ist ihm der historisch sensible Rickert näher: «Dass ich zu Husserl kam, ist nur eine Episode in einem Prozess, der mir großen Teils aus dem Dunkel entgegenkommt u. ins Dunkel fortläuft.»[3] Er könne Husserls Phänomenologie «nicht als Endgültigkeit annehmen – weil sie im Ansatz u. entsprechend im Ziel zu eng u. blutlos ist u. weil sich eine solche Ansetzung nicht verabsolutieren lässt. Das Leben ist zu reich u. groß – deshalb gilt es, für Relativitäten, die in Form von philos. Systemen seinem Sinn (des Absoluten) nahe kommen wollen, den befreienden *Weg* in eine absolute Relativitätsgestaltung zu entdecken. Wer nur Logiker ist, hat da einen grundsätzlichen Widersinn vor sich – aber der Logiker, auf dem Isolierschemel stehend, ist eine große Hilflosigkeit in der Philosophie.»[4] Im Namen des Lebens kündigt Heidegger einen Dissens an, er erinnert an ein «Aufblitzen» im vergangenen Winter: Der «historische Mensch» sei ihm damals aufgegangen, und das ist der wesentlich auf Zeit bezogene Mensch. Gegenüber Husserl ahnt er die «unerbittliche Notwendigkeit» einer Auseinandersetzung, die er in puncto Bedeutung einstweilen nur mit jener zwischen Fichte und Schelling vergleichen will. Heideggers Entwicklung in den kommenden Jahren ist nur zu verstehen als Aneignung der Phänomenologie Husserls bei gleichzeitiger Verschiebung, Neubegründung und Radikalisierung.

Über Husserls Stil hat Hans-Georg Gadamer eine Anekdote überliefert, die sich als Kurzporträt einer völligen Versenkung in philosophische Gedanken lesen lässt. Fjodor Stepun, so berichtet er, charakterisierte Husserl nach einer Vorlesung als einen «‹wahnsinnig gewordenen Uhrmacher›: tatsächlich blickte Husserl bei seinem Vortrag oft auf seine Hände, und diese waren so beschäftigt, dass die Finger der rechten Hand in langsam drehender Bewegung auf der gerundeten inneren Handfläche der linken kreisten – eine Konzentrationsbewegung, die zugleich etwas von dem handwerklichen Präzisionsideal Husserlscher Beschreibungskunst ‹handgreiflich› machte».[5] Wilhelm Szilasi betonte eher die Erhabenheit, eine gewaltige Entrücktheit, die das rein Logische (und nicht das Subjektiv-Expressive) einem Menschen mitteilen kann: «Seine Vorlesungen, von denen ich viele gehört habe, waren nicht besonders erfolgreich. Er sprach gleichsam für sich, ohne Pathos, ohne literarische Ambition, in einer imposanten Weise, als ob das Denken selbst spräche (...). Sein Sprechen fixierte einen ‹unendlich› fernen Punkt, dessen Sichtbarkeit er suggerieren konnte (...). Die unheimliche Konzentration seiner selbstlosen Hingabe gab ihm eine Würde und eine Autorität, die auch aus seinem Nachlass aufleuchten.»[6]

Die Phänomenologie hat ein Doppelgesicht. Einerseits ist sie Philosophie als Beschreibungskunst, bei der es mehr auf das Weglassen ankommt. Nur keine Theorien, keine Vorannahmen, keine Begriffe, die sich nicht aus gerade dieser Situation einsichtig machen lassen! Andererseits war sie geplant als letztes mögliches Begründungsprogramm, das den Wissenschaften, der europäischen Rationalität überhaupt, Halt geben sollte. «Philosophie als strenge Wissenschaft» hieß die Schrift, in der diese Idee 1911 erstmals dargelegt wurde. Es handelt sich nicht um die Angelegenheit einer Disziplin allein, Husserl ist, wie er ausführt, «von dem Gedanken getragen, dass die höchsten Interessen der menschlichen Kultur die Ausbildung einer streng wissenschaftlichen Philosophie fordern».[7] Das ist eine dramatische Schilderung der Lage: Gelingt die Neubegründung der Philosophie nicht, dann ist das europäische Projekt der Vernunft am Ende, jeder Fehler auf diesem Gebiet bedeutet «eine wachsende Gefahr für unsere Kultur».[8]

Das gibt Husserls Begründungsideal ein starkes Pathos. Deshalb ist auch Gerda Walthers Schilderung seines lehrenden Stils einleuchtend: «Wenn Husserl in der Vorlesung auf dem Katheder stand, erinnerte er mich manchmal an einen Propheten des Alten Testaments oder einen mittelalterlichen Weisen, der auf einem hohen Turme stehend den Bahnen der Sterne nachsinnt: in weltentrückter Ferne schien er über den Dingen in der Sphäre des ‹reinen Bewusstseins› zu weilen.»[9] Husserls Ideal ist ein philosophisches Lehrsystem, «das nach gewaltigen Vorarbeiten von Generationen, von unten her mit zweifelssicherem Fundament wirklich anfängt und wie jeder tüchtige Bau in die Höhe wächst, indem Baustein auf Baustein gemäß leitenden Einsichten als feste Gestalt dem Festen angefügt wird.»[10]

Das ist die andere Seite der Phänomenologie, sie ist ein Ultra-Rationalismus der Letztbegründung. Ein so unbefangener und vorurteilsloser Beobachter wie Karl Jaspers, keineswegs ohne Sympathie für Husserl, kommentierte «Philosophie als strenge Wissenschaft» später mit einigem Entsetzen: Die Schrift sei ein «Meisterwerk» gewesen, auch in ihrer «vor keiner Absurdität zurückschreckenden Konsequenz. Mir aber wurde (...) die Verkehrung der Philosophie in Wissenschaft klar, die mich empörte. Es folgte eine persönliche Begegnung 1913. Als Psychiater hatte ich einige phänomenologische Arbeiten über Sinnestäuschungen und Wahnerlebnisse veröffentlicht. Husserl erfuhr, dass ich in Göttingen sei, und ließ mich auffordern, ihn zu besuchen. Ich wurde freundlich empfangen.»[11]

In der Lehre Husserls gab es Toleranzspielräume nur bedingt. Gerda Walther berichtet über die Stimmung im Kreis der Schüler: «Jemand, es war wohl Karl Löwith, sagte spottend, Husserls Philosophie gliche einem Gebäude, dessen Plan bis in alle Einzelheiten festliegt. Den größten Teil habe Husserl selbst schon ausgebaut, den Schülern sei es nur noch gestattet, den Rohbau zu vollenden, etwa die Räume zu tapezieren, wobei freilich auch das Muster hierfür schon vorgeschrieben sei.»[12] Heidegger allerdings fand damals noch Gnade vor dem Meister, man nannte ihn das «phänomenologische Kind». «[Husserls] Frau Malwine schätzte vor allem Heidegger sehr, sie pflegte zu sagen: ‹Das ist unser Benjamin!›, obwohl Heidegger schon zu meiner Zeit begann, sich sachlich von Husserl zu entfernen», erzählt Gerda Walther.[13] Husserl hatte ihm die Aufgabe zugedacht, eine «regionale Ontologie» der Geschichte zu entwerfen.

An Elisabeth Blochmann schrieb Heidegger am 14. Januar 1919: «Hoffentlich nehmen Ihnen die wahnsinnigen Zustände in unserm lb. Vaterland nicht die innere Ruhe und das Vertrauen zum Geist.»[14] Am 21. Januar kam Heideggers Sohn Jörg auf eine Welt, die Neugeborenen nicht freundlich gesonnen war. In Deutschland herrschte der Hunger. Die Blockade der Entente-Mächte war noch in Kraft, da der Versailler Vertrag noch nicht unterzeichnet war. Am 22. Januar meldete Heidegger an die in Meßkirch weilende Elfride, das «liebe Mütterchen», seine «helle Freude» über die Geburt des Kindes in aufrichtigem, aber etwas geschraubtem Ton: «Ein ganz neues Erlebnismoment ist in unsere Liebe gekommen u. ein so eigentümliches, dass ich es noch gar nicht fassen kann in seiner Ursprünglichkeit. Es ist wie wenn wir eine neue Weihe empfangen hätten, eine solche, die jeden Lebensmoment neuartig durchströmt.»[15]

Das sogenannte Kriegsnotsemester begann am 25. Januar 1919 und endete am 16. April. Heidegger las unter dem Titel «Die Idee der Philosophie und das Weltanschauungsproblem». Vorangeschickt wird eine Bemerkung über «Wissenschaft und Universitätsreform»; einen der großen Debattengegenstände dieses Jahres, mit dem sich auch Max Webers Rede «Wissenschaft als Beruf» beschäftigt. Heidegger spricht sich für die «echte Revolutionierung des Geistes» aus, gleichzeitig aber gegen die Überschätzung von «Aufrufen, Protestversammlungen, Programmen, Orden und Bünden: geistwidrige Mittel im Dienst ephemerer Zwecke».[16] Nur durch das Leben, durch «Erweckung und Erhöhung des Lebenszusammenhangs des wissenschaftlichen Bewusstseins», könne etwas gelingen, im «vorbildlichen Vorleben», dann auch in der Wissenschaft als eigener Lebensform, wie auch andererseits mehr in die Breite gehend als «mitherrschendes (...) Element in nichtwissenschaftlichen Lebenswelten».[17] Heidegger sieht diese beiden Lebensformen als legitime «Ausformungen des wissenschaftlichen Geistes», wenn sie denn erwachsen aus einer «jeweiligen inneren Berufung».[18]

Es helfe allerdings nicht der «‹tätige Geist› schreibgewandter Jünglinge»,[19] heißt es dann – und man kann es, da der «tätige Geist» als Zitat ausgewiesen ist, für möglich halten, dass Heidegger das von Kurt Hiller herausgegebene Jahrbuch «Das Ziel» kannte, im Untertitel «Aufrufe zu tätigem Geist», in dem 1916 Walter Benjamins Aufsatz «Das Leben der Studenten» erschienen war, und zwar neben Rudolf Leonhards Essay «Die Sezession der Universität». Benjamin dachte ganz anders über die Universitäten: «Jene Verfälschung des Schöpfergeistes in Berufsgeist, die wir überall am Werke sehen, hat die Hochschule ganz ergriffen und sie vom unbeamteten schöpferischen Geistesleben isoliert. Die kastenhafte Verachtung des staatsfremden, oft staatsfeindlichen freien Gelehrten- und Künstlertums ist hiervon ein schmerzhaft deutliches Symptom.»[20] Benjamin denkt, vielleicht schon seine spätere Lage vorausahnend, an eine Belebung der Wissenschaft durch eine außeruniversitäre Boheme der ungebundenen Gelehrten und Künstler, deren Soziologie stets dem Radikalismus günstig war, während Heidegger auf den «Typus des in den reinen Sachgehalten (...) absolut lebenden Forschers» ebenso hofft wie auf den «wissenschaftlich gebildeten Berufsmenschen», damit aber auf soziologisch konservativere Leitbilder setzt.[21] Während Benjamin die geistige Welt vom Berufsgeist emanzipieren will, während Max Weber in «Wissenschaft als Beruf» vor allem die Abgrenzung gegenüber Religion oder pseudoreligiöser Weltanschauung und politischer Prophetie vollzog, behandelt Heidegger die Frage der Wissenschaft vis-à-vis dem «Leben». Es geht ihm um eine «eigene Form der Bewegtheit des Lebens des Geistes».[22]

Philosophie wird hier verhandelt unter dem Titel einer «Urwissenschaft», einem von Heidegger geprägten und später nicht mehr verwendeten Begriff. Und das besagt zugleich: Die Philosophie steht im engsten Zusammenhang mit den Wissenschaften, ist ihnen aber im Rang vorgeordnet. Ihr eigentliches Wesen ist verdeckt durch die Vorherrschaft des «Theoretischen».

Was, fragt Heidegger, sieht man vorn im Hörsaal? Das Katheder, an dem der Professor vorträgt. Wirklich? Und nun skizziert er eine hübsche Karikatur erkenntnistheoretischer Kompliziertheiten: «Was ‹sehe› ich? Braune Flächen, die sich rechtwinklig schneiden? Nein, ich sehe etwas anderes. Eine Kiste, und zwar eine größere, mit einer kleineren daraufgebaut? Keineswegs, ich sehe das Katheder, an dem ich sprechen soll (...). Ich sehe das Katheder gleichsam mit einem Schlag; ich sehe es nicht nur isoliert, ich sehe das Pult als für mich zu hoch gestellt. Ich sehe ein Buch darauf liegend, unmittelbar als mich störend (ein Buch, nicht etwa eine Anzahl geschichteter Blätter mit schwarzen Flecken bestreut), ich sehe das Katheder in einer Orientierung, Beleuchtung, einem Hintergrund.»[23] Auch ein Bauer, der hereinträte, sähe nicht einfach zusammengenagelte Bretter, sondern «den Platz für den Lehrer», und käme ein Afrikaner, der noch nie eine Universität gesehen hat, so sähe er etwas, «mit dem er nichts anzufangen weiß».[24]

Jedem erscheint hier eine Bedeutung, und damit immer schon eine wenn auch kleine Geschichte. Wir leben nicht unter wissenschaftlich analysierbaren Dingen, sondern in einer Umwelt, und da ist «alles welthaft, ‹*es weltet*›».[25] «Es weltet» gehört zu den erst befremdlichen, dann unvergesslichen sprachlichen Prägungen Heideggers. Auch ist der Raum nicht zunächst und theoriegeleitet ein dreidimensionaler Sachverhalt der Mathematik, sondern der lebendigen Erfahrung: «Ich komme auf einer Wanderung zum erstenmal nach Freiburg und frage, in die Stadt eintretend: ‹Wo führt der nächste Weg zum Münster?› Diese Raumorientierung hat mit einer geometrischen als solchen nichts zu tun. Die Entfernung bis zum Münster ist keine quantitative Strecke; Nähe und Weite sind nicht ein Wieviel; der nächste und kürzeste Weg besagt auch nichts Quantitatives, bloß Ausgedehntes als solches.»[26]

Die Aufgabe der Philosophie ist deshalb der Abbau allzu selbstverständlich gewordener Vorannahmen. Den theoretischen Prozess nennt Heidegger, um ihn vom Erleben abzugrenzen, Ent-lebnis. Er wurde nur dadurch möglich, «dass ich das Umweltliche zerstörte, dass ich wegstrich, absah, mein historisches Ich ausschaltete und Theorie trieb, primär in der theoretischen Einstellung.»[27] Auch Husserls Phänomenologie war der theoretischen Sphäre gegenüber von Vorbehalten geprägt. Diese Sicht nimmt Heidegger auf: «Husserl formuliert es so: *‹Alles, was sich der Intuition originär darbietet, ist einfach hinzunehmen (…) als was es sich gibt.›* … Aber schon, dass Husserl von einem *Prinzip* der Prinzipien spricht, also von etwas, das allen Prinzipien vorausliegt, woran keine Theorie irre machen kann, zeigt, dass es nicht theoretischer Natur ist, wenn auch Husserl darüber sich nicht ausspricht. Es ist die Urintention des wahrhaften Lebens überhaupt, die Urhaltung des Erlebens und Lebens als solchen, die absolute, mit dem Erleben selbst identische *Lebenssympathie.*»[28]

Nur dass Husserl das Pathos einer «Lebenssympathie» fremd war. Tatsächlich stoßen wir schon in dem Augenblick, da Heidegger sich der Phänomenologie verschreibt, auf eine neue Gabelung der Denkrichtungen. Von Husserl übernimmt er den Begriff der Welt als «Gesamthorizont möglicher Forschungen».[29] Auch von einem «Sein in der Welt», das bei Heidegger später zum «In-der-Welt-Sein» wird, ist bei Husserl die Rede.[30] Aber das Sein in der Welt ist hier das des Bewusstseins; der Erforschung von «Bewusstseinserlebnissen» sind die «Ideen» gewidmet. Im Rahmen dieser Bewusstseinsanalysen tritt bei Husserl auch die Zeit auf, und *nur* in diesem Rahmen. «*Jedes* Erlebnisjetzt, sei es auch das der Einsatzphase eines neu auftretenden Erlebnisses, hat notwendig seinen *Horizont des Vorhin.* (…) Notwendig sind jedem neu anfangenden Erlebnis Erlebnisse zeitlich vorhergegangen, die Erlebnisvergangenheit ist kontinuierlich erfüllt. Jedes Erlebnisjetzt hat aber auch seinen notwendigen Horizont des Nachher.»[31]

Den Strom des Bewusstseins will Husserl abbilden, mit allen Modifikationen und Stufen, Erinnerungen, Antizipationen, Aufmerksamkeiten, Phantasien, Urteilsakten, Reflexionen, die sich dabei ergeben. Analysegegenstand sind ihm die «Abschattungen», die Verwandlungen im Perspektivenwechsel. Von vornherein ist dieses Bewusstsein also zeitlich, nämlich «in einem absoluten Fluss, als Jetzt und schon ‹abklingend›, in schaubarer Weise stetig zurücksinkend in eine Gewesenheit. Psychisches kann auch Wiedererinnertes und so in gewisser modifizierter Weise Erfahrenes sein, und im ‹Wiedererinnerten› liegt ‹Wahrgenommen Gewesenes›; und es kann ‹wiederholt› Wiedererinnertes sein, in Wiedererinnerungen, die einig sind in einem Bewusstsein, das die Wiedererinnerungen selbst wieder als Wiedererinnertes oder als noch Festgehaltenes bewusst hat.»[32] Wilhelm Szilasi, der Heideggers Lehrstuhl nach 1945 übernahm, hat sehr erhellend festgehalten, dass Husserl das Bewusstsein nicht als Substanz, sondern als Handlungssequenz betrachtete: An die Stelle einer Statik trat die Kinetik.[33]

Heidegger nimmt genau in dem Augenblick, da er Phänomenologe wird, eine grundsätzliche Neuorientierung vor: Nicht mehr Bewusstsein ist der Bezugspunkt, sondern Leben. Im Wintersemester 1919/20 weist er hin auf «dieses ganz *Selbstverständliche*: Alles Leben lebt in einer Welt. *Was überhaupt an Welten und Weltstücken begegnet, begegnet im lebendigen Strom und Zug des Lebens.*»[34] Das macht Heideggers Phänomenologie von vornherein ungleich dramatischer als jene Husserls. Phänomenologie wird jetzt zur «*Ursprungswissenschaft* vom Leben»[35] Der eine schreibt das Buch «*Sein* und Zeit», der andere eine «Phänomenologie des inneren Zeit*bewusstseins*».[36]

Man erkennt den Unterschied der Husserlschen und der Heideggerschen Phänomenologie an einem einfachen Fall. Husserl erklärt das, was beim Sehen eines Tisches geschieht, als eine Sequenz von wechselnden Aufmerksamkeiten: «Immerfort diesen Tisch sehend, dabei um ihn herumgehend, meine Stellung im Raume wie immer verändernd, habe ich kontinuierlich das Bewusstsein vom leibhaftigen Dasein dieses einen und selben Tisches, und zwar desselben, in sich durchaus unverändert bleibenden. Die Tischwahrnehmung ist aber eine beständig sich verändernde, sie ist eine Kontinuität wechselnder Wahrnehmungen.»[37]

Hören wir nun Heideggers Vorlesung vom Sommersemester 1923, gehalten in Freiburg, in Husserls unmittelbarer Nachbarschaft, in der statt eines Bewusstseinsverlaufs eine Lebensgeschichte erzählt wird: «In *dem* Zimmer ist es *der* Tisch da (nicht ‹ein› Tisch neben vielen anderen in anderen Zimmern und Häusern), an den man sich setzt zum Schreiben, Essen, Nähen, zum Spielen. Man sieht es ihm, z.B. bei einem Besuch, gleich an: Es ist ein Schreibtisch, Esstisch, Nähtisch, primär begegnet er so an ihm selbst. Der Charakter des ‹zu etwas› wird ihm nicht erst zugeschoben aufgrund einer vergleichenden Beziehung auf etwas anderes, was er nicht ist. Sein Dastehen im Zimmer besagt: in dem so und so charakterisierten Gebrauch diese Rolle spielen; das und das an ihm ist ‹unpraktisch›, ungeeignet; das ist schadhaft; er steht jetzt besser als früher im Zimmer, bessere Beleuchtung zum Beispiel; früher stand er überhaupt nicht gut (für ...). Da und da zeigt er Striche – an dem Tisch machen sich die Buben zu schaffen; diese Striche sind nicht beliebige Unterbrechungen der Bemalung, sondern: das sind die Buben gewesen und das sind sie noch. Diese Seite ist nicht die nach Osten, und diese schmale um so viel kürzer als die andere, sondern die, an die sich abends die Frau setzt, wenn sie noch lesen will; an dem Tisch da führten wir damals die und die Diskussion; hier fiel damals jene Entscheidung mit einem *Freund*, da wurde damals jene *Arbeit* geschrieben, jenes *Fest* gefeiert.»[38]

Ein Problem, das nicht gleich auffällt, liegt darin, dass trotz der Lebhaftigkeit der kleinen Erzählung eben alles Lebensgeschichtliche anhand eines Dinges erzählt wird. Nicht das Mit-Sein selbst hat den Primat, sondern es wird aus der relativen Stellung zu einem Vorhandenen abgelesen, um das sich Menschen versammeln. Die eigenen Geschichten der Buben, der Frau, des Freundes bleiben unerzählt.

Die erste Gestalt des «Lebens», die Heidegger aufweist, und zugleich die erste Form der Zeit, die er thematisiert, ist die *Alltäglichkeit*. Er will im Wintersemester 1919/20 die «faktisch unabgehobene Lebenserfahrung» schildern.[39] Und zwar: «Ohne Scheu vor Trivialitäten!» Prägnant formuliert er, was man sieht, wenn man wirklich hinschaut: «Das Erfahrene hat einen merkwürdigen Charakter des

Gemischten, des Vielerlei, des Gesprenkelten.»[40] Niemand vor ihm war auf einen so naheliegenden Sachverhalt gestoßen, oder man hatte ihn tatsächlich für trivial gehalten. Für Heidegger bedeutete der Satz, dass er gegenüber den Husserlschen Bewusstseinsanalysen ein eigenes Untersuchungsfeld gewonnen hatte. Er geht mitten hinein: «Ich komme nach der Vorlesung aus dem Universitätsgebäude; drüben sehe ich einen Bekannten mich grüßen; ich erwidere den Gruß; beim Colosseum vorbeikommend höre ich Musik; es fällt mir ein, dass ich heute abend ins Theater will, dass ich das und das noch erledigen will, dass ich nicht zu spät kommen darf; zwischendurch kommt mir, dass ich an einer Stelle der Vorlesung die Formulierung nicht so herausbrachte, dass sie das Geschehene adäquat wiedergab; im Weitergehen lebe ich in dem, was ich zuvor noch erledigen will; dabei sehe ich Menschen und gehe an einer Straßenecke in einen Zigarrenladen, kaufe mir einen Schweizerstumpen, höre den Herrn hinterm Ladentisch sehr lebhaft vom letzten Fußballwettspiel erzählen; was er erzählt, interessiert mich, mich nicht, wie er erzählt; während ich einpacke, sehe ich nur, wie er immer lebhafter und begeisterter wird über die glänzenden Leistungen eines Läufers.»[41]

Das klingt wie der durcheinandergemischte Tag des Leopold Bloom auf seinem Weg durch Dublin, es ist der 16. Juni 1904, wie ihn James Joyce im «Ulysses» schildert. Auch Virginia Woolf geht in ihrem Roman «Mrs. Dalloway» methodisch vom Unorganisierten der Erfahrung eines einzigen Tages aus und gewinnt so die tiefsten Einsichten. Ihr Roman erschien 1925, «Ulysses» war 1922 erschienen. Wie ein Kommentar zu solchen neuen literarischen Verfahrensweisen klingt Heideggers Analyse, wenn er davon spricht, im faktischen Leben seien die Erfahrungen «mannigfaltig durcheinanderlaufend, bald aus jener Lebenswelt herkommend, bald aus dieser, sich verschlingend, umbildend, verwachsend».[42] Und ähnlich in einer gleich schönen Formulierung: «Wir müssen uns, ohne je wissenschaftliche Aspirationen, ohne irgendwelche Theorie oder Erklärung oder

Hypothese im Hintergrund des Denkens zu halten, in diese Trivialitäten hineinhören, sie ganz auskosten, so intensiv, bis diese trivialsten Trivialitäten absolut problematisch werden.»[43] Mit der Aufgabe, das Leben aus der Geschichte zu verstehen, weiß Heidegger sich in der Nähe nicht Husserls, sondern eines ganz anderen Denkers: «Darin liegt der tiefere Sinn der *Hegelschen* Philosophie. Es besteht ein prinzipieller Zusammenhang zwischen der Geschichte und dem Ursprungsproblem des Lebens.»[44]

Dr. Friedel Caesar, ein Jugendfreund von Elfride, ist Arzt in der Freiburger Universitätsklinik.[45] Mit ihm beginnt sie 1919 eine Affäre, die Folgen haben wird. Am 1. September schreibt Heidegger seiner Frau: «Heute früh kam Dein Brief u. was er enthält wusste ich schon. Viel Worte darüber reden u. alles zergliedern, fruchtet nichts. Genug, dass Dus mir in Deiner schlichten, sicheren Art gesagt hast. Deine ‹Zwiespältigkeit› *verstehe* ich allerdings nicht u. ich will mir darüber auch nie etwas psychologisierend an demonstrieren lassen (...) dass Friedel Dich liebt, wusste ich längst – Dich darüber zu fragen wäre mir kleinlich vorgekommen – gewundert hat mich zuweilen, dass Du mirs nicht eher sagtest.»[46]

Keinen Zweifel lässt Heidegger allerdings an der Rangfolge der Männer. Friedel sehe sich durch ihn «gehemmt» (wahrscheinlich hatte Elfride etwas in diesem Sinne geschrieben), er sehe in ihm, Heidegger, vermutlich nur den «unbeholfenen, ungewandten, engbehorizonteten Stubengelehrten».[47] Und sogleich die scharfe Abfuhr: «Es wäre einfältig von mir u. Kraftverschwendung, wenn ich ihm das nur im geringsten übel nähme.»[48] Will sagen: Für eine Gegnerschaft fehlt ihm die Substanz. Nicht leicht werde es allerdings, «wenn man nie derselben rangmäßigen (im Geistigen) Gegenwirkung begegnet».[49] Da er dies einmal so klar ausgesprochen hat, dass sie die Botschaft erfassen muss, kann er sie auch beruhigen: Seines «verstehenden Vertrauens» dürfe sie sicher sein, «u. Du hast echt gefühlt, wenn Du mich batest, nicht viel mehr darüber zu sprechen – lassen wir alles in dem größeren Zug in unserer Ehe – u. sehen es u. geben alle von uns aus in Güte.»[50]

Der Brief schließt: «Ich vertraue Dir u. Deiner Liebe mit der eigenen Gewissheit, die meine eigene Liebe zu Dir hat – wenn ich auch nicht alles verstehe – u. nicht ergründe, aus welcher Quelle Deine mehrfältige Liebe sich nährt.»[51] Mehrfach ist in diesem Brief vom Vertrauen die Rede, und es beweist seelische Stärke, dass sich Heidegger nicht darin erschüttern lässt.

Am 9. September dankt er ihr für eine Antwort, von einer «vertrauenden Gelassenheit» ist wieder, wie schon im letzten Brief, bekräftigend die Rede. Er beschwört das «schöpferische Leben», in dem die Fremdheit verschwinde, und erinnert an die «Augenblicke des Ineinanderschlagens der Wogen des Herzens – jenes: wir haben uns wiedergehabt».[52]

Er hat sein Versprechen gegeben und er nimmt es nicht zurück, als Elfride wenige Monate später ein Kind von Friedel Caesar erwartet. Am 6. August 1920 heißt es: «Über Deine große innere Freude, die Du jetzt bei Dir trägst u. in Deinem Leben immer mitgehen wird – brauche ich Dir nicht viel zu sagen – Du weißt ja, wie ich es verstehe u. ich erfahre es immer wieder an mir, dass Du mir noch näher gekommen bist.»[53] Am 20. August wird Hermann geboren, und ohne Groll schreibt Heidegger an Elfride: «War das Friedel eigentlich noch da, wies losging? Und wie sieht denn das ‹Männchen› aus? Ich bin doch sehr neugierig. (...) Ich umarme Dich innig, mein liebes Seelchen u. küsse Dich tausendmal.»[54]

In diesem schwierigsten Augenblick gibt er ihr die Sicherheit, geliebt zu sein. Eine große Geste.

8. KAPITEL

Freundschaft mit Karl Jaspers

Den Erinnerungen Hans-Georg Gadamers entnehmen wir einen ersten Steckbrief der beiden Philosophen. Der eine ist der «dunkeläugige, kleine, gebirgsbäuerliche Mann», der andere besaß das «helle, beobachtende Auge, das er auf sein Gegenüber richtete, aufmerksam, kritisch und vor allem begierig, den anderen zu ermessen, seinen ‹Punkt› zu finden.»[1] Dieser will «Existenzerhellung» – so der Titel des zweiten Bandes der dreibändigen «Philosophie» von Karl Jaspers –, jener antwortet schneidend, ungerecht und ohne Nennung des Namens: «Wer heute das metaphysische Fragen im Ganzen seiner Art und Geschichte deutlicher zu durchschauen und zu befolgen meint, sollte, wo er sich doch so überlegen gern in hellen Räumen bewegt, eines Tages darüber nachdenken, woher er denn das Licht zu seinem klareren Sehen genommen hat.»[2] Dem einen ist das Meer im Norden der Inbegriff großer Natur – «die anschauliche Gegenwart des Unendlichen»[3] –, der andere baut sich eine Hütte in den Bergen des Schwarzwalds und sieht von dort an guten Tagen den Mont Blanc. «Der Tod ist das Gebirg des Seyns», schreibt er.[4] Dem Mann vom Meer ist der aus dem Gebirg unheimlich: «Man kann ihn nicht dämonisch nennen im Sinne Goethes. Aber er besitzt einen Zauber wie der Zwerg, der in Bergesgründen in verschlungenem Wurzelgeflecht, in trügerischem Boden, der als fester Mooswuchs sich zeigt und doch Sumpf ist, sich kundgibt. Das Gnomische in Heidegger, das ungewusst Lügenhafte, das Tückische, das Irrtümliche und das Treulose hat in Augenblicken magische Wirkung.»[5] Der Gnom –

Heidegger maß nur ungefähr 163 Zentimeter – weiß indes von einer «Missgeburt der Gedankenlosigkeit», die sich in dem zeige, «was Jaspers als Philosophie betreibt, zeitgemäß verbrämt noch in einem Moralismus, der so von sich selbst betrieft wird, dass er die eigene Verlogenheit nicht mehr zu erkennen vermag.»[6] Jeder sieht im anderen den Lügner, jeder hat über die Wahrheit geschrieben: Heidegger steiler «Vom Wesen der Wahrheit» (1943), Jaspers schlichter «Von der Wahrheit» (1947).

Franz Josef Brecht, der bei beiden studiert hatte, ließ 1948 ein Bändchen erscheinen mit dem Titel «Heidegger und Jaspers. Die beiden Grundformen der Existenzphilosophie». Der jüdische Religionsphilosoph Martin Buber schrieb 1951 mit großem Scharfblick an einen Freund über das Verhältnis der beiden: «Ich glaube, was Heidegger vor Gott rettet, ist: dass irgendwo in der Tiefe, dort wo Jaspers plan u. genießbar wie eine Semmel von gestern ist, Heidegger wahnsinnig ist, eigen- und wahnsinnig, wodurch er einen Reiz bekommt wie eine Vulkanlandschaft, von der Jaspers nichts hat.»[7]

Beide haben eine gemeinsame Schülerin, dem einen wird sie Freundin, dem andern Geliebte. An Hannah Arendt schreibt Heidegger am 16. Mai 1950: «Das eigentliche ‹Und› zwischen ‹Jaspers und Heidegger› bist nur Du.»[8] Und Hannah Arendt war es, die beide in ihrem unterschiedlichen gedanklichen Habitus treffend charakterisierte: «Jaspers, Von der Wahrheit: als sei die gesamte abendländische Philosophie zur Selbsterziehung nötig. Braucht und verbraucht sie. Der einzige wirkliche Erzieher – Heidegger ist ein Lehrer. Nachfolge Goethes, was es sonst in Deutschland nicht gegeben hat, aber gerade darum und wegen der Selbsterziehung so unglaublich ‹deutsch›.»[9] Etwas ist sicher richtig daran: Jaspers philosophierte stets mit dem Gestus, ein Gegenüber zu haben. Jemand wird angesprochen – so könnte man Jaspers' denkerische Grundhaltung charakterisieren. Er selbst redete von «Kommunikation», auf diese läuft bei ihm das Philosophieren zu.

Der Arzt und Philosoph Karl Jaspers, aufgenommen 1921, als die Freundschaft mit Heidegger begann, die erst zu einer Kampfgemeinschaft werden sollte und später in eine tiefe Entfremdung mündete.

Karl Jaspers wurde am 23. Februar 1883 in Oldenburg geboren, war also sechs Jahre älter als Heidegger. Oldenburg war die Residenzstadt der Großherzöge, allein darum wehte in einem Zentrum Niedersachsens schon eine andere Lebensluft als in Meßkirch. Sein Vater war der Bankdirektor und Landtagsabgeordnete Carl Wilhelm Jaspers; seine Mutter die Tochter des oldenburgischen Landtagspräsidenten Theodor Tantzen. Der oldenburgische Ministerpräsident Theodor Tantzen der Jüngere wiederum war ein Onkel von Jaspers. Von beiden Seiten der Herkunft war eine Verantwortung für das Gemeinwesen nahegelegt. Die Weltverhältnisse waren nicht von anonymen Mächten in weiter Ferne vorbestimmt, sondern als Ergebnis von Handlungen einsehbar; die politischen und wirtschaftlichen Akteure waren namhaft, und man kannte sie aus nächster Nähe. Ein gewisser «Pluralismus», bei konservativ-bürgerlicher Grundlage, mag das Erste gewesen sein, was dem jungen Jaspers politisch einleuchtete.

Eine vitale Außenseiterstellung trieb indes zur Opposition. Jaspers litt seit seiner Kindheit an Bronchiektasen, einer Erkrankung der Atemwege, die ihn zeitlebens sehr behinderte und zur Schonung zwang. Ein gewisses Nicht-Dazugehören mag die Folge gewesen sein, seine Autobiographie nennt es «etwas heimlich Protestierendes».[10] Sein Weg führte in die Medizin und näher in die Psychiatrie. Die Leitfrage wurde die nach krank oder gesund, der Heilungsauftrag wird auf natürliche Weise zum Professionshabitus, den er in die Philosophie mit hinübernimmt. 1916 wird Jaspers außerordentlicher Professor in Heidelberg, wo er in unmittelbarer Nähe von Max Weber und Heinrich Rickert lehrt.

Über seine erste Begegnung mit Heidegger hören wir von ihm: «Im Frühjahr 1920 waren meine Frau und ich einige Tage in Freiburg, um bei der Gelegenheit Husserl und Heidegger zu sprechen. Es wurde Husserls Geburtstag gefeiert. Man saß in größerem Kreise am Kaffeetisch. (...) Es war wie eine Solidarität der beiden Jüngeren gegen die Autorität abstrakter Ordnungen ... Nur Heidegger schien mir anders. Ich besuchte ihn, saß allein mit ihm in seiner Klause, sah ihn beim Lutherstudium, sah die Intensität seiner Arbeit, hatte Sympathie für die eindringliche knappe Weise seines Sprechens.»[11] An anderer Stelle berichtet Jaspers vom esoterischen Ruhm schon des frühen Heidegger: «Öffentlich noch kaum bekannt und schon Ursprung einer Fama um ihn.»[12]

Heidegger suchte seinerseits einen Freund. Ein paar Jahre später schreibt er an Elfride: «Ich habe sehr schöne u. wertvolle Tage mit Jaspers. Und ich wünsche, dass Du ein Stück dieser meiner inneren Freude mitbesitzest. So lebendige Impulse sind unersetzlich – u. wenn ich unter den Kollegen in Marburg – außer Bultmann vielleicht – nichts dergleichen habe, so bin ich doch dankbar, dass ich

Jaspers habe. Es ist ein gegenseitiger Kampf um die Freundschaft, in dem ich mich selbst erbauen kann.»[13] Schon in seinem Brief vom 8. September 1920 hatte er den Wunsch nach einem Freund geäußert: «Vielleicht hab ich auch noch mal das Glück einen bedeutenden gleichaltrigen wissenschaftl. Menschen als Freund zu finden, der nicht gerade vom engsten Fach ist – aber in derselben geistigen Richtung mitgeht. Aber vielleicht soll ich nicht alles haben u. in einer etwas harten Eigenständigkeit mir selbst durchhelfen.»[14] Und 1929, nach einer erneuten Begegnung mit Kurt Riezler, dem Kurator der Frankfurter Universität: «Vielleicht ist es der Mann als Freund – den ich suche – u. wenn das das Ergebnis dieser Tagung wäre – würde es für mich ein großes inneres Glück bedeuten.»[15] Insofern wird Jaspers das Richtige geahnt haben, als er sich an das erste Treffen 1920 erinnerte: «Unsere Begegnung war für Heidegger, der sich einsam fühlte, eine Überraschung, für mich eine Ermunterung durch die offenbare philosophische Ergriffenheit des Jüngeren. Er hatte seinen philosophischen Beruf durch einen Entschluss begründet, von dem ich mit Respekt hörte.»[16]

Auf den Februar 1919, jene Wochen, in denen Heidegger seine Vorlesung über die Philosophie und das Weltanschauungsproblem hielt, ist das Vorwort der «Psychologie der Weltanschauungen», Jaspers' zweitem großem Buch nach der «Allgemeinen Psychopathologie», datiert. Auch hier ein Plural, Pluralität. Sein Heidelberger Kollege Max Weber hatte vom «Polytheismus der Werte» gesprochen, dieser Richtung schließt Jaspers sich an. Gadamer hat die positive Leistung des Buches gut beschrieben: Durch Jaspers kamen «Themen und Fragestellungen in die Philosophie hinein, die in dem methodologischen Selbstverständnis des herrschenden Neukantianismus keinen Platz hatten. Uralte menschliche Grundprobleme wie Freiheit, Schuld, Tod erhielten eine neue Auszeichnung als sog. Grenzsituationen, in denen die theoretische Vernunft sich in Widersprüche verstrickt, ihrer Grenzen innewird und in denen die menschliche Existenz aus tieferen Quellen des Selbstseins ihre Haltung sucht und findet.»[17]

Am 8. Februar – also schon vor der ersten persönlichen Bekanntschaft – schrieb Heidegger an seine Frau, er arbeite sich «systematisch durch Bergson durch u. möchte von da aus an den Jaspers, ich fühle mich jetzt so frei u. selbständig schöpferisch».[18] Zwischen 1919 und 1921 entsteht die umfangreiche Besprechung «Anmerkungen zu Karl Jaspers ‹Psychologie der Weltanschauungen›», die damals ungedruckt blieb.[19] Es handelt sich um Heideggers ausführlichste Auseinandersetzung mit einem Zeitgenossen überhaupt, nur mit Jean-Paul Sartre und Ernst Jünger wird er sich ähnlich intensiv beschäftigen. Wenn man bei den Problemen beginnen darf, dann kann man an Jaspers' Werk das Unbefriedigende festhalten, dass die «Weltanschauungen» nicht – wie etwa die Gestalten des Bewusstseins und der Anerkennung in Hegels «Phänomenologie des Geistes» – einer Dynamik unterliegen, in der sie auseinander hervorgehen, indem keine schon das ganz einlöst, was sie verspricht, und so die folgende erzwingt. Die «Weltanschauungen» stehen hier vielmehr in der Art eines Katalogs *neben*einander; sie beziehen sich nicht *auf*einander. Jaspers' Werkideal ist eine Art vollständiger Bildersaal, was sich in seinen späteren Büchern noch fortsetzt mit der Darstellung der «maßgebenden Menschen» Sokrates, Buddha, Konfuzius und Jesus.

Das erregendste Kapitel – und als solches hat es auch Heidegger sofort erkannt – ist zweifellos jenes über die lebensgeschichtlichen «Grenzsituationen», Krisen, die den Menschen aus seinem erstarrten, verkrusteten «Gehäuse» herausreißen. Jaspers lobt den *Kampf.* Er fordere die Kräfte erst heraus und gebe menschliche Würde. Ohne Kampf versinke der Mensch in «bürgerlicher Selbstgerechtigkeit»[20] und kultiviere in solcher Behaglichkeit doch nur seine Neurosen, werde «nervös, gehässig, empfindlich einerseits, ruhig und bieder andererseits»[21]. Das Höchste den Menschen Erreichbare ist «Kampf in der Liebe».[22] Der *Tod* nimmt dem Menschen Gewissheiten, «die sinnlichen Unsterblichkeitsvorstellungen fallen ihm zusammen; der ‹Glaube› als ein Halthaben an endlichen Vorstellungsinhalten geht verloren.»[23] Mit dem *Zufall* kann sich der Mensch nicht abfinden, einen irgendwie gearteten metaphysischen oder religiösen Sinn wird er suchen. Die tiefste Erschütterung bringt die *Schuld.* Sündenbewusstsein wird eine der möglichen Antworten, eine andere die kühle Maske des Stoikers. Erst in den Grenzsituationen werden die Gehäuse, in denen man bislang lebte, überhaupt in ihrer Verkrustung erkennbar. Meist will der Mensch eher «Ruhe suchen statt der unendlichen Bewegung; er will objektive Rechtfertigungen aus einem Rationalen heraus statt absoluter Verantwortung der lebendigen Kräfte und ihres Wählens».[24] Dass solche Flucht in Vernunft und Objektivität einen Verrat an der Existenz darstellt, war der Gedanke, den Jaspers und Heidegger teilten.

Heideggers Besprechung, die in der Gesamtausgabe gut vierzig Seiten stark ist, greift fest zu. Das in Frage stehende Gegenständliche sei für Jaspers die *«Existenz»*, die Heidegger versteht aus dem «ich bin».[25] Bisher sprach er vom «Leben» und vom «historischen», in einer Eigengeschichte lebenden Menschen. Hier nun haben wir die früheste Erwähnung des Wortes «Existenz» bei ihm. Heidegger rühmt eine «ganz ungewöhnliche Fähigkeit und Energie im Aufbrechen und Hervorholen ‹seelischer Zustände›».[26] Jaspers bringe die Phänomene «zu einer wertvollen, wenn auch mehr nur ordnenden Konzentration».[27] Damit ist schon der Kernpunkt der Kritik ausgesprochen. Ein Schausaal der Bilder widerstreitet der Idee der Existenz selbst, «sofern alles Typisieren und Wichtignehmen von Typen immer in einer verkappten ästhetischen Haltung verbleibt».[28] «Ästhetisch» soll sagen: äußerlich betrachtend. Ein «technisches Bewältigen und Ordnen» stelle sich selbst *«gegen* die eigene Tendenz auf die Existenzphänomene».[29] Das «Historische als eine Grundbestimmtheit von Existenz» – und das heißt für Heidegger: das Faktum einer bewegten Lebensgeschichte – werde von Jaspers nicht gesehen.[30] So ist die Freundschaft zwischen Jaspers und Heidegger schon in dem Augenblick, da sie beginnt, als ein Kampf bestimmt.

Wie könnte eine alternative Philosophie der Existenz beschaffen sein, der eine positive Kritik an Jaspers zu entnehmen wäre? Man muss in Heideggers Vorlesungen schauen. Denn eben jenes «Historische», aus der Lebensbewegung selbst hervorgehende, schildert er hier. Bisher, in den Vorlesungen von 1919, war das Leben einfach der Schauplatz von Bewegtheit, jetzt wird es vielgestaltiger, tatsächlich dramatischer, und aus der Gleichgültigkeit immer neuer Alltäglichkeiten herausgeholt. Heidegger sieht nun – wir sprechen vom Wintersemester 1921/22 – ein qualitatives Relief des Lebens zwischen Erfüllung und Verfehlen oder Versäumen. Und zwar nicht aus allgemeiner Verdinglichung oder Entfremdung, sondern aus der eigensten Tendenz des Lebens selbst. Erst jetzt gibt es auch «Schicksal»: «Wirklichkeit in ihrer spezifischen Undurchdringlichkeit als Macht».[31] Bisher hat Heidegger das Leben als Region zu beschreiben versucht, nun weiß er – nach seiner Habilitationsschrift über die Kategorienlehre –, dass er neue, eigene Kategorien braucht, um das faktische Leben zu erfassen; es können nicht die Kategorien dinglicher Wirklichkeit sein. «Kategorien kommen nur zum Verstehen, sofern das faktische Leben selbst zur Interpretation gezwungen wird.»[32]

Das Leben ist zunächst einmal «Sorge». Und gleich möchte es sich darüber hinwegtäuschen, sich nur aus einer «sachlichen» Aufgabe verstehen, die es zu bewältigen gelte, und so sich auf die «objektive Notwendigkeit» berufen. Aber dann werde «dieses Grundwie» der Sorge «noch zäher, weil es sich versteckt einfrisst und eingefressen hat. Die sichere Objektivität ist die unsichere Flucht vor der Faktizität, und sie verkennt sich selbst gerade darin, dass sie aufgrund der Flucht die Objektivität zu steigern glaubt, wogegen die Objektivität gerade in der Faktizität zur radikalsten Aneignung kommt.»[33]

Zum ersten Mal kommt jetzt ein grundsätzliches Selbstverständnisproblem im Leben auf, das wir bislang nur als problemlos bewegtes kannten. Die Alltäglichkeit zeigt ihre eigenen Krisenpotentiale.

Nun entwickelt Heidegger eigene Kategorien der Lebensbewegung. Die erste ist die «Neigung». Dem Leben ist ein Gewicht eigen, und dies neigt sich, wie bei einer Waage. Die Geneigtheit «drängt das Leben in seine Welt, hält es darin fest»,[34] und zwar so sehr, dass das Leben sich mit seiner Welt verwechselt: «In seiner Geneigtheit zu seiner Welt ‹hat sich› und erfährt sich Leben immer nur wesentlich in der Gestalt seiner ‹Welt›.»[35] Das Leben «kommt in seiner Geneigtheit in das Wie des Mitgenommenwerdens».[36] Dabei zerstreut es sich in der Welt und erfreut sich an den Zerstreuungen. «Die Geneigtheit will sich gerade nichts von der Zerstreuung entgehen lassen und steigert sie damit.»[37]

Heidegger ist keineswegs der Einzige, der «Zerstreuung» als Zeitgeistphänomen und Gegenstand der Kulturkritik entdeckt. «Angestellte und Zerstreuung» ist der Titel des ersten Teils von Ernst Blochs «Erbschaft dieser Zeit». «Überall der gleiche Spaß», heißt es bei Bloch, «das Leben als ‹Betrieb›: als Öde bei Tag, als Flucht bei Nacht.»[38] Der Tag sei «nur lauter geworden, nicht voller». Und in einer Formulierung, die man auch bei Heidegger vermuten könnte, spricht Bloch über «diese Art, nicht da zu sein».[39] Soziologisch glaubt Bloch, der Zerstreuung die Diagnose stellen zu können: «Nicht alle spielen hier mit. Der Bauer gewiss nicht, die Handwerker und Kleinhändler wenig. Desto mehr die neue Mitte» – gemeint sind die Angestellten –, «sie sucht ein Leben, das sie meint und nicht führen kann, im Ersatz.»[40] Siegried Kracauer ist es, der den «Kult der Zerstreuung» analysierte. «Die großen Lichtspielhäuser in Berlin sind Paläste der Zerstreuung, sie als *Kinos* zu bezeichnen, wäre despektierlich.»[41]

Gleich stark wie die Neigung, die sich einfach mitziehen lässt, macht sich nun das Bedürfnis nach Abstand geltend: ein Pochen «auf Rang, Erfolg, Position im Leben (Welt), Überholen, Vorteil,

Berechnung, Betriebsamkeit, Lärm, Aufmachung, grob und laut oder verfeinert, großzügig vordränglich in der Weise dessen, der ‹die Kiste schmeißt› (charakteristischer Ausdruck!)».[42] Als dritte Kategorie nennt Heidegger die «Abriegelung». Das Leben wird übergeschäftig und riegelt sich damit gegen sich selbst ab. Das nennt er «Unbekümmerung», und diese ist so definiert, «dass in der Sorge das Leben selbst (noch) da ist, aber als das gerade, was im Sorgen und in der Sorgenserfüllung erledigt, zernichtet werden soll».[43] Aus der Vielfältigkeit der Möglichkeiten wird eine «Endlosigkeit der Verfehlbarkeiten».[44] Hier taucht das Phänomen der Maske auf, Heidegger spricht von «Larvanz». «Mit dieser Unendlichkeit blendet sich das Leben selbst, sticht sich die Augen aus. In der Abriegelung lässt sich das Leben aus; es kommt zu kurz.»[45] Die Abriegelung zeigt, wie das Leben «im Schein höchster Aktualität, Betriebsamkeit, Besorgnis als Ernsthaftigkeit sich in seiner Welt festsorgt und damit sich selbst in sich selbst und vor sich selbst nicht mehr aus-kennt; faktisches ruinantes Leben deckt sich gleichsam in der Besorgnis selbst zu! (Sturzcharakter der Larvanz).»[46]

Ruinantes Leben ist jenes, das Heidegger in «Sein und Zeit» «verfallend» nennt, von lateinisch ruina, Niederstürzen, Sturz. Man sieht das Leben, das in diesen Kategorien abläuft, und seine Welt: eine, in der sich langsam zivile Betriebsamkeit wieder in den Vordergrund schiebt, in der Zerstreuungen angeboten werden und konsumvermittelte Möglichkeiten der statusmäßigen Distanzierung. Man hat es mit Menschen zu tun, die einerseits «keine Zeit haben», andererseits sich zerstreuen lassen. Das ist das «Jetzt» dieser Vorlesung. Heidegger hat etwas von dem geleistest, was er bei Jaspers vermisste: ein Verstehen der Existenz aus ihrer eigenen Geschichtlichkeit und Bewegtheit heraus, ja sogar aus dem historischen Augenblick, und nicht in mehr oder weniger starren Typen.

Als er Jaspers seine Kritik der «Psychologie der Weltanschauungen» geschickt hatte, antwortete dieser nur unverbindlich: «Haben Sie vielen Dank. Ich kann Ihnen heute noch nichts sagen, da ich Ihre Arbeit noch nicht studieren kann. Aber ich will Ihnen doch wenigstens den Empfang mitteilen. Von dem Studium erhoffe ich mir einen wichtigen Impuls.»[47] Aber das große Wunder war, dass die Entfremdung nicht eintrat. Es gibt in jeder großen Liebe, in jeder wesentlichen Freundschaft einmal diese gehobene Zeit, da keiner von beiden es fassen kann, wie tief man einander versteht. Solche Zeit kann vielleicht nicht dauern, aber sie bleibt, auch wenn alles vorbei ist, als ein Vergangenes, das nicht leicht auszumessen ist.

Nach seinem ersten Besuch bei Jaspers, der nicht ein konventioneller war, sondern einem «Symphilosophieren» galt, schrieb ihm Heidegger am 19. November 1922: «Die acht Tage bei Ihnen gehen ständig mit mir. Das Plötzliche, nach außen ganz Ereignislose dieser Tage, die Sicherheit des ‹Stils›, in dem ein Tag ungekünstelt in den anderen hineinwuchs, der unsentimentale, herbe Schritt, mit dem eine Freundschaft auf uns zukam, die wachsende Gewissheit von einer auf beiden ‹Seiten› je ihrer selbst sicheren Kampfgemeinschaft – all das ist für mich unheimlich in dem Sinn, wie die Welt und das Leben für den Philosophen unheimlich sind.»[48] Jaspers antwortet ein paar Tage später: «Sie wissen, wieviel auch mir unser Zusammenleben bedeutet hat und welche Zukunftshoffnungen ich habe. In der philosophischen Öde der Zeit ist es schön, wenn man es erlebt, Vertrauen haben zu dürfen. Und wir wissen beide selbst nicht, was wir wollen; d.h. wir sind beide getragen von einem Wissen, das noch nicht explizite besteht. Was mag noch daraus werden! In häufigem Denken an jene Tage habe ich mir Ihre frühere Äußerung, es müsse einmal eine wirkliche Kritische Jahrschrift entstehen, dahin interpretiert, dass wir beide einmal eine solche machen müssen: Die Philosophie der Zeit, Kritische Hefte von Martin Heidegger und Karl Jaspers. *Nur* wir beide schreiben darin.»[49]

Noch muss dieser Plan ein schöner Traum bleiben, denn Heidegger hat noch kein Ordinariat und darum gute Gründe, sich mit öffentlichen kritischen Äußerungen zurückzuhalten. Es gibt zwischen beiden Augenblicke großer Wärme. An Elfride berichtet Heidegger von den Heidelberger Tagen am 22. Oktober 1925: «Wenn ich jetzt zuweilen vergleiche – auf die philosophische *Existenz* gesehen: Husserl u. Jaspers – dann ist das wie Nacht u. Tag – dort – wenn ich übertreibe – einer Interesse an Schule (sic) – Anerkennung des Meisters – Unverständnis für Schicksal u. Entscheidungen – hier Souveränität – Bescheidenheit – Einsatz der Person u. wirkliche Athmosphäre (sic) eines handelnden Menschen. Ich muss viel von Dir u. den Buben erzählen. Und heute erzählte ich, wie wir uns kennenlernten.»[50] Am 2. Januar 1927 ist von «Sein und Zeit» zu berichten, das bald veröffentlicht werden wird: «J. studiert meine Arbeit u. ist von Bg. zu Bg. begeisterter u. vor allem, er sieht die Arbeit, die dahintersteckt. Ich selbst merke erst jetzt wieder, was Ansprache u. Anregung bedeutet. Es wird Neues wach u. vor allem, ich sehe die Grenzen u. Notwendigkeiten des Geleisteten schärfer. (…) J. hat auch das andere große Werk über Totenmasken. Wir sprachen über das, was wir neulich verhandelten u. J. ist ganz unserer Meinung, dass die Totenmaske gerade das zufälligste Gesicht gibt – es kann sein, dass die Größe des Menschen noch mal erscheint – so zeigte er mir drei Photograf. von Max Weber auf dem Totenbett – Marianne hat eine Maske – die einzige – es ist ein ungeheures Antlitz – die Schwere des Leides dieser Existenz u. zugleich die Wucht der Energie – hier könnte man von Dämonischem sprechen.» Niemals zuvor und nie mehr später war Heidegger der Heidelberger Welt, und der Max Webers, so nahegekommen. Er erkannte wohl etwas, das ihm vielleicht schon Löwiths Schilderungen vermittelt hatten: eine gewisse Verwandtschaft mit dem anderen Großen der deutschen Universität.

Aber Jaspers hat «Sein und Zeit» niemals ganz gelesen, obwohl einzelne Analysen – die über das «Man», über den Tod – ihm großen Eindruck machten. Ende der zwanziger Jahre notiert er zu «Sein und Zeit»: «Kommunikation der Existenzen wird nicht zum Problem», die philosophische Position sei «faktisch solipsistisch». Heidegger, ein Mensch «ohne Liebe. Daher auch im Stil unliebenswürdig. Nur ‹Entschlossenheit›, nicht Glaube, Liebe, Phantasie.»[51] Gerade Jaspers, der in seiner «Psychologie der Weltanschauungen» der Liebe einen großen Hymnus geschrieben hatte und sie als Muster der «enthusiastischen Einstellung»[52] beschrieb, musste dieser Zug auffallen. «Das Geliebte ist (…) *mit dem Absoluten verbunden.* Das Geliebte ist im Ganzen eingebettet gesehen, oder nicht als Einzelnes, sondern als Ganzes gemeint. Es ist als Endliches im Unendlichen gesehen.»[53] Und doch: Wenn man sich vergegenwärtigt, wie die Liebe hier auftritt – in Kapitel eins, «Die Einstellungen», unter Punkt C, «Die enthusiastische Einstellung»; dort kommt zunächst der Abschnitt «Allgemein», dann «Genauere Beschreibung», wo die Liebe unter Punkt fünf verhandelt wird, gegliedert in «a) Liebe ist universal», «b) Die Liebe lässt sich allen einzelnen Trieben gegenüberstellen», «c) Spezifischer Gegenstand», «d) Liebe und Verstehen», und in diesem Rubrum kommt dann irgendwann auch «Liebe der Geschlechter» vor –, dann widerstreitet die Pedanterie der Ordnung doch offensichtlich dem, *was* da eingeordnet wird.

Aber noch war nichts zu Ende, erst mit dem Tod würde diese Geschichte zu Ende sein. Jaspers und Heidegger kamen nicht voneinander los.

9. KAPITEL

Philosophieren mit Karl Löwith

Heideggers Philosophieren in dieser ersten Epoche schafft eine vibrierende Atmosphäre. Er ist noch nicht fertig, er experimentiert, arbeitet, arbeitet um. Am 15. Februar 1920 meldet er an Karl Löwith: «Ich habe die ganze Sommervorlesung umgeworfen und arbeite sie jetzt neu», und am 23. März: «Ich bin im neuen Durcharbeiten meiner Vorlesungsprobleme in ganz neue Bahnen gekommen, so dass es mit der Ökonomie schon wieder nichts ist».[1] Seiner Frau gegenüber spricht Heidegger im August von «inneren Revolutionen».[2] Im April 1921 berichtet er an Löwith: «Die Eigendestruktion ist nach verschiedenen Anläufen ins Rollen gekommen und in eines damit komm ich in der neuen Explikation des Lebens näher; solche Erfahrungen zeigen mir den ursprünglichen Sinn von ‹Methode› – das Wort ist schlecht – aber als polemisch-aggressives Mittel immer noch gut.»[3]

Die Situation ist in besonderem Maße offen, da noch kein abgeschlossenes «System» das Leitbild der Lehre ist. Nicht zufällig kommt Heidegger deshalb auf romantische Modelle philosophierender Geselligkeit zurück, in denen die neuere Hermeneutik und Kritik sich ausbilden konnten. An Löwith schreibt er am 9. Oktober 1920, er hoffe vor allem, «dass wir auch geistig einen Kreis zusammenbringen, der einen einheitlichen Stil und Charakter hat – ich meine nicht zum Philosophieren, sondern menschlich gesellschaftlich, worin die Philosophie ein ‹unabgehobenes› Moment ist. Ich denke sehr oft und gern an die Abende bei Besseler (nicht nur wegen der Kuchen!) und denke, dass wir sie etwas ausgestalten durch Vorlesen, oder zwanglose Berichte über neue Bücher – keine Imitation des Schlegel-Schleiermacherschen Kreises, aber deren Initiative, Selbständigkeit und Leidenschaft für die Dinge.»[4] Schleiermacher hatte in der Epoche seiner Freundschaft mit Friedrich Schlegel Platon übersetzt. Zu Löwith fasste Heidegger damals ein Vertrauen wie zu kaum einem anderen seiner Studenten. Aus München berichtet er im März 1923 seiner Frau: «Bei Löwith bin ich sehr lieb aufgenommen – der junge hat eine glänzende Bibliothek – viel größer u. besser wie die meine – aber sie hat im Grunde keine Verwendung – etwas für einen Geschmäckler. (…) Löwith hat mir das Schönste von München gezeigt – vor allem die griechische Vasensammlung – das gehört zu den stärksten Eindrücken, die ich bisher hatte.»[5]

Karl Löwith, geboren 1897, entstammte einem kulturaffinen Elternhaus, sein Vater war in München «geschätzt, beliebt und hoch angesehen, als Maler, Charakter und Organisator der deutschen Künstlerschaft, deren berufliche Interessen er vertrat».[6] 1914 meldete Löwith sich freiwillig zum Heer, in Italien wurde er an der Lunge verwundet, geriet in Kriegsgefangenschaft und wurde später ausgetauscht. Fine von Kahler, seine Cousine, schrieb damals an Friedrich Gundolf von dem heimgekehrten Löwith als einem «fabelhaft schönen Jungen».[7] Von 1917 bis 1919 studierte er Biologie und Philosophie in München, von 1919 bis 1922 belegte er in Freiburg dieselbe Fächerkombination und hörte Husserl und Heidegger. Das heißt aber: Gleichzeitig mit der Eröffnung radikaler «Geschichtlichkeit» durch Heidegger wurde ihm in der Natur eine Sphäre radikaler Ungeschichtlichkeit deutlich, und damit eine Möglichkeit zum Dissens mit dem Lehrer. Das wird für seinen Weg entscheidend. 1922 wird Löwith mit der Arbeit «Auslegung von Nietzsches Selbst-Interpretation und von Nietzsche-Interpretationen» in München bei dem Phänomenologen Moritz Geiger promoviert. Die Atmosphäre zwischen ihm und Heidegger ist auffallend anders, als man sie zwischen einem Studenten und

Karl Löwith 1928 als Privatdozent in Marburg. Seiner Cousine Fine von Kahler war er zehn Jahre zuvor als «fabelhaft schöner Junge» erschienen. Gegenüber seinem Lehrer Heidegger akzentuierte er Freundschaft und Mit-Sein.

einem Dozenten erwarten würde. Löwith, der sieben Jahre jüngere und noch nicht durch Universitätsdiplome anerkannte, scheut sich nicht, Heidegger zu kritisieren. Dass dies möglich war, gehört in das Bild des frühen Heidegger.

Am 17. August schreibt Löwith einen Brief, der die Länge einer kleinen Abhandlung hat. Was ihm auffällt, ist die gewaltsame Tendenz von Heideggers Hermeneutik, die dem Grundsatz folgt, es gelte einen Autor besser zu verstehen, als dieser sich je selbst verstanden habe. Löwith formuliert den Einwand direkt: «Auch die Art von Historizismus, Relativismus, die bei ihnen vorliegt, ist mir noch zu wenig – Sie arbeiten immerhin doch noch mit der Tendenz, dem eigentlichen Sichselbstverstehen *des Anderen* Ihr eigen-tliches zu unterschieben.»[8] Heidegger antwortet: «Sie beide nehmen ein anderes an mir als wesentlich – was ich nicht trenne – und was wiederum nicht so ist, dass es sich das Gleichgewicht hält: das wissenschaftlich-theoretisch begrifflich forschende und das eigene Leben. Die wesentliche Weise der existentiellen Artikulation meiner Faktizität ist die wissenschaftliche Forschung – so wie ich sie verstehe.»[9] Was die Hermeneutik angeht, gesteht Heidegger zu, dass er von einer «An-sich-Objektivität» nichts halte: «Es kommt nur darauf an, ob eine alles verstehende Scheinunpersönlichkeit mehr leistet als Drauflosgehen auf die Dinge, wo man allerdings selbst dabei sein muss, sonst ist es kein Zufassen. (...) Jaspers schrieb mir, ich täte ihm mehrfach Unrecht. Meine Antwort: Husserl u.a. haben das auch konstatiert – für mich aber nur das Zeichen, dass ich mindestens versucht habe zuzugreifen, statt die ‹Resultate› des Buches in einen imaginären Wissensschatz imaginär zu registrieren. (...) Ich fechte meine ‹Position› durch – und bin gegen andere ‹ungerecht› in der Erkenntnis, dass ich selbst ‹relativ› bin.»[10]

Als drei Jahrzehnte später Löwiths kritische Gesamtdarstellung «Heidegger – Denker in dürftiger Zeit» erscheint, ist dies einer der Hauptgegenstände der Diskussion. Heideggers Tendenz gehe dahin, das «Ungesagte» von Texten zur Sprache zu bringen. Löwith vertritt eine gegenteilige Maxime: Es gehe darum, «einen andern in *seinem* Eigenen vorurteilslos verstehen zu können. Dies verlangt eine Aufgeschlossenheit für den Anspruch des Andern und seinen möglichen Einspruch und Widerspruch gegen unser ihm vorgreifendes Selbstverständnis.»[11] Der Einwand ist scharfsinnig und fundamental für jede Auseinandersetzung über das Verstehen, und es verwundert nach dieser Betonung eines möglichen Einspruchs des anderen nicht, dass Löwith in seiner Habilitationsschrift eine erste Kartierung solcher Verhältnisse unternahm: Sie trägt den Titel «Das Individuum in der Rolle des Mitmenschen» und wurde von Heidegger 1927 angenommen.

Vier Jahre nach dieser offenen Auseinandersetzung denkt Heidegger, der nun in Marburg Professor ist, in einem Brief an Löwith mit

Wehmut zurück an die Freiburger Jahre: «Es war doch ein merkwürdiger ‹Zufall›, dass im Sommer-Semester 1919 ein ganz bestimmter Kreis von Menschen zusammenkam. Jetzt spielt sich alles ‹objektiver› ab und unhistorischer. Das ‹Amt› ist schuld daran. (...) Hier ist alles zu sehr auf Examensmilieu abgestimmt – in Freiburg hatten wir das freie Land vor uns. Und wir riskierten alle etwas und hatten ein Gefühl davon; hier möchte man ‹Wahrheiten› hören.»[12]

Löwith war neben Herbert Marcuse und Hannah Arendt einer jener Heidegger-Schüler, die entschiedene Modernität und eine eher linke Sensibilität mitbrachten. Mit Max Weber, den er in München gehört hatte, war ihm ein anderer intellektueller Charismatiker begegnet, so dass er nie in der Gefahr stand, vollkommen Heideggers Einfluss zu verfallen. Durch Webers Vorbild war ihm die Soziologie als Dimension wesentlichen Denkens von vornherein legitimiert. Philosophiegeschichtlich war er offen für die Linkshegelianer, für den Materialisten Feuerbach, den Individualisten Max Stirner und für Marx, den Denker der bürgerlichen Gesellschaft und ihrer zerreißenden Konflikte, schließlich für Sigmund Freud, über dessen Theorien er in Marburg Seminare abhielt. In der Auseinandersetzung mit diesen Denktraditionen fing Löwith die Spannungen der zwanziger und frühen dreißiger Jahre auf. 1923 wurde er Hauslehrer eines Knaben, 1924 ging er nach Rom, wo er halbtags in einer Buchhandlung arbeitete. Gleichzeitig beriet er sich brieflich mit Heidegger über die Möglichkeit einer Habilitation.

Am 28. Oktober 1924 meldete er aus Rom: «Unten auf der Straße brüllt gerade eine Fascisten-Menge, die feiern grad wieder einmal irgendeinen Jahrestag, weil es zur Zeit keine Ermordung zu feiern gibt. Ich muss an München denken, als wir zusammen die Hitler-Garden, borniert-fanatisch sahen und dann in eine schöne alte Kirche gingen.»[13]

10. KAPITEL

Paulus, Augustinus und die Mystik

An Karl Löwith schrieb Heidegger am 19. August 1921: «Ich arbeite konkret faktisch aus meinem ‹ich bin› – aus meiner geistigen, überhaupt faktischen Herkunft – Milieu – Lebenszusammenhängen, aus dem, was mir von da zugänglich ist als lebendige Erfahrung, worin ich lebe. (...) Zu dieser meiner Faktizität gehört – was ich kurz nenne –, dass ich ‹christlicher Theo*loge*› bin.»[1] Wir hatten Heidegger von der Theologie her kommen gesehen, wir fanden im 1916 verfassten Schlusskapitel der Habilitationsschrift Hinweise auf die Mystik von Meister Eckhart und die Zielvorstellung einer Philosophie der «verehrenden Gottinnigkeit».[2] In einem späteren Brief erinnert er Elfride an die Verlobungsfahrt auf die Reichenau und die Spaziergänge «draußen am Buchtchen, wo wir Sonntags Meister Eckhart lasen».[3] 1917 schenkte sie ihm zum Geburtstag Eckharts deutsche Schriften «in der Pfeifferschen Ausgabe».[4]

Mystische Erfahrung ist die höchste und nächste Gestalt, die die Wahrheit in einem individuellen Bewusstsein annehmen kann. Und es führt kein Weg an der Einsicht vorbei, dass Mystik den eigentlichen Horizont von Heideggers Denken bildet. So hatte es der Schluss der Habilitationsschrift in – für einen akademischen Kontext – wahrlich atemberaubender Kühnheit ausgesprochen: «Philosophie als vom Leben abgelöstes, rationalistisches Gebilde ist *machtlos*, Mystik als irrationalistisches Erleben ist *ziellos*.»[5] Echte Mystik bedeutet die Erfahrung der Nähe des Göttlichen. «Gott näher zu kommen ist der Sinn des Daseins», schrieb Heidegger seiner Frau am 9. September

1919.[6] Nach mystischen Erfahrungen in diesem Sinne hat Heidegger gestrebt: «Ewigkeitslieder / Singst du mir wieder / Entführst mir die Seele / in waldstille Weite / Tauchst mich in gottnahe / Unendlichkeiten.»[7] So steht es in dem Gedicht «Julinacht», das auf 1911 datiert wird. Gegenläufig dazu, aber ebenso von mystischer Sehnsucht bestimmt, ist das Gedicht «Einsamkeit» aus dem Jahr 1916: «Verhärmte Gestalten, die das Licht nie finden, / Irren um mich, meine klagenden Sünden. / Es schneit. / Erinnerung stirbt. Die Welt steht still. / Ich fühl', wie Gottesliebe aufflammen will – / Es schneit.»[8]

Heideggers Ausrichtung auf Wahrheit und seine mystische Tendenz schließen einander nicht aus, sondern hängen innig zusammen. So jedenfalls stellt er es in der Habilitationsschrift dar, wenn er vom «Zusammenhang» der «Metaphysik des Wahrheitsproblems» mit der «Eckhartschen Mystik» spricht, den er hofft, «bei anderer Gelegenheit zeigen zu können».[9] Was ihm wirklich vorschwebte, muss eine Art von Hinaufsteigerung der Philosophie in die Mystik gewesen sein – alle lehrhaften Erstarrungen und Verdinglichungen sollten abgebaut werden, um in die Nähe der Wahrheit zu kommen. Das ist die innere Logik von Heideggers Denkweg.

Im Zeichen einer überkonfessionellen Mystik steht Heideggers Ehe in den frühen Jahren, sie wäre anders nicht möglich gewesen. Zu einer wegen des Kriegsdienstes nicht gehaltenen Vorlesung im Wintersemester 1918/19 haben sich Aufzeichnungen und Entwürfe erhalten: «Die philosophischen Grundlagen der mittelalterlichen Mystik» lautet der Titel.[10] Indem diese Notizen das religiöse Erleben ausdrücklich von der Theorie und der begrifflich-theologischen Sprache trennen wollen, sind sie in die Lebenssituation des Ehepaares Heidegger verflochten. Nach wie vor gab es Spannungen zwischen dem katholischen Glauben von Heideggers Eltern und Elfrides Protestantismus, die auch deshalb aktuell werden, weil sie das erwartete Kind – den Sohn Jörg, der im Januar 1919 zur Welt kommt – evangelisch erziehen möchte.[11] Heidegger empfindet angesichts der Nähe des Krieges, wie seine Bedenken schwinden: «In der Primitivität des Daseins nähern sich die letzten Sinngebungen entsprechend unmittelbar, stark u. eindeutig.» Und nun kommt die entscheidende Formulierung: «Meine ganze frühere Unsicherheit, Unwahrhaftigkeit u. Kasuistik ist die einfache Folge einer hyperkatholischen Erziehung, die ich anderseits immer mit unzulänglichen Mitteln durchbrechen wollte. Und dieselben Momente finden sich noch im Elternhause (ich mache damit meinen Eltern keinen Vorwurf) zumal wo es so eng zum Pfarrhaus gehörig ist – letztlich liegt aber alles am katholischen System seiner inneren Unfreiheit – u. dem sich fromm dünkenden Gewissensdespotismus. All das sehe ich heute völlig klar.»[12]

Seine Eltern glaubt Heidegger in einer «Lebensverkrüppelung»[13] gefangen. Man werde ihm seine neue Orientierung als Ungehorsam auslegen, er aber hält auf den «Eigenwert der Entscheidung gegenüber dem aufgezwungenen u. tradierten System». Über Elfrides «seelische Ungehemmtheit» jubelt er, ebenso über das erwartete Kind, dem die «gottgewollten wertvollsten Lebensmöglichkeiten» bereitet werden sollen. Seine Hoffnung ist, «dass ein Leben aus unserem erwachse, dem die Richtung auf Gott wurzelhaft einwohnt». Und nun kommt ein Gelöbnis aus der Nähe des Krieges, hier, «wo das Leben nichts mehr gilt» und «wo ‹Heimat› erst erlebt wird: da sei nun der Wille zu wahrhaftigem Menschsein u. Gottgewolltem Menschenbilden u. Erziehen ganz entbunden u. fortan gefestigt u. in seinem Wert ständig erhöht.»[14] Es ist vor allem der Zusammenhang des Familienlebens mit dem kommenden Kind, der ihn in diese Gedankenrichtung zieht, er denkt an eine Zukunft, wenn Jörg erst «durchseelt wird vom Elternhaus, Kinderglück, Sonnenschein u. Stille – aber auch von Lebensklugheit u. seherischen Lebenssicherheiten u. wahrhafter Religiosität».[15]

«Über das Problem des Frommseins, das Du als ein Prinzipielles aus Dostojewski herausgefühlt hast, ein ander Mal.»[16] Aber nicht nur im Religiösen war Dostojewski dem Ehepaar ein Leitstern. Als Heidegger mit Jörg im Sommer 1920 in Meßkirch ist, schreibt er Elfride: «Ich freue mich wieder sehr über die Heimat, die Wiesen u. Felder u. allmählich spüre ich, was es heißt, bodenständig zu sein – Es ist mir eigentlich erst bei Dostojewski so recht aufgegangen u. empfinde den Gegensatz gegen Menschen wie Afra Geiger u. Andere, die lediglich in Beziehungen leben – sehr stark.»[17] In diesem Brief rät Heidegger seiner Frau: «Wenn Du Zeit hast, versuch doch Dost.kis Politische Schriften zu lesen, Du wirst einen großen Eindruck haben – ich wollte es Dir noch vor der Abreise sagen.»[18] Dostojewski erwartete von einer Europäisierung Russlands nichts Gutes, alles dagegen vom Eigen-Sinn des russischen Volkes und seines christlichen Glaubens: eine geopolitische Theologie des Ostens, eine Alternative zur Verwestlichung, die Heideggers Anschauungen der Weltverhältnisse entscheidend prägte.[19]

Der Wunsch, jenseits des «tradierten Systems» der katholischen Kirche eine freie und eigene «Gottinnigkeit» erfahren zu können, ist der persönlichste Motivationshintergrund der Mystik-Notizen. Zudem war Heidegger die Ausarbeitung einer «Phänomenologie der Religion» von Husserl eigens anvertraut worden.[20] In den Predigten des Bernhard von Clairvaux über das Hohelied («Sermones in cantica canticorum») findet Heidegger die entscheidende Maxime: «‹Hodie legimus in libro experientiae.› Heute wollen wir uns im Felde persönlicher Erfahrung auffassend (beschreibend) bewegen. Zurückwendung auf die eigene Erlebnissphäre und aufhorchen auf die Kundgabe des eigenen Bewusstseins. Ausgeprägtes, eigen formuliertes Bewusstsein vom ausschließlichen Prinzipalwert und -recht religiöser Eigenerfahrung.»[21] Damit ist die ganze Absicht der Vorlesung umrissen. «Keine hochfliegende Religionsphilosophie» wird versprochen.[22]

Gerade in dieser Zeit ist Heideggers Verfahren phänomenologisch darauf gerichtet, theoretische Überdeckungen der lebendigen Erfahrung abzubauen, zu «destruieren». Fast erscheinen Mystik und Phänomenologie nun wie Geschwister, die solcher nachträglichen Überformung von Lebensphänomenen entgegenarbeiten. Dem «Überwiegen des Theoretischen» in der Scholastik nämlich, dem «theoretisierenden, dogmatisierenden Einfluss auf die kirchenrechtlichen Institutionen» sei die Mystik «elementar» entgegengesetzt.[23] Heidegger versucht, sie aus der «Abgeschiedenheit» zu deuten, dem zentralen Begriff Meister Eckharts. Bei Schleiermacher dann findet er etwas, das ihn im Zusammenhang mit Elfrides Gedanken von der Frömmigkeit als dem Kern von Dostojewskis Wesen beschäftigen musste: «‹Denn das Maaß des Wissens ist nicht das Maaß der Frömmigkeit.› (Maß, d.i. Wertkriterium). Gott in die Sphäre des Wissens gestellt als Grund des Erkennens und des Erkannten ist nicht dasselbe wie des Frommen Art, Gott zu haben und um ihn zu wissen.»[24]

Solche Überlegungen spielten im Herbst 1918 auch in Heideggers Briefwechsel mit Elisabeth Blochmann hinein. Diese, geboren 1892, war seit der Jugend mit Elfride befreundet. Ihr gegenüber, die über Schleiermacher promovieren wollte, tritt Heidegger als Lehrer auf: «Schleiermacher muss mit der Seele erfasst werden u. wie ihn im Leben die Frauen am tiefsten und unmittelbarsten verstanden u. werteten, so wird auch heute die Frau Entscheidendes zur Erhellung seines Wesens beitragen können. Und wieder ist Leben, Forschen und Wirken Schls. ein lebendiges Dokument für die geheimnisvolle u. stille Förderung, die er dem Umgang mit Frauen seines Kreises verdankte.»[25] Das ist völlig wahr – Gespräche mit Henriette Hertz waren für Schleiermachers «Reden» eine entscheidende Inspiration –, und es ist zudem eine der Passagen, in denen Heideggers Freiheit sich auf schöne Weise ausspricht. Den Aspirationen seiner Frau auf eine Fortsetzung ihres Studiums stand er weniger aufgeschlossen gegenüber.

Seine eigenen religiösen Krisen deuten sich in einem Brief an Elfride vom 9. September 1919 an: «Die Zeiten der Ver-lassenheit u. scheinbaren Gottferne sind echtgelebte nur, wenn sie solche sind der vertrauenden Gelassenheit – das ist der starken Gott-sicheren Meisterung des Lebens. Seit ich Luthers Römerbriefkommentar gelesen, ist mir vieles vordem Quälende u. Dunkle hell u. befreiend geworden – ich verstehe das Mittelalter u. die Entwicklung der christl. Religiosität ganz neu; u. es haben sich mir ganz neue Perspektiven der religionsphil. Problematik ergeben – mir scheint, Otto z. B. – was ich im Felde noch ganz verworren spürte – auf falscher Fährte zu sein.»[26] Man sollte hier mithören, dass Heidegger sich Jahrzehnte später der Gelassenheit eigens widmen wird – und dass das Wort, hier aus dem Gegensatz zur Ver-lassenheit verstanden, eine mystische Grundhaltung bei Meister Eckhart bezeichnet.

Schon in den religiösen Aufsätzen des jungen Heidegger fanden wir seine Tendenz, den Gegenstand von der dramatischen Seite her zu ergreifen: von der Bekehrung. Die beiden Gestalten, denen er seine Vorlesungen widmet – Paulus und Augustinus –, sind in einem eminenten Sinn «Bekehrte»: Paulus durch sein Damaskus-Erlebnis, Augustinus durch die Bekehrung, die seine «Confessiones» schildern. Eine Besonderheit der paulinischen Briefe ist es, dass sie konkrete Adressaten haben. Der Apostel schreibt an bestimmte Gemeinden, die römische, die in Thessalonike, in Korinth und anderen Städten, zudem an einzelne Gemeindevorsteher. Anders als die sogenannten katholischen Briefe, die sich an die junge Christenheit schlechthin wenden, widmet sich Paulus bestimmten Situationen, lokalen Bedingungen, einzelnen Menschen. Und er schreibt die Briefe als dieser Einzelne, mit unerhörtem persönlichem Einsatz, mit dem Eingeständnis der Schwäche und dem Bekenntnis zur Torheit. Die einzigartige Beziehungsintensität, die Paulus in jedem Augenblick seines Wirkens vermittelt, gab seiner Rede die Kraft. Und Augustinus? Auch er ein Mann, der auf die Herausforderung gerade dieses Moments zu antworten bereit war. Ihm war die Bibel das wahre Buch der Unruhe, und als Unruhe deutete er das irdische Leben überhaupt. Als seine Zweifel den höchsten Grad erreicht hatten und zu einer

Lebenskrise wurden, zog er sich, um dem «Werk der Tränen» seinen Lauf zu lassen, von den Freunden zurück und legte sich unter einen Feigenbaum. Aus dem Nachbarhaus hört er eine Kinderstimme, die im Singsang ausruft und oft wiederholt: «Nimm und lies, nimm und lies!» Was an sich zufällig war, verwandelt sich ihm in einen Weckruf. Nicht zu seinen systematischen Studien kehrt er zurück, sondern er schaut auf die erste beste Stelle in den Briefen des Paulus, die ihm die alles entscheidende Antwort bringt. Gegenüber den sokratischen Dialogen zwischen den Gebildeten und Denkenden Athens sind die Szenen der Begegnungen und Freundschaften, die Augustinus schildert, um eine ganze Dimension dramatischer, dem Unerwarteten völlig geöffnet.

Am 13. September 1920, wenige Wochen vor dem Beginn des Wintersemesters, schrieb Heidegger an Löwith: «Ich will mindestens etwas anderes – das ist nicht viel: nämlich was ich in der heutigen faktischen Umsturzsituation lebend als ‹notwendig› erfahre, ohne Seitenblick darauf, ob daraus eine ‹Kultur› wird oder eine Beschleunigung des Untergangs.»[27]

Diese Umsturzsituation kann man kurz vergegenwärtigen. Der Versailler Vertrag war 1920 in Kraft getreten, wegen der künftigen Beschränkung Deutschlands auf ein Heer von hunderttausend Mann kam es im März zum Kapp-Putsch. Die Gegenaktionen führten zum kommunistischen Ruhraufstand, der erst im April niedergeschlagen wurde. Schon im Januar hatte es in Berlin Unruhen gegeben, Tote waren zu beklagen, Auslöser war die Verabschiedung des Betriebsrätegesetzes. Im April besetzten französische Truppen Frankfurt, Hanau und Darmstadt, den Vorwand lieferte das Eingreifen der Reichswehr im Ruhrkampf. In Polen, im Raum Kattowitz, werden ethnische Säuberungen gegen Deutsche durchgeführt. Die NSDAP wird gegründet. Im Juni kommt es wegen der Lebensmittelknappheit zu Hungerunruhen, Tote gibt es deshalb in Ulm.

Heidegger bringt Elfride, der stillenden Mutter, Butterfett nach Freiburg mit. Am 12. August 1920 meldet er seiner Frau aus Meßkirch: «Hier spricht man viel davon, dass jetzt so viel Vieh aus den Dörfern von den Juden fortgekauft wird u. dass es dann mit dem Fleischkauf im Winter zu Ende sei. Meinst Du nicht, dass wir, wenn möglich, etwas vorkaufen sollen. Mutter sagt allerdings, dass es sehr schwer halten wird, von den Bauern etwas herauszubekommen – es kommt auch darauf an, was wir ausgeben können. Nächsten Sonntag ist Erntetanz – Fritz wird ordentlich dabei sein – die Ernte ist gut ausgefallen – aber der Preis wird nicht gering sein – die Bauern werden hier oben auch unverschämt u. alles ist überschwemmt mit Juden u. Schiebern.»[28]

Der Topos vom jüdischen Viehhändler gehörte zum ländlichen Antisemitismus, wie ihn Jakob Wassermann in seinen Lebenserinnerungen (allerdings aus einer anderen Region) drastisch schilderte: «Jeder redliche und sich achtende Jude muss, wenn ihn zuerst dieser Gifthauch anweht und er sich über dessen Beschaffenheit klarzuwerden versucht, in nachhaltige Bestürzung geraten. Und so ging es auch mir. Kam hinzu, dass die katholische Bevölkerung Unterfrankens, reichlich durchsetzt mit einem unerfreulichen Schlag von noch halb ghettohafter, handelsbeflissener, wuchernder Juden, Krämer, Trödler, Viehhändler, Hausierer, einer dauernden Verhetzung preisgegeben war, an Urbanität und natürlicher Gutherzigkeit weit unter benachbarten Stämmen stand und das Andenken an Brunnenvergiftungs- und Passahschlachtungsmärchen, bischöfliche Bluterlässe, mörderische und gewinnbringende Judenverfolgungen noch lebendig im Sinne trug.»[29]

Wenn Heidegger sich mit Paulus beschäftigt, dann bearbeitet er auch solche Affekte. Paulus hatte der Kirche ebendiese Spannung hinterlassen, die sie immer wieder durchleben muss: Der Abstand zwischen alttestamentlichem Gesetz und christlicher Gnade, den er aufriss, die Trennung der frühchristlichen Gemeinde von der

Synagoge, sein Konflikt mit dem Apostel Petrus über die Frage der Beschneidung, bei dem das eigentliche Wunder ist, dass die junge Kirche daran nicht zerbrach – all dies gehört zu seiner Hinterlassenschaft, die bis heute eher Krisen generiert, als dass sie in eine dauerhafte Befriedung führte. Alles Christliche wurde durch Paulus «schwieriger». Die Aufgabe, vor der er als der Heidenapostel stand, bedeutete einerseits, das Alte Testament zu bewahren, andererseits aber die judaisierenden Tendenzen innerhalb des Christentums, wie sie sich in der Frage der Beschneidung am handfestesten zeigten, zurückzuweisen.

Was ist das Erste, das die Freiburger Studierenden im Wintersemester 1920, in der «faktischen Umsturzsituation», über Paulus erfahren? «Paulus befindet sich im Kampfe.»[30] Mit wem? Im Galaterbrief, der ausgelegt werden soll, ist er «im Kampfe mit den Juden und Judenchristen. Wir finden also die phänomenologische Situation des religiösen Kämpfens und des Kampfes selbst vor.» Der Brief ist der Bericht von der «leidenschaftlichen Erregung des Paulus selbst».[31] Da Paulus gelegentlich von Wettkämpfen im Laufen spricht, die man mit Großstädten wie Korinth in Verbindung bringen mag, sieht Heidegger tiefer: «Paulus hat Eile, weil das Ende der Zeit bereits gekommen ist.»[32] Zwar könne man sich in den «Sachcharakter der Umwelt» des Paulus nicht leicht hineinfinden, aber darauf komme es gar nicht an, sagt Heidegger: «sondern nur auf seine eigene Situation».[33] Das ist die «Wendung von dem objektgeschichtlichen *Zusammenhang* zur vollzugsgeschichtlichen *Situation*», die er den Studierenden vermitteln möchte.[34] «Paulus lebt in einer eigentümlichen, ihm als Apostel eigenen Bedrängnis, in Erwartung der Wiederkunft des Herrn. Diese Bedrängnis artikuliert die eigentliche Situation des Paulus.»[35] Ebenso existentiell versteht Heidegger den Widersacher: «Das Primäre ist nicht, dass man darüber spekuliert, ob und was der Teufel ist. Sondern man muss verstehen, wie der Teufel im Leben des Paulus steht und darin wirkt. Satan hindert beständig Paulus am Werk, indem er dessen Bedrängnis erhöht, (...) seine Berufung in dieser Endzeit.»[36] Am Schluss des Briefes an die Thessalonicher beschwört Paulus die Adressaten, den Brief allen vorzulesen.

«Diese Momente, Nichtaushaltenkönnen, Teufel, Gebetsruf, Beschwörung am Schluss, all das ermöglicht für den guten Willen ein Verständnis der Bedrängnis des Paulus.»[37] Heidegger reizt die Erregungspotentiale eines neutestamentlichen Textes maximal aus. Alle beruhigende, System gewordene Theologie wird abgewehrt, er lässt seiner eigenen Erregtheit angesichts religiöser Fragen freien Lauf, aus der Fülle möglicher religiöser Texte wählt er gerade die Manifeste der Unruhe des Paulus und des Augustinus, und schließlich spielt die Erregtheit der äußeren «Umsturzsituation» in die Gedankenbildung hinein, die er seinen Studenten mitteilen kann.

Bei der Diskussion der «Bekenntnisse» des Augustinus ist der Angelpunkt sein Satz «Quaestio mihi factus sum» – ich bin mir selber zur Frage geworden. Ein Satz, den die griechischen Philosophen nicht zu fassen vermochten, der erst in einem christlichen Kontext denkbar wurde. Heidegger gibt eine einfache Übersetzung – «Was bin ich?» – und schließt an: «‹Fraglich› in den Erfahrungsrichtungen, im Erfahren und Haben meiner selbst.»[38] In diesem Leben begegnen dem Christen Versuchungen, *tentationes*: «‹Leben› – ein Wie des Seins, und zwar als Erfahren der tentationes. Es ist eine tentatio, bildet die Möglichkeit des Sich-verlierens und -gewinnens. ‹Leben›: ein Wie des Seins bestimmter Struktur und kategorialen Ausdrucks.»[39]

Das ist wohl der Kern: Heidegger, der die antiken und mittelalterlichen Kategoriensysteme im Einzelnen studiert hatte, sieht, dass hier andere Kategorien gelten. Und dass das Leben nicht ein Gleichmaß kennt, sondern nur in einer Dynamik des Sich-Verlierens und Sich-Findens zu verstehen ist: So würde die knappste Antwort auf die Frage lauten, was er den «Bekenntnissen» des Augustinus für seine eigene Analyse des «Verfallens», der «Ruinanz» entnimmt. «‹Deformis› ist mein Leben. – Nicht um sich zu entschuldigen, sondern gerade um sich rücksichtslos von sich zu stoßen und um aus dieser unnachsichtigen Distanz sich zu gewinnen, macht sich nun Augustinus klar, dass das ‹Leben› kein Spaziergang ist und gerade die ungeeignetste Gelegenheit ist, um sich wichtig zu machen.»[40]

Dem Leben ist die Tendenz natürlich, zu zerfließen in Mannigfaltigkeit und Zerstreuungen – «‹in multa defluximus›». «Du» – das ist Gott – «forderst die Gegenbewegung gegen die Zerstreuung, das Auseinanderfallen des Lebens.»[41] Unter den Zerstreuungen und Versuchungen nimmt die Schaulust (Voluptas oculorum) einen oberen Platz ein. Ist sie einmal im Verhaltenshabitus eingerastet, dann will sie sich steigern, «die Mannigfaltigkeiten und den Wechsel des Verfügbaren, ‹das Neue›, (…) vermehren.»[42] Heidegger kann auf Aktuelles verweisen und so den Studierenden klarmachen, dass nicht von bloßen Vergangenheiten die Rede ist: «Das *bloße Sehenwollen*, die nackte Neugier ist der beherrschende Sinn, und gerade dann, wenn sich die Erfahrung emotional betont vollzieht: Furcht, Schrecken, Gruseln. Die Ausformungen dieser Grundeinstellung zu den Gegenständen sind mannigfaltig (Kino).»[43]

Im Jahr zuvor war mit dem Film «Das Cabinet des Dr. Caligari» ein Meisterwerk des Expressionismus in die Kinos gekommen.

11. KAPITEL

Denkort: Die Hütte von Todtnauberg

«Indem das Wetter sich nachmittags etwas erhellt, steigen wir die großen, sanft gekrümmten Wiesenflächen, die sich durch das sich rötende Heidelbeerlaub sehr braun-grün färben, hinauf, an Waldrändern vorbei, bis ein Bretterschuppen mit hellgrauem Dach plötzlich aus dem Boden wächst. Es geht ein paar Holzstufen hinauf, man sieht eine Küche, in die ein derbes Feldbett eingebaut ist, – davor ein Vorraum; ein Tisch, ein paar Stühle und ganz kleine Fenster.»[1]

So hat der Literaturwissenschaftler Max Kommerell, einst Kollege von Gadamer an der Marburger Universität, Anfang der vierziger Jahre Heideggers Hütte in Todtnauberg im Hochschwarzwald beschrieben. Schon damals war sie zur Legende geworden. Der Entwurf, ja die Idee, überhaupt dort zu bauen, war 1922 nach einem Skiwochenende in Todtnauberg von Elfride gekommen; das Ehepaar hatte schon gelegentlich Ferientage dort verbracht. Über gemeinsame Bekannte werden sie an den Zimmermann Pius Schweitzer verwiesen, als, so erinnert sich Heidegger, «wir uns 1922 entschlossen hatten, in Todtnauberg eine kleine Hütte (...) zu bauen in der Absicht, einen Ort der Sammlung für die Arbeit und einen Ort der Naturnähe für die Familie zu haben.»[2] Schweitzer besitzt einen Vorrat von gut abgelagertem Holz[3] und wählt den Platz aus: «Es war ein Stück Ödland, das dem Pius Klingele, dem ‹schwarzen Pius›, gehörte, (...) ein lebhafter, leicht erregbarer Mann, ein Hitzkopf», wie Heidegger später erzählt.[4]

Wie François Fédier, ein französischer Adept, Freund von Jean

«Am Steilhang eines weiten Hochtales des südlichen Schwarzwaldes steht in der Höhe von 1150 m eine kleine Skihütte»: Heideggers Denkort in Todtnauberg.

Beaufret, berichtet, halfen beim Bau auch Studenten mit.[5] Im August 1922 ist die Hütte fertiggestellt, das erste Eigentum der Heideggers. «Der Tisch steht in der Fensterecke. Der offene Blick nach Südwesten reicht – bei schönem Wetter, sagte Heidegger – bis zum Mont Blanc. Auf der anderen Seite, hinten, steht der Ofen und jenseits einer Wand die winzige Kammer mit einer Liege und dem Arbeitstisch. Vor dem Fenster der Brunnen mit dem Sternwürfel drauf, und das Holzrädchen, das sich im Winde dreht.»[6]

Heidegger selbst hat die Hütte im Geist der neuen Sachlichkeit prosaischer beschrieben: «Am Steilhang eines weiten Hochtales des südlichen Schwarzwaldes steht in der Höhe von 1150 m eine kleine Skihütte. Im Grundriss misst sie 6 zu 7 Meter. Das niedere Dach überdeckt 3 Räume: die Wohnküche, den Schlafraum und eine

Studierzelle. In der engen Talsole verstreut und am gleich steilen Gegenhang liegen breit hingelagert die Bauernhöfe mit dem großen überhängenden Dach. Den Hang hinauf ziehen die Matten und Weideflächen bis zum Wald mit seinen alten, hochragenden Tannen.»[7]

Auf 1150 Metern Höhe weht ein rauer Wind, Bequemlichkeiten sind an diesem Ort nicht zu erwarten. Der ehemalige SS-Mann Georg Wolff, der zur Equipe um den «Spiegel»-Herausgeber Rudolf Augstein gehörte, die 1966 das später berühmt gewordene Gespräch mit Heidegger führte, will einen überlegen-abgeklärten Ton in seinen Bericht hineinbringen und bemerkt vom Inneren: «Die Kargheit ist eisig.»[8] Zwar beginnt auch Wolff mit einer Einsicht – «Wer Heidegger, der Denker, der Mensch ist, man erfährt es nirgends besser als auf ‹der Hütte›»[9] –, um dann aber, nach einem einzigen dort oben verbrachten Nachmittag, zu schließen: «Seine Hütte am Wiesenhang – wenn sie etwas verrät, so, paradox genug, seine Heimatlosigkeit.»[10]

Das war ebenso nassforsch wie verkehrt gesprochen. Heideggers Nachruf auf Pius Schweitzer, der im Dezember 1947 erfroren aufgefunden worden war, erzählt eine andere Geschichte: die einer bedingungslosen Bereitschaft, sich in das Todtnauberger Leben hineinverweben zu lassen. «Vor 25 Jahren hat der Zimmermann Schweitzer nach den Plänen unserer Mutter die Hütte gebaut mit viel Liebe und Sorgfalt, aus dem erfahrenen Sinn für Boden und Wasser, für Baum und Wind. Seitdem ist ‹der Schweitzer› uns ein guter Nachbar und Berater geblieben und der Freund zu manchem Gespräch geworden, das oft von seiner harten Jugend und der Geschichte der Rüttebewohner und ihrer Höfe erzählte. Der alte Schweitzer kannte jeden Bauernhof im Dorf und in der Umgegend bis ins Kleinste. Bisweilen vermerkte er mit einem Lächeln, ein neues Haus hinzustellen sei nicht schwer, wohl dagegen ein altes so zu erneuern, dass es ein wohlgeratenes Schwarzwaldhaus bleibe. (...) Wenige Wochen vor dem alten Schweitzer starben in der Rütte noch zwei der Alten: der

‹Maler› Klingele, der Tür und Läden der Hütte gestrichen; und ‹der Gottfried› mit 83 Jahren, einer der nächsten Freunde vom ‹alten Kaiser›, der vor zwei Jahren schon im September starb.»[11] Pius Schweitzer habe gern gelesen, erinnert sich Heidegger: «Oft saß er in die Nächte hinein bei seinen Plänen. Er las gern. Als ich in Wintertagen in der Stube bei Brenders an ‹Sein und Zeit› schrieb, hatte ich das Licht seiner Lampe zur Nachbarschaft und seine saubere Werkstatt winkte herüber.»[12] Der andere Meister, an den Heidegger erinnert, «war der Schreiner Oswald Kaiser. Die von ihm verfertigten Vorfenster in der Hütte passen noch heute (...) auf den Millimeter genau.»[13]

Heidegger kennt die Menschen des Weilers aus dem Umgang, und er kennt die Dorfgeschichte, ins Mittelalter zurückreichend: «Der große Erzgang des Bergwerks endet im Gierwald, genau oberhalb der hinteren Rütte.»[14] Besser als Wolff hatte es also Max Kommerell getroffen, der von der Landschaft sprach, «in der er jeden Baum, und ihn jeder Bauer kennt».[15] Tatsächlich war Heidegger kein Urlauber, sondern verbrachte oft Monate dort. Die Interaktion mit der Dorfbevölkerung war kein snobistisches Rollenspiel; dass er die einzelnen Leute an den Namen kennt – «d'Sophie», «d'Josephine»[16] –, mit denen sie im Dorf gerufen werden, erweist es.

Studenten wurden in die Hütte eingeladen; Gadamer war unter ihnen, für viele Wochen, auch Karl Löwith, der Heidegger zum Einzug einen Blasebalg schenkte. Oft lief man gemeinsam Ski, für das Jahr 1923 erinnert sich Gadamer an eine Sonnenwendfeier.[17] Intensive Gespräche zwischen dem Psychosomatiker Viktor von Weizsäcker und dem Physiker Werner Heisenberg fanden dort statt (über die Rolle des Subjekts im Erkennen), der Psychiater Viktor Emil von Gebsattel kam.[18] Mit Johann Baptist Lotz geht Heidegger im Wald spazieren: «Bei dieser Gelegenheit meinte er, er könne nur hier oben in der Höhe denken, im Tal dagegen gelinge ihm das nicht so gut.»[19] Carl Friedrich von Weizsäcker, Physiker, war da, Ernst und Friedrich

Georg Jünger mit dem Verleger Klett, und Paul Celan kam auch, wie Jean-François Lyotard, der spätere Theoretiker der Postmoderne. Ein Denkort, gedanklich alles andere als provinziell.

«Schöpferische Landschaft: Warum bleiben wir in der Provinz?», ein 1933 verfasster erster Versuch, die Bedeutung Todtnaubergs und der Hütte festzuhalten, redete aber noch in einem anderen Ton. Es ist der aufdringliche des Jahres der Abfassung. Der Akzent liegt diesmal auf einem Rhythmus, in den das Leben und Denken dort hineingezogen wird, eigens hervorgehoben wird der Abstand zu einem bloßen Betrachten ästhetischer Natur, bei dem die Zerspaltung in Subjekt und Objekt doch immer bleibe: «Ich selbst betrachte eigentlich die Landschaft gar nie. Ich erfahre ihren stündlichen, täglich-nächtlichen Wandel im großen Auf und Ab der Jahreszeiten.»[20] Der Rhythmus der Schwarzwaldnatur «schiebt sich und drängt sich und schwingt durch das tägliche Dasein dort oben».[21] Und eigentlich erschlossen wird die Gegend erst in der Arbeit: «Die Arbeit *öffnet* den Raum für diese Bergwirklichkeit. Der Gang der Arbeit bleibt in das Geschehen der Landschaft eingesenkt.» Hier stoßen wir auf ein Schlüsselwort, einmal auch durch Kursivierung hervorgehoben im Denken an die Augenblicke, «wenn das eigene Dasein in seiner *Arbeit* steht».[22]

Heidegger war am 1. Mai 1933 in die NSDAP eingetreten, und die Parole zu diesem erstmals arbeitsfreien «Tag der nationalen Arbeit» lautete: «Ehret die Arbeit und achtet den Arbeiter!» Hitler erklärte im Gespräch mit Hanns Johst: «Denn alles, was nicht verfiebert zur Arbeit drängt und sich zur Arbeit bekennt, ist im Bereich des Nationalsozialismus zum Absterben verurteilt.»[23] So hielt auch Heidegger im Spätsommer 1933 eine Rede unter dem Titel «Der deutsche Student als Arbeiter», in der er ausführte: «Der nationalsozialistische Staat ist der Arbeitsstaat.»[24] Er stand damals unter dem Eindruck von Ernst Jüngers Essay «Der Arbeiter», dem er nachrühmt, aus einem «schöpferischen Verständnis Nietzsches» entworfen zu sein.[25] Deshalb muss er auch in sein Lob von Todtnauberg den Hinweis einflechten: «Und die philosophische Arbeit verläuft nicht als abseitige Beschäftigung eines Sonderlings. Sie gehört mitten hinein in die Arbeit der Bauern.»[26] Noch einmal: «Wenn der Jungbauer den schweren Hörnerschlitten den Hang hinaufschleppt und ihn alsbald mit Buchenscheiten hoch beladen in gefährlicher Abfahrt seinem Hof zulenkt, (...) dann ist meine Arbeit *von derselben Art.*»[27] Hier wird das Ideal Nietzsches – «gefährlich leben» – aufgerufen.

Heideggers «Schöpferische Landschaft» wurde im Herbst 1933 vom Berliner Rundfunk gesendet, dann mehrfach gedruckt, im März 1934 vom Freiburger Sender und vom Südfunk ausgestrahlt, schließlich nochmals gedruckt in «Der Alemanne, Kampfblatt der Nationalsozialisten Oberbadens», am 7. März 1934, man beachtete ihn. Man muss genauer hinhören, um die NS-Imprägnierung dieser Prosa zu erkennen. Einmal heißt es, gerade der Schneesturm des Hochschwarzwalds bringe die Philosophie in Gang: «Ihr Fragen muss dann einfach und wesentlich werden. Die Durcharbeitung jedes Gedankens kann nicht anders denn hart und scharf sein.»[28] Das war damals die übliche Diktion, bis in die Einzelheiten folgt ihr Heidegger. Der Bauhaus-Künstler Oskar Schlemmer schrieb in jener Zeit an Gerhard Marcks und gab dabei den Gedankengang des Propagandaministers korrekt wieder: «Nach Dr. Goebbels soll ja die kommende Kunst sein: heroisch, stählern-romantisch, unsentimental, hart und scharf (...).»[29] Nun aber der Schluss, die Begründung, warum Heidegger so angelegentlich von Todtnauberg erzählt: Er hat einen Ruf der Berliner Universität erhalten, den zweiten schon, den er nicht annehmen wird. «Ich komme (...) zu meinem alten Freund, einem 75jährigen Bauern. Er hat von dem Berliner Ruf in der Zeitung gelesen. Was wird er sagen? Er schiebt langsam den sicheren Blick seiner klaren Augen in den meinen, hält den Mund straff geschlossen, legt mir seine treu-bedächtige Hand auf die Schulter und – *schüttelt* kaum merklich den Kopf. Das will sagen: unerbittlich *Nein!*»[30] Sicher, klar, straff, treu, unerbittlich, nur durch konkrete Gesten sprechend: nationalsozialistische Rhetorik im Honigmond.

Um die Bedeutung dieses Ortes für Heideggers Leben zu ermessen, muss man sich vergegenwärtigen, welche Bedeutung Gegenden und Räume überhaupt in seinem Denken haben. Das «In-der-Welt-Sein», die wichtigste Entdeckung, die Grund-Einsicht über das Dasein, in «Sein und Zeit» erläutert, ist zunächst ein Sein «in». Das «in» antwortet auf die Frage «wo». «Welt» gibt es nur in Gestalt spezifischer Räume und Regionen. Immer schon hatte Heidegger die Sachverhalte der Phänomenologie gern an Räumen und Dingen im Raum erläutert: da ist der Tisch, dort das Fenster, und immer handelte es sich um solche Dinge und Räume, die in einen lebensgeschichtlichen Zusammenhang verwoben sind. Das In-der-Welt-Sein ist vor allem ein *lokales* Sein, in das sich meine Lebenszeit eingraviert. Insofern ist es begreiflich, dass das erste «Haus», das Elfride und er bauen, eben die «Hütte», eine enorme Rolle in seinem Leben und Denken spielt. Die Heimat-Thematik, die für Heidegger eine so große Bedeutung hatte, ist nichts zufällig zum Philosophieren Hinzugekommenes, sie ist kein Fremdkörper, nichts von außen ideologisch dem reinen Denken Angeklebtes, sondern stammt aus der eigensten Tendenz seiner Version der Phänomenologie; im Grunde war sie schon in der Entscheidung angelegt, nicht mehr von «einem», sondern von «*diesem* Tisch» zu sprechen. Sein Schüler Hans Jonas hat das Faktum klar gesehen, aber eben doch nur als ein Äußerliches gedeutet, wenn er «eine gewisse Blut- und Boden-Einstellung» Heideggers hervorhebt, die immer dagewesen sei: «Er betonte sehr sein Schwarzwäldertum, ich meine das Skilaufen und die Skihütte oben in Todtnauberg, das war nicht nur weil er Skilaufen liebte und weil er gern oben in den Bergen war, sondern das hatte auch irgendwas von einer weltanschaulichen Bejahung. Man muss in der Natur sein usw.»[31]

In «Schöpferische Landschaft» hatte Heidegger von der Todtnau-

«Fluren warten / Brunnen quellen / Winde wohnen / Segen sinnt.»
Heidegger 1968 vor dem Brunnen neben der Hütte.

berger Landschaft geschrieben, er «erfahre ihren stündlichen, täglich-nächtlichen Wechsel im großen Auf und Ab der Jahreszeiten». Genau so, als erfahrener Zeitraum, erscheint sie vierzehn Jahre später erneut – und zugleich anders. Die Schrift «Aus der Erfahrung des Denkens» trägt den Untertitel *«Unter den hohen Tannen hindurch ...»*.[32] Die Schlussverse lauten: «Wälder lagern / Bäche stürzen / Felsen dauern / Regen rinnt. // Fluren warten / Brunnen quellen / Winde wohnen / Segen sinnt.»[33] Bewegung ist ebenso darin wie Ruhe. Eine Natur, ganz deutlich die des Hochschwarzwalds, und doch am Ende mehr, indem sie von einem «Segen» durchzogen ist.

Die Schrift, die von der eigenen Erfahrung des Denkens erzählen will, ist von zwei Evokationen des Waldes eingefasst. Dazwischen entfaltet sich ein Zeit-Raum als Folge von kurzen Prosaimpressionen, die, am Kopf der Seite stehend, sämtlich mit «Wenn» beginnen, und Gedanken, die in jeweils vier kursiv gedruckten Sätzen darunter formuliert werden und das unausgesprochene «Dann» enthalten. Zunächst bemerkt man den Zeitraum eines Tages: «Wenn das frühe Morgenlicht still über den Bergen wächst ...»[34] macht den Anfang, über der letzten Seite steht: «Wenn das Abendlicht, irgendwo im Wald / einfallend, seine Stämme umgoldet ...»[35] Es ist die Elementargestalt einer Zeitenfolge, wie sie Heidegger in der Epoche von «Sein und Zeit» an der Redewendung «rechtzeitig» erläutert hatte: «Die Angabe und Festlegung der rechten Zeit vollzieht sich in Rücksicht auf den Stand der Sonne. (...) Noch mehr: Im Schatten, der jeden beständig begleitet, begegnet die Sonne hinsichtlich ihrer wechselnden Anwesenheit an verschiedenen Plätzen.»[36]

Fünf Doppelseiten also, dazu eine Schlussseite mit dem zitierten Gedicht und die Titelseite mit einem weiteren. Insgesamt handelt es sich um zwölf bedruckte Seiten, die Zwölf ist die einfache Zahlform eines Ganzen. Und nun geht es immer um das Denken, auch um das Denken im Verhältnis zum Dichten. Leise Korrespondenzen der Naturzeit mit den Gedanken sind nicht zu übersehen. «Wenn das Windrädchen vor dem Hüttenfenster / im aufziehenden Gewittersturm singt ...»[37] – dann antwortet darunter der *«Mut des Denkens»* und die Würdigung des Wertes der *«Widersacher»* im Denken. Auf der folgenden Seite lesen wir die äußere Szene: «Wenn unter aufgerissenem Regenhimmel / plötzlich ein Sonnenschein über das Düstere der Matten / gleitet ...» – und der Gedanke gibt darunter ein Echo aus anderer Sphäre: *«Wir kommen nie zu Gedanken. / Sie kommen zu uns. // Das ist die schickliche Stunde des Gesprächs. // Es erheitert zur geselligen Besinnung.»*[38] Darauf folgt: «Wenn im Vorsommer vereinzelte Narzissen / verborgen in der Wiese blühen und die Bergrose unter dem Ahorn leuchtet ...»[39] – und dann hören wir: *«Die Pracht des Schlichten. / (...) Der Schmerz verschenkt seine Heilkraft dort, wo / wir sie nicht vermuten.»*

So geht es auch durch die Jahreszeiten, Vorsommer, Sommer und Winternächte sind eigens erwähnt. Man hat es mit einer einfachen, aber durchkomponierten Folge von Vers und Prosa, Landschaftsverwandlungen und Gedanken zu tun. Das, was Heidegger schon in seinem Lob der Provinz vierzehn Jahre zuvor zu sagen versucht hatte: dass sein Denken gerade diesen Ort, diese Landschaft braucht, wird hier in eine intensiver verbundene, integriertere Form gebracht. Die Schrift kam 1947 als Privatdruck in einer Auflage von fünfzig Exemplaren heraus, zum fünfundzwanzigsten Jahrestag der Fertigstellung der Hütte. Nichts mehr von dem martialisch-heroischen Gestus der Hüttenschrift aus dem Jahr 1933. Es ist ein freundlicherer und in der Bewegung von «Schmerz» und «Heilkraft» auch lebenserfahrenerer Geist, der nun in «seinem eigensinnigen Hausen in der abseitigen Hütte» waltet.[40]

Wir kommen um die Materialität von Holz und Wald nicht herum, die sich in Todtnauberg nicht nur als zufällige Sachen, sondern als Strukturelemente der Heideggerschen Welt gezeigt haben. In ihnen steckt eine Botschaft, die entziffert sein will, es hat mit ihnen, in der Sprache von «Sein und Zeit» gesagt, eine «Bewandtnis». Das Weltliche, so Heidegger, begegnet als «dienlich zu» und hat von dort seinen Platz: «Mit der Axt z.B., die man, seiner Arbeit nachgehend, an ihrem Platz vorfindet, ist ein Umgebungszusammenhang mitgegeben: Haus, Hof, Wald, zu fällende Bäume, zu hackendes Holz, Verwahrungsraum, Feuerung, Bereitung des Essens, Küche, Hausstand.»[41] Die Beispiele sind kaum zufällig gewählt, sie bezeichnen die väterlichen und die mütterlichen Aspekte der Heimat. Holz war das Material, in dem die Arbeit seines Vaters, des Küfermeisters, stattfand und mit dem die Mutter das Herdfeuer anfachte, insofern ist es im eminenten Sinne das heimatliche Element. Aus Holz ist die Hütte. Die Wände des 1928 errichteten Hauses in Freiburg sind holzgetäfelt, ein überraschter Frédéric de Towarnicki notierte bei seinem ersten Besuch 1945: «Tout y est en bois», alles dort ist aus Holz.[42]

Das war so gar nicht im Sinne der radikalen Architekturmoderne, die eine regelrechte Holzfeindschaft pflegte. Der von Walter Benjamin hochgeschätzte naive Utopist einer kommenden «Glasarchitektur», Paul Scheerbart, verlangte geradezu die Verbannung des Holzes im Mobiliar und in der Innendekoration. Holz sei «im Innern des Glashauses zu vermeiden; es passt eben einfach nicht mehr in die Situation. Schränke, Tische, Stühle usw. werden auch aus Stahl und Glas hergestellt werden müssen, wenn das ganze Milieu einheitlich wirken soll. Das wird natürlich der Holzindustrie einen empfindlichen Stoß versetzen. Man wird natürlich den vernickelten Stahl mit Email und Niello verzieren müssen, damit das Mobiliar ästhetisch so stark wirken kann – wie die durchaus verehrungswürdige Holzschnitzerei und die Holzschränke mit eingelegten anderen Holzarten usw. usw. Das Holz ist seiner Vergänglichkeit wegen zu vermeiden. Die Verwertung des Eisens im Eisenglasbau liegt aber einfach in der Entwicklungslinie.»[43]

Walter Benjamin hat diese Gedanken im Sinne eines integralen, ästhetischen und sozialen Modernismus aufgenommen. In seinem Essay «Erfahrung und Armut» schrieb er ungefähr zu der Zeit, da Heidegger sein erstes Lob der bewaldeten Provinz verfasste: «Glas ist nicht umsonst ein so hartes und glattes Material, an dem sich nichts festsetzt. Auch ein kaltes und nüchternes. Die Dinge aus Glas haben keine ‹Aura›. Das Glas ist überhaupt der Feind des Geheimnisses. Es ist auch der Feind des Besitzes. Das haben nun Scheerbart mit seinem Glas und das Bauhaus mit seinem Stahl zuwege gebracht: sie haben Räume geschaffen, in denen es schwer ist, Spuren zu hinterlassen.»[44]

Das Ideal dieser Architekturutopie von Glas und Stahl war aber eigentlich schon gar kein Wohnen mehr, sondern die Erzeugung einer möglichst technoiden Anmutung für eine problemlos austauschbare Essens- und Schlafmaschine. Ernst Bloch schrieb damals, in solchen Häusern lerne man das Frieren.[45] Sarkastisch äußerte sich Ernst Kállai 1930 in der «Weltbühne»: «Wohnungen mit viel Glas-

und Metallglanz: Bauhausstil. Desgleichen mit Wohnhygiene ohne Wohnstimmung: Bauhausstil. Stahlrohrsesselgerippe: Bauhausstil. Lampe mit vernickeltem Gestell und Mattglasplatte als Schirm: Bauhausstil. Gewürfelte Tapeten: Bauhausstil. Kein Bild an der Wand: Bauhausstil. Bild an der Wand, aber was soll es bedeuten: Bauhausstil. Drucksache mit fetten Balken und Groteskletttern: Bauhausstil, alles kleingeschrieben: bauhausstil. ALLES GROSSGESPROCHEN: BAUHAUSSTIL.»[46]

Wollte man Heidegger psychoanalytisch deuten, man müsste zuvor eine Psychoanalyse des Holzes entwerfen. Oft sind Bäume die einzigen Zeugen seiner dramatischen seelischen Bewegungen. Das erste von ihm überlieferte Gedicht[47], datiert auf den 6. November 1910, schildert eine Glaubenskrise:

Ich mied der Gottesnähe heldenschaffende Kraft
und tappte irrlichthaschend durch Not und Nacht,
vergaß der Sterne Leuchten,
drückte an den tauig-feuchten
weißen Birkenstamm
die heiße Stirn –
der Baum erzittert,
fürchtet mich …
der Himmel gewittert.
Wirr fliehe ich –
‹Birke am Teich unten
Dein Blattgeflüster ranke
Sich nie mehr durch die Traumstunden
Meiner gottfremden Seele,
die, eine schwanke
Teichrose,
des wingenden, stürmenden Wellentaumels
kaum sich erwehrt!›

Max Kommerell hat bei seinem Besuch erkannt, dass die Landschaft um Todtnauberg und die Ideenwelt Heideggers aus demselben Stoff sind: «Es war der vollkommenste Sonnentag dieser ganzen Woche, und die herbe Einsamkeit der Höhen und Waldschluchten um den Feldberg herum und die langen tief eingeschnittenen, klar verfolgbaren Täler, die wie die Geschichte eines Lebens dalagen, luden unmittelbar zu großen Gedanken ein, zumal auch die ganze Alpenkette herüberglänzte.»[48] Klar, tief, einsam, groß und strahlend: keine schlechte Charakteristik, wie Kommerell auch die folgende Züge der Persönlichkeit so hervorhebt, wie es nur ein großer Menschen- und Dichterkenner formulieren kann: «Manchmal lächelt er fein und ein klein, klein wenig verrückt. Wie wurde er mir sympathisch dadurch ... Du hast doch, dachte ich, – mit Deinen zarten Knöcheln, Deiner braunen Haut, und winzigen Gestalt, und dem Wiesel- und Nerzartigen – mit Deinem Nicken, Winken und Herumhuschen, eh die Gattin erscheint, um ihn in repräsentativer Bewegungen zurückzwingt (sic) – Du hast doch eine eigene Art des Hausens, – wozu nicht nur das Häuschen, sondern auch die Landschaft gehört (...). – Du hast Dir mitten in einem berühmten, tätigen und sehr öffentlichen Leben Dein Dir notwendiges Maß an Einsamkeit erzwungen, lieferst Dich hier oben die halbe Zeit des Jahres gänzlich Dir selber aus und hast in Deiner Arbeit die Leidenschaft der innerlichen Selbstverbrennung, die umso mehr Adel hat je weniger Zweck, sei mir also – gleichgültig ob ich Deinen Seinsgedanken fasse und er mich fasst – gegrüßt als einer, dem es auch ernst ist, und dem es, während ihm die hemmungslose Unterwerfungslust nachgesagt wird, freut, einem andern, dessen Name ihm durch ein paar Arbeiten lieb klingt, einmal ins Gesicht zu sehen und ihm die heimische Landschaft zu zeigen – und dann weiter, als wäre nichts gewesen ...»[49]

Noch etwas anderes zeigt die Hütte als Denkraum. Die gesamte Lebenswelt wird in die Bewegung der Gedanken einbezogen, es gibt für Heidegger keine Bereiche einer reinen Kontingenz oder Nebensachen, die nicht irgendwie auf dieses Zentrum deuten müssten. Der Bruder Fritz schreibt Manuskripte ab, wie es später auch manche der Geliebten tun. Der Ehefrau wird die Gesamtausgabe gewidmet sein. Die Konzentration ist grandios, und etwas beklemmend.

12. KAPITEL

Mit Aristoteles und einem Stoßtrupp Marburg erobern

Heidegger, inzwischen Vater zweier Kinder und auch insofern unter beruflichem Erfolgsdruck, hatte noch keine Professur. Ein Extraordinariat in Heidelberg, auf das er 1921 hoffte, entging ihm. Jaspers meldet ihm am 1. August: «Ich hätte Sie sehr gern hier gehabt, wie Sie wissen. Aber leider liegt die Situation so, dass Sie so gut wie keine Aussichten haben. Auch Kroner hat keine Aussichten. Ich kann Ihnen Näheres noch nicht schreiben, bitte Sie auch, dieses als *vertraulich* zu behandeln.»[1] Heidegger kann in seiner Antwort die Enttäuschung nicht verbergen: «Ich habe keine Anlagen zur Stellenjägerei – da sich aber in Heidelberg für mich die einzige Möglichkeit eröffnete, war ich begreiflicher Weise daran interessiert. Gefreut hätte ich mich sehr vor allem für meine Arbeit, die dadurch ‹freier› und ‹gelöster› geworden wäre. So lebe ich weiter unter innerem und äußerem Druck.»[2] Eines der Probleme war, dass Heidegger mit Ausnahme der akademischen Qualifikationsschriften und der knappen Abhandlung über den Zeitbegriff bisher nichts veröffentlicht hatte, womit man bei Berufungsverhandlungen Eindruck hätte machen können. Von seinem Rang ahnte man, aber eine Ahnung ließ sich in einem Berufungsverfahren nicht objektivieren.

Husserl verwendet sich am 1. Februar 1922 für seinen Privatassistenten in Marburg bei dem Philosophen Paul Natorp: «Seine *receptiven* Fähigkeiten sind *gering*, er ist das äußerste Gegenteil von anschmiegsam. Eine *ganz originelle* Persönlichkeit, ringend, sich selbst u die eigengegründete Art suchend und mühsam gestaltend.

Seine Weise, phänomenologisch zu sehen, zu arbeiten und das Feld seiner Interessen selbst – nichts davon ist bloß von mir übernommen, sondern bodenständig in seiner eigenen Ursprünglichkeit. Er hat als Lehrer eine völlig eigene Wirkung neben der meinen, und wohl eine eben so starke.»[3]

Auch in Göttingen war ein Extraordinariat zu besetzen. Die Angelegenheit war umso dringender, als Heideggers Assistenz bei Husserl 1923 auslaufen würde. Am 27. September 1922 konnte er einen ersten Erfolg feiern, wie er seiner Frau schrieb: «Gestern bekam ich von Husserl eine Karte: ‹Bitte kommen›. Als ich da war, las Malvine mir einen langen Brief von *Natorp* vor. Sie wollen mich *unbedingt* haben; Natorp erwähnt, Hamann der genau über meine Wirksamkeit unterrichtet sei (offenb. durch Jantzen) – ferner habe er neuerdings durch Marburger Schüler (Doktoren, die hier in den beid. letzten Semestern bei mir waren) das allerbeste gehört – in Marbg. wollen sie einen Phälog – u. zugleich jemanden der Mittelalter kritisch beherrscht (die Theologen)! Nat. bittet um Bericht über Lehrtätigk. von H. – ferner Bericht über bevorstehende Publikationen. / Ich muss also ein Exzerpt machen – das Frau Husserl die Güte hat, abzuschreiben. / Und dann gehe ich an das Abschreiben meines *Mss.* damit Natorp noch mehr Unterlagen hat.»[4]

Gemeint ist mit dem Manuskript einer der entscheidenden Texte des jungen Heidegger, die kurze Ausarbeitung «Phänomenologische Interpretationen zu Aristoteles (Anzeige der hermeneutischen Situation)», die er bei der Marburger und der Göttinger Philosophischen Fakultät einreichte. Die Arbeit hatte schnell zu gehen. In seinem Brief an Jaspers meldet Heidegger am 19. November 1922: «Darauf setzte ich mich drei Wochen hin und exzerpierte mich selbst und schrieb eine ‹Einleitung›; das Ganze diktierte ich dann und schickte durch Husserl je ein Exemplar nach Marburg und Göttingen.»[5] Schon kann er Jaspers halb hoffend, halb eine mögliche Enttäuschung einkalkulierend mitteilen, in Marburg habe die Arbeit «auch eingeschlagen; Natorp schreibt, dass ich auf jeden Fall außer 3 anderen ‹an hervorragender Stelle› auf die Liste komme. Vermutlich ist das die berühmte 2. Stelle. (...) Ich selbst würde eine solche Rangordnung für mich als ‹Blamage› empfinden.»[6] Jaspers teilt vorsichtig seine Freude: «Ich habe mit Ihnen leider auch große Skepsis bezüglich des Enderfolgs. Aber etwas Hoffnung habe ich doch. Sie stehen auf *beiden* Listen.»[7] Wovon man in Marburg wusste, das war der ungeheure Ruf, den seine Freiburger Lehrveranstaltungen inzwischen gewonnen hatten – deshalb konnte Heidegger sagen, man sei dort «unterrichtet». Es war tatsächlich so, wie Hannah Arendt es später formulierte: Sein Ruhm ging als Gerücht durch Deutschland.

In der Osterzeit 1923 schreibt Heidegger seiner Frau noch mit einigem Unmut: «Ich arbeite den ganzen Tag u. wünsche mir, dass der ganze Berufungskram mal ein Ende hätte.»[8] Aber am 19. Juni kann er Jaspers mitteilen: «Gestern erhielt ich die Berufung nach Marburg auf das Extraordinariat mit Stellung und Rechten eines Ordinarius.»[9] Jaspers jubelt mit ihm, als er sofort am 20. antwortet: «Endlich ist der Bann gelöst! (...) Gut, dass es in der Welt auch einmal ohne Regel vernünftig zugeht.»[10] Und schon werden die übernächsten Schritte bedacht, an Elfride schreibt Heidegger am 8. Juli: «Samstag war ich bei Husserl; *er bleibt* u. will mich später zum Nachfolger; es darf *aber gar nichts darüber verlauten* – sonst scheitern in Karlsruhe seine Verhandlungen – also Parole – ‹er wird gehen›.»[11]

In Marburg lehrte auch Nicolai Hartmann, der ihm als ordentlicher Professor im Status überlegen ist. Ingrimmig schreibt Heidegger am 14. Juli an Jaspers über seinen unmittelbaren Rivalen, er werde Hartmann «durch das Wie meiner Gegenwart – die Hölle heiß machen; ein *Stoßtrupp* von 16 Leuten, bei manchen unvermeidlichen Mitläufern einige ganz ernste und tüchtige, kommt mit».[12]

Im Wintersemester 1923/34 tritt Heidegger seine Professur in Marburg an. Zunächst bezieht er zwei von Gadamer vermittelte Zimmer, nach einem komplizierten Ringtausch findet sich ein Haus in der

Die junge Familie 1924 in Marburg, Heidegger im legendären «existentiellen Anzug», der seinen Abstand gegenüber der Technik-Moderne demonstrierte.

Schwanallee 21. An seine Frau schreibt Heidegger hocherfreut, er wünsche jetzt nur, «dass Du auch wirklich Dein Haus Dir gestalten kannst u. lange stille Pläne verwirklichen darfst. Wir werdens ja sehr schön haben – ein herrlicher Garten – Du wirst wohl auch zum Bebauen bekommen – Ganz nah der Wald – schöne hohe Zimmer. Frau Nidderehe – neben Frau von Behring die reichste Frau hier – hat eine Kuh – Frau Zopke meint, dass wir Milch da bekommen.»[13]

In der Marburger Zeit erregte Heidegger auch mit seinem bereits legendär gewordenen Kleidungsstil Aufsehen. Während sich ästhetische Modernisten wie Bertolt Brecht oder László Moholy-Nagy gern in Monteursanzügen fotografieren ließen und so in ihrer Erscheinung das Technische des industriellen Arbeitsprozesses akzentuierten, trug Heidegger einen stilisierten Trachtenanzug mit Kniebundhosen, den Gadamer und mit ihm die Marburger Studierenden den «existentiellen Anzug» nannten.[14] Die Kleidung der Eheleute Heidegger, so kommentiert der Kulturwissenschaftler Eckhardt Köhn ein Foto, «funktioniert als Mittel rustikaler Distinktion, und die Art und Weise der Selbstinszenierung folgt Phantasmagorien des Ländlichen».[15] Heidegger wollte bewusst «ungleichzeitig» erscheinen und damit einen Hinweis auf seine Herkunft geben, die nicht im protestantisch-akademisch-urbanen Normalhabitus zu Hause sein konnte und nicht in einer ostentativen Modernität – wie auch seine Version der Phänomenologie einen Schritt zurück in die Einfachheit ging.

Mit der Lektüre von Brentanos Abhandlung «Von der mannigfaltigen Bedeutung des Seienden nach Aristoteles» hatte Heideggers Weg in die Philosophie begonnen. Lange plante er ein Buch über Aristoteles, 1924 gab er das Vorhaben auf. Entscheidend aber war dabei etwas, das sich in seinem Denken von nun an durchhielt: die Gewissheit, dass bei einem ernsthaften Philosophieren der stete Bezug auf die Griechen unausweichlich sein würde. Wenn Aristote-

Der «heimliche König» der Philosophie, 1922 an der Schwelle zum Ruhm.

les später zurücktritt, dann nur, um den Vorsokratikern Anaximander, Heraklit und Parmenides Platz zu machen. Aber schon in der Freiburger Aristoteles-Vorlesung von 1922 spielte Parmenides eine große Rolle. Er ist das nicht nur geistesgeschichtliche, sondern, wie Heidegger hervorhebt, das «schickalsentscheidende *Paradigma* für die Fragwürdigkeit und Unmittelbarkeit der ursprünglichen Seinsbegegnung» und steht damit «am Anfang der Philosophie- und Lebensauslegungsgeschichte, die wir selbst sind.»[16] Mit Parmenides beginnt die Thematisierung des Seins selbst – gegenüber anderen vorsokratischen Denkern, die bei ihrem Fragen nach den Ursprüngen auf Elemente wie Feuer und Wasser gestoßen waren.

Mit einem Schlag ist Heidegger in ein neues Selbstverständnis eingetreten: Es geht um das Sein, um eine Ontologie, die vornehmste Aufgabe der Philosophie. Die letzte Freiburger Vorlesung vom

Sommersemester 1923 steht erstmals unter dem Titel «Ontologie (Hermeneutik der Faktizität)». Was Heidegger betreibt, ist nicht nur zeitgenössisch, er ist nicht nur der Schüler Husserls und Rickerts, er ist ein deutscher Grieche, ein Metaphysiker eigenen Rechts. Und war nicht bereits Husserls Phänomenologie in die Forderung nach Ontologien gemündet? Gegenüber den Tatsachenwissenschaften stehen «Wesenswissenschaften», gegen die empirische Naturwissenschaft etwa die Geometrie.[17] Jeder empirischen, tatsachenwissenschaftlichen Region entspricht eine «regionale Ontologie», die der konkreten Forschung erst das theoretische Fundament und den Rahmen gibt.[18]

Hier knüpft Heidegger an. Seine Abweichung beginnt dort, wo die Ontologie am Paradigma des Gegenständlichseins klebt: «Sie verlegt sich damit den Zugang zu dem innerhalb der philosophischen Problematik entscheidenden Seienden: Dem *Dasein*, aus dem und für das Philosophie ‹ist›.»[19] Die auf den ersten Blick paradoxe Zusammenstellung einer Ontologie – die oft falsch verstanden wird als eine Philosophie der absoluten Statik – und der absoluten Lebensbewegtheit im «Dasein» konkretisiert sich im Vorwort der Vorlesung, wenn Heidegger die Meister nennt, denen er Einsichten verdankt: «Begleiter im Suchen war der junge *Luther* und Vorbild *Aristoteles*, den jener hasste. Stöße gab *Kierkegaard*, und die Augen hat mir *Husserl* eingesetzt.»[20]

Heidegger liest nicht mit einer distanzierenden philosophiegeschichtlichen Fragestellung, sondern holt Aristoteles in die Nähe: «Den *Sinn* der aristotelischen Forschung gilt es zu gewinnen.»[21] Diesen Sinn erkennt er als die Weiterführung der eleatischen (das ist parmenideischen) Frage nach dem Sein: Sie werde bei Aristoteles gleichsam aufgefächert, indem er «eine Mannigfaltigkeit von Seinssinnen» aufzählt.[22] Welchen Gewinn das Studium der aristotelischen «Physik», der «Metaphysik» und der «Nikomachischen Ethik» für Heidegger bringt, lässt sich durchaus einfach sagen: Es ist das Gewahrwerden einer Vielheit und Lebhaftigkeit der Bewegungsphänomene, der Seinsarten und Seinsverhältnisse, die jeweils philosophisch ausgelegt sind. «Bewegtheit» ist der leitende Gedanke der Ausarbeitung. «Das Phänomen der Bewegung wird zu seiner ontologischen Explikation gebracht in *der* Forschung, die unter dem Titel ‹Physik› überliefert ist.»[23] Heideggers Aristoteles ist nah an der Daseinsanalyse, wenn er unter den Titeln «tyche» (Zufall, griechisch τύχη) und «automatos» (von selbst, griechisch αὐτόματος) die «‹historische› Bewegtheit des faktischen Lebens, die Bewegtheit dessen, ‹was einem täglich so passiert und passieren kann›, ontologisch expliziert».[24] Ebenso von der Bewegtheit her wird die Ethik des Aristoteles verstanden, die in den Kategorien von «dynamis» (δύναμις) und «energeia» (ἐνέργεια) eine «Explikation des Seienden als Menschsein, menschliches Leben, Lebensbewegtheit» unternehme.[25]

Überall erlaubt Aristoteles Präzisierungen im Sein: wenn er etwa das Sein des Hauses, wie Heidegger erläutert, in bestimmter Weise als «Erstelltsein» deutet, sich also mit einem vagen Begriff der «Realität überhaupt» nicht zufrieden gibt.[26] Jede Verfestigung löst sich in Bewegtheit auf und lässt sich von dieser her erst deuten: «Sein ist *Fertigsein*, das Sein, in dem die Bewegung *zu ihrem Ende* gekommen ist.»[27] Die Bewegung bildet einen Weg. «Jede Bewegung ist (...) Unterwegssein zu – ihrem Sinne nach ein noch nicht Erreichthaben ihres Worauf; sie ist gerade als Zugehen darauf: Lernen, Gehen, Hausbau.»[28] Wir sind an einer nicht nur sachlichen Schwelle von Heideggers Denken, sondern ebenso an einer metaphorischen seiner Selbstdeutung angelangt: als der eines Denkers, der sich nur in solchem «Unterwegssein zu –» verstehen wollte.

Indem er vorab die «hermeneutische Situation» erläutert, rechtfertigt Heidegger sein eigenes Interpretationsvorhaben, in gewisser Weise auch seine Zugriffsbrutalität gegenüber der Tradition, die Löwith an ihm getadelt hatte: «Die Situation der Auslegung, als einer verstehenden Aneignung des Vergangenen, ist immer solche einer lebendigen Gegenwart.»[29] Einen irgendwie über den Dingen und Zeiten schwebenden Beobachter kann es in der Philosophie nicht geben, das Beteiligtsein ist vielmehr *die* große Erkenntnischance: «Vergangenheit öffnet sich nur nach der Maßgabe der Entschlossenheit und Kraft, über die eine Gegenwart verfügt.»[30] Diese Lage sei weder zu beklagen noch als eigener Vorzug zu loben, sie sei unübersteigbar, ausweglos eigentlich, und nur zu meistern durch Bewusstheit des eigenen «Blickstands».[31] Das «Hineindeuten» ist nicht nur nicht «wider den Sinn des historischen Erkennens, sondern geradezu die Grundbedingung, um Vergangenheit überhaupt zum Sprechen zu bringen».[32] Wenn der Interpret sich in einer Interpretation selbst engagiert, dann plustert er sich nicht künstlich auf – denn Philosophieren, Verstehen, Deuten ist jeweils schon eine «Grundbewegtheit des faktischen Lebens selbst», die nun aber «als das explizite Ergreifen» solcher Lebensbewegtheit verstanden werde.

Wir werden auch später auf diesen eigentümlichen Habitus seines Philosophierens stoßen: Heidegger will *Teilnehmer* sein, nicht *Beobachter.* Daraus erklärt sich sein Großartiges ebenso wie sein Abgründiges. «Hermeneutik der Faktizität» als Titel seines Philosophierens bedeutet: ein Verstehen von der Faktizität her, und diese «ist die Bezeichnung für den Seinscharakter ‹unseres› ‹eigenen› Daseins».[33]

Diese Ausarbeitung, von Natorp weitergegeben, war es, die den Marburger Studenten Hans-Georg Gadamer nach seinem eigenen Bekenntnis traf wie ein elektrischer Schlag. Gadamer zog die Konsequenz, indem er nach Freiburg ging, um im Sommersemester 1923 bei Heidegger zu studieren. Die erste Vorlesung, die er hörte, war eben jene mit dem Titel «Ontologie (Hermeneutik der Faktizität)». Von seinem Lehrer eingeladen, lebte er im Sommer, als die schlimmste Hyperinflation über Deutschland hing, mit seiner Frau auf der Hütte in Todtnauberg; die Geste «war ja doch auch sehr freundlich», wie er dem Literaturwissenschaftler Silvio Vietta später erzählte.[34] «Und er behandelte mich auch sofort sehr, sehr entgegenkommend. Er lud mich ein zu einem Privatissimum, zu einer Aristoteles-Analyse.»[35] Gadamer war 1922 an Kinderlähmung erkrankt, was Elfride durch deutliche Zuwendung auszugleichen versuchte: «Frau Heidegger hatte eine besondere Vorliebe für mich, weil ich etwas invalid war.»[36]

Im Wintersemester 1923/24 folgt er Heidegger nach Marburg. Eine lebenslange Freundschaft mit Karl Löwith beginnt, der für Gadamers 1926 geborene Tochter Jutta die Patenschaft übernimmt. 1929 wird Gadamer von Heidegger mit einer Arbeit über Platon habilitiert. Der Weg dorthin war mit Steinen gepflastert: Zunächst hatte Heidegger bezweifelt, ob bei Gadamer wirklich eine genuin philosophische Begabung vorlag und nicht nur «Geplapper»[37]: «Heidegger war wahnsinnig streng. Er hat mich durch diese Strenge dazu gebracht zu sagen: ‹Ach so, mit meiner Philosophie, das reicht nicht.› Und so wurde ich klassischer Philologe. Denn ich habe daraus die Folgerungen gezogen. Und dann hat er mein Staatsexamen abnehmen müssen (…) in Klassischer Philologie bei Paul Friedländer (…). Auf dem Heimwege hat (…) Heidegger zu Paul Friedländer gesagt: ‹Ja, den möchte ich jetzt mal habilitieren.› Am nächsten Morgen hatte ich einen Brief von Heidegger, ich müsse mich jetzt ranhalten, er gehe bald weg.»[38] Für Gadamer brachte der zeitweise Umweg über die Klassische Philologie einen Gewinn an Selbstbewusstsein gegenüber seinem Lehrer. Sein Griechisch war nun besser als das von Heidegger, und das bedeutete für die Auslegung der antiken Denker nicht wenig: «Wenn er mehr Griechisch gekonnt hätte, da hätt' ich gleich einpacken können», bekannte Gadamer gegenüber Vietta.[39]

In seinem Opus magnum «Wahrheit und Methode. Grundzüge einer philosophischen Hermeneutik» nahm Gadamer die Frage nach der «hermeneutischen Situation» wieder auf, die ihn 1922 elektrisiert hatte.[40] Er verhielt sich zu Heidegger anders als Karl Löwith, für den

Hans-Georg Gadamer (links) 1923 mit Heidegger vor der Todtnauberger Hütte, die in der Zeit der Hyperinflation ein willkommenes Refugium bot.

immer eine gewisse Opposition die leitende Tendenz war. Wenn Heideggers Lob der aufschließenden Kraft irgendwie als Willkür erscheinen konnte, so argumentierte Gadamer dennoch nicht *gegen*, wie Löwith, sondern *mit* Heidegger: indem er das Vorurteil rehabilitierte. Heidegger, so Gadamer, «enthüllte den Entwurfscharakter alles Verstehens».[41] Es gibt kein Verstehen ohne ein Entwerfen. Der Leser «wirft sich einen Sinn des Ganzen voraus, sobald sich ein erster Sinn im Text zeigt».[42] Wichtig dabei ist die beständige Offenheit für Revisionen, die beim weiteren Eindringen in den Sinn unvermeidlich werden. Verstehen ist also, näher betrachtet, das Spiel zwischen Entwurf und Revision.

Nun bewegt sich Gadamer von Heidegger her auf Löwith zu: «Wer einen Text verstehen will, ist vielmehr bereit, sich von ihm etwas sagen zu lassen.»[43] Wir sehen in seiner Darlegung eine Moderation, einen Kompromiss. Denn gleich geht das Pendel wieder zurück zu

Heideggers «Entwurf»: Man könne keine Neutralität oder gar Selbstauslöschung als Voraussetzung des Verstehens verlangen. Es gelte, «der eigenen Voreingenommenheit innezusein, damit sich der Text selbst in seiner Andersheit darstellt und damit in die Möglichkeit kommt, seine sachliche Wahrheit gegen die eigene Vormeinung auszuspielen».[44] Heideggers Art wird in gewisser Weise gerechtfertigt: Seine Analysen des Bewusstseins bei Descartes und des Geistes bei Hegel «gehen zwar gewiss über das Selbstverständnis der neuzeitlichen Metaphysik hinaus» – also in ein vom Autor «Ungesagtes», an dem Löwith Anstoß genommen hatte –, «aber nicht willkürlich und beliebig, sondern von einer ‹Vorhabe› aus, die diese Überlieferung eigentlich verständlich macht, indem sie die ontologischen Prämissen des Subjektivitätsbegriffs aufdeckt».[45]

Anders als Heidegger begründet Gadamer den Vorgriff indes nicht aus einer «Hermeneutik der Faktizität» mit ihrem Vorrang des je eigenen Daseins. Er selber, so hat es Gadamer einmal erklärt, «folge ihm [Heidegger] da einfach nicht».[46] Vielmehr geht er von den kulturellen, traditionalen Wurzeln der Vorannahmen aus, die nicht einfach durch die Erklärung von Diskontinuität belanglos werden. Vorurteil heißt «durchaus nicht notwendig falsches Urteil». Wir müssen die wesenhafte «Vorurteilshaftigkeit alles Verstehens» anerkennen.[47] Hier liegt der Ursprung einer moderat-konservativen Tendenz der Hermeneutik: Das Verstehen selbst verlangt nach Traditionen und Autoritäten. Diese aber erscheinen bei Gadamer stets in einer berückenden Zwanglosigkeit – als ältere Gesprächsteilnehmer, denen den Vortritt zu lassen schon die Höflichkeit gebietet.

13. KAPITEL

Hannah Arendt, Schülerin und Geliebte

Heideggers Philosophie verwickelt das Leben in die Welt, sie stürzt sich in die Geschichte und in Geschichten. Sie ist eine Philosophie des nahen Teilnehmers, nicht des fernen, objektivierenden Beobachters. Wenn sie eine grundsätzliche Affinität und Sympathie hat, dann zu Ereignissen. Ein «Ereignis» war die Enthüllung des Denkmals für Abraham a Sancta Clara gewesen, die Heidegger 1910 als Student beschrieben hatte; nach dem Ereignis fragte schon die Probevorlesung über den Zeitbegriff in der Geschichtswissenschaft. In der frühesten erhaltenen Vorlesung aus dem Kriegsnotsemester 1919 heißt es: «Charakterisierung des Erlebnisses als Er-eignis – Bedeutungshaftes, nicht sach-artig.»[1] Kein mechanischer Vorgang, «kein bloß *seiendes Geschehen* ist Objekt der Betrachtung. Es ist die Frage, ob überhaupt ein Objekt da ist. Das Er-leben ist keine Sache, die brutal existiert, anfängt und aufhört wie ein Vor-gang.»[2] Ein bloßer Vorgang wiederum ist nie und nimmer ein Ereignis: «Das objektivierte Geschehen, das Geschehen als gegenständliches, erkanntes, bezeichnen wir als *Vor-gang*; es geht schlicht vor-bei, vor meinem erkennenden Ich, hat zu diesem nur den Bezug des Erkanntseins, diese abgeblasste, auf ein Minimum von Erleben reduzierte Ichbezogenheit.»[3] Für das Ereignis wäre dann das Gegenteil wahr: Es betrifft das Leben im Kern. Ihm gegenüber wird eine neutrale Haltung unmöglich.

Ab Mitte der dreißiger Jahre wird «Ereignis» das Zentrum der Überlegungen. So kreiert Heidegger keine neue Kategorie, sondern er greift eines der ursprünglichen Motive des Werks auf und macht es jetzt erst richtig zur Mitte. Das Ereignis, so könnte man sagen, engagiert den, der sich in ihm aufhält – die Möglichkeit einer Distanzierung, einer neutralisierenden Abstandnahme wird nicht ins Auge gefasst: «Das Erleben geht nicht an mir vorbei, wie eine Sache, die ich hinstelle, als Objekt, sondern ich selbst er-eigne es mir, und es er-eignet sich seinem Wesen nach. Und verstehe ich es darauf hinblickend so, dann verstehe ich es nicht als Vor-gang, als Sache, Objekt, sondern als ein ganz Neuartiges, ein Ereignis.»[4]

Heideggers Denken ist daraufhin angelegt, ihn zu verstricken, und deshalb wurde er der verstrickte Denker par excellence. Das In-der-Welt-Sein, von dem «Sein und Zeit» als der grundlegenden Qualität der Existenz spricht, verlangt vom Menschen ein *Zu-tun-haben-mit* als erste Leistung überhaupt, als die allgemeinste, unter der alle anderen gefasst sind. «Die Mannigfaltigkeit solcher Weisen des In-Seins lässt sich exemplarisch durch folgende Aufzählung anzeigen: zutunhaben mit etwas, herstellen von etwas, bestellen und pflegen von etwas, verwenden von etwas, aufgeben und in Verlust geraten lassen von etwas, unternehmen, durchsetzen, erkunden, befragen, betrachten, besprechen, bestimmen ...»[5]

Sehr überzeugend wird in der Marburger Logik-Vorlesung der Vorrang dieses Zu-tun habens-mit gegenüber der herkömmlichen Erkenntnistheorie behauptet, die aus der Kombination von «Sinnlichkeit» und «Verstand» die Einsichten ableiten will: «Auch wenn ich die feinst ausgebildete Sinnlichkeit hätte (...), und wenn ich dazu den reichsten Schatz von Verstandesbegriffen hätte, es bliebe in alle Ewigkeit unverständlich, wie es dazu kommen kann, dass ich schlicht eine Kreide sehe, unverständlich, solange nicht dieses Grundverhalten des Daseins im Sinne des Zu-tun-habens-mit (...) zur Interpretation herangezogen wird.»[6] Das gilt für die Welt im Ganzen und im Besonderen für die Mitwelt. Die Anderen, «als faktisch Lebende, begegnen ‹weltlich›: als solche mit denen man ‹es zu tun hat›, mit denen man arbeitet, etwas vorhat; (für und auf dem

Grunde dieses die vielen anderen ‹Gleichgültigen›); ‹mit›, sofern es solche anderen sind, mit denen ‹man selbst› zu tun hat.»[7] Noch vor jeder bewussten kognitiven Anstrengung ist «in dem primären Verstehen des Zutunhabens-mit (...) das Verstandene oder Be-deutete aufgeschlossen».[8]

Zu-tun-haben-mit heißt auf Französisch: *avoir à faire avec.* Von dort kommt das Wort «Affäre», seine Hauptbedeutungen liegen in der Liebe – der kurzfristigen, heftigen, der außerehelichen womöglich – und im politischen Skandal. Im öffentlichen Bewusstsein wird Heidegger vor allem mit seinen Affären wahrgenommen. Und tatsächlich ist ja das *avoir à faire*, das Zu-tun-haben-mit, ein Kernstück seiner Auslegung des Lebens. Er hatte es *mit etwas zu tun*, und er wollte es. Nicht nur über Heideggers Affären können wir reflektieren, sondern mit Heidegger können wir die Affäre denken. Wir können fragen: Wie muss ein Denken, ein Leben strukturiert sein, in dem Affären einen wesentlichen Raum einnehmen?

Hannah Arendt wurde am 14. Oktober 1906 bei Hannover geboren und wuchs in Königsberg auf. Ihr Vater, der früh verstarb, war Ingenieur gewesen. In einem titellosen Gedicht hat Heidegger 1950 seine Liebe zu ihr in der knappsten Form ausgesprochen: «In Jähen, raren, blitzt uns Seyn. / Wir spähen, wahren – schwingen ein.»[9] Die Auslegung der beiden Zeilen gibt die Geschichte: Die «raren Jähen» sind die seltenen Augenblicke im Leben. Man erkennt sie am Blitz. Man sucht etwas in ihnen und weiß noch nicht, was; man gewahrt sie, hebt sie in die Wahrheit, bewahrt sie, aber nicht wie Sammlerstücke, sondern in einem Einschwingen, im Leben selbst. Sie sind es, in denen das Sein erscheint.

Wie also begann es? Mit dem Blick? In der Vorlesung über Platons «Sophistes» im Wintersemester 1924/25 muss es gewesen sein, im November gab es wohl einen ersten Kontakt der Augen. Ein Vierteljahrhundert später erinnert sich Heidegger – aus der Freude über ein Foto heraus, das sie ihm geschickt hat und von dem er sagt, es blicke ihm mitten ins Herz: «Du weißt nichts davon, dass es der *selbe* Blick ist, der am Katheder mir zublitzte – ach es war und bleibt die Ewigkeit, weither in die Nähe.»[10] Die Liebe begann jäh. Er entsinnt sich des jungen Mädchens, «das im Regenmantel, den Hut tief über den stillen großen Augen zum ersten Mal in mein Studierzimmer trat, das verhalten und scheu auf alle Fragen eine kurze Antwort gab».[11]

Hans Jonas, der Vertraute von Hannah Arendt, der für kurze Zeit selbst einmal in sie verliebt gewesen war, berichtet: «Die Sprechstunde fand statt, als draußen bereits der Abend dämmerte und im Zimmer verbreitete sich ein gewisses Dunkel, denn er hatte kein Licht angezündet. Als sie mit der Unterredung fertig waren und Hannah aufstand, um sich zu verabschieden, und Heidegger sie zur Tür begleitete, geschah etwas Unerwartetes.» Also geschah es «blitzend», wie ihr Blick gewesen sein muss: «In Hannahs Worten: ‹Plötzlich fiel er vor mir auf die Knie. Und ich beugte mich nieder und er streckte von unten aus dem Knien heraus seine Arme zu mir empor, und ich nahm seinen Kopf in meine Hände und er küsste mich, und ich küsste ihn.›»[12]

Das Jähe hängt mit dem logos zusammen. In Homers Odyssee, sagt Heidegger später, komme das Wort «logos» nur einmal vor, im Plural und mit zwei Beiwörtern: sanfte und berückende Reden. Der logos lässt solches erscheinen, was auf sich versammelt, anzieht. «Ziehen ist zücken. Er zückt, zieht jäh das Schwert. Das jäh an sich Ziehende ist das Entzückende, Entrückende und von daher Berückende.» Nur insofern, als der logos «zuspielt und zaubert, kann er auch bisweilen bezaubern und verzaubern».[13] Das ist die Dämmerungs-Szene, in das Reich der Gedanken versetzt. Der logos hatte diesmal geruht, die Erscheinung einer Sprechstunde anzunehmen, und sich kaum merklich in die Seinsweise der sanften und berückenden Reden gesteigert.

Heidegger erkennt diesmal sofort, im ersten Brief an das «Liebe Fräulein Arendt», datiert auf den 10. Februar 1925, dass etwas Wesentliches geschehen ist. Weil ihr Verhältnis in einer höheren Sphäre als jener der Alltäglichkeit gegründet ist und dort seine Notwendigkeit hat, kann er sich erlauben, dieser Unausweichlichkeit im ersten Satz des ersten Briefes die Stimme zu leihen: «Ich muss heute Abend noch zu Ihnen kommen und zu Ihrem Herzen sprechen.»[14] Was sich ereignet hat, lässt die äußeren Ursachen hinter sich: «Dass Sie meine Schülerin wurden und ich Ihr Lehrer, ist nur eine Veranlassung dessen, was uns geschah.» Ihnen beiden ist etwas zugestoßen, das keiner hätte planen können. Zweimal spricht Heidegger in diesem Brief von einem «Geschenk». Ein Geschenk verlangt, in angemessener Weise empfangen zu werden. Es verpflichtet den Beschenkten. Einerseits, es «im Innersten» zu «behüten». Und dann steht alles noch unter dem Titel der «Freundschaft», die ein «Geschenk» sei und sich in eine «Verpflichtung» verwandeln müsse, «an der wir wachsen wollen». Noch scheint Heidegger die Freundschaft als Rahmen anzuerkennen: «Ich werde Sie nie besitzen dürfen, aber Sie werden fortan in mein Leben gehören, und es soll an Ihnen wachsen.»[15] Über den Kuss hinaus gab es noch nichts, obwohl er auch um Verzeihung dafür bittet, «dass ich mich auf unserem Gang einen Augenblick vergaß».

Hannah Arendt ist noch ein Mädchen, sie hat, sagt Heidegger, sie zitierend, ihre «Unruhe» verloren und damit ihr «Innerstes Ihres mädchenreinen Wesens gefunden». Frau wird sie also erst werden. Davon abgesehen aber kann man kein höheres Register wählen. Fast leitmotivisch wird die Treue angesprochen, gleich am Anfang der Beziehung! «Ich kann und will nicht Ihre treuen Augen, Ihre liebe Gestalt trennen von Ihrem reinen Vertrauen, der Güte und der Lauterkeit Ihres mädchenhaften Wesens.» Lauterkeit steht in einer Beziehung zur Wahrheit, ist deren subjektive, im Charakter angelegte Voraussetzung. «Welchen Weg Ihr junges Leben nimmt, ist ver-

Hannah Arendt 1927. «Ich kann und will nicht Ihre treuen Augen, Ihre liebe Gestalt trennen von Ihrem reinen Vertrauen, der Güte und der Lauterkeit Ihres mädchenhaften Wesens», hatte ihr Heidegger geschrieben.

borgen. Wir wollen uns davor beugen.»[16] Es geht nicht um heute und morgen allein, es geht um ihren Weg. Von diesem Weg, den er im Einzelnen nicht kennen kann, hat er dennoch sogleich die höchsten Vorstellungen, an seiner Gestaltung will er teilnehmen, aber nicht im Sinne einer platten Bevormundung oder ausdrücklichen Belehrung, eher in einer stillen, vom Respekt getragenen Präsenz, «durch unser Sein», wie Heidegger sagt: «Und meine Treue zu ihnen soll einzig ihnen helfen, sich selbst treu zu bleiben.»[17]

«Treu» ist verwandt mit dem englischen «true», es gibt einen Bezug zur Wahrheit auch hier, wie Hannah Arendt später feststellt.[18] Dass es um ihren Weg geht, um ihr Leben ebenso wie um seines, ist von Anfang an in die Beziehung hineinverwoben. Insofern ist es nicht leicht, überhaupt einen Begriff für diese Geschichte zu finden – handelt es sich um Liebe, um Freundschaft, um Der-Meister-unddie-Schülerin, um Der-reife-Mann-und-das-Mädchen, um Schicksalsbestimmung oder um die Summe von alldem? Die Kategorien für das Einzigartige müssen sich im Lauf der Erzählung von selbst ergeben. Das Merkwürdigste, was man jetzt schon feststellen kann, ist, dass es genau so kommen wird, wie es Heidegger hier entwirft: Das im hohen Ton Angesprochene bleibt nicht leerer Schall, sondern wird, immer wieder durch Phasen großer Distanz unterbrochen, zu einer Wirklichkeit für fünf Jahrzehnte und endet erst mit Hannah Arendts Tod.

Im nächsten Brief, knapp zwei Wochen später, hat sich manches verändert, von Freundschaft kann keine Rede mehr sein: «Liebe Hannah! Warum ist die Liebe über alle Ausmaße anderer menschlicher Möglichkeiten reich und den Betroffenen eine süße Last?»[19] Sinnprojektionen sind in einer solchen Situation unvermeidlich und notwendig. Warum? Heidegger sagt es in diesem zweiten Brief: «Dass die Gegenwart des Anderen in unser Leben einmal hereinbricht, ist das, was kein Gemüt bewältigt.»[20] Er ist ein Liebender, zunächst einmal, weil er sich überhaupt betreffen lässt, weil seine Philosophie auf jene gehobenen Augenblicke geht, da aus dem Leben «Geschichtlichkeit» wird – und von dem, «was uns geschah», hatte sein erster Brief gesprochen. Nur keine gleichgültigen Vorgänge! Die Frage, was die Zeit sei, führt ihn – in dem Jahr, da er Hannah Arendt kennenlernt – zu der Frage: «Wer ist die Zeit? Näher: sind wir selbst die Zeit? Oder noch näher: bin ich meine Zeit? Damit komme ich ihr am nächsten, und wenn ich die Frage recht verstehe, dann ist mit ihr alles ernst geworden. Also ist solches Fragen die angemessenste Zugangs- und Umgangsart mit der Zeit als mit der je meinigen. Dann wäre Dasein Fraglichsein.»[21]

Der intensivste Charakter der Zeit wird im Schicksal erreicht. Das «Sichüberliefern an das Da des Augenblicks nennen wir Schicksal».[22] Im zweiten Brief weiß Heidegger, dass er es gefunden hat: «Menschliches Schicksal gibt sich menschlichem Schicksal, und der Dienst reiner Liebe ist es, dieses Sich-geben wach zu halten wie am ersten Tag.»[23] Wieder sehen wir die Projektion vom «ersten Tag» in die Zukunft hinein, die das eigentümliche Ethos gerade dieser Liebe ist. Im Augenblick «gründet mit das Geschick, worunter wir das Geschehen des Daseins im Mitsein mit Anderen verstehen».[24]

Spontaneität müssen wir Heidegger zugestehen, auch wenn sie sich in einer schweren Schicksalsrhetorik ausspricht. Aber Hannah Arendt hatte noch etwas Lebhafteres, das Günther Anders, ihr erster Mann, bezaubernd geschildert hat: «Zugleich profund, frech, fröhlich, herrschsüchtig, schwermütig, tanzlustig» sei sie gewesen.[25] Heidegger nennt sie mythologisierend eine «Waldnymphe» – seine Liebe zum Wald macht sich auch hier geltend –, ist hingerissen von ihren «strahlenden Augen» – diese sind das unmittelbare Anzeichen von Charisma –, sie erscheint ihm als «ausgelassener Kobold» – einer also, der das Haus schützt, aber auch die Bewohner neckt, ein kleiner Dämon –, der «Bälle und Kino und Gesellschaft» bezwingt.[26] So, als Tanzende, hat Hannah Arendt sich in einem Gedicht aus dem Winter 1923/24 selbst beschrieben, noch ehe sie Heidegger kennenlernte: «Schwebende Füße in pathetischem Glanze. / Ich selbst / Auch ich tanze, / Befreit von der Schwere / Ins Dunkle, ins Leere. (...) // Ich selbst / Auch ich tanze. / Ironisch vermessen / Ich hab nichts vergessen. (...) / Ich tanze, ich tanze / In ironischem Glanze.»[27] Der Tanz ist ein wirklicher und zugleich ein gedanklicher: zwischen Pathos und Ironie.

Wenn der zweite Brief an Hannah Arendt eine Philosophie der Liebe formuliert, so formuliert der dritte eine Theologie, die erst die wahren Maße dessen geben kann, was Heidegger erfahren hat: «Das Dämonische hat mich getroffen. Das stille Beten Deiner lieben Hände und Deine leuchtende Stirn behüten es in fraulicher Verklärung.»[28] Götter und Dämonen, Elfen und Kobolde werden aufgeboten, weil man anders nicht weiß, wie es auszudrücken wäre. «So ein verliebter Thor verpufft / Euch Sonne, Mond und alle Sterne / Zum Zeitvertreib dem Liebchen in die Luft», sagt Mephistopheles im ersten Teil des «Faust».

Im April schreibt Hannah Arendt in Königsberg den bekenntnishaften und selbstanalytischen Text «Schatten», den sie Heidegger zu einem Treffen nach Kassel mitbringt. Es handelt sich um eine reine Seelengeschichte, nichts Äußeres wird einfach geschildert, sondern eine Entwicklung wird in ihrer eigensten Logik dem Verstehen nahegebracht. Ein untrügliches Zeichen wirklicher, in solcher Festigkeit kaum glaublicher Autonomie der Verfasserin ist es, dass sie sich nicht einer fremden, vermeintlich wissenschaftlichen psychologischen oder gar psychoanalytischen Terminologie bedient, unter die dann die eigenen Empfindungen rubriziert würden. Sie hat, indem sie von sich erzählt, auch schon die ihr eigene Form gefunden. Züge, die sie sich selbst zuspricht, sind Radikalität, Sensibilität und Verletzbarkeit, wache Aufmerksamkeit und das Gefühl, sich nirgends und nie zugehörig zu fühlen, allerdings auch Herrschsucht[29] – all das gehört durchaus zu dem facettenreichen Bild, das auch ihre Vertrauten später von ihr zeichneten.

Die Bewegung des Textes beginnt mit einer Szene des Erwachens zur Welt: «Jedesmal, wenn sie aus diesem langen, verträumten und doch festen Schlaf erwachte, in dem man so ganz eins und einig mit sich selbst ist, wie mit dem, was man träumt, hatte sie dieselbe scheue und tastende Zärtlichkeit zu den Dingen der Welt, an der ihr deutlich wurde, ein wie großes Stück ihres eigentlichen Lebens gänzlich in sich versunken – schlafartig, möchte man sagen, wenn es im gewöhnlichen Leben etwas diesem Vergleichbares gäbe – dahingelaufen war.»[30] Die kognitive Bewegung auf die Welt zu ist der Kern, Arendt kommt darauf mehrmals zurück, wenn sie von der Epoche spricht, als «sie noch nicht gestritten hatte mit der tastenden Zärtlichkeit, der Umgangsform und dem Ausdruck ihres eigensten Wesens».[31]

Man muss auf die Worte des Textes hören: Fremdheit, Einfachheit, Ungelöstheit, Unaufgeschlossenheit, Verbanntheit, Behextheit, Zerstörtheit, Doppeltheit, Verwunschenheit, Kultiviertheit, Bedrängtheit, Hingegebenheit, Gejagtheit, Stumpfheit, Freiheit, Krankheit, Verirrtheit. In Abstrakta, in Gedankendingen wird erzählt. Lebensbewegungen und Erfahrungen sind zu fast schon philosophischen Begriffen einer Privatsprache geworden. Anders gesagt: Die Begriffe, in denen Arendt sich beschreibt, sind nah am Leben und an den Gefühlen. Wir erfahren gar nicht, was im Einzelnen passierte; klar wird nur, dass es sich um ein problematisches Bewusstsein der eigenen Erwähltheit handelt, um eine frühe Selbstcharismatisierung. Sie ist schon jetzt eine Denkende mit den höchsten Begriffen von sich, indem sie «im Nachdenken und sogar im Fühlen selbst gar nicht darauf kam, es könnte ihr Begegnendes banal sein, ein gering zu schätzendes Nichts, an das alle Welt gewöhnt ist und über das zu sprechen sich nicht mehr verlohnte.»[32] Reine Vernunftbegriffe wie «Freiheit» treffen auf mädchen- und märchenartige Worte wie «Behextheit» und «Verwunschenheit». Souverän urteilt die Achtzehnjährige über die Gegenwart, allerdings ohne eigentlich politische Akzente, für die ihr noch die Erfahrung fehlt. Sie sträubt sich «gegen die lauten und extremen Verzweiflungsversuche einer Kunst, Literatur und Kultur, die bis zur Schamlosigkeit unbesonnen in losgelösten Verstiegenheiten kläglich ihr Scheindasein fristeten».[33]

Einzelne Züge dieser Selbstbeschreibung überschneiden sich merkwürdig mit dem, was Hannah Arendt später in Rahel Varnhagen analysiert. Etwa, wenn sie deren Grundstellung zur Welt erläutert: «Worauf es ihr ankam, war, sich dem Leben so zu exponieren, dass es sie treffen konnte ‹wie Wetter ohne Schirm› (‹Was machen Sie? Nichts. Ich lasse das Leben auf mich regnen.›), und weder Eigenschaften noch Meinungen – über die ihr begegnenden Menschen, über die Umstände und Zustände der Welt, über das Leben selbst – dazu benutzte, sich selbst einigermaßen zu schützen.»[34] Das ist fast wörtlich ihr eigener Charakter, im Spiegel des «Schatten»-Manuskripts: «Eine Radikalität, die stets an das Äußerste ging, verwehrte es ihr, sich zu schützen.»[35] Sie sieht sich als einen Menschen, der «sich nicht schützen wollte und konnte».[36] «Fremdheit», «Einfachheit» und «Freiheit» sieht sie in sich selbst, und später bei Rahel.

Die Schlusspassage klingt pessimistisch und zerknirscht, jedenfalls beschreibt sie eine Krise: «Möglich, dass ihre Jugend sich losringt aus dem Bann und ihre Seele unter einem anderen Himmel die Möglichkeiten des Aussprechens und Lösens erfährt und so Krankheit und Verirrtheit überwindet und die Einfachheit und Freiheit organischen Wachstums – wahrscheinlicher aber, dass sie weiter ihr Leben hinfristet in haltlosen Experimenten und einer recht- und bodenlosen Neugier, bis dann endlich das lang und heiß erwartete Ende sie doch überrumpelt und dem unnützen Getriebe ein willkürliches Ziel setzt.»[37] Unter einem anderen Himmel: gemeint ist Marburg, von Königsberg aus gesehen. Die Heftigkeit dieser Sätze lässt den Leser nicht kalt. Aber sie kommt nicht überraschend. Denn der gesamte «Schatten»-Text ist auch ein Protokoll der vehementesten Entwicklungskonflikte, die nur darum nicht beängstigen, weil sie schon den Weg in die bewusste und strukturierte Artikulation gefunden haben.

Heidegger erkennt die Bedeutung des Textes, den sie ihm anvertraut hat. «Mein Liebstes», spricht er sie am 24. April an, «seit ich Dein Tagebuch las, darf ich nicht mehr sagen ‹das verstehst Du nicht›. Du ahnst es, Du – und gehst mit. ‹Schatten› sind nur, wo *Sonne* ist. Und das ist der Grund Deiner Seele. Ganz aus der Mitte Deiner Existenz bist Du mir nah und für immer in meinem Leben wirkende Kraft geworden. Zerrissenheit und Verzweiflung vermag nie so etwas zu zeitigen wie Deine dienende Liebe in meiner Arbeit.»[38] Er sei nun «ruhig und froh über Dein Leben und seine Sicherheit und Wucht. ‹Die Schatten› warf Dein Milieu, die Zeit, forcierte Reife eines jungen

Lebens. Ich würde Dich nicht lieben, wenn ich nicht glaubte, dass *Du* das nicht bist, sondern Entstellungen und Täuschungen, die eine bodenlose und von außen eingedrungene – Selbstzerfaserung sich schuf. Mir wird Dein erschütterndes Bekenntnis nicht den Glauben nehmen an die echten und reichen Antriebe Deiner Existenz. Im Gegenteil, es ist mir Beweis, dass Du ins Freie gekommen bist – obzwar Dein Weg aus diesen seelischen Verbogenheiten, die nicht eigentlich Deine sind, ein langer sein wird.»[39]

Sein eigenes Leben sei «nach Herkunft, Milieu und Möglichkeiten einfacher» gewesen. «Und so könnte ich leicht, selbst Dir gegenüber im Verstehen Unrecht tun. Aber die Nähe Deines Wesens – und jetzt Deine Bilder – sind mir so fraglos, dass ich, von der Sicherheit des Wissens der Liebe ganz abgesehen, nie glauben werde, dass Du Dein Leben in ‹haltlosen Experimenten› leben kannst und wirst.»[40] Was er am Anfang über die «Verpflichtung» gesagt hatte, löst er ein. Indem er an sie glaubt, stärkt er sie. Dieser Brief spricht auch von Heideggers Freude: Sie habe ihn, als er ihr ein für sie mitgebrachtes Manuskript gab, «mit einer so elementaren Freude überwältigt», dass er «hilflos» wurde. «Ein Stück meiner Seele gab ich Dir – wenig genug für Deine Liebe – aber Dein freudiger Dank überragte alles.»[41]

Was er ihr gebracht hatte, war die Abhandlung «Dasein und Zeit», deren Inhalt dann in «Sein und Zeit» aufgehen sollte. «Die Angabe und Festlegung der rechten Zeit vollzieht sich in Rücksicht auf den Stand der Sonne», hatte Heidegger hier geschrieben und sich damit auf seine Weise schon in die Richtung von Arendts Schattenbild hinbewegt: «Im Schatten, der jeden ständig begleitet, begegnet die Sonne hinsichtlich ihrer wechselnden Anwesenheit an verschiedenen Plätzen.»[42] Immer wieder kommt er in den folgenden Jahren auf die Schatten zurück, weil er sich ihr als Begleiter ihres Weges nahe weiß: «Lies den Brief, den ich Dir in wundervollen Tagen über die ‹Schatten› schrieb – und Du weißt alles.»[43] Als er ihr am 19. Februar 1928 in der falschen Annahme, sie sei verlobt, mitteilt, wie oft er an sie denke, spricht er auch von seiner Freude über die vermeintliche Nachricht: «Du bist ‹einfach glücklich›. Das strahlt aus Deinem Brief. Alle ‹Schatten› sind fort. Ich bin so froh, dass ich an Deiner wundervollen starken Ruhe teilnehmen darf.»[44]

Mit ihr kommt er in eine andere geistige Luft, durch sie entdeckt er 1925 Thomas Manns im Jahr zuvor erschienenen Roman «Der Zauberberg». Während er durch Trakl, Rilke und Stefan George die maßgebliche Lyrik seiner Gegenwart sehr genau kannte, hat man nicht den Eindruck, dass die erzählende Prosa hohen Ranges ihm bisher nahegekommen sein könnte. Und so ist er von Thomas Mann erkennbar beeindruckt: «Freilich die Größe der Darstellung – ist unerhört; was ich bislang von der ‹Zeit› zu lesen bekam, ist nicht überwältigend – aber es wäre lächerlich, wollte ich daraufhin das Werk absuchen. Aber dass das Phänomen wie das Dasein von seiner Umwelt gelebt wird und nur vermeintlich selbst lebt, das ist mit einer Meisterschaft angesetzt, dass ich vorläufig einzig darauf konzentriert bleibe.»[45] Gut einen Monat später meldet er vom Abschluss der Lektüre: «Solche Szenen wie das nächtliche Gelage, das Peeperkorn veranstaltet, vermag nicht jeder zu gestalten. Diese Figur hat wirklich ‹Rasse›, und die Geschichte der Madame Chauchat ist glänzend geführt – weil es ein Ende ohne Ende ist, und so denke ich mir, dass Hans Castorp, wenn er später im Felde im nassen Graben mit seinem Gewehr lag, an sie ‹denken› musste, und dass irgendwo – sie an ihn ‹dachte›, und dass sie das heute noch tun. Was so unausgesprochen im Ganzen steht, ist wirklich das Positive.»[46] Zwei Romanfiguren, die aneinander denken, werden zu Schutzgenien des Mannes, der das Buch «Was heißt Denken?» schreibt, und der Frau, deren späte Vorlesungen den Titel «Vom Denken» tragen. Tatsächlich denken beide wohl öfter aneinander, als sie sich in räumlicher Kopräsenz bewegen.

Heidegger versteht es, aus beiläufigen Beobachtungen Zeichen der Verbundenheit zu machen. Er bittet sie, einen Band mit Gedichten

Stefan Georges mitzubringen, von dem sie ihm erzählt hatte. Und den darauffolgenden Brief beginnt er feierlich mit einem George-Zitat: «O mein tag mir so gross / Und so schnell mir entführt!»[47] «Tag-Gesang» heißt das Gedicht, das sich in die Erinnerung an einen der großartigen gemeinsamen Tage zwanglos hineinverwebt.

Beide wissen irgendwann, dass sie nicht in Marburg bleiben kann; der Geliebte kann nicht ihr Doktorvater werden, das Risiko für beide wäre zu groß, und auch davon abgesehen würde eine schiefe Situation entstehen; die Liebe wäre im Kern gefährdet. In Hannah Arendts eigenen Gedichten aus dem Sommer und Herbst 1925 findet sich schon mancher antizipierte Abschied. «Alles zwingt zu strengem Schweigen: / Dass wir lieben, wenn wir leiden. // Dass das Opfer, dass die Fülle / Nicht des Priesters Hand verdorre, / Dass in edler klarer Stille / Uns die *Freude* nicht ersterbe.»[48] Das mag anknüpfen an Heideggers ersten Brief ein halbes Jahr zuvor, in dem er geschrieben hatte: «Und nur wenn Sie sich freuen, werden Sie die Frau werden, die Freude geben kann, und um die alles Freude, Geborgenheit, Verehrung und Dankbarkeit an das Leben ist.»[49] Mit den Zeilen «Und wir lassen unser Leben / Wenn wir lieben, wenn wir leben» klingt das Gedicht aus. In dem Gedicht «Abschied» vom Sommer 1925 werden die Motive ihrer Liebe wiederaufgenommen, der Abschied selbst ist hier der Angesprochene: «Du zeigst uns die Zeichen für Freude und Schmerzen / Du zeigst uns die Wege und öffnest die Herzen. // Du fügest zusammen wie nie unsere Hände / Wir glauben an Treue und fühlen die Wende / Wir können nicht sagen wie sehr wir uns einen. / Wir können nur weinen.»[50]

«Ich würde mich sehr freuen, wenn Du heute (Samstag) Abend ¾ 9 zu mir kämest. Wenn das Licht in meinem Zimmer brennt, bin ich zu Hause. Aber vielleicht kommst Du erst morgen Abend hier an; das wäre schade.» Das schreibt Heidegger am 9. Januar 1926. Noch am selben Abend müssen sie sich getroffen haben. Sie teilt ihm mit, dass sie ihr Studium in Marburg abbrechen wird, offenbar auch schon, dass sie im Sommersemester zu Jaspers nach Heidelberg gehen wird. Ein oder mehrere Briefe, die diesen Entschluss offenbar noch einmal erläuterten, sind nicht erhalten.[51] «Ich verstehe es», schreibt er ihr am Tag darauf, «aber leichter wird es nicht zum tragen.»[52]

Es gab wohl einen konkreten Anlass für ihren Entschluss, und seine Schuld daran erkennt er: «Dass Du bis an die Grenze getrieben wurdest, den Glauben zu verlieren.»[53] Er hatte sie über der Arbeit vergessen. Es galt, in großem Tempo und höchster Anspannung das Manuskript von «Sein und Zeit» fertigzustellen.[54] Und so sagt er ihr fast brutal, dass «ich Dich vergessen musste und vergessen werde, so oft ich auf den Weg der letzten konzentrierten Arbeit komme».[55] Er weiß – und er wird dieses Bekenntnis nicht oft im Leben ablegen –, dass es sich bei seinem Verhalten um eine «Rücksichtslosigkeit» und eine «Gewalttat» handelt.[56] «Würde ich Dir das Gesagte verschweigen und nur direkt versichern, dass Du Dich letztlich getäuscht hättest, dann wäre alles doch nur Verschleierung.»[57] Er ist aufrichtig, ihr gegenüber sind Ausreden nicht möglich, sie würden einen Verrat am Fundament ihrer Liebe bedeuten. Das, was er braucht, nimmt er sich, notfalls auch durch Raub. «Und es war gestern alles in einer fast unheimlichen Symbolik – dass Du mich einen ‹Seeräuber› genannt hast – ich habe lächelnd zugestimmt, aber zugleich in ‹Furcht und Zittern› die Kälte und den Sturm der Seefahrt gespürt.»[58] Damit bestärkt er sie in ihrem Entschluss, den er denn auch bejaht. Was er hofft: «Dass jeder von uns der Existenz des anderen gewachsen bleibe und das heißt der Freiheit des Glaubens und der inneren Notwendigkeit eines ungetrübten Vertrauens, darin liegt die Bewährung unserer Liebe.»[59] Nicht die Liebe wird aufgekündigt, sie tritt in eine neue Epoche ein.

Und so geht es fort. Im Sommer schreibt Heidegger von einem Telefongespräch mit Jaspers: «Ich war sehr erregt (...) und ich hörte nur von Dir und Deiner Mutter. Ich nahm ihn nur als Boten von

Dir – wenngleich ich sagen muss, dass J. sich gut entwickelt hat.»[60] Er möchte sie sehen, Konspirationsregeln müssen eingehalten werden: «Zunächst ist nur die Frage, ob Du so disponieren kannst. Wenn ja, dann schick mir eine offizielle Ansichtskarte mit einem Gruß vom Semesterschluss in Heidelberg.»[61] Anderthalb Jahre später antwortet er auf einen «so lieben Brief»[62] von ihr mit einer Liebeserklärung gleich zu Beginn: «Volo, ut sis!». Das Wort «Amo», ich liebe, muss sie sich hinzudenken. Ich liebe, das heißt: Ich will, dass Du bist, dass Du existierst. Das ist eine bei Augustinus zwar nicht wörtlich zu findende, aber seinen Gedanken zuspitzende Formulierung, die Heidegger am Herzen lag und die er ihr mehrmals schrieb, wie auch sie sich gerade dieser Augustinus-Idee immer wieder bediente.

Im Frühjahr 1928 treffen sie sich in Heidelberg wieder, mindestens ein-, vielleicht zweimal. Ein weiteres Treffen kommt nicht zustande, und das ist der Anlass für Hannah Arendts Brief vom 22. April, in dem sie verspricht, ihm eine «au fond sehr nüchterne Schilderung der Situation» zu geben. Aber es wird mehr, denn gleich fährt sie fort: «Ich liebe Dich wie am ersten Tag – das weißt Du, und das habe ich immer, auch vor diesem Wiedersehen, gewusst.»[63] Sie gesteht, gerade in diesen Tagen habe sie «immer wieder plötzlich eine fast rätselhafte Angst» befallen. Es ist der erste Brief von ihr in der gesamten Korrespondenz, der sich erhalten hat. Auf wenigen Zeilen gibt sie den tiefsten Einblick in ihr Leben. Sie fährt fort: «Der Weg, den Du mir zeigtest, ist länger und schwerer als ich dachte.»[64]

Heidegger hat in ihr Leben richtunggebend, man darf wohl sagen: schicksalhaft, jedenfalls nicht nur am Rande und vorübergehend, hineingewirkt. Dieser Weg selbst ist es, der von ihr, wie sie jetzt weiß, «ein ganzes langes Leben» verlangt. Sie nimmt die Formulierung aus Heideggers erstem Brief an sie auf, in der die Rede war von dem «Weg» ihres «jungen Lebens», der noch verborgen sei. Damals hatte er ihr prophezeit, «dass der Besuch in der ‹Sprechstunde› der entscheidende Schritt war, zurück aus der Bahn in die furchtbare Einsamkeit des wissenschaftlichen Forschens, die nur ein Mann aushält – und auch der nur dann, wenn er die Last mitbekommen hat und die Raserei, produktiv zu sein.»[65] Nun, drei Jahre später, schreibt sie ihm, wie sich alles erfüllte: «Die Einsamkeit dieses Weges ist selbstgewählt und ist die einzige Lebensmöglichkeit, die mir zukommt.»[66] Nun ist sie es, die die Liebe und den Weg zusammendenkt: «Ich gebe immer so viel, als man mir abverlangt, und der Weg selber ist nichts anderes als die Aufgabe, die unsere Liebe mir aufgibt. Ich hätte mein Recht zum Leben verloren, wenn ich meine Liebe zu Dir verlieren würde, aber ich würde diese Liebe verlieren und ihre *Realität*, wenn ich mich der Aufgabe entzöge, zu der sie mich zwingt.»[67] Sie ist einundzwanzig Jahre alt. In seinem ersten Brief an sie hatte Heidegger von dem «Geschenk der Freundschaft» gesprochen, das zu einer «Verpflichtung» werde, «an der wir wachsen wollen».[68] Nun sind es für sie die «Liebe» und die «Aufgabe», die sich ineinander verschlingen, die Heidegger und sie aneinander binden. Es gibt in dieser Passion ein eigentümliches Ethos von Beginn an.

Im Sommersemester 1925 hörte Hannah Arendt Heideggers Vorlesung «Prolegomena zur Geschichte des Zeitbegriffs», die eine der unmittelbaren Vorstufen von «Sein und Zeit» bildete. «*Welt ist das Worin des Seins des Daseins*», erfuhr sie dort.[69] Und in dem Manuskript, das er ihr in Kassel schenkte, konnte sie lesen: «Dasein ist (...) In-der-Welt-sein.»[70] Von Heidegger konnte sie lernen, welche Bedeutung die «Welt» im phänomenologischen Denken annimmt. Der «amor mundi», die Liebe zur Welt, leitete sie philosophisch in ihrer Doktorarbeit.[71] «Amor mundi» war der ursprünglich geplante Titel für ihr Buch «Vita activa». Andererseits war von Jaspers ein grundsätzlicher Pluralismus zu lernen. Im Jaspers-Kapitel ihrer 1947 veröffentlichten kleinen Schrift «Was ist Existenz-Philosophie?» hat sie es klar formuliert: «Die Existenz selbst ist wesensmäßig nie isoliert; sie ist nur in Kommunikation und im Wissen um andere Existenzen.»[72] Dieser

Charakter der Existenz – nie isoliert zu sein – war der entscheidende Gedanke ihrer Dissertation, die 1929 unter dem Titel «Der Liebesbegriff bei Augustin. Versuch einer philosophischen Interpretation» erschien. Man kann wohl annehmen, dass das Erlebnis der Liebe ihre Arbeit motivierte. Bei Heidegger selbst dagegen dauerte es noch fast zwanzig Jahre, bis er seine eigene philosophische Sprache der Liebe fand und die Liebe denken konnte. Er musste erst mehr als fünfzig Jahre alt werden, um aus der heroisch-entschlossenen Männersprache von «Sein und Zeit» heraus zu einer Einsicht in das Wesen der «Huld», der Anmut und liebenden Geneigtheit zu kommen.

Gegenübergestellt werden bei Hannah Arendt die «Isoliertheit des Einzelnen» und die «Relevanz des Nächsten» gemäß der Lehre des Augustinus. Ihre Schrift frage «nach Sinn und Bedeutung gerade der Nächstenliebe», heißt es in der Einleitung.[73] Die Frage transformiert sich später in die nach der Isolation unter den Bedingungen totalitärer Herrschaft.[74] Nach der Überwindung der Isolation fragt Arendt in mehreren Schritten. Anfangs ist Liebe nur der *appetitus*, das Begehren, die Begierde, fast noch wie der Wunsch nach einem Naturobjekt. Dann kommen Formen zur Sprache, in denen «der Nächste seine spezifische Relevanz hat»,[75] vor allem das christliche Gebot der Nächstenliebe. Sogleich biegt Arendt von Heideggers Interpretation des Augustinus ab in eine ihr eigene Richtung. Für Heideggers Augustinus-Bild war das *quaestio mihi factus sum* das Entscheidende: Ich bin mir selbst zur Frage geworden.[76] Diese Frage muss aus der Perspektive von Arendts Arbeit ausgesprochen selbstzentriert erscheinen, deshalb ihre Schlussfolgerung: «Nicht das quaestio mihi factus sum lässt den Nächsten in der für das Liebesgebot notwendigen Relevanz erscheinen.»[77]

Zweierlei Verbundenheiten sieht Augustinus: Die in der Abstammung von Adam, in ihr ist die «*Äqualität* aller Menschen miteinander»[78] begründet, und die im Glauben an Christus. Allerdings stellt das Gebot der Nächstenliebe Hannah Arendt prinzipiell nicht zufrieden, denn hier habe «der Gläubige nur insofern liebenden Bezug, als in ihm die Gnade Gottes wirksam werden kann. Der Nächste ist nie um seiner selbst willen geliebt, sondern um der gratia dei willen. Diese Indirektheit (...) lässt jeden Bezug zu einem bloßen Durchgang werden für die direkte Beziehung zu Gott selbst.»[79] Hier ist der Nächste nur insofern Nächster, als er sich «in dieselbe Relation zu Gott stellt wie ich mich selbst. Er ist nicht mehr erfahren in den konkret weltlichen Begegnungen – etwa als Freund oder Feind –, sondern er ist im Vorhinein als Mensch schon in eine Ordnung hineingestellt, die über die Liebe entscheidet.»[80]

Mit Augustinus glaubt Hannah Arendt an die Relevanz des Nächsten, gegen ihn an die Eigenlegitimität der Welt. Mit Heidegger denkt sie die Welt, mit Jaspers die Kommunikation der Verschiedenen. Sie hatte das Glück, die ihr gemäßen Lehrer zu finden.

Im September 1929 heiratet Hannah Arendt Günther Anders. Kennengelernt hatte sie ihn 1925 in Marburg, wo er ebenfalls Heideggers Vorlesungen hörte. Er war der Sohn des Psychologen William Stern und ein Großcousin von Walter Benjamin. Heidegger hatte gegen ihn, den er aus Freiburg kannte, von vornherein erhebliche Vorbehalte. Schon am 30. Juli 1923 schrieb er an Löwith mit deutlichem Unmut: «Ich versuche, mir um jeden Preis Herrn Stern und solche Nummern vom Leibe zu halten.»[81] Und an den gleichen Adressaten am 6. November 1924 aus Marburg missgünstig-ironisch: «Als besondere Akquisition ist zu nennen: Herr Dr. Stern – einiges aus Berlin und Leipzig.»[82] Mit diesen beiden Menschen wurde es nichts, sie kamen nicht zusammen. Die Abneigung muss spontan und tief gewesen sein, sie hatten ein böses Gespür füreinander, noch ehe sie wissen konnten, dass sie einmal dieselbe Frau lieben würden.

An Hannah Arendt schrieb Heidegger am 18. Oktober 1925: «Kurz vor meinem Abstieg bekam ich einen Brief von Herrn Dr. Stern, worin er mir schildert, dass er in einer peinlichen Situation sei.

Er habe nämlich im Sommer eine Arbeit verfasst (über Umwelt – Zustand – Widerstand) und beim Ausarbeiten habe er nicht unterscheiden können, was *meine* ‹Gedanken› seien und was seine eigenen. Nun habe ihm Jonas meine Sommervorlesung vorgelesen und er sehe daraus, dass er mit mir ganz übereinstimme. Er bäte mich aber, vor der Publikation seine Arbeit zu lesen, damit er davor sicher sei, dass er mich nicht falsch interpretiere. So etwas kann sich nur Herr Stern leisten, der seit Jahren alles sich verschafft hat, was ich in Übungen und Seminaren gesagt habe. Ich habe ihm kurz geantwortet, in einem Fall wo ich nicht entscheiden kann, was meine Gedanken sind und was die der anderen, da denke ich nicht an eine Publikation. Mit freundlichem Gruß.›»[83] Günther Anders – eine schlechte Kopie von ihm, Heidegger.

Anders seinerseits wollte Heidegger durchschauen und vor allem: Heidegger sollte merken, dass er durchschaut war. So jedenfalls lässt sich eine Erinnerung lesen, die Anders allerdings erst später, im März 1984, niedergeschrieben hat, manches mag sich dabei verschoben haben. Immerhin stellt sie die Positionen klar heraus: «Persönlich habe ich Heidegger kaum gekannt. Einmal hab' ich in Marburg – wie es dazu kam, ist mir entfallen – bei H.s übernachtet. Die Unterhaltung ließ sich nach dem sehr einfachen Nudel-Abendessen ganz gut an. Denn ich zitierte, erst einmal ohne den Autor zu nennen, Voltaires herrliches Wort: ‹*Es genügt nicht zu schreien, man muss auch Unrecht haben*›, das sogar ihn, den total Humorlosen, amüsierte. Als ich aber erklärte, dass das Wort von Voltaire stamme, machte zuerst *sie*, daraufhin auch er ein schiefes Gesicht. Völlig war der Abend aber dadurch verdorben, dass ich in harmlosestem Tone fortfuhr: natürlich gelte symmetrisch auch das Wort: ‹*Es genügt nicht zu murmeln, man muss auch recht haben.*› Während sie natürlich überhaupt nichts verstand, blickte er mich einen Moment lang hasserfüllt an. Er fühlte sich durchschaut. Denn es war ja seine tägliche Taktik, durch nahezu unhörbares Murmeln eine totale Stille im

Saal zu erzwingen und dadurch den Hörern einzureden, dass alles, was sie mindestens akustisch mitkriegten, auch ‹unverborgen›, also wahr, nein: *die* Wahrheit sein müsste.»[84]

Von Voltaire sprechen bedeutet, dessen Roman «Candide» mitzudenken, in dem der philosophische Alleserklärer Pangloss (eine Karikatur von Leibniz) trotz aller Greuel an der Auffassung festhält, man lebe in der besten aller möglichen Welten. Candide hört ihm am Ende nicht mehr zu und bemerkt zu den philosophischen Tiraden nur: «Schön gesagt. Wir aber müssen unseren Garten bestellen.» Diese Rollenverteilung zwischen dem schwadronierenden Großdenker und dem empirisch-aufgeklärten jungen Mann sollte Heidegger aufgedrängt werden, daher sein Unmut. Anders schrieb Feuilletons für den «Berliner Börsen-Courier». Dort bildete sich der Stil seiner späteren kulturkritischen Arbeiten. Er wollte, wie er in seiner bekanntesten Schrift «Die Antiquiertheit des Menschen» sagt, dem «Okkasionellen» mit philosophischen Methoden nahekommen, also dem Zufälligen, Fragmentierten, von der Gelegenheit Gebrachten, und «Gelegenheitsphilosophie» nennt er selbst seine Arbeiten, von denen er weiß, dass sie aussehen müssen wie eine «hybride Kreuzung von Metaphysik und Journalismus». Seine Titel *sollten* an Heidegger erinnern und ihn als dessen Überwinder ins rechte Licht stellen: «Sein ohne Zeit» etwa behandelt Samuel Becketts Stück «Warten auf Godot», das Anders eine «ontologische Farce» nennt.[85] Er wird hunderte von Seiten über und vor allem gegen Heidegger schreiben.

Hannah Arendt also war nun verheiratet. Nach einer Pause von mehr als einem Jahr schrieb sie an Heidegger: «Du wirst wohl schon durch andere und zufällige Quellen über mich erfahren haben. Das nimmt mir die Naivität der Mitteilung, aber nicht das Vertrauen, das unser letztes Wiedersehen in Heidelberg noch einmal neu und beglückend befestigte. So komme ich heute zu Dir in der alten Sicherheit und mit der alten Bitte: vergiss mich nicht, und vergiss nicht, wie sehr

Hannah Arendt und ihr Ehemann Günther Anders Ende der zwanziger Jahre. Die Verbindung war nicht glücklich; Hans Jonas bemerkte früh, dass Arendt geistig über Anders hinauswuchs.

und tief ich weiß, dass unsere Liebe der Segen meines Lebens geworden ist. Dies Wissen ist nicht zu erschüttern, auch nicht heute, da ich Heimat und Zugehörigkeit von meiner Rastlosigkeit bei einem Menschen gefunden habe, von dem du es vielleicht am wenigstens verstehen wirst.»[86]

Man hat sehen können, wie in der Kommunikation der beiden ein Ethos des Weges mit der Passion sich verknüpfte. Genau diese Verbindung ist es, die nun als Liebe und zugleich als Segen ihres Lebens aufgefasst wird. Am Ende fügt sie an, sie «wüsste doch so gern – so fast quälend gern, wie es Dir geht, was Du arbeitest und wie Dir Freiburg bekommt».[87] Der Schluss dieses ungeheuren und ergreifenden Bekenntnisses, mit dem sie seinen Segen erwiderte, lautet: «Ich küsse

Dir Stirn und Augen. Deine Hannah».[88] Und nun, als man schon meinen möchte, hier sei die stille Glut nicht mehr zu steigern, fügt sie die Gedichtzeilen an: «Und wenn Gott es gibt / Werd ich Dich besser lieben nach dem Tod.» Sie stammen aus einem Sonett von Elizabeth Barrett Browning. Rilke hatte es übersetzt, bei ihm heißt es allerdings: «will ich dich besser lieben».[89] Die Herausgeberin Ursula Lutz merkt an, wenn das «heute» aus der Anfangspassage wörtlich gemeint sei, müsse der Brief am Hochzeitstag geschrieben worden sein.

Im Sommersemester 1929 sprach Heidegger über Schelling, und dabei sagte er etwas, das sich als verschwiegener Kommentar zu Hannah Arendts Liebe verstehen ließe: «Ihn zu sich selbst gebracht, d.h. das Ganze des Philosophierens in ihm gelöst, hat erst Caroline. Nicht als hätte sie ihm besondere Einfälle und Ideen vermittelt, sondern sie hat allein durch die unmittelbare Wucht ihrer Existenz, die jenseits von Konventionen, Moralismus und Zeitgeschmack und dem Zwerghaften des Alltags, ihr großes Leben mit ihm vollendet: ‹und dieses ganze Universum ist ein Tand, oder wir haben uns innerlich für ewig erkannt› (Oktober 1800). In dem neuen Raum, den ihm diese Frau schuf, lediglich durch ihr Da-Sein, erwachte er und erstarkte er für das Ganze der Philosophie, das freilich erst später in ihm wuchs und zur Gestaltung drängte. Wo diese Frau selbst stand, das leuchtet auf aus einer Stelle in einem Brief an Schelling.»[90] In diesem Geist hatte Heidegger seinen zweiten Brief an Hannah Arendt geschrieben: «Den Adel wird dem freien geistigen Leben nur die Frau geben können, in der Art, wie sie *ist*.»[91]

Es gibt noch einen herzzerreißenden Briefentwurf von ihr an ihn, man weiß nicht, ob er abgeschickt wurde, er klingt halb unheimlich, halb melodramatisch. Wiederum ist ein Jahr vergangen. Ein Treffen auf einem Bahnhof muss stattgefunden haben, aber zu dritt, es durchzuckt sie das Bild, «wie Du und Günther, Ihr zusammen am Fenster stehen werdet und ich selber auf dem Bahnsteig, dass ich der diabolischen Klarheit des so Gesehenen nicht auszuweichen vermochte. Verzeih.»[92] Wie sie es vorausgeahnt hat, trifft es ein: «Und dann als der Zug fast schon fuhr. Und es war, wie ich es ja auch gleich dachte, also wohl gewollt hatte: Ihr beide da oben und ich allein und ganz machtlos dem gegenüber. Es blieb nichts wie immer bei mir, als Geschehenlassen, als Warten, warten, warten.»[93]

Es ist furchtbar: Der Geliebte, aber ferne, und der Ungeliebte, aber ehelich nahe scheinen sich zu verbünden, rein durch ihr räumliches Zusammenstehen. In der Tat liegt in diesem Augenblick eine diabolische Klarheit, die einen Menschen zerreißen kann. Sie hatte es gedacht, also gewollt. Ihre beiden letzten Bücher heißen: «Das Denken» und «Das Wollen». Eine Frau steht zwischen zwei Männern: Da wird der Frankfurter Hauptbahnhof, wo sich die Szene abgespielt haben mag, zum Flughafen von Casablanca mit Ingrid Bergman, nur dass die beiden Rivalen optisch-räumlich verbunden zu sein scheinen, oder als würden Jules und Jim gemeinsam eine böse Intrige gegen Jeanne Moreau aushecken. Es gelingt Hannah Arendt, zum klassischen Dreiecks-Plot eine neue Wendung zu erfinden, die mit dem grellsten Schrecken. Denn sie liebt Heidegger, wie sie ihm nun erneut gesteht: «Es kam so vieles zusammen, das mich bis ins Äußerste verwirrte. Nicht nur, wie stets, dass Dein Anblick mein Wissen um die klarste und drängendste Kontinuität meines Lebens immer wieder entzündet, um die Kontinuität unserer – lass mich *bitte* sagen – Liebe.»[94] Und es kam noch mehr zusammen, vorher schon: Sie stand vor ihm, «sekundenlang», er schaut flüchtig auf und erkennt sie nicht. «Als ich ein kleines Kind war, hat meine Mutter mich einmal töricht verspielt so erschreckt.»[95] In «blindem Schrecken» habe sie damals gerufen: «Aber ich bin doch Dein Kind, ich bin doch die Hannah. – So ähnlich war das heute.» Der völlige Verlust jeglicher Sicherheit ist es, und mehr noch: eine nachgerade metaphysische Isoliertheit mitten in der Welt.

Heidegger war in dieser Ehe ständig gegenwärtig, es muss Günther

Anders zerrieben haben. In den sehr spät verfassten Erinnerungen an die Zeit mit Hannah Arendt finden wir eine Szene, da beide über das sprechen, was die Ontologie als «ordinär» und bloß «ontisch» abwerten muss, nämlich die Leiblichkeit. Diese werde unterschlagen, meint Anders, auch bei Heidegger. Arendt gesteht es zu: «‹Ganz gerne›, räumte sie ein und räkelte sich noch einmal – ‹Übrigens hat er das ja auch nur in der Theorie unterschlagen.› ‹Mir nicht ganz unbekannt›, meinte ich schmunzelnd.» Anders, das erzählende Ich, verhält sich in dieser Szene der eignen Ehefrau gegenüber voyeuristisch.[96] Hans Jonas, der beide kannte und beiden verbunden war, sah das Trauerspiel dieser Ehe früh voraus: «Günther bildete sich ein, er habe hier eine wunderbare Gefährtin gefunden, merkte aber nicht, dass sie über ihn hinauswuchs und sich unabhängig von ihm geistig weiterentwickelte.»[97]

Gegenüber Elfride Heidegger, die 1950 zum ersten Mal von der Vergangenheit erfuhr und erschüttert war, äußerte Hannah Arendt sich beschwichtigend, sie habe «im Zusammenhang dieser Liebesgeschichte so viel bösere Dinge verbrochen, später», dass sie «auf diese frühen Dinge gar nicht mehr kam. Sehen Sie, ich war, als ich aus Marburg fortging, fest entschlossen, nie mehr einen Mann zu lieben und habe dann später geheiratet, irgendwie ganz gleich wen, ohne zu lieben. Weil ich mich ganz souverän dünkte, glaubte über alles verfügen zu können, gerade weil ich ja nichts für mich erwartete.»[98]

Das Ehepaar trennte sich bald wieder, die Scheidung wurde aber erst 1937 im französischen Exil ausgesprochen. Günther Anders war der Mann nicht, der ihr oder einer anderen zum Schicksal oder zum Segen hätte werden können, jede seiner insgesamt drei Ehefrauen verließ ihn. «Mir ist kein Kontinuum, außer dem der Arbeit, geglückt», schreibt er 1956 an Hannah Arendt.[99] Unheimlich passte dazu seine Lehre vom «Vorbei-Existieren» aller Wesen, deren keines vom anderen weiß; in einem erinnerten oder fiktiven Gespräch mit Hannah Arendt im Jahr 1930, das Anders 1984 niederschrieb, wird die Idee entwickelt. Wenn die Schilderung einigermaßen authentisch ist, dann musste Hannah Arendt, der es in ihrer Doktorarbeit um die «Relevanz des Nächsten» gegangen war, entsetzt sein.[100]

Heinrich Blücher dagegen, den sie im Exil heiratete, war ein soldatischer und willensstarker Mann von großem Mut. Für den geheimen Militärapparat der KPD hatte er vor 1933 Nachrichten nach Moskau gefunkt, im Zweiten Weltkrieg hielt er Vorlesungen über deutsche Militärgeschichte für das US Army Training Program in Maryland und Princeton.[101]

Ein weiterer fundamentaler Unterschied zwischen Arendt und Anders fällt auf. Das häufigste Wort in ihrer Doktorarbeit war «Gott». Hans Jonas berichtet, wie sie gesprächsweise äußerte: «An Gott habe ich immer geglaubt und nie an seinem Dasein gezweifelt – vielleicht die einzige Sache in meinem Leben, die mir immer feststand.»[102] Anders dagegen stellte ihr gegenüber seinen Atheismus provozierend aus: «Wenn es nur einen einzigen Menschen unter uns Milliarden gäbe, der unter der fixen Idee litte, es gebe so etwas wie einen ‹Gott› – der Mann würde wohl als wahnsinnig und anstaltsreif gelten.»[103]

Im Winter 1932/33 erhält Heidegger von Hannah Arendt den für lange Zeit letzten Brief. Der Inhalt lässt sich nur aus seiner Antwort erschließen. Sie fragt nach seinem «enragierten» Antisemitismus, von französisch *en rage* (wütend, tollgeworden), von dem sie gehört habe. Dies ist für sie zur schlechthin entscheidenden Frage geworden. Seit sie 1926 in Heidelberg mit Hans Jonas einen Vortrag von Kurt Blumenfeld gehört hatte, dem Präsidenten der Zionistischen Vereinigung für Deutschland, war sie mit diesem Politiker in einer wirklichen Herzensfreundschaft verbunden.[104] Blumenfeld war es, der ihr «über die Unmöglichkeit der Assimilation die Augen öffnete», wie Ingeborg Nordmann im Nachwort zu dem Briefwechsel der beiden schreibt.[105] In dieser Hinsicht war Blumenfeld von eiserner Konsequenz, und noch 1952 bemerkte er über den ermordeten deutschen Außenminister Walther Rathenau: «Ich glaube übrigens, dass unter keinen Umständen ein Jude das Recht hat, die Angelegenheiten eines anderen Volkes zu repräsentieren.»[106]

So hatten sich die Wege von Günther Anders und Hannah Arendt schon vor der Eheschließung getrennt: Sie nahm Blumenfelds zionistische Fragestellung auf, indem sie die Geschicke der Assimilation und ihres Scheiterns illusionslos in der Lebensgeschichte von Rahel Varnhagen zu untersuchen begann, während Anders sich in den Kreisen der Berliner Kultur-Linken um Bertolt Brecht und Hanns Eisler mit Ausführungen über revolutionäre Musik einen Namen machte: Wir sehen hier zwei typische Optionen jüdischer Intellektueller ihrer Generation. Nach der «Machtergreifung» 1933 übernahm Hannah Arendt von Kurt Blumenfeld den Auftrag, in der Preußischen Staatsbibliothek antisemitisches Material zusammenzutragen, «mit dem man die westliche Öffentlichkeit davon überzeugen wollte, dass der Antisemitismus nicht nur Propagandawaffe war».[107] Zionistisch geprägt war dann auch ihr erstes politisches Engagement im französischen Exil, wo sie als Generalsekretärin der Jugend-Aliyah (Auswanderung) der Jewish Agency for Palestine wirkt. In gewisser Weise hatte also auch Hannah Arendt das «Volk» entdeckt und sich von der «Gesellschaft» und der «Klasse» verabschiedet.

Karl Jaspers meldet Heidegger am 20. Juni 1929: «Frl. Arendt hat im Winter promoviert, die Arbeit ist im Ganzen nicht so glänzend geworden, wie wir sie nach dem ersten Teil erwarteten, aber doch philosophisch gut (...). Die Arbeit ist als ein wirkliches Anliegen dessen, was sie bei Ihnen methodisch gelernt hat, vortrefflich, und an der Echtheit ihrer Beteiligung an den Problemen ist nicht zu zweifeln.»[108] Arendt plane nun eine Habilitationsschrift über Rahel Varnhagen: «Dazu ist sie durch ihre Vorbildung und Neigung prädestiniert. Wollen Sie ihr auch ein kurzes Zeugnis schreiben?» Das Zeugnis, ein Kurzgutachten, soll gegenüber der Notgemeinschaft der deutschen Wissenschaft ein Forschungsstipendium rechtfertigen. Keine Woche später legt Heidegger seinem Brief an Jaspers «das gewünschte Zeugnis» bei.[109]

Schöneres als die Briefe von Rahel Varnhagen gibt es in der ganzen europäischen Briefliteratur nicht. Da ist eine Frau auf der Höhe der deutschen Klassik und damit der deutschen Sprache, die sie sich anverwandelt, beweglicher und seelisch geschmeidiger macht, frei in einem hohen Sinn, eigentümlich ohne übertriebene Manier. Und leidenschaftlich liebend. Unter anderem den spanischen Diplomaten Rafael de Urquijo, der eigentlich ein Gesandter des von Napoleon eingesetzten Usurpationskönigs Joseph Bonaparte in Berlin war. Nach dem Ende der Beziehung schrieb Rahel einem Freund: «Meine Seele ist gesund. Urquijo kränkt mich nicht mehr. Ich bereue nichts; und denke über nichts Vergangenes anders. Licht und lichter wird's in mir; und an Arbeit fehlt's nicht, und soll es nicht fehlen. Herkulanums hat man ewig abzutragen. Aber die lichte, nackte, harte Wahrheit soll raus!» Herculaneum: Das war die Stadt, die im Jahr 79 mit Pompeji ein Opfer des Vesuvs wurde. Eine Studie über diese Frau setzte auch die Gedanken über die Liebe fort, denen sie in der Doktorarbeit nachgegangen war.

Die Forschungsarbeit, in der Hannah Arendt zeigen will, dass die Assimilation der Juden schon im 19. Jahrhundert am Antisemitismus der Deutschen gescheitert sei, wird ausgerechnet von dem Mann mit einem positiven Gutachten gefördert, an dem sie drei Jahre später wegen seines vermutbaren Antisemitismus zu zweifeln beginnt. Aber das ist nicht das einzige Paradox. Und es ist nicht so, dass der eine Teil dieser Geschichte den anderen dementierte, sondern genau aus solchen Paradoxa besteht die Welt. Noch merkwürdiger wird es, wenn man bedenkt, dass Heidegger ihr schon am 21. März 1925 mitteilte, in der Marburger Uni-Bibliothek vergeblich nach dem gerade erschienenen Briefwechsel Rahels mit Alexander von der Marwitz gesucht zu haben.[110] Schon damals sprachen beide über diese Frau.

Deswegen sein Brief aus dem Winter 1932/33: «Die Gerüchte, die Dich beunruhigen, sind Verleumdungen, die völlig zu den übrigen Erfahrungen passen, die ich in den letzten Jahren machen musste.»[111] Die konkreten Fälle, die sie ihm gegenüber brieflich zur Sprache gebracht haben muss, dementiert er; dass er an Juden keine Seminareinladungen verschicke, erkläre sich daraus, dass er seit vier Semestern *«überhaupt keine»* Einladungen verteile. «Dass ich Juden nicht grüßen soll, ist eine so üble Nachrede, dass ich sie mir allerdings künftig merken werde.»[112] Und andererseits will er betonen, dass er, obwohl in diesem Wintersemester beurlaubt, die Doktorarbeit eines Juden betreue, dass zwei andere Juden ihm über ihre Arbeiten berichteten, seinen Rat erbaten und erhielten, dass beide Stipendiaten, die er bei der «Notgemeinschaft» durchsetzte, Juden waren; ebenso der Mann, der das Rom-Stipendium durch seine Fürsprache bekam. «Wer das ‹enragierten Antisemitismus› nennen will, mag es tun.»[113]

«In Universitätsfragen» – gemeint sind wohl Lehrstuhlbesetzungen – sei er allerdings «genau so Antisemit wie vor 10 Jahren und in Marburg». Unberührt davon blieben seine «persönlichen Beziehungen» zu Juden, er nennt Husserl, sodann Diltheys Schwiegersohn, den Göttinger Philosophen Georg Misch, und schließlich Cassirer. «Und erst recht nicht kann es mein Verhältnis zu Dir berühren.» Das ist richtig, wenn man Husserl einmal ausnimmt, mit dem er sich (oder dieser sich mit ihm) schon überworfen hatte. Und doch ist es nicht ganz wahr, wenn man in den Blick nimmt, wie sein Verhalten sich 1933 eben doch veränderte. Sie und er befinden sich schon im Winter 1932 in so völlig verschiedenen Lagen – sie ahnt, dass sie das Land bald verlassen muss, er hofft auf seine große Stunde –, dass Erklärungen und Rechtfertigungsversuche im Einzelnen das Problem gar nicht mehr fassen können. Hannah Arendt lässt Heideggers Brief unbeantwortet.

14. KAPITEL

Das Jahrhundertwerk: «Sein und Zeit»

Von einer «Philosophie des lebendigen Lebens» als dem Ziel seiner Bestrebungen hatte Heidegger 1916 gegenüber Elfride gesprochen. In «Sein und Zeit» erfüllt er dieses Versprechen unter einem anderen Namen. Und er erfüllt es ganz, im Maximum seiner Möglichkeiten. Wenn das Leben 1919 schlicht als vielfältig und «gesprenkelt» erschien, so werden nun Strukturen darin erkennbar, an die er sich über die Jahre herangearbeitet hatte. Es ist eine Vollständigkeit darin, eine Philosophie der Existenz lesen wir, die an Plastik gewonnen hat, die ursprüngliche Intuition ist nach allen Richtungen hin ausgeformt. Die Idee einer großen Architektonik stammt aus Heideggers Lektüre der aristotelischen Ontologie, der bewegte Gehalt aus einer (nur schwer erkennbaren, weil übermalten und eingedunkelten) protestantisch-christlichen Ansicht des menschlichen Lebens. Das Buch machte sofort nach seinem Erscheinen 1927 Epoche. Und Heidegger erhielt im gleichen Jahr in Marburg den ordentlichen Lehrstuhl für Philosophie.

Dem Dasein geht es um etwas, das ist das Erste, was wir erfahren. Und genauer: «Das Seiende, dessen Analyse zur Aufgabe steht, sind wir je selbst. Das Sein dieses Seienden ist *je meines.*»[1] Um dieses Selbst geht es dem Dasein. «*Das Wesen des Daseins liegt in seiner Existenz.*»[2] Es ist Existenz, aber nicht im Sinne einer bloßen dinghaften Vorhandenheit – wie «Tisch, Haus, Baum».[3] Dem Vorhandenen «ist sein Sein ‹gleichgültig›, genau besehen, es ‹ist› so, dass ihm sein Sein weder gleichgültig noch ungleichgültig sein kann».[4] Schon sehen wir: Für das Dasein gibt es keine Zone der Neutralität, Dasein verhält sich, es *ist* von vornherein Intensität und Drama. Und man erkennt das erste Problem: Distanznahmen, Rückzüge in eine neutrale Zone sind nicht vorgesehen. Eigentlich wird alles aus einem einfachen Gegensatz der Seinsweisen entwickelt. Dasein ist nicht Vorhandensein, dieses ist an sich untätig.

Weil das Dasein nur existiert als ständiger Möglichkeitsgenerator, ja der Inbegriff seiner Möglichkeiten *ist*, weil es sich nicht schlicht «hat», wie man ein Vorhandenes haben kann – deshalb «kann dieses Seiende in seinem Sein sich selbst ‹wählen›, gewinnen, es kann sich verlieren, bzw. nie und nur ‹scheinbar› gewinnen. Verloren haben kann es sich nur und noch nicht gewonnen haben kann es nur, sofern es seinem Wesen nach mögliches *eigentliches*, das heißt sich zueigen ist.»[5] Das Sein aus «Sein und Zeit» ist vor allem nichts Seiendes, nichts schon Festes – es ist nicht zu verdinglichen. Es ermöglicht Bewegung und ist Inbegriff der spezifischen Offenheit des Menschen. «Dasein ist nicht ein Vorhandenes, das als Zugabe noch besitzt, etwas zu können, sondern es ist primär Möglichsein.»[6]

Heidegger erträgt die undramatische Stille nicht, und schon gerät alles in Bewegung. Das Dasein kann sich verfehlen, dann wird es «uneigentlich» und neutralisiert sich eben bei aller Hektik doch: in «Geschäftigkeit, Angeregtheit, Interessiertheit, Genussfähigkeit».[7] Plötzlich sind wir in eine urbane Sphäre gefallen, so und nicht anders, als mittelpunktsflüchtige und richtungslose Lebensform, hatte Siegfried Kracauer die Existenz der Angestellten im Berlin der Weimarer Republik geschildert. Wir sehen einen angenehmen, umgänglichen Menschenschlag, aber etwas fehlt: Er ist auf das reine Einschwingen in Betrieb und Warenzirkulation eingestellt. Solchen Leuten wird in «Sein und Zeit» Fehde angesagt.

Dasein heißt In-der-Welt-sein, mit der Welt umgehen. Der maßgebliche Umgang in «Sein und Zeit» ist der innerhalb einer Werkwelt, mit «zuhandenem Zeug», also mit (Werk-)Zeug, das gerade «zur Hand» ist. Heideggers liebstes Beispiel ist der Hammer: «Das herzustellende Werk als das *Wozu* von Hammer, Hobel, Nadel hat seinerseits die Seinsart des Zeugs.»[8] Vom «Zeug» aus erschließt sich der Raum, der kein theoretisch-geometrischer ist, sondern zu diesem und keinem anderen Dasein gehört: «Der Raum, der im umsichtigen In-der-Welt-sein als Räumlichkeit des Zeugganzen entdeckt ist, gehört je als dessen Platz zum Seienden selbst.»[9] Die «Räumlichkeit des Zeugganzen» darf man sich als die Werkstätten des Großvaters, der Schuster war, und des Vaters, des Küfers, vorstellen.

Auch das «Mitsein» der anderen eröffnet sich Heidegger erst – gleichsam umwegshaft – über pragmatisch sachliche Zusammenhänge: «Das Feld zum Beispiel, an dem wir ‹draußen› entlang gehen, zeigt sich als dem und dem gehörig, von ihm ordentlich instand gehalten, das benutzte Buch ist gekauft bei ..., geschenkt von ... und dergleichen. Das verankerte Boot am Strand verweist in seinem An-sich-sein auf einen Bekannten, der damit seine Fahrten unternimmt, aber auch als ‹fremdes› Boot zeigt es Andere.»[10] Das heißt: Das Paradigma für das In-der-Welt-sein geben die Werkstätten, die von zwei großen Schweigenden benutzt wurden, wie wir erfahren haben. Gewiss ist das Dasein «Mitwelt»[11], die anderen indes sind, nach der Lehre von «Sein und Zeit», nur «entdeckt» über die ihnen gehörigen oder zugedachten Dinge.

Aber «Sein und Zeit» handelt nicht nur vom «Wer», sondern, weil es um das «In-der-Welt-sein» geht, mindestens ebenso sehr vom «Wo». «In-Sein» bedeutet Bindung an einen Ort: «‹In› stammt von innan-, wohnen, habitare, sich aufhalten; ‹an› bedeutet: ich bin gewohnt, vertraut mit, ich pflege etwas, es hat die Bedeutung von colo im Sinne von habito und diligo. Dieses Seiende, dem das In-Sein in dieser Bedeutung zugehört, kennzeichnen wir als das Seiende, das ich je selbst bin. Der Ausdruck ‹bin› hängt zusammen mit ‹bei›; ‹ich bin› besagt wiederum: ich wohne, halte mich auf bei ... der Welt, als dem so und so Vertrauten.»[12]

Heidegger will das Dasein in seiner Durchschnittlichkeit schildern, «in seinem indifferenten Zunächst und Zumeist».[13] Diese Indifferenz ist nicht nichts, sondern selbst Teil des Dramas. Auch dem uneigentlichen Dasein geht es «in bestimmter Weise um sein Sein, zu dem es sich im Modus der durchschnittlichen Alltäglichkeit verhält und sei es auch nur im Modus der Flucht *davor* und der Vergessen *seiner*».[14] Das sind Sätze, die den Leser packen können, sie gehen anders auf ihn zu, als man es aus der Philosophie gewohnt war. Die Philosophie selbst hat Teil am Drama und provoziert es. Ein Leben kann gelingen oder missraten, das ist die Botschaft. Allerdings ist Heideggers Analyse nicht geeignet, Beschuldigungskaskaden zu eröffnen. Keine äußeren Instanzen sind haftbar zu machen, wenn das Leben unauthentisch und entfremdet geführt wird: «Das Dasein bereitet ihm selbst die ständige Versuchung zum Verfallen.»[15]

Dasein ist In-der-Welt-sein, und es ist ebenso sehr «Mitsein» in einem gesellschaftlichen Zusammenhang. Der erscheint zunächst anonymisiert: «Das Wer ist nicht dieser und nicht jener, nicht man selbst und nicht einige und nicht die Summe aller. Das ‹Wer› ist das Neutrum, *das Man*.»[16] Individualitäten verwischen sich in diesem Kollektiv. «In dieser Unauffälligkeit und Nichtfeststellbarkeit entfaltet das Man seine eigentliche Diktatur.»[17] In den Abschnitten, die diesem «Man» und seinem «Gerede» gelten, gewinnt Heideggers Darstellung eine eigene und sonst bei ihm nie wiederkehrende komisch-ironische Kraft: «Wir genießen und vergnügen uns, wie *man* genießt; wir lesen, sehen und urteilen über Literatur und Kunst, wie *man* sieht und urteilt; wir ziehen uns aber auch vom ‹großen Haufen› zurück, wie *man* sich zurückzieht; wir finden ‹empörend›, was *man* empörend findet.»[18] Das ist die Form, in der sich Heidegger die bürgerliche Öffentlichkeit darbietet: Nicht als ein Forum der Aufgeklärten und Autonomen, sondern als große Konformismusmaschine, aus der es kein Entkommen zu geben scheint, weil selbst die Distanzierungserklärung schon wieder einem Schema folgen wird.

«Jeder Vorrang wird geräuschlos niedergehalten. Alles Ursprüngliche ist über Nacht als längst bekannt geglättet. Alles Erkämpfte wird handlich. Jedes Geheimnis verliert seine Kraft.»[19] Die wahre Distanz, das legt dieser Satz nahe, nimmt einer, der hier nicht mitspielt und nicht mitdiskutiert, der sich der ganzen Sphäre entzieht, weil er ihr in seiner Lebensweise unfasslich bleibt: im Rang, in der Ursprünglichkeit, im Kampf und im Geheimnis. Ein heroischer Aristokratismus durchzieht die Daseinsanalyse. Deshalb der Widerwille gegen die «*Einebnung* aller Seinsmöglichkeiten», die Heidegger im «Man» verwirklicht sieht.[20] Deshalb auch die Abscheu vor der entlastenden Anonymität: «Das Man ist überall dabei, doch so, dass es sich auch schon immer davongeschlichen hat, wo das Dasein auf Entscheidung drängt. Weil das Man jedoch alles Urteilen und Entscheiden vorgibt, nimmt es dem jeweiligen Dasein die Verantwortlichkeit ab. Das Man kann es sich gleichsam leisten, dass ‹man› sich ständig auf es beruft. Es kann am leichtesten alles verantworten, weil keiner es ist, der für etwas einzustehen braucht. Das Man ‹war› es immer und doch kann gesagt werden, ‹keiner› ist es gewesen. In der Alltäglichkeit des Daseins wird das meiste durch das, von dem wir sagen müssen, keiner war es. Das Man *entlastet* so das jeweilige Dasein in seiner Alltäglichkeit.»[21]

Dem Man entspricht eine bestimmte substanzlose Redeweise, das Gerede. «Ihm liegt daran, dass geredet wird. Das Gesagtsein, das Diktum, der Ausspruch stehen jetzt ein für die Echtheit und Sachgemäßheit der Rede und ihres Verständnisses. Und weil das Reden den primären Seinsbezug zum beredeten Seienden verloren bzw. nie gewonnen hat, teilt es sich nicht mit in der Weise der ursprünglichen Zueignung dieses Seienden, sondern auf dem Wege des *Weiter-* und *Nachredens*.»[22] Jeder weiß zudem genau, was getan werden müsste. Man ahnt es jedenfalls, man spürt es und redet auch gern darüber. Angenommen aber, das Vorhergeahnte werde «eines Tages wirklich in die Tat umgesetzt, dann hat gerade die Zweideutigkeit schon dafür gesorgt, dass allsogleich das Interesse für die realisierte Sache abstirbt. Dieses Interesse besteht ja nur in der Weise der Neugier und des Geredes, so lange als die Möglichkeit des unverbindlichen Nur-mit-ahnens gegeben ist. (…) Das Gerede ist am Ende sogar ungehalten, dass das von ihm Geahnte und ständig Geforderte nun wirklich geschieht. Ist ihm ja doch damit die Gelegenheit entrissen, weiter zu ahnen.»[23]

Eigentliches Dasein ist «sich einsetzendes Dasein» in der «Verschwiegenheit der Durchführung und des echten Scheiterns».[24] Eigentliches Dasein heißt: sich loszureißen aus einer Welt des Scheins und des Schaums, aus einer «fahlen Ungestimmtheit», aus «Dumpfheit» und «Zerstreuung».[25] Was «Sein und Zeit» erzählt, ist das Drama dieses Eigentlichwerdens im Innewerden der Unheimlichkeit, in der Zurückweisung von Entlastung, Einebnung und Beruhigung. Die Stellenausschreibung für einen Einsatzbereiten, Entschlossenen, Verschwiegenen, Handelnden und Scheiternden, der Rang, Kampf und Geheimnis kennt, ging 1927 heraus. Noch weiß man nicht viel mehr von diesem Entschlossenen; vor allem nicht, wozu er sich entschließt: «*Der Entschluss ist gerade erst das erschließende Entwerfen und Bestimmen der jeweiligen faktischen Möglichkeit.* Zur Entschlossenheit *gehört* notwendig die *Unbestimmtheit*, die jedes faktisch-geworfene Seinkönnen des Daseins charakterisiert.»[26]

Uneigentliches Dasein ist jenes, das in eine Beruhigung flieht, «für die alles ‹in bester Ordnung› ist».[27] Die Beruhigung steigert das Verfallen. Auch Heidegger spricht von einer Entfremdung, der das Dasein zutreibe, «in der sich ihm das eigenste Seinkönnen verbirgt. Das verfallende In-der-Welt-sein ist als versuchend-beruhigendes zugleich *entfremdend*».[28] Die Entfremdung liegt indes nicht in der warenförmigen Verdinglichung, sie ist durch die Veränderung der Produktionsweise nicht zu korrigieren und auch nicht in einer vergrübelten Psychoanalyse, die eher eine Folge der Entfremdung ist als ihre Überwindung und auf die der folgende Passus anspielt: Das

Dasein treibe «in eine Seinsart, der an der übertriebensten ‹Selbstzergliederung› liegt, die sich in allen Deutungsmöglichkeiten versucht, so dass die von ihr gezeigten ‹Charakterologien› und ‹Typologien› selbst schon unübersehbar werden. (...) Die versuchend-beruhigende Entfremdung führt in ihrer eigenen Bewegtheit dazu, dass sich das Dasein in sich selbst *verfängt.*»[29]

Nichts als das Dasein selbst ist haftbar dafür zu machen, dass man «im Verfallen *von sich weg* ‹lebt›».[30] Eine Bewegtheit des Lebens ist da, aber sie gleicht einem Absturz. «Dieser Sturz aber bleibt ihm [dem Dasein] durch die öffentliche Ausgelegtheit verborgen, so zwar, dass er ausgelegt wird als ‹Aufstieg› und ‹konkretes Leben›.»[31]

Heidegger, der Philosoph, der an einem 26. September geboren wurde, ist ein Herbstwesen. Der Herbst ist die metaphysische Jahreszeit schlechthin, indem er in die Sterblichkeit initiiert. «Sterbende Pracht» lautet der Titel von Heideggers erstem, 1910 publiziertem Gedicht[32], das uns in diesen Gedankenkreis einführt:

Lachender Frühherbst,
Das Gartentor auf!
Führ mich, du goldner,
Im jung-tollen Lauf.

Noch einmal zu grüßen
Die sterbende Pracht,
Noch einmal zu wandern
Zwischen Abend und Nacht.

Dein raschelndes Laub
Erschauert im Tod
Spürt noch im Fall
Die nahende Not.

Dein sehnendes Träumen
Im sonnarmen Tag
Sucht es die müden
Rosen im Hag?

Das Sein des Herbstes ist ein Sein zum Tode. «Das gelassene Sterben des Herbstes» rühmt die kleine Schrift «Der Feldweg».[33] «Sein und Zeit», das mit dem Dasein beginnt, muss die absolute Verneinung des Daseins zum Thema machen, den Tod. «Solange das Dasein als Seiendes *ist*, hat es seine Gänze nie erreicht. Gewinnt es sie aber, dann wird der Gewinn zum Verlust des In-der-Welt-seins schlechthin.»[34]

Auch hier, und hier besonders, erscheint der fundamentale Unterschied zwischen eigentlichem und uneigentlichem Leben. «Das verdeckende Ausweichen vor dem Tode beherrscht die Alltäglichkeit so hartnäckig, dass im Miteinandersein die ‹Nächsten› gerade dem ‹Sterbenden› noch oft einreden, er werde dem Tod entgehen und demnächst wieder in die beruhigte Alltäglichkeit seiner besorgten Welt zurückkehren. Solche ‹Fürsorge› meint sogar, den ‹Sterbenden› dadurch zu ‹trösten›. Sie will ihn ins Dasein zurückbringen, indem sie ihm vollends dazu verhilft, seine eigenste, unbezügliche Seinsmöglichkeit noch vollends zu verhüllen.»[35] Das eigentliche Leben ist das nicht mehr durch andere vertretbare. Dem Tod gegenüber gibt es nur Angst und das Empfinden einer Bedrohung. Diesen Stimmungen gilt es nicht auszuweichen, vielmehr sie *«offen zu halten»*.[36] «Das Sein zum Tode ist wesenhaft Angst.»[37] Hier greifen die *«Illusionen des Man»* nicht mehr.

Zu den eindringlichsten Passagen des Buches gehören die Abschnitte über das Gewissen. Gewissen hat eine ausgezeichnete Bedeutung für die eigentliche Existenz, die sich dem anonymen Konformismus des «Man» zu entziehen vermag, das dem Selbst vor allem Entlastung geboten hatte.[38] «Das Dasein bedarf der Bezeugung eines Selbstseinkönnens, das es der *Möglichkeit* nach je schon ist.» Diese Bezeugung melde sich in der *«Stimme des Gewissens»*.[39] «In allen Gewissensauslegungen hat das ‹böse›, ‹schlechte› Gewissen den Vorrang. Gewissen ist primär ‹böses›.»[40] Sofort bemerkt man die faszinierende Wucht und Vehemenz von Heideggers Denken. Dies und nichts anderes ist «radikal», man hat den Eindruck, jetzt erst dem konventionellen Gerede zu entkommen.

Man könnte eine traditionell-kirchliche Ansicht dagegenhalten, wie sie der Basler Katechismus von 1947 in seiner einfachen Klarheit formuliert. Der Aufbau ist ganz anders. Zunächst: «Das Gewissen ist die Stimme unserer Vernunft, durch die Gott uns zum Guten *mahnt* und vor dem Bösen *warnt.*» Das ist ein Geschehen, das *vor* der Sünde oder der bösen Tat liegt. Der Mensch hat eine Chance, das ist der erste Sinn des Gewissens in dieser Auslegung. Die Schuld mag eintreten, aber man kann die fein abgestuften, nuancierten Botschaften von Mahnung und Warnung auch hören. Dann heißt es weiter: «Das gute Gewissen macht uns *ruhig* und *froh*, das schlechte Gewissen macht uns *ruhelos* und *unglücklich.*» Es gibt nach katholischer Lehre also durchaus ein gutes Gewissen. Keineswegs ist man verpflichtet, sich ununterbrochen ruhelos und unglücklich zu fühlen. Das ist eine maßvolle Lehre, die zudem das Gewissen an die Vernunft bindet – deren Stimme ist es.

Hier fehlt die eigentümliche Unheimlichkeit, die Heideggers Lehre gerade in der Diskussion des Gewissens ausstrahlt: «Unheimlichkeit ist die obzwar alltäglich verdeckte Grundart des Daseins.»[41] Bei Heidegger hält der Rufer des Gewissensrufes «jedes Bekanntwerden schlechthin von sich fern».[42] Die katholische Formulierung macht namhaft: Gott und die Vernunft, ein Außerhalb und ein Objektives. Für Heidegger aber ist das Gewissen vor allem aus einer Individualisierung zu verstehen (auch wenn er dieses Wort nicht gebraucht): Solange man nur als konventionelle Person existiert, im kollektiv Geläufigen und Gewohnten, ist man nicht schuldig, aber auch noch nicht bei sich selbst. Im Gewissen melde sich nun «das eigenste Selbst» gegenüber den öffentlichen Masken. «Gutes» Gewissen hält Heidegger für eine Tarnung der Selbstgerechtigkeit, des Pharisäismus. Seine Gedanken zum Gewissen machen einen dauerhaften ethischen Ausnahmezustand zur Regel. Die katholische Lehre hat es dagegen mit normalen Menschen in durchschnittlichen Lebenslagen zu tun, und sie kann diese nicht als existentiell mangelhaft abwerten. Für Heidegger jedenfalls kommt mit dem Gewissen die Entschlossenheit ins Leben, die den Pathologien des öffentlichkeitsbezogenen Daseins ein Ende setzt: den «eifersüchtigen Verabredungen und den redseligen Verbrüderungen im Man und dem, was man unternehmen will».[43]

Wir haben den eigentlichen Anfang von «Sein und Zeit» übersprungen. Heidegger, der seine Version der Phänomenologie erläutern will, wirft die Frage auf, ob der griechische λόγος (logos) wirklich mit «Aussage» und «Urteil» angemessen übersetzt werden kann, und weist diese Ansicht schließlich zurück: «Der λόγος lässt etwas sehen (φαίνεσθαι), nämlich das, worüber die Rede ist und zwar *für* den Redenden bzw. für die miteinander Redenden.»[44] Nicht mehr das Urteil ist das Fundament. Ihm voraus geht ein diffuses Erkannthaben oder Verkennen der Welt. *«Wahrheit ‹gibt es› nur, sofern und solange Dasein ist.»*[45] In die Analyse des Daseins und der Existenz ist also eine veränderte Grundlegung der Logik eingearbeitet.

In seiner Doktorarbeit hatte Heidegger von der Logik noch ganz im Zusammenhang mit Husserl gesprochen. Anfang der zwanziger Jahre ändert sich die Fragestellung. Heidegger hält mehrere Logikvorlesungen und nennt sein Vorhaben nun «philosophische Logik» oder auch «philosophierende Logik».[46] Das ist eine zunächst kaum bemerkliche Veränderung gegenüber Husserl, es geht ihm um einen «lebendigeren Begriff der ‹Logik›».[47] Er findet den neuen Boden für die logischen Probleme in der Daseinsanalyse: Der Mensch bewegt sich immer schon in einem Zusammenhang von Auslegungen und

Entdecktheiten. «Wahrsein als entdeckend-sein ist eine Seinsweise des Daseins. Was dieses Entdecktsein selbst möglich macht, muss notwendig in einem noch ursprünglicheren Sinne ‹wahr› genannt werden. *Die existenzial-ontologischen Fundamente des Entdeckens selbst zeigen erst das ursprüngliche Phänomen der Wahrheit.* Das Entdecken ist eine Seinsweise des In-der-Welt-seins. Das umsichtige oder auch das verweilend hinsehende Besorgen entdecken innerweltlich Seiendes. Dieses wird das Entdeckte. Es ist ‹wahr› in einem zweiten Sinne. Primär ‹wahr›, das heißt entdeckend ist das Dasein. Wahrheit im zweiten Sinne besagt nicht entdeckend-sein (Entdeckung), sondern entdeckt-sein (Entdecktheit).»[48]

Der Logik wird eine kognitive Leistung schon der schlichtesten Lebenspraxis vorgeordnet; es gibt keine, die nicht auch «entdeckend» wäre. Aber die Definition der Wahrheit als «Entdeckendsein» wirft die Frage auf, wie sich dann Wahrheit und Falschheit noch unterscheiden lassen. Energisch gestellt hat sie Heideggers Schüler Ernst Tugendhat vor sechzig Jahren. Aber schon Heidegger selbst versuchte das Problem zu lösen, indem er Wahrheit und «Irren» als zwei eng benachbarte Provinzen eines einzigen Geschehens dachte. Deshalb seine späte Formulierung: «Wer groß denkt, muss groß irren», deshalb schon sein frühes Lob des Menschen, der «den Fuß nie auf Irrwege setzte»[49], das doch sofort relativiert wurde in dem lateinischen Zitat «grandes passus extra viam», große Fahrten gehen vom Wege ab. Das Dasein, heißt es zweideutig in «Sein und Zeit», sei «je schon in der Wahrheit und Unwahrheit».[50]

Von Parmenides übernimmt Heidegger den Namen der «Unverborgenheit»: αλήθεια. Auch Heraklit taucht in diesem Zusammenhang zum ersten Mal auf; beide Denker werden für Heideggers späteres Werk von entscheidender Bedeutung sein. «Und ist es Zufall», fragt er, «dass in einem der Fragmente des *Heraklit*, den *ältesten* philosophischen Lehrstücken, die *ausdrücklich* vom λόγος handeln, das herausgestellte Phänomen der Wahrheit im Sinne der Entdecktheit

(Unverborgenheit) durchblickt? (...) Also gehört zum λόγος die Unverborgenheit, α-λήθεια.»[51] Hier beginnt Heideggers Abwendung von der bisherigen Logik, die den Aussagesatz als Zentrum jeder Frage nach der Wahrheit sah, und die Hinwendung zu einem mit Heraklit gedachten logos. Aus der Logik wird, im Spätwerk entfaltet, aber hier schon angedeutet, die Frage nach dem Wesen der Sprache.

Das Buch mündet in eine großgefasste und zugleich in der Existenz verwurzelte Idee der Geschichte, es will «Geschichtlichkeit als Seinsverfassung der Existenz» herausarbeiten.[52] Geschichte ist der letzte Horizont des Lebens; nicht primär etwas, das in Büchern steht, sondern das, was sich allein schon aus dem teilnehmenden Charakter des Daseins ergibt. Dasein ist selbst geschichtlich, wenn auch in der Form der Alltäglichkeit zunächst uneigentlich: Dasein ist nicht etwa erst «vorhanden», um dann «gelegentlich ‹in eine Geschichte› zu geraten».[53]

Gegenüber der Probevorlesung über den Zeitbegriff in der Geschichtswissenschaft vollzieht Heidegger eine Selbstkritik: Der wahre Begriff der Geschichte darf nicht in der «Historie als der Wissenschaft von der Geschichte» gesucht werden.[54] Er betrifft auch nicht primär Geschehnisse der Vergangenheit. Von dieser löst sich die geschichtliche Existenz vielmehr ab: «Die Erwiderung der Möglichkeit im Entschluss ist aber zugleich *als augenblickliche* der *Widerruf* dessen, was im Heute sich als ‹Vergangenheit› auswirkt.»[55] Geschichtliche Existenz ist alles andere als ein nostalgischer Historismus. Es gilt, das «ontologische Rätsel der Bewegtheit des Geschehens überhaupt» zu erfassen.[56] «Ein Ring zum Beispiel, der ‹überreicht› und ‹getragen› wird, erleidet in diesem Sein nicht einfach Ortsveränderungen. Die Bewegtheit des Geschehens, in dem etwas ‹mit ihm geschieht›, lässt sich von der Bewegung als Ortsveränderung aus gar nicht fassen.»[57]

Uneigentlich aber ist auch die Gegenbewegung zur Nostalgie; sie sucht, «beladen mit der ihr selbst unkenntlich gewordenen Hinterlassenschaft der ‹Vergangenheit›, *das Moderne*».[58] Die Geschichte verlangt von ihren Teilnehmern, dass sie sich «aus der endlosen Mannigfaltigkeit der sich anbietenden nächsten Möglichkeiten des Behagens, Leichtnehmens, Sichdrückens» losreißen und damit «das Dasein in die Einfachheit seines *Schicksals*» bringen.[59] Der Unentschlossene, in die Welt des Besorgens vielgeschäftig verloren, sagt: «Ich habe keine Zeit.» Dem Entschlossenen zeigt sich die Zeit «im Charakter des *Augenblicks*», er hat immer Zeit.[60] Die Stimmung von «Sein und Zeit» mündet in die Gewissheit, dass große Dinge, mit Entschlossenen und einem Volk als Akteuren, erst noch bevorstehen. Sie nehmen in Heideggers Sprache den wuchtigen Charakter eines «Geschicks» an.[61] «Das schicksalhafte Geschick des Daseins in und mit seiner ‹Generation› macht das volle, eigentliche Geschehen des Daseins aus.»[62]

In seiner Marburger Vorlesung von 1925 brachte Heidegger einen grundlegenden Einwand gegen Husserl vor, der um so eindringlicher wirken musste, als er die Phänomenologie nicht von außen angriff, sondern mit dem Verfahren einer immanenten Kritik die These vertrat, Husserl sei seinem eigenen Anspruch nicht gerecht geworden: «Die primäre Frage *Husserls* ist gar nicht die nach dem Seinscharakter des Bewusstseins, vielmehr leitet ihn diese Überlegung: *Wie kann überhaupt das Bewusstsein möglicher Gegenstand einer absoluten Wissenschaft werden?* Das Primäre, was ihn leitet, ist die *Idee einer absoluten Wissenschaft.* Diese Idee: *Bewusstsein soll Region einer absoluten Wissenschaft sein*, ist nicht einfach erfunden, sondern die Idee, die die *neuzeitliche* Philosophie seit *Descartes* beschäftigt. Die Herausbildung des reinen Bewusstseins als thematisches Feld der Phänomenologie ist nicht phänomenologisch im Rückgang auf die Sachen selbst gewonnen, sondern im Rückgang auf eine traditionelle Idee der Philosophie.»[63] Husserl kommt seiner eigenen For-

Mit Edmund Husserl im Schwarzwald. 1927 arbeiteten beide an dem Artikel «Phänomenologie» für die Encyclopædia Britannica zusammen. 1928 erschienen Husserls Studien «Zur Phänomenologie des inneren Zeitbewusstseins», die Heidegger auf der Grundlage von Vorarbeiten Edith Steins herausgab.

derung nicht nach, er philosophiert unter dem Schirm unbefragter Traditionen.

So steht die Widmung von «Sein und Zeit» eigentlich schon im Augenblick ihrer Niederschrift über einem Abgrund: «Edmund Husserl / in Verehrung und Freundschaft zugeeignet / Todtnauberg i. Bad. Schwarzwald zum 8. April 1926». Das Datum ist das von Husserls Geburtstag. «Sein und Zeit» war nur möglich durch Husserl – das ist die ausgesprochene Botschaft, die unausgesprochene aber lautet: und möglich nur durch die Abwendung von Husserls Resultaten, durch ein Weitertreiben der Phänomenologie über den Gedankenhorizont des Lehrers hinaus. Er widmet Husserl das Werk, das diesen überwinden soll.

Und doch wurde im Oktober 1927 die Zusammenarbeit mit Husserl an dem Artikel «Phänomenologie» für die Encyclopædia Britannica so eng wie kaum je zuvor. «Wenn es auch für mich sehr anstrengend ist», berichtet Heidegger seiner Frau, «besonders wo H. auf seinen Plänen so hartnäckig verharrt, so freuen wir uns doch beide sehr über diese erste eigentliche gemeinsame Arbeit. H. ist sehr aufgekratzt.»[64] Auch gab es «ein sehr intensives u. z. T. heftiges – aber freundschaftliches-philosoph. Gespräch mit Husserl».[65] Eine Rolle spielt die Frage der möglichen Berufung auf Husserls Lehrstuhl, der Meister geht auf die siebzig zu und wünscht sich seinen Schüler als Nachfolger: «H. will mich unico loco vorschlagen», meldet Heidegger, und das heißt: auf den ersten oder vielmehr einzigen Platz in der Berufungsliste setzen.[66] Die Atmosphäre ist gelöst und optimistisch: «Malvine war wirklich reizend», heißt es einmal, und dann: «Husserl hat schön mit mir gesprochen u. mir vor allem für jetzt u. die nächsten 10 Jahre – wie Du – von Berlin abgeraten.»[67]

Am 23. Januar 1928 kann Heidegger seiner Frau mitteilen: «Eben erhalte ich folgende Karte von Husserl: / Samstag 21.1.28. / Lieber Freund / Kommissionsbeschluss: unico loco. / Absolutes Stillschweigen selbstverständlich. / Wir grüßen Sie herzlichst. / E. H.»[68] Am 16. April wird das Grundstück im Rötebuckweg 47 gekauft, das Elfride ausgesucht hatte, nach ihren Planungen entsteht das Haus, sie überwacht den Bau und organisiert den Umzug.[69] Aus Heidegger spricht die Vorfreude auf eine neue Lebensepoche, wenn er Elfride von seinem Glauben sagt, «dass unser Haus, weil es so ganz u. gar nichts Äußerliches ist – zumal da es als Werk Deines mütterlichen Wollens entsprang – unsere Gemeinschaft u. die mit den Kindern ganz neu durchdringen wird».[70] Am 20. Oktober zieht die Familie ein. Gegenüber Jaspers, mit dem er sich auch über Vogelbücher austauscht, bekennt er über seine Marburger Zeit: «Ich habe mich in keiner Stunde wohlgefühlt.»[71] Im Dezember ist der Garten angelegt. «Und demnächst ist ein kleines Einweihungsfest.»[72]

Husserls «Logischen Untersuchungen» ist eine fundamentale Betrachtung vorangestellt, die sich mit dem Wesen der Wissenschaften überhaupt beschäftigt. Wissenschaften sind demnach «systematische Gewebe von Begründungen».[73] Es liegt in ihnen eine «Begründung des Wissens und gehörige Verknüpfung und Ordnung in der Folge der Begründungen».[74] In größter Verdichtung gesagt: «Wissenschaftliche Erkenntnis ist als solche *Erkenntnis aus dem Grunde.* Den Grund von etwas erkennen, heißt die Notwendigkeit davon, dass es sich so und so verhält, einsehen.»[75] Wenn sich Heidegger also in der Festschrift zu Husserls siebzigstem Geburtstag dem «Wesen des Grundes» widmete, so war der sensibelste Bereich von dessen Lehre angesprochen – an dem eigentlich alles andere hing. Er nimmt in den späten zwanziger Jahren die Zentralbegriffe Husserls noch einmal auf – «Was ist Metaphysik?», «Vom Wesen der Wahrheit» –, aber nicht mehr in der Weise des Lehrers, wie auch das Wort «Phänomenologie» in diesen Schriften nicht mehr fällt. Man muss bei Heideggers Unternehmen in dieser Epoche von einer Um-Gründung, Um-Deutung genau jener philosophischen Grundfragen sprechen, die Husserl glaubte gesichert zu haben.

Die drei Texte geben auf die drei Fragen nach dem Wesen des Grundes, der Metaphysik und dem Wesen der Wahrheit jeweils eine sehr ähnliche Antwort. *«Die Freiheit ist der Grund des Grundes»* heißt es markant in der Husserl gewidmeten Abhandlung, und in der anderen: «Das Wesen der Wahrheit enthüllt sich als Freiheit».[76] In der Freiburger Antrittsvorlesung – auf dem von Husserl geerbten Lehrstuhl – wird festgehalten: «Die Philosophie kann nie am Maßstab der Idee der Wissenschaft gemessen werden.»[77] Der Dreischritt dieser Abhandlungen gehört zu dem größeren Vorhaben einer Auflockerung der Logik, man könnte auch von einem Tieferlegen ihrer Probleme sprechen. Das heißt in diesem Fall: Alles Verhalten wurzelt in der «Transzendenz», die Heidegger definiert als den «Überstieg zu Welt», und dieser ist «die Freiheit selbst».[78] *«Freiheit allein kann dem Dasein eine Welt walten und Welten lassen.* Die Welt *ist* nie, sondern *weltet.*»[79] Diese Freiheit ist nicht nur eine eigene Art von Grund, «sondern der *Ursprung von Grund überhaupt. Freiheit ist Freiheit zum Grunde.*»[80] So wurden Husserls architektonisch leitende Begriffe in die Schwebe gebracht.

Und so bekam die Festrede, die Heidegger zu Husserls Geburtstag hielt, eine unterschwellige Zweideutigkeit. Er preist den Lehrer in den höchsten Tönen als «Führer»: «Was aber Ihre Führerschaft zu dem werden ließ, was sie ist, das liegt in einem anderen beschlossen: der Gehalt und die Art Ihres Fragens zwingen unmittelbar zur letzten Auseinandersetzung und fordern jederzeit die Bereitschaft der Umkehr oder Abkehr.»[81] Das klingt eher existentialistisch. Oder, fragt Heidegger weiter, «hat Ihre Forschung nicht allererst einen ganz neuen Raum philosophischen Fragens geschaffen, mit neuen Ansprüchen, veränderten Einschätzungen, mit einem neuen Blick für die verborgenen Kräfte der großen Überlieferung der abendländischen Philosophie?»

Husserls Leistung scheint hier vor allem darin zu liegen, Heideggers eigenes Projekt einer Neubefragung der Tradition ermöglicht zu haben, denn von Husserl selbst kann man nicht sagen, dass er für die Überlieferung ein vorrangiges Interesse gehabt hätte. Wenn Heidegger vom «Tieferlegen des Philosophierens» spricht,[82] wird man ihm auch in Bezug auf Husserl recht geben können, vor allem aber war die Abhandlung über das Wesen des Grundes ein solcher Versuch. Vollends am Schluss scheint mehr Heideggers eigenes Denken abgeschildert zu sein: «Nicht Lehre ist dann Philosophie, nicht blasses Schema der Weltorientierung, überhaupt nicht Mittel und Werk des menschlichen Daseins, sondern dieses selbst, sofern es in Freiheit aus seinem Grunde lebt. (…) Nie aber wird einer zum Freund des Möglichen werden, der nicht offen bleibt für die Zwiesprache mit den wirkenden Kräften des ganzen Daseins. Das aber ist die Haltung des Philosophen: das Hineinhören in den Vorgesang, der in allem wesentlichen Weltgeschehen vernehmbar wird.»[83] Von hier aus war zu den wirklichen Anliegen Husserls beim besten Willen keine Brücke mehr zu schlagen. Karl Jaspers, der gute Psychologe, scheint etwas von dem wahren Geschehen bemerkt zu haben, als er am 14. Juli an Heidegger schrieb, ohne weiter ins Detail zu gehen: «Zur Husserl-Rede habe ich einige impertinente Fragen.»[84]

Im Frühsommer 1930 war das Ehepaar Heidegger zum letzten Mal bei Husserls zu einem «philosophischen Tee», anwesend war auch der Religionsphilosoph Leo Schestow. Im April 1931 meldete Husserl an Roman Ingarden unmissverständlich: «Ich soll in Berlin, in Halle und Frankfurt über Phänomenologie und Anthropologie sprechen und muss meine Antipoden Scheler und Heidegger genau lesen.»[85] Husserl musste es sich inzwischen so darstellen, als hätte er an seiner Brust eine Schlange herangezüchtet. Man verehre ihn in der «verblendeten jungen Generation» als «alten Papa (...), der nunmehr überholt sei», heißt es in einem Brief vom Dezember 1930.[86]

Im letzten Band seines Jahrbuchs schreibt Husserl, seinen Zorn nur mühsam bändigend: «Auf eine nähere Auseinandersetzung mit den Gegenströmungen der Gegenwart, die im äußersten Kontrast zu meiner phänomenologischen Philosophie zwischen strenger Wissenschaft und Philosophie scheiden wollen, kann ich hier nicht eingehen.»[87] Gemeint war der ungenannt bleibende Heidegger, der in seiner Freiburger Antrittsvorlesung – auf Husserls Lehrstuhl! – eben diese Scheidung vollzogen hatte. «Ich möchte nur ausdrücklich sagen», fährt Husserl fort, «dass ich allen von diesen Seiten her erhobenen Einwänden – des Intellektualismus, des Steckenbleibens meines methodischen Vorgehens in abstrakten Einseitigkeiten, des überhaupt und prinzipiellen Nichtherankommens an die ursprünglich-konkrete, die praktisch-tätige Subjektivität und an die Probleme der sogenannten ‹Existenz›, desgleichen an die metaphysischen Probleme – keinerlei Berechtigung zuerkennen kann.»[88] Der Hinweis auf die «sogenannte ‹Existenz›» war deutlich genug.

«Sie beruhen alle auf Missverständnissen und letztlich darauf, dass man meine Phänomenologie auf das Niveau zurückdeutet, das zu überwinden ihren ganzen Sinn ausmacht; oder m.a.W. darauf, dass man das prinzipiell Neuartige der phänomenologischen Reduktion und somit den Aufstieg von der mundanen Subjektivität (dem Menschen) zur ‹transzendentalen Subjektivität› nicht verstanden hat; dass man also in einer, sei es empirischen oder apriorischen Anthropologie stecken bleibt, die nach meiner Lehre noch gar nicht den spezifisch philosophischen Boden erreicht, und die für Philosophie anzusehen ein Verfallen in den ‹transzendentalen Anthropologismus› bzw. ‹Psychologismus› bedeutet.»[89]

Wer Ohren hatte zu hören, wusste in diesem Augenblick Bescheid: Die Einheit der phänomenologischen Schule war zersprengt. Da Husserls Nachwort im «Jahrbuch» erschien, das «unter Mitarbeit» von Oskar Becker, Pfänder und Heidegger herausgegeben wurde, konnte es nicht mehr gutgehen. Und deshalb endete die Geschichte des «Jahrbuches» in diesem Augenblick.

Gottesnähe und Gottferne – aus der Letzteren stammt die Unheimlichkeit, die als Stimmung «Sein und Zeit» insgesamt durchzieht – waren seit langem fundamentale Möglichkeiten in Heideggers Leben. Plausibel aus der entschieden katholischen Sozialisation, dem elterlichen Wunsch, er möge der geistlichen Berufung folgen, und andererseits seiner Abbiegung in die reine Philosophie. Man kann Heideggers Entwicklung verstehen als die ständige Transformation der Frage: Wo ist hier, jetzt, Gott, der Gott? In «Sein und Zeit» erkennen wir den leergeräumten Platz, an dem er einmal war; das Buch hat sein dramatisches Relief von Paulus, Augustinus, Luther, Calvin, Pascal und Kierkegaard. Gerade noch erkennbar ist der christliche Umriss, nur die Farben und die Lichtquelle sind nicht mehr christlich, man steht vor einem Schattenriss, der nur die Farbe Schwarz kennt: eine Theologie ohne Erlösung.

1910 hatte Heidegger in seiner ersten Buchbesprechung, sie galt Johannes Jörgensens «Lebenslüge und Lebenswahrheit», von dem Autor als einem «modernen Augustinus» gesprochen. Gewissen, Verfallenheit, Neigung, eigentliches Leben und Tod waren theologisch immer schon thematisiert worden, und wir erinnern uns an Heideggers Wort gegenüber Löwith wenige Jahre zuvor, er sei ein «christlicher Theologe».[90] «Sein und Zeit» versetzt diese Motive in eine Welt reiner, absoluter Endlichkeit. Und doch musste sein erstes großes Werk mit dem ursprünglichen Ziel jedenfalls gleichformatig sein, es gab die Totenmaske, oder, weniger statisch gesagt, die abstrakte Dynamik einer christlichen Lebensdeutung. Merkwürdig passt dazu, dass er das druckfrische Buch seiner Mutter – für ihn der Inbegriff natürlicher Frömmigkeit – mit ins Grab geben konnte.

Die Analyse der «Verfallenheit» verdankte sich Augustinus' Lehre von den Versuchungen, den tentationes. Die Diskussion der «Neugier» beruft sich auf jene Passagen der «Bekenntnisse», die von der Verwerflichkeit der «Augenlust» handeln.[91] Ebenso von dort kam die tragende Deutung des Daseins als «Sorge» – sie erwuchs ihm, wie Heidegger sagt, «im Zusammenhang der Versuche einer Interpretation der augustinischen – das heißt griechisch-christlichen – Anthropologie mit Rücksicht auf die grundsätzlichen Fundamente, die in der Ontologie des Aristoteles erreicht wurden».[92] Zudem weist Heidegger auf das Neue Testament hin, in der Vulgata ist von der «sollicitudo» die Rede.

1927, schon nach dem Erscheinen von «Sein und Zeit», hielt Heidegger in Tübingen den Vortrag «Phänomenologie und Theologie». Dort heißt es: «Soll aber die Sünde, die das Gegenphänomen zum Glauben als Wiedergeburt und sonach ein Existenzphänomen ist, theologisch-begrifflich ausgelegt werden, dann erfordert der Gehalt des Begriffes selbst, nicht irgendeine philosophische Liebhaberei des Theologen, den Rückgang auf den Begriff der Schuld. Schuld aber ist eine ursprüngliche ontologische Existenzbestimmung des

Daseins»[93] – und er verweist auf § 58 von «Sein und Zeit». Das mochte ihm inzwischen logisch plausibel sein, chronologisch aber, in seinem Leben, verlief der Weg genau umgekehrt, er kam vom Wissen um die Sünde her.

Dass die «Befindlichkeit» die Welt erschließt, zeigt Heidegger mit dem Verweis auf Augustinus – «non intratur in veritatem, nisi per caritatem», will sagen: bestimmte Dinge muss man lieben, um ihre Wahrheit zu erfahren. Und Augustinus folgend Pascal: Von den «choses divines» gelte «qu'il faut les aimer pour les connaitre, et qu'on n'entre dans la vérité que par la charité».[94] Bei der Darstellung von Angst und Furcht hält Heidegger fest, es sei kein Zufall, dass sie in den Gesichtskreis der christlichen Theologie kamen. «Das geschah immer dann, wenn das anthropologische Problem des Seins des Menschen zu Gott einen Vorrang gewann und Phänomene wie Glaube, Sünde, Liebe, Reue die Fragestellung leiteten. Vgl. *Augustins* Lehre vom timor castus und servilis, die in seinen exegetischen Schriften und in den Briefen vielfach besprochen wird.»[95] Ebenso wird auf Luther verwiesen, der das Furchtproblem «freilich am wenigsten begrifflich, erbaulich aber um so eindringlicher» behandelt habe, und schließlich auf Kierkegaards Analyse der Angst «im theologischen Zusammenhang einer ‹psychologischen› Exposition des Problems der Erbsünde».[96] Wenn Heidegger später in seinen Hölderlin-Exegesen von der götterlosen Zeit spricht, dann bedeutet das: Er macht sich nun den unausdrücklichen Entwurf von «Sein und Zeit» – ein Dasein, in dem Gott beschwiegen wurde – ausdrücklich zu eigen. Die Flucht Gottes bestimmt die geheime Architektur von «Sein und Zeit».[97]

Das Buch war auf seine Weise vollendet. Es war nicht weiter «auszubauen» oder zu «ergänzen», es sei denn um den Preis, als Autor zum Nachahmer seiner selbst zu werden; es ließ sich seinem Wesen nach nicht weiterführen. Erschienen war es zwar mit dem Zusatz «Erste Hälfte», die zweite blieb indes ungeschrieben. Was es geleistet hatte, war eine Einschmelzung und Legierung völlig verschiedener Fragebereiche: des logischen wie des ontologischen, des historischen wie dem des Daseins. «Zeit» und «Wahrheit» sind nun im Dasein fundiert. In seiner Doktorarbeit über die Lehre vom Urteil, in seiner Habilitationsschrift über die Kategorien und in der Probevorlesung über den Zeitbegriff waren sie noch getrennte Sphären geblieben, nun werden sie zu Streckenabschnitten *eines* Gedankengangs. Die Leistung war grandios, aber sie stellte gerade deshalb den, der sie erbracht hatte, vor die Aufgabe, künftig einen ganz anderen Neueinsatz zu wagen. Das bloß verkoppelnde «und» von «Sein und Zeit» wird wegfallen, Mitte der dreißiger Jahre heißt der Titel für das Zusammendenken von Wahrheit und Geschichte schlicht: «Das Ereignis».

15. KAPITEL

Löwith opponiert

1927 erscheint «Sein und Zeit», im gleichen Jahr stellt Karl Löwith eine Schrift fertig, die das Buch in einem entscheidenden Punkt korrigieren will – und habilitiert sich damit ausgerechnet bei Heidegger.

Früh war ein Abstand zu dessen Gedankenwelt deutlich. Am 17. Oktober 1920 schreibt Löwith an Heidegger: «Ich spüre aus dem ‹Selbst› und ‹ich bin› – wie Sie es fassen – irgendetwas von der Luft Fichteschen deutschen Idealismus, auch etwas Atomistisches.»[1] Löwith war demgegenüber ein Mensch der Verbundenheiten, der Freundschaften. «Das Verhältnis zu Menschen – genauer Freundschaft – ist für mich von jeher der andere Pfahl im Fleisch – die Philosophie der eine.»[2] Vom Bruch seiner «ersten leidenschaftlichen Freundschaft» mit Ludwig Ludowici im Jahr 1914 berichtet seine Autobiographie, das Wort leidenschaftlich» strich er, später aber erwähnt er die «leidenschaftliche Korrespondenz».[3] Freundschaftlich im Sinne der hohen Ideen des George-Kreises ist sein Verhältnis zu dem etwa gleichaltrigen Percy Gothein, dieser habe ihn «gleich nach unserer ersten Bekanntschaft in seinen Bann» gezogen.[4] Ihr Zusammensein war «umwogt von einer Musik der Freundschaft, der wir uns doch nie ganz hingeben konnten, weil dunkle Widerstände einen Einklang verboten».[5] Gemeint ist Gotheins offen gelebte Homosexualität. Heidegger gegenüber erwähnt Löwith am 29. November 1920 unter seinen Lektüren den Briefwechsel von Nietzsche und Erwin Rohde, dazu die Briefe Hölderlins: «Persönlich beschäftigt mich viel meine ziemlich exklusive Stellung zur Freundschaft und so sprechen die oben erwähnten Briefe seltsam klar und verständlich zu mir.»[6] Erst einige Jahre später gelingt ihm die Integration der nach verschiedenen Richtungen strebenden Tendenzen. Aus der Alternative von Philosophie oder Freundschaft wird eine Philosophie des Anderen.

Denn vom Gedanken der Freundschaft her unternimmt Löwith in seiner Habilitationsschrift «Das Individuum in der Rolle des Mitmenschen» eine Revision von «Sein und Zeit». Stand dort das «Besorgen» am Anfang, so heißt es nun bei Löwith: «Anthropologisch ursprünglicher als jedes Besorgen von Zuhandenem ist das Sorgen für andere, denn jenes Besorgen entspringt der Sorge für sich selbst und andere.»[7] Bündig wird der Gegensatz zu Heidegger in der folgenden Passage ausgesprochen: «Ursprünglicher als das Sein bei der ‹Welt› ist das Miteinandersein (...). Was Ich und Du verbindet und wozu sie beisammen sind, ist kein gemeinsames Besorgen, sondern das sind *sie selbst*. Wenn der eine dem andern seine ganze Welt bedeutet, kann nicht mehr sinnvoll gefragt werden, *was sie* – außer ihnen selbst – verbindet und *wozu* sie – außer ihnen selbst – beisammen sind. Ihr Miteinandersein ist – äußerlich betrachtet – zweck-los, weil es selbst schon Zweck, ‹Selbstzweck› ist».[8] Der Freundschaft im engeren Sinn widmet sich Löwith im Anschluss an Kant: Sie sei der Zusammenfall von Liebe und Achtung.[9]

Heidegger nimmt mit großer Souveränität die Arbeit, wie er Löwith im August 1927 mitteilt, als Habilitationsschrift an: «Die versteckten Angriffe und überlegenen Seitenhiebe gehören zur Stimmung, in der man seine ersten Sachen herausbringt.»[10] Die Habilitation wurde in Heideggers Haus gefeiert, und dieser hielt, wie Gadamer sich erinnert, «eine bedeutende Rede – zur Verzweiflung seiner Frau in dem Augenblick, als wir gerade vor dem vollen Teller saßen».[11] Als sich Löwith 1929 verlobt, gratuliert ihm Heidegger am 3. September «zugleich im Namen meiner Frau», um dann noch einmal an die Verbundenheit trotz des Richtungsgegensatzes zu erinnern: «Suchen Sie einen unter den regierenden Bonzen, der einen Schüler mit einer solchen entgegengerichteten Arbeit habilitiert! (...) Ich habe das Vertrauen zu Ihnen, dass hinter Ihrer Arbeit, welchen Weg sie nehmen mag, eine ernste Überzeugung steht, die Sie durchkämpfen und für die Sie einstehen. Alles andere ist unwichtig. Mit einem herzlichen Gruß und aufrichtigen Glückwunsch.»[12]

Es ist bezeichnend, dass eigentlich alle, die von Heidegger Wesentliches lernen konnten, Lücken in der Analyse des Mitseins sahen. Dieses war Heidegger erst in der Ableitung von einem sorgenden Zeug-Umgang fassbar geworden, auf einem Umweg also: «Die ‹Beschreibung› der nächsten Umwelt, zum Beispiel der Werkwelt eines Handwerkers, ergab, dass mit dem in Arbeit befindlichen Zeug die anderen ‹mitbegegnen›, für die das ‹Werk› bestimmt ist.»[13] In der Seinsart des Zuhandenen liege eine «wesenhafte Verweisung auf mögliche Träger, denen es auf den ‹Leib zugeschnitten› sein soll».[14] Damit, in seiner allerersten Thematisierung, war das Wesen des Mitseins auch schon verfehlt, indem der Andere als Kunde, Mitarbeiter oder in ähnlichen Rollen vorgestellt wird, die über ein Verhältnis zu Dinglichem vermittelt waren. Aber nie würde einem im «Zeug» der Andere «mitbegegnen» können, wenn man nicht zuvor schon ein Verständnis davon hätte, was ein Anderer ist. So meldete sich die Gewissheit, dass man neu ansetzen müsse: Deshalb musste Hannah Arendt den Liebesbegriff untersuchen, Löwith von der Freundschaft ausgehend den Mitmenschen, und später nahm Jean-Paul Sartre einen immer schon existierenden Blick des Anderen an, in dem sich das Für-sich erst bildet. Ähnlich Maurice Merleau-Ponty: «Sollen die empirisch existierenden anderen Menschen für mich andere Menschen sein können, so muss ich über etwas verfügen, auf Grund dessen ich sie zu erkennen vermag, müssen also die Strukturen des Für-Andere-seins bereits Dimensionen des Für-sich-seins sein.»[15] Solche Möglichkeiten können nicht erst Folgen des Zeug-Umgangs sein, so sehr sie auch darin verwoben sein mögen.

Das, was Husserl «Intersubjektivität» nannte und nach seiner Trennung von Heidegger in den «Cartesianischen Meditationen» zum Hauptthema machte, fiel als Leerstelle oder als in «Sein und Zeit» jedenfalls unterkomplex behandeltes Thema Lesern auf, die sich ansonsten von ganz verschiedenen Perspektiven her Heideggers Gedanken aneigneten. Ist es zu platt und psychologisch gedeutet, wenn man von hier auf einen Ausfall, ein Manko in Heideggers Persönlichkeit schließt? Immerhin schrieb er im August 1921 an Löwith ebenso lakonisch wie trotzig: «Ich kann mit Menschen nicht umgehen.»[16] Elfride hatte er schon 1916 bekannt, dass er «von jeher wenig mit Menschen zusammenlebte, verkehrte, Gedanken austauschte».[17] Der Mit-Mensch ist das Problem, das Mit-Sein: Er selbst sagt es und weiß es. Löwiths Kritik an «Sein und Zeit» muss über das Philosophische hinaus diesen empfindlichen Punkt berührt haben.

Im Wintersemester 1928/29 liest Heidegger in Freiburg unter dem Titel «Einleitung in die Philosophie», und hier findet man seine Antwort auf Löwiths Kritik. Ihm war klargeworden, dass er seine Überlegungen präzisieren musste. Um das Ergebnis vorwegzunehmen: Heidegger besteht auf seiner Deutung, indem er sie verallgemeinert. Dem Mitsein vorgeschaltet wird nun ein geteiltes «Sein bei ...», das mehr einschließen kann als das bloße Besorgen von Zeug, aber ihm prinzipiell darin ähnlich ist, dass es gegenüber dem «Mit» eine eigene sachliche Sphäre darstellt. Es ist genauer ein «Sein bei der Dingmannigfaltigkeit».[18] Das Mitsein wird nun erläutert als ein «Sichverhalten mehrerer zu Selbigem».[19]

«Setzen wir den Fall, (...) zwei Wanderer kommen abends auf ihre Hütte; der eine hackt Holz, der andere schält Kartoffeln. Hier werden wir ohne Zögern sagen: Die Zwei sind miteinander – und dies nicht nur, weil sie in der Nähe voneinander sind. Sie sind miteinander, obwohl sie sich mit Verschiedenem, aber doch in Absicht auf dasselbe beschäftigen, auf die Zubereitung der Mahlzeit und im weiteren auf das Besorgen ihres Aufenthalts in der Hütte; in Absicht auf Selbiges gehört das zum Wesen des Daseins.»[20] Ein anderer gedankenexperimenteller Fall: Würden die Studenten im Hörsaal aufgefordert, ein beliebiges Objekt zu beschreiben, dann existierten sie «in gewisser Weise auseinander». Wäre dies aber eingebettet in die Aufgabe, den Saal zu beschreiben, dann «wäre durch die Selbigkeit der Aufgabe das Miteinander eigentlicher als zuvor». Heideggers Schlussfolgerung lautet deshalb, für das Mitsein sei «eine Absicht auf Selbiges wesentlich».[21]

Heidegger ist nicht grundsätzlich weitergekommen, immer noch bleibt der Blick auf ein Drittes maßgeblich, auf ein Projekt. Das würde man «Kameradschaft» nennen. Die Kameradschaft ist aber schon eine sehr spezifische Form des Mitseins – das Wort stammt aus dem militärischen Sprachgebrauch – und nicht ihr Paradigma, wie Heidegger es annimmt. Aber dass er gerade sie als Paradigma setzt, sagt etwas über seine Auffassung von Sozialität. Kameradschaft wird in der ersten Hälfte des 20. Jahrhunderts lagerübergreifend von Sozialisten, Kommunisten und Nationalsozialisten als einer der obersten normativen Werte anerkannt.

16. KAPITEL

Mit Ernst Cassirer in Davos

Im § 15 seiner 1783 veröffentlichten Schrift «Prolegomena zu einer jeden künftigen Metaphysik, die als Wissenschaft wird auftreten können» stellt Kant fest: «Es gibt also in der Tat eine reine Naturwissenschaft», um daran die Frage anzuschließen: *«Wie ist sie möglich?»* Erkenntnistheorie in diesem Sinne, nämlich vor allem eine Theorie des wissenschaftlichen Erkennens, war es, was der Neukantianismus des 19. Jahrhunderts als sein Hauptvorhaben und als letzte der Philosophie verbleibende Aufgabe behauptet hatte. Ihrem Wesen nach sei die Philosophie auf die Wissenschaften – und nur auf diese – bezogen.

Heidegger nennt den Neukantianismus ganz allgemein «die erkenntnistheoretische Orientierung der Philosophie».[1] Über Hermann Cohen, das Schulhaupt der Marburger Neukantianer, seinen Vorgänger, schreibt Heidegger 1927 in seiner knappen «Geschichte des philosophischen Lehrstuhles seit 1866»: «Das Problem der Konstitution der Wirklichkeit überhaupt sah er in der Frage nach dem Ursprung der Gegenständlichkeit des Gegenstandes der mathematisch-physikalischen Erkenntnis aus dem Vollzugszusammenhang des reinen Denkens.»[2] Mit Cohens direkten Schülern (Heidegger nennt Paul Natorp und Ernst Cassirer) versuchten die Marburger Neukantianer allerdings schon, «mit der von *Cohen* erzwungenen Nivellierung aller möglichen Verhaltungen des Geistes auf die Wissenschaften *von* diesen zu brechen».[3] Ein kritischer Ton gegenüber Cohens Projekt ist nicht zu überhören. Verhalten begrüßt wird die «Ausschaltung des methodischen Vorranges der Wissenschaft», die bei Natorp zu beobachten sei.[4] Bei Cassirer hebt Heidegger hervor, dieser strebe «seit Jahren danach, eine allgemeine ‹Kulturphilosophie› auf dem Boden der neukantischen Fragestellungen zu entwerfen».[5] Cassirers «Philosophie der symbolischen Formen», von der damals erst zwei Bände vorlagen, der erste über die Sprache, der zweite über den Mythos, unternehme es, so Heidegger, «die Verhaltungen und Gestaltungen des Geistes am Leitfaden der Idee des ‹Ausdrucks› einer systematischen Deutung zu unterwerfen».[6]

Tatsächlich war Ernst Cassirer nicht im engeren Sinne der Wissenschaftsbegründung ein Neukantianer. Zwar hatte er mit der Abhandlung «Substanzbegriff und Funktionsbegriff» eine bestechende Neudeutung der mathematisch-naturwissenschaftlichen Begriffsbildung verfasst, die in weiter ausgearbeiteter Form im dritten Band der «Philosophie der symbolischen Formen» («Phänomenologie der Erkenntnis») wiederaufgenommen wird und dort das Schlussstück, also den eigentlichen Zielpunkt des großen Werks, bildet. Vorher aber wandte er sich ganz der Kultur zu, der Sprache und dem Mythos – ohne dabei den kantischen Rahmen zu verlassen: Neben der reinen Erkenntnisfunktion, so schreibt er vorausblickend im ersten Band der «Philosophie der symbolischen Formen», gelte es, «die Funktion des sprachlichen Denkens, die Funktion des mythisch-religiösen Denkens und die Funktion der künstlerischen Anschauung (…) zu begreifen».[7]

So wird Kants «Kritik der reinen Vernunft» (im Sinne einer Feststellung ihrer Leistungen und Grenzen) zur «Kritik der Kultur».[8] Und diese Erweiterung des kantischen Programms sei geradezu zwingend, um die eigentlichen Absichten, die Kant verfolgte, nur getreuer ausführen zu können: «Solange die philosophische Betrachtung sich lediglich auf die Analyse der *Erkenntnisform* bezieht und sich auf diese Aufgabe einschränkt, solange kann auch die Kraft der naiv-realistischen Weltansicht nicht völlig gebrochen werden.»[9] Was Cassirer damit vorschwebte, war das anspruchsvolle Programm einer methodischen Grundlegung der Geisteswissenschaften, die den engeren Bereich der (natur)wissenschaftlichen *Erkenntnis* (den des «klassischen» Neukantianismus) verlassen und dazu übergehen musste, «die verschiedenen Grundformen des ‹*Verstehens*› der Welt bestimmt gegeneinander abzugrenzen und jede von ihnen so scharf als möglich in ihrer eigentümlichen Tendenz und ihrer eigentümlichen geistigen Form zu erfassen».[10]

Heidegger verfolgt in jener Zeit ein anderes Vorhaben. Die Freiburger Antrittsvorlesung vom 24. Juli 1929 trägt den Titel «Was ist Metaphysik?». Metaphysik ist das, was sich zwischen Plato, Aristoteles, Leibniz, Kant, Fichte, Schelling und Hegel abspielt, über die er in jenen Jahren Vorlesungen hält. Er arbeitet an seinem Buch «Kant und das Problem der Metaphysik». Er geht am Neukantianismus nicht vorbei, sondern konfrontiert ihn direkt und stellt ihm (unter Berufung auf Kant) eine Idee der Philosophie gegenüber, die sofort um eine Dimension anspruchsvoller klingt: die der Metaphysik. Die Metaphysik (in seinem Verständnis) muss es ablehnen, sich auch nur auf Fragestellungen zu beziehen, die außerhalb ihres eigensten Bereichs in irgendwelchen Einzelwissenschaften generiert wurden. Nicht nur ist Heidegger der heimliche König der Philosophie, wie Hannah Arendt sagen wird, sondern er begründet eine Königsdisziplin, deren einziger lebender Vertreter er zugleich ist.

Mit großer Distanz hat sich Cassirer seinerseits später über Heideggers Kant-Buch geäußert: «Kant ist und bleibt – in dem erhabensten und schönsten Sinne dieses Wortes – ein Denker der Aufklärung: er strebt ins Lichte und Helle, auch wo er den tiefsten und verborgensten ‹Gründen› des Seins nachsinnt (...). Heideggers Philosophie steht dagegen von Anfang an gleichsam unter einem anderen Stilprinzip.»[11] 1929 gab es also zwei aktuelle, groß angelegte und völlig gegenläufige Versuche, von Kant ausgehend zu philosophieren: den von Cassirer und den von Heidegger. Sie *mussten* sich treffen und aufeinanderstoßen.

Karl Jaspers hatte Heidegger am 21. Juni 1925, als es um Berufungsfragen ging, geschrieben: «Cassirer ist wohl ohne Frage der Beste. Er langweilt mich zwar, aber ist lehrreich und vor allem: Er hat eine noble Weise zu schreiben, ohne die Gehässigkeit und geheime Polemik der Philosophieprofessoren. Das zeigt, dass er auch menschlich etwas Anständiges sein muss. Was ich in der Philosophie suche, finde ich bei ihm nicht, aber wo finden wir es?»[12] Cassirer war alles andere als «existentiell» gestimmt, das spürte auch Jaspers. Schon auf einer vorpolitischen Ebene also vertrugen sich die spezifischen Sensibilitäten eines Mannes, dessen Leben sich zu einem großen Teil schon in der Vorkriegszeit abgespielt hatte (er war Jahrgang 1874), nur noch schwer mit den radikaleren der in den achtziger Jahren Geborenen. Das galt für Jaspers und mindestens in gleichem Maße für Heidegger, der später einmal über den Stil des eigenen Denkens schrieb: «Nicht Verkündung einer Lehre an vorhandene Menschen, sondern Verrückung des heutigen Menschen in seine ihm verhüllte Not der Notlosigkeit. Diese Verrückung ist die erste Voraussetzung, um überhaupt wieder Grund zu schaffen.»[13] Für die Verkündung einer Lehre an vorhandene Menschen mit beruhigender Wirkung war dagegen Cassirer geradezu ein Garant.

Die Disputation von Heidegger und Cassirer im Jahr 1929 bei den Davoser Hochschulkursen war ein Ereignis. Angereist war die Crème der jüngeren und mittleren Generation, die die Philosophie nach 1950 bestimmen sollte: Joachim Ritter als Sekundant Cassirers, Emmanuel Levinas aus der Freiburger Husserl- und Heidegger-Schule, Herbert Marcuse, selbst Rudolf Carnap vom ganz anders gestimmten positivistischen Wiener Kreis, auch der Soziologe Norbert Elias und Maurice de Gandillac, der zum Lehrer von Derrida, Foucault und Gilles Deleuze wurde; der Pascal-Herausgeber Léon Brunschvicg, der wegen seiner Parmenides-Studien von Heidegger hochgeschätzte Frankfurter Altphilologie Karl Reinhardt; Ernst Howald aus Zürich, Freund Emil Staigers und in der gleichen Disziplin beheimatet wie Reinhardt, Heideggers Schülerin Helene Weiss, der holländische Linguist Hendrik J. Pos, der inzwischen betagte Dilthey-Schüler Karl Joël aus Zürich, aus Italien der katholisch-faschistische (und sehr Heidegger-freundliche) Denker Armando Carlini. Den konkreten Ablauf hat Otto Friedrich Bollnow geschildert: «Eine Woche hindurch sprachen beide nebeneinander, der eine am Vormittag, der andere am Nachmittag.»[14]

Zu naheliegend und verführerisch ist die Assoziation: Davos, das ist der «Zauberberg» noch einmal. Hatte Hannah Arendt nicht Thomas Manns Roman Heidegger nahegebracht? So könnte man auch die lang nachhallenden Gespräche des Frühjahrs 1929 für ein Bildungspublikum geradezu unwiderstehlich mit der geistigen Szenerie des Romans vergleichen. Man könnte nach Analogien suchen zwischen Heidegger und Cassirer einerseits und andererseits den Romanfiguren Dr. Leo Naphta und Lodovico Settembrini, also dem lateinischen Freimaurer-Rationalisten und dem jüdisch-katholisch-bolschewistischen Mittelalter-Enthusiasten. Man kann nicht sagen, dass bei Thomas Mann «Reaktion» und «Fortschritt» zusammenstoßen, eher handelt es sich um eine kindliche Humanitätslehre auf der einen und intellektuell raffinierten Barbarismus auf der anderen Seite. Passen Cassirer und Heidegger wirklich in diese ideologischen Schablonen? Wäre es so, dann lohnte es sich nicht, etwas von Heidegger und Cassirer (oder über Davos) zu lesen. Tatsächlich aber «hatten die Teilnehmer das Gefühl, einer geschichtlichen Stunde beigewohnt zu haben», wie Bollnow festhält.[15]

Als es vorbei war, am 20. Juni 1929, meldete Jaspers an Heidegger: «Sie haben Ihren öffentlichen Gang begonnen und können, wie mir scheint, zufrieden sein mit dem Ernst der Diskussion, durch die Sie aufgenommen werden. Über den Gehalt der damit begonnenen Vorgänge, der mir keineswegs nichtig zu sein scheint, auch wenn Sie unzufrieden sein sollten, müssen wir in Wechselrede sprechen.»[16] Man bekommt aus diesen Zeilen einen Eindruck von der Resonanz, die das Gespräch gefunden hatte. Die Zeiten eines nur heimlichen Königtums waren für Heidegger vorbei; die Tagespresse berichtete über das Ereignis, und er stand in den Fußstapfen von Albert Einstein, der im Jahr zuvor in Davos gesprochen hatte.

Heidegger reagiert mürrisch oder gibt doch vor, es zu tun: «Weniger angenehm ist mir die öffentliche Existenz, in die ich hineingeraten bin», schreibt er am 25. Juni an Jaspers. «Andererseits – bei allem Unerfreulichen und dem, was zu meinem Stil nicht passte – in Davos habe ich doch unmittelbar und stark erfahren, dass es noch einen Sinn hat, da zu sein; und so muss man es in Kauf nehmen, dass man ins Gerede kommt.»[17] Zunächst einmal aber war er mit Kurt Riezler, dem von ihm sehr geschätzten Kurator der Frankfurter Universität, und dem Innsbrucker Vikar Stallmann Ski gefahren, wie er am 21. März an seine Frau meldete: «Wir stiegen bis 2700 und hatten eine Abfahrt bis auf 800 m. Nun konnte ich meine Skitechnik erst sich auswirken lassen. Im Anfang war mir etwas bange wie das werden wird, aber gleich nach den ersten 100 m. merkte ich, dass ich allen, auch Riezler, der viel in den Alpen gelaufen, überlegen war. Es ist wundervoll, dieser Reichtum an landschaftlichen Anblicken, die alle 50 m. völlig wechseln – Der Aufstieg war nicht anstrengend u. man steigt in 2500 m. Höhe ganz ungewöhnlich leicht.»[18]

Cassirer lag derweil erst einmal erkältet im Bett. Auch solche Episoden trugen zu einer Habitus-Unterscheidung bei, die vor allem den Jüngeren auffallen musste und auch im Stil des philosophischen Argumentierens fassbar wurde. Über Stilfragen schrieb Heidegger am 12. April an Elisabeth Blochmann: «Cassirer war in der Diskussion äußerst vornehm u. fast zu verbindlich. So fand ich zu wenig Widerstand, was verhinderte, den Problemen die nötige Schärfe der Formulierung zu geben. Im Grunde waren die Fragen für eine öffentliche Erörterung viel zu schwierig. Wesentlich blieb nur, dass die Form u. Führung der Diskussion durch das bloße Beispiel wirken konnte.»[19] Man sah nicht nur eine Konfrontation von Argumenten, sondern auch von argumentativen Gesten.

Heidegger wusste die öffentliche Wirkung durchaus zu schätzen, wie er am 23. März an seine Frau schreibt, während er zugleich den eigenen Mangel an gesellschaftlicher Gewandtheit eingesteht, der ihm in der mondänen Umgebung aufgegangen sein mochte: «Ich glaube, der Eindruck, den Du wünschest, auf die Nichtdeutschen wird wohl erreicht werden. (...) Ich bin – wenngleich im Wesentlichen für mich nichts zu lernen ist, doch sehr froh, dass ich dgl. mal mitmache – die Beweglichkeit, das Umgehen mit Menschen u. eine gewisse äußere Sicherheit gewinnen doch.»[20]

In seinem Thesenpapier «Kants Kritik der reinen Vernunft und die Aufgabe einer Grundlegung der Metaphysik» hatte Heidegger den Satz aufgestellt: «Kants Kritik der reinen Vernunft ist eine, bzw. die erste, ausdrückliche Grundlegung der Metaphysik. (Negativ heißt das gegen die traditionelle Interpretation des Neukantianismus: sie ist keine Theorie der mathematisch-naturwissenschaftlichen Erkenntnis – überhaupt keine Erkenntnistheorie.)»[21] Cassirer nun beginnt die Debatte mit einem Manöver, das im Lauf des Gesprächs seinen bloß taktischen Charakter verliert. Er behauptet schon im ersten Satz, es gebe den von Heidegger behaupteten Gegensatz nicht: «Was versteht Heidegger unter Neukantianismus? Wer ist der Gegner, an den Heidegger sich gewandt hat? Ich meine, es gibt kaum einen Begriff, der so wenig deutlich umschrieben wäre wie der des Neukantianismus. (...) Der Neukantianismus ist der Sündenbock der neueren Philosophie. Mir fehlt aber der existierende Neukantianer. Ich wäre dankbar für eine Klärung darüber, wo hier eigentlich der Gegensatz liegt. Ich glaube, es ergibt sich gar kein wesentlicher Gegensatz.»[22]

Heideggers Antwort unterstreicht den Gegensatz noch einmal:

«Kant wollte keine Theorie der Naturwissenschaft geben, sondern er wollte die Problematik der Metaphysik zeigen, und zwar der Ontologie.»[23] Heidegger will das in «Sein und Zeit» Begonnene in die «radikal erneute Enthüllung des Grundes der Möglichkeit der Metaphysik als Naturanlage des Menschen» überführen, in eine «Metaphysik des Daseins», wie er in seinem Thesenpapier sagt. Damit werde die Frage «nach dem Wesen des Menschen» gestellt – in einer Weise, die «vor aller» Kulturphilosophie liege.[24] Damit war natürlich Cassirer gemeint, der auf den zweiten Platz verwiesen wird.

Das eigentliche Wunder des Davoser Gespräches war aber, dass die beiden Kontrahenten nicht nebeneinanderher oder aneinander vorbeiredeten. Beide argumentierten so, dass die Positionen plastischer hervortraten. Am schärfsten entgegengesetzt waren sich beide in einer gewissen Gestimmtheit. Heidegger fragt an einer Stelle, wie es in dem von Bollnow und Joachim Ritter verfassten Bericht heißt: «Wie weit hat die Philosophie die Aufgabe, frei werden zu lassen von der Angst? Oder hat sie nicht die Aufgabe, den Menschen gerade radikal der Angst auszuliefern?»[25] Cassirer antwortet darauf: «Das ist eine ganz radikale Frage, auf die man nur mit einer Art Bekenntnis antworten kann. Die Philosophie hat den Menschen so weit frei werden zu lassen, so weit er nur frei werden kann. Indem sie das tut, befreit sie ihn allerdings in gewissem Sinne radikal von der Angst als bloßer Befindlichkeit. (...) Ich möchte, dass der Sinn, das Ziel in der Tat die Befreiung in diesem Sinne ist: ‹Werft die Angst des Irdischen von euch!› Das ist die Stellung des Idealismus, zu dem ich mich immer bekannt habe.»[26]

Immer wieder und immer dringlicher wird die Möglichkeit einer Verständigung selbst zum Thema: «Ich glaube, dass das, was ich mit Dasein bezeichne, sich nicht übersetzen lässt mit einem Begriff Cassirers», heißt es einmal bei Heidegger.[27] Und dann schärfer: «Der sachlichen Arbeit ist es nicht dienlich, wenn wir zu einer Nivellierung kommen.»[28] Cassirer erklärt sich seinerseits gegen die Nivellierung: «Es ist aber nicht fruchtbar, diesen Gegensatz immer wieder herauszuheben. (…) Wir müssen gerade in dem Gegensatz wieder nach dem gemeinsamen Zentrum suchen.»[29] Man hört – schon 1929, eigentlich noch im innenpolitischen Frieden – das geradezu verzweifelte Bemühen Cassirers um eine Sphäre der Verständigung. Das gemeinsame Zentrum ist ja, wie er glaubt, schon da: «Und ich sage, wir brauchen nicht zu suchen. Denn wir haben dieses Zentrum, und zwar darum, weil es eine gemeinsame objektive menschliche Welt gibt, in der die Differenz der Individuen nun zwar keineswegs aufgehoben ist, aber mit der Bedingung, dass hier nun die Brücke von Individuum zu Individuum geschlagen ist. Das tritt immer wieder für mich an dem Urphänomen der Sprache auf.»[30]

Der Sprache war der erste Band der «Philosophie der symbolischen Formen» gewidmet, der 1925 erschienen war. Nicht alles ist übersetzbar, und doch «verstehen wir uns durch das Medium der Sprache. Es gibt so etwas wie die Sprache. Und so etwas wie eine Einheit über der Unendlichkeit der verschiedenen Sprechweisen.»[31] Charakteristisch für sein sublimes Bildungsideal ist es, dass Cassirer in Davos mehr als einmal an gehobenen Stellen in einen goethe-isierenden Ton («Das Unbeschreibliche / Hier ist's getan») verfällt: «Und darum gehe ich von der Objektivität der symbolischen Form aus, weil hier das Unbegreifliche getan ist.»[32] Er ist kein König der Philosophie, sondern Sprecher einer Gelehrtenrepublik. Insofern erweist sich die «Philosophie der symbolischen Formen» als eine Kultur-Utopie: «Und ich meine, es gibt keinen anderen Weg von Dasein zu Dasein als durch diese Welt der Formen.»

Heidegger wiederum erklärt mit einer gewissen höheren Grobheit für die von Cassirer favorisierte Kultur-Utopie seine Unzuständigkeit: Wenn man die Frage stelle, wie von der Analytik des Daseins in «Sein und Zeit» aus ein «Verständnis der Kultur und der Kulturgebiete möglich sein soll», bleibe nur festzuhalten, «dass, wenn man diese Frage so stellt, es eine absolute Unmöglichkeit ist, aus dem, was

Mit Ernst Cassirer in Davos. Ein nobler Repräsentant und Anwalt des Kulturmenschen versucht, mit einem Rebellen der Existenz ins Gespräch zu kommen.

hier vorliegt, etwas zu sagen».[33] Der Verständigungsutopie Cassirers entzieht Heidegger sich am Ende: «Das bloße Vermitteln wird nie produktiv weiterbringen. Es ist das Wesen der Philosophie als einer endlichen Angelegenheit des Menschen, dass sie in die Endlichkeit des Menschen beschränkt ist, wie keine schöpferische Leistung. Weil die Philosophie auf das Ganze und Höchste des Menschen geht, muss sich in der Philosophie die Endlichkeit in einer ganz radikalen Weise zeigen.»[34] Dem Kulturidealismus Cassirers stellt Heidegger die «Nichtigkeit» des Daseins gegenüber, die aber alles andere als ein Anlass zu Pessimismus sein dürfe, sondern zum Verständnis diene, «dass eigentliches Wirken nur da ist, wo Widerstand ist, und dass die Philosophie die Aufgabe hat, aus dem faulen Aspekt eines Menschen, der bloß die Werke des Geistes benutzt, gewissermaßen den Menschen zurückzuwerfen in die Härte seines Schicksals».[35] Selbst die Kunst sei nicht aus der Disziplin der Ästhetik zu verstehen, sie ist «nicht nur eine Form des sich gestaltenden Bewusstseins», sondern – und hier ahnt man schon die spätere Abhandlung über den «Ursprung des Kunstwerkes» – die «Kunst selbst hat einen metaphysischen Sinn innerhalb des Grundgeschehens des Daseins selbst».[36]

Es haben sich unschöne Legenden um das Treffen gebildet. Einmal ist die Rede davon, Heidegger habe Cassirer den Handschlag verweigert; aber es gibt keinen Zeugen dafür und dagegen spricht, dass sie sich später in Freiburg wiedertrafen. Unbestreitbar ist indes, dass Heideggers Argumente darauf hinausliefen, Cassirers ganzes Philosophieren als ein vergleichsweise nachgeordnetes zu erweisen. Darin lag eine Demütigung, die (etwa von Cassirers Frau Toni) nicht unbemerkt blieb und als Antisemitismus gedeutet wurde. Für den silbern ergrauten Cassirer erschien Heidegger als der «schwarzhaarige Dämon».[37] Schlicht von Antisemitismus zu sprechen ist allerdings unhaltbar.

Als Heidegger 1928 den zweiten Band der «Philosophie der symbolischen Formen» über den Mythos besprochen hatte, wollte er «das Verdienst» Cassirers «nicht schmälern», das darin liege, «erstmals wieder seit Schelling den Mythos als systematisches Problem in den Gesichtskreis der Philosophie gestellt zu haben».[38] Das Buch sei ein «wertvoller Ausgang für eine erneute Philosophie des Mythos» –

offenbar aber nicht schon diese selbst! Und es könne diese Rolle auch nur dann spielen, «wenn entschlossener als bislang wieder begriffen wird, dass eine noch so reiche und dem herrschenden Bewusstsein entgegenkommende Darstellung der Phänomene des Geistes nie schon die Philosophie selbst ist, deren Not erst aufbricht, wenn ihre wenigen seit der Antike unbewältigten, elementaren Grundprobleme erneut ergriffen sind».[39] Auch hier wird eine Rangordnung aufgestellt: Wer wüsste denn an dieser Stelle nicht, dass nur einem die Krone gebühren kann!

Cassirer seinerseits verfolgt im dritten Band der «Philosophie der symbolischen Formen» über die «Phänomenologie der Erkenntnis» (das Vorwort ist auf den Juli 1929 datiert, also nach Davos) den umgekehrten Weg der Rangzuweisung: An den Ausgangspunkt *seiner* Fragen sei Heidegger noch nicht einmal herangekommen. Cassirer referiert kurz die Raumanalyse von «Sein und Zeit», in der das Zuhandene den Primat der Raumwahrnehmung beansprucht; Zeug hat «seinen» Platz, der sich nicht in einem geometrischen Raum befindet. Cassirer dazu: «Unsere eigene Betrachtung und Aufgabe unterscheidet sich von derjenigen Heideggers vor allem darin, dass sie nicht bei dieser Stufe des ‹Zuhandenen› und seiner Art der ‹Räumlichkeit› verweilt, sondern dass sie, ohne sie irgend zu bestreiten, über sie hinausfragt.»[40] Ebenso in der Zeitphilosophie: Das Grundproblem seiner, der Cassirerschen Philosophie liege «in eben jenem Gebiet, das (...) Heideggers Schrift ausdrücklich und in bewusster Absicht aus der Untersuchung ausgeschaltet hat». Die «Philosophie der symbolischen Formen» bestreite «in keiner Weise» die Analyse der Zeitlichkeit in der «Existentialität des Daseins». «Aber *ihre* Frage beginnt erst jenseits derselben», dort, wo «sich der Übergang (...) zur Zeit-*Form* vollzieht».[41] Cassirer besetzt die Sphäre der Kultur, Heidegger die der radikaleren Grundlegung. Der Davoser Agon entschied über die künftige hegemoniale Philosophie in Deutschland und in Kontinentaleuropa.

17. KAPITEL

Stille Glut: Elisabeth Blochmann

Elisabeth Blochmann, seit 1930 Professorin an der Pädagogischen Akademie in Halle, war eine enge Freundin von Elfride seit der Jugendbewegung, gelegentlich schreibt ihr das Ehepaar gemeinsam. Heideggers Briefe an sie zeigen viel mehr als andere Korrespondenzen von seinem Leben draußen, von den Faltbootfahrten mit seiner Frau, vom Dösen auf einem Segelboot und von einer Yacht auf dem Bodensee, vom gemeinsamen «Ballspiel auf der Waldwiese» mit Elisabeth, an das er sich im November 1926 erinnert, vom Skifahren Ende März 1927 nah der Hütte und anderen gemeinsamen Unternehmungen: «Wenn Sie wieder in den Schwarzwald kommen, doch gewiss im nächsten Jahr, dann müssen wir die Wanderung zum Feldsee wiederholen. (...) Faustball wurde sehr viel gespielt u. richtig nach der Regel.»[1] Gemeinsam mit ihr unternahm er eine Wanderung zum Herzogenhorn, dem zweithöchsten Berg des Schwarzwalds.[2] Mit Studenten ist er «im herrlichsten Schnee auf schönen u. scharfen Touren».[3] Und mit einem Pharmakologen von der Universität unternimmt er im Sommer 1931 eine lange Faltbootfahrt auf der Donau von Ulm nach Wien. Es ist der physische Heidegger, der hier mehr als in anderen Briefen Kontur gewinnt: «Vor wenigen Tagen bekam ich meine neuen Skier – echte Norweger u. ganz wunderschön geschnittene Bretter. Übernächste Woche geht es nach der Hütte; am liebsten möchte ich Sie mitnehmen.»[4]

Spricht man so zu einer Frau, mit der nur Freundschaft verbindet? Ein gewisses Geheimnis webt sich um Heideggers Verhältnis zu Eli-

Elisabeth Blochmann, die in Halle Pädagogik lehrte, war seit der Jugend mit Elfride Heidegger befreundet. Mit Martin Heidegger verband sie über mehrere Jahre eine stille Liebe.

sabeth Blochmann, in manchen Briefen spürt man eine Stimmung von Innigkeit und diskreter Intimität. Die Korrespondenz aus dem Zeitraum zwischen Sommer 1919 und Sommer 1926 sei «verloren», teilt der Herausgeber des Briefwechsels lakonisch mit.[5] Hermann Heidegger, der Sohn, hat als sicher behauptet, Elisabeth Blochmann sei Heideggers Geliebte gewesen.[6] Mit den Worten «Herzlich grüßt und liebt Sie/Ihr/Martin» schließt sein Brief vom 10. Dezember 1927. Vorher hatte er sie in Berlin besucht, gemeinsam besichtigte man das Ägyptische Museum und sah im Schiller-Theater Carl Zuckmayers Stück «Der Schinderhannes»: «Die Ferne der Zeiten u. das Große des Lebens, in deren Resten wir uns betrachtend verloren, ließen mir alles Zufällige versinken, dass ich Sie wieder sah, dass wir gerade ein Museum besuchten – es blieb einzig, dass Ihr Selbst mir offenbar wurde. – Die stille Adventsstunde, in der Sie die schöne alte Tasse unbewusst neben die meine stellten, um sie dann in ruhiger Scheu auf den Stuhlplatz zu rücken – der ‹Schinderhannes› mit seinem elementaren, schlichten Dasein – der Abschied an Ihrem Gartentor – die Nacht einer leidenschaftlichen Arbeit und eines reichgewordenen Herzens.»

Die Beschreibung ihrer Gesten am Teetisch ist in einem einzigartig zarten Ton gehalten; sie hat ihm ihr Selbst offenbart, er ist im Herzen reich geworden. Heidegger spricht von einer «großen Stunde» im Museum, «in der mir Ihre Gegenwart ein beglückender Besitz war». Schönere Andeutungen von Nähe sind kaum vorstellbar.[7] Und einmal mehr zitiert er als Eideshelfer Augustinus herbei: «Volo ut sis, ich will, dass Du seiest, so interpretiert einmal Augustinus die Liebe.»[8] Ein paar Zeilen weiter zieht er selbst sie an sich, nun ohne Museen, Theater und Heilige als Mittler: «Ich habe Sie mir so sehnlichst am Weihnachtsabend für eine Stunde in die Hütte gewünscht.»[9] Als sei noch nicht alles gesagt, steigert er sein Wünschen ihr gegenüber noch einmal: «Und zuweilen begreife ich nicht, warum ich hier für mich existieren kann u. es doch nicht kann, ohne Ihnen verbunden zu sein. Und ich träume, dass Sie mir Ihre liebe schöne Hand auf die Stirn legen u. ich weiß, dass alles gut ist.»[10] Das ist eine Geste, die selbst als Wunschtraum im Rahmen einer Freundschaft nicht mehr unterzubringen ist. Wir müssen ernst nehmen, was aus den Formulierungen hervorgeht: dass es sich um Liebe handelte. Um eine Liebe eigener Art, ohne Flammen, ohne Rausch, dafür von ruhiger, sozusagen besonnener Glut.

Nur dass Leben und Liebe auch von den besonnensten Menschen nicht völlig beherrscht werden können. Im Sommer 1929 können wir eine Krise heraushören, ohne dass klarwürde, was im Einzelnen vorgefallen war. Sie hatten gemeinsam einige Tage im Benediktinerkloster Beuron verbracht, mit dem Heidegger damals eng verbunden war. Öfter zog er sich der Ruhe wegen dorthin zurück, die Bibliothek benutzte er gern. Auch in Todtnauberg waren sie gewesen, Elisabeth hatte im Büretenhof übernachtet. Von «Tagen der Freundschaft» spricht Heidegger.[11] Und doch: «Ja, liebe Elisabeth, auch ich wusste, dass alles hätte einen ‹froheren Klang› haben können. Ich spürte, dass Sie oft etwas bewegte, und Sie nicht eigentlich da sein ließ.» Er erwähnt die «schmerzliche Härte der letzten Stunde», die ihm die «gesetzte Grenze» der Freundschaft verdeutlichte, «durch deren Ertragen ich mir das Glück Ihrer Gesinnung bewahre». Er habe «einmal» den Weg verloren, sie habe ihm «zurückgeholfen», fern geblieben sei dennoch ein «froherer Klang» und «Ausklang» – wahrscheinlich zitiert er aus einem ihrer Briefe, der sich nicht erhalten hat. Er bekennt, er habe sie «vor etwas gezwungen (...), was Ihnen zuwider sein musste». Das betraf den empfindlichen Kern ihrer Liebesfreundschaft; näher möchte man hier nicht eindringen. «Denn die Wahrheit unseres Daseins ist kein einfach Ding.»[12]

Eine eigentümliche Erfahrung muss Elisabeth Blochmann in Beuron beim klösterlichen Nachtgebet, der Komplet, gehabt haben. Vermutlich war es das erste Mal, dass sie, die Protestantin, mit einer katholischen Liturgie konfrontiert wurde. Schon hatte Heidegger seine Distanz zur Kirche gefunden, Katholizismus wie Protestantismus hält er für «Greuel»; «und doch wird ‹Beuron›», schreibt er, «wenn ich es kurz so nenne – als ein Samenkorn für Wesentliches sich entfalten».[13] Zeichen dafür sei die Komplet, «die Ihnen mehr geben *musste* als das Hochamt. Dass der Mensch täglich in die Nacht hinausschreitet, ist dem Heutigen eine Banalität, wenn es hochkommt. Denn gemeinhin macht er diese zum Tag, so wie er den Tag versteht, als Fortsetzung eines Betriebes und eines Taumels. In der Complet ist noch da die mythische u. metaphysische Urgewalt der Nacht, die wir ständig durchbrechen müssen, um wahrhaft zu existieren. Denn das Gute ist nur das Gute des Bösen. (...) So ist Ihnen die Complet zum Symbol geworden des Hineingehaltenseins der Existenz in die Nacht u. der inneren Notwendigkeit der täglichen Bereitschaft für sie.» Das Wesentliche wachse nur, «wenn wir *ganz* u.d.h. im Angesicht der Nacht u. des Bösen – nach unserem Herzen leben. Entscheidend ist dieses urgewaltige Negative: *nichts* in den Weg legen der Tiefe des Daseins. Dies ist es, was wir konkret lernen u. *lehren* müssen; nur so werden wir die Wende des Zeitalters aus der Tiefe erzwingen.»[14]

Feierliche, schauervolle Rede! Sie kommt aus der Mitte von Heideggers Denken. Erst die Negativität gibt ihm seine eigentümliche Kraft, zur Nacht hat Heidegger ein eigenes Verhältnis. So nämlich hatte er kurz zuvor in seiner Marburger Antrittsvorlesung «Was ist Metaphysik?» gesprochen: «In der hellen Nacht des Nichts der Angst ersteht erst die ursprüngliche Offenheit des Seienden als eines solchen: dass es Seiendes ist – und nicht Nichts.»[15] Vom «Hineingehaltensein der Existenz in die Nacht» ist in seinem Brief die Rede, und in der Antrittsvorlesung wiederum hört man: «Da-sein heißt: Hineingehaltenheit in das Nichts.»[16] Und das bedeutet: Dasein muss mehr sein als Betrieb, als das ewige Weiter-so, es muss wieder erschrecken können. Es muss erfahren, was Angst und Nacht sind. Erst dann kann es, wie er Elisabeth schreibt, die «Wende des Zeitalters aus der Tiefe erzwingen». Und mehr weiß er in diesem Augenblick, 1929, von dieser Wende noch nicht, als dass sie ganz andere als die sonst erwünschten Gestimmtheiten erfordern wird.

Gegenüber der Sprache von «Sein und Zeit» werden Heideggers Äußerungen noch einmal dringlicher. In seiner Vorlesung vom Wintersemester 1929 («Die Grundbegriffe der Metaphysik. Welt – Endlichkeit – Einsamkeit»), die Gedanken aus der Antrittsvorlesung «Was ist Metaphysik?» weiterführt, erklärt Heidegger die Tiefendimension der Langeweile und der leeren Wartezustände «wie auf einem geschmacklosen Bahnhof einer verlorenen Kleinbahn. Der nächste Zug kommt erst in vier Stunden.»[17] Ein Gleichnis der historischen Situation. Etwas fehlt: «Das Ausbleiben der wesenhaften Bedrängnis des Daseins ist die *Leere im Ganzen*, so dass keiner mit dem anderen und keine Gemeinschaft mit der anderen in der wurzelhaften Einheit eines wesentlichen Handelns steht. Alle und jeder sind wir die Angestellten eines Schlagwortes, Anhänger eines Programms, aber keiner ist der Verwalter der inneren Größe des Daseins und seiner Notwendigkeiten.»[18] Symptome seien leicht zu benennen: «dieses soziale Elend», «jene politische Wirrnis», «diese Ohnmacht der Wissenschaft», «jene Aushöhlung der Kunst», «diese Bodenlosigkeit der Philosophie», «jene Unkraft der Religion».[19] Auch Klagen «über die Misere des Lebens» träfen den Kern nicht.

Heidegger will die Metaphysik selbst zum Schauplatz der Krise machen – und nicht die Krise von außen, unbeteiligt, bloß diagnostizieren; er wirft sich mit seinem Denken in die Krise hinein, die als eine metaphysische erscheinen soll. Heideggers Radikalisierung ist nicht eine der Gesinnungen allein, sondern primär eine der Analyse. Das Dasein selbst ist die Gefahr, es bedarf der Starken: «Weil wir aber der Meinung sind, es nicht mehr nötig zu haben, stark zu sein und uns der Gefahr entgegenwerfen zu dürfen, haben wir uns auch schon alle zusammen aus der Gefahrenzone des Daseins fortgeschlichen.»[20] Aus «all dem Organisieren und Programmbilden und Probieren» spricht nur «ein allgemeines sattes Behagen in einer Gefahrlosigkeit». Im gegenwärtigen Dasein fehlt das Geheimnis, «und damit bleibt der innere Schrecken aus, den jedes Geheimnis bei sich trägt und der dem Dasein seine Größe gibt».[21] Notwendig ist der Entschluss: Er ist «der Inhalt des versagten und zugleich angesagten Augenblickes unseres Daseins».[22]

Eine neuerliche Zuspitzung entgeht dem Leser nicht; das latent Dramatische, das schon die Bewegung von «Sein und Zeit» zur Geschichte bestimmte, wird im Ton noch dringender. Die Epoche der «relativen Stabilisierung» des Kapitalismus, von der die Kommunisten gesprochen hatten, ist mit dem Ausbruch der Weltwirtschaftskrise im Oktober 1929 beendet.

18. KAPITEL

Der Weg in den Nationalsozialismus

«Sein und Zeit» hatte von der Wahrheit gehandelt, von der Geschichte und vom Volk. 1927 traten sie unverfänglich als nur locker verbundene Momente auf, dann näherten sie sich einander an. 1933 sind sie zu einer festen Einheit verbacken.

1928 war Walter Benjamins Aphorismen- und Vignettenband «Einbahnstraße» erschienen. Im Schlussstück des Büchleins, überschrieben «Zum Planetarium», las man eine grandiose globalistisch-kulturrevolutionäre Vision des künftigen Wir: «Menschen als Spezies stehen zwar seit Jahrzehntausenden am Ende ihrer Entwicklung; Menschheit als Spezies aber steht an deren Anfang. Ihr organisiert in der Technik sich eine Physis, in welcher ihr Kontakt mit dem Kosmos sich neu und anders bildet als in Völkern und Familien.»[1] Alles, was im kollektiven Leben noch naturwüchsig gewesen war, sollte dem Verschwinden preisgegeben sein; an die Stelle der vielen begrenzten Sittlichkeiten würde die *eine* universale, qualitativ neue, nie dagewesene treten – eben die «Menschheit» –, und ihr würde die Technik eine Art Exoskelett bilden. Menschheit–Technik–Planetarismus ist Walter Benjamins Trias. Seine Überlegung nahm vieles von dem vorweg, was heutige «Transhumanisten» sich von der nahen Zukunft erwarten, wobei es vor allem um Verbindungen von natürlicher und künstlicher Intelligenz geht, aber auch um Unsterblichkeitsphantasmen.

Die Absicht von «Sein und Zeit» bestand darin, ein Verhältnis zur Geschichte zu gewinnen. Je weiter das Buch voranschreitet, um so mehr Fracht muss das Argument aufnehmen, um den Begriff der Geschichte reich und substanziell zu machen. In § 74 muss nach dem «Wer» der Geschichte gefragt werden. Unter dem Titel «Die Grundverfassung der Geschichtlichkeit» formuliert Heidegger den schärfsten Gegensatz zu Benjamins Menschheitsvision: «Wenn aber das schicksalhafte Dasein als In-der-Welt-sein wesenhaft im Mitsein mit Anderen existiert, ist sein Geschehen ein Mitgeschehen und bestimmt als *Geschick*. Damit bezeichnen wir das Geschehen der Gemeinschaft, des Volkes.»[2] Das «Man» war noch kein Volk gewesen, aber dieselben Leute, die wir damals trafen, kommen nun in einen anderen Aggregatszustand. Etwas muss geschehen sein. Wir finden die Menschen nun in Entschlossenheit, sie verweigern sich «den nächsten Möglichkeiten des Behagens, Leichtnehmens, Sichdrückens», ihr Dasein erscheint «in der Einfachheit seines Schicksals».[3] Es wird eindeutiger und unzufälliger. Die Möglichkeiten sind in gewisser Weise schon immer eingeschränkt, jeder Mensch ist auf irgendeine Weise ein Erbe. Heidegger entwickelt einen sehr konservativen Gedanken: «Wenn alles ‹Gute› Erbschaft ist und der Charakter der ‹Güte› in der Ermöglichung eigener Existenz liegt, dann konstituiert sich in der Entschlossenheit je das Überliefern eines Erbes.»[4] Da die Menschen selbst eine höhere Bestimmtheit gewonnen haben, kommen ihnen «die ‹glücklichen› Umstände und die Grausamkeit der Zufälle» entgegen.[5] Dasein *ist* Schicksal. Es hat jetzt mehr Gewicht, indem es auch das Erbe übernimmt.

Das Geschick dieses Volkes ist nicht die Summe der Einzelgeschicke, «so wenig als das Miteinandersein als ein Zusammenvorkommen mehrerer Subjekte begriffen werden kann».[6] Das ist gut aristotelisch gedacht. Denn im siebenten Buch der Metaphysik erläutert Aristoteles: «Das, was in der Weise zusammengesetzt ist, dass das Ganze Eines ist, ist nicht wie ein Haufen, sondern wie eine Silbe. Die Silbe ist aber nicht dasselbe wie ihre Buchstaben, BA ist nicht dasselbe wie B und A.»[7] Man kann bezweifeln, ob im gegebenen Falle «das Ganze» tatsächlich «Eines» ist, und wird doch für das «Volk» als Handelnden und Leidenden der «Geschichte» nicht leicht einen Ersatz finden. Es darf an die Präambel des Grundgesetzes in der Fassung von 1990 erinnert werden: «Im Bewusstsein seiner Verantwortung vor Gott und den Menschen, von dem Willen beseelt, als gleichberechtigtes Glied in einem vereinten Europa dem Frieden der Welt zu dienen, hat sich das Deutsche Volk kraft seiner verfassungsgebenden Gewalt dieses Grundgesetz gegeben.» Das mag der Präambel der Verfassung der Vereinigten Staaten nachempfunden sein, die mit den Worten beginnt: «We the People of the United States». Auch ist bei Heidegger das Volk zunächst nicht als ein privilegiertes herausgehoben, es ist nicht «völkisch» gedacht, nicht *aus* der Biologie *her* oder aus der Rassenkunde, sondern allein *zur* Geschichte *hin*. Geschichtlichkeit, nicht Natur, bildet den Begründungskontext von «Volk». Und ebenso wichtig für Heidegger ist eine weitere Antwort auf die Frage nach dem «Wer» der Geschichte, die sich unmittelbar anschließt: «Das schicksalhafte Geschick des Daseins in und mit seiner ‹Generation› macht das volle, eigentliche Geschick des Daseins aus.»[8]

Geschichte und Volk sind in eine Verbindung getreten. Wie steht es mit der Philosophie, in welcher Stellung zu den beiden Momenten befindet sie sich? Die Philosophie kann, so war es das Programm der Probevorlesung 1915 gewesen, den historischen Einzelwissenschaften zum Bewusstsein ihrer Tätigkeit verhelfen. Sie kann aber auch, und das ist das neue, anspruchsvollere Programm von «Sein und Zeit», hinter die akademischen Disziplinen, deren Gegenstand die Geschichte ist, zurückfragen. Nennen wir diesen Schritt das «Unternehmen Geschichtlichkeit». Die Frage nach der Zeit ist der Philosophie nicht mehr äußerlich, sie dringt in ihr Inneres ein. Aber nun kommt ein weiterer, höchst merkwürdiger Schritt. In den drei Jahren, die auf die Veröffentlichung von «Sein und Zeit» folgen, erreicht Heidegger einen noch höheren Integrationsgrad seiner Denkmotive. Der hat seinen Preis.

1930 entsteht die Abhandlung «Vom Wesen der Wahrheit», von der mehrere Vortragsvarianten überliefert sind. Hier wird die Philosophie zum eigentlichen Akteur der Geschichte: «Im Denken des Seins kommt die geschichtegründende Befreiung des Menschen zur Ek-sistenz ins Wort, das nicht erst der ‹Ausdruck› einer Meinung, sondern je schon das gutverwahrte Gefüge der Wahrheit des Seienden im Ganzen ist.»[9] Der Denker wird der wahre Gründer. Mit ihm allein entsteht überhaupt erst Geschichte in einem belangvollen Sinn: «Die anfängliche Entbergung des Seienden im Ganzen, die Frage nach dem Seienden als solchem und der Beginn der abendländischen Geschichte sind dasselbe und gleichzeitig in einer ‹Zeit›, die selbst unmessbar erst das Offene, d.h. die Offenheit, für jegliches Maß eröffnet.»[10] Noch deutlicher spricht 1930 die Vortragsversion: «Diese Existenz begann in *jenem* Augenblick, als der *erste* Philosoph *aufstand* mit der *Frage*, was das Seiende selbst sei. In dieser Frage wurde das Seiende als solches *erstmals* erfahren. Und seit dem stehen wir unwiderruflich in dieser Geschichte des Existierens. Die Befreiung des Menschen zum existierenden Dasein *hebt an* im Philosophieren und *als* Philosophieren. *Mit* dieser Befreiung beginnt erst Geschichte, in dieser Befreiung enthüllt sich die Natur.»[11]

In diesen unscheinbaren Sätzen verbirgt sich eine Ungeheuerlichkeit. Der Denker *sagt* nicht mehr nur die Zeit, wie er es in der Studie zum Zeitbegriff in der Geschichtswissenschaft bescheiden unternehmen wollte, sondern durch sein Denken wird sie überhaupt erst *definiert*. Nach den Gedanken der Denker ordnen sich die Epochen. Das ist, nicht psychopathologisch verstanden, sondern philosophisch, Heideggers Wahnsinn: eine Geste maßloser Selbstermächtigung. Und alle müssen *ihm* zuhören, alles hängt davon ab: «Wer Jene sind, die hören können, entscheidet über den Standort des Menschen in der Geschichte.»[12] Heidegger hat die grandiose Rolle geschrieben, die er in der allernächsten Zukunft zu spielen gedenkt, und dieses Bewusstsein trägt ihn über alle Bedenken hinweg.

Bei den Reichstagswahlen vom 14. September 1930 verzeichneten die Nationalsozialisten erhebliche Stimmengewinne: Waren sie 1928 noch auf 2,6 Prozent gekommen, so konnten sie nun 18,3 Prozent verbuchen – die Partei hatte ihre Wählerschaft fast verzehnfacht. Stärkste Partei blieb die Sozialdemokratie. Die Wahlen waren nötig geworden, weil im März 1930 die regierende große Koalition aus SPD und Zentrum, der demokratisch-sozialistischen und der christlich-katholischen Partei, an einer vergleichsweise geringfügigen Streitfrage geplatzt war. Reichspräsident Hindenburg ernannte den Zentrumspolitiker Heinrich Brüning zum Kanzler. Da dieser ohne die SPD keine parlamentarische Mehrheit besaß, regierte er mit «Notverordnungen». Eine grundsätzlich neue politische Lage war entstanden.

Zu den wichtigsten Politikern der neuen Regierung gehörte Gottfried Treviranus als Reichsminister für die besetzten Gebiete. Preußischer Kultusminister war der Sozialdemokrat Adolf Grimme (wie Heidegger Jahrgang 1889). In diesen Wochen erhielt Heidegger erstmals einen Ruf nach Berlin. Er identifizierte sich zunächst mit dieser Konstellation, ja er sah den Ruf nach Berlin als integralen Bestandteil der neuen Lage: Sein eigenes Schicksal ging mit dem des Staates, der Nation zusammen, vermittelt über die Generation. Denn der vor Brüning regierende Sozialdemokrat Hermann Müller war 1876 geboren worden, und davor hatte (bis 1928 mit Unterbrechungen) Wilhelm Marx regiert, Jahrgang 1863. Am 6. April 1930, als Brüning gerade Kanzler geworden ist, schreibt Heidegger an Elfride: «Dass meine Berufung mit dem Heraufkommen der jungen Generation Brüning, Treviranus u.s. auch Grimme – in der geistigen Richtung – zusammengeht ist kein Zufall u. diese Tatsache hat auch Jaspers sehr stark gespürt u. betont.»[13]

Den Ruf nach Berlin, wir haben es schon gehört, lehnt Heidegger schließlich ab. Aber der Brief an Elfride klingt schon mit ganz anderen Tönen aus: «Ich glaube, ich muss zeitweise dgl. erfahren um deutlicher zu sehen, wie sehr wir einem ganz anderen entgegenwachsen.» Heidegger glaubt, dass «unsere Epoche gerade den Wandel heraufführt».[14] Ende Mai, als seine Ablehnung des Rufes bekannt geworden ist, halten Freiburger Studenten einen Fackelzug für ihn ab. In einem Bericht der «Freiburger Zeitung» wird die nächtliche Feststimmung plastisch: «25 Musikanten des Collegium musicum bauen sich auf. Eine kleine Nachtmusik. – Ein langer Zug mit flackernden Lichtern schlängelt sich durch die Wiesen. Im Tale hinter dem Hause bleibt er stehen; *Heidegger* lebe: hoch hoch hoch! Das Echo klingt nach. – Immer mehr Menschen drängen sich in den Straßen, den nächtlichen Spuk zu sehen. Sie kommen, hunderte von Studenten mit Fackeln. Sie ziehen in den Garten, gruppieren sich hinter Heideggers Haus. Heidegger steht auf dem Balkon. Prof. *Gurlitt* dirigiert. Händel. 25 Streicher spielen, bei Nacht und Fackelschein. Aus Büschen klingt ein Lied. Einer spricht; es ist alles so ganz Anders, wie im Alltag. So feierlich, so gespenstisch. Der Meister antwortet, er gelobt. Der Abend hat Bedeutung für jeden. Und wieder spielen die Musikanten, singt es aus den Büschen. Dann verlöschen die Fackeln und in Dunkel und Schweigen verschwinden schwarze Gestalten.»[15]

In Freiburg spricht der Doktorand Gustav Siewerth, ein «Vorzugsschüler» Heideggers, wie sich Max Müller erinnert.[16] Die nächtliche Ansprache war schon ganz im Heimatton gehalten, vom «Wurzelgrund der Scholle und dem Schoße des Volkes» war die Rede.[17] Man wusste also, wofür Heidegger stand: dafür, wie Siewerth sagte, dass «in unserer Zeit, die ihr Bestes und Letztes nicht mehr sehen mag, dem deutschen Volke das Erbe seiner Vergangenheit wieder geschenkt werde und dass unsere *Heimat* (…) bleibe (…): das ‹Land des hohen, ernsten Genius›».[18] Heidegger antwortet mit einem Appell an die «Haltung» als das Einzige, was nach dem Ende der verbindlichen Systeme bleibe, und dabei spricht er so, wie er in den kommenden Jahren immer öfter sprechen wird: «Diese Forderung dauernd in sich lebendig zu halten bedeutet Kampf; Sache der *Jugend* aber ist es zu *kämpfen!*»[19]

Der Dirigent indes, Willibald Gurlitt, ein bedeutender Musikwissenschaftler und Freund Heideggers, verlor 1937 sein Amt, weil er als «jüdisch versippt» galt.[20] Gustav Siewerth, der für die Studenten gesprochen hatte, habilitierte sich 1937 mit einer Arbeit über Thomas von Aquin in Freiburg. Wegen seiner dezidiert katholischen Haltung wurde ihm eine Dozentur in Berlin verweigert, ebenso eine Position als «Schriftleiter» der «Frankfurter Zeitung», die ihm das Blatt angeboten hatte. Er ging als Wirtschaftsprüfer in die Industrie und konnte erst nach 1945 seine akademische Karriere fortsetzen – unter anderem mit einer großen Abhandlung über die Schicksale der Metaphysik zwischen Thomas und Heidegger. Gäbe es ein Foto, das die Teilnehmer des Fackelzuges zusammen zeigt, man würde mit einem Schlag inne, welches retuschierende oder verdeutlichende Werk die Zeit binnen weniger Jahre verrichten kann.

Heidegger entdeckt Hitler 1930, in dem Augenblick, da alle Welt auf ihn aufmerksam wird. Am 17. Oktober trägt Thomas Mann in Berlin seine «Deutsche Ansprache» vor, in der er den jüngsten Wahlerfolg der NSDAP analysiert und ihn, tiefer als üblich, als Zeichen einer «Zeitenwende» deutet, die womöglich das «Ende der von der Französischen Revolution datierenden bürgerlichen Epoche und ihrer Ideenwelt» ankündige. Im Oktober 1930 besucht Heidegger Elfrides Eltern: «Ich hatte gerade einen Völkischen Beobachter mit. Vater interessierte sich sehr dafür. Der Leipziger Prozess scheint ja auf die famosen Ankläger zurückzufallen. Samstag ist hier eine große Hitlerfeier; überall Riesenplakate ‹Wir greifen an!› Im Völk. Beobachter wird sogar Hindenburg gedroht, er möchte sich nicht allzuviel mit Brüning einlassen. Überhaupt ist die Front gegen das Zentrum sehr scharf.»[21] Bei dem erwähnten Prozess vor dem Reichsgericht in Leipzig gegen drei Ulmer Reichswehroffiziere, denen man vorwarf, mit der NSDAP konspiriert zu haben, ging es um das Wesen des

Nationalsozialismus. Die Angeklagten wurden wegen Vorbereitung zum Hochverrat jeweils zu achtzehn Monaten Gefängnis verurteilt. Hitler sagte in dem Prozess als Zeuge aus und erklärte dabei: «Die Verfassung schreibt uns nur die Methoden vor, nicht aber das Ziel. Wir werden auf diesem verfassungsmäßigen Wege die ausschlaggebenden Mehrheiten in den gesetzgebenden Körperschaften zu erlangen versuchen, um in dem Augenblick, wo uns das gelingt, den Staat in die Form zu bringen, die unseren Ideen entspricht.» Das *war* langfristig eine Drohung. Im gleichen Brief berichtet Heidegger von einer Desillusionierung: «Grimme hat dieser Tage in Berlin bei den Soziologen gesprochen – geschickt, übergeschickt aber inhaltlich enttäuschend.»[22]

In den Jahren 1931/32 erreicht die Weltwirtschaftskrise ihren Höhepunkt, in Deutschland mit der zum Mythos gewordenen Zahl von sechs Millionen Arbeitslosen. Heidegger schreibt am 18. August 1931 an Bruder Fritz: «Hoffentlich geht es Euch bei diesen verworrenen und kopflosen Zeiten erträglich. Wie wir den kommenden Winter überstehen sollen, ist mir ganz dunkel.»[23] Die Bankenkrise war seit Mai auch in Deutschland spürbar geworden. Die Regierung Brüning veröffentlichte im Juni eine Erklärung, in der weitere Reparationszahlungen – jetzt deutlich kämpferischer als bisher «Tribute» genannt – als nicht mehr tragbare Belastungen bezeichnet wurden. Mancherorts wurden Sparkassen und Banken gestürmt.

Die Krise bleibt nicht ohne Wirkung auf die innenpolitischen Konflikte. 1931 ist das Jahr, in dem man vom Bürgerkrieg zu sprechen beginnt. Reichskanzler Brüning legte in einem Gespräch mit dem amerikanischen Botschafter die brisante Situation dar: «Der Herr Reichskanzler führte aus, dass unsere Wirtschaftslage im Augenblick äußerst prekär sei, große Zusammenbrüche stünden unmittelbar bevor. Die parteipolitische Lage habe sich so sehr zugespitzt, dass man bereits von einem latenten Bürgerkrieg sprechen könne. Die Mittelparteien, das Zentrum ausgenommen, seien mehr oder weniger in Auflösung begriffen, und alle unzufriedenen Elemente strebten den extremen Parteien zu. Unter diesen Umständen bilde die Wehrmacht die einzige Stütze des Staates.»[24]

Noch ist alles Drohende und Gefährliche «latent», wie Brüning sagt. Aber wie ist die Latenz zu denken? Welchen ontologischen Charakter hat sie? Ist das Latente überhaupt «wirklich»? Oder nur ein Nichts? Im neunten Buch seiner «Metaphysik» setzt sich Aristoteles mit dieser Frage auseinander. «Es gibt aber einige, wie etwa die Megariker, die behaupten, dass nur dann ein Ding vermögend sei, wenn es verwirklicht, dass aber ein Ding nicht vermögend sei, wenn es nicht verwirklicht; so sei etwa der, der nicht baut, auch nicht vermögend zu bauen, sondern nur der Bauende, solange er baut – und in gleicher Weise in anderen Fällen.»[25] Aristoteles wendet sich gegen diese Auffassung, die die Möglichkeit einer Latenz überhaupt bestreitet: «Man sieht unschwer, in welch unsinnige Konsequenzen ihre Ansicht gerät. Denn es ist klar, dass hiernach keiner Baumeister sein wird, solange er nicht baut (das Baumeister-sein nämlich bedeutet doch das Vermögend-sein zu bauen) – und in gleicher Weise auch bei den anderen Künsten.»

Über dieses neunte Buch der Metaphysik hält Heidegger im Sommersemester 1931 eine Vorlesung, der Untertitel: «Von Wesen und Wirklichkeit der Kraft». Aristoteles bedeutete für Heidegger immer den Eingang in die Breite und Vielgestaltigkeit der Welt. Es geht um den Unterschied von «dynamis» und «energeia», «potentia» und «actus» nach der lateinischen Übersetzung, «nach der deutschen ‹Vermögen und Verwirklichung› bzw. ‹Möglichkeit und Wirklichkeit›».[26] Den Streitpunkt schildert Heidegger so: «Die Megariker suchen dieses Vorhandensein eines Vermögens in der Verwirklichung, d.h. im *Vollzug* des Vermögens. Wenn das Vermögen nicht im Vollzug begriffen ist, dann ist es gar nicht.»[27] Wer so argumentiere, sagt Heidegger, dem fehlen im Verständnis des Seins, der Vielfalt der Seinsweisen, entscheidende Nuancen. Wenn nur ein aktuell

Bauender ein Baumeister genannt werden dürfe, was sei dann in der Zwischenzeit der Fall? Gibt er denn die Fähigkeit ab, wenn er in einer Schenke einen Krug Wein trinkt? Man muss im Sein selbst differenzieren: *«Wie ‹ist› ein Vermögen, das nicht nur als mögliches gedacht wird, sondern wirklich vorhanden ist, obzwar nicht sich verwirklichend?»*[28] Wir haben es mit einem Zwischenzustand zu tun, nämlich, wie Heidegger sagt, mit der «Seinsart des unvollzogenen, aber gleichwohl wirklichen Vermögens». Aber, so fragt er weiter: «Ein Vermögen, das nicht im Vollzug ist, ist das nur ein mögliches? Oder schon auch wirklich, obgleich nicht im Vollzug? So ist die Frage nach der Wirklichkeit des Vermögens schärfer bestimmt.»[29] Wir erkennen nun, was in dieser Vorlesung geschieht. Aristoteles wird dramatischer ausgelegt, alles ist in einen angespannteren Zustand versetzt. Die Tendenz des Vermögens und Könnens will sich entladen.

Heidegger erklärt den Sachverhalt ungemein anschaulich. Denken wir uns einen Hundertmeterläufer unmittelbar vor dem Startschuss. «Was sehen wir? Einen Menschen, der nicht in Bewegung ist; in kniender Haltung; doch das können wir ebensogut und mit mehr Recht von einer alten Bäuerin sagen, die vor einem Wegkreuz kniet; mit mehr Recht, denn wir sehen an dem Läufer nicht einfach einen nichtbewegten knienden Menschen; was wir da ‹knien› nannten, ist gar kein Knien im Sinne des Sichniedergelassenhabens; im Gegenteil, diese Haltung ist weit eher die des ‹weg von der Stelle›. Das eigentümlich lockere Aufliegen der Hände, der Fingerspitzen auf der Erde ist schon fast der Abstoß und das Hintersichbringen des gerade noch eingehaltenen Platzes. Gesicht und Blick hängen nicht verträumt zu Boden oder schweifen ungehalten von einem zum anderen, sondern sind gespannt in die Bahn nach vorn gehalten, so dass es aussieht, als sei diese ganze Haltung von dem her, was da vorn liegt, gestrafft.»[30] Man sieht keinen stillstehenden Menschen, sondern einen, der im Stande ist, loszulaufen. Es braucht nur noch den Ruf «Los!», und er ist im Lauf, im Vollzug.

Diese Passage ist wohl eine der schönsten Demonstrationen des phänomenologischen Sehens. Der Läufer widerlegt die Megariker: «Der Vollziehende ist eben der, der im Rückbezug auf das Vermögen nichts unausgeführt lässt, für den es jetzt im Laufen wirklich nichts mehr gibt, was er nicht vermag.»[31] Und nun Heideggers hochdramatische Schlussfolgerung: «*Im Stand sein zu* ..., das bedeutet erstens: er ist ausgerüstet für ... ; aber nicht nur das, sondern zugleich zweitens: er untersteht sich, hat sich bereits entschlossen. Wirklich-vermögend-sein ist das bereitschaftserfüllte Im-Stand-sein-zu, dem nur noch die *Enthemmung* in den Vollzug fehlt.»[32]

Sind wir noch im Griechenland des Aristoteles oder doch im Deutschland des Jahres 1931, da der Startschuss noch nicht gefallen ist und die *Enthemmung* in den Vollzug noch nicht eingesetzt hat, während die Entschlossenheit schon da ist? Der Läufer darf sein Vermögen nicht ruhen lassen, entscheidend ist das «Sich-ins-Zeug-legen» und das «In-voller-Bereitschaft-sein».[33] Seinem Bruder schreibt Heidegger in jenen Wochen: «Aber vielleicht wird der Deutsche dabei doch vollends zu sich selbst erwachen.»[34]

Auch mit Elisabeth Blochmann tauscht sich Heidegger lebhaft aus. Am 11. Oktober 1931 berichtet er über seine Lektüre des Romans «Liebende Frauen» von D. H. Lawrence, den sie ihm empfohlen hatte: «Das Buch hält trotz der Fremdartigkeit der Welt in einer großen Spannung; ich meine nicht den Fortgang der ‹Geschichte›, sondern die immer wieder stark einsetzende Gestaltung neuer Stimmungen. Durch das ganze schwingt u. strafft sich eine ‹Erotik› im echten Sinne; ich meine: sie ist kein Spielen u. kein bloßer augenblicklicher Rausch; aber auch wieder nicht eine billige Verneinung des Leibes und Aufhebung des Sinnlichen – sondern die Blüte beider, die aufglüht in Seligkeit. Freilich hier finde ich den Dichter noch nicht stark und tief genug u. das Werk wird noch nicht als Werk frei u. dadurch wahrhaft erweckend. Aus Ihrem Brief entnehme ich, dass auch Sie die einzelnen Bilder und Augenblicke darin schätzen.»[35] Der Roman, vielleicht zur Hälfte der Thesenliteratur zugehörig, ist ganz von der Frage nach neuen Beziehungsformen jenseits der Ehe geprägt, und seine Hauptprotagonistinnen sind zwei als sehr autonom gezeichnete Schwestern. Man kann von einer Mystik der Sexualität sprechen, in vielen Passagen ist das Buch atmosphärisch ausgesprochen stark.

Sosehr Heidegger inzwischen zum Nationalsozialismus tendierte, so wenig waren seine Urteile über Literatur und Kunst davon beeinflusst. Nach einer Hollandreise schreibt er Elfride im August 1931: «Einen ganzen Morgen war ich bei den van Goghs – es ist fast noch die ganze Ausstellung vom Herbst da – an der man die jähe Entfaltung von 1888 an sieht. Die Werke haben mir einen großen Eindruck gemacht gerade für mein Inneres. (...) Das stärkste ist ein Ährenfeld im Sturm u. ein Schwarm gegen den Wind auffliegender Raben darüber – ein übergoldenes Gelb, darüber ein grell-blau-schwarzer Himmel durch das Feld mitten durch ein Weg von erdigem schweren Braun u. am Rande Streifen von leuchtend-grünem Gras. (...) Man erfährt erst das ganze Leuchten u. Leben der Bilder, wenn man sie nach der düsteren verbissenen der Brabanter Zeit sieht. Eine ganz große Überraschung war für mich, als ich plötzlich in dem einen Saal vor einem der ‹Bürger von Calais› Rodins stand – vor dem, der den Schlüssel in die Hände gepresst hält.»[36]

Van Goghs Bild erzählte vom «Boden». Heidegger spricht von der Heimat und vom Boden niemals beiläufig. Das sind nicht schlichte Sachverhalte, die eben auch irgendwie vorkommen oder bloß zufällig-lebensgeschichtlich bedeutsam sind: Auch sie treten in einen Zusammenhang mit dem «Wesen der Wahrheit», das ist Teil seiner Annäherung an den Nationalsozialismus. In einer Vortragsversion des Wahrheitsaufsatzes wird 1930 der Raum sprachlich konkretisiert, er bekommt in dem Wort «Bodenständigkeit» eine höhere Bestimmtheit als die der bloßen «Gegend». Bodenständig war Heideggers bewusster Entschluss, nicht nach Berlin zu gehen. Nun wird

Vincent van Goghs «Weizenfeld mit Raben», entstanden in Auvers-sur-Oise im Juli 1890, machte Heidegger großen Eindruck, als er es 1931 in Holland sah. Er fand wohl etwas von seinen eigenen Spannungen darin wieder: «Ein Ährenfeld im Sturm u. ein Schwarm gegen den Wind auffliegender Raben darüber – ein übergoldenes Gelb, darüber ein grell-blau-schwarzer Himmel durch das Feld mitten durch ein Weg von erdigem schweren Braun u. am Rande Streifen von leuchtend-grünem Gras.»

daraus eine philosophische Qualifikation: «Diese ursprüngliche Bodenständigkeit des Daseins lässt den Sinn stehen nach dem Wesentlichen und lässt den Blick blöd werden für das Unwesen des nur Ausgeheckten, was immer solange Bestand hat, als es durch einen Betrieb gehetzt wird. Diese ursprüngliche Bodenständigkeit des Daseins kann allein auch dann sich öffnen der Wirkkraft des Bodens, dem Gesetz des Stammes und der Stimme der Landschaft, um durch all dies zugleich getragen zu werden von der Gediegenheit des Verbindlichen.»[37]

Auf der anderen Seite des politisch-philosophischen Feldes schreibt Walter Benjamin im August 1930 über Max Kommerells Buch «Der Dichter als Führer in der deutschen Klassik», das schon 1928 erschienen war, in der «Literarischen Welt». Kommerell und Heidegger werden sich zehn Jahre später befreunden. Benjamin sieht in dem von Stefan George inspirierten Werk des jungen Gelehrten eine «Heilsgeschichte der Deutschen». Und er hat einen fundamentalen Einwand: «Nicht eher als gereinigt kann diese Erde wieder Deutschland werden und nicht im Namen Deutschlands gereinigt werden.»[38] Gemeint ist eine moralische, eine rituelle Reinheit, und gemeint ist unausdrücklich: Dieses Land, diese Erde selbst sind moralisch befleckt und geschändet. Wohlgemerkt: das Land der demokratischen Weimarer Republik. Inwiefern? Das bleibt offen.

Zwei Jahre später, im Sommer 1932, wird Benjamin deutlicher. In der autobiographischen «Berliner Chronik» erinnert er sich an die Zeit unmittelbar nach dem Selbstmord seines Freundes Heinle im Sommer 1914: «Aber das waren Tage, welche mich für die Einsicht reif machten, der ich später begegnete und die mir die Überzeugung gaben, dass auch die Stadt Berlin nicht um die Narben eines Kampfes um die bessere Ordnung herumkommen wird.»[39] Mit der «Reinigung» und den «Narben» werden Strafgerichte angedroht. Gut zehn Jahre zuvor hatte Benjamin diesen Gedanken noch ganz theologisch gefasst, in einer historisch-religiösen Skizze mit dem Titel «Die Bedeutung der Zeit in der moralischen Welt», in der er vom «Sturm der Vergebung» spricht: «Dieser Sturm ist nicht nur die Stimme in der der Angstschrei des Verbrechers untergeht, er ist auch die Hand, welche die Spuren seiner Untat vertilgt, und wenn sie die Erde darum verwüsten müsste. Wie der reinigende Orkan vor dem Gewitter dahinzieht, so braust Gottes Zorn im Sturm der Vergebung durch die Geschichte, um alles dahinzufegen, was in den Blitzen des göttlichen Wetters auf immer verzehrt werden müsste.»[40]

Wieder die Erde. Sätze, um 1920 niedergeschrieben, als Benjamin im Revolutionsgeschehen eine Spur Gottes aufgehen wollte. Das Verwüsten der Erde, das er nennt, ist die prophetische Drohung schlechthin: «Euer Land ist verwüstet, / eure Städte sind in Flammen aufgegangen», lautet das Strafgericht über Juda nach Jesaja 1,7.

Was Benjamin das «göttliche Wetter» nennt, ist in Jesaja 9,18 die «Zornesglut des Herrn der Heerscharen», die «das Land versengt». Mit dem «Besen der Verwüstung» wird der Herr Babel hinwegfegen (Jesaja 14,23). «Reinigung» und «Verwüstung» sind Bürgerkriegsdrohungen in theologischer Sprache. Wo Heidegger von Heimat spricht, da spricht Benjamin von etwas, das erst durch ein voraufgehendes Strafgericht gerechtfertigt werden kann.

Am 2. März 1932, kurz vor der Wahl des Reichspräsidenten mit den Kandidaten Hindenburg und Hitler, schreibt Heidegger seinem Bruder: «Es gibt heute nur *eine* klare Linie, die rechts und links scharf trennt. Halbheit ist Verrat.»[41] Er wird Hitler wählen. Warum die Schärfe? Weil Hindenburg von der SPD unterstützt wurde, die sich in letzter Stunde eine Rettung der Republik von ihm erhoffte. Heidegger spielt darauf an: «Es handelt sich jetzt gar nicht darum, ob eine Volksbewegung des Erwachens der Nation in den Augen einiger verängstigter ‹Gebildeter› ‹Niveau› hat oder nicht, auch nicht darum, wer irgendwo zufällig diese Bewegung ‹vertritt› oder nur in ihr mitläuft – sondern es handelt sich nur darum, ob wir – jeder einzelne seine Willensentscheidung *dorthin* einsetzt, wo noch die *einzige* Rettung des Vaterlandes ist.»[42]

Am 10. Mai schreibt Heidegger wiederum an den Bruder: «Über die ‹Nazi› werden wir uns vermutlich noch nicht bald einigen. Ich begreife schon Deine Hemmungen angesichts der sonderbaren Vertreter.»[43] Er hört in Königsberg eine Rede Brünings, die ihn allerdings noch mehr abstößt. «Wenn jetzt noch nicht, so werden nach der Wahl» – gemeint ist die Wahl des Reichspräsidenten – «die acht Millionen Kommunisten dem ‹Bürger› vielleicht zu denken geben. Und in der Stichwahl, die kommen wird, werden es wohl noch einige Millionen mehr sein.»[44] Nähere Informationen über die NSDAP erhält Heidegger von dem Philosophen Alfred Baeumler, wie er seiner Frau am 9. Juni meldet: «Die Nazi sind nach seinen genauen

Kenntnissen noch sehr borniert in allen kulturellen – geistigen Dingen – Fachschule u. Charakterschule – diese Formel soll alles lösen u. ist natürlich der Ruin.»[45] Heidegger, so viel erkennt man sofort, spricht *nur noch* vom Nationalsozialismus und seinen vorhandenen oder eben nicht vorhandenen geistigen Reserven, ebenso wie von seinen realpolitischen Aussichten, und zwar in jeder Hinsicht ohne großen Optimismus: «Alles ziemlich trübe. B. [Baeumler] hält den Kommunismus gar nicht für zurückgedrängt – nur z.Zt. zersplittert – wenn ein Mann kommt, der die Sache zusammenreißt, wird er eine ungeheure Macht; die ganze jüdische Intellektualität geht jetzt dahin über; das Berliner Tagblatt sei schon seit einem Jahr kommunistisch.»[46]

Am 30. Mai war der Kanzler Heinrich Brüning zurückgetreten. Die Koalition, die nun unter Franz von Papen regierte, nannte sich «Kabinett der nationalen Konzentration», es handelte sich um eine Kombination, der keine lange Dauer beschieden war. Aus dieser Situation heraus, die allen Beobachtern als Zwischenlösung erschien, ist Heideggers Nervosität in diesem Brief zu erklären. So fährt er nach seinen Besorgnissen wegen der kommunistisch gewordenen jüdischen Intellektualität fort: «Dahinter steht die auf Hegel gegründete systematische Dialektik, die gegenüber dem Gebrodel u. dem unklaren Zeug der Nazi zunächst überlegen bleibt.»[47] Für Heidegger hat sich die Situation zugespitzt: Hitler oder der Kommunismus. Was er fürchtete, konnte er wenig später beim «Altonaer Blutsonntag» und ähnlichen Zusammenstößen zwischen NSDAP und kommunistischer Partei ausgeführt sehen. Die Bilanz der Straßenkämpfe waren innerhalb eines Monats 99 Tote und 1125 Verletzte.[48]

Bei den Reichstagswahlen am 31. Juli wurde die NSDAP mit 37,3 Prozent die stärkste Partei, nur zusammen erreichten die marxistischen Parteien SPD (die sich in ihrem Heidelberger Programm von 1925 ausdrücklich zum «proletarischen Befreiungskampf» bekannt hatte) und KPD das gleiche Ergebnis (21,6 bzw. 15,7 Prozent).

«Was Baeumler am gefährlichsten u. hemmendsten erscheint, ist das *christliche* Getue der Deutschnationalen. Aber wir sollten doch versuchen, die innerlich zusammengehörigen Menschen zu sammeln – Baeumler hat für mich die ‹Jüdische Rundschau› bestellt, die ausgezeichnet orientiert u. Niveau hat. Ich werde Dir die Nummer schicken.»[49] Was das «christliche Getue» angeht, so trifft Heidegger hier einen programmatischen Kern der Papen-Kabinette in der Übergangszeit 1932/33. Papen erklärte in seiner Rundfunkrede vom 12. September 1932: «Nicht private Weltanschauungen, sondern die ewigen Wahrheiten des christlichen Glaubens müssen die Grundlage sein zur Erziehung der Nation. Der Staat muss diese Erziehung wieder in Bahnen leiten, die nicht zur Überschätzung des Persönlichkeitswertes und zur geistigen Anarchie führen, sondern gläubige Christen, treue Mitglieder des Volkes und tüchtige Staatsbürger heranbilden, die den Dienst am Vaterlande als ihre höchste Aufgabe anerkennen.»[50] Zum ersten Mal seit 1918 und auf lange Zeit zum letzten Mal wurde in diesen Monaten von oberster Stelle aus das Christentum in seiner Bedeutung für die innere Stabilisierung der Nation herausgestellt.

Heidegger äußert sich bedingt positiv zur Person Schleichers und unbedingt negativ über Papen: «Schleicher ja – aber Papen nein –; schon Anfang August wurde deutlich, wie alle Juden plötzlich Auftrieb bekommen und sich allmählich aus der Panikstimmung befreiten, in die sie geraten waren. Dass den Juden ein solches Manöver wie die Papenepisode gelungen ist, zeigt eben, wie schwer es auf jeden Fall sein wird, gegen alles, was Großkapital und dergleichen Groß- ist, anzukommen. Politische Ungeschicklichkeiten der ‹Nazi› kommen dazu. Und trotzdem, trotz aller Auswüchse und Unerfreulichkeiten muss zu ihnen und Hitler gehalten werden. Ich schicke Dir die neue Hitlerrede.»[51] Judenfeindliche Äußerungen werden in diesem Krisenjahr zum Normalbestand von Heideggers Briefen (so wie erneut in den Krisenjahren des Zweiten Weltkriegs nach 1941);

Hannah Arendt lag mit ihrer Vermutung nicht falsch. Sie brauchen aber jeweils einen akuten Erregungsuntergrund, der sie trägt; beruhigt sich die Lage wieder, dann hört man sie nicht mehr.

Die gegenüber Elfride so positiv erwähnte «Jüdische Rundschau» war das Organ der Zionistischen Vereinigung für Deutschland, der damals Hannah Arendts und Hans Jonas' Freund Kurt Blumenfeld vorstand – wovon Heidegger nichts wusste. Dort wurde einer unbedingten Trennung der Völker das Wort geredet. «Kurt Blumenfeld (...) vertrat die Ansicht», berichtet Richard Lichtheim, «dass der deutsche Zionist aufhören müsse, sich als Deutscher zu betrachten, auch wenn er de facto noch kulturell und wirtschaftlich an Deutschland gebunden war (...), dass die freie Entfaltung der jüdischen Persönlichkeit nur durch eine vollständige Identifizierung mit der Vergangenheit und Zukunft des eigenen Volkes möglich sei (...), dass Zionismus eine das Leben jedes einzelnen Juden bestimmende Wendung bedeute (...), die jedes taktische oder sachliche Kompromiss mit der Galuthexistenz ausschließen müsse.»[52]

Anfang Juni 1932 hält Heidegger in Dresden den Vortrag «Vom Wesen der Wahrheit». In Halle an der Saale trifft er sich mit Elisabeth Blochmann, die dort eine Professur für Pädagogik innehat. Sie habe ihn abgeholt, meldet er seiner Frau; «sie sah ziemlich angegriffen aus; die Arbeit ist nicht leicht und die politischen Dinge bewegen sie sehr».[53] Mit ihr fährt er nach Weimar. «Abends war ich bei Blochmanns. Der alte Herr ist reizend – hat in Mainz gedient u. würde sich mit Vater sehr gut unterhalten; liebt einen guten Tropfen u. einheimische Leberwurst; ich konnte zu seiner Freude mittun.»[54]

Es kommt zwischen ihm und der Freundin zu Spannungen, die Heidegger nachträglich herunterzuspielen versucht. Am 11. Juni 1932 bedankt er sich bei Elisabeth für die «zwei schönen Tage».[55] Romantisch klingt im Rückblick die «Stimmung ihres jungen Herzens» herauf, an die er sich erinnert, da sie ihm die Gegend ihres Aufwachsens zeigte: «Es war mir in dem Augenblick, als schenkten Sie mir ein altes Schmuckkästchen mit Kleinodien. Und dann der schöne – versponnene u. übergrünte Friedhof – von dem Sie ein Wort sagten, das ich nur schwer deuten kann. Und dann die Goethesche Landschaft u. Welt – Ihren prächtigen Vater u. die treue Schwester – Alles nahm ich mit u. es waren die Blumen, die ich von dieser Reise mitbrachte. Die schönste – die nun besonders leuchtend u. still fortblüht, ist das Verstehen u. die Klarheit, mit der Sie meine Arbeit sehen u. zugleich in Ihrer Weise in die Ihre hineinnehmen.»[56] Letzte Momentaufnahme einer Bildungsidylle! Die Stimmung der Herzensnähe versucht Heidegger auch bei ihr zu erhalten; was sie verbindet, soll nicht zerbrechen. Deshalb erscheint ihm ihr Verstehen seiner Arbeit «wie eine Brücke – über die das Schaffen noch zurückkann an ein Ufer».[57] Der Dissens soll zurücktreten: «Dass wir über die politischen Dinge nicht überein gekommen sind, wird unsere Freundschaft nicht antasten – sondern nur erproben u. festigen.»[58]

Elisabeth Blochmann wollte Heidegger nicht so einfach davonkommen lassen. Die «politischen Dinge» waren für sie, Tochter einer jüdischen Mutter, unmittelbar existentielle, die sich nicht auf ein separates Gleis schieben ließen. Ihr Brief ist zwar nicht erhalten, sein Ton aber lässt sich erschließen, denn so beginnt Heideggers Antwort vom 22. Juni 1932: «Liebe Elisabeth! Ich danke Ihnen, dass Sie diesen Brief geschrieben haben. Was ich zu sagen habe, soll nicht rechtfertigen sondern verständlich machen.»[59] Und Heidegger schließt, nachdem er Politisches und Metapolitisches dargelegt hat: «Aber das alles ist doch nicht wesentlich. Ich hätte das alles doch anders zur Geltung bringen können. Und deshalb haben Sie, liebe Freundin, im Entscheidenden recht. Ich danke Ihnen, dass Sie mirs sagten. Die Wirklichkeit Ihrer Freundschaft ist mir um so näher. Ein ander Mal Anderes.»[60]

Die Gespräche mit Elisabeth müssen zuweilen sehr scharf geworden sein. Die gegenwärtige öffentliche Rede über Politik, schreibt

Heidegger, sei «eine rein literarische Angelegenheit erwachsen aus einem Liberalismus, der die Dinge nur kennt, soweit sie ihm im Umkreis der ‹Bildung› zufallen».[61] In den Gesprächen, die alle «im Grunde Brüning» – also den gerade gestürzten Reichskanzler – «u. das Zentrum betrafen, erwuchs der Schein von Parteipolitik. Aber eben *so* sehe ich das Zentrum nicht – sondern ich sehe *Rom* – *Moskau* – und – ja und – ich will sagen, die *Griechen*, von denen Nietzsche sagte, dass allein die *Deutschen* ihnen gewachsen seien.» Heideggers Linie ist deutsch-griechisch, es ist die seiner Philosophie; Rom und Moskau, Katholizismus und Kommunismus in ihren Herrschaftsansprüchen bekämpft er. Gegen das Zentrum bricht seine ganze Heftigkeit durch: «Kommunismus u.a. ist vielleicht grauenhaft, aber eine klare Sache – Jesuitismus aber ist – verzeihen Sie – teuflisch.» Er gerate in solche Leidenschaft, entschuldigt er sich, «weil es mich unmittelbar in Kämpfe zurückversetzt, die nur selten in dieser Härte durchgefochten werden».[62]

Es ist in diesen Tagen, dass Heidegger in den «Schwarzen Heften» Abschied von seinem bisherigen Werk nimmt: «Heute (März 1932) bin ich in aller Klarheit dort, von wo mir die ganze vorige Schriftstellerei (Sein und Zeit, Was ist Metaphysik?, Kant-Buch und Vom Wesen des Grundes I und II) fremd geworden ist. Fremd wie ein stillgelegter Weg, der in Gras und Strauch verwächst – ein Weg, der doch das bei sich behält, dass er in das Da-sein als Zeitlichkeit führt.»[63]

Seit die «Schwarzen Hefte» 2014 zu erscheinen begannen (insgesamt handelt es sich um vierunddreißig schwarze Wachstuchhefte), begründen sie ein eigenes Sub-Genre der Heidegger-Literatur, in dem es vor allem um die Analyse des Antisemitismus und der NS-Nähe geht. Ich werde darauf zurückkommen. Zuvor aber muss man fragen, womit man es überhaupt zu tun hat, welche Art von Texten wir hier lesen. Heidegger hat das erste Heft mit einem vermutlich später formulierten Vorspruch versehen: «*Die Aufzeichnungen der schwarzen Hefte* / sind im Kern / Versuche des einfachen Nennens – / keine Aussagen oder gar Notizen / für ein geplantes System.»[64] Erhalten hat sich die Folge erst ab Heft II, dessen Titelblatt auf den Oktober 1931 datiert ist. Die Form dieser Hefte ist nicht ganz leicht zu bestimmen. Es handelt sich nicht um geschlossene Abhandlungen, sondern um Gedanken in einem noch experimentierenden Stadium, aber das Wort «Notizbücher» wollte Heidegger nicht gelten lassen.[65] Er zog es vor, von «Werkstattaufzeichnungen» zu sprechen. Völlig ausgeschlossen bleiben die üblichen Gegenstände von Tagebüchern. Kaum werden die faktischen Ereignisse in der Nahumgebung notiert, übrigens auch keine Liebesgeschichten oder etwa mit ihnen zusammenhängende Träume. Gelegentlich finden sich Beschreibungen von Wetter, Himmel und Landschaft, in denen sich die Gedanken verorten.

Man könnte sagen, die «Schwarzen Hefte» bilden im Guten und im Bösen den «Hof» des Werks; so, wie der Vollmond zuweilen von einem Hof umgeben ist. Aber auch das ist noch zu resultathaft gesehen. Dynamisch betrachtet, ergibt sich der Befund, dass Heidegger hier die vorantreibenden Motive seines Denkens versammelte. Wir sahen ihn in seinen frühen Jahren, in seinen ersten akademischen Schriften, zwischen den Akten des «Urteilens» und des «Fragens» begriffen. Wenn später die Abhandlungen und Vorlesungen jeweils einen Stand und Status seines Denkens fixieren, dann sind die «Schwarzen Hefte» der Ort, wo sich das Fragen und nie aussetzende Aufbrechen fast in Reinform konzentriert.

Heideggers Miene erscheint auf nicht wenigen Fotos unwirsch oder mürrisch, und erst hier merkt man, dass der Adressat solcher Stimmungen zunächst einmal er selbst ist. Eine stoßende und nie weichende Unzufriedenheit mit dem bisher Erreichten kennzeichnet ihn, insofern ist die emphatische Rede von einem «Weg» eine gute und realistische Beschreibung. Es kann nicht darum gehen, ein System abzuschließen, indem man zu einer Logik noch eine Ethik und eine Ästhetik schreibt, sondern die «Schwarzen Hefte» artikulieren fast ausschließlich das Ungenügen dessen, was schon vorliegt. Die Unruhe findet die ihr gemäßen Formen und Gestaltungsmöglichkeiten. Die Arbeit seit «Sein und Zeit» müsse «als schärfste Gegnerschaft bewahrt und verstärkt werden». «Bisher», notiert Heidegger 1932, «war mir der Weg noch viel zu leicht, ein Spiel fast mehr, in dem die Dinge zufielen – denn ein Kampf.»[66] «Die überlieferten Sätze vom Sein in Fragen verwandeln», heißt es kurz zuvor, «die Fragen als Wirbel in das Gründen der Ermächtigung zurückversetzen.»[67] Kaum noch zu steigern ist die wilde Unruhe in einer anderen Aufzeichnung: «Den Menschen hindurchjagen durch die ganze Fremdheit und Befremdlichkeit des Wesens von Sein bei aller Wesentlichkeit desselben. Beides in Einem erwirken: Befremdlichkeit des Wesens und Unumgänglichkeit desselben. Und dieses Aufjagen und Nicht-zur-Ruhe kommen-Lassen einfach ‹nur› durch wachsendes sachliches Erfragen – die Grundstimmungen in Blick und Haltung, aber nirgends im Wort!! Aufjagen in die (erste) Unumgänglichkeit. Hindurchjagen durch die völlige Befremdlichkeit. Erjagen die ganze Allein-heit des Menschen – und dann beginnt die Jagd der Ermächtigung.»[68] Das war eine Sprache, die in den Abhandlungen und Vorlesungen keinen Ort haben konnte, die aber als Beben im Hintergrund den Lesern und Hörern spürbar wurde.

Wahrheit und Geschichte, Volk und Geschichte sind nun verbunden. Es bleibt das Problem zu lösen: Wie verhalten sich Wahrheit und Volk zueinander? 1930 hält Heidegger den Vortrag «Hegel und das Problem der Metaphysik», der die Richtung einer Antwort andeutet. Heidegger zitiert Hegel mit den Worten über «das sonderbare Schauspiel (...) *ein gebildetes Volk ohne Metaphysik* zu sehen, – wie einen sonst mannigfaltig ausgeschmückten Tempel ohne Allerheiligstes».[69] Man erkennt in seiner Interpunktion die Erregung, die ihn ergriffen hat: Jetzt, 1930, trete «der Weltgeist selbst in ein neues Weltalter (...). An uns ist es, dieses Geschehen zu vernehmen, diesen Ruck zu spüren!!, in der rechten Weise in sein Wollen einzuspringen. Tun wir solches, dann dienen wir der geheimnisvollen Aufgabe, die gerade Hegel in ihrer ganzen Größe begriffen hat, – die Aufgabe, einem Volk die verlorene Metaphysik zurückzugeben.»[70] Im Wintersemester 1931/32 hält Heidegger die Vorlesung «Vom Wesen der Wahrheit/Platon», und die Verknüpfung wird noch deutlicher: «Die Unverborgenheit besteht nicht irgendwo an sich oder gar als Eigenschaft der Dinge. Sein geschieht als Geschichte des Menschen, als Geschichte eines Volkes.»[71]

Im Sommersemester 1932 hält Heidegger eine Vorlesung über Anaximander und Parmenides. Das ist neu, er geht einen Schritt vor Platon zurück, um sich des Anfangs zu versichern. Nun weiß er, dass eine neue Aufgabe sich stellt und warum er längst jenseits von «Sein und Zeit» steht: «Unser Auftrag: der Abbruch des Philosophierens.» Damit beginnt die Vorlesung.[72] Die sogenannten Vorsokratiker werden wichtig, nicht als Vorbilder, die man kopieren oder übernehmen könnte, sondern um Anhaltspunkte zu gewinnen für das Vorhaben, das Heidegger dann den «anderen Anfang» nennen wird. Und wieder tritt das Volk in eine Konjunktion mit der Philosophie: «Wir wollen den *Anfang* der abendländischen Philosophie aufsuchen. (...) Die abendländische Philosophie hat ihren Beginn im 6. Jahrhundert vor Christus bei dem kleinen, verhältnismäßig abgeschlossenen und rein auf sich gestellten (??), Volk der Griechen.»[73]

Von nun an stehen sich in Heideggers Denken die beiden maßgeblichen Völker in ragender Höhe gegenüber, die Deutschen und die Griechen; der erste und der andere Anfang. Das ist es, was diesen Neueinsatz in die echte Zeitgenossenschaft zum Nationalsozialismus bringt. Heidegger muss sich nicht eigens antisemitisch äußern: Es gibt kein Außerhalb mehr in dieser Korrespondenz des hohen deutsch-griechischen Denkens, keine fremden Fermente. In der Vorlesung hört man den entscheidenden und nie mehr revidierten

Gedanken: «Römertum, Judentum und Christentum haben die anfängliche Philosophie – d.h. die griechische – völlig verändert und umgefälscht.»[74] Insofern war Hannah Arendt nicht nur psychologisch, sondern vor allem philosophisch im Recht gewesen, als sie Heidegger im Winter 1932 brieflich nach seinem Antisemitismus fragte, und seine heftige Verneinung war nicht ganz aufrichtig.

Heidegger ist bereit für die Rolle, die er dem Denker zugesprochen hat. Philosophie «*ist*», so notiert er um 1932, durch Kursivierung betont, «in sich – nicht nur beiläufig – sondern in ihrem Tun Geschichte».[75] In den «Schwarzen Heften» wird 1932/33 erschreckend etwas deutlich, das man «metaphysische Egozentrik» nennen möchte. Nicht allein deutet *er*, der Deutsche, auf den Nationalsozialismus, sondern in viel höherem Maße gilt das Umgekehrte, Volk und Führer deuten stets und immer auf ihn: «Der Deutsche allein kann das Sein ursprünglich neu dichten und sagen – er allein wird das Wesen der theoria (griech.) neu erobern und endlich die Logik schaffen.»[76] Das hört sich verstiegen an, aber ganz versteht man den Satz erst, wenn man dessen inne wird, *was* da der Deutsche und er allein kann: nämlich philosophieren und das Sein sagen wie eben vor allem Heidegger. Im Herbst 1932 notiert er: «Ein herrlich erwachender volklicher Wille steht hinein in ein großes Weltdunkel.»[77] Die übernächste Aufzeichnung nennt den Zweck: «Die Unvergleichbarkeit der Weltstunde, deren Schlagraum die deutsche Philosophie zum Erklingen bringen soll.» Der Zweck aller Veranstaltungen der Weltstunde ist die deutsche Philosophie. Ist er selbst, wie sie sein Zweck ist. Und die Fortsetzung: «Aber – zur Philosophie müssen wir erst reif werden und diesem Reifen muss erst Boden und Sturm und Sonne bereitet sein – das volkliche Geschehen könnte dahin drängen – wird es?»[78]

Alles bezieht sich auf ihn selbst zurück. Fast grotesk in der Egozentrik, die bedenklicher sein mag als das politische Fehlurteil, mutet dann eine Aufzeichnung aus der Zeit des Rektorats an: «Die große

Erfahrung und Beglückung, dass der Führer eine neue Wirklichkeit erweckt hat, die unserem Denken die rechte Bahn und Stoßkraft gibt. Sonst wäre es bei aller Gründlichkeit doch in sich verloren geblieben und hätte nur schwer zur Wirkung gefunden.»[79]

19. KAPITEL

Die Heideggersche Linke: Herbert Marcuse

Am 8. Juli 1928 meldete Karl Jaspers an Heidegger: «Gestern kam ein Heidegger-Heft, das Sie gewiss auch haben. Ich konnte es noch nicht lesen, sah nur beim Aufschlagen, dass Sie mit dem Marxismus zusammengebracht werden.»[1] Der Aufsatz, die Gründungsurkunde des Heidegger-Marxismus, stammte von Herbert Marcuse und trug den Titel «Beiträge zu einer Phänomenologie des historischen Materialismus».

Marcuse, der 1922 mit einer Arbeit über den Künstlerroman in Freiburg promoviert worden war, kehrte 1928 – unter dem Eindruck, den «Sein und Zeit» sowie Vorlesungsnachschriften ihm gemacht hatten – aus Berlin dorthin zurück, und er blieb in Freiburg bis zum Wintersemester 1932/33. Im Rückblick, der unter dem Titel «Enttäuschung» steht, hat Marcuse seine anfängliche Faszination beschrieben: «Heideggers Werk erschien mir und meinen Freunden ein Neu-Beginnen: wir erlebten sein Buch (...) als eine *konkrete* Philosophie: hier war von der Existenz die Rede, unserer Existenz, von Angst und Sorge und Langeweile usw.»[2] Im Januar 1933 – «ein paar Tage vor Hitlers Machtergreifung» – ging er zunächst nach Zürich, dann nach Genf.[3] In der inzwischen exilierten, von Max Horkheimer herausgegebenen «Zeitschrift für Sozialforschung» erschienen 1933 seine ersten Buchbesprechungen, 1934 machte das zweite Heft auf mit seinem Beitrag «Der Kampf gegen den Liberalismus in der autoritären Staatsauffassung», der mit einer scharfen Kritik an Heideggers NS-Engagement schließt.

Herbert Marcuse um 1935 mit seiner Frau Sophie, geborene Wertheim, und seinem Sohn Peter. Marcuse hatte in den zwanziger Jahren versucht, in einer Verbindung von Heideggers Daseinsanalyse und dem Marxismus zu einer «konkreten Philosophie» zu kommen. 1933 emigrierte er, sein intellektueller Weg führte in das Institut für Sozialforschung.

Der von Jaspers mit Erstaunen wahrgenommene Aufsatz erschien in den «Philosophischen Heften», die diesmal ihre ganze Ausgabe «Sein und Zeit» gewidmet hatten. Marcuse wollte der Analytik des Daseins eine marxistische Basis geben. «Wenn wir so einerseits fordern, dass die von Heidegger begonnene Phänomenologie des Daseins zur dialektischen Konkretion vordringt und sich vollendet in einer Phänomenologie des konkreten Daseins und der jeweils geschichtlich geforderten konkreten Tat, so muss andererseits die dialektische Methode des Erkennens phänomenologisch werden und die Konkretion als volle Erfassung ihres Gegenstandes auch nach der anderen Richtung hin sich zu eigen machen.»[4] Angestrebt wird also ein Bezug zur «konkreten Tat». Schon hier allerdings vermisst Marcuse bei Heidegger etwas: «So mangelt es z. B. einer Phänomenologie des menschlichen Daseins an der notwendigen Fülle und Deutlichkeit, wenn sie an dem materialen Bestand des geschichtlichen Daseins vorbeigeht. Es ist dies, wie schon angedeutet, der Fall Heideggers.»[5]

Marcuse hatte sehr bestimmte Vorstellungen von seiner eigenen Aufgabe: Was Heidegger nur begonnen hatte, würde er vollenden. Sein Entwicklungsgang war einzigartig: vom Studium bei Heidegger in das Institut für Sozialforschung und damit zur «Kritischen Theorie» um Max Horkheimer und Theodor W. Adorno. Von den beiden Letzteren unterschied sich Marcuse eben durch den Akzent, den er auf die «Tat» legte. Sie ist ein zentraler Bestandteil seiner Philosophie. Man kann das biographisch nach zwei Seiten hin verfolgen: Zum einen war Marcuse in der Novemberrevolution Mitglied des Soldatenrats von Berlin-Reinickendorf, zum anderen verkündete er 1968, fünfzig Jahre später, die künftige Organisationsform eines libertären Sozialismus: «kleine Räte von Hand- und Kopfarbeitern (...), etwas, das ich, und das meine ich ganz ernst, als organisierte Spontaneität bezeichnen würde».[6] In die Studenten- und Jugendrevolte der sechziger Jahre war er als Ideengeber involviert; ihren Akteuren, etwa Rudi Dutschke und Angela Davis, stand er sehr nah.

So spielte sich Marcuses Leben zwischen Revolutionierungsversuchen ab. Die Pointe seines Philosophierens lag darin, dass es in eine Aktion münden sollte. Man erkennt den Abstand zu Adorno, der in der hitzigsten Zeit das genaue Gegenteil erklärte: «Ich habe in meinen Schriften niemals ein Modell für irgendwelche Handlungen und zu irgendwelchen Aktionen gegeben.»[7] Marcuse suchte zeitlebens den Ort der Philosophie in der Revolution; «Reason and Revolution» war der Titel seines im amerikanischen Exil geschriebenen Hegel-Buches, zu Deutsch: «Vernunft und Revolution». Die revolutionäre Tat bedarf einer Führungsgruppe, die das Wissen verwaltet und in die Bewegung einspeist: Sie bedarf der intellektuellen Kader. In dieser Hinsicht, ebenso wie in der Analyse des Imperialismus, ist der junge Marcuse Leninist. Denn genau dies war die revolutionstheoretische Pointe Lenins gewesen: dass die Arbeiterklasse aus eigener Kraft nur ein gewerkschaftliches Bewusstsein entwickle. «Die Lehre des Sozialismus ist hingegen aus den philosophischen, historischen und ökonomischen Theorien hervorgegangen, die von den gebildeten Vertretern der besitzenden Klassen, der Intelligenz, ausgearbeitet wurden.»[8]

1932 erschien im Verlag Vittorio Klostermann Marcuses umfangreiche Studie «Hegels Ontologie und die Theorie der Geschichtlichkeit». Nach der Einleitung folgt eine Vorbemerkung: «Was diese Arbeit etwa zu einer Aufrollung und Klärung der Probleme beiträgt, verdankt sie der philosophischen Arbeit Martin *Heideggers.* Dies sei gleich Anfangs statt aller besonderen Hinweise betont.»[9] Hegel musste deshalb zum Gegenstand werden, weil von ihm aus die bürgerliche Gesellschaft in den Blick zu nehmen war, zu der Heideggers Denken unmittelbar keinen Zugang bot. Heidegger hatte im Wintersemester eine Vorlesung zu Hegels «Phänomenologie des Geistes» gehalten, die indes nur bis zum Kapitel «Selbstbewusstsein» kam, während das für Marcuse Interessanteste – die gegenstands- und gesellschaftsnahen Kategorien «Begierde» und «Arbeit», auch «Herr und Knecht» –, erst in späteren Abschnitten des Werks auftauchen. Begierde und Arbeit eröffneten einen Weg über Hegel hinaus zu Freud und Marx.[10]

Das Leben sei «Begierde überhaupt», so zitiert Marcuse Hegel. Und der «Prozess der ‹Arbeit› ist die konkrete Bestimmung jener Durchbrechung der Vergegenständlichung, die Hegel als einen

Grundverhalt des Lebens herausgestellt hatte».[11] Die «Phänomenologie des Geistes» geht sogar über in eine Politik, wenn wir Marcuses enthusiastischer Darstellung folgen, denn Hegel schließe «den Vorblick auf die Wirklichkeit des vernünftigen Selbstbewusstseins mit dem Begriff des *freien Volkes* ab».[12] Nirgends in der abendländischen Philosophie seit der Antike sei das Leben «in seinem Tun, die Welt des Lebens als Werk und πρᾶγμα so in das Zentrum der Ontologie gestellt worden» wie in der «Phänomenologie des Geistes».[13] Hier und nur hier sei «die unverstümmelte Konkretheit des Lebens» in der Philosophie einmal fassbar gewesen, hier handle es sich um das «*Leben*», dagegen sei Hegels «Logik» ein Rückschritt, indem sie alles in die Sphäre des «*Gedankens*»[14] versetze. «Die Sache selbst», sagt Marcuse, «in der das Sein des Lebens sich erfüllt», muss «aus dem Wissen getan und im Wissen gehalten werden, – sie muss eine Sache des Geistes sein».[15] Das war die Eintrittskarte zum Orden der Wissenden – dem Institut für Sozialforschung.

Und Heidegger? Er war verabschiedet, er wurde in Wirklichkeit nicht mehr gebraucht; nur als Dank für Vergangenes kann man die Erwähnung seines Namens am Anfang verstehen. Nicht entschlossenes und zum Tode vorlaufendes «Dasein» (wie in «Sein und Zeit») ist das Passwort für Geschichtlichkeit, sondern «Leben» in Begierde und Arbeit. Hegel, und, wie Marcuse im Schlusskapitel zu zeigen versucht, Wilhelm Dilthey haben das Entscheidende gesagt. Hegel kommt der «konkreten» Philosophie näher, schon bei ihm ist das «Leben» in den Mittelpunkt gestellt, und Dilthey bekräftigt es: In Hegels Philosophie habe sich die «vollständige Auflösung des *abstrakten* Begriffs» vom Menschen in den «*geschichtlichen Prozess*» vollzogen.[16] Der Titel «Hegels Ontologie und die Theorie der Geschichtlichkeit» sagt es schon: «Geschichtlichkeit», eine Begriffsprägung Heideggers (vorher ist das Wort nur einmal bei Heine belegt, der mit ihm aber einen anderen Sinn, den einer «toten» Geschichtlichkeit verband), wird diesem entwunden und an Hegel weitergereicht.

Sachlich gab es in diesem Augenblick schon keine Verständigung mehr. Marcuse nennt für die Trennung von seinem Lehrer ausschließlich politische Gründe: «Weder ich noch meine Freunde hatten von Heideggers Beziehung zum Nazismus vor 1933 etwas gewusst oder geahnt. Erst später versuchten wir, eine Affinität zwischen seiner Philosophie und seiner Politik herzustellen.»[17] Wir werden darauf zurückkommen.

20. KAPITEL

«Alles Große steht im Sturm»: Heidegger 1933

Hitler, so soll Heidegger vor der «Machtergreifung» geäußert haben, sei unter allen zur Wahl stehenden Kandidaten für das Amt des Reichskanzlers der Einzige, der «ein Gesicht» habe – so hat es Karl Löwith überliefert, der freilich die Äußerung nicht selbst gehört hatte.[1] Bruder Fritz hatte noch am 30. Januar die Ereignisse im Sinne seiner Karnevalsreden kommentiert, wenn auch mit einem düsteren Schluss: «Weimar ist tot, mausetot. Der deutsche Mensch atmet auf; wir werden ein nationales Pfingstfest erleben. Sogar die Wirtschaft wird vom hl. Geist der Politik erfüllt, es geht nun von selbst aufwärts wie bei der Schauinsland-Bahn; ganz von selbst wird es Tote geben, auch das gehört dazu.»[2] Ein wenig denkt man bei diesem Brüderpaar an Don Quijote und Sancho Panza.

In den ersten Wochen nach der «Machtergreifung» Hitlers liest Heidegger zusammen mit Elisabeth Blochmann, die nach Freiburg gekommen ist, Platons Phaidros. Es handelt sich um ein Gespräch von der Liebe, vom erotischen Wahnsinn, den Sokrates preist, weil er die Seele aus dem Alltäglichen herausreißt und zu höherer Betrachtung führt. In diesem Zustand könne die Seele «weder des Nachts schlafen, noch bei Tage irgendwo ausdauern, sondern sehnsüchtig eilt sie immer dahin, wo sie den, der die Schönheit besitzt, zu erblicken hofft. (...) Denn außer ihrer Verehrung hat sie auch in dem Besitzer der Schönheit den einzigen Arzt gefunden für die unerträglichen Schmerzen. Diesen Zustand nun, o schöner Knabe, zu dem ich rede, nennen die Menschen Liebe.»[3] Noch im vergangenen Jahr hatten die beiden heftig über Politisches gestritten. Aber seltsam: Nun scheint eine innige Windstille über ihrem Verhältnis zu liegen.

Elisabeth fährt mit der Frau des Historikers Hermann Heimpel im Schwarzwald Ski.[4] Heute, so schreibt Heidegger ihr am 22. März, «möchte ich Ihnen nur sagen, wie dankbar ich Ihnen bin, dass Sie kamen. Es waren *so* schöne Tage für mich, dass ich sie noch gar nicht ausschöpfe –, – u. der Sommer wird nun ganz anders dadurch dass Sie da waren.»[5] Der Abschied wurde ihm schwer. Eine gute Woche später ist er immer noch erfüllt von der gemeinsamen Zeit: «Der strahlende Tag auf dem Stübenwasen liegt wie ein Märchen in meiner Erinnerung. Und die Stunden – zu kurz u. zu gedrängt – die wir dem Plato widmen konnten, denk ich mir nur als einen Anfang. (…) Und diese Stunden müssen recht bald wieder kommen.»[6]

Wiederum eine gute Woche nach diesem Brief wird das «Gesetz zur Wiederherstellung des Berufsbeamtentums» erlassen, auf dessen Grundlage man Elisabeth Blochmann ihre Hallenser Professur und jede weitere Arbeitsmöglichkeit in Deutschland entziehen wird. Blicklos für alles, was nicht ihn und sein Denken betrifft, hatte Heidegger ihr am 22. März angekündigt: «Alles Kommende wird schwere Aufgaben bringen u. es ist dafür gesorgt, dass wir's uns nicht zu leicht machen – auch wenn die meisten meinen, nun sei schon alles gesichert.»[7] Dies wird seine größte Sorge im kommenden Dreivierteljahr sein: dass der revolutionäre Impuls vor der Zeit erlahmt. Heidegger ist ein Radikaler, der geistige Kampf ist ihm überantwortet. Am 30. März schreibt er an Elisabeth: die «Auseinandersetzung mit dem ‹Marxismus› u. dem Zentrum muss in ihrem eigentlichen Sinn versacken, wenn sie nicht heranreift zu einer Auseinandersetzung mit dem Widergeist der kommunistischen Welt und nicht minder mit dem absterbenden Geist des Christentums.»[8]

Kurz zuvor, vom 18. bis zum 23. März, hatte Heidegger in Heidelberg Jaspers besucht. Die Stimmung muss eigentümlich gewesen sein. Die beiden Männer beobachteten einander, ohne den Konflikt aufbrechen zu lassen. Jaspers erinnerte sich später: «Ende März 1933 war Heidegger zum letzten Mal zu einem längeren Gespräch bei uns. Trotz des in den Märzwahlen siegreichen Nationalsozialismus unterhielten wir uns wie früher. Er kaufte mir eine Platte mit Gregorianischer Kirchenmusik, die wir uns anhörten. Schneller als ursprünglich geplant reiste Heidegger ab. ‹Man muss sich einschalten›, sagte er angesichts der schnellen Entwicklung der nationalsozialistischen Realität. Ich wunderte mich und fragte nicht.»[9]

Gegenüber Elfride skizziert Heidegger in einem Brief aus Heidelberg sein aktuelles Vorhaben, nämlich «die Metaphysik des deutschen Daseins in seiner Urverbundenheit mit den Griechen zum wirkenden Werk» werden zu lassen. In dieser Hinsicht gerade, so fügt er an, «denkt Jasp. zu ‹menschheitlich› u. muss es auch, wenn er sich nicht selbst negieren will».[10] Das ist noch kein Bruch, nur ein deutlicher Abstand, auf den beide mit heftigen Gefühlen reagieren. Man habe, meldet Heidegger an Elfride, «vom ersten Augenblick an den alten Kontakt» und stehe «schon ganz in allen bewegenden Fragen. Es erschüttert mich, wie dieser Mensch urdeutsch u. mit dem echtesten Instinkt u. der höchsten Forderung unser Schicksal u. die Aufgaben sieht u. doch gebunden ist durch die Frau – die übrigens heute einen ‹glücklicheren› – d.h. günstigeren Eindruck macht als damals.»[11]

Man hatte einander verfehlt. «Ich sprach über die Judenfrage», berichtet Jaspers viel später, «über den bösartigen Unsinn von den Weisen von Zion, worauf er: ‹Es gibt doch eine gefährliche internationale Verbindung der Juden.›» Mit einer solchen Verbindung hatten die Nationalsozialisten den beschämenden «Judenboykott» vom 1. April 1933 rechtfertigen wollen. Tatsächlich gab es vor allem in den Vereinigten Staaten im März 1933 eine einflussreiche Bewegung für den Boykott deutscher Waren, mit dem man auf die judenfeindlichen Maßnahmen (wie das «Gesetz zur Wiederherstellung des Berufsbeamtentums») reagieren wollte. Wie soll, so fragte Jaspers weiter, «ein so ungebildeter Mensch wie Hitler Deutschland regieren»? – «Bildung ist ganz gleichgültig», habe Heidegger geantwortet, «sehen Sie nur seine wunderbaren Hände an!»[12]

Im April schrieb Jaspers an Heidegger: «Sie sind bewegt von der Zeit –, ich bin es auch. Es muss sich zeigen, was eigentlich in ihr steckt.»[13] Auch das ist kein Bruch. Aber Jaspers lässt auch eine Wirklichkeit zu Wort kommen, die Heidegger nicht thematisieren will. «Ich war inzwischen in Berlin – Sorgen um Angehörige – heute nacht kamen wir zurück.» Es handelte sich um Jaspers' jüdischen Schwager, den Arzt Ernst Mayer. Wahrgenommen, schreibt Jaspers, habe er die Berliner Atmosphäre, «wie sie in deutschnationalen und wie sie in jüdischen Kreisen aussieht».[14] Kein weiteres Wort war nötig: Vom sogenannten Judenboykott des 1. April waren auch Arztpraxen betroffen gewesen. Wenn Heidegger etwas nicht sah, dann deshalb, weil er es nicht sehen wollte. An den Bruder schrieb er am 4. Mai: «Du darfst die ganze Bewegung nicht von unten her betrachten, sondern vom Führer aus und seinen großen Zielen. Ich bin gestern in die Partei eingetreten nicht nur aus innerer Überzeugung, sondern auch aus dem Bewusstsein, dass nur auf diesem Wege eine Läuterung und Klärung der ganzen Bewegung möglich ist.»[15] Fritz wird ermahnt, «in keiner Weise auf das zu achten», was um ihn herum vorgehe «an niedrigen und weniger erfreulichen Dingen».[16] Am 21. April war Heidegger zum Rektor der Freiburger Universität gewählt worden.

Zum letzten Mal sehen sich die beiden Philosophen im Sommer anlässlich von Heideggers Vortrag «Die Universität im neuen Reich».[17] Jaspers entgeht eine «trennende Stimmung» nicht.[18] Selbstkritisch bemerkt er über sein eigenes Verhalten, er habe sich damals «unoffen» gezeigt. Andererseits sagt er, Heidegger sei zwar im Sommer schon «ein anderer» gewesen, «aber im persönlichen Umgang, schien mir, noch das gleiche Vertrauen».[19] Diese Äußerungen sind alles andere als eindeutig, wie vielleicht die Stimmung selbst von Sekunde zu Sekunde umgeschlagen sein mag. «Ich suchte

Heidegger zur Begrüßung oben in seinem Zimmer auf. ‹Es ist wie 1914 …› begann ich, und wollte fortfahren: ‹wieder dieser trügerische Massenrausch›, aber angesichts des den ersten Worten strahlend zustimmenden Heideggers blieb mir das Wort im Hals stecken.»[20]

Eingeladen hatte Heidegger die Heidelberger Studentenschaft im Rahmen ihres politischen Erziehungsprogramms. Der Saal war übervoll, per Lautsprecher wurde die Rede ins Audimax übertragen. Ganz im Sinne seines Radikalismus verkündete Heidegger: «In Deutschland ist Revolution, und wir müssen uns fragen: *ist Revolution auch auf der Universität?* Nein.» Jaspers kommentierte später: «Es war ein in der Form meisterhafter Vortrag, im Inhalt ein Programm nationalsozialistischer Universitätserneuerung … Ihm dankte ein gewaltiger Applaus der Studenten und einiger weniger Professoren. Ich saß vorn am Range mit weit vorgestreckten Beinen, die Hände in den Taschen, und rührte mich nicht.»[21] Richtig bemerkt er, Heideggers Zielsetzungen in der Universitätsrede gingen «weiter als das, was damals öffentlich von den Nazis gesagt wurde».[22] «Ich sagte ihm, man habe erwartet, dass er für unsere Universität und ihre große Überlieferung sich einsetzen würde. Keine Antwort.»[23]

Sein eigenes Urteil über Heidegger relativierend, schreibt Jaspers später: «Er wusste 1933 so wenig wie wir alle, was daraus werden würde: Wohl war gewiss: Rechtswidrigkeit, Beeinträchtigung der Juden, Beraubung von Positionen (…) – aber ahnte nicht (so wenig wie wir): Mord, planmäßige Tötung.»[24] Im Sommer 1933 stehen die beiden Philosophen vor den Ruinen ihrer Freundschaft. Keiner will den Sachverhalt aussprechen.

Von Anfang 1933 bis Anfang 1934 ein einziger Reigen der Feste und Feiern, der Aufmärsche und Massen, des Gedenkens und der Ergriffenheiten, der Fackeln, Sprechchöre und Lieder. Revolutionen lieben es, sich in solchen Inszenierungen zu zeigen, schon die große französische Erhebung hatte ihre Erhabenheit in Massenchoreographien

Heidegger (mit Amtskette) an der Spitze der Professorenschaft. Aufgenommen vermutlich am 1. Mai 1933, der vom Regime zum «Tag der nationalen Arbeit» erklärt worden war.

ausgestellt.[25] Die Feste sind Lehrerinnen der Nationen. Sie werden auf die symbolpolitisch denkwürdigen Daten hin ausgerichtet. Man könnte von säkularen Liturgien sprechen, weil die Wirkung nicht über das Wort allein, sondern ebenso über Musik, über den Rhythmus des einzelnen oder gemeinsamen Sprechens und Bekennens, im vitalen Mitschwingen, schließlich über visuelle Signale wie Fahnen erreicht wird. Von einem «Ornament der Masse» hatte Siegfried Kracauer gegen Ende der Weimarer Republik gesprochen. Damals ging es noch um die Revue-Girls, die ihre Beine im gleichen Takt schwangen, nun spielt sich vieles unter freiem Himmel und unter Männern ab.

Heidegger ist nicht selten der Zeremonienmeister solcher Veranstaltungen. Zum 1. Mai ergeht ein Schreiben an die «Herren Dozenten»: «Die Beteiligung der Hochschullehrerschaft an der

Kundgebung zur Feier des Tages der nationalen Arbeit ist ein Gebot der Stunde. (...) Die Studentenschaft (u.a. Waffenring, kath. Korporationen) beteiligt sich geschlossen an dem Aufmarsch. Die Dozenten gehen an der Spitze der Studentenschaft und sind mit dieser in die erste Kolonne des Aufmarsches eingegliedert. Assistenten und Beamtenschaft der Universität folgen der zweiten Gruppe der studentischen Korporationen ebenfalls in der ersten Kolonne.»[26] Am 17. Mai war Hitlers Rede zum Austritt Deutschlands aus dem Völkerbund über Lautsprecher ins Stadion der Universität übertragen worden. Heidegger fügt eine kurze Ansprache an, die mit einem «deutschen Sieg Heil» auf Hitler schließt. Am 26. Mai spricht er während einer Vorlesungspause vor der Universität Gedenkworte für Leo Schlageter. Dieser, von der französischen Besatzungsmacht zehn Jahre zuvor wegen Sabotageanschlägen im besetzten Ruhrgebiet hingerichtet, war Student der Freiburger Universität gewesen.

Einen Tag später, bei der Rektoratsrede am 27. Mai, waren SA-Abteilungen mit Hakenkreuzfahnen, auch Abordnungen der schlagenden Verbindungen zugegen. Musikalisch umrahmt war das Ereignis von Brahms' «Akademischer Festouverture», dem Deutschland- und dem Horst-Wessel-Lied sowie dem Huldigungsmarsch von Wagner.[27] Am 14. Juni spricht Heidegger zur Übergabe des Wohnhauses der Studentenschaft.[28] Zur «Bismarck- und Sonnwendfeier» im Juni 1933 kündigt er die «Bismarck- und Feuerrede des Herrn Privatdozenten *Dr. Stadelmann*» an und zugleich den Dresscode *«Straßenanzug»*.[29] Heidegger spricht den «Feuerspruch»: «Flamme! Dein Lodern künde uns: Die deutsche Revolution schläft nicht, sie zündet neu umher und erleuchtet uns den Weg, auf dem es kein Zurück mehr gibt.»[30] Die Menschen werden nicht nur «gleichgeschaltet», sondern in Festen, Aufmärschen und Liedern rhythmisch synchronisiert. Eine «Kurze Anti-Versailles-Kundgebung» folgt am 28. Juni, wie in vielen Städten; Deutschland hatte auf den Tag vierzehn Jahre zuvor den Vertrag unterzeichnet.

Anfang August hält Heidegger die «Tischrede bei der Feier des fünfzigjährigen Bestehens des Instituts für Pathologische Anatomie an der Universität Freiburg». Unheimlich berührt sein Gedanke, dass das «Wesen der Gesundheit keinesfalls zu jeder Zeit und bei jedem Volk in demselben Sinne bestimmt wurde».[31] Jedes Volk gebe sich für das, was als gesund und krank zu gelten habe, «je nach der inneren Größe und Weite seines Daseins selbst das Gesetz».[32] Es war Heideggers Glück, vom Nationalsozialismus bald wieder so abgestoßen zu sein, dass er solcher Biopolitik nicht weiter frönen konnte; die Rede war ein einmaliger, nicht weiterverfolgter Vorstoß in einen Bezirk, in dem bald die Greuel begannen.

Am 3. September spricht Heidegger auf dem 22. Verbandstag des Landesverbandes Badischer Schreinermeister.[33] Vom 4. bis zum 10. Oktober findet in Todtnauberg das Ferienlager der Dozenten und Assistenten statt. Eines der Ziele sei das «lebendige Näherbringen der Ziele einer nationalsozialistischen Umwälzung des Hochschulwesens».[34] Hier kommt es zu Konflikten verschiedener Fraktionen von NS-Studenten. An Elisabeth Blochmann berichtet Heidegger am 16. Oktober, er habe «*viel* gelernt. In der Mitte der Lagerzeit musste ich aber 20 Leute entlassen – die nicht dahin passten. So ein Lager ist eine *große Probe* – für jeden – und gefährlich.»[35] Die «Feierliche Immatrikulation verbunden mit Langemarck-Gedächtnis» findet am 25. November statt, sie beginnt um elf Uhr mit dem «Einzug der Universitätsfahnen und der Dozentenschaft» in die Aula. Es folgt die Rede des Rektors Heidegger, dann erklingt das Horst-Wessel-Lied. «Anschließend allgemeiner Zug vorbei an der Gefallenen-Gedenktafel zum Ehrenmal vor der Universität.» Am Denkmal spielen Bläser «Wir treten an zum Beten», eine weitere Ansprache, dann spielen die Bläser «Ich hatt' einen Kameraden», Kranzniederlegung, Deutschlandlied.[36]

Am 22. Januar eröffnet Heidegger die Schulungskurse für Notstandsarbeiter der Stadt Freiburg an der Universität. Es handelte sich um politische Indoktrinierungsveranstaltungen, in denen Studenten als Lehrer fungierten. Man kann von dem «sozialistischen» Teil des Nationalsozialismus sprechen, insofern hier nicht die private Wirtschaft, sondern Arbeitsbeschaffungsmaßnahmen der Stadt im Vordergrund standen. Programmatisch war diese Verbindung von Arbeit und Universität als ein Schritt zur «Volksgemeinschaft» gedacht.[37] «Arbeit» ist die übergreifende Wirklichkeit, die die einstigen Klassen verbindet. Am Schluss wird Hitler als der Mann des «unerhörten Willens» gepriesen, der den «Arbeitsstaat» entwarf. Heidegger spricht in diesen Wochen von der «überlebten Bürgerlichkeit».[38]

In dem Augenblick, da er in der Vorlesung des Kriegsnotsemesters 1919 zu einer ersten Formulierung seiner Denkrichtung gekommen war, hatte Heidegger auch schon das Verhältnis zu den Einzelwissenschaften und damit zur Institution der Universität bestimmt. Er beansprucht für die Philosophie eine ausgezeichnete Rolle in diesem Gefüge. Und er kann die Philosophie nicht denken, ohne zugleich Führungsansprüche zu erheben. Deshalb stand seine erste Projektbeschreibung unter dem Titel einer «Urwissenschaft»: Das ist eine, wir haben es schon gehört, die logisch allen anderen vorausliegt und nie aus diesen erst zu begründen wäre. Heidegger sah die Urwissenschaft in seiner Version der Phänomenologie verwirklicht. Er hatte eine Position gefunden, von der aus die Denkform Theorie, Theorie als solche, als ein Abgeleitetes erkennbar wird.

Knapp ein Jahrzehnt später, in seiner Freiburger Antrittsvorlesung, also in einem herausgehobenen Augenblick seiner Karriere – und nun vor Vertretern aller Fakultäten –, spricht Heidegger unter dem Titel «Was ist Metaphysik?» und sucht erneut eine Ortsbestimmung: «Unser Dasein – in der Gemeinschaft von Forschern, Lehrern und Studierenden – ist durch die Wissenschaft bestimmt. Was geschieht Wesentliches im Grunde des Daseins, sofern die Wissenschaft unsere

Leidenschaft geworden ist?»[39] Es folgt eine heroische und zugleich pessimistische Bestandsaufnahme. Zu verschieden seien die Gegenstände des Forschens und die Methoden, zusammengehalten werde alles nur mehr durch die «technische Organisation von Universitäten und Fakultäten» und durch die «praktische Zwecksetzung der Fächer».[40] Dagegen sei die «Verwurzelung der Wissenschaften in ihrem Wesensgrund abgestorben».[41] Diese Verwurzelung hebt Heidegger seinen Zuhörern wieder ins Bewusstsein. Es handle sich um ein «In-die-Nähe-kommen zum Wesentlichen aller Dinge», um ein Verhalten «zum Seienden selbst» nach strengen, jeweils disziplineigenen Regeln. Einzig der Sache wird das Wort gegeben, dem Seienden, «auf dass es an diesem sei, sich zu offenbaren».[42] Eine «befeuernde Einfachheit und Schärfe des Da-seins» komme so in die wissenschaftliche Existenz. Um die Sache gehe es der Wissenschaft – «und sonst nichts».[43]

Heidegger entwickelt hier, in einer großen Kreisbewegung des Arguments, seine Idee einer Sonderstellung der Philosophie: Gerade dieses thematisch hervorgehobene Nichts erweist sich ihm als der schmale Spalt, durch den ein über das einzelne Seiende hinausgehendes, «transzendierendes» Verhalten zur Welt möglich wird. Insofern hat schon diese Antrittsvorlesung eine universitätspolitische Pointe, kommt er doch am Ende zu dem Schluss, dass das Nichts, das die Wissenschaft preisgegeben hätte, eine erkennende Erschließung des Seienden ermögliche. «Einzig weil das Nichts im Grunde des Daseins offenbar ist, kann die volle Befremdlichkeit des Seienden über uns kommen.»[44] Ohne die Metaphysik könne dieses Hinausgehen über das Seiende nicht verstanden werden, und folglich gelte: Die Metaphysik ist «weder ein Fach der Schulphilosophie noch ein Feld willkürlicher Einfälle».[45] Und daher «erreicht keine Strenge einer Wissenschaft den Ernst der Metaphysik. Die Philosophie kann nie am Maßstab der Wissenschaft gemessen werden.»[46] 1919 hatte Heidegger diesen Gedanken noch ganz aus der Nähe zu

Das Hauptgebäude der gleichgeschalteten Freiburger Universität mit der neuen Inschrift «Dem ewigen Deutschtum» über dem Eingang.

Husserl formuliert: «Die ‹Strenge› der in der Phänomenologie erwachten Wissenschaftlichkeit gewinnt aus dieser Grundhaltung ihren originären Sinn und ist mit der ‹Strenge› abgeleiteter, nichtursprünglicher Wissenschaften nicht vergleichbar.»[47]

Die Übernahme des Rektorats, so sah es Karl Löwith im kritischen Rückblick, «war ein Ereignis, denn alle andern Universitäten entbehrten in dieser kritischen Zeit eines Führers, der nicht bloß durch ein Parteiabzeichen, sondern auch durch seine wissenschaftliche Leistung eine solche Stelle hätte ausfüllen können».[48] Die Rektoratsrede – «Die Selbstbehauptung der deutschen Universität» – ist die Neuauflage der Prätention der Philosophie von 1919 und 1929 unter NS-Vorzeichen. «Die Übernahme des Rektorats ist die Verpflichtung zur geistigen Führung dieser hohen Schule.»[49] Vielleicht war mit diesem ersten Satz der Rede auch schon alles gescheitert. Eine

Institution hat Gravitationskräfte und über einen langen Zeitraum gewachsene Eigengesetzlichkeiten, die sich von noch so genialischen Entwürfen Einzelner nicht dauerhaft aus der Bahn bringen lassen. Und wie viel mehr die Universität mit ihrer Tradition mehrerer Fakultäten, deren jede gewiss der Meinung sein darf, ihren eigenen Geist schon ausgeprägt zu haben. Nach Gadamers Erinnerung sagte Elfride bei der Übernahme des Rektorats: «Aber Martin, das kannst du doch nicht.»[50]

Die Wissenschaft wird in der Rektoratsrede zurückgeführt auf die «Macht des *Anfangs* unseres geistig-geschichtlichen Daseins», und der liegt, wie wir inzwischen wissen, im Aufbruch der griechischen Philosophie, als der Mensch erstmals gegen das Seiende im Ganzen aufgestanden sei und es «befragt» habe.[51] Im Grunde wiederholt Heidegger seine Diagnose aus der Antrittsvorlesung: Die «Verwurzelung der Wissenschaften in ihrem Wesensgrund» sei «abgestorben». Genau deshalb muss die Philosophie wieder Leitdisziplin werden, und er selbst ist nicht nur irgendein Rektor in dieser Stunde der großen Umwälzung. Das bedeutet zugleich: Nicht die Biologie ist zu dieser Führung berufen. Heideggers Nationalsozialismus ist ein historischer, ein philosophischer, kein naturalistischer. Die Wissenschaften müssen ihrer Abkünftigkeit wieder innewerden. In der Vorlesung des folgenden Wintersemesters sagt Heidegger: «Das Philosophieren ist (...) eine Grundart des menschlichen Seins, die vor aller Wissenschaft liegt.»[52]

Führen heißt Fragen und heißt damit Vorrücken «in den äußersten Posten der Gefahr der ständigen Weltungewissheit».[53] Von den «erd- und bluthaften Kräften» ist auch bei Heidegger durchaus die Rede, aber nur, um sogleich auf die *«geistige Welt* eines Volkes» zu verweisen, die solche Kräfte erst zu bewahren vermöge. «Eine geistige Welt allein verbürgt dem Volk die Größe» – nicht Blut und nicht Boden an sich.[54] Wir haben es mit einer Philosophie der absoluten Dynamik zu tun. In der Vorlesung des Sommersemesters 1933 – «Die Grundfrage der Philosophie» – stellt Heidegger den Zusammenhang mit der Aktualität heraus: Die «jetzige Wende der deutschen Geschichte» bedeute «den geschichtlichen Augenblick (...), aus dem wir es wagen müssen, den eigentlichen Anfang unseres geschichtlichen Daseins wieder anzufangen, einzig um unserem Volk seine große Zukunft zu schaffen und die Nation würdig zu machen ihres Auftrags».[55]

Was aber ist dieser Anfang? «Dieser Anfang ist der Anfang der Philosophie bei den Griechen.»[56] Heidegger erhebt den Anspruch, als Einziger den Sinn der NS-Revolution zu kennen. Das konnte als Rektoratsprogramm nur schiefgehen. Aber tatsächlich hätte er sagen können: Es gilt nicht, eine Philosophie des Nationalsozialismus zu schreiben, sondern das Philosophieren nationalsozialistisch zu machen – was seine eigene Leistung angemessen beschrieben hätte. Der Kampf allein könne die deutsche Universität zur Selbstbehauptung und Selbstbesinnung führen.[57] Das eigentliche Schreckbild für Heidegger war immer «Zuständlichkeit», Vorhandensein, das Abrollen quasi natürlicher Vorgänge. Dagegen standen Geschichtlichkeit, Entschlossenheit und Ereignis. Das bringt ihn in die Nähe der Radikalen innerhalb des NS-Systems und stellt ihn gegen alles, was «bürgerlich» erscheinen konnte.

Drei Formen des Dienstes der Studenten werden nun entwickelt: Aus der Bindung an die «Volksgemeinschaft» ergibt sich die Pflicht zum Arbeitsdienst. Aus der Bindung an die Nation ergibt sich der Wehrdienst. Aus der Bindung an den «geistigen Auftrag», in dem das Volk steht, das sich «seine geistige Welt immer neu erkämpft»,[58] ergibt sich der Wissensdienst. Erst die Durchdringung dieser drei Momente erweise «das volle Wesen der Wissenschaft, deren Verwirklichung uns aufgegeben ist».[59] Dieser neue Begriff der Wissenschaft soll wiederum «umgestaltend eingreifen in die Grundformen, innerhalb derer die Lehrer und Schüler jeweils in Gemeinschaft wissenschaftlich handeln: in die *Fakultäten* und in die *Fachschaften*.»[60]

Zum zweiten Mal sehen wir, wie Heidegger, in der vollen Gewissheit seiner geistigen Führung und der noch unabgeschlossenen nationalsozialistischen Revolutionierung, das universitäre Leben glaubt umwälzen zu können. Er überzieht aus einem eigentümlichen Radikalismus und aus der Überzeugung von der Überlegenheit seiner Philosophie heraus seinen Anspruch. So erleidet er im Juni 1933 eine erste hochschulpolitische Niederlage. Er hoffte, schrieb Karl Löwith, «dass das Sprecheramt der Rektorenkonferenz von Halle nach Freiburg verlegt würde. Die Freiburger Universität, an der er die Gleichschaltung vorangetrieben hatte, würde, so hoffte er, dann auch institutionell eine Führungsrolle einnehmen können. Die bewahrenden Kräfte trugen aber den Sieg davon.»[61] Es mag sein, dass die Ahnung des Scheiterns bereits über ihm lag, als ihn Löwith vor seinem Gang ins Exil noch einmal sah: «Als ich ihn 1933 in seinem Rektoratszimmer aufsuchte, saß er verloren, mürrisch und unbequem in der Weite des vornehmen Raums, und man fühlte seinen Anordnungen und Bewegungen das Unbehagliche an.»[62] In einem Brief an ihren Lehrer, den Pädagogen Hermann Nohl, schilderte Elisabeth Blochmann die Szene ironisch-malerisch: «Ein sonderbares Gemisch war die Aula mit den mittelalterl. Talaren, dem Wichs und den Fahnen der Korporationen und daneben das Grau und Schwarz der SA- und SS-Leute. Der kleine M. im roten Samt war in seiner Blässe fast etwas rührend. Seine Rede war sehr schön, eine philosophische Rede (...). Schluss: Alles Große steht im Sturm. (...) Echt M. H. und so ernsthaft, dass man ihm sehr dankbar war.»[63]

Löwith bekam die Rede von Heidegger «mit freundlichen Grüßen» zugeschickt, während sie, wie er berichtet, seine «arischen Freunde mit ‹deutschem Gruß› versehen empfingen».[64] Elisabeth Blochmann gratulierte Heidegger Ende April zur Übernahme des Rektorats: «Der Entschluss, aus der Einsamkeit Ihrer Arbeit so herauszutreten, wird ihnen nicht leicht geworden sein. Aber ich bin doch froh und glaube auch, dass es für Sie selbst etwas Großes ist, jetzt solche Verantwortung tragen zu dürfen. Ich wünsche Ihnen von

Karl Löwith: «Als ich ihn 1933 in seinem Rektoratszimmer aufsuchte, saß er verloren, mürrisch und unbequem in der Weite des vornehmen Raums, und man fühlte seinen Anordnungen und Bewegungen das Unbehagliche an.»

ganzem Herzen, dass Sie das Beste Ihrer langgehegten Pläne einer wirklichen Erneuerung der deutschen Universität mit werden verwirklichen können.»[65] Karl Jaspers reagierte auf die Rede keineswegs mit grundsätzlicher Opposition. An Heidegger schrieb er am 23. August: «Der große Zug Ihres Ansatzes im frühen Griechentum hat mich wieder wie eine neue und sogleich wie selbstverständliche Wahrheit berührt.» Will sagen: Er war entschlossen, die Rede primär als philosophische und nur in zweiter Linie als politische Willenserklärung zu lesen, er wollte das *gemeinsame* Territorium noch nicht verlassen. Deshalb fuhr er nur vorsichtig kritisch fort: «Mein Vertrauen zu Ihrem Philosophieren, das ich seit dem Frühjahr und unseren damaligen Gesprächen in neuer Stärke habe, wird nicht gestört durch Eigenschaften dieser Rede, die zeitgemäß sind, durch etwas darin, was mich ein wenig forciert anmutet und durch Sätze, die mir auch wohl einen hohlen Klang zu haben scheinen. Alles in allem bin ich nur froh, dass jemand so sprechen kann, dass er an die echten Grenzen und Ursprünge rührt.»[66]

Kaum Opposition gab es in der öffentlichen Meinung gegen Hitlers am 17. Mai im Reichstag verkündete Entschlossenheit, den Völkerbund verlassen zu wollen, falls Deutschland die Gleichberechtigung weiter verweigert werde. Über alles, was mit dem Versailler Vertrag und seinen Folgen zu tun hatte, herrschte in der Bevölkerung ein weitgehender und durchaus lagerübergreifender Konsens. Es waren indes nicht die Reparationen und ihre finanziellen Belastungen allein, es war das Problem der Gleichberechtigung, das sich über mehr als ein Jahrzehnt als nicht lösbar erwiesen hatte. Deutschland war zwar gleichberechtigtes Mitglied des Völkerbunds, de facto aber blieb es nach den Bestimmungen des Versailler Vertrags auf ein Heer von hunderttausend Mann beschränkt. Zudem hatte es nicht die volle Souveränität über sein Staatsgebiet – das Rheinland hatte «demilitarisiert» zu bleiben, das Saargebiet stand immer noch unter französischer Verwaltung. Gustav Stresemann, damals Außenminister, hatte am 10. September 1926 in seiner Rede anlässlich des deutschen Beitritts zum Völkerbund gemahnt: «Nur auf der Grundlage einer Gemeinschaft, die alle Staaten ohne Unterschied in voller Gleichberechtigung umspannt, können Hilfsbereitschaft und Gerechtigkeit die wahren Leitsterne des Menschenschicksals werden.» Daraus war bis 1933 nichts geworden. Aus demographischen Gründen war die Gleichberechtigung vor allem Frankreich ein Dorn im Auge. Ein gleichberechtigtes Deutschland wäre angesichts seiner Bevölkerungszahl eben ein stärkeres gewesen, deshalb sprachen französische Sicherheitsinteressen dagegen.

Nachdem Hitlers Rede ins Stadion der Universität übertragen worden war, sprach Heidegger: «Die anderen Nationen und Völker sollen jetzt entscheiden. Wir selbst *sind* entschieden.»[67] Seine Behauptung entsprach den Tatsachen. Im Reichstag, dem damals noch Abgeordnete der SPD und des Zentrums angehörten, kam es nach Hitlers Rede zu einer Abstimmung über eine Resolution, die einstimmig, auch von den Abgeordneten des Zentrums und der SPD, gebilligt wurde. Darin hieß es: «Der deutsche Reichstag als die Vertretung des deutschen Volkes billigt die Erklärung der Reichsregierung und stellt sich in dieser für das Leben der Nation entscheidenden Schicksalsfrage der Gleichberechtigung des deutschen Volkes geschlossen hinter die Reichsregierung.» Die Herausstellung der Gleichberechtigung suggerierte eine friedenspolitische Kontinuität von Stresemann bis Hitler. Die Reichstagswahl fand am 12. November zugleich mit der Volksabstimmung über den Austritt aus dem Völkerbund statt. Fünfundneunzig Prozent stimmten mit Ja. Die Abstimmung fand zwar unter großem propagandistischem Druck statt, aber von eigentlicher Wahlfälschung im großen Stil kann keine Rede sein.

Heidegger äußerte sich am 11. November in Leipzig bei der «Kundgebung der deutschen Wissenschaft», veranstaltet vom Nationalsozialistischen Lehrerbund. Er nutzte die Gelegenheit, um seine eigene Auffassung vom Nationalsozialismus vor einem großen Forum darzulegen. Der «Führer» gebe dem Volk die Möglichkeit «der höchsten freien Entscheidung, ob das ganze Volk sein eigenes Dasein will oder ob es dieses *nicht* will».[68] Dies sei die «einfache Größe» der Entscheidung. Auf dem Spiel stehe die «Urforderung alles Seins, dass es sein eigenes Wesen erhalte und rette».[69] Man wende sich ab «von jedwedem leeren Verhandeln und versteckten Geschäftemachen». Der eigentliche Sinn des Geschehens aber sei: «Das Volk gewinnt die *Wahrheit* seines Daseinswillens zurück.» So kommt er zurück auf seine philosophischen Gegenstände, auf das «Wissenwollen» und den «*Wissensanspruch*» und die Wissenschaft. Und nun mündet alles in eine jener Kaskaden des Fragens, auf die sich Heidegger so meisterhaft versteht: «Wir sind dessen gewiss, dass die klare Härte und die werkgerechte Sicherheit des unnachgiebigen Fragens nach dem

Bei der «Kundgebung der deutschen Wissenschaft» im November 1933 zur Reichstagswahl und zum Referendum über den Austritt aus dem Völkerbund sprach auch Heidegger. Sitzend (v.l.n.r.): Stabsleiter NSLB Sachsen Schulrat Geyer (Glauchau); Rektor Prof. Dr. Golf (Leipzig); Rektor Prof. Dr. Schmidt (Hamburg); Prof. Dr. F. K. Schumann (Halle); Prof. Dr. Hirsch (Göttingen), Gauobmann NSLB Sachsen Arthur Göpfert (Dresden); Rektor Prof. Dr. Martin Heidegger (Freiburg), Prof. Dr. Pinder (München); Rektor Prof. Dr. Fischer (Berlin); Prof. Dr. Sauerbruch (Berlin).

Wesen des Seins wiederkehren.»[70] Mögen andere sich als nationalsozialistische Denker aufspielen, verglichen mit ihm, Heidegger, sind sie Kleinbürger. Die geschichtsdefinierende Macht der Philosophie, die er als ihren höchsten Beruf postuliert hatte, mochte ihm in diesem Augenblick erreicht scheinen.

In den «Schwarzen Heften» des Jahres 1933 und des Anfangs 1934 erscheint das Negativ der revolutionären Festzeit. Alles gerät schon ins Stocken, es ist, als sei der Nationalsozialismus aus seiner «eigentlichen» Existenz in eine uneigentliche Verfallenheit geraten.

Die Betonung des «Kampfes» in der Vorlesung vom Wintersemester 1933/34 kaschiert nur, dass Heidegger diesen Kampf erlahmen sieht: «Beachte die übertriebene Betonung des *bisherigen* Kampfes, als sei es nun zu Ende.»[71] Seine Zweifel vertraut Heidegger nur seinem philosophischen Geheimarchiv an. Nationalsozialisten des Marktgängigen machen sich breit: Sie bringen «in die Bewegung eine Erstarrung – unter dem Schein der geistigen Verlebendigung. Die Erstarrung schafft einen bloßen Zustand – d.h. unterbindet alle vorgreifenden Antriebe und Stimmungen und versetzt in eine gleichgeschaltete Behäbigkeit, die schlimmer ist als die vorherige.»[72] Er sieht einen *«Vulgärnationalsozialismus»* an der Macht, mit ihm verbunden ist ein *«trüber Biologismus»*.[73]

Im Dezember 1933 kommt Heidegger zu einer resignierten Bestandsaufnahme, in der ihm sein Scheitern auf der ganzen Linie deutlich wird. Organisationen wie der nationalsozialistische Ärztebund, der nationalsozialistische Juristenbund und der nationalsozialistische Lehrerbund hätten sich mit rein «berufsständischen» Absichten Einfluss an den Universitäten verschafft, aus «rechnenden Gesamtbedürfnissen».[74] In dieser Lage werde die Rektoratsverfassung pervertiert: An sich sollte sie eine Führung der Hochschule gewährleisten – mit diesem Anspruch hatte die Rektoratsrede begonnen –, tatsächlich aber werde der Rektor «lediglich zur Vermittlungsstelle jener Organisationen. Er hat allenfalls die fragwürdige Aufgabe, für alles, was in die Hochschule hineingetragen wird, die Verantwortung zu übernehmen. Es ist nur ein verhältnisweiser – kein schlechthinniger – Unterschied, ob dabei der Rektor Nationalsozialist ist oder nicht.»[75] Die Hochschule «bringt eine eigentliche ‹Selbstbehauptung› nicht mehr auf».[76] Der Philister hat nun überall gesiegt, man bremst ihn, Heidegger, aus: «Ist es ein Wunder, dass allenthalben die Spießbürgerei hochkommt, eingebildete Halbkultur, kleinbürgerliche Scheinbildung (...)? Die billigste Plattheit als volksverbundenes Denken!»[77]

Worauf es vor allem ankommt, ist die Erhaltung des «Radikalismus einer Bewegung», während die «Verwirklichung der Ziele jeweils in einen Endzustand treibt, in dem man sich einrichtet und sichert».[78] Und dann wird «das Ganze *zu einem einzigen Etappengebiet, in dem die Front* (...) *und der Feind fehlt*».[79] Fehlt der Feind, dann versandet die Revolution. Sie verliert ihren Kampfgeist. Diesem Geist hatte sich die Vorlesung vom Wintersemester 1933/34 gewidmet, in der Heidegger jenen Spruch des Heraklit auslegte, den man allgemein in der verkürzten Formel vom Krieg als dem Vater aller Dinge kennt: «Der Kampf ist allem Seienden zwar der Erzeuger, allem Streitenden aber auch Beherrscher, und zwar die einen macht er offenbar als Götter, die anderen als Menschen, die einen stellt er hinaus als Knechte, die anderen aber als Herren.»[80] Πόλεμος (polemos), sagt Heidegger, ist keineswegs Wettkampf, Wettstreit (der heißt ἀγών, agon). Der Gegner ist «nicht ein Partner, sondern Feind».[81] «Es bedarf kaum der Erwähnung», sagt Heidegger in der Vorlesung, «dass überall da, wo kein Kampf herrscht, Stillstand, Ausgleich, Gleichmaß, Mittelmäßigkeit, Harmlosigkeit, Verkümmerung, das Brüchige und Laue, Verfall und Zusammenbruch, kurz: das Vergehen, von selbst einsetzt».[82] Der Feind muss gefunden werden. «Der Feind ist derjenige und jeder, von dem eine wesentliche Bedrohung des Daseins des Volkes und seiner Einzelnen ausgeht.»[83] Der Feind muss nicht der äußere sein, «und der äußere ist nicht einmal immer der gefährlichere».[84] Am schlimmsten aber ist die Meinung, es sei kein Feind da. «Dann ist Grunderfordernis, den Feind zu finden, ins Licht zu stellen oder gar erst zu schaffen, damit dieses Stehen gegen den Feind geschehe und das Dasein nicht stumpf werde.»[85]

Wir befinden uns, wenn wir Heidegger folgen, in der Situation eines Bürgerkriegs: «Der Feind kann in der innersten Wurzel des Daseins eines Volkes sich festgesetzt haben und dessen eigenem Wesen sich entgegenstellen und zuwiderhandeln.»[86] Und nicht das «Gegeneinanderschlagen» ist allein entscheidend: «Oft weit schwieriger und langwieriger ist es, den Feind als solchen zu erspähen, ihn zur Entfaltung zu bringen, ihm gegenüber sich nichts vorzumachen, sich angriffsfertig zu halten, die ständige Bereitschaft zu pflegen und zu steigern und den Angriff auf weite Sicht mit dem Ziel der völligen Vernichtung anzusetzen.»[87] Das ist unheimlich. Es ist Politik ebenso wie Philosophie. Der Kampf «macht das Wesen des Seins aus».[88] Wieder treffen wir auf Heideggers Grundgedanken jener Jahre: Geschichte und Wahrheit sind ineinander verflochten, das «Grundgeschehen der Geschichte» ist die «Philosophie».[89] Das «Dasein» war in «Sein und Zeit» buchstäblich auf nichts gestoßen, das seine Dynamik, seine Geschichtlichkeit und Entschlossenheit hätte begrenzen können. In der Wirklichkeit schreibt Heidegger am 14. April 1934 an den Kultusminister, er erlaube sich die Bitte, «zum Sommersemester 1934 einen neuen Rektor für die Universität Freiburg zu ernennen».[90] Seinem Nachfolger Eduard Kern teilt er am 2. Mai mit, an der Rektoratsübergabe zu seinem eigenen Bedauern nicht mitwirken zu können, «zumal diese heute als eine veraltete Einrichtung angesehen werden muss».[91]

Nicht ganz leicht findet man eine Formel für Heideggers Verhalten gegenüber seinen jüdischen Schülern und Kollegen. Mit einigen markanten Ausnahmen kann man es als einerseits loyal bezeichnen, wobei andererseits die vom neuen Regime erlassenen Beschränkungen gegenüber Juden nie grundsätzlich in Frage gestellt werden. Das Muster seiner Haltung lässt sich dem Brief an Malvine Husserl entnehmen, den Elfride Heidegger ihr am 29. April zusammen mit einem Blumenstrauß schickte. Das Datum wird sogleich inhaltlich qualifiziert: «in diesen schweren Wochen». *Schwer* waren sie für die deutschen Juden durch die Ereignisse des 1. April geworden, also den Boykott gegen jüdische Geschäfte, Arzt- und Rechtsanwaltspraxen. Entscheidender noch durch die Verrechtlichung der Diskriminierung im Berufsbeamtengesetz vom 7. April, das Juden vom öffentlichen Dienst ausschloss. Das Ehepaar Heidegger versichert, «in aufrichtiger und unveränderter Dankbarkeit» an alles zu denken, «was Sie uns erwiesen haben».[92] Ihr Mann, schreibt Elfride, habe «andere Wege» gehen müssen, werde aber nie vergessen, «was er als Schüler Ihres Gatten gerade auch für seine eigenste Aufgabe gewonnen hat». Sie selbst dankt für «Güte und Freundlichkeit» in den «harten Jahren» nach Kriegsende. Sie habe darunter gelitten, «dass ich Ihnen diese Dankbarkeit in den letzten Jahren nicht mehr zeigen durfte, obgleich ich nie recht verstand, welches Gewebe von Missverständnissen Sie in uns nur die sehen ließen, die Sie beide enttäuschten».

Beide Söhne der Husserls hatten im Krieg gekämpft, einer war gefallen. Dieses vaterländische Motiv spielt eine gewisse Rolle in dem Brief (ebenso wie in der damaligen Rechtsprechung), der die «Dankbarkeit gegen die Opferbereitschaft Ihrer Söhne» hervorhebt. Das sogenannte Frontkämpferprivileg sah für jene Männer, die im Krieg gedient hatten, eine Ausnahme von den allgemeinen judenfeindlichen Bestimmungen des Gesetzes zur Wiederherstellung des Berufsbeamtentums vor. Darauf bezieht sich nun der Brief: Es sei ja «nur im Sinne des neuen Gesetzes, wenn wir uns bedingungslos und in aufrichtiger Ehrfurcht zu denen bekennen, die sich in der Stunde der höchsten Not auch durch die Tat zu unserem deutschen Volke bekannt haben». Im Entwurf ist an der Stelle «des neuen Gesetzes» eine ausführlichere Formulierung zu lesen, die Elfride wieder strich (hier kursiviert): «*dieses* neuen *harten, vom deutschen Standpunkt aber nötigen* Gesetzes».[93] Die Streichung war taktvoll, aber ebenso klar wird auch die damalige Gedankenwelt von Elfride Heidegger.

Gerhart Husserl, im Krieg zweimal schwer verwundet, den Heidegger 1918 im Lazarett, wo er ihn besuchen wollte, nicht mehr antraf, weil man ihn bereits verlegt hatte, inzwischen Professor für Zivilrecht in Kiel, war am 25. April beurlaubt worden. Ende Oktober wurde er nach Göttingen versetzt, wo er indes am Widerstand der Fakultät scheiterte, woraufhin er nach Frankfurt versetzt wurde, wo sich der ganze Vorgang wiederholte. 1936 wanderte er in die Vereinigten Staaten aus. «Wir hoffen», schrieb Elfride Heidegger zu der ersten Beurlaubung, «dass es sich dabei nur um Übergriffe handelt, die untergeordnete Stellen in der allgemeinen Erregung dieser Wochen begingen, so wie sich 1918 in den Revolutionswochen ungerechte und schmerzvolle Ereignisse abspielten». Der Bandherausgeber Hermann Heidegger merkt an: «Auf diesen Brief kam eine ganz kurze Antwort von Frau Husserl, dass die Beziehungen zwischen den beiden Familien abgebrochen seien.»[94] Sicher ist der Brief Elfride Heideggers eine Geste. Aber er geht an keiner Stelle ein Risiko ein.

Über Paul Oskar Kristeller, der bei ihm mit einer Arbeit über Plotin promoviert hatte und im Haus der Heideggers auch musizierte,[95] schreibt Heidegger empfehlend an Paul Häberlin in Basel. Am 28. April gibt er den Dekanen der Universität zu bedenken, man solle die «restlose und klare Durchführung» der neuen Erlasse sichern: «Andernfalls läuft die Universität Gefahr, jedes Eintreten für bedrohte Kollegen selbst aussichtslos zu machen.»[96] Vom Kultusministerium erhält er am 28. April die Mitteilung, für die Professoren Jonas Cohn, Wolfgang Michael und für seinen Assistenten Werner Brock sowie für Husserl sei die summarische Beurlaubung «von Universitätsangehörigen der jüdischen Rasse» ausgesetzt. Im Fall des Wirtschaftswissenschaftlers Robert Liefmann bittet er das Kultusministerium am 7. Juni um «wohlwollende Prüfung», da Liefmann im Krieg als Soldat – Ballonführer – gedient hatte, also unter das Frontkämpferprivileg fiel.[97] Elisabeth Blochmann teilt er am 10. Juni in der Sache ihrer Professur mit, er sei bei seinem Besuch in Berlin «zum Minister nicht vorgedrungen», hoffe indes weiterhin, dass es «wirksamer auf Umwegen» gelinge, ihre Stellung in Deutschland wiederzuerlangen.[98] Das Verhältnis zu ihr bleibt unverändert von großer persönlicher Wärme geprägt.

Kühler wird Heidegger gegenüber Karl Löwith, den er am 12. Juni bittet, von der Widmung eines Buches abzusehen; «denn es suchen jetzt so viele Leute, die mich irgendwann einmal entfernt sahen oder hörten, hinter meinem Namen Deckung, dass es mir peinlich und zu schade wäre, wenn dieser Eindruck auch bezüglich der Schüler entstünde. Bei der heutigen Denk- und Urteilsweise bezüglich des Verhaltens ‹der Anderen› liegt aber dergleichen sehr nahe. Praktisch weiß ich ja, wie Sie zu mir stehen, auch wo Sie in der Arbeit andere Wege gehen.»[99] Gleichzeitig ist er Löwith mit einem Gutachten für ein Stipendium der Rockefeller-Stiftung und auch mit praktischen Ratschlägen behilflich, und von einem eigentlichen Stimmungswandel kann bei ihm zu Anfang des Wintersemesters noch keine Rede sein, wie Löwiths Zeugnis belegt: «Als ich 1933 das letzte Mal für zwei Tage in Freiburg war, besuchte ich Heideggers Vorlesung. Er analysierte gerade verschiedene Weisen des Schweigens, auf die er sich selber vortrefflich verstand. Er lud mich zum Abendessen in sein Haus ein; seine Frau war nicht anwesend. Unser Gespräch vermied alle heiklen Punkte und beschränkte sich auf die Frage, ob ich Marburg aufgeben und eine Chance in Istanbul wahrnehmen sollte. Er bot mir an, in seinem Hause zu übernachten und schien sich etwas zu wundern, als ich sein Anerbieten nicht annahm und stattdessen zu einem ehemaligen Studienfreund ging, der Dozent der medizinischen Fakultät war.»[100]

Auf eine Anfrage des bayerischen Kulturministeriums über den Philosophen Richard Hönigswald äußert Heidegger sich allerdings am 23. Juni scharf ablehnend. Hönigswald war jüdischer Herkunft. In seiner Philosophie, so Heidegger, werde «der Blick abgelenkt vom Menschen in seiner geschichtlichen Verwurzelung und in seiner volkhaften Überlieferung seiner Herkunft aus Boden und Blut. (...) Der Mensch galt nur noch als Diener einer indifferenten, allgemeinen Weltkultur.»[101] Hönigswald komme aus der Schule des Neukantianismus, der «dem Liberalismus auf den Leib zugeschnitten ist».[102] Wiederum anders verhält sich Heidegger am 12. Juli gegenüber dem

Karlsruher Kultusministerium: Für Georg von Hevesy, Chemiker, der 1943 den Nobelpreis erhalten wird, bittet er in «Verantwortung» und «Sorge» für die «Erhaltung und neue Stärkung der Weltgeltung der deutschen Universität» um eine Aufhebung der Beurlaubung. Auch für den Altphilologen Eduard Fraenkel plädiert er gegenüber dem Ministerium unter Berufung auf dessen wissenschaftliches Ansehen, das dem von Hevesy in nichts nachstehe: «Seine Persönlichkeit ist untadelig, seine Haltung gerade in den vergangenen Monaten der vorläufigen Beurlaubung vorbildlich.»[103] Auf Fraenkel kommt Heidegger in einem weiteren ausführlichen Schreiben an das Ministerium vom 19. Juli zurück, und zwar diesmal nicht als Rektor, sondern im Namen der philosophischen Fakultät: Es handle sich um einen Gelehrten von «seltenem Rang» und einen Lehrer «von starker Wirkung».[104] Die Intervention blieb erfolglos, Fraenkel emigierte nach England. Für Fritz Pringsheim gibt Heidegger am 22. Juli in einem Schreiben an das Kultusministerium seiner Hoffnung Ausdruck, dass wegen Pringsheims Kriegsdienst über sein Bleiben «im positiven Sinne entschieden» werde.[105] Noch einmal an Häberlin in Basel schreibt er am 11. August 1933, diesmal wegen seines Assistenten Werner Brock, den er wärmstens empfiehlt und gegenüber dem ursprünglich favorisierten Kristeller bevorzugt haben möchte.

Schlechthin unverständlich aber müsste es bleiben, sollte Heidegger in der Tat Eduard Fraenkel, den er im Sommer so engagiert unterstützt hatte, im Dezember nur noch mit Verachtung erwähnt haben. Es geht um ein Gutachten zu Eduard Baumgarten, einem Amerikanisten, ursprünglich mit Heidegger befreundet, aber nach einem nicht mehr aufzuklärenden Konflikt im Streit von ihm geschieden: Dieser komme, heißt es darin, «verwandtschaftlich und seiner geistigen Haltung nach aus dem liberal demokratischen Heidelberger Intellektuellen Kreis um Max Weber. (...) Nachdem Baumgarten bei mir gescheitert war, verkehrte er sehr lebhaft mit dem früher in Göttingen tätig gewesenen und nunmehr hier entlassenen Juden Fränkel.»[106] Es war dieses Gutachten, von dem man nur eine Abschrift kennt, das Karl Jaspers tief erschütterte, als er zum ersten Mal Kenntnis davon erhielt. Heidegger, dem man die Abschrift nach dem Krieg als belastend vorhielt, hatte allerdings eine plausible Erklärung für den eklatanten Widerspruch zwischen den beiden Äußerungen: «Die angeführten Sätze sind in ihrem II. Teil ausgesprochener Parteijargon. Wahrscheinlich ist es die Abschrift eines *parteiamtlichen Gutachtens*, das auf Grund *meines* Gutachtens abgefasst wurde und dann nach der bei Parteistellen üblichen nachlässigen Methode als von mir verfasst weitergegeben wurde.»[107]

In seinem Aufruf an die «deutschen Studenten» zu Beginn des Wintersemesters 1933 verkündete Heidegger Anfang Oktober unter den Maximen, die nun, inmitten der «völligen Umwälzung unseres deutschen Daseins» gelten sollten: «Nicht Lehrsätze und ‹Ideen› seien die Regeln Eures Seins. Der Führer selbst und allein *ist* die heutige und künftige deutsche Wirklichkeit und ihr Gesetz.» Heidegger will die extreme Politisierung des universitären Lebens und appelliert an die Studenten, dabei die Rolle der Avantgarde zu übernehmen: «An Euch ist es, in diesem Geschehen die immer Drängenden und Bereiten, die immer Zähen und Wachsenden zu bleiben.»[108]

In seinem Genfer Exil liest Heideggers ehemaliger Schüler Herbert Marcuse diese Zeilen in der «Freiburger Studentenzeitung», die man ihm zugeschickt haben mochte. Sie scheinen in die Abhandlung zu passen, an der er schreibt. Ihr Titel ist «Der Kampf gegen den Liberalismus in der totalitären Staatsauffassung», und sie erscheint 1934 in der «Zeitschrift für Sozialforschung».[109] Darin heißt es: «Die Herrschaftsform dieses nicht mehr auf dem Pluralismus der gesellschaftlichen Interessen und ihrer Parteien gegründeten, aller formalrechtlichen Legalität und Legitimität enthobenen Staates ist das autoritäre *Führertum* und seine Gefolgschaft.»[110]

Aber wie aufrichtig ist dieser Hinweis auf den Pluralismus? Ein erstes Fragezeichen wird man setzen, wenn Marcuse vom Ideal einer «vernunftgemäß organisierten Gesellschaft» spricht.[111] Gerade eine dergestalt organisierte Gesellschaft verlangt, da sie die Wirtschaft nicht dem Spiel der Marktkräfte überlassen will, in hohem Maß Autorität. Und erst recht der Schritt, durch den man diese Stufe des «vernunftgemäßen» kollektiven Lebens erreicht: die Revolution. Deshalb schreibt Marcuse zwei Jahre später in einem Sammelband des Instituts für Sozialforschung glaubwürdiger und aufrichtiger, wenn er die Klassiker des Marxismus anführt: Eine «entscheidende Funktion echter Autorität hält *Engels* den Antiautoritären entgegen: die Rolle der Führung und der führenden Partei in der Revolution. ‹Eine Revolution ist gewiss die autoritärste Sache, die es gibt; ein Akt, durch den ein Teil der Bevölkerung seinen Willen dem anderen Teil durch Flinten, Bajonette und Kanonen, alles das sehr autoritäre Mittel, aufzwingt.›» So weit das Zitat, auf das unmittelbar Marcuses eigene Ansicht folgt: «Revolutionäre Subordination in den eigenen Reihen und revolutionäre Autorität gegenüber dem Klassenfeind sind notwendige Voraussetzungen im Kampf um die zukünftige Organisation der Gesellschaft.»[112] Näher an seine Gegenwart führt die darauffolgende Passage: «Diese progressive Funktion der Autorität ist von *Lenin* und *Stalin* näher bestimmt worden (...).»[113] Von jetzt an ist nur noch von den Führern des revolutionären Unternehmens die Rede, von der «Autorität einer rationalen Führung» nach Lenins Lehre, von der «Initiative der Führer» der Arbeiterbewegung, die nicht geschmälert werden dürfe, von Lenins Auffassung der «Notwendigkeit einer straffen zentralistischen Organisation mit einer erprobten, geschulten Führerschicht an der Spitze» und davon, dass eine revolutionäre Bewegung «ohne widerstandsfähige und die Kontinuität wahrende Führerorganisation» nicht von Dauer sein kann.[114]

Der Unterschied zu Heidegger liegt in dem Akzent, der auf die «rationale» Führung fällt, und «rational» bedeutet bei Marcuse immer: geleitet von der richtigen, will sagen marxistischen Theorie. Über die verfügt Stalin. Deshalb wird er von Marcuse anerkannt. Lenin und Stalin allerdings *repräsentieren* nur die geschichliche Vernunft, ein winziger Abstand liegt zwischen ihrer historischen Mission und ihrer empirischen Person. Hitler aber «*ist*» – das Wort wird durch Kursivierung hervorgehoben, und über nichts hat Heidegger seit seiner Doktorarbeit intensiver nachgedacht als gerade über dieses Wörtlein – das Gesetz.

21. KAPITEL

Metapolitik des Metafaschismus: Hölderlin und der Staat

Das Ende des Rektorats bringt Heidegger in eine völlig neue Lebenssituation. So spricht er von sich selbst: «Musste der irre Sprung in den lärmenden Alltag und den Sog seiner Machenschaften, in seinen gewohnten Unbestand und seine versteckte Gewichtslosigkeit getan werden, damit erst die einzige Notwendigkeit voll begriffen werde; ganz einsam zu werden und dem Werk gewachsen?» Die Einsamkeit wird ihn nicht von der einmal ergriffenen wesentlichen Beziehung zum Nationalsozialismus lösen können: «Das große verborgene Ereignis – / die Ferne zu allem Heutigen. / Die Nähe zur innersten Berufung des Volkes.» Er tritt in die Verborgenheit nur zurück, um sich inniger dem Volk zu verbinden. Der geheime König waltet künftig auf einer höheren Stufe seines Amtes. Nur halbironisch darf man einen Werkplan verstehen, der in diese Zeit fällt: «Eine Geschichte der Philosophie darstellen als Geschichte der großen Vereinsamung.»[1]

«Logik als die Frage nach dem Wesen der Sprache» lautet der Titel der Vorlesung des Sommersemesters 1934. Es handelt sich um den Versuch, wirklich einzulösen, was er in den vergangenen Jahren entwerfend umkreist hatte: die Vereinigung der Fragen nach Wahrheit, nach Geschichte und nach dem Volk in einer einzigen Gedankenbewegung. Das war das Ereignis, auf das hin er gedacht hatte. Die Vorlesung – mit der Frage «nach dem Wesen der Sprache als Grund- und Leitfrage aller Logik», der Zwischenfrage «Was ist ein Volk?» und der Frage nach dem «Wesen der Geschichte» – löst das Vorhaben ein.[2]

Aus der Tatsache, dass Heidegger ursprünglich als Vorlesungsthema «Der Staat und die Wissenschaften» angegeben hatte, nun aber über Logik las, hat man auf eine Distanzierung schließen wollen. Das Gegenteil ist indes der Fall; Heidegger erlebt seinen eigentlichen nationalsozialistischen Moment, und er will ihn ausschöpfen. Seine bisherige Philosophie stellt er als die einzige vor, die dem Nationalsozialismus gerecht werden könne – nicht von außen kommentierend, sondern ihrer inneren Verfasstheit nach. Alles ist auf Geschichtlichkeit gestellt. Die Zeit ist kein leerer Rahmen, die Frage nach der Zeit selbst ist ein «*Mithandeln an der Verwandlung unseres Seins*, das *unter der Bestimmung* und *in der Bestimmung der Geschichte* steht». Gegenüber «Sein und Zeit» kommt der «Auftrag» hinzu, in dem man steht: «Das Geschehen ist Übernahme des Auftrages», auch «Arbeit» wird stärker akzentuiert, das Mitsein erneut direkt aus ihr abgeleitet: «Die Arbeit ist *nicht nachträglich* zu Zwecken ihres Vollzugs angewiesen auf *andere* Arbeit – und Mitarbeit anderer – sondern umgekehrt – die Arbeit – als Grundverhalten des Menschen ist der *Grund* und die Möglichkeit des *Mit- und Füreinanderseins*. Die Arbeit *als solche* – auch wenn sie von Einzelnen getan wird – *entrückt* den Menschen in das *Mitsein* mit den Anderen.»[3]

Das Dasein wird dergestalt schon in seiner Konstitution zum Seienden hin geöffnet, im Vergleich zur älteren Subjektvorstellung sagt Heidegger drastisch: «Das Subjektsein ist hier *gesprengt*.» Mit der früheren Auszeichnung des Ich als Subjekt sei der Liberalismus verbunden gewesen. Die neue Art, das Dasein zu verstehen als eines, das sich gegenüber dem Seienden als Ganzes verhält, fordere eine neue Bestimmung des «Wer». Und zwar nicht bloß im Sinne mehrerer Subjekte, nicht als durch Verträge konstituierte Gesellschaft, vielmehr heißt es: «Das ursprünglich einige / Ausgesetztheit, Entrückung und Überlieferung tragende und übernehmende Seiende *kann* nur das sein, was wir ein *Volk* nennen.» Das Volk wird allerdings nicht als biologischer Verband, wie eine pflanzliche oder tierische Gemeinschaft, verstanden, sondern aus der geschichtlichen Zukunft heraus. Weder Rassenbiologie noch soziologische Volkskunde können nach Heidegger gültig über das Volk befinden. «Volk» ist nicht einfach ein *«menschliches Lebewesen im Großen»* – hier weicht er vom real existierenden Nationalsozialismus ab –, sondern nur als Träger von Entscheidungen zu denken. Nicht «Was ist?» dürfe die Frage lauten, sondern «Wer ist?». Heidegger beantwortet sie mit dem Satz «Wir sind das Volk», der sogleich in die neue Frage umkippt: «*Sind* wir das Volk, *das wir* sind?»[4]

Zur höchsten Form ihrer selbst kommt die Geschichte in den *«großen Augenblicken»* und deren «das ganze Geschehen *in sich sammelnden Umwälzungsmacht»*. Dies, und nicht die Beruhigung im Abklingen und Auslaufen «in das Flache und Platte der verständigen Biederkeit», gebe die eigentliche Kunde von der Geschichte. Deshalb gilt zusammenfassend: «Umprägung der Unumgänglichkeit des Seins in die *Herrschaft* einer gefügten Ordnung des Volkes; *Sorge der Freiheit* des geschichtlichen Seins ist in sich *Ermächtigung der Macht des Staates* als *des Wesensgesetzes einer geschichtlichen Sendung»*. Die innere Ordnung dieses Staates ist Sozialismus, der Titel bezeichnet «die Gestaltung unseres geschichtlichen Seins». Er ist primär ein Arbeitsstaat. Es gibt in diesem Denken keinen Ausweg mehr, das Dasein selbst ist ein Nationalsozialist. Ganz am Schluss, nach dem Staat, als Erfüllung, kommt die Dichtung. «Die Sprache ist die das Walten der Welt bildende und bewahrende Mitte des geschichtlichen Daseins des Volkes. (…) Das Wesen der Sprache west dort, wo sie eben als weltbildende Macht geschieht, d.h. wo sie das Sein des Seienden im voraus erst vorbildet und ins Gefüge bringt. / Die ursprüngliche Sprache ist die Sprache der Dichtung.»[5] Indem er die Vorlesung in die Frage nach dem Staat und die nach der Dichtung münden lässt, signalisiert Heidegger seine beiden unmittelbar bevorstehenden philosophischen Themenfelder.

Noch aus der Zeit des Rektorats stammt eine neue Formulierung seiner Aufgabe: «*Das Ende der ‹Philosophie›.* – Wir müssen sie zum Ende bringen und damit das völlig Andere – Metapolitik – vorbereiten.»[6] Man muss dieses Vorhaben ernst nehmen. Das Jahr 1934 ist nur von diesem metapolitischen Projekt aus zu verstehen. Inwiefern war es notwendig? Schon vor Hitlers «Machtergreifung» hatte sich Heidegger über den geistigen Gehalt der NS-Propaganda keinerlei Illusionen hingegeben: «Das ‹Niveau› im V(ölkischen). B(eobachter). ist z. Zt. wieder unter aller Kritik – wenn nicht sonst die Bewegung ihre Mission hätte, könnte einen das Grauen fassen.»[7] Er sieht den real existierenden Nationalsozialismus geistig als ein Trümmerfeld. Und gegen die menschliche Substanz dieses Treibens ergreift ihn Abscheu, ihm widerstrebt, wie er in einer nun doch starken und emotionalen Aufzeichnung festhält, «der feige Jubel, wo nur irgendetwas gebändigt und gefesselt und beseitigt wird».[8]

Diese Lage verlangt nach einem anderen Wissen. Heidegger sucht die Wissenden: jene, «die das Dasein als solches mittragen, in sich verfestigen, dass es standhalte dem Aufruhr der Wahrheit – einsam, in den Grund verwurzelte Bäume denen es Auftrag, einfach in den Himmel zu stehen und im klammernden-bohrenden Gefüge der Wurzeln das Erdreich vor dem Abrutsch zu bewahren». Gegen den Nutzwert muss «die Forderung durchgesetzt werden, dass es *ein Wissen gibt in Wissenden, die um ihrer selbst willen in einem Volk da sind*».[9] Das Volk bleibt der Pol, nach dem seine Magnetnadel sich ausrichtet; das Volk, das er in «Sein und Zeit» als die eigentliche und höchste Form des «Mit-Seins» hatte verstehen wollen. Am 14. Oktober 1934 schreibt er von der Hütte aus an Elfride, er sei in den Monaten nach dem Rektorat «wie ausgetrocknet» gewesen und habe eine «lange Dürre» befürchtet. Inzwischen ist er an der Arbeit, «ganz frei, einfach u. wesentlich». Es handelt sich um Hölderlin: «Es ist schwer, mit Hölderlin allein zu sein – aber es ist die Schwere alles Großen. Ob die Deutschen einmal begreifen werden, dass hier nicht ein lebensuntüchtiger Schwächling in Verse sich rettete, sondern dass ein Held

Friedrich Hölderlin, hier in einem Pastellbild aus dem Jahr 1792 von Franz Karl Hiemer, bedeutete für Heidegger den Mittelpunkt der Dichtung. Ihn, und nicht mehr Goethe, an dem sich noch Cassirer orientiert hatte, wählte er als seinen wegweisenden Stern.

den kommenden Göttern standhielt – ohne jede Gefolgschaft, taglang festgewurzelt auf den Bergen›.» Gott hat es mit den Menschen zu tun, die Götter aber (oder «ein» Gott oder auch «der Gott») haben als Gegenüber ein Volk, eine Polis, oder die Völker in ihrer jeweiligen volkhaften Bestimmtheit und Abgrenzung. An Zeus und Apollo kann nicht «glauben», wer kein Grieche ist. Das ist die neue Konstellation von Heideggers Denken: Es ist auf metapolitische Weise nationalsozialistisch. «Dieses Mal werde ich ihm noch nicht gewachsen sein im Denken», schreibt er seiner Frau über die Hölderlin-Lektüre.[10]

Hatte er in der Rektoratsrede und bei seiner Leipziger Ansprache noch auf einen Wirbel der Fragen gehofft, so bemerkt er jetzt, dass er gerade in diesem Kernpunkt enttäuscht wurde: «Die Angst vor dem

Fragen liegt über dem Abendland.»[11] Diese Angst verhindert aber auch die Ausbildung und Aneignung eines «höheren», «geistigen» Nationalsozialismus, wie er Heidegger vorschwebt: «Sie bannt die Völker an altgewordene und verfallene Wege und jagt sie flüchtig in ihre morsch gewordenen Gehäuse zurück. Wo ein Aufbruch ist, da wollen sie nicht sehen, dass da ein anderes vor sich geht als die bloße Abwandlung innerpolitischer Zustände.» So lesen wir es in der ersten von Heideggers Hölderlin-Vorlesungen vom Wintersemester 1934/35. Von der Dichtung und von der Staatsschöpfung hatte er 1934 gesprochen. Diese beiden machen zusammen die Metapolitik aus, der Heidegger entgegendenkt. Der Dichter legt die Winke der Götter seinem Volk aus, der Staatsschöpfer gestaltet diesem Volk einen Wirkungsraum. Deshalb steht im besagten Wintersemester neben der Hölderlin-Vorlesung ein Seminar zu Hegels Rechtsphilosophie. Hier soll jenes höhere Wissen sich konstituieren, mit dem Heidegger den Vulgär-Nationalsozialismus überwinden will. «Wagen wir noch einmal die Götter und mit ihnen die Wahrheit des Volkes?», fragt er 1934.[12] Hegel und Hölderlin, die Freunde aus dem Tübinger Stift, sind die beiden Leitsterne des Unternehmens.[13]

Nicht zuletzt hatte Heidegger eine Lücke in seinem eigenen Denken entdeckt, die er nicht mehr mit Improvisationen verbergen konnte: Er hatte sich bisher niemals systematisch mit einer politischen Philosophie auseinandergesetzt. Mehr als je zuvor war ihm aber der Staat seit der «Machtergreifung» als Problem deutlich geworden. Schon 1933 hatte er immer auch vom Staat gesprochen; in der Leipziger Rede mit Blick auf die Jugend: «Ihr Wille zum Staat wird dieses Volk hart gegen sich selbst und ehrfürchtig machen vor jedem echten Werk.»[14] Viele Äußerungen aus jenen Monaten könnte man anführen, doch sie kommen alle in einem Hauptgedanken überein: Sie entwickeln das Wesen des Staates aus der Beziehung zum Volk.

Nach diesem neuen Staat ist nun zu fragen. Heidegger beginnt seine Übung zu Hegels «Grundlinien der Philosophie des Rechts» im Wintersemester 1934/35 mit einer scheinbaren Vorfrage, an der sich in Wahrheit schon alles entscheidet: «Wo steht der Staat – im System?»[15] Die Frage scheint abstrakt zu sein, tatsächlich aber steht sie für Heidegger im Zentrum, weil sich immer wieder aufs Neue erweisen muss, was Grund und was Begründetes, Abgeleitetes ist. Und seine Prüfung von Hegels System im Einzelnen ergibt: Der Staat wird nicht vom Recht abgeleitet, er gehört zum «Geist» und damit zur Philosophie, in die Kompetenz des Philosophen. «*Philosophie*/wesentlich und entscheidungshaft *Wissen* um den Staat», heißt es; an anderer Stelle: «ohne Philosophie – der Staat nie zu begreifen – vielleicht zu *bilden* – aber auch das nur *eine* Seite.» Also ist nicht die juristische Fakultät primär für das Staatsdenken zuständig, sondern die philosophische. Und genau deshalb ist die «Hegelsche Bestimmung des Wesens des Staates (...) bis heute die vollendeteste und höchste.»[16]

Damit wiederholt sich für Heidegger die Konstellation seiner Doktorarbeit: Nichts Philosophisches darf aus einer Einzelwissenschaft begründet werden. Wenn es die *eine* große Konstante in Heideggers Denken gibt, dann ist es diese. «Philosophische Besinnung (– Wissen –) vom Staat./Philosophie! – Staat!» In einem Protokoll der Übung heißt es: «Staat ruht nicht im Recht, ist aber auch nicht vor dem Recht da, sondern Recht gibt es nur, wo Staat ist.» Die erste Sitzung schließt mit dem Satz: «Im Staat allein hat der Mensch vernünftige Existenz.» Gegen den möglichen Einwand des «Intellektualismus» – der neue Staat sei nicht aus Theorien hervorgegangen, sondern aus Kämpfen – macht Heidegger geltend: «Man vergisst dabei, dass der Staat auch noch nach fünfzig oder hundert Jahren existieren soll. Dann muss er etwas haben, *wovon* er existiert. Er kann nur dauern durch den Geist.»[17]

Ebenso wie gegen die juristische Ableitung verwahrt sich Heidegger gegen die soziologische: «Der Staat ist Geist – der absolute Geist bzw. dessen ‹Wirklichkeit› (sich wissende!) / NB. *Staat* – Geist und *nicht* ‹Gesellschaft› – *keine tatsächliche* Gemeinsamkeit. Nicht vom bloßen Zusammen gegen die Einzelheit – sondern – Selbst-ständigkeit! *Freiheit!*» Auch deshalb also Hegel: «Insofern, als er uns die Form zeigt, in der das Denken des Staates als Staat allein sich vollziehen muss im Gegensatz zum Soziologischen.» Nur mit Blick auf Hegel lasse sich schließlich der Gegner verstehen: «So geht im negativen Sinn Karl Marx auf ihn zurück. Aber auch den Liberalismus des 19. Jahrhunderts lernt man nur begreifen, wenn man das Hegelsche Staatsdenken begriffen hat.» Über Marx als den Erben der Dialektik heißt es mit einem gewissen widerwilligen Respekt: «Sein Werk ist in dieser Art überzeugend durchdacht. Es liegt in seinem System für den gewöhnlichen Mann das Faszinierende, es hat die geistige Kraft, die begriffliche Sicherheit und Tiefe aus Hegels Philosophie. Wenn man das *überwinden* will, darf man nicht in allgemeinen Redensarten über den Staat reden wollen.» Aber auch für den NS-Staat gilt der Primat der Philosophie: «Führer und Gefolgschaft – als Staatsbildendes Geschehen nur möglich *metaphysisch*».[18] Heidegger hat nun seine (und vor allem seine!) grundsätzliche Zuständigkeit in diesen Fragen gegen alle denkbaren Einreden behauptet.

Man kann im Gesprächsverlauf der Übung eine Tendenz erkennen: Der Sinn von Staatsloyalität war gegen den Liberalismus und den Marxismus zu erweisen. Heideggers Konzeption ist von vornherein *autoritär.* Er akzentuiert alle Argumente, die dem Staat eine eigene Stärke zugestehen. Und zwar in einem noch nicht ganz gefestigten Gemeinwesen – eben erst, am 30. Juni 1934, war der sogenannte Röhm-Putsch dazu benutzt worden, um in einer blutigen Aktion gegen Teile der SA und der konservativen Opposition vorzugehen. Gegenüber den bis vor kurzem noch herrschenden Lehren über den Staat und sein Verhältnis zum Einzelnen wie zur bürgerlichen Gesellschaft sollte der Charakter der Autorität herausgestellt werden.

Anlässlich der Diskussion des klassischen Verfassungsthemas der Gewaltenteilung unternimmt Heidegger den Versuch, den Führerstaat zu begründen.

Die Staatslehre in Heideggers Auslegung ist vor allem gegen den Liberalismus gerichtet: «*Gewaltenteilung* / im *liberalistischen Sinne* – ein System der wechselweisen Hemmung und des Ausgleichs der Gewalten – Misstrauen und Pfiffigkeit. / Prinzip der ‹Dämme›, d.h. das Ganze steht ins Leere und wird nur je vom bürgerlichen Einzelnen her gesehen.» Weil im Liberalismus persönliche Freiheit, Privateigentum und freie Konkurrenz als hohe Güter gelten, werde jeder «höhere Wille» als Gewalttätigkeit fehlgedeutet. «*Die Vereinigung der Gewalten in dem Dasein des Führers*» sei aber nicht eine bloße Zusammenstellung, sondern «schon der Beginn der Entfaltung eines ursprünglich neuen – aber noch unentfalteten Anfangs».[19]

Im Zuge des «Röhm-Putsches» hatte Hitler (nach seinen eigenen Worten) als «oberster Gerichtsherr» gewaltet. Seit dem Tod des Reichspräsidenten Hindenburg hatte Hitler die Möglichkeit, Verfügungen mit Gesetzeskraft zu erlassen («Führererlass»), die nicht auf die Bestätigung durch andere Verfassungsorgane angewiesen waren. «Der wahre Führer ist immer auch Richter», hatte Carl Schmitt nach den Ereignissen des Sommers 1934 geschrieben. «In Wahrheit war die Tat des Führers (...) höchste Justiz.» Schmitts Deutung geht in die gleiche Richtung wie wenig später die von Heidegger: Man lebe nun, so Schmitt, in einem «*Führerstaat*, in dem Gesetzgebung, Regierung und Justiz sich nicht, wie in einem liberalen Rechtsstaat, gegenseitig misstrauisch kontrollieren».[20] Heideggers Verfassungsgedanken im Winter 1934/35 reagierten auf diese neue Lage. Die Fragen nach den Gewalten und der Gewaltenteilung müssten «als *politische* – d.h. *metapolitische* Fragen – (keine juristischen)» gestellt werden. Kurz zuvor hatte er sich auf Schmitts Abhandlung «Legalität und Legitimität» bezogen: «*Legislative und Exekutive* – nicht *mehr getrennte*!» Man erkennt immer neue Versuche, sich dem Phänomen irgendwie gewachsen zu zeigen, aber oft bleibt es bei Behauptungen oder bloßen Beschreibungen des gerade herrschenden Zustands: «Die führersche Macht ist *keineswegs* die Anhäufung der ‹Mächte› in einer Person – hier nichts von Verwahrung einer Vielheit auf Einheit und Einzigkeit – sondern die Macht gründet im Führungsverhältnis als solchem – das freilich nie abstrakt ist – sondern einzig wesend durch den Führer bestimmt.»[21] Danach, wie dies alles möglich sein soll, wird nicht mehr gefragt. Man möchte zu einer generationspsychologischen Erklärung greifen: Den Teilnehmern des Ersten Weltkriegs war offenbar eine spontane Evidenz des Wortes «Führer» ganz unproblematisch gegeben.

Allerdings weicht Heidegger von Schmitt in einer entscheidenden Frage ab. Als er über «das Politische» spricht, zitiert er den VI. Gesang von Homers Odyssee. Von einem Volk ist dort die Rede, das immer wieder von Riesen bedroht wird: «Bis der Göttliche dann, Nausithoos, alle die Seinen / Aufstehn hieß und baute sein Volk, vom Jammer der Menschen / Fern, in Scheria an, umschloss mit Mauern die Ortschaft, / Gab ihnen Haus und Heiligtum und teilte die Fluren.»[22] Heidegger verbindet mit dem Zitat eine Absicht: «Das Wesentliche des Daseins ist Selbstbehauptung. Mauer, Haus, Land, Götter. Von hier aus ist das Wesen des Politischen zu begreifen./Neuerdings ist das *Freund-Feindverhältnis* aufgetaucht als das Wesen des Politischen./Es setzt die *Selbstbehauptung voraus*, ist also nur Wesens*folge* des Politischen. / Freund und Feind gibt es nur, wo Selbstbehauptung ist.» Weil der Staat diese «Selbstbehauptung des geschichtlichen Seins eines Volkes» sei und man Staat auch *polis* nennen könne, zeige sich «demzufolge das Politische als Freund-Feindverhältnis, aber nicht *ist* dies Verhältnis = *das* Politische».[23]

In ihrer Beziehung auf das «Volk» treffen sich die metaphysische Staatslehre und die Hölderlin-Auslegung des Denkers, und so werden sie zur Metapolitik eines Metafaschismus. Heideggers Hölderlin-Erläuterungen in der Vorlesung des Wintersemesters 1934/35 sind etwas sehr Merkwürdiges, in der Auslegung von Literatur bis dahin noch nicht Dagewesenes. Schon das Recht, in diesem Fall von «Literatur» zu sprechen, hätte Heidegger bestritten. Den Unterschied macht dabei keine neue Auffassung der Literaturgeschichte oder eine Leistung der Literaturwissenschaft; verändert ist die Haltung. Eigentlich behandelt Heidegger Dichtungen als eine Art von Offenbarungsschriften, von Wahrheit geladen, die Ansprüche an ihre Leser stellen. Wer solche Ansprüche überhört, hat sich von vornherein um alles gebracht. Professionelle Distanz ist in dieser Lektüre nicht vorgesehen. Dasein heißt, sich im Stand eines «Zu-tun-habens mit der Welt» zu befinden; Dasein ist «Schon-sein-bei-der-Welt».[24] Dieses Immer-schon-verwickelt-sein ist die unausgesprochene Voraussetzung von Heideggers Hölderlin-Auslegungen. Den Dichter lesen erfordert, dessen bloßes Vergangensein aufzuheben.

An Elisabeth Blochmann schreibt Heidegger am 21. Dezember 1934: «An dem Morgen, da Sie Hölderlin lasen (6. XI.), habe ich meine Vorlesung begonnen und gerade aus dem Brief vom 1.I.99 habe ich Stellen vorgelesen. Und gestern schloss ich die Vorlesung mit jenem erschütternden Brief vom 4.XII.01.» Der schon nach England emigrierten Freundin suggeriert er eine fast telepathische Nähe, an die er selbst noch glauben möchte. Am 11. Januar 1928 hatte er ihr aus Marburg geschrieben: «Ich vertraue meinem Gewissen, dass ich der Größe u. Weite Ihres Herzens dienen darf. Volo ut sis, ich will, dass Du seiest, so interpretiert einmal Augustinus die Liebe. Und er erkennt sie damit als innerste Freiheit des Einen zum Anderen.»[25] Liebe, sagt er in der Hölderlin-Vorlesung (unweigerlich muss er an Elisabeth gedacht haben, als er an diese Stelle kam, und an Hannah Arendt, der er das Augustinus-Wort auch mitgeteilt hatte, am 7. Dezember 1927, einen Monat vor dem Brief an Elisabeth): «Liebe ist nach alter Weisheit ein Wollen, nämlich wollen, dass das Geliebte sei, in seinem Sosein, das es ist, seinem Wesen standhalte.»[26] Beide

Frauen sind im Exil. Heidegger will den Nationalsozialismus metaphysisch überhöhen und denkt dabei an die Jüdinnen, die er einmal geliebt hat, sagt es aber niemandem, nicht einmal seinem Tagebuch. Ist er nicht der exemplarische Deutsche?

Indem Heidegger für seine Vorlesung Hölderlins Gedichte «Germanien» und «Der Rhein» wählt, bezieht er sich von vornherein auf jene Texte des Dichters, in denen von Deutschland in einem eminenten Sinn die Rede ist. Gleich zu Beginn setzt er sich ab von einer rein propagandistischen Aneignung, indem er Hölderlin selbst zitiert: «Verbotene Frucht, wie der Lorbeer, ist aber / Am meisten das Vaterland. Die aber kost' / Ein jeder zuletzt.» «Zuletzt» heißt, bezogen auf die Vorlesung: Das Vaterland kommt erst ganz am Schluss vor, und zwar in einer merkwürdig schwebenden Gestalt, nicht als massive Vorhandenheit. Von einer höheren Geschichte handelt «Germanien». In der Vorbemerkung zur Vorlesung hat Heidegger knapp umrissen, was auf dem Spiel steht: In Hölderlins Werk ist abseits vom «historischen Getue» der Anfang einer anderen Geschichte gegründet, «jener Geschichte, die anhebt mit dem Kampf um die Entscheidung über Ankunft oder Flucht des Gottes.» Die Flucht der alten Götter ist das Thema von «Germanien». Hölderlin nennt sie «entflohene Götter», und er weiß: «Nicht sie, die Seligen, die erschienen sind, / die Götterbilder in dem alten Lande, / Sie darf ich ja nicht rufen mehr.» Neue Götter werden angekündigt, ein Adler, «der vom Indus kömmt», ist ihr Bote. Empfängerin der Botschaft ist das Kind Germanien, das im Prozess der Entgötterung und der Wiederkehr des Göttlichen eine eigene Rolle spielt: «Du bist es, auserwählt / Alliebend und ein schweres Glück / Bist du zu tragen stark geworden.»[27]

Auch diese Dimension der Geschichte, weit oberhalb der politischen, kann man «metapolitisch» nennen. Die «Zeit der Völker» folgt Maßen, die überhaupt erst festgestellt werden müssen. Der Beginn des Gedichts nennt sie, wenn wir Heidegger folgen: «Dann reißt uns dieses abgerissene, harte ‹Nicht sie ...› eben doch in den Wirbel eines Gesprächs, in dem die Weltzeit der Völker und unsere Weltstunde zur Sprache kommen.» Dass Hölderlins Gedicht nicht zu einer Literatur gehört, der gegenüber man Abstand halten könnte – die Grundvoraussetzung der ganzen Vorlesung –, wird hier mit dem Wort «Gespräch» gesagt, in das die Leser förmlich gerissen werden. Wir werden Zeugen eines dramatischen Geschehens. Hölderlins Vision, dass «ein geschichtliches Volk als Ganzes die Not seiner Götterlosigkeit und Zerrissenheit ausdauert», ist für Heidegger die eigentliche Definition dessen, was jetzt ist. Und «billig sind die Götter eines Volkes nicht zu beschaffen».[28]

Was tut Heidegger? Er stellt die unendliche Schwierigkeit einer Rede über das Vaterland und das Nationale heraus. Wenn es sich um ein Gespräch handelt, dann um eines, das nur als geduldiges und langandauerndes, keine Differenzierung scheuendes vorstellbar ist; er erläutert es als das «Austragen eines Widerstreites zwischen dem Sich-öffnen der Bereitschaft und dem Ausbleiben der Erfüllung». Dies ist ausdrücklich gegen jede Art von biologisch begründetem Neuheidentum gerichtet. Ein solches würde als gewaltsames Ergreifen das Göttliche erst recht «in eine unechte, nichtgöttliche Nähe zerren und statt eines neuen Lebens den Tod bringen». Das Nicht-mehr-rufen-dürfen der alten Götter sei «die einzig mögliche, entschlossene Bereitschaft für das Erharren des Göttlichen». Deshalb diagnostiziert Heidegger im Gedicht eine «Grundstimmung der Trauer», die «nichts Seelisches, sondern etwas Geistiges» sei, also zum Bereich des Denkens gehört. Zu verstehen ist, dass hier die schwierigste Leistung überhaupt dem Volk und dem Land Germanien abverlangt ist: «Dass die Götter entflohen, heißt nicht, dass auch die Göttlichkeit aus dem Dasein des Menschen geschwunden ist, sondern heißt hier, dass sie gerade waltet, aber als eine nicht mehr erfüllte, als eine verdämmernde und dunkle, aber doch mächtige.»[29]

Mit einem noch eindringlicheren Hinweis auf die Lage des Volkes und die Komplexität der Aufgabe schließt die Vorlesung. An seinen Freund, den Dichter Casimir Ulrich von Böhlendorff, hatte Hölderlin am 4. Dezember 1801 geschrieben – und es war dieser Brief, den Heidegger gegenüber Elisabeth Blochmann erwähnte: «Wir lernen nichts schwerer als das Nationelle frei gebrauchen.» Und an einer späteren Stelle des Briefs heißt es, «der *freie* Gebrauch des *Eigenen*» sei «das schwerste». Naheliegend wäre der naturalistische oder rassistische Gebrauch des Eigenen, verstanden als ein Dinghaftes, das sich anderen aufdrückte. Heidegger spricht dagegen von der «Schaffung eines Spielraums, in dem das Nationelle sich zur Geschichte frei erwirken kann». Es gelte, das «Mitgegebene» in ein «Aufgegebenes» zu verwandeln. Um die Gestaltung dieses Spielraums muss gekämpft werden: «Nur das zu Erkämpfende und Erkämpfte, nicht das nur Eigene, ist die Gewähr und Gewährung des Höchsten.»[30]

Heidegger beschreibt seinen eigenen Fall. «Sein und Zeit» war ein Buch, das auf die Stelle deutete, wo Gott einmal gewesen war, aber sie war leer. «Denn wenn es aus ist», sagt Hölderlin, «und der Tag erloschen, / Wohl triffts den Priester erst, doch liebend folgt / Der Tempel und das Bild ihm auch und seine Sitte / Zum dunkeln Land und keines mag noch scheinen.» Das «Geschehnis der Götterflucht» trifft als ersten den Priester.[31] Priester hatte Heidegger einmal werden wollen, noch in seinen frühen Briefen an Elfride, als er sich schon längst für die Philosophie entschieden hatte, beschreibt er sein Selbstverständnis als das eines «Priestertums» und sich als dessen «Geweihten» mit einer «Sendung».[32] Nun findet er mit Hölderlin den Weg, seine eigene Geschichte sinnvoll zu deuten. Sie ist im Einzelnen, was der Dichter im Großen prophezeit hatte. Was in «Sein und Zeit» eine Leerstelle war, und gerade als solche erkennbar blieb, hat nun seine eigene Gestalt gefunden, ist thematisch in den Vordergrund gerückt. Es bleibt nur noch «das Bewahren der Göttlichkeit der entflohenen Götter».[33]

Davon ist auch die Heimat betroffen. Sie ist nur da in ihrem vollen Sinn bewahrt, wo die Erde «für die Götter erzogen, im Wandel der Jahreszeiten und ihrer Feste dem Walten der Götter entgegengehalten wird».[34] Genau dies aber, so darf man mit einer minimalen Verschiebung vom Tempel zur Kirche sagen, war Heideggers Amt als Knabe im Glockendienst gewesen. Er ist es selbst, von dem hier die Rede ist. Auf die zweite Hälfte der dreißiger Jahre zu datieren ist eine vielsagende Notiz aus den «Schwarzen Heften»: «*Die Mutter* – meine einfache Erinnerung an diese fromme Frau, die ohne Bitterkeit den Weg des *scheinbar* gottabgekehrten Sohnes im ahndenden Vorblick ertrug.»[35] Aus der Mitte all seiner Verhältnisse zur Welt, der Mutter, ragt diese eine Frage nach dem Göttlichen heraus.

Aus «Volk» und «Geschichtlichkeit», die uns in «Sein und Zeit» begegneten, ist ein geschichtliches Volk geworden, und aus dem «Mitsein» mit dem Volk wurde der Staat. Die abstrakte Gottlosigkeit von «Sein und Zeit» wurde zur Flucht der Götter. Aus der «Gegend» von «Sein und Zeit» wurden der Rhein und Germanien, aus der Fundamentalontologie wurde die Metapolitik. Das ist Heidegger 1934: Der Geist hat das Wissen konstituiert, der Denker hat sich gegen die Einzelwissenschaften behauptet. Noch will er den Nationalsozialismus nur höher begründen und im Wissen befestigen, er will ihm, in einem absurden, quijotischen Unternehmen, Differenziertheit beibringen. Aber ein erster Riss ist gesetzt.

Im April 1936 sprach Heidegger in Rom im Deutsch-Italienischen Kulturinstitut über «Hölderlin und das Wesen der Dichtung». An Jaspers schrieb er über seine Reise im Mai: «Rom und Italien – zum ersten Mal. (...) Eigentlich war ich die ganzen 10 Tage in Rom verwirrt, ärgerlich fast und wütend.» Eindrücke, sagt er, wirkten bei ihm immer erst verspätet und nie unmittelbar, «plötzlich ertappe ich mich dabei, dass ich ja vor Michelangelos Moses im Halbdunkel von San Pietro in Vincoli stehe oder auf der Piazza Navona oder in Tusculum; überhaupt die Landschaft».[36]

Er besuchte dabei auch seinen inzwischen emigrierten Schüler Karl Löwith und verbrachte mit ihm den Abend nach dem Vortrag und den nächsten Tag, der vom herrlichen Wetter begünstigt wurde, wie Löwith berichtet: «Und ich freute mich über dieses letzte Zusammensein trotz unvermeidlicher Hemmungen. H. hatte selbst bei dieser Gelegenheit das Parteiabzeichen nicht von seinem Rock entfernt. Er trug es während seines ganzen römischen Aufenthalts und es war ihm offenbar nicht in den Sinn gekommen, dass das Hakenkreuz nicht am Platz war, wenn er mit mir einen Tag verbrachte. Wir unterhielten uns über Italien, Freiburg und Marburg und auch über philosophische Dinge. Er war freundlich und aufmerksam, vermied aber gleich seiner Frau jede Anspielung auf die deutschen Verhältnisse und seine Stellung zu ihnen. Auf dem Rückweg wollte ich ihn zu einer freieren Äußerung darüber veranlassen.» Er, Löwith, sei der Ansicht, dass Heideggers «Parteinahme für den N. S. im Wesen seiner Philosophie läge. H. stimmte mir ohne Vorbehalt bei und führte mir aus, dass sein Begriff von der ‹Geschichtlichkeit› die Grundlage für seinen politischen ‹Einsatz› sei. (...) Er war nach wie vor der Meinung, dass der N. S. der für Deutschland vorgezeichnete Weg sei; man müsse nur lange genug ‹durchhalten›.»[37]

Im Licht solcher Zeugnisse ist Heideggers Äußerung in einem Brief an Herbert Marcuse vom 20. Januar 1948 zu bewerten, er habe schon 1934 seinen «politischen Irrtum» erkannt, nachdem er zunächst vom Nationalsozialismus eine «geistige Erneuerung des ganzen Lebens, eine Aussöhnung sozialer Gegensätze und eine Rettung des abendländischen Daseins vor den Gefahren des Kommunismus» erwartet habe. Ganz wahr ist diese Äußerung nur in Bezug auf das Rektorat, nicht jedoch, was seinen metapolitischen Nationalsozialismus betrifft. Und eine andere Behauptung, die er im November 1945 gegenüber dem Rektorat der Freiburger Universität erhob – er habe seine «Stellung zur Partei auch in Äußerlichkeiten sichtbar werden lassen», indem er «weder die Parteiversammlungen besuchte, noch das Parteiabzeichen trug» –, kann man mit Blick auf Löwiths Rom-Erinnerungen getrost als Schutzbehauptung werten.[38]

1934 war Heidegger in den «Ausschuss für Rechtsphilosophie der «Akademie für deutsches Recht» berufen worden, einer Gründung des NS-Juristen Hans Frank, damals «Reichskommissar für die Gleichschaltung der Justiz und für die Erneuerung der Rechtsordnung». Auch Carl Schmitt gehörte der Akademie an, ebenso der Philosoph Erich Rothacker, daneben Göring und Goebbels, aber auch Carl Goerdeler, der spätere Widerständler. 1935 wurde Julius Streicher, der Herausgeber des «Stürmer», gleichfalls in die Akademie berufen. Löwith berichtet von seinem Entsetzen: «Auf meine Bemerkung, dass ich zwar Vieles an seiner Haltung verstünde, aber eines nicht, nämlich, dass er sich an ein und denselben Tisch (in der ‹Akademie für deutsches Recht›) setzen könne mit einem Individuum wie J. *Streicher*, schwieg er zunächst. Schließlich erfolgte widerwillig jene bekannte Rechtfertigung (...), die darauf hinauslief, dass alles ‹noch viel schlimmer› geworden wäre, wenn sich nicht wenigstens Einige von den Wissenden dafür eingesetzt hätten. Und mit bitterem Ressentiment gegen die ‹Gebildeten› beschloss er seine Erklärung: ‹Wenn sich diese Herrschaften nicht zu fein vorgekommen wären um sich einzusetzen, dann wäre es anders gekommen, aber ich stand ja ganz allein.› Auf meine Erwiderung, dass man nicht gerade ‹fein› sein müsse, um eine Zusammenarbeit mit Streicher abzulehnen, antwortete er: über Streicher brauche man kein Wort zu verlieren, der ‹Stürmer› sei doch nichts als Pornographie. Warum sich Hitler nicht von diesem Kerl befreie, das verstünde er nicht, er habe wohl Angst vor ihm.»[39]

In den «Beiträgen zur Philosophie», auf 1936/38 zu datieren,[40] kommt das Wort «Staat» nicht mehr vor. Seine Nietzsche-Vorlesungen, die er seit 1936/37 hielt, hatten Heidegger den Staat als Erscheinungsform des zeitgenössischen totalen Willens zur Macht entzaubert.

22. KAPITEL

Rudolf Carnaps antimetaphysischer Angriff

Der Anfang schien unter einem guten Stern zu stehen: Heidegger und der Philosoph Rudolf Carnap, wie er Jahrgang 1891, lernten sich in Davos kennen und waren einander jedenfalls nicht unsympathisch. Am 18. März 1929 notierte Carnap in seinem Tagebuch: «Hochschulkurse. Cassirer spricht gut, aber doch etwas pastoral. (...) Heidegger, ernst und sachlich, menschlich sehr anziehend.» Am 30. März berichtet er von einem gemeinsamen Spaziergang: «Diskutiert. Seine Stellung: Gegen Idealismus, besonders in der Volksbildung. Die ‹neue Frage nach der Existenz›. Erlösungsbedürftigkeit.» Am 3. April sitzt man im Café: «Mit (...) H. (...) über die Möglichkeit, alles, auch Zweck- und Sinnfragen physikalisch auszudrücken. H. (...) stimmt mir im Wesentlichen bei.»[1]

Tatsächlich war beim Thema Sinn und physikalischer Ausdruck wohl eher das Gegenteil der Fall; vielleicht war Heidegger einfach nur höflich-verbindlich, vielleicht wollte er sagen: Ja, wenn man von der Hermeneutik absieht, dann bleibt nur der physikalische Ausdruck. Mehr als dreißig Jahre danach, am 22. März 1964, schrieb er in einem Brief an die Teilnehmer eines Kolloquiums an der Drew University in Madison, New Jersey, unter anderem über das Problem des objektivierenden Denkens und Sprechens. Er warf Vorfragen auf – was «Objektivieren» bedeute, was Denken und was Sprechen heiße, ob jedes Denken ein Sprechen und jedes Sprechen ein Denken sei, ob und in welchem Sinne sie zu objektivieren seien und in welchem nicht. Diese Fragen, fuhr er fort, bildeten «die noch verborgene Mitte derjenigen Bemühungen, denen die heutige ‹Philosophie› von ihren äußersten Gegenpositionen her (Carnap → Heidegger) zustrebt.» Die erstgenannte Position wolle «alles Denken und Sprechen, auch dasjenige der Philosophie, unter die Botmäßigkeit eines technisch-logisch konstruierten Zeichensystems bringen, d.h. als Instrument der Wissenschaft festlegen.» Carnap wird als der maßgebliche Vertreter der Gegenposition anerkannt. «Man nennt diese Positionen heute: die technisch-szientistische Sprachauffassung und die spekulativ-hermeneutische Spracherfahrung.» In beiden Positionen gehe es nicht um ein Spezialproblem, vielmehr werde die Sprache als «der Bereich erkannt, innerhalb dessen das Denken und jede Art von Denken und Sagen sich aufhalten und bewegen.» Nichts Geringeres stehe auf dem Spiel als «die Frage nach der Existenz des Menschen und deren Bestimmung.»[2]

Wer war und was wollte Rudolf Carnap? In welcher Hinsicht vertrat er die äußerste Gegenposition zu Heidegger? Inwiefern sollte das Denken als Instrument der Wissenschaft festgelegt werden? «Szientifisch» nennt man das methodische Vorgehen der Vernunft nach wissenschaftlichen Maßstäben; «Szientismus» aber bedeutet nicht Wissenschaft, sondern einen Wissenschaftsfundamentalismus, der sachliche Grenzen nicht mehr anerkennen will. Vor bald hundert Jahren bildete sich eine philosophische Schule, die sich den Titel «Szientismus» als Ehrenzeichen anheftete, der «Wiener Kreis». Einer seiner glänzendsten Vertreter war Carnap. Zu rechtfertigen seien einzig und allein Erkenntnisse der empirischen Wissenschaften, möglichst auf physikalischer Basis; alles, was darüber hinausging, nannte Carnap «Metaphysik». Sinnvolle Sätze könnten sich nur auf «empirische Tatsachen» beziehen – also vor allem nicht auf die höheren Lebensfragen. Gelten ließ Carnap als Erkenntnisgrundlage nur das «Physische»: «*Der erkenntnistheoretische Kern jeder konkreten Erkenntnis von Fremdpsychischem besteht aus Wahrnehmung von Physi-*

Rudolf Carnap wollte mit einer Kritik an Heideggers Verwendung des Wortes «Nichts» die Metaphysik grundsätzlich beenden. Ausschließlich physische Wahrnehmung sollte künftig Erkenntnis begründen können. Carnap war einer der führenden Köpfe des «Wiener Kreises».

schem; oder: *das Fremdpsychische tritt nur als (erkenntnistheoretischer) Nebenteil von Physischem auf.*»[3]

Wissenschaftlichkeit sollte das Kriterium für die gesamte Lebensführung werden. Nicht nur unmetaphysisch wollte man denken, sondern direkt «antimetaphysisch».[4] Man kann von einem umfassenden sozial- und lebensreformerischen Milieu sprechen, in das Carnap und seine Mitstreiter sich eingebunden fühlten. Die Idee des Plans stand dabei an vornehmster Stelle. Ein Plan bedeutete angewandte Wissenschaft, bedeutete: Alles ist der wissenschaftlichen Organisierung fähig. Planbar war die Wirtschaft, sogar die Sprache. Carnap war ein Anhänger der internationalen Plansprache Esperanto. «Ich dachte oft daran, Sprachwissenschaftler zu werden, neigte aber mehr zu theoretischer Konstruktion und Systematisierung als zur Tatsachenbeschreibung. Deshalb interessierten mich mehr solche Probleme, die mit Planung, Aufbau und Konstruktion der Sprache zu tun hatten.» Unter seinen Motiven für das Erlernen der Kunstsprache stand an erster Stelle «das humanitäre Ideal einer Verbesserung des Verständnisses zwischen den Nationen».[5]

In einer geplanten Kunstsprache kann man Informationen austauschen, aber nicht dichten und nicht beten, es gibt in ihr auch keine Mundart. Man muss sich nur Heideggers Liebe zu den alemannischen Gedichten Johann Peter Hebels in Erinnerung rufen, um den Abgrund zwischen den beiden Positionen zu ermessen. Sprachplanung ist aber nur ein Teilbereich in der Gedankenwelt Carnaps; ebenso ging es ihm um eine Gesellschaftsplanung. Geradezu als ein Manifest integraler szientistischer Modernität liest sich die Programmerklärung des Kreises: «Wir erleben, wie der Geist wissenschaftlicher Weltauffassung in steigendem Maße die Formen persönlichen und öffentlichen Lebens, des Unterrichts, der Erziehung, der Baukunst durchdringt, die Gestaltung des wirtschaftlichen und sozialen Lebens nach rationalen Grundsätzen leiten hilft. *Die wissenschaftliche Weltauffassung dient dem Leben und das Leben nimmt sie auf.*»[6]

Reine Rationalität war das Feldzeichen. In dem von Otto Neurath verfassten, von Carnap und Hans Hahn mitunterzeichneten Gruppenmanifest «Wissenschaftliche Weltauffassung» wurde die Nähe der Vereinigten Staaten und der Sowjetunion gepriesen: «In U.S.A. nehmen diese Bestrebungen die verschiedenartigsten Formen an; in gewissem Sinne wäre auch James [William James, der Theoretiker des Pragmatismus] hierher zu rechnen. Das neue *Russland* sucht durchaus nach wissenschaftlicher Weltauffassung, wenn auch zum Teil in Anlehnung an ältere materialistische Strömungen.»[7] Mochte das auch Wunschdenken sein, so war es eben doch das, woran die Positivisten glaubten. Für Heidegger waren solche übergreifenden Zusammenhänge ebenso einleuchtend wie für die Adepten des Wiener Kreises, in *dieser* Hinsicht gab es überhaupt keine Differenz: Warum, fragt Heidegger, «gehören die englisch-amerikanische ‹Welt› und der ‹Bolschewismus› im innersten zusammen, trotz des scheinbaren Gegensatzes von Kapitalismus und Antikapitalismus? Weil beide im Wesen das Selbe sind – die unbedingte Entfaltung der Subjektivität in die reine Rationalität. Dort entspricht dieser im Gegenschwung das ‹Sentimentale›, hier (im Bolschewismus) das Dumpfe des Asiatischen.»[8] Kaum eine Diagnose Heideggers ist so umstritten wie diese. Sie verliert etwas von ihrer Befremdlichkeit, wenn man bedenkt, dass die paradoxe Verwandtschaft für Heidegger aus dem aufklärerischen Erbe einer «reinen Rationalität» stammte; sie war angewandte Aufklärung.

Weil Carnap von der Physik herkam, musste er sich gegen die Metaphysik wenden. «Überwindung der Metaphysik durch logische Analyse der Sprache» war der Titel seiner Programmschrift, die 1932 erschien. Der Text, mit dem er sich dabei vornehmlich auseinandersetzt, ist Heideggers Freiburger Antrittsvorlesung «Was ist Metaphysik?». Carnap sucht nach einer «logisch korrekten Sprache», die durch die Metaphysik an sich schon verhindert werde. Auch bei Carnap ist die Sprache zentral. Er kommt zu dem Ergebnis, «dass *die vorgeblichen Sätze dieses Gebietes gänzlich sinnlos sind*».[9] Und dies erst sei jene radikale Überwindung der Metaphysik, die man früher vergeblich versucht habe.

Carnap hält Heidegger Naivität vor, logische Kunstfehler elementarer Art, vor allem in der mehrsinnigen Verwendung des Wortes «nichts» beziehungsweise «Nichts». Der Beginn von Heideggers Gedankengang («Erforscht werden soll das Seiende nur und sonst – nichts»; «das Seiende allein und weiter – nichts») rechtfertige keineswegs einen Folgesatz von der Art «Wie steht es um dieses Nichts?». Die Möglichkeit solcher Fehler liege in einem «logischen Mangel der Sprache».[10] Denn in einer logisch korrekten Sprache wäre die Frage «Wie steht es um dieses Nichts?» nicht möglich, sie wäre von vornherein blockiert durch die vorhergegangene Aussage «es gibt nicht», existiert nicht, ist nicht vorhanden. Gar die Form «nichten» bei Heidegger («Das Nichts nichtet») sei völlig bedeutungslos.

Diese Kritik greift insofern zu kurz, als die genannten Probleme Heidegger keineswegs entgangen waren. In seiner Vorlesung werden sie sofort nach den einführenden, versuchsweise formulierten Sätzen mit großer Geduld thematisiert. Die Wissenschaft, so sagt Heidegger, gebe das Nichts «preis als das, was es ‹nicht gibt›. Gleichwohl versuchen wir, nach dem Nichts zu fragen. Was ist das Nichts? Schon der erste Anlauf zu dieser Frage zeigt etwas Ungewöhnliches. In diesem Fragen setzen wir im vorhinein das Nichts als etwas an, das so und so ‹ist› – als ein Seiendes. Davon ist es aber doch gerade schlechthin unterschieden. Das Fragen nach dem Nichts – was und wie es, das Nichts, sei – verkehrt das Befragte in sein Gegenteil. Die Frage beraubt sich selbst ihres eigenen Gegenstandes.»[11]

Nun erst beginnt Heidegger mit seiner Erörterung. Alles, was Carnap bisher mit dem Hinweis auf den widersprüchlichen, unsinnigen Charakter eines seienden Nichts einwandte, hatte Heidegger selbst schon vorab zugestanden: «Frage und Antwort sind im Hinblick auf das Nichts gleicherweise in sich widersinnig.»[12] Carnap bemängelte, «das Nichts» zu verwenden, bedeute den Fehler, «das Wort ‹nichts› als Gegenstandsname zu benutzen».[13] Heidegger hatte das zugegeben, um dann aber weiterzudenken: «Weil es uns so versagt bleibt, das Nichts überhaupt zum Gegenstand zu machen, sind wir mit unserem Fragen nach dem Nichts schon am Ende – unter der Voraussetzung, dass in dieser Frage die ‹Logik› die höchste Instanz ist.» Heidegger sieht durchaus die Widersinnigkeit, die in dem Begriff «eines seienden Nichts» steckt. Sein eigener Denkweg geht völlig bewusst von der Idee der Logik als der *«überlieferten* Auslegung des Denkens» in den «Wirbel eines ursprünglicheren Fragens».[14] Dagegen lautet Carnaps These, Metaphysik sei ein schlechter Kunst- oder Theologieersatz. Die Aufgabe, deren Lösung die Metaphysik sich vornehme – eine Erkenntnis zu finden und darzustellen, «die der empirischen Wissenschaft nicht zugänglich ist» –, bedeute schlicht, dass es keine sinnvollen metaphysischen

Sätze geben kann. «Metaphysiker sind Musiker ohne musikalische Fähigkeit.»[15]

Heidegger antwortete auf Carnaps Metaphysikkritik drei Jahre später in der Vorlesung «Einführung in die Metaphysik» des Sommersemesters 1935: «Noch weiter geht in der, in gewisser Weise seit *Aristoteles* vorgezeichneten Richtung, das ‹Seyn› aus dem ‹ist› des Satzes zu bestimmen und d.h. schließlich zu vernichten, eine Denkschule, die sich um die Zeitschrift ‹Erkenntnis› gesammelt hat. Hier soll die bisherige Logik mit den Mitteln der Mathematik und des mathematischen Calculs allererst streng wissenschaftlich begründet und ausgebaut werden, um so dann eine ‹logisch korrekte› Sprache aufzubauen, in der die Sätze der Metaphysik, die alle Scheinsätze sind, künftig unmöglich werden.»[16]

Die «äußerste Verflachung und Entwurzelung der überlieferten Urteilslehre» vollziehe sich, so Heidegger, «unter dem Schein mathematischer Wissenschaftlichkeit». «Kein Zufall ist auch, dass diese Art ‹Philosophie› im inneren und äußeren Zusammenhang steht mit dem russischen Kommunismus. Kein Zufall ist ferner, dass diese Art des Denkens in Amerika seine Triumphe feiert.» Der Positivismus des Wiener Kreises führe «zur endgültigen Entgötterung der Welt» – Carnap hätte nicht widersprochen. Wahrheit werde radikaler denn je in Gewissheit umgedeutet, «zur bloßen Sicherung des Denkens, und zwar des mathematischen gegen alles das von diesem nicht Denkbare». Diese Philosophie des mathematisch-physikalischen Positivismus will «die Begründung dieser Position liefern. Es ist kein Zufall, dass diese Art ‹Philosophie› die Grundlagen liefern will zur modernen Physik, in der ja alle Bezüge zur Natur zerstört sind.»[17]

Aber Heideggers eigentliche, positive Antwort auf den Wiener Kreis liegt nicht in solcher Gegenpolemik, sondern im erneuten Durchdenken der Fragen, die Carnaps Kritik aufwarf. Schon 1924 hatte Heidegger festgestellt, das Problem, eine angemessene Sprache für das Sein zu finden, sei in der Grammatik begründet. Logik und Grammatik hängen zusammen. Und wenn wir früher vermutet hatten, Heideggers Sprachkrise – das von Gadamer überlieferte «Zittern» – sei eine Krise des Wortes, so können wir nun sagen, sie ist auch eine Krise der Grammatik angesichts der Aufgabe, die sich dem Denken stellt. Heidegger glaubt zu sehen, dass die «grammatischen Formen für das, was wir anstreben, nicht zureichen». Es geht ihm nicht um eine Verbesserung der Grammatik, sondern «um eine wesentliche Aufhellung des Wesens des Seins hinsichtlich seiner wesensmäßigen Verschlungenheit mit dem Wesen der Sprache».[18] Heideggers Sprachkrise steckt in dem Problem des Seins – kann man jemals von ihm sagen: es «ist»? Diese Frage leitet den Gedankengang der Vorlesung «Einführung in die Metaphysik». Die «Seinsfrage» und Heideggers Erzittern beim Sprechen sind eins.

In der Vorlesung findet sich eine Passage zur Kritik an sogenannten Wertphilosophien. Eine von Heidegger mit Unmut angeführte Bibliographie hatte 1928 die Zahl von 661 einschlägigen Schriften genannt: «Vermutlich sind es inzwischen tausend geworden.» Dann wird er schärfer: «Was heute vollends als Philosophie des Nationalsozialismus herumgeboten wird, aber mit der inneren Wahrheit und Größe dieser Bewegung (nämlich mit der Begegnung der planetarisch bestimmten Technik und des neuzeitlichen Menschen) nicht das Geringste zu tun hat, das macht seine Fischzüge in diesen trüben Gewässern der ‹Werte› und der ‹Ganzheiten›.»[19]

Als die Vorlesung 1953 erstmals publiziert wurde, betrat Jürgen Habermas als philosophischer Polemiker die Bühne und widersprach in der «Frankfurter Allgemeinen Zeitung» heftig. Heidegger weiche einer «Besinnung auf die verantwortlichen Taten» ebenso aus wie einer Reflexion seines politischen Irrtums und versage angesichts der Aufgabe, die Untaten «zu klären und das Wissen darum wachzuhalten».[20] Vertrackter wird das Problem noch durch die Unklarheit darüber, was Heidegger 1935 wirklich gesagt hatte, und hierbei konzentriert sich die Fraglichkeit auf den eingeklammerten Satzteil des Zitats. «Die fraglichen Seiten der Handschrift fehlen im Nachlass», so Petra Jaeger, die Herausgeberin der Vorlesung in der Gesamtausgabe Heideggers. Man wird also auch von einer kritischen Edition keine letzte Sicherheit erwarten dürfen, wenngleich manches darauf hindeutet, dass der eingeklammerte Satzteil erst später (von Assistenten) im Sinne einer nachträglichen Erläuterung der NS-Sympathie hinzugefügt wurde, denn «in der ersten Korrektur stand er nicht», wie Petra Jaeger festhält.[21]

Wie dem auch sei: Die Passage, so anstößig sie ist, war das letzte ausdrückliche Bekenntnis Heideggers zum Nationalsozialismus. Es gibt in späteren Schriften und Aufzeichnungen nichts Vergleichbares mehr.

23. KAPITEL

Das Kunstwerk

Die Metapolitik des Wintersemesters 1934/35 verflüchtigt sich. Heidegger schreibt die große Abhandlung über den Staat nicht, die man nach seinen Ankündigungen erwartet hätte. Stattdessen spricht er ein knappes Jahr darauf, am 13. November 1935, in der Freiburger Kunstwissenschaftlichen Gesellschaft über den «Ursprung des Kunstwerkes»; der Vortrag wird mehrmals wiederholt, zuletzt im Dezember 1936 im Frankfurter Freien Deutschen Hochstift. Zunächst scheint es sich bloß um eine vereinzelte Abbiegung zu handeln, aber die Gewichte haben sich verschoben, die «staatsgründende Tat» kommt nur einmal kurz vor.[1]

Heidegger versteht die Kunst als ein Geschehen der Wahrheit. In dieser Weise wird sie dem Denken einer der vornehmsten Gegenstände. Aber mit diesem Schritt gliedert sich die gesamte Problemlage neu, die *eine* Umstellung ergreift das Ganze. Bisher gab es das Sein und das Seiende. Gegen die Überschätzung des bloß vorhandenen Seienden hatte sich «Sein und Zeit» gewandt, das blieb aber eine innerphilosophische Angelegenheit. Nun erscheinen Heidegger die technische Bearbeitung und Nutzung und die machtpolitische Manipulation des Seienden – zusammengefasst: die «Machenschaft» – als übermächtiger Hauptzug seiner Zeit.

Eine falsche Ontologie des Vorhandenen hat Konsequenzen. In Gefahr gerät dabei die Erde, Heidegger dämmert ihre Verletzlichkeit. Wegen seiner provinziellen Prägung ist gerade er dafür sensibler und wacher. Die väterliche Arbeit mit dem Holz hatte ihn ebenso auf unmittelbare Naturbedingungen verwiesen wie die bäuerliche Arbeit der mütterlichen Vorfahren. Seine Rückständigkeit gibt ihm einen Erkenntnisvorsprung. Was die Gegenwart ausmache, so glaubt Heidegger, sei «die wachsende (...) Zerstörung der ‹Natur›.»[2] Um 1936 notiert er: «Wie Wenige wissen es, welchen Grad die Zerstörung der Erde erreicht hat und welche Wirrnis hinter den scheinbar sicher gelenkten Errungenschaften der ‹Technik› lauert?»[3] Die Erde wird zum «Ausbeutungsgebiet».[4] Was geschieht?, fragt Heidegger. Die Antwort: «Die Zerstörung der Erde – das wechselweise Sichauflauern der Völker und das Geschäftemachen ohne Sinn und Ziel – ohne den Willen zu einem Ziel – denn die Selbsterhaltung des Volkes kann nie Ziel, sondern muss immer nur Bedingung sein.»[5] Selbsterhaltung des Volkes, als höchstes Ziel gefasst, ist der Nationalsozialismus.

Vom «freien Gebrauch» des Eigenen hatte dagegen die Hölderlin-Vorlesung des Wintersemesters 1934/35 gehandelt. Das Entscheidende für Heidegger sind nicht auf sich selbst bezogene, in sich selbst ruhende Dinge oder Sachverhalte, sondern solche, die sich nur als Spannung oder Spiel verstehen lassen. Das war die Differenzierung, die er dem Nationalsozialismus hatte zumuten wollen. Irgendwann um 1936 gab er diesen Versuch auf, aber die grundlegende Intuition eines durch inneren Streit verfassten und erst in dessen Artikulation wahrhaftig auszusprechenden Seins harrte nur umso dringender der Bearbeitung.

Nun kommt ein neuer Gegensatz in sein Denken, Heidegger spricht von einem Streit zwischen «Erde» und «Welt». Welt ist das Gegenüber der Erde. Erst in solchen Verhältnisbestimmungen von Natur und Geschichte, nicht in Biologie und Landschaft allein, nicht in «Blut» und «Boden», hat die Rede vom «Volksein» für ihn einen Sinn. Von «Weltverdüsterung und Erdzerstörung» spricht er in den «Beiträgen zur Philosophie», die ab 1936 entstehen. «Umwelt» hatte schon immer zu Heideggers Hauptbegriffen gehört. Die erste uns bekannte Vorlesung – jene des Kriegsnotsemesters 1919 – beschrieb im

§ 14 das «Umwelterlebnis». Weil Heidegger, seit er überhaupt eigene philosophische Gedanken vorbrachte, seine Aufmerksamkeit auf die Umwelt richtete, lässt er sich als Diagnostiker der Umweltzerstörung verstehen. Seine Distanz zur Wissenschaft wird dadurch noch markanter. Die «neuzeitliche Seinsverlassenheit» werde «wesentlich durch die neuzeitliche Wissenschaft mitentschieden, und zwar immer *nur*, *sofern* diese beansprucht, ein oder gar *das* maßgebende Wissen zu sein».[6]

Heidegger hielt seinen Vortrag über den «Ursprung des Kunstwerkes» in einem Augenblick, als die Kunst politisiert wurde und bald schärfsten Repressionen ausgesetzt war. Zwar suggerierte man 1936 während der Olympischen Spiele noch Liberalität, indem die Neue Abteilung der Berliner Nationalgalerie mit expressionistischen und futuristischen Bildern geöffnet blieb. Unmittelbar danach aber wurde der Bereich der Modernen geschlossen. Vincent van Gogh kommt in Heideggers Abhandlung prominent vor, er schätzte den Maler seit langem als einen der Menschen, die «in ihren tiefsten Besinnungen das Zurollen auf ein Ende» ahnten «und schon das Ganz Andere in ihrem Wissen trugen», wie es in einer Aufzeichnung aus der Zeit des Kunstwerkaufsatzes heißt.[7] Van Gogh wird bald darauf der «entarteten Kunst» zugerechnet, sein «Bildnis des Dr. Gachet» genau ein Jahr nach Heideggers Frankfurter Vorträgen aus dem Frankfurter Städel entfernt.

Heidegger, der Enkel eines Schuhmachers, wählt zur Auslegung van Goghs «Schuhe», gemalt 1886. An diesem Gemälde entwickelt er eine phantasierende Phänomenologie des Lebens einer Bäuerin: «Aus der dunklen Öffnung des ausgetretenen Inwendigen des Schuhzeuges starrt die Mühsal der Arbeitsschritte. In der derb-gediegenen Schwere des Schuhzeuges ist aufgestaut die Zähigkeit des langsamen Ganges durch die weithin gestreckten und immer gleichen Furchen des Ackers, über dem ein rauher Wind steht. Auf dem Leder liegt das Feuchte und Satte des Bodens. Unter den Sohlen schiebt sich hin die Einsamkeit des Feldweges durch den sinkenden Abend. In dem Schuhzeug schwingt der verschwiegene Zuruf der Erde, ihr stilles Verschenken des reifenden Korns und ihr unerklärtes Sichversagen in der öden Brache des winterlichen Feldes. Durch dieses Zeug zieht das klaglose Bangen um die Sicherheit des Brotes, die wortlose Freude des Wiederüberstehens der Not, das Beben in der Ankunft der Geburt und das Zittern in der Umdrohung des Todes. Zur *Erde* gehört dieses Zeug und in der *Welt* der Bäuerin ist es behütet.»[8]

Heidegger geht an van Goghs Bild nicht mit den Fragen der Kunsthistoriker heran, wie überhaupt die Ästhetik als Disziplin weiträumig umgangen wird. Man merkt, wie sorgfältig neue Schritte von ihm vorbereitet werden. Die Schuhe sind nicht Dinge schlechthin, sondern «Zeug» im Sinne von «Sein und Zeit», sie erzählen eine Lebensgeschichte. Dass die Schuhe abgenutzt sind, verbürgt nur umso mehr ihren Zeug-Charakter: «Die vernutzte Gewöhnlichkeit des Zeuges drängt sich (...) als die einzige und ihm scheinbar ausschließlich eigene Seinsart vor.» In van Goghs Gemälde erfahren wir nicht nur, wie Schuhe aussehen, sondern auch was sie in Wahrheit sind. Dieser Wahrheitsbezug macht das Wesen des Kunstwerks aus: «Ein Seiendes, ein Paar Bauernschuhe, kommt im Werk in das Lichte seines Seins zu stehen.» Vom Schönen ist keine Rede, das Kunstwerk ist ein Geschehnis der Wahrheit und die Wahrheit ereignet sich «zu Zeiten als Kunst».[9]

Es gibt keine Erörterung bei Heidegger, die nicht bald in eine Frage nach dem Ort mündete. So auch hier: «Wohin gehört ein Werk? Das Werk gehört als Werk einzig in den Bereich, der durch es selbst eröffnet wird.» Dies gilt vor allem, aber nicht nur, für ein Bauwerk. Ein griechischer Tempel, sagt Heidegger, «bildet nichts ab»; er definiert einen sakralen Bereich. «Er steht einfach da inmitten des zerklüfteten Felsentales. Das Bauwerk umschließt die Gestalt des Gottes und lässt sie in dieser Verbergung durch die offene Säulenhalle hinausstehen in den heiligen Bezirk.» Der Tempel «gibt in seinem Dasein den Dingen erst ihr Gesicht und den Menschen erst die Aussicht auf sich selbst.»[10]

Unweigerlich wird man bei dieser Beschreibung an die Martinskirche denken müssen, in deren Dienst die ganze Familie Heidegger stand – im Dienst eines geweihten Baus, von dem aus das Leben seine Ordnung gewann. Das Tempelwerk, so heißt es nun, «fügt erst und sammelt zugleich die Einheit jener Bahnen und Bezüge um sich, in denen Geburt und Tod, Unheil und Segen, Sieg und Schmach, Ausharren und Verfall – dem Menschenwesen die Gestalt seines Geschickes gewinnen. Die waltende Weite dieser offenen Bezüge ist die Welt dieses geschichtlichen Volkes.»[11]

Erinnern darf man an dieser Stelle auch daran, dass schon Heideggers erste Veröffentlichung über das Denkmal in Kreenheinstetten eine Öffentlichkeit (ein «Volk») beschrieb, die sich um das Kunstwerk versammelte und von ihm eine Prägung annahm. Auch der Tempel lässt sich als ein Gebilde zwischen Erde und Welt deuten. «Welt ist», wie es jetzt heißt, «nie ein Gegenstand, der vor uns steht und angeschaut werden kann. Welt ist das immer Ungegenständliche, dem wir unterstehen, solange die Bahnen von Geburt und Tod, Segen und Fluch uns in das Sein entrückt halten.»[12]

Es ist der bekannte Sachverhalt von «Sein und Zeit» – aber in einer verwandelten Sprache, die sich von der philosophischen Terminologie schon weitgehend abgelöst hat. Der enorme öffentliche Erfolg von Heideggers Vortrag steht in einem eigentümlichen Kontrast zu seinem Weg aus der akademischen Disziplin und einer entsprechenden Redeweise heraus in eine wesentliche Einsamkeit. Wann hätte in den vergangenen zweitausend Jahren ein Philosoph *als* Philosoph je von der Erde gehandelt? Die Erde, sagt Heidegger, lässt «jedes Eindringen in sie an ihr selbst zerschellen». Sie «ist das Hervorkommende-Bergende. Die Erde ist das zu nichts gedrängte Mühelose-Unermüdliche. Auf die Erde und in sie gründet der geschichtliche

Mensch sein Wohnen in der Welt. Indem das Werk eine Welt aufstellt, stellt es die Erde her.»[13] Das Werk ist ein Geschehen, ein Ereignis, nicht etwas bloß Vorhandenes.

Heidegger schreibt die Abhandlung «Der Ursprung des Kunstwerkes», Walter Benjamin schreibt zur selben Zeit «Das Kunstwerk im Zeitalter seiner technischen Reproduzierbarkeit».[14] Auch Benjamin spricht vom griechischen Tempel. Eine antike Venusstatue, sagt er, «stand in einem durchaus andern Traditionszusammenhange bei den Griechen, die sie zum Gegenstand des Kultus machten, als bei den mittelalterlichen Kirchenvätern, die einen unheilvollen Abgott in ihr erblickten. Was aber beiden in gleicher Weise entgegentrat, war ihre Einzigkeit, mit einem andern Wort: ihre Aura. Die ursprünglichste Art der Einbettung des Kunstwerks in den Traditionszusammenhang fand ihren Ausdruck im Kult.»[15]

Das Werk wird von Benjamin unter dem Gesichtspunkt seiner grundsätzlich positiv bewerteten Mobilität betrachtet: «Die Ausstellbarkeit einer Porträtbüste, die dahin und dorthin verschickt werden kann, ist größer als die einer Götterstatue, die ihren festen Ort im Innern des Tempels hat.» Das, was Benjamin «Aura» nennt, scheint an den Tempel gebunden zu sein: «Es ist nun von entscheidender Bedeutung, dass diese auratische Daseinsweise des Kunstwerks niemals durchaus von seiner Ritualfunktion sich löst.» Was wegfällt mit der Reproduzierbarkeit, sagt Benjamin, sei «das Hier und Jetzt des Kunstwerks – sein einmaliges Dasein an dem Orte, an dem es sich befindet.»[16]

Heideggers Beobachtung ist ähnlich, wenn er von den Ägineten in der Münchner Glyptothek spricht, den Giebelskulpturen des Tempels der Aphaia auf der Insel Ägina: Sie seien «aus ihrem eigenen Wesensraum herausgerissen», die Versetzung in die Museumssammlung habe sie «ihrer Welt entzogen». Auch wenn man sich bemühe, «solche Versetzungen der Werke aufzuheben oder zu vermeiden,

Walter Benjamin, hier gesehen von Gisèle Freund im Jahr 1934, schreibt in Paris die Abhandlung «Das Kunstwerk im Zeitalter seiner technischen Reproduzierbarkeit» – in dem Augenblick, da Heidegger «Der Ursprung des Kunstwerkes» verfasst. Der eine begrüßt den Verfall der Aura als Morgenröte einer humaneren Gesellschaft, den anderen ergreift ein Schrecken.

indem wir z. B. den Tempel in Paestum an seinem Ort (...) aufsuchen, die Welt der vorhandenen Werke ist zerfallen». Die Werke sind «nicht mehr die, die sie waren», etwas ist aus ihnen «geflohen».[17]

Ein Vorgang wird aus zwei verschiedenen Perspektiven betrachtet. Benjamin, dessen Vater Kunsthändler war, sympathisiert mit der Transportierbarkeit auch der Götterstatuen, mit der grundsätzlichen Verschiebbarkeit der Werke, dem Verlust der Aura, dem Abbau des Kultwerts (in dem er mit radikalmonotheistischem Vorurteil grundsätzlich «Magie» und Anweisungen zu «magischen Prozeduren» zu erkennen glaubt).[18] In diesen Prozessen sieht Benjamin ein humanisierendes, zivilisierendes Moment der Kunstrezeption. Heidegger, der Enkel von Bauern, sympathisiert mit der jeweiligen konkreten Erde, auf der der Tempel steht, in dem der Gott waltet. Beide sehen eine feine Substanz entfliehen, Benjamin nennt sie «Aura», Heidegger, einstiger Priesteranwärter, spricht von der Weihe: «Weihen heißt heiligen in dem Sinne, dass in der werkhaften Erstellung das Heilige als Heiliges eröffnet und der Gott in das Offene seiner Anwesenheit hereingerufen wird. Zum Weihen gehört das Rühmen als die Würdigung der Würde und des Glanzes des Gottes.»[19]

Benjamin sieht die nicht näher charakterisierten «gegenwärtigen Massen» als Kunstrezipienten,[20] Heidegger in der «waltenden Weite» der «offenen Bezüge» um den Tempel «die Welt dieses geschichtlichen Volkes».[21] Das «Massenhafte» wird für Heidegger geradezu das Gegenbild der Kunst, indem es «alle Ränke seines Tobens» loslässt. In seinem Umkreis wird, wie er befürchtet, aus der Kunst eine bloße «Erlebnisveranstaltung». An die Stelle des Werks tritt eine bloße «‹Machenschaft› (Technik)» zum Dienst für «das technisierte Tier», das sich im «Riesenhaften» einrichtet, wo das Quantitative zu einer «eigenen ‹Qualität›, einer Art von Größe verwandelt wird».[22] Benjamin, dessen Technikoptimismus wir schon kennengelernt haben, sieht gerade hier die Chance: «Die ungeheure technische Apparatur unserer Zeit zum Gegenstande der menschlichen Innervation zu machen – das ist die geschichtliche Aufgabe, in deren Dienst der Film seinen wahren Sinn hat.»[23]

Benjamin hofft auf eine Veröffentlichung seines Aufsatzes in der Sowjetunion, zu der es nicht kommt, Heidegger hält seinen Vortrag im NS-Reich, lässt ihn aber erst 1950 in der Sammlung «Holzwege» erscheinen.

24. KAPITEL

Sommersemester 1939

Im Sommersemester 1939 las Heidegger über «Nietzsche. Der Wille zur Macht als Erkenntnis». Für ihn war «Der Wille zur Macht» nicht primär ein Fragment gebliebenes Buch des 19. Jahrhunderts, sondern die Signatur der Gegenwart. Dass es um den Willen zur Macht «als Erkenntnis» geht, bedeutet für Heidegger, dass die Schicksale der Wahrheit beleuchtet werden sollen. Die Gegenwart ist philosophisch gekennzeichnet durch die Absperrung des Fragens selbst: Heidegger sieht sich spätestens seit 1938 angekommen in einem «Zeitalter der völligen Fraglosigkeit».[1] Er, der ein Vierteljahrhundert zuvor mit einer Abhandlung über die Frage begonnen hatte, weiß sich nun in einer wesentlichen Isolation. Noch bevor der Krieg ausgebrochen ist, nennt Heidegger in seiner Vorlesung Erscheinungen «aus dem geschichtlichen Gesamtzustand des Planeten», die mit der Frage nach der Wahrheit in einem empfindlichen Zusammenhang stehen, darunter «die ins Riesenhafte eingerichteten Propagandakriege» und «das Fassadenmäßige, Aufzug- und Reklamehafte, worin sich alles Leben kundgibt». Eine «grenzenlose Zerstörung alles Vertrauens und jeder Vertrauenswürdigkeit» werde herrschend, dahinter aber melde sich ein noch «Verborgenes»: «dass nicht nur irgendeine Wahrheit, sondern dass *das Wesen der Wahrheit erschüttert* ist». Der Schlüssel für solche Erscheinungen, in gewisser Weise die Metaphysik der Propagandakriege, liegt in einem in der Vorlesung zitierten Satz Nietzsches: «Also dass etwas für wahr gehalten werden *muss*, ist notwendig, – *nicht*, dass etwas wahr *ist*.»[2] Heidegger sucht nach den Gedanken, die das Jetzt sagen, und er findet sie bei Nietzsche.

Dass der kommende Krieg ein Weltanschauungskrieg sein würde, hatte er schon 1938 in dem Vortrag «Zeit des Weltbildes» dargelegt: Das neuzeitliche Verhältnis zum Seienden werde «zur Auseinandersetzung von Weltanschauungen und zwar nicht beliebiger, sondern allein jener, die bereits äußerste Grundstellungen des Menschen mit der letzten Entschiedenheit bezogen haben. Für diesen Kampf der Weltanschauungen und gemäß dem Sinne dieses Kampfes setzt der Mensch die uneingeschränkte Gewalt der Berechnung, der Planung und Züchtung aller Dinge ins Spiel.»[3]

Heidegger hat sich in eine Höhe hinaufgeschraubt, von der aus gesehen die Parteinahme in dem, was kommt, banal erscheinen muss. Daher geht er in diese Kriegs- und Katastrophenjahre mit keinem anderen Engagement als dem für sein Denken. Er ist völlig allein, ja man kann sagen: In der Ausformulierung und gedanklichen Stabilisierung dieses Alleinseins liegt auch eine Leistung. Aber es gibt Hölderlin. Mit Hölderlin versucht Heidegger, eine andere Idee vom Deutschen zu formulieren. Deutschland und die Heimat bleiben die Bezugspunkte, auch wenn Heidegger sie der Definitionsmacht des Nationalsozialismus entzieht.

Es gilt zunächst, sich die Stimmung jener Zeit zu vergegenwärtigen. Die europäischen Spannungen waren nicht mehr aufzulösen, der «Wille zur Macht» musste nicht erst mühsam aufgesucht werden. Am 6. Mai schrieb Heidegger an seinen Bruder mit Dank für die gute Verwahrung der Abschriften seiner Manuskripte: «Denn was geschehen kann, vermag heute kein Mensch zu sagen. Und vermutlich wird alles in großer Plötzlichkeit hereinbrechen. Die Fliegergeschwader sind vielleicht nicht einmal das Bedrohlichste – da die Abwehr in der Tat auf der Höhe ist – auch die Grenze ist so geschützt, dass die Franzosen nicht durchkommen – aber wir liegen doch im Bereich der Ferngeschütze, und dagegen gibt es keine Abwehr. Allein solche

Befürchtungen helfen nicht; man tut am besten, nach Kräften sein Tagwerk zu leisten und die Zukunft der Deutschen vorzubereiten.»[4]

Was geschieht also mit der Wahrheit? Sie rückt in den Bereich der Verfügbarkeit, sie wird herstellbar. Heidegger führt Nietzsches Diktum an: «Die *Wertschätzung* ‹ich glaube, dass Das und Das so ist› als *Wesen der ‹Wahrheit›*.» Damit sei, so glaubt er, «die Wesenszugehörigkeit der Wahrheit zum Willen zur Macht» ausgesprochen. Heidegger, einer, der über «Das Wesen der Wahrheit» nachdachte, sieht sich von seinem Zeitalter verworfen. Die Nützlichkeit, Lebensdienlichkeit wird zum Kriterium: Das muss ihm als Frevel erscheinen. «Nicht allein die ‹Wahrheit› wird hinsichtlich ihres Wesens in den Umkreis der ‹Lebensbedingungen› zurückgestellt, sondern auch die Vermögen der Wahrheitserfassung erhalten von hier aus ihre einzige Bestimmung. (...) Wahrheit und Wahrheitserfassung stehen (...) nicht nur ihrem Gebrauch und ihrer Verwendung nach im Dienste des ‹Lebens›, sondern ihr Wesen und die Art Entstehens und somit auch ihres Vollzugs sind vom ‹Leben› her betrieben und gelenkt.»[5]

Mit der letzten Vorlesungsstunde des Sommersemesters 1939 ist die maximale Eindunkelung des Horizonts erreicht. Heidegger spricht von einer «Überschattung des Seins durch das Seiende». In Nietzsches Philosophie, sagt er, und damit in der Vollendung der «abendländischen Metaphysik», sei die «alles tragende Frage nach der Wahrheit (...) nicht nur wie bisher ungefragt (...), sondern in ihrer Fragwürdigkeit gänzlich verschüttet». Die einzige Möglichkeit bleibe, «diesen Schatten *als* Schatten» zu erblicken. Mit einer seherischen Geste angesichts der Verschattung, mit einem Hölderlin-Zitat, schließt die Vorlesung: «Es sagen der Wanderer viele davon, / und das Wild irrt in den Klüften / Und die Herde schweifet über die Höhen, / In heiligem Schatten aber, / Am grünen Abhang wohnet / Der Hirt und schauet die Gipfel.»[6]

Viele sagen, das Wild irrt, die Herde schweift, der Hirt schaut: Juli 1939. Das Semester wird abgebrochen.

25. KAPITEL

Arbeiter und Mobilmachung: Ernst Jünger lesen

Man kann am 1. September 1939 keine Kriegsbegeisterung bei Heidegger erkennen, und offenbar auch im ganzen deutschen Volk nicht. Am 3. September schreibt er seinem Bruder: «Sonst ist zum Ganzen nichts zu sagen; das Wesentliche steht in meiner Arbeit.» Lakonischer dürfte sich niemand zu den Ereignissen geäußert haben. Kühler noch der Ton, in dem er über die Deutschen schreibt: «Man kann jetzt nur auf Grund der inneren Zugehörigkeit zu einem Volk zwiespältigster Art (zu Großem berufen und in einer Weise geartet zum Teil, für die es keinen Namen gibt) aus *persönlicher* Verantwortung Ruhe bewahren und die Würde als Maßstab für sich aufrichten. Alles andere offenbart seine Leere und Wurzellosigkeit.»[1]

Szenen des patriotischen Jubels, wie sie sich im August 1914 halb spontan ereignet hatten, halb vielleicht in propagandistischer Absicht fotografiert und verbreitet worden waren, fehlen aus dem September 1939. Polen war am Ende des Monats besiegt, im Westen herrschte einstweilen der *Drôle de guerre*, der «Sitzkrieg», ein eigentümlicher Zwischenzustand mit höchstens vorübergehenden, abtastenden Kampfhandlungen, etwa einem kurzen und bald wieder zurückgenommenen französischen Vorstoß an der Saar. Am 6. November 1939 meldete Heidegger seiner Frau aus Meßkirch: «In der Heimat – und doch nicht zuhause, das ist auch einer der vielen zwiespältigen Zustände, die der wesentlichen Unsicherheit des überall gerüsteten Abendlandes entspringen.»[2]

Heideggers Gedankenentwicklung ist in diesen Monaten bis in die

Tiefe vom Zwiespältigen und Unsicheren beherrscht. Etwas ist präsent und auch wieder nicht: «Die Leute merken hier, was die Verpflegung angeht, noch kaum etwas von dem seltsamen Krieg. Und viele meinen, dass er alsbald von selbst aufhöre.»[3] Dem Bruder schreibt er am 5. September: «Die Ereignisse haben einen ganz eigenen Charakter, fast etwas Gespenstisches, trotz der vielen ‹Realitäten›, die jetzt deutsche Herzen bewegen.» Allerdings gibt es auch Augenblicke eines Idylls der Unheimlichkeit: «Durch den eingeschränkten Autoverkehr ist die Landschaft wieder ganz still geworden.» Heidegger bemerkt (ohne Verständnis) bei den Leuten in Meßkirch «Ratlosigkeit», auch «Flucht in den Kirchenglauben» – der mehr als naheliegt, wenn man nach vielleicht langer Gleichgültigkeit auf einmal wieder für die Männer, Söhne und Väter beten muss. Andererseits sieht er aber auch «überall die Bereitschaft zu den Opfern, die nötig sind».[4]

Zum Martinstag 1939 schickt Heidegger eine merkwürdige Gabe an Elfride: eine ungemein schöne Porträtzeichnung im Profil, angefertigt von seinem Schüler Hans Jonas, dem Freund von Hannah Arendt und Günther Anders, in einer Marburger Vorlesung. Bruder Fritz hatte sie für Martin, der einen runden Geburtstag feiern konnte, vervielfältigen lassen. Jonas wiederum, inzwischen im Exil in Palästina, war in *seinem* historischen Augenblick: Die Kriegserklärung Englands an Deutschland vom September 1939, so schreibt er, «war für mich ein Augenblick großer Erleichterung. Ich wusste, dass wir jetzt wenigstens um unser Überleben kämpfen konnten und nicht mehr nur zuschauen mussten, wie die Sache aufgrund der Schwäche der anderen Seite unaufhaltsam ihren Lauf nahm. Als allererstes setzte ich mich hin und verfasste einen Aufruf mit dem Titel Unsere Teilnahme an diesem Kriege. Ein Wort an jüdische Männer. Er begann mit den Worten: ‹Dies ist unsere Stunde, dies ist unser Krieg.›»[5]

Ein anderer früher Hörer von Heideggers Vorlesungen blieb einstweilen skeptisch: «Die Hoffnung der Juden, die sich an den Zwei-

Hans Jonas, ein Freund von Hannah Arendt und Günther Anders, hatte Heidegger im Wintersemester 1925/26 in Marburg gezeichnet. Zum 50. Geburtstag im September 1939 vervielfältigte Bruder Fritz das Blatt des inzwischen Emigrierten.

ten Weltkrieg heftet, ist armselig.»[6] Max Horkheimer, Leiter des exilierten Frankfurter Instituts für Sozialforschung, schrieb diesen Satz in den ersten Septembertagen 1939 nieder. Merkwürdig ist er aus mehreren Gründen: Hatte sich die Hoffnung der Juden wirklich an einen «Zweiten Weltkrieg» geheftet, hatte also Hans Jonas recht? Und merkwürdig ist der Satz nicht zuletzt deshalb, weil damals niemand von einem «Zweiten Weltkrieg» redete. Der «Weltkrieg» war im öffentlichen Sprachgebrauch immer noch der 1918 zu Ende gegangene. Horkheimers Satz hinterlässt ein leises gespenstisches Gefühl, fast wie der Titel jenes Gedichts, das Stefan George in den zwanziger Jahren verfasst hatte: «Einem jungen Führer im Zweiten Weltkrieg». Alles wird unheimlich. Seltsamer Krieg.

Auch für Heidegger, der von Vorlesungspflichten entbunden ist, weil man die Freiburger Universität wegen möglicher Frontnähe geschlossen hat, erscheint er so: «Alle erfahren heute überall und vermerken eifrig das ‹Seltsame› dieses zweiten Weltkrieges.» So beginnt die Abhandlung «κοινόν. Aus der Geschichte des Seyns», deren Abfassung auf diese Stimmung zwischen den Zuständen von

Krieg und Frieden reagiert, auf «das lastend Unbegreifliche des Seltsamen». Heidegger sieht im Kampf um den Besitz der Weltmacht zwei Parteien: die eine mit dem «Willen zur Verteidigung der ‹Moralität› gegen die vermeintliche Unmoral», vertreten von England und Frankreich, die andere für die «Rettung der Volkstümer und die Sicherung seines ‹ewigen› rassischen Bestandes», vertreten von Deutschland. Beide Ansprüche erscheinen ihm «gleich unglaubwürdig»; «Rasserettung und Schutz der Freiheit sind auf den wechselweisen Gegenseiten die Vor-wände, hinter denen die reine Macht sich austobt».[7]

In diesem zweideutigen Augenblick sucht Heidegger nach Klarheit. Er bildet gemeinsam mit einigen Universitätskollegen eine Gruppe, die sich mit dem Werk von Ernst Jünger beschäftigen wird, vor allem mit dem 1932 erschienenen zeitdiagnostischen Klassiker «Der Arbeiter». Diese Wendung ist konsequent. Nietzsche hatten sich die Vorlesungen der vergangenen Semester gewidmet, der «Wille zur Macht» diente als Schlüssel zur Lage des Jahres 1939. Jünger aber, einer der höchstdekorierten Soldaten des letzten Kriegs, zudem ein glänzender Schriftsteller – und schließlich ein Mann, der versuchte, sich einen Reim auf die moderne Technik zu machen –, galt Heidegger als «der einzige echte Nachfolger Nietzsches»: «Jünger hatte nicht das *Buch* mit dem Titel ‹Nietzsche, Der Wille zur Macht› im Tornister – sondern er wurde von Feuer und Blut, von Tod und der Arbeit, vom Schweigen und Donnern der Materialschlacht *als Erscheinungen des Willens zur Macht betroffen.* Jünger hat nicht nur als Führer mit einem sagenhaften Mut seine Männer zu einem unbedingten Gefolge fortgerissen, er hat sich selbst übertroffen, indem ihm die Stärke und Entschiedenheit der Besinnung und des Wortes zuteil wurden.»[8]

Wenn jemand über den Charakter des gegenwärtigen Krieges befragt werden kann, dann Jünger. 1933 hatte sich Heidegger enthusiastisch über «Der Arbeiter» geäußert. Dann wieder finden sich in den privaten Aufzeichnungen der «Schwarzen Hefte» Passagen der heftigsten, überaus polemischen Kritik. Heidegger musste erkennen, dass Jünger einerseits ihm in manchen konservativ-revolutionären Positionen verwandt war, andererseits aber eine zivilisatorische Verführung bedeutete: die Verführung zum glanzvollen Stil des europäischen Schriftstellers. «Der einzige, nach jeder Hinsicht erste ‹Literat› ist heute in Deutschland Ernst Jünger. Homo literatus. / Bei der heutigen massenhaften Gedankenlosigkeit ist es nicht einmal mehr ein Kunststück, mit einem halben Gedanken, der in sich verwüstender ist als ‹kein Gedanke›, noch einen ‹schriftstellerischen› Erfolg zu erzielen und ‹Leser› zu finden. (...) Die Gebrüder ‹Jünger› sind ein gutes Beispiel für die Verknechtung in die Verflachung. Und dennoch –»[9]

Der unabgeschlossene Satz sagt: Hier, nach dem ungemein scharfen Urteil, bleibt noch etwas anderes, noch ist nicht alles ausgesprochen. Immer wieder stoßen wir auf dieses «und dennoch», wenn es um Jünger geht. Im Winter 1939/40 sagt Heidegger, Jüngers «Grundstellung» sei «durch und durch ‹aufreizend›, ‹einseitig›, in vielem unzulänglich und in den Grundlagen nicht durchdacht und begründet. / Und dennoch – über all dieses hinweg vollzieht er doch eine Hinführung in das Wirkliche des Willens zur Macht und macht rücksichtslos ernst mit diesem Wirklichen.»[10] Schon früher habe Jünger die echte Substanz zu fixieren versucht: «Die einzigen, der Vollendung der Neuzeit zustrebenden und der Beachtung würdigen *Ausfaltungen* der letzten abendländischen Metaphysik – derjenigen Nietzsches – sind *O. Spenglers* Geschichtsmetaphysik des Caesarismus und *E. Jüngers* Metaphysik des ‹Arbeiters›.»[11]

Jedenfalls wird Heidegger mit Jünger nicht so schnell fertig. Tatsächlich nimmt die Auseinandersetzung mit ihm ein Ausmaß an wie mit kaum einem anderen Zeitgenossen: Die umfangreichen Kommentare zum Werk und die Dokumentation seiner Anstreichungen und Randnotizen in den einzelnen Büchern nehmen volle 465 Textseiten von Band 90 der Gesamtausgabe ein.

Jüngers Prosa hat in der Entstehungszeit des «Arbeiters» – bevor ihm 1939 in dem Roman «Auf den Marmorklippen» der verbrecherische Charakter des Regimes aufging – ein luziferisches Glitzern, das faszinieren kann: «Das Klappern der Webstühle von Manchester, das Rasseln der Maschinengewehre von Langemarck – dies sind Zeichen, Worte und Sätze einer Prosa, die von uns gedeutet und beherrscht werden will.»[12] «Arbeit» wird zum übergreifenden Terminus für Arbeit im eigentlichen Sinne und zugleich für den technisierten Krieg; «Arbeit» ist die Handhabung von Technik im Zeitalter der «totalen Mobilmachung». Eine Kapitelüberschrift lautet: «Die Technik als Mobilisierung der Welt durch die Gestalt des Arbeiters».

Ein «Sehen» ist Jünger gegeben, das man als umfassende, über den einzelnen Menschen hinausgehende Physiognomik verstehen kann. Eine staunenswerte Intuition verbindet unzählige Einzelzüge des nach dem Krieg veränderten Lebensgefühls mit einer Tiefendiagnose, die Jünger selbst auf Nietzsche zurückführt: «Der Nachweis der allgemeinen Gültigkeit des Willens zur Macht ist früh gelungen.»[13] Was er in seinem Buch zu beschreiben versucht, ist die neue Gestalt dieses Willens zur Macht als Ensemble von technisch-industrieller Arbeit, Hochrüstung, totaler Mobilmachung, insofern als zwingende Ausschaltung «bürgerlicher» (parlamentarischer, liberaler) Verhältnisse und schließlich als eine Feier des Typus, der sich in dieser Welt bewegt: des «Arbeiters», der nichts mehr zu tun hat mit dem Träger oder Funktionär der alten Arbeiterbewegung.

Indem Heidegger Jünger als den einzig echten Nachfolger Nietzsches bezeichnet, spricht er zugleich seine Grenze an, wie Heidegger sie versteht: «Nietzsche musste, um den Willen zur Macht als *Wirklichkeit* des Wirklichen zu ersehen – (er-denken) ein *Fragender* sein. / Jünger ist im Bezirk, den Nietzsche geöffnet, ein Beschreiber, der sich der Antwort jenes Fragers unterstellt.» Gegenüber Nietzsche wird er auf den zweiten Rang verwiesen. Sein «Sehen bewegt sich in einer *Optik* des Spähers» innerhalb von Nietzsches gedanklichem Horizont. «Jünger ist ein Erkenner, aber nirgends ein Denker.»[14]

In einer späteren Veröffentlichung hat Heidegger die Schwierigkeiten erwähnt, die man ihm damals mit seiner Sicht auf Nietzsche machte. Tatsächlich führte er ein offenes Wort, wenn man einmal annimmt, dass bestimmte Passagen nicht nur zum privaten Gebrauch notiert, sondern auch den Sitzungsteilnehmern des Gesprächskreises gegenüber ausgesprochen wurden. Über den trivialen Nietzscheanismus der Nationalsozialisten merkte er etwa an: «Dann können z.B. ‹Rasseforscher› sich für Verehrer Nietzsches (...) halten, ohne bedenken zu müssen, dass Nietzsche (...) in sein Notizbuch schrieb: ‹Maxime: Mit keinem Menschen umgehn, der an dem verlognen Rassen-Schwindel Antheil hat.› – ‹Wieviel Verlogenheit und Sumpf gehört dazu, um im heutigen Mischmasch-Europa Rassenfragen aufzuwerfen!›» Aber gerade Jüngers «Marmorklippen» als ein Buch des geistigen Widerstands umgeht Heidegger, wenn er sich ganz an den «Arbeiter» hält und im Winter 1939/40 einschränkend über Jünger sagt, dieser gelte «seit einiger Zeit als bildungsmäßige Bestätigung für die kurzen Nöte aller Missgelaunten, die nicht weniger in den Vordergründen des Zeitalters hausen wie jene, an denen sie sich ärgern.»[15]

An anderer Stelle kommt es zu einer merkwürdigen Konstellation von Namen, die uns beschäftigen muss. Aus wesentlichen Erfahrungen des Ersten Weltkriegs habe Jünger «den metaphysischen Weltentwurf Nietzsches verschärft und verhärtet und ausgesprochen im selbständigen Blick auf jene Grunderscheinung der Welt als Wille zur Macht, die erstmals um 1914 Lenin mit dem Begriff und Wort der ‹totalen Mobilmachung› ins Bewusstsein gehoben hat». Die Erwähnung Lenins an dieser Stelle ist unplausibel, die Formulierung bei dem russischen Revolutionär nicht nachweisbar. Heidegger kommt zu seiner These gleichsam deduktiv. Für die Epoche des Arbeiters findet er den von ihm auf besondere Weise verwendeten Begriff «Kommunismus», wohl im Sinne einer Gleichmacherei unter technischen und am Ende kriegerischen Bedingungen. «Je entschiedener der Weltkrieg (...) betrieben wird, sei es in der Abwehr, sei es im Angriff, um so unaufhaltsamer wird auf jeder Seite die totale Mobilmachung. Je unbedingter diese zur Wirkung kommt, um so unausweichlicher ist der Kommunismus im metaphysischen Sinne. Die jeweiligen Staatswesen, die demokratischen, faschistischen, bolschewistischen und ihre Mischformen sind Fassaden.»[16]

Im Besonderen aber sieht Heidegger diese Mobilmachungs-Technokratie ausgesprochen in Lenins Formulierung, Kommunismus sei «Sowjetmacht + Elektrifizierung», wobei es Heidegger gerade auf das Pluszeichen (statt des ausgeschriebenen Wortes «plus») ankommt. Seine Verwendung ist durch sowjetische Propagandaplakate belegt, die sämtlich das Pluszeichen aufweisen: Es sei dies, so Heidegger, «das verkürzte Zeichen der Einfügung der Technik in den Wesensbestand der Sowjetmacht, die nichts anderes betreibt als die totale Mobilisierung.» Weil diese aber «durch einen Weltkrieg am schärfsten gefordert wird, ist im Augenblick, da ein solcher entbrennt, nur das eine nötig, diesen Brand zu schüren.»[17]

Vielleicht hat Heidegger den deutsch-sowjetischen Pakt vom August 1939 so gedeutet: als List des russischen Bären, Deutschland und den Westen in einen Krieg zu treiben. Nur eines ist klar: Er hat einen Akteur hinter den Kulissen gefunden. Was dieser «Kommunismus», den er selbst in Anführungszeichen setzt, um ihn als den «metaphysischen» vom östlichen zu unterscheiden, mit der Sowjetunion faktisch zu tun hat, bleibt unklar. Deutlich ist für Heidegger nur, «dass der ‹Kommunismus› auf den Ausbruch kriegerischer Verwicklungen in das Unaufhaltsame ihrer vollständigen Machtloslassungen hindrängt».[18]

Aus wenigen Daten versucht er, die Umrisse einer komplexen Figur zu zeichnen. Der Kommunismus, den er schildert, trägt in der Tat Züge des Stalinismus, biegt dann aber in eine sehr merkwürdige Richtung ab. In diesem Kommunismus nämlich herrsche die «unbedingte Macht ungenannter Weniger». Diese «wenigen» Machthaber sind *einig*. «Ihr Miteinander besteht weder in einer ‹sentimentalen› ‹Kameraderie› noch in der blinden Verschworenheit von Verschwörern, sondern in jenem kalten Misstrauen, aus dem jeder den Anderen überwacht und dergestalt sich an ihn bindet. Dieses Misstrauen (...) entstammt der tiefen Angst vor jeder ungemäßen Störung der Machtermächtigung, die ein Erstarren in einer gerade erreichten Machtstufe zur Folge haben könnte.»[19]

Die Wenigen (sie erinnern an den inneren Kreis der Partei in Orwells «1984») garantieren, dass «die Rücksichtslosigkeit des Vorgehens nicht aussetzt und doch die Unauffälligkeit der Maßnahmen sich durchhält.» Sie sind die Namenlosen und Ungenannten: «Die Macht-haber (...) ‹haben› die Macht nicht als das Ihre, um darin eine persönliche Willkür zu vertoben und deshalb *sind* sie auch nicht, die sie sind, als hervorragende Einzelne. Jede öffentliche Nennung und Bewertung ihres Handelns birgt die Gefahr einer dem Öffentlichen zugeneigten Fehllenkung und Schwächung des Machtvollzugs in sich. Deshalb fordert die Macht von ihren Machthabern, dass sie namenlos bleiben und ihr Vorgehen unzugänglich.»[20]

Es ist eine unheimliche Herrschaftsform, die Heidegger sich ausmalt. Vergebens, ihrem Realitätsgehalt nachforschen zu wollen. In dieser Unheimlichkeit der äußeren Lage melden sich die frühesten Bilder des Unheimlichen wieder, die Heidegger hatte formulieren können. Der «Kommunismus» ist sein eigenster Beitrag zu einer Lehre vom Politisch-Unheimlichen im 20. Jahrhundert. Das «Seltsame» des Krieges, das vage in diese Richtung deutete, findet hier seine Zuspitzung. Das Stichwort «tiefe Angst» ist gefallen, und es tut nichts zur Sache, dass Heidegger sie anderen zuschreibt – allein die

Tatsache, dass er sie thematisiert, beweist, dass es seine eigene Angst ist. Wir müssen die Spur der Namenlosen finden.

Gibt es den frühesten Augenblick, die erste überlieferte Szene, wo wir glauben können, Heidegger als den Fragenden zu sehen, der er wurde? Vielleicht die von seinem Bruder Fritz überlieferte Frage an die Mutter, die er im Alter von vier Jahren stellte: «Wer ist der Niemand?»[21] Überraschend ist weniger das Fragen – Kinder fragen viel – als sein kognitives Potential. Etwas Unheimliches ist nicht zu überhören, umso weniger, als keine der fassbareren Kinder-Schreckgestalten wie der Butzemann oder der böse Wolf thematisiert wird. Die Antwort gibt sich Heidegger selbst vierunddreißig Jahre später.

«Niemand» ist «*verneintes* jemand», sagt das Deutsche Wörterbuch von Jacob und Wilhelm Grimm. Das Wort hat eine Vorstufe im Gotischen, die Negation «ni» steht vor dem deklinierten «manna» oder «mannahun». Die Frage nach dem Niemand war keine zufällige, Heidegger vergaß sie nicht. 1927 heißt es in «Sein und Zeit» über das uneigentliche Leben, das sich selbst verfehlt: «Jeder ist der Andere und Keiner er selbst. Das *Man*, mit dem sich die Frage nach dem *Wer* des alltäglichen Daseins beantwortet, ist das *Niemand*, dem alles Dasein im Untereinandersein sich je schon ausgeliefert hat.»[22]

Das Selbst-Sein wurde verfehlt. Das *Man* ist die erste Inkarnation der «Namenlosen», eigentlich noch ganz zivil, eher komisch als gefährlich. «Man ist in der Weise der Unselbständigkeit und Uneigentlichkeit. Diese Weise zu sein bedeutet keine Herabminderung der Faktizität des Daseins, so wenig wie das Man als das Niemand ein Nichts ist.»[23] Was der oder das Niemand ist, wird philosophisch klar: Er oder es ist nicht einfach nichts, sondern das genau bestimmte Gegenstück des *eigentlich* und entschlossen lebenden Menschen. Der Niemand ist die Ausrede, man selbst ist es nicht. Nennen ist der erste Akt der Angstbewältigung. Das *Man*, der *Niemand*, in die Epoche der totalen Mobilmachung versetzt, wird «Kommunismus», Angst, Herrschaft der *Namenlosen*.

Kaum haben wir uns aber mit einer phantastischen Verzerrung des Stalinismus als dem Kern des «metaphysischen Kommunismus» vertraut gemacht, kommt ein weiterer Akteur ins Spiel: England, das Stammland des Liberalismus. Wenn nämlich der «Kommunismus» die «Verfassung der Völker im letzten Abschnitt der Vollendung der Neuzeit» ist, dann muss er schon im Anfang der Neuzeit «verdeckt» gewaltet haben. «Politisch geschieht das in der neuzeitlichen Geschichte des englischen Staates.» England ist «auf das Wesen hin gedacht unter Absehung von den zeitgemäßen Regierungs- und Gesellschafts- und Glaubensformen – *dasselbe* wie der Staat der vereinigten Sowjetrepubliken»; hier werde mit dem «Schein der Moralität und Völkererziehung» gearbeitet, dort «rücksichtsloser, wenngleich nicht ohne Berufung auf Völkerbeglückung». Die «bürgerlich-christliche Form des englischen Bolschewismus ist die gefährlichste. Ohne die Vernichtung dieser bleibt die Neuzeit weiter erhalten».[24]

Heidegger im Winter 1939/40: Wir sehen einen Mann, der die Angst heraufbeschwört. Sie führt ihn in ein nicht mehr kontrolliertes Phantasieren. Auf den Wogen aufgewühlter Denkversuche treiben Bilder und Fetzen der Zeitereignisse, der aktuellen Realitäten oder ihrer propagandistischen Aufbereitung: England als Kriegsgegner Deutschlands wird als metaphysischer Feind ausgemacht, als die eigentliche Macht hinter dem Kommunismus, mit dessen Wirklichkeit sich das Deutsche Reich allerdings gerade verbündet hat. Notdürftig strukturiert wird dieses Bild durch eine Art großformatig improvisierte Daseinsanalytik, in der, hinter den kommunistischen Fassaden, ein gefährlicheres *Man* erstmals aufscheint, für das die bekannten stalinistischen Führer nur als Marionetten dienen. Dies alles denke man sich ineinandergeschoben. Noch weiß man nicht, was der Krieg weiter bringen wird, noch ist es im Westen, in Richtung England, ruhig – unheimlich ruhig.

26. KAPITEL

Der Weltkrieg

Eine hochsymbolische *«Gleichzeitigkeit»* notiert Heidegger im November 1940: «Der russische Außenminister Molotow kommt nach Berlin und die neueste Neuzeit der Deutschen wird sichtbar. Hölderlins Hymne ‹des› Heiligen ‹Wie wenn am Feiertage ...› ist gedeutet und die verborgene Geschichte verhüllt ihren anderen Anfang.»[1] Die Koinzidenz der Daten ist ein Geschichtszeichen, *sichtbar* steht gegen *verborgen* und *verhüllt.* Das *Neueste* ist nur das Neueste des immer schon Ablaufenden, das es fortsetzt, dagegen ist ein *Anfang*, gar ein *anderer* Anfang, etwas qualitativ Verschiedenes, das im Überbietungswettlauf des Neuen gar keinen Ort hätte.

Über die sichtbare Wirklichkeit wird in Berlin entschieden, in den Gesprächen zwischen Hitler und Molotow, in denen es klar wurde, dass ein Ausgleich der Interessen unmöglich geworden war; der Krieg der beiden Mächte wurde nun unausweichlich. Hier meldet sich die «neueste Neuzeit» an, in der schon alles entschieden ist im Sinne der Technik und dessen, was Heidegger die «Machenschaft» nennt – die bloße Manipulation des Seienden. Der Mensch, so sagt es die Hölderlin-Vorlesung vom Wintersemester 1941/42, «geht seit den Jahrhunderten der Neuzeit und rast seit der neuesten Zeit, ohne es mehr zu wissen, in einer zwiefachen Umstrickung als vermeintlicher Herrscher durch die Welt.»[2] Diese «neueste Zeit» also kristallisiert sich in dem Datum des Molotow-Besuches, *vermeintliche Herrscher* werden durch die Welt *rasen.* Der «andere Anfang» und die «verborgene Geschichte» verhüllen sich – aber worin? In Heideggers Auslegung einer Hölderlin-Hymne, in der «das Heilige» eine Hauptrolle spielt. Er ist unmittelbar auf die Weltgeschichte bezogen.

Heideggers Nähe zu dem Hölderlin der großen Hymnen hat Voraussetzungen, die in der Dichtungsform wie in der Religionsgeschichte begründet sind. Der Literaturhistoriker Max Kommerell hat sie in der 1941 verfassten Abhandlung «Die Dichtung in freien Rhythmen und der Gott der Dichter» analysiert. Er spricht von bestimmten Gedichten Goethes («Prometheus», «Mahomets Gesang»), von den «Hymnen an die Nacht» des Novalis, von Hölderlins Strom-Dichtungen, von Nietzsches «Dionysos-Dithyramben» und von Rilkes «Duineser Elegien» und sieht Klopstock als ihren gemeinsamen Vorläufer. Es sind Gipfel, und zugleich ist ihnen eine tiefe Problematik eigen: eine als geistiger Äther gerade noch vorhandene, in sich aber schwer erschütterte Christlichkeit, die schon Klopstocks ganz eigen gesehenen Christus bestimmte. Gemeinsam ist dieser Gruppe von Gedichten die Gelöstheit des Rhythmus, die eine «Form der Begeisterung» ermöglicht, und eben damit eine spezifisch deutsche, postlutherische und postpietistische Individualreligion: «In ihnen allen eröffnet uns der Dichter ein eigenes Verhältnis zum Göttlichen.»[3]

Keiner der Genannten kann mit seiner Vision an einen der anderen anknüpfen, jeder findet die ihm und nur ihm sich offenbarenden Götter oder Engel. Wenn in Frankreich die literarische Überlieferung und die eines weniger protestantisch herausgeforderten Katholizismus eine vergleichsweise Sicherheit boten, so ist die deutsche Lyrik des obersten Ranges ebenso krisengenerierend wie selbst ein Krisengebilde. «Keinem unserer großen Dichter», sagt Kommerell, «genügte das Schaffen allein; jeder hat lieber sein Weltverhältnis, sein Stehen zu den letzten Fragen von Grund auf selbst bestimmt, als sich daran gehalten, wie es durch ein Erbe der Sitte, Gesinnung und religiösen Denkart im voraus bestimmt gewesen wäre.»[4]

Eine Gottsucherei der Einzelnen und Vereinzelten: Das ist der

Max Kommerell, Literaturhistoriker, einst der Liebling Stefan Georges, starb bereits 1944. Heidegger betrauerte ihn als den «werdenden Freund». Über Hölderlin hatten sich beide in prägnant gegensätzlicher Weise geäußert und dabei doch Sympathie füreinander empfunden.

heroisch-problematische deutsche Weg in die Moderne. Der Dichterberuf rückt in die Nähe des Priesteramts und «verführt zu jenem Transzendieren der Poesie und zu jener Erweiterung der dichterischen Befugnis, die während der mehr und mehr versagenden Bindungskraft der überlieferten Ordnungen dem Dichter in steigendem Maße die Schlichtung des verworrenen Menschenrätsels aufgegeben hat».[5] Die höchste Auffassung vom Dichterischen ist verschwistert mit der Häresie: So lässt sich die zerreißende Konstellation beschreiben, in der Heidegger, ein religiös aufs äußerste krisengeschüttelter Mensch, in Hölderlins Hymnen den ihm gemäßen Gegenstand des Denkens entdeckt.

Eine Geste der Distanzierung Heideggers gegenüber der herrschenden Wirklichkeit wird erkennbar. Norbert von Hellingrath, jung im Ersten Weltkrieg gefallen, neben Friedrich Gundolf und Max Kommerell wohl der bedeutendste Literaturwissenschaftler und Philologe aus dem Kreis um Stefan George, hatte die Hölderlin-Hymne «Wie wenn am Feiertage ...» erst 1910 veröffentlicht. Heidegger legt seine Sicht auf die Bedeutung dieser Veröffentlichung dar: «Seitdem ist wiederum ein Menschenalter vergangen. Während dieser Jahrzehnte hat der offene Aufruhr der neuzeitlichen Weltgeschichte begonnen. Ihr Gang erzwingt die Entscheidung über das künftige Gepräge der unbedingt gewordenen Herrschaft des Menschen, der den Erdball im Ganzen sich unterwirft. Hölderlins Gedicht aber harrt noch der Deutung.»[6]

Der Kampf ist global geworden. So wird selbst die Editionsgeschichte noch ein Teil der großen Weltgeschichte, erst recht dann die Auslegung. Sie bildet ein Gegengewicht zu den Berliner Konsultationen. Gerade so, wie in der ersten Hymnenstrophe «am Feiertage» ein «Landmann» geht – so, sagt die zweite Strophe von den Dichtern, «stehn sie unter günstiger Witterung / Sie die kein Meister allein, die wunderbar / Allgegenwärtig erziehet in leichtem Umfangen / Die mächtige, die göttlichschöne Natur». Heideggers Auslegung ergreift sogleich das, was er als den Hauptgedanken herausstellen will: «Ein Anderes muss anders erziehen als menschlicher Eifer zu menschlichem Machen.»[7]

Menschlicher Eifer zu menschlichem Machen hatte im November in Berlin gewaltet. Das *wunderbar Allgegenwärtige*, so lautet nun der Schluss, ist nicht die Summe der vorliegenden Naturdinge, es «lässt sich niemals irgendwo innerhalb des Wirklichen als ein vereinzeltes Wirkliches antreffen. Das Allgegenwärtige ist auch nie das Ergebnis der Zusammenstellung des vereinzelten Wirklichen. Auch das Ganze des Wirklichen ist höchstens die Folge des Allgegenwärtigen. Dieses selbst entzieht sich jeder Erklärung aus dem Wirklichen. Nicht einmal andeuten lässt sich das Allgegenwärtige durch ein Wirkliches.» Es kann nicht gemacht und nicht hergestellt werden, keinem Willen ist es botmäßig. «Das Allgegenwärtige kennt nicht die Einseitigkeit der Schwere des bloß Wirklichen, das den Menschen bald nur fesselt, bald nur fortstößt, bald nur stehenlässt, jedesmal aber preisgibt in das Verzwungene alles Zufälligen.»[8]

Wie hier das «Allgegenwärtige» zum «bloß Wirklichen» sich verhält, so hatte Heidegger in «Sein und Zeit» das Verhältnis von Sein und Seiendem erläutert: «Sein und Seinsstruktur liegen über jedes Seiende und jede mögliche seiende Bestimmtheit eines Seienden hinaus. *Sein ist das transcendens schlechthin.*»[9] Heidegger sucht mit Hölderlin nach Kräften, die es ihm erlauben, der Wirklichkeit standzuhalten.

«Jetzt aber tagts! Ich harrt und sah es kommen, / Und was ich sah, das Heilige sei mein Wort.» Mit diesem Ausruf beginnt die dritte Strophe der Hymne. Das Wort «Natur» genügt nicht mehr. «Das ‹Jetzt› nennt das Kommen des Heiligen. Dieses Kommen allein gibt die ‹Zeit› an, in der es ‹Zeit› ist, dass die Geschichte sich wesentlichen Entscheidungen stellt.»[10] Dass er, indem er die Zeit sagt, das Heilige sagt, verbindet den Heidegger des Jahres 1940 mit dem Knaben Martin des Glockendienstes. Vor allem bloß Wirklichen muss eine Öffnung stattgefunden haben. In der Sprache von «Sein und Zeit» war dies die «Weltoffenheit des Daseins», die ein Mit-Sein erst möglich macht: «Das Hören-auf ... ist das existenziale Offensein des Daseins».[11] Nun, in der Hölderlin-Auslegung, lesen wir: «Das Offene vermittelt die Bezüge zwischen allem Wirklichen.»[12]

Das Heilige begründet eine wesentliche Geschichte, während das «Historische» nur den Vordergrund zeige und nicht Geschichte selbst: «Ein Anlass nur sind die ‹weltlichen› ‹Sensationen›, ‹Wirksamkeiten› und ‹Erfolge›, denn zu keiner Zeit kann ein Welthaftes von sich aus bewirken, dass das Heilige kommt.» Das eigentlich Geschichte Stiftende sind die wesentlichen Gedanken der wesentlichen Denker, von denen derzeit allerdings nur einer bekannt ist: «Das Heilige (...) gründet in seinem Kommen einen anderen Anfang einer anderen

Geschichte.» In Hölderlins Hymne findet das Heilige zum Wort. «Dies Wort ist, noch ungehört, aufbewahrt in die abendländische Sprache der Deutschen.»[13] In den folgenden Semestern muss Heidegger diese Doppelstellung weiter begründen: Seine Distanz zum «bloß Wirklichen» des real existierenden Nationalsozialismus und seine ebenso entschiedene Bindung an das Deutsche.

Sosehr er den Abstand des wesentlichen Denkens zum Toben des Wirklichen herausstellt – ganz kann Heidegger sich den Stimmungsforderungen nicht entziehen, ja er teilt sie, wenn auch nur in philosophischer Überhöhung. So schreibt er am 2. März 1941 an den Bruder Fritz: «Aber dennoch muss die Zuversicht bleiben, dass die Deutschen ihre eigensten Wesenskräfte finden, nicht *durch* den Sieg, sondern *für* ihn.»[14]

Zu diesem Zeitpunkt schien der Krieg noch begrenzt bleiben zu können, noch war England der einzige verbliebene Gegner. Aber als Ende März 1941 Jugoslawien erst den Beitritt zur Achse Italien–Deutschland erklärte, dann binnen Tagen die dafür verantwortliche Regierung weggeputscht und durch eine probritische ersetzt wurde, die mit Stalin einen Freundschaftspakt schloss – da konnte auch der Frömmste nicht mehr an einen weiteren Bestand des deutsch-sowjetischen Abkommens vom August 1939 glauben.

Im ersten Trimester 1941 hält Heidegger eine Vorlesung, im Sommersemester ein Seminar über Schellings Schrift «Philosophische Untersuchungen über das Wesen der menschlichen Freiheit und die damit zusammenhängenden Gegenstände». Die Vorlesung des Sommersemesters heißt schlicht «Grundbegriffe» und überlagert sich vielfach mit den Überlegungen zu Schelling. Standhalten kann der totalen Definitionsmacht des Wirklichen nur das Denken, wie er gleich in der ersten Schelling-Vorlesung mit dem nun bekannten Selbstbewusstsein ausführt: «Wie, wenn das wesentliche Denken erst ein Zeitalter in seinem Eigensten entscheidet, und dies, ohne dass das

Zeitalter ein öffentliches Bewusstsein seines eigenen geschichtlichen Wesens hätte und haben könnte?»[15]

Das *wesentliche Denken* stellt sich seinem Wesen nach gegen die geläufigen Auslegungen der geschichtlichen Entscheidungen und trifft seine eigenen. Nicht nur ein «heimlicher König» ist Heidegger, wie zwanzig Jahre zuvor, sondern ein heimlicher Zeitenherrscher. In einem neuen Durchgang durch «Sein und Zeit» unterstreicht er die Einsichten von damals in der nun leicht modifizierten Sprache. Die «existentia» meine nur die «Wirklichkeit eines jeden Wirklichen». Ein anderes sei dagegen die «ekstatische Inständigkeit im Offenen der Wahrheit des Seins», und Heidegger meint damit den «Bezug zum Sein als Einbezug in die Lichtung, als welche das Seyn west».[16]

Die Vorlesung des Sommersemesters 1941 handelt von der Aufgabe, die sich angesichts des Krieges stellt, und sie lautet für Heidegger: überhaupt noch einen Denkraum offenzuhalten, in einem Augenblick, da alles schon als Wirklichkeit und Wirken-Wollen, Wirken-Müssen ausdefiniert ist. Das Wirkliche findet er in Nietzsches Nachlass, in Bemerkungen, deren Zusammenhang für ihn die bestimmende Konstellation der Realität bildet: «Inzwischen hat sich aber auch über alle im engeren Sinne ‹politischen› Lehrgebäude hinweg entschieden, dass durchgängig *‹der Arbeiter›* und *‹der Soldat›* das Gesicht des Wirklichen bestimmen.» Arbeiter, Soldat und Sozialismus sind «in diesen Aufzeichnungen Nietzsches (…) bereits die Titel für maßgebende Trägerschaft der Hauptformen des Vollzugs des Willens zur Macht! / ‹Arbeiter› und ‹Soldaten› öffnen die Tore zum Wirklichen». Nur Träumer und Phantasten könnten leugnen wollen, «dass im angebrochenen Zeitalter auf dem ganzen Erdkreis der Mensch als der Arbeiter und Soldat das eigentlich Seiende erfährt und bereitstellt, was da allein als das Seiende soll gelten können».[17]

Übermächtige Bestimmungen sind eingerastet in diesem proletarisch-sozialistischen Techno-Militarismus, der sich für Heidegger als Begriff des Gesamtgeschehens abzeichnet. Das Denken des

Seins ist die eine Chance, etwas anderes als den Betrieb des seienden Wirklichen zu denken, und vielleicht stand es mit ihm nie anders: «Vielleicht wurde stets das Sein nur ‹trotzdem› und wie etwas scheinbar ‹Überflüssiges› ins Wissen gebracht.» Kurz: «Die Versetzung in das Sein ist die *Befreiung* in die Freiheit. Diese Befreiung allein ist das Wesen der Freiheit.» Da war das Wort nun ausgesprochen, das wir mit der Wahrheit, der «Weitung» und der «Weite», von der diese Vorlesung an anderer Stelle spricht, zusammenhören müssen.[18] Studierende des Sommersemesters 1941 müssen für solche Worte ein Ohr gehabt haben.

Der zweite Teil der Vorlesung beschäftigt sich mit dem Spruch des Anaximander, den wir in der Übersetzung von Wilhelm Nestle kennen: «Der Ursprung der Dinge ist das Grenzenlose. Woraus sie entstehen, darein vergehen sie auch mit Notwendigkeit. Denn sie leisten einander Buße und Vergeltung für ihr Unrecht nach der Ordnung der Zeit.»[19] Heidegger übersetzt: «Von woheraus aber der Hervorgang ist dem jeweilig Anwesenden auch die Entgängnis in dieses (als in das Selbe) geht hervor entsprechend der nötigenden Not; es gibt nämlich jedes Anwesende selbst (von sich aus) Fug, und auch die Schätzung (Anerkennung) lässt eines dem anderen, (all dies) aus der Verwindung des Unfugs entsprechend der Zuweisung des Zeitigen durch die Zeit.»[20]

Für Heidegger wird der Spruch zum Anlass einer großen Mediation über Fixierungen und Übergänge, über «Hervorgehen» und «Entgehen». Er will in der Auslegung zu einer Idee des Seins kommen, oder, wie er nun immer häufiger sagt, zur Beschreibung der Anwesenheit des Anwesenden. Anaximander schildert einen Bewegungsverlauf, in dem es nur eines nicht gibt: die Statik. Das erste Wort bei Anaximander ist ἀρχή (*archē*), was gemeinhin mit Anfang, Ursprung, Prinzip übersetzt wird. «Die ἀρχή gibt den Hervorgang und das Hervorgehende frei. (...) Aber nicht dies allein, die ἀρχή verfügt auch über das, was zwischen Hervorgehen und Entgehen ist.

Dies besagt: Die ἀρχή fügt gerade dieses Zwischen, was nicht mehr nur Hervorgang, aber noch nicht nur Entgängnis ist: den Übergang.» Das Seiende «fügt (...) sich in den Übergang», wenn man Anaximander folgt, es schmiegt sich in eine Bewegung, die keine endgültige Verfestigung will. «Sofern aber das jeweilig Anwesende dem Wesen der Anwesung entspricht, besteht es nicht und versteift sich nicht auf die Beständigung in die Beständigkeit. Die Anwesung ist Hervorgang als Übergang.» Und noch einmal: «Die Anwesung ist Übergang des Hervorgehens in die Entgängnis.»[21]

Fug ist das Schickliche, Geziemende, Passende, Angemessene, nach älterem deutschem Sprachgebrauch («Fug und Recht»). Unfug ist die Verneinung und meinte nicht bloß Kinderstreiche, sondern Unrecht, aber auch Verbrechen und Freveltaten. Nach Heidegger stehen die Seienden in einem Verhältnis der Anerkennung. «Jedes Seiende anerkennt, Fug gebend dem Sein, wechselweise jedes Seiende. So lässt denn auch eines dem anderen die ihm gehörige Schätzung.» Der Unfug aber ist die Verweigerung dieser Bewegung, «das ‹Bestehen darauf›, das endgültige Sichversteifen auf das Immerweiter». «Die Anwesung ist die Weile, und ihr Unwesen liegt in der Verweilung, die auf eine endgültige Beständigung bestehen möchte.»[22]

Falsche Ewigkeitsversprechen werden als solche namhaft gemacht. Das Sein aber «ist die Verwindung des Unfugs, das heißt, das Nichtbestehenbleiben auf der Beständigung, weil zum Wesen des Seins der Übergang gehört». Erst in der Anerkennung des Übergangs und der begrenzten, geschenkten «Weile» des Aufenthalts ist das Sein wahr: es «rettet durch die Entgängnis».[23] Das will aber sagen: Ein Spielraum der Möglichkeiten ist philosophisch eröffnet, von dem aus Wirklichkeiten gelockert werden können.

Die Wirklichkeit, von der Heidegger einen verbindlichen Abstand sucht, ist furchtbar. «Die jetzt veröffentlichten Berichte über die bolschewistischen Mordkeller sollen grauenhaft sein»,[24] lautet eine

Notiz, die auf den Sommer 1941 zu datieren ist und sich vermutlich auf Lemberg bezieht. Dort waren kurz vor dem Einmarsch der Wehrmacht von der sowjetischen Geheimpolizei rund viertausend Gefangene in Kellern ermordet worden, deren Leichen die Deutschen dann auffanden.[25] Die Notiz ist Heideggers erstes Wort zum neuen Krieg im Osten, und sie gibt dem deutschen Angriff, der sich, wie er glauben mochte, einzig gegen ein Mordsystem richtete, eine gewisse Legitimität. Hitlers Kriegserklärung scheint Heidegger deshalb an sich positiv zu bewerten, wie eine wohl von Ende Juni 1941 stammende Aufzeichnung belegt: «*Der Ausbruch des Krieges gegen den Bolschewismus* hat viele Deutsche, die sich sorgten wegen einer vermeintlich allzu engen Verbindung mit Russland, endlich von dieser Last befreit. Erst spätere Zeiten werden das ‹Dokument› recht würdigen können, das am Morgen des 22. Juni 1941 der Weltöffentlichkeit bekannt wurde.

Schon der erste Satz gewährt einen Einblick in die Zeit, die unmittelbar dem Kriegsausbruch vorausging: «Von schweren Sorgen bedrückt, zu monatelangem Schweigen verurteilt, ist nun die Stunde gekommen, in der ich endlich offen sprechen kann.»[26] An seinen Bruder Fritz und dessen Familie schreibt Heidegger am 20. Juli 1941: «*Der Krieg fängt jetzt erst an.* Die Brutalität des Kampfes im Osten ist offenbar von ‹welthistorischen› ‹Ausmaßen›. (...) Was standhält ist jetzt nur noch die reine Innerlichkeit des Herzens.»[27]

Das erinnert an die Formulierung über die Hölderlin-Hymne: «Das Heilige ist die Innigkeit selbst, ist – ‹das Herz›.»[28] Von vornherein war die deutsche Kriegsführung eine der Vernichtung und des geplanten Landraubs, und damit hatten die Kämpfe gegenüber dem «Westfeldzug» in Frankreich eine andere Qualität. In der Wehrmacht galt der «Kommissarbefehl», der die sofortige Erschießung der Politoffiziere anordnete. Die Sowjetunion wiederum hatte weder die Genfer Konvention über die Kriegsgefangenen noch die Haager Landkriegsordnung ratifiziert und brauchte auf beide Dokumente keine Rücksicht zu nehmen. Auf den Herbst 1941 zu datieren ist Heideggers Analyse des damals oft gehörten Satzes, die motorisierte Schlacht habe die «Materialschlacht» des Ersten Weltkriegs überwunden. Die motorisierte Kriegsführung und damit die herausragende Rolle der Panzer hatte vor allem der Generaloberst und Panzerkommandeur Heinz Guderian schon in der Vorkriegszeit immer wieder hervorgehoben; nun, in Russland, wurden seine schnellen Vorstöße legendär.

Heidegger schreibt, das Stichwort der *Brutalität* aufnehmend: «Indem die Materie in ihr *Wesen* kommt durch die Beweglichkeit und Bewegbarkeit, wird sie ‹geistiger› und so gerade ‹materieller›; und so erst rückt sie in ihre Gewalttätigkeit und wird dem im Grunde schon herrschenden Sein (der Brutalitas) gemäß. Das Kennzeichen der Wirklichkeit im Ende der Metaphysik ist die *Brutalitätsfähigkeit.* Darin besteht die ‹Meisterung› der Technik.» Aus dem Sommer 1941 wird auch die Überlegung aus «Der Anfang» stammen: «Deshalb ist auch das Seiende, das noch zugelassen wird, nicht überhaupt und unbestimmt das Seiende, sondern das Seiende als das Wirkliche, sofern die Wirklichkeit den Vorrang vor Möglichkeit und Notwendigkeit besitzt und sich als je gewirkte Wirksamkeit bestimmt. Der verhüllte auszeichnende Charakter des Seienden als des Wirklichen ist die Brutalitätsfähigkeit, an der sich entscheidet, was ‹ist› und was ‹nicht›.»[29]

Heideggers Sohn Hermann wird in Russland am Bein verwundet. An Elfride schreibt Heidegger, es sei womöglich ein Glück, dass er gerade jetzt nach Hause komme, «wo im Süden auf Charkow zu erneut noch einmal die Sache forciert wird u. wieder Opfer gebracht werden müssen.» Sein anderer Sohn Jörg wird zur Schallmessung eingesetzt, «die Beobachter sind nicht so weit vorn». Von Verwandten hat Heidegger gehört, wie es in Russland zugeht: «Das Wüste dort sind die eigentlichen Straßenkämpfe der Pioniere u. der Infanterie.»[30] Von Kampfhandlungen weiß er, von Mordaktionen nicht.

In einem Interview aus dem Jahr 2014 hat sich Hermann Heidegger über diese Zeit geäußert: «Damals habe ich zum ersten Mal mitbekommen, dass Juden ermordet wurden. Ich war völlig fassungslos. Später hat mir in Freiburg ein alter Pfadfinderkamerad, der SS-Offizier geworden war, erzählt, dass in Russland Juden umgebracht werden.»[31] Mit dem Vater habe er nicht darüber gesprochen.

Am 25. September 1941 schreibt Heidegger an Elfride, seine Lage durchaus zutreffend schildernd: «In diesen vergangenen drei Monaten» – also seit dem Beginn des Russlandfeldzugs – «bin ich nie in die ‹Arbeit› geflüchtet, sondern habe mein Denken von dem treffen lassen, was das Geschick jedes Herzens in diesen Tagen erzittern aber auch vertrauen lässt.»[32] Was er hier schildert, das Erzittern und das Vertrauen, ist ein innerer Widerstreit, «Ambivalenz» wäre ein zu schwaches Wort. Grundsätzlich nimmt er den weitesten Abstand, aber im Einzelnen hält er ihn nicht durch; wer zwei Söhne im Heer hat, kann ihnen und ihren Einheiten die Loyalität nicht schlechterdings aufkündigen.

In diesen Monaten merkt Heidegger, dass es auf furchtbare Weise ernst wird, «da wir Deutsche in das dritte Jahr des äußersten Existenzkampfes treten». Der Krieg mit den Vereinigten Staaten wird absehbar, noch bevor er am 11. Dezember 1941 von Deutschland erklärt wird. Heidegger setzt sich im Herbst 1941 denn auch weniger mit dem «Bolschewismus» auseinander als mit dem «Amerikanismus», den er in zahlreichen Notaten gedanklich zu umreißen versucht. Amerikanismus ist die Bereitschaft, «das stets Neue für das eigentlich Wahre und Wirkliche» zu halten. Das ist nicht mehr die bloß individuelle Neugier, die er in «Sein und Zeit» als Verfallstendenz des Daseins dargestellt hatte, sondern «das innerste Gesetz einer Wirklichkeit, die sich als ‹Wille› bestimmt hat». Hier wird das Wesen des Amerikanismus in der Warenproduktion erkannt, mit ihrem Zwang zur ständigen Innovation und der entsprechenden Konsumkultur: «Das Neue wird immer neuer, täglicher, billiger, flüchtiger, beliebiger und daher lauter und aufdringlicher. Es hat, und mit ihm alles Wirkliche, die Entscheidungskraft an die grundlose Aufdringlichkeit abgetreten. Das Wesen dessen, was man zunächst ‹Amerikanismus› nannte, bereitet sich vor.»[33]

Für das Wintersemester 1941/42 kündigt Heidegger die Vorlesung «Nietzsches Metaphysik» an, die dann nicht gehalten wird. Nietzsche wird gelesen, um ein Verständnis der gegenwärtigen Lage eines Kampfes um die Erdherrschaft zu ermöglichen. Erst jetzt könne von einem «Weltkrieg» wirklich die Rede sein, da er den Planeten umspanne. Heidegger setzt an bei einer Aufzeichnung Nietzsches, die um 1881/82 niedergeschrieben wurde: «Die Zeit kommt, wo der Kampf um die Erdherrschaft geführt werden wird, – er wird im Namen *philosophischer Grundlehren* geführt werden.»[34] Der Kampf wird nicht mehr auf den Krieg zweier Nationen begrenzbar bleiben, sondern tendiert zum Planetarischen und Ideologischen.

Überlegungen zum Charakter einzelner Akteure, zu Handlungen und Handlungsalternativen, fallen bei Heidegger weitgehend aus, sie gehören dem bloß «Historischen» an. Die Geschichte könne gar nicht anders, als den philosophischen Ideen zu folgen. Der Kampf um die Erdherrschaft habe eine «ihn tragende Metaphysik», diese bringe «ein Weltalter der Erde und des geschichtlichen Menschentums zur Vollendung; denn hier verwirklichen sich äußerste Möglichkeiten der Weltbeherrschung und des Versuchs, den der Mensch unternimmt, rein von sich aus, über sein Wesen zu entscheiden». Erst danach, also nach einem Sieg oder einer Niederlage, die so oder so ausfallen mögen, komme die wahre Entscheidung: die «Auseinander-setzung der Macht des Seienden und der Wahrheit des Seyns.»[35] Das Denken des Seins wird zum Asyl der Würde. «Die Würde ist das Edle, das ereignet, ohne des Wirkens zu bedürfen», heißt es in der knappen Schrift «Erinnerung in die Metaphysik», ebenfalls 1941 verfasst.[36] Gleichfalls im Herbst 1941 findet sich die lakonische Notiz: «Das Kommende: Die Verwandlung der Macht in die Würde.»[37] Allein schon solche Worte dürfen wir als vorsichtig errichtete Nischen der Freiheit verstehen.

Aus dem Nihilismus folgt die «Herrschaft des ‹Totalen›», sie geht einher mit der «Maschine als Lehrerin» und der «Züchtung des Menschen». «Nur wo die unbedingte Subjektivität des Willens zur Macht zur Wahrheit des Seienden im Ganzen wird, ist das *Prinzip* der Einrichtung einer Rassenzüchtung, d.h. nicht bloße aus sich wachsende Rassenbildung, sondern der sich selbst wissende Rassengedanke möglich und d.h. metaphysisch notwendig.» Damit ist nun eine der *philosophischen Grundlehren* definiert, die, wie Nietzsche voraussah, den Kampf um die Erdherrschaft bestimmen: der Rassismus. Er ist nicht grundsätzlich unterschieden von den anderen Lehren der anderen Mächte, alle haben am Nihilismus und Technizismus teil. Eine durchmilitarisierte Welt ist zu beschreiben. Der Kampf geht um die «unbeschränkte Ausnutzung der Erde als Rohstoffgebiet und um die illusionslose Verwendung des ‹Menschenmaterials›». Nietzsches Philosophie hat diesen Kampf in allen Zügen vorgezeichnet. Nicht, dass man Nietzsche zum Verständnis ausdrücklich braucht, wird gesagt, sondern: «Nietzsche ist der Name für ein Weltalter: Die Epoche der Entfaltung und Einrichtung der Herrschaft des Menschen über die Erde.»[38]

In Hitlers Kriegserklärung vom Juni 1941 an die Sowjetunion war ein jüdischer Generalplan der Alliierten behauptet worden. Hitler sagte unter anderem, die Stunde sei gekommen, «in der es notwendig wird, diesem Komplott der jüdisch-angelsächsischen Kriegsanstifter und der ebenso jüdischen Machthaber der bolschewistischen Moskauer Zentrale entgegenzutreten».[39] Heidegger notierte kurz darauf, die Deutung Hitlers aufnehmend, zur Rolle Englands «innerhalb des Amerikanismus und des Bolschewismus und d.h. zugleich auch des Weltjudentums»: «Die Frage nach der Rolle des *Weltjudentums* ist keine rassische, sondern die metaphysische Frage nach der Art von

«Das Kommende: Die Verwandlung der Macht in die Würde.» Heidegger um 1941.

Menschentümlichkeit, die *schlechthin ungebunden* die Entwurzelung alles Seienden aus dem Sein als weltgeschichtliche ‹Aufgabe› übernehmen kann.»[40]

In diesem Jahr 1941 – aber erst in der zweiten Jahreshälfte – notierte Heidegger auch: «Das Weltjudentum, aufgestachelt durch die aus Deutschland hinausgelassenen Emigranten, ist überall unfassbar und braucht sich bei aller Machtentfaltung nirgends an kriegerischen Handlungen zu beteiligen, wogegen uns nur bleibt, das beste Blut der Besten des eigenen Volkes zu opfern.»[41] Hier irrte Heidegger. Wie sein Schüler Hans Jonas vor ihr, nämlich schon 1939, so trat auch Hannah Arendt nun, 1941, für eine Armee ein, die nach dem Vorbild der «Jüdischen Legion» im Ersten Weltkrieg gebildet sein sollte: «Nur der wirkliche Krieg des jüdischen Volkes gegen Hitler wird dem phantastischen Gerede von dem jüdischen Krieg ein Ende und ein würdiges Ende bereiten. (…) Ein als Jude angegriffener Mensch kann sich nicht als Engländer oder Franzose wehren.»[42] Paradox ist Heideggers Formulierung über die «aus Deutschland hinausgelassenen Emigranten» auch deshalb, weil diese ja zum Teil mit ausdrücklichen Empfehlungen Heideggers an ausländische Universitäten kamen.

Wie war der Antisemitismus des Philosophen möglich? Nur vom Denken kann hier die Rede sein. Es gab, seit einem bestimmbaren Augenblick, für Heidegger nur noch zwei wesentliche Gedankenwelten und nur zwei philosophisch relevante Völker, das griechische der Antike und das deutsche mit Leibniz, Kant und den Folgen bis zu Nietzsche. Der Dichter dieses deutsch-griechischen Blicks war Hölderlin. In dieser exklusiven Bezogenheit aufeinander gab es keinen Denkraum für das Jüdische mehr. Nach diesem Gesetz baut sich die Folge der Lehrveranstaltungen in den Kriegsjahren: Parmenides wird behandelt, Heraklit zweimal, eine Vorlesung über Anaximander wird druckreif ausgearbeitet, dann aber nicht gehalten, einen kürzeren Anaximander-Teil gab es in der Vorlesung vom Sommersemester 1941. Zwei Vorlesungen widmen sich jeweils der Auslegung eines Hölderlin-Gedichts, Schelling wird einmal im Seminar, einmal in einer Vorlesung behandelt: «Unsere eigentliche Absicht geht auf die Metaphysik des deutschen Idealismus, in der sich die abendländische Metaphysik in einer Hinsicht vollendet (Schellings Abhandlung innerhalb dieser Metaphysik).»[43] Und natürlich, wie wir gesehen haben, Nietzsche. Ein griechisch-deutscher Parnass, Zutritt für Unbefugte verboten.

Verdrängt war nun, wie nah er Juden und Jüdinnen gestanden hatte. Afra Geiger, die bei ihm und Jaspers studiert und die er in einem Brief gegrüßt hatte, war nach Holland gegangen und wurde am 1. Januar 1945 im überfüllten Frauen-KZ in Ravensbrück ermordet. «Die Afra ist ein Prachtkerl», hatte er am 8. Mai 1923 an Löwith geschrieben.[44] Edith Stein war von 1916 bis 1918 in Freiburg Husserls Assistentin und in dieser Funktion Heideggers unmittelbare Vorgängerin gewesen. Zu der Zeit von Heideggers judenfeindlichen Notizen, im Spätherbst 1941, wurde Edith Stein, seit langem als Karmelitin in einem katholischen Kloster, in den Niederlanden von den deutschen Besatzungsbehörden als Jüdin registriert, im August 1942 von der Gestapo verhaftet, nach Auschwitz deportiert und dort bald danach umgebracht. Glücklich emigriert war Helene Weiss, die von 1930 bis 1934 bei Heidegger studiert und in ihrer Baseler Dissertation «Kausalität und Zufall in der Philosophie des Aristoteles» Heidegger ausdrücklich gedankt hatte. Ihr gelang die Auswanderung ins englische Cambridge. Auch sie gehörte zu den «aus Deutschland hinausgelassenen Emigranten», wie Karl Löwith, mit dem Heidegger sich noch 1936 in Rom getroffen hatte.

Anfang 1942, mitten im Winter, notiert Heidegger als ersten Eintrag in einen neuen Band seiner «Schwarzen Hefte»: «Ein leichter Nordost trägt die langsamen Schneeflocken in sanfter Verstreuung über die braunen Äcker. Fast ist Feiertag.»[45] Die Worte antworten auf Hölderlins Hymne «Andenken»: «Der Nordost wehet, / Der liebste unter den Winden / Mir, weil er feurigen Geist / Und gute Fahrt verheißet den Schiffern. (…) An Feiertagen gehn / die braunen Frauen daselbst».[46] Im August 1942 notiert er: «*Der Nordost wehet* – in die klare Frühe eines Sommermorgens. Im Dämmer zwischen Nacht und Tag steht die geeinzelte Tanne auf dem Hämmerle-Kamm. Der Morgenstern übersteigt golden den Stübenwasen und grüßt den vollen Mond, der über das Horn nach dem Westen wandert. Die Anmerkungen zu ‹Andenken› sind vollendet. Auf dieser Erde, die zum Irrstern geworden, wütet der Krieg. / Am Abend des selben Tages kommt Jörgs Feldpostkarte, dass er zum 1. September in Deutschland sei.»[47]

Es geschieht etwas sehr Merkwürdiges. Heidegger schreibt nicht über ein Gedicht, er schreibt sich in das Gedicht hinein und lässt seine eigene Sprache von ihm bestimmen. Ineinander verwoben sind die Worte Hölderlins und die der Auslegung. Im Wintersemester 1941/42 widmet Heidegger Hölderlins Hymne eine Vorlesung, die

Abhandlung «Andenken» erscheint 1943. Das Ziel der Vorlesung: zu erkennen, «was aber Geschichte ist».[48] Der Rassismus stellte das «Eigene» als das «Arteigene» heraus. Die «Erschaffung einer alle Lebensgebiete durchdringenden arteigenen Gesittung» forderte der NS-Ideologe Alfred Rosenberg in seinem Buch «Der Mythus des 20. Jahrhunderts».[49] Heidegger widerspricht ihm: «Das Eigene lässt sich nicht erlangen durch ein gewalttätiges und zugleich verzwungenes Ansichreißen der eigenen Art, als könnte diese ausgemacht werden wie eine wissenschaftlich feststellbare Tatsache.»[50] Auch Heideggers Vorlesung beschäftigt sich mit dem Eigenen. Aber es sind in diese Thematisierung Möglichkeitsspielräume eingebaut. Man kann sie als Gesten der Distanzierung verstehen.

Vier Hauptstücke hat die Vorlesung, das dritte ist überschrieben «Die Suche nach dem freien Gebrauch des Eigenen», das vierte: «Das Gespräch mit dem Fremden als schickliche Vorbereitung des Fests». Verwerflich erscheint ihm die unmittelbare Behauptung des «Eigenen» zu sein, wie sie der Nationalsozialismus betreibt: «Das Eigene lässt sich nicht ausmachen durch Erforschung der Anlagen, als seien das irgendwo eben vorkommende, auf Nichts oder Beliebiges bezogene Beschaffenheiten. Das Eigene lässt sich nie durch Schädelmessungen und durch die Beschreibung ausgegrabener Spieße und Spangen feststellen, abgesehen davon, dass solche Feststellungen das schon voraussetzen, was für das Eigene gelten soll.»[51]

Die Formulierung Hölderlins vom «freien Gebrauch des Eigenen», mit dem Akzent auf «frei», hatte Heidegger, wie wir gesehen haben, schon in der Vorlesung des Wintersemesters 1934/35 in den Mittelpunkt gestellt. Wieder zitiert er nun Hölderlins Brief an Casimir Ulrich Böhlendorff von 1801: «Wir lernen nichts schwerer als das Nationelle frei gebrauchen. Und wie ich glaube, ist gerade die Klarheit der Darstellung uns ursprünglich so natürlich, wie den Griechen das Feuer vom Himmel.» Das Eigene, so kommentiert Heidegger, «besteht also nicht in einer für sich abgekapselten Anlage, die in sich verschränkt nur gezüchtet werden könnte. Das Eigene gerade ist je auf ein Anderes bezogen, das Feuer auf die Darstellung, die Darstellung auf das Feuer.»[52]

Es ist auf diesen Seiten der Vorlesung, dass sich Heideggers Prosa, von der Philosophie herkommend, der Weisheit nähert: «Das Eigene ist am schwersten zu finden und deshalb am leichtesten zu versäumen», heißt es einmal, und dann: «Das echte Suchen ist ein ständiges Zögern. (...) Die Findung und Aneignung des Eigenen ist eins mit dem zögernden Übergang.»[53] Man erinnert sich daran, dass er schon im Jahr zuvor in der Anaximander-Vorlesung den Übergang zu denken versucht hatte. Der zögernde Übergang ist das Gegenteil eines nationalsozialistischen Verhaltenshabitus, und wohl auch der «Entschlossenheit» von «Sein und Zeit».

Inmitten des brutalsten Kriegs, des «äußersten Existenzkampfes», wie er im Sommer 1942 notiert,[54] hat Heidegger vielleicht die schönsten Seiten seines Werks geschrieben: Er sucht überall nach anderen als den geltenden Maßen. Wie schon in der Anaximander-Vorlesung gilt sein Lob der «Weile». «Was im Gesichtsfeld der Rechnung kurz dauert, kann doch alles Und-so-weiter des bloßen Fortdauerns überdauern.»[55] Fundamentale Gewaltlosigkeit hält Einzug in sein Denken. Vom «denkerischen Denken» schreibt er in diesen Jahren einmal, es könne als das bloß «energischere» erscheinen, als «ein Denken, das sich selbst in die Gewalt nimmt und mit Gewalt voranbringt, also das gewaltsame Denken. (...) Gesammelter ist es wohl, aber gerade deshalb weniger gewaltsam, ja in seiner Lauterkeit ist es ohne Gewalt.»[56] Heidegger schreibt und spricht im Augenblick der tiefsten Krisis. Das gibt seinen Darlegungen die Eindringlichkeit. Die Intensität seiner Frühzeit ist nicht verschwunden, sie hat sich in die Ruhe hineinverwandelt.

Max Kommerell war der eigentliche Leser von Heideggers Hölderlin-Auslegung. Am 29. September 1941 schreibt er an Heidegger aus Florenz: «Die hier anwesenden Deutschen haben einen freieren Stil des Umgangs, als man gewöhnt ist.» Eigene Überlegungen zu Hölderlin wolle er einstweilen nicht veröffentlichen, weil er, wie er sagt, «gerade was Hölderlins heutige Wirklichkeit angeht, den merkwürdigen und aufregenden Zusammenfall Ihrer Philosophie (auf jedenfall in einem bestimmten Übergang derselben) mit einer bestimmten Art der Erschließung Hölderlinscher Gedichte» vorfindet.[57]

Um einen «Zusammenfall» handelt es sich für Kommerell, und was immer das sein mag, eine literaturwissenschaftliche Interpretation ist es nicht. An Karl Reinhardt, den auch von Heidegger hochgeschätzten Altphilologen, schreibt Kommerell am 19. Januar 1942: «Heidegger: ich beschränke mich aufs Zusehen, da ich gar nicht tangiert bin und als Literaturhistoriker sehr viel lerne ... Dass er seine philosophische Situation nicht aushält, könnte verstimmen; dass er wiederum dies Factum verschleiert durch das befremdende Ausdrucksmittel einer Dichter-Interpretation, allerdings noch mehr; und dass er den Dichter, der ihm Götter erlaubt, mit hinlänglicher Scholastik nach Heideggerscher Esoterik tönen lässt, ist am wenigsten fein. Aber mich beschäftigt die Frage: wie sieht diese Schrift aus als Übergang, wenn man das Ganze seiner Entwicklung überblicken wird – kurzum, wie Sie selbst sagen: Was geht hier vor?, – zu sehr und ich empfinde auch die dynamis in allem zu deutlich, um nicht in andern Augenblicken neugierig, ja fast fasciniert hinzuhören. Und es ist ihm nicht so gemütlich (...) – sondern er erfriert oder verbrennt sich, wie es sich gehört.»[58]

Das ist die Verbindung einer sehr scharfen Kritik, wie sie sich zwischen zwei Philologen als Einspruch gegen Grenzüberschreitungen durch Fachfremde fast von selbst versteht, mit einer positiven Ratlosigkeit und dem sympathischen Geständnis der Faszination. Kommerell hat noch keinen Schlüssel, will aber die Suche danach nicht aufgeben.

Bald entsteht der Aufsatz «Hölderlins Hymnen in freien Rhythmen» als Teil der Abhandlung «Die Dichtung in freien Rhythmen und der Gott der Dichter». Er stellt die ebenso feine wie entschiedene Antwort eines Literaturwissenschaftlers auf Heideggers Auslegung dar. Kommerell schildert darin seinen eigenen Erkenntnisprozess mit den Worten: «Von welchem Standort, mit welchem Fug und auf welche Wirklichkeit sich beziehend spricht eigentlich der hier Sprechende?» Angesichts der Schönheit und der zwingend einfachen Darstellung der Hymnen Hölderlins verstummt die Frage, nur um sich sogleich neu zu erheben: Sie wird «um so verwirrender, als der Grundton einer hohen Kindlichkeit sich nirgends verkennen lässt». Ein heiliger Zusammenhang werde in den Hymnen angenommen und dargestellt. Aber unübersehbar sei auch die innere Problematik der Prophetien: das «Stocken, Beben und Brechen» der Sprache. Wie seltsam, sagt Kommerell, «wie versagend diese letzten Worte: ‹Doch alles geht so.›» Die Schlussverse der Hymnen seien oft «in demselben Maß dunkel und ungewiss, als jene Anfänge gewiss und erhellt sind». Schlechthin prophetisch seien die Hymnen nicht zu nehmen: Das von Hölderlin Gemeinte ist «für uns nur vorhanden in seinem Gedicht».[59] Kommerell wusste, wovon er sprach. Denn er selbst hatte einmal versucht – in seinem ersten großen Buch «Der Dichter als Führer in der deutschen Klassik», das noch ganz unter dem Patronat Stefan Georges gestanden hatte – die Literaturgeschichte in eine Heilsgeschichte zu verwandeln.

Nun kreuzen sich seine eigenen Hölderlin-Überlegungen, gerade zu den Hymnen, mit Heideggers Abhandlung zu Hölderlins «Andenken». Am 29. Juli 1942 schreibt er ihm: «Sie lösen da ein Rätsel, indem Sie ein zweites aufgeben!» Man müsste, sagt er, «Ihre Philosophie in einem früheren Stadium kennen, wo sie vielleicht noch nicht so sehr an der Kongruenz der philosophischen Termini mit dem eigentlich zu Sagenden verzweifelt war». Ein hellsichtiger Satz. Kommerell erkennt das, was uns als Heideggers Sprachkrise immer wieder entgegenkam, als den motivierenden Hintergrund von dessen Hölderlin-Lektüre. «Das Neue ist: dass Sie selbst, stärker als vorher, dichterisch das Wort in Urwort zurückverwandeln, und dass Sie, an einer bestimmten Grenze verstummend, einen Dichter für sich reden lassen.» Und er erkennt noch einen weiteren, problematischeren Zug, den er zurückhaltend anspricht: «Dabei setzen Sie sich selbst wiederum gleich mit einer, in irgendeiner Weise sich Ihrer philosophischen Persönlichkeit bedienenden Schicksalswende.»[60]

Das ist sehr klar gesehen, und doch verurteilt Kommerell nicht. «Schicksal» ist das Leitmotiv seiner Kritik. Nur von einem Schicksal her, nicht von einem Forschungsinteresse, ist Heideggers Auseinandersetzung mit Hölderlin zu verstehen: von einem persönlichen Schicksal zwischen dem Dichter und dem Denker, aber auch von einem übergreifenden. Und in diesem Sinne, sagt Kommerell, sei Heidegger der Nachfahre Stefan Georges: «Ich muss nun doch sagen, dass auch George aus eigenster Berufung das Wahre über Hölderlin zu besitzen wagte und dass ein Erschließen Hölderlins aus Einsicht in das Nationale Schicksal, in der Schicksalswitterung der eigenen geistigen Tat, die als Fortsetzung gesehen wird, grundsätzlich bei George begonnen hat.»[61]

Das Bedeutende einer solchen Äußerung liege darin, «dass sie durch die Dimension des Schicksals – des Ereignisses, des Werdens – an Hölderlin anders heranreicht, als die im reinsten Sinn geübte Wissenschaft». Und dann stellt er Heidegger die alles entscheidende Frage: «Gelten die Grenzen zwischen dem religiösen Propheten, dem Religionsstifter und der dichterischen Prophetie nicht mehr, oder bewähren sie sich hier erst recht?» Man müsse zuvor, und da spricht der Literaturwissenschaftler mit dem Stolz auf die eigene Profession, reden über das, «*was eine solche Hölderlinische Hymne eigentlich ist*, ehe sie interpretiert werden kann». Der Briefschluss ist eine grandiose, bezaubernde Frechheit: «Und um nach soviel Aufrichtigkeit noch eine letzte zu riskieren: Ihr Aufsatz könnte – ich sage nicht: er ist's – er könnte sogar ein Unglück sein!?»[62]

Heidegger antwortet am 4. August 1942, geradezu dankbar für

Kommerells Provokation, die ihm lieber sein muss als eine laue Würdigung. Endlich hatte ihn jemand verstanden: «Sie haben recht, die Schrift *ist* ein ‹Unglück›. Auch ‹Sein und Zeit› war eine Verunglückung. Und jede unmittelbare Darstellung meines Denkens wäre heute das größte Unglück. Vielleicht liegt darin ein erstes Zeugnis dafür, dass meine Versuche zuweilen in die Nähe eines echten *Denkens* kommen. Alles aufrichtige Denken ist zum Unterschied der Dichter in seinem unmittelbaren Wirken eine Verunglückung.»[63]

Es ist dieser mit der größten freundschaftlichen Liberalität ausgetragene Deutungskonflikt, der noch in der kurzen Gedenkrede auf Kommerell nachhallt, die Heidegger am 1. August 1944, in der letzten Vorlesung des Sommersemesters 1944 hielt, und in der vom «Fach» die Rede ist: «Im Äußeren war er ein Professor für ‹Deutsche Literaturgeschichte›. Er hat die Fragwürdigkeit dieses Faches mit hellem Sinn durchlitten. Er war, wenn hier beiläufig davon gesprochen werden darf, der einzige seines Faches, mit dem ich zeitweise fruchtbare Gespräche über die geschichtliche Bestimmung des Denkens und des Dichtens führen durfte.»[64]

Es gibt ein Gegenbild zu der Verfinsterung des Horizonts. Phänomenologie leitet sich her von dem griechischen Wort für «sich zeigen», das Phänomen ist ein «an den Tag bringen», «in die Helle stellen», es gehört zum selben Stamm wie das griechische Wort für Licht und Helle.[65] Heidegger will im Denken einen verborgenen, verdeckten Reichtum bergen, über dieses Denken will er den Studenten etwas mitteilen, sie sollen nicht nur das Bestehende kennen. Das Zeichen dieses Denkens ist der Glanz, wie er in der Hölderlin-Vorlesung über das Gedicht «Andenken» ausgeführt hatte: «Zum Feierlichen gehört der Glanz. Aber der Glanz entstammt eigentlich dem Leuchten und Scheinen des Wesenhaften. Sofern dieses erglänzt, tritt alles an den Dingen und Menschen in das Gelöste seines Glanzes, und dieser wiederum fordert vom Menschen den Schmuck und das Schmücken.

Nie aber erzeugt dieser für sich den Glanz der Feier.»[66] Das Fest ist ein Grüßen des Heiligen. «Dieser anfängliche Gruß ist das verborgene Wesen der Geschichte. Der anfängliche Gruß ist *das* Ereignis, *der* Anfang.»[67] Der Gruß, das Unscheinbarste, wird zum Wesen der Geschichte.

In der ungehaltenen Anaximander-Vorlesung, deren Manuskript auf den Spätsommer oder Herbst 1942 datiert wird, tritt der Glanz thematisch in den Vordergrund. Heidegger will ein Denken erläutern, das zum Glanz ein Verhältnis hat. Indem er von der Gabe und dem Fest her denkt, und das Sein vom Spiel her, und die Souveränität von der Wirksamkeit ablöst, wird er zum Geistesverwandten von Georges Bataille, der eine Ökonomie der Verschwendung entwarf. Glanz ist ein Hinweis auf das Kostbarste. Auf die Jahre 1941/42 zu datieren ist «Das Ereignis», eine Sammlung von Aufzeichnungen, in denen Heidegger den gedanklichen und sprachlichen Ertrag seiner Vorlesungen noch einmal unabhängig von den Themen in anderer Ordnung zu behandeln versucht. Vom Sein heißt es hier, es sei zunächst «das Unscheinbare und Übersehene.» Aber es gelte, «bei allem Beschreiben, Erklären, Betreiben des Seienden den unmerklichen Glanz des Rätsels zu erkennen». Die Seinsvergessenheit ist die «Verblendung»; in dem Maß, wie sie abnimmt, erscheint der Glanz.[68]

In der ungehaltenen Anaximander-Vorlesung vom Herbst 1942 widmet er sich, um diesen Glanz zu erläutern, der Fünften Isthmischen Ode des griechischen Dichters Pindar: «Mutter des Helios, reichnamige, (die) Gottheit (selber den Göttern), / dich in der Acht, denn auch weitwaltend erachten / das Gold die Menschen, (das) anwesender rings um anderes alles; so dann auch die strittigen, / die Schiffe auf der Flut und an den Wagen die Rosse / durch deines, Herrin, den Glanz hindurch im Wirbel / des Streites hervor als erstaunbar herrliche ragen.» Es handelt sich um ein Siegeslied bei den Isthmischen Wettkämpfen. Sonne und Gold treten zusammen. «Was ist es mit dem Gold», fragt Heidegger, «wenn es so in die Nähe des eigensten Wortes vom ‹Seienden› gebracht und ‹seiender› genannt wird, denn das Andere alles, was nämlich sonst ist?» Gold ist das Paradigma eines Seienden, das sein Sein offenbar macht. «Der Glanz des Goldes bringt das Edle dieses Metalles zum Scheinen. Dies bedeutet jedoch nicht nur, dass dieses Glänzen die Art ist, wie dieses Edle sich lediglich unserem ‹Auge› mitteilt. Vielmehr ist das reine, nicht ausgehende, sondern in sich quellende und sich in sich zurücktragende Leuchten das Edle selbst, dieser Schein ist sein Sein.»[69]

Diese andere Art der Wahrnehmung will Heidegger vermitteln. Sie ist inzwischen weitgehend verstellt, das Goldsein begegne einem «nicht mehr in seinem Glänzen», der «Glanz als Wesen des Seins selbst ist erloschen». Was der moderne Mensch als das Sein des Goldes wahrnehme, ist sein Wert. Das Goldsein «hat sich aufgelöst in eine Wirksamkeit innerhalb des Umlaufs des Zahlungsverkehrs, wobei das Gold selbst nicht einmal mehr anwesend zu sein braucht».[70] Aber das Sein hat eine andere Ökonomie.

In der Sphäre des Glanzes wird der Blick maßgeblich, er wird sprechend, das glänzende Auge antwortet. Walter Benjamin hatte die «Aura» definiert als die Erwartung eines erwidernden Blicks. In einen ähnlichen Bezirk des Denkens ist nun auch Heidegger gekommen, der die Götter als die «Hereinblickenden» sehen will: «Zwischen der Gottheit und dem Menschenwesen besteht nicht der Ursache-Wirkungszusammenhang als der wirkliche Bezug. Weil das Sein im Wesen das erglänzende Scheinen ist, ist der Seinsbezug zwischen Gottheit, Göttern und Menschen das Zu-einander Scheinen, das erblickende Anwesen zu Anwesen.» Menschen, die auf die Gottheit achten, blicken «aus dem Blick für das Sein als das rein erglänzende Scheinen. Darum haben sie den Blick für das Gold, als dasjenige Anwesende, das sie, ohne etwas zu leisten und zu bewerkstelligen, anwesend in den Bezug zum reinen Erglänzen nimmt und darin umfangen hält.»[71]

Das Auge sei «sonnenhaft», hatte Goethe gesagt; bei Heidegger lesen wir: «Der Blick kann nur deshalb etwas verraten, weil er wesenhaft ein Leuchten ist: das Hervorbringen des Menschen in das Gelichtete seines menschentümlichen Anwesens.» Die Griechen besaßen etwas, was die Phänomenologie denkend einholen muss: einen Sinn für den Reichtum aller, selbst noch der unscheinbarsten Weltbezüge. Das will Heidegger mitteilen «in einem Weltalter, da die Welt in Flammen steht» und überall die Kultur «in Schutt und Asche» sinkt.[72]

27. KAPITEL

Das Denken der Untergänge

Trauer wird 1943 zur Grundstimmung der Deutschen. Die Publizistin Ursula von Kardorff notierte im Januar in Berlin: «Groteskes Leben: Abgründe der Trauer, und dann wieder stundenweise so, als gäbe es ein friedliches Dasein, in dem unsere Bequemlichkeit wichtig ist.»[1] Als der Untergang der 6. Armee im Radio vermeldet worden war, hielt eine Studentin fest: «Heute ist der schwärzeste Tag für Deutschland in der Geschichte unseres Krieges (...) Eine nie gefühlte Trauer liegt über uns allen.» Das war die allgemeine Stimmung, die fortan nicht mehr von den Deutschen wich. Die Stalingrad-Sondermeldung im Radio war von Trauermärschen, gedämpften Trommelwirbeln und dem Lied «Ich hatt' einen Kameraden» begleitet. Es folgte eine dreiminütige Funkstille, dann gab man bekannt, dass Theater, Kinos und Vergnügungsstätten für drei Tage Staatstrauer geschlossen würden. Am Schluss hörte man Klänge aus Beethovens 5. Symphonie, der «Schicksalssymphonie».[2] Große öffentliche Trauerfeiern gab es 1943 an verschiedenen Orten auch für die Opfer von Luftangriffen. Die Volksgemeinschaft war eine Trauergemeinschaft geworden.

Am 6. Juni 1943 sprach Heidegger in der Freiburger Universität über Hölderlins Gedicht «Heimkunft. An die Verwandten». Heimkunft – die der weit entfernt kämpfenden Väter, Ehemänner, Söhne – war alles, worauf die Verwandten noch hoffen konnten. Am 20. April hatte er an Elfride geschrieben: «Ich sehe nur zwei Möglichkeiten (...): entweder eine Auslegung eines Gedichtes, so dass Hölderlin zu Wort kommt, oder aber eine unmittelbare Zwiesprache mit dem

Dichter, aus der deutlich wird, wie wir ihn hören müssen in der kommenden Zeit. Das gäbe eine Rede, die vom *Dichten und Denken* handelt. (...) In irgendeiner ganz unpolemischen Form muss doch bald etwas gesagt werden über das, was wir sein müssen.»[3] Die kommende Zeit wird anders sein, und sie wird gegenüber dem vergangenen Jahrzehnt veränderte Haltungen verlangen. Heidegger weiß, dass seine Aufgabe nun die ernsteste ist. Er wird der Trauergemeinschaft etwas über die Trauer sagen.

Gleich zu Beginn seiner Rede stimmt Heidegger auf das Kommende ein, wenn er die realen Ereignisse benennt, die in das Gedicht «Heimkunft» eingegangen sind: Hölderlin ist im Frühjahr 1801, über den Bodensee aus der Schweiz kommend, in Lindau angelangt, in seiner schwäbischen Heimat: «So könnte das Gedicht ‹Heimkunft› eine Poesie über eine fröhliche Heimreise darstellen.» Auch Hölderlins Gedicht spricht am Anfang von der «Wolke, / Freudiges dichtend». Heidegger löst diesen Eindruck sofort auf: Die letzte Strophe des Gedichts sei auf das «Wort der ‹Sorge›» gestimmt, sie «verrät nichts von der Fröhlichkeit dessen, der sorglos in der Heimat ankommt. Das letzte Wort des Gedichts ist ein jähes ‹nicht›.» Und selbst die erste Strophe sei keineswegs nur heiter: Sie stehe fast fremd, «selbst ein Gebirge von Versen, unvermittelt da. Sie zeigt nichts von der Wonne des Heimischen. Das ‹Echo› der ‹unermesslichen Werkstatt› des Unheimischen ‹tönet umher›. Die ‹Heimkunft›, von solchen Strophen umschlossen, wird sich wohl kaum darin erschöpfen, nur die Ankunft am Ufer des ‹Geburtslandes› zu sein.» Die Heimat selbst muss, wie der Heimkehrende, in diesem Licht anders verstanden werden, vermittelter, nicht als Naturvorhandenes, nicht als Gabe allein, sondern als Aufgabe. «Alles scheinet vertraut», sagt das Gedicht, «der vorübereilende Gruß auch / Scheint von Freunden, es scheint jegliche Miene verwandt.» Dinge und Menschen der Heimat muten vertraut an, aber sie sind es noch nicht.[4]

Mit Recht erwähnt Heidegger, dass das Wort «Freude» das Gedicht dominiert, er sagt: «überleuchtet». Woher stammt sie? In der zweiten Strophe heißt es vom Gebirge: «Und noch höher hinauf wohnt über dem Lichte der reine / Seelige Gott vom Spiel heiliger Stralen erfreut.» Klarheit, Hoheit und Frohheit sieht Heidegger in dieser Sphäre. Erst als der selige Gott genannt ist, erlaubt sich Heidegger den Blick in die finstere Tiefe: «Was wäre Tiefe ohne Lichtung?» Und nun erst, nach langer Vorbereitung, nach einer emotionalen Stabilisierungsleistung, darf die Trauer zu Wort kommen, die Heidegger in Hölderlins Wort von der «Sorge» angedeutet sah: «Selbst ‹Traurige› erfreut ‹der Freudige› wieder, wenngleich ‹mit langsamer Hand›. Er nimmt die Trauer nicht fort, sondern er wandelt sie, indem er die Trauernden ahnen lässt, dass selbst Trauer nur aus ‹alten Freuden› entspringt.»[5]

Wie muss, wenn in die Freude die Sorge gekommen ist, der Dichter von der Freude handeln? Zu seinen Übersetzungen der Tragödien des Sophokles schrieb Hölderlin ein Epigramm: «Viele versuchen umsonst, das Freudigste freudig zu sagen, / Hier spricht endlich es mir, hier in der Trauer sich aus.» In diesem Augenblick findet Heidegger eine die seelischen Kräfte fast übersteigende Gefühlsbalance, die er suchte und die er seinen Zuhörern vermitteln will: «Jetzt wissen wir, warum der Dichter zu der Zeit, da er in die Heimat (...) heimkommt, ‹die Trauerspiele des Sophokles› übersetzen musste. Die Trauer, durch eine Kluft geschieden vom bloßen Trübsinn, ist die Freude, die aufgeheitert ist für das Freudigste, sofern es sich noch spart und zögert. Woher sonst käme denn auch das weithin tragende innere Licht der Trauer, wenn sie nicht in ihrem verborgenen Grunde die Freude zum Freudigsten wäre?»[6] Vielleicht versuchte Heidegger, eine kollektive therapeutische Besinnung in Gang zu setzen. Deshalb der Gegensatz zu dem, was er Trübsinn nennt, in heutiger Sprache: Depression, Melancholie.

Aber noch ist der Grund der Trauer in keiner Weise benannt. Wichtig zum Verständnis von Heideggers Gedankenbogen ist die folgende Passage des Gedichts: «Aber das Beste, der Fund, der unter des heiligen Friedens / Bogen lieget, er ist Jungen und Alten gespart.» Heidegger weist auf eine Variante in einer späteren Reinschrift hin, wo statt «Aber das Beste, der Fund» die Worte «Aber der Schatz, das Deutsche» stehen. Erst gegen Ende seiner Rede geht sein Blick zu den Gefallenen, den «Söhnen der Heimat, die fern dem Boden der Heimat, aber mit dem Blick in die Heitere der ihnen entgegen leuchtenden Heimat ihr Leben für den noch gesparten Fund verwenden und im Opfergang verschwenden». Und er fragt: «Sind dann nicht diese Söhne der Heimat die nächsten Verwandten des Dichters? Ihr Opfer birgt in sich den dichtenden Zuruf an die Liebsten der Heimat, der Fund möge ein gesparter bleiben. / Er bleibt es, wenn aus denen, ‹die im Vaterlande besorgt sind›, die Sorgsamen werden.» Mit diesen Worten wendet er sich an das Auditorium selbst, das jetzt direkt angesprochen wird. Er bindet es in die Gedankenbewegung ein, indem er das Gedicht «Dichterberuf» zitiert: «Doch nicht behält er es leicht allein, / Und gern gesellt, damit verstehn sie / Helfen, zu anderen sich ein Dichter.»[7]

Solche «anderen» und «Sorgsamen» sollen seine Hörer werden. Er hat von den Opfern und der Trauer gesprochen ohne den amtlichen Triumphalismus des Durchhaltewillens. Er hat die Sehnsucht nach einem Heiligen angedeutet, ohne schon Ersatz versprechen zu können. Eine stillere, aber durchaus feierliche Sprache hat er für diesen Anlass gefunden. Die einzige Voraussetzung, die er macht, ist allerdings für heutige Leser die befremdendste: Er kann dem Tod der Gefallenen einen Sinn nicht schlechterdings absprechen. Entschließt man sich, für einen Augenblick, und nur probeweise, die Perspektive der damals Lebenden anzunehmen, dann erscheint Heideggers Rede als ein erster Versuch, Verzweiflung in Besinnung zu verwandeln.

Gleichfalls 1943 entsteht die Abhandlung «Nietzsches Wort ‹Gott ist tot›». Wieder muss Heidegger von Gott sprechen, diesmal von dem getöteten bei Nietzsche, wie er von dem fehlenden bei Hölderlin gesprochen hatte. Die «Theologie» verlässt Heidegger nicht, sie ändert nur ihre Miene. Bei Nietzsche sieht Heidegger nun noch einen anderen Gestus, nämlich in der Figur des «tollen Menschen»: «Vielleicht überhören wir jetzt nicht mehr so übereilt, was im Beginn (...) gesagt wird, dass der tolle Mensch ‹unaufhörlich schrie: Ich suche Gott! Ich suche Gott!›» Heidegger weiter: «Der tolle Mensch (...) ist eindeutig nach den ersten Sätzen, eindeutiger noch für den, der hören mag, nach den letzten Sätzen des Stückes derjenige, der Gott sucht, indem er nach Gott schreit. Vielleicht hat da ein Denkender wirklich de profundis geschrien? Und das Ohr unseres Denkens? Hört es den Schrei immer noch nicht?»[8] In seinem Brief an Elfride über den Hölderlin-Vortrag hatte Heidegger angedeutet, dass es nun und künftig gelte, anders zu hören.

Im Februar notierte eine Frau, Anfang siebzig, in den Tagen der Staatstrauer: «Ein Volk, das sich so von Gott abkehrt, kann nur seinen *Untergang* erwarten. Und wir, die wir an Gottes Vorsehung glauben, müssen es als aus seiner Hand kommend annehmen.»[9] Im letzten Flugblatt der «Weißen Rose» schrieb Sophie Scholl, gleichfalls im Februar: «Erschüttert steht unser Volk vor dem Untergang der Männer von Stalingrad.»[10] Hans Erich Nossack, der im Sommer desselben Jahres den Hamburger Feuersturm überlebt hatte, gab seinem Bericht den Titel «Der Untergang».

Was heißt es, den Untergang zu denken? Heideggers Vorlesung vom Sommersemester 1943 – «Der Anfang des abendländischen Denkens. Heraklit» – widmet sich, in einer großen Gedankenbewegung, die alle wesentlichen Fragen der Philosophie, Übersetzung und Philologie berührt, auf 181 Druckseiten der Gesamtausgabe in unerhörter Konzentration einem einzigen Wort: «Untergang». Hier konnten die Studierenden erfahren, was es bedeutete, anders zu hören. Wir haben dafür das schöne Zeugnis von Walter Jens, später Rhetorikprofessor in Tübingen und Präsident der Berliner Akademie der Künste. Er berichtet von der Vorlesung: «Ich werde den Zauber niemals vergessen, diese Mischung aus Nüchternheit und verwegener Spekulation, die sich einstellte, wenn er im Hörsaal 1 der Freiburger Universität über Sätze Heraklits zu meditieren begann, in keinem Augenblick lässig improvisierend, sondern immer, bis ins Mikrophilologische hinein, vortrefflich präpariert ... so wie er auch im Seminar, Punkt für Punkt vorbereitet war. Wer Widerspruch anmeldete, hatte dies schriftlich zu tun und wurde ernstgenommen wie eine Gleichrangiger.»[11]

Und tatsächlich war die Heraklit-Vorlesung «mikrophilologisch» angelegt, denn es ging darum, den Sinn von Untergang und Untergehendem wirklich zu verstehen, Auslegungsmöglichkeiten durchzuspielen, zu verwerfen, neue zu erproben. Ausgangspunkt ist ein rätselhafter Spruch von Heraklit: «Dem ja nicht Untergehen(den) je, wie möchte irgendwer (dem) verborgen sein?» Was meint diese Formulierung? Der vorsokratische Denker nennt zum einen «‹das ja nicht Untergehende je› –, das wir leicht umschreiben können, aber zugleich dadurch auch schon abschwächen in: ‹das niemals Untergehende›. Was das ist, was da niemals untergeht, wird in dem Spruch nicht gesagt.» Da «irgendwer» gemeint ist und nicht irgendetwas, sind darin «jedenfalls die Menschen mitgemeint». Der Spruch, aus der Frageform herausgebracht, würde positiv lauten: «Dem niemals Untergehenden kann keiner verborgen bleiben.» Das «Untergehen» müsse griechisch gedacht werden als «das Verschwinden aus der Anwesenheit, und zwar in der Weise des Weg- und Eingehens in solches, was verhüllt und d.h. verbirgt». Richtig verstanden handle es sich um das *«Eingehen in eine Verbergung»*. Untergang und Untergehen sollen nicht als ein unbestimmtes Verschwinden aufgefasst werden. Nicht also im gewöhnlichen Verständnis, das Heidegger nun kennzeichnet: «‹Untergehen›, das ist dem Verfall anheimgefallen oder der Vernichtung. ‹Untergehen› ist das Übergehen in das Nichtmehrsein. Sieg oder Untergang – Sein oder Nichtsein. Aber das griechisch gedachte ‹Untergehen› im Sinne des ‹Eingehens in eine Verbergung› ist keineswegs das bloße Nichtmehrsein und Nichtsein.»[12]

Heidegger nimmt hier die NS-Parolen aufs Korn, die aus SS-Schulungsmaterial des Jahres 1943 belegt sind: «Jeder weiß, um was es heute geht. Mit unseren Feinden gibt es keinen Ausgleich, keinen Waffenstillstand oder Friedensschluss, es geht um Sein oder Nichtsein, um Sieg oder Untergang, Bestehen oder Vernichtung.»[13] Was er den Studierenden mitteilt, ohne es eigens zu unterstreichen: Man kann anders denken, als es gewünscht wird. «Das Untergehen der Sonne ist ja doch nicht ihre ‹Vernichtung› und keineswegs ihr Nichtsein.» Gibt es etwas, das als das «niemals Untergehende dem Vorkommnis des Untergangs entzogen bleibt»? Gleich will er dem schnellen Trost ausweichen; damit denke man am Spruch von Heraklit vorbei. Das griechische Wort für «Untergehen» habe einen Doppelcharakter: Wie «das Duftende» die Rose «oder aber das Duften selbst, den Rosenduft» bedeuten könne, so könne das Untergehende eine Substanz meinen, die «dem Untergang verfällt», aber auch «das Untergehen selbst und als solches». Und so schlägt Heidegger nun eine weitere Übersetzung vor: «Dem ja nicht Untergehen je, wie möchte irgendwer (dem) verborgen sein?»[14]

Er will etwas denken, was er «das niemals Untergehen» nennt. Es ist das Sein. Auch dies könnte man als einen Versuch philosophischer Therapie betrachten: Heidegger hat inmitten des Untergangs den Studierenden den Gedanken an ein Ja-nicht!-Untergehendes nahegebracht. Wieder bezieht er in seinen Schlussworten die Hörer, sie direkt ansprechend, in den Gedanken ein: «Die Gefahr, in der das ‹heilig Herz der Völker› des Abendlandes steht, ist nicht die eines Untergangs, sondern die, dass wir, selbst verwirrt, und selbst dem Willen der Modernität ergeben und ihm zutreiben. Damit dieses Unheil nicht geschehe, bedarf es in den kommenden Jahrzehnten der Dreißig- und Vierzig-Jährigen, die gelernt haben, wesentlich zu denken.»[15]

Dreimal fragt Heidegger in diesem halben Jahr nach den Göttern, in Reden über Trauer und Untergang: Deutschland nach Stalingrad, Sommersemester 1943.

28. KAPITEL

Kriegsende

Eine Aufzeichnung Heideggers vom 16. September 1944 lautet: «Das Grauen häuft sich um das Vaterland und ein dunkles Geschick schiebt sich drohend über dessen heimische Fluren und Ströme. Jetzt, da alles in der Enge der alles zusammenschiebenden und verwirrenden Bedrängnis jegliche Spur von Wink und Lichtung einbüßt, braucht das Seyn die Hut des verweilend Andenkenden.»[1] Die alliierten Armeen nähern sich den deutschen Grenzen. Der Bombenkrieg erreicht eine bisher ungeahnte Härte: Auf Deutschland waren 1940 10000 Tonnen gefallen, im Jahr darauf waren es 30000 gewesen, dann 40000 und dann 120000 Tonnen. Die Steigerung scheint enorm, mehr als verzehnfacht hatte sich die Menge. 1944 aber wird zu einer neuen Zäsur, nun fallen 650000 Tonnen auf Deutschland. 1945 tritt dahinter zurück mit 500000 Tonnen, aber der Krieg ging ja auch nur bis Mai.

1944, eigentlich erst im Spätsommer, tritt der Bombenkrieg in ein neues Stadium ein. Am 21. Oktober erobert die amerikanische Armee Aachen. Mitte Oktober setzt die Rote Armee zum Sturm auf Königsberg an, kann aber einstweilen noch aufgehalten werden. Die Heimat ist in einem eminenten Sinne gefährdet, sie wird mehr als zuvor Kriegsschauplatz, von oben zerstört, von Osten und Westen bedrängt. Am 28. November 1944 schreibt Heidegger an den Bruder Fritz aus dem elsässischen Arzenheim, wo er beim Volkssturm ist: «Man sieht hier, wie der Krieg sich langsam an die Heimat heranschleicht, um alles zu erwürgen und zu verwüsten.»[2] Mit dem Spaten nimmt Heidegger an Erdarbeiten teil, Wälle oder Gräben sind anzulegen, in der vergeblichen Hoffnung, den Gegner aufhalten zu können oder wenigstens sein Vordringen zu verlangsamen.

Heidegger hält im Wintersemester eine Vorlesung unter dem Titel «Einleitung in die Philosophie. Denken und Dichten», es geht um Nietzsche und Hölderlin. Mit Nietzsche will Heidegger *das* denken, «was jetzt ist». Der ganze Akzent der Vorlesung liegt darauf: «Nietzsche ist derjenige Denker, der denkt, was jetzt ist. Hölderlin ist derjenige Dichter, der dichtet, was jetzt ist.» Er nimmt seine Verantwortung wahr, die Studierenden nicht mit Hinweisen auf das «Ewige» abzuspeisen. Jede wahre Philosophie, sagt er, sei «in der äußeren Gestalt eine Antwort auf die Frage, die zu jeder Zeit des geschichtlichen Daseins des Menschen gefragt wird». Sie lasse sich «überall ohne Gewaltsamkeit auf die einfache Formel bringen: Was ist jetzt? Jeder Denker fragt zu seiner Zeit nach dem, was ist.»[3]

Was jetzt ist, ist der Verlust der Heimat. Heidegger kann nicht über etwas Beliebiges aus vergangener Philosophie sprechen, eine routinierte Vorlesung zur Geistesgeschichte wäre lächerlich. Mit einer ungeheuren Disziplin zwingt er sich, den Verlust der Heimat zu einer Sache des Denkens zu machen. Was geschieht mit dem Menschen? «Ohne den Gott und ohne eine Welt hat er nicht mehr das, wohin er gehört, worauf er hören, von woher er angesprochen und be-anspruchtsein kann. Wir nennen den geschichtlich umhegten und hegenden, allen Mut befeuernden und alle Vermögen lösenden Umkreis dessen, wohin der Mensch in dem wesentlichen Sinn des beanspruchten Hörens gehört, die *Heimat.*» Heimat ist mehr als eine im Atlas aufzufindende Region. Und im Grunde hatte der Prozess des Verlusts lange schon begonnen, seit langem «ist der neuzeitliche Mensch heimatlos». Und dann zitiert er Nietzsches ungeheuren Vers: «Die Krähen schrei'n / Und ziehen schwirren Flugs zur Stadt: / – bald wird es schnei'n, / Weh dem, der keine Heimat hat!»[4] Man kann sich vorstellen, welch schauerlichen Eindruck diese Worte

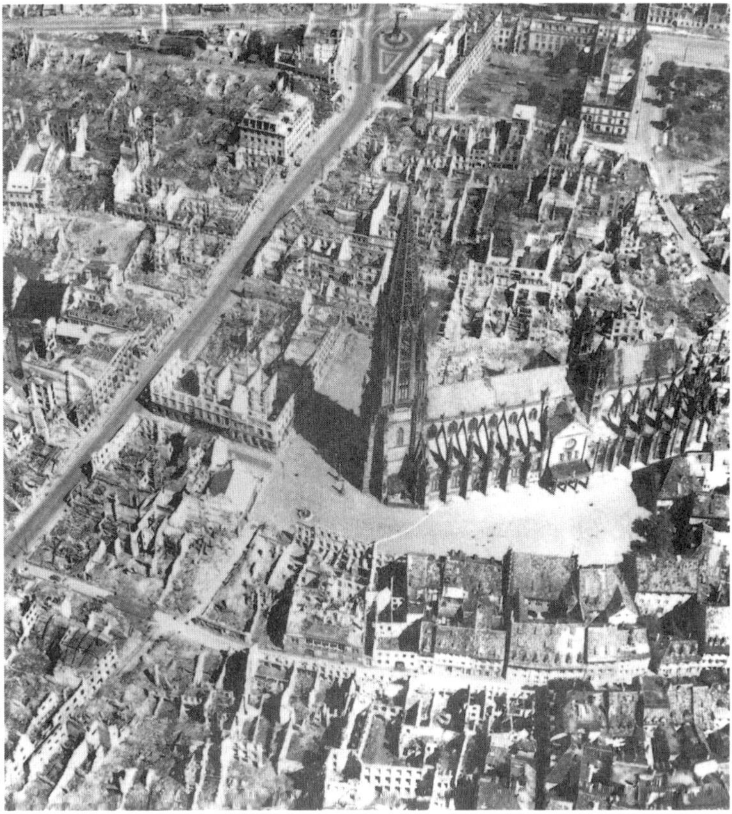

Die von Bombenangriffen zerstörte Innenstadt von Freiburg, aufgenommen im Sommer 1945 oder später. In seiner Vorlesung vom Wintersemester 1944/45 hatte Heidegger Nietzsche zitiert: «Die Krähen schrei'n / Und ziehen schwirren Flugs zur Stadt: / – bald wird es schnei'n, / Weh dem, der keine Heimat hat!»

bei den Studierenden hinterlassen haben müssen. Die Vorlesung muss abgebrochen werden, am 23. November wird Heidegger zum Volkssturm eingezogen.

Am 27. November fliegt die Royal Air Force einen verheerenden Bombenangriff auf Freiburg, dem etwa dreitausend Menschen zum

Opfer fallen. Aus dem Elsass hatte Heidegger seiner Frau noch vor der Bombardierung gemeldet, die Schanzarbeiten seien ihm «weniger bekommen». Am 25. kann er ihr mitteilen, er sei beim Arzt gewesen, werde nur noch im Innendienst eingesetzt und hoffe, so bald wie möglich ausgetauscht zu werden. «Die Sorge aller ist natürlich, dass wir noch über den Rhein kommen.»[5] Einstweilen fehlen ihm «ein Paar Hausschläppchen und Schuhkreme». Zum Wachdienst an einer Kreuzung mehrerer Hauptstraßen eingesetzt, erkennt er die Demoralisierung der Soldaten und schildert sie am 28. November vorsichtig in einem Brief an den Bruder: «Hier gibt es viel zu sehen. Der Zustand der Truppe ist hier deutlich zu erkennen. ‹Versprengte› aus den Gefechten bei Zabern kommen hier durch und Ähnliches.» Und er schließt diesen Brief mit dem Wunsch: «Freut Euch trotz der schweren Zeit an jedem Tag des Geschenks der unberührten Heimat.» Am 3. Dezember ist er wieder in Freiburg und berichtet dem Bruder und dessen Familie: «Als ich mit einem anderen entlassenen Kameraden abends auf einem Lastwagen, der Suppe nach Freiburg brachte, (mich) der Stadt näherte, brannten noch Häuser. Der Gang durch die zerstörten Straßen war seltsam – wie alles, was sich für mich in den letzten vierzehn Tagen zusammendrängte.» Dass die Engländer «so brutal mit dieser Stadt verfahren würden», hatte er, wie er schreibt, «nicht erwartet».[6]

Georg Picht, der bei Heidegger studiert hatte, berichtet von Augenblicken der Ruhe noch in dieser Zeit: «Im Dezember 1944 klingelte es nach Einbruch der Dunkelheit an unserer Tür. Draußen stand Heidegger mit seiner Schwiegertochter und seiner Assistentin. Sie waren auf der Flucht aus dem verbombten und vom Einmarsch der Alliierten bedrohten Freiburg nach Meßkirch. Es gab keine Verkehrsmittel. Sie baten um ein Nachtquartier. Wir verbrachten einen stillen und gelösten Abend. Auf Heideggers Wunsch spielte meine Frau die nachgelassene Sonate in B-Dur von Schubert. Als die Musik verklungen war, sah er mich an: ‹Das können wir mit der Philosophie nicht.› In unserem Gästebuch steht der Eintrag: ‹Anderes denn ein Vergehen ist das Untergehen. Jeder Untergang bleibt geborgen in den Aufgang.›»[7] Das war der Ertrag der Heraklit-Vorlesung im Sommersemester 1943 gewesen. Schubert hatte die Sonate wenige Wochen vor seinem Tod vollendet. Etwas von dem Ineinander von Schönheit, Trauer und tiefster Freude ist in ihr zu hören, von dem Heidegger in seinem Vortrag über Hölderlins «Heimkunft» gesprochen hatte.

Die «Assistentin», von der Picht diskret berichtet, war Margot Prinzessin von Sachsen-Meiningen, seit 1942 Heideggers Schülerin und dann auch Geliebte. Der Adelstitel kam durch Heirat, an sich war sie bürgerlich, eine geborene Grössler. Sie muss eine temperamentvolle Frau gewesen sein, mit ihrem Mann Bernhard war sie der Welt durch abenteuerliche Einzelheiten bekannt geworden. Die NSDAP, der beide angehörten, hatte Anfang 1933 Terroranschläge in Österreich verübt, das Ehepaar kam in Haft beziehungsweise wurde, nach einer Intervention des deutschen Botschafters, unter Hausarrest gestellt. Und so konnte die New York Times am 11. Dezember 1933 titeln: «Nazi Prince and Princess Flee Austria, Abusing Freedom German Envoy Obtained». Drei Wochen später berichtete die Zeitung erneut über Bernhard, «who with his young wife escaped dramatically to Italy».

Was folgt, ist nur schwer zu fassen: Heidegger lässt seine Frau in den letzten Kriegsmonaten allein im zerbombten Freiburg. Er lebt in Meßkirch bei seinem Bruder und bei Margot im nahegelegenen Forsthaus der Burg Hausen. Von dort schreibt er am 30. Dezember an Elfride, er sei mit der Ausarbeitung einer Vorlesung beschäftigt, allein schlechter Schlaf lasse ihn nicht zum rechten Arbeiten kommen. Ansonsten beanspruchen ihn Abschriften und die Verteilung seiner Manuskripte an sichere Orte. Gertrud Heidegger teilt in den Anmerkungen zum Briefwechsel mit, dass ihr Großvater im Dezember 1944 noch einen weiteren Plan mit Burg Hausen verband, nämlich die Errichtung eines zweiten, eigenen Refugiums (neben der «Hütte»), indem er den Gedanken anvisierte, einen Turm des Schlosses restaurieren zu lassen. Weil Handwerker und Material fehlten, sei dieser Plan jedoch nie umgesetzt worden.[8] An Elfride meldet Heidegger: «Bei der Kälte gehen die Bauarbeiten im Türmchen nur wenig voran.»[9]

Das absurde Ausmaß seiner Selbstbezogenheit ist erschütternd, und es muss Augenblicke gegeben haben, da ihm selbst diese Einsicht dämmerte. Jedenfalls klingt eine Formulierung in seinem Brief an Elfride vom 8. Januar 1945 so, als sehe er sich zu einer Rechtfertigung genötigt: «Und die innerste Not der Geschichte u. des Abendlandes, meinst Du nicht, dass sie noch ganz anders an einem zehrt und zerrt als soziale Nöte u. menschliches Leid, das ich keineswegs für nichtig halte.»[10] Ähnlich bedenkt er Empathieverluste in den Aufzeichnungen über eine dem Denken angemessene «hohe Trauer»: «Weil aber der Denkende menschlich vor dieser Trauer bisweilen versagt, ist er oft nur ‹traurig› – statt zu trauern.»[11] In der Weihnachtsnacht besucht er mit Bruder Fritz die Christmette.

Im Februar klagt er in einem Brief an Elfride über «seltsame Depressionen», die wir als Schattenseite jenes Versagens vor der «hohen Trauer» verstehen dürfen. «Das eigentlich Zermürbende ist doch das Geschick des Volkes.» Der Arzt, den er aufsucht, spricht von einer geistigen Überanstrengung, «aber ich kann nicht untätig sitzen in diesem Zustand. Hier sind die Tiefflieger vormittags u. nachmittags u. werfen ihre Bomben; man kehrt sich nicht allzusehr darum.» Dann wieder wird «dies alles überschattet von Gedanken an das Schicksal unserer jungen Generation, so weit noch von einer solchen gesprochen werden darf». Sein Sohn Jörg hatte ihn noch in Meßkirch besuchen können, «zuversichtlich und fast empfindlich optimistisch». Niemand, so Heidegger, könne «sich wohl vorstellen, was jetzt im Osten vor sich geht».[12] Vielleicht sind damit die Kämpfe gemeint, vielleicht aber auch schon die Massenvergewaltigungen und das Niederbrennen ostpreußischer Städte nach der kampflosen Einnahme, etwa von Osterode oder Angerburg im Herbst 1944. Für das Letztere spricht, dass Heidegger in einer Notiz von einem «Blutrausch» im Osten spricht, diesen aber nicht dem, wie er die NS-Propaganda zitiert, «Einbruch der asiatischen Steppe» zuschreiben will, sondern einer «Rückflut des neuzeitlichen Europäischen zur Vollendung der Selbstzerstörung seines Wesens».[13]

Die von den Alliierten geforderte bedingungslose Kapitulation wird absehbar. Auch das Denken muss nun allen Prunk und Glanz abtun und sich auf das Einfachste einstellen. An den Bruder hatte er schon im Januar 1945 geschrieben: «Du hast recht geahnt; ich bin erneut und hellen Blickes und aus einem guten Sagenkönnen auf den Stegen im stillen Gespräch mit dem Wesen einer einzigen ahnenden Tiefe, aus der ein geheimnisvolles Rufen kommt, das nur in die Reinheit und Scheu des sagenden Denkens aufgenommen und verwahrt werden darf. (...) Zuweilen ist es, als stünde mein Denken jetzt im Vorraum des künftigen Sagens.»[14]

Am 23. März meldet er Elfride, die Depression sei überwunden: «Plötzlich fand ich eine Form des Sagens, die ich nie gewagt hätte schon wegen der Gefahr äußerer Nachahmung der platonischen Dialoge. Ich schreibe an einem ‹Gespräch› – eigentlich habe ich die ‹Inspiration› – ich muss es schon so nennen, gleichzeitig zu mehreren. Das dichtende u. denkende Sagen haben so eine ursprüngliche Einheit gewonnen, u. alles fließt leicht u. frei dahin. Erst aus der eignen Erfahrung verstehe ich jetzt Platons Art der Darstellung u. in irgendeiner Form muss das Dir zugedachte Platobuch sich doch noch verwirklichen.» Gerade sein Denken an die Söhne habe ihm, wie er am 3. April an Elfride schreibt, «eine seltsame Kraft gegeben beim Schreiben des Gesprächs».[15] Gemeint sind die «Feldweg-Gespräche», in denen Heidegger einen einfachen, kaum noch herkömmlich-begrifflichen Ton gefunden hat, der ihm angesichts der Kriegsniederlage als der angemessene erscheint.

Das erste der insgesamt drei «Feldweg-Gespräche» führen «der Gelehrte», «der Forscher» und «der Weise». Noch einmal also steht das Denken im emphatischen Sinne den Wissenschaften gegenüber, die der Weise wie ein moderner Sokrates zum Bewusstsein ihres eigenen Tuns bringen will. Für den naturwissenschaftlichen Forscher erscheint das Gespräch als bloße «Zerstreuung», die ihn von den «mühsamen Experimenten ablenkte», die er zur «Erforschung der Höhenstrahlen» begonnen hatte.[16] Er arbeitet auf einem damals dramatisch aktuellen Gebiet der Physik, auf dem man mit Ballonsonden nach der Art und dem Ursprung dieser Strahlung forschte. Der Gelehrte ist geisteswissenschaftlich gebildet und zitiert Hegel, gelegentlich vermittelt er zwischen dem Forscher und dem Weisen.

Keineswegs handelt es sich bei den «Feldweg-Gesprächen» um Improvisationen eines vorsokratischen Waldschrates. In einer Übung des Wintersemesters 1941/42 hatte sich Heidegger mit der Quantenmechanik beschäftigt,[17] mit Carl Friedrich von Weizsäcker traf er sich seit der ersten Begegnung in Todtnauberg 1935 immer wieder: «Mit stiller, gespannter Aufmerksamkeit hörte er zu», erinnert sich Weizsäcker, «auch und gerade, wenn ich von theoretischer Physik sprach, der er mathematisch nicht folgen konnte, oder von Grundlagen der Mathematik und von temporaler Logik, die ich mir selbst ausgedacht hatte. (...) Aber das, was ihm in meiner Darlegung jeweils unklar blieb und seine Rückfragen auslöste, war mit beunruhigender Treffsicherheit fast immer das, was ich mir selbst nicht richtig klargemacht hatte.»[18]

Weizsäcker gehörte zum deutschen «Uranprojekt» und forschte unter anderem über die Möglichkeiten, Atomwaffen herzustellen. Noch sind die Bomben auf Hiroshima und Nagasaki nicht gefallen, aber das Gespräch der drei Köpfe wendet sich von der Wissenschaft und ihrer Beziehung zur Technik bald zu der Frage von «Zerstörung» und «Vernichtung». Die Lehre des Gesprächs ist die Entdeckung der Gelassenheit angesichts der Möglichkeiten der Technik und des Willens: «Denn jeder Wille will wirken und will als sein Element die Wirklichkeit.»[19] Im Anhang lässt Heidegger Meister Eckhart zu Wort kommen, den mittelalterlichen Mystiker der Gelassenheit: «Denn wer seinen Willen, wer sich selber lässt, der hat die ganze Welt gelassen, so gut als ob sie sein freies Eigen wäre, und er sie zu voller Gewalt besessen hätte. Alles, was du ausdrücklich nicht begehrst, des hast du dich begeben, hast es gelassen um Gott. ‹Selig sind die Armen im Geist›, hat unser Herr gesagt, es bedeutet: die arm sind an Wollen.»[20]

Das dritte und letzte der «Feldweg-Gespräche», die Heidegger in diesen Wochen verfasst, trägt den Titel «Abendgespräch in einem Kriegsgefangenenlager in Russland zwischen einem Jüngeren und einem Älteren». Heidegger denkt zu seinen Söhnen Jörg und Hermann hin, die tatsächlich – was er in diesem Augenblick noch nicht weiß – in russische Kriegsgefangenschaft geraten sind. Der Text ist datiert «Schloss Hausen im Donautal, am 8. Mai 1945». An diesem Tag um null Uhr hatten die Kampfhandlungen in Europa geendet. In Heideggers Deutung, die er auf das Gespräch folgen lässt: «Am Tage, da die Welt ihren Sieg feierte / und noch nicht erkannte, dass sie seit / Jahrhunderten schon die Besiegte ihres / eigenen Aufstandes ist.»[21]

Die in diesem Augenblick festgeschriebenen Rollen von Siegern und Besiegten will Heidegger nicht anerkennen. Im Gegenteil: Die Sieger scheinen ihm, ohne es zu wissen, ihrerseits Besiegte zu sein. Insofern ist er ihnen überlegen. Noch gelingt es ihm, mit einem Kraftaufwand, von dem man sich nur schwer einen Begriff machen kann, seine innere Stabilität aufrechtzuerhalten. Um welchen Preis, wird zu sehen sein. Heidegger verweigert sich jedem Gedanken, der Deutschland und die Deutschen in einem besonderen Maß belasten würde. Maßvolle Korrekturen des Selbstbildes sind allerdings nötig, wie der Ältere ausführt: «Wir können (...) nicht Deutsche werden, also nicht Dichtende und Denkende, also nicht die Wartenden, solange wir dem Deutschen nachjagen im Sinne eines Nationalen.»

Worauf der Jüngere gleich die Kehrseite ausspricht: «Wenn wir aber Deutsche sind, verlieren wir uns auch nicht in einem verschwommenen Internationalismus.» Nichts bleibe, als sich «gelassen auf das Warten einzulassen».[22]

Wenn den beiden der Wald ringsum als das Heilsame erscheint, dann die Verwüstung, wörtlich genommen, nur umso mehr als das Böse: Mit der Wüste, so der Ältere, «verbinden wir die Vorstellung der wasserlosen Sandebene und der zunehmenden Versandung». Der Jüngere darauf: «Die Wüste ist die Öde: die verlassene Weite der Verlassenheit von allem Leben; welche Verlassenheit so tief reicht, dass die Öde nichts zulässt, was von sich aus aufgeht, in seinem Aufgang sich entfaltet und in der Entfaltung Anderes in das Mitaufgehen ruft.» Dem Älteren erscheint es, «dass die Verwüstung der Erde und die mit ihr zusammengehende Vernichtung des Menschenwesens irgendwie das Böse selbst sind». Das Böse – ja, antwortet der Jüngere, aber nicht im Sinne des moralisch Schlechten, sondern in dem des «Bösartigen», von dem er, erläuternd, aber ein wenig mythologisierend, an Jacob Böhme erinnernd, sagt, es sei «das Aufrührerische, das im Grimmigen beruht». Vielleicht, gibt er zu bedenken, «ist überhaupt der Wille selbst das Böse».[23]

Das führt auf die Bedeutung der Gelassenheit im ersten Gespräch zurück. Damit hat Heidegger eine Position gegen die Diskurse der Alliierten gewonnen. Gegen die «moralische Entrüstung» nämlich, «selbst wenn sie die Weltöffentlichkeit zu ihrem Sprachrohr macht». Es könne sein, so der Jüngere weiter, «dass sogar die Moral ihrerseits und mit ihr all die sonderbaren Versuche, durch sie den Völkern eine Weltordnung in die Aussicht und eine Weltsicherheit in die Gewissheit zu stellen, auch nur eine Ausgeburt des Bösen wäre».[24]

Sie verabschieden sich, der Ältere wünscht eine gute Nacht, der Jüngere antwortet: «Und der Heimat den Segen ihrer Bestimmung.»[25] Mit dem Gefühl, den alliierten Siegern keine weiteren Rechtfertigungen zu schulden, geht Heidegger in die Besatzungszeit.

29. KAPITEL

In der Verbitterung

Heidegger glaubt an die Gelassenheit, aber er ist nicht gelassen. Wer hätte es 1945 in Deutschland sein können? Langsam sinkt die Verbitterung in ihn ein. Gesiegt hat das große «Man» in Gestalt des «Weltmachenschaftsbetriebs», der «Weltdemokratie».[1] «Die Fremden» lassen uns nicht in unser Geschick kommen. «Wäre z.B. die Verkennung dieses Geschickes – das uns ja nicht selbst gehörte, wäre das Niederhalten im Weltwollen – aus dem Geschick gedacht, nicht eine noch wesentlichere ‹Schuld› und eine ‹Kollektivschuld›, deren Größe gar nicht – im Wesen nicht einmal am Greuelhaften der ‹Gaskammern› gemessen werden könnte –; eine Schuld – unheimlicher denn alle öffentlich ‹anprangerbaren› ‹Verbrechen› – die gewiss künftig keiner je entschuldigen dürfte. Ahnt ‹man›, dass jetzt schon das deutsche Volk und Land ein einziges Kz ist – wie es ‹die Welt› allerdings noch nie ‹gesehen› hat und das ‹die Welt› auch nicht sehen will.»[2]

Dem großen «Man» entspricht das moralische «Gerede» der Sieger – das ist Heideggers Lagebild. Keiner kann den Anspruch erheben, «besser» zu sein: «Die Brutalität des Ressentiments ist nicht geringer als diejenige, die angeblich überwunden worden, sie ist nur anders und ihrem Anspruch auf Besserwissen und Moralität noch verblendeter und irreführender, um von der Unfruchtbarkeit zu schweigen.»[3] Im Grunde ist es sogar schlimmer als früher: «Wie erbärmlich ist dies ratlose Kriechen unter der Beschattung durch den planetarischen Terror einer Weltöffentlichkeit, mit dem verglichen die massive Brutalität des geschichtslosen ‹Nationalsozialismus› die reine Harmlosigkeit ist – trotz der unübersehbaren Handgreiflichkeiten der von ihm *mit*angerichteten Verwüstung? / ‹Die Wandlung› nennt sich eine unter den vielen, die Ratlosigkeit organisierenden Zeitschriften.»[4]

Im Bezug auf NS-Untaten von «Handgreiflichkeiten» zu reden, dürfte auch damals einmalig gewesen sein. Herausgeber der «Wandlung» war Karl Jaspers, Mitherausgeber Dolf Sternberger, ein Jaspers-Schüler, der mit einer heideggerkritischen Arbeit 1931 in Frankfurt von Paul Tillich promoviert worden war. Von den Siegern geplant sei eine genozidale Politik gegen die Besiegten, wie Heidegger glaubt: «Dass die jetzt in Deutschland, im besetzten wohlgemerkt, in Gang gebrachte Tötungsmaschinerie etwas anderes leisten soll als die vollständige Vernichtung, das können nur noch liberale Demokraten und sogenannte Christen glauben machen wollen.»[5]

Heidegger spricht von dem wirklichen und nicht nur angeblichen Hunger, der damals in Deutschland herrschte. Heidegger weiß also durchaus, was Vernichtungspolitik ist, aber er will den Gedanken nur auf die Haltung der Alliierten gegenüber den Deutschen beziehen. Schon auf 1946 zu datieren ist eine andere Aufzeichnung, deren Anlass möglicherweise eine ausgefallene Gedenkfeier war: «Und wenn schon ‹Schuld› – gibt es da keine ‹Schuld›, wenn man auch heute noch, am 300. Geburtstag, *Leibniz* in die Vergessenheit stößt, als sei da nichts geschehen – was ist das alles – dieses *Ausbleiben jeder Scheu* vor dem denkenden Wort (...). Und dabei *dieser* Lärm um das Umkommen der Vielen, die man» – und an dieser Stelle wird klar, dass von den ermordeten Juden die Rede ist – «nicht kennt und auch nicht kennen will – nicht als sollte es irgendwie gerechtfertigt sein – nur um Maßstab und Rang handelt es sich.»[6] Danach verliert die Sprache sich im chaotischen Aneinanderfügen von Empörungsformeln.

Zweifellos hat Heidegger an dieser Stelle den Tiefpunkt seines

Denkens erreicht. Der vergessene Denker wiegt schwerer als die – man weiß nicht wie – «umgekommenen» vielen. In der Aula der Leipziger Universität übrigens hielt Hans-Georg Gadamer die große Leibniz-Rede am 1. Juli 1946.

Heidegger ist nicht der Einzige, dessen Denken nach Kriegsende um die Frage nach der Schuld kreist. Im Oktober 1945 veröffentlichte die Evangelische Kirche ihre «Stuttgarter Schulderklärung». Im Wintersemester 1945/46 las Jaspers in Heidelberg zur «Schuldfrage», 1946 erschienen seine Vorlesungen als Buch. «Diese Schandtaten: Eure Schuld!» stand auf Plakaten mit Greuelbildern, die im Sommer 1945 in Deutschland zu sehen waren.[7] Jaspers geht auf sie ein: «Die Schuldfrage hat ihre Wucht bekommen durch die Anklage seitens der Sieger und der gesamten Welt gegen uns Deutsche. Als im Sommer 1945 die Plakate in den Städten und Dörfern hingen mit den Bildern und Berichten aus Belsen und dem entscheidenden Satz: Das ist eure Schuld!, da bemächtigte sich eine Unruhe der Gewissen, da erfasste ein Entsetzen viele, die das in der Tat nicht gewusst hatten, und da bäumte sich etwas auf: Wer klagt mich da an? Keine Unterschrift, keine Behörde, das Plakat kam wie aus dem leeren Raum. Es ist allgemein menschlich, dass der Beschuldigte, ob er nun mit Recht oder Unrecht beschuldigt wird, sich zu verteidigen sucht.»[8]

Jaspers kommt der unmittelbaren, spontanen Schuldabwehr psychologisch weit entgegen, um sie am Ende zu verwerfen. Auf das von ihm Geschilderte bezieht sich auch Heidegger. Bei dem Gedanken an Schuld assoziiert er «Anschlagsäulen» und «schreiende Plakate».[9] Schuldig oder nicht schuldig war die Frage, die den Angeklagten der Nürnberger Prozesse gegen die Hauptkriegsverbrecher im November 1945 zu Beginn des Verfahrens gestellt worden war. Heidegger will von solchen Fragen nach der Verantwortung von Akteuren nichts wissen: «Es gehört zum besonderen Glück der flachen Köpfe, dass sie das Unheil, das sie wegfegt, nicht als solches zu denken vermögen, dass sie vielmehr bei ihrem Rechnen nach schuldig und nicht schuldig immer abgeleiteten Erscheinungen die Schuld geben und sich am Schauspiel des öffentlichen Meinungsbetriebs beteiligen.»[10]

Im August 1945 werden in Heideggers Haus im Rötebuckweg zwei Zimmer und eine Küche für eine französische Sergeantenfamilie beschlagnahmt, die erst im November 1947 das Haus wieder verlässt. Eine Kammer mit einem Bett wird im Frühjahr 1946 einem geflüchteten Schlesier gegeben.[11] Als sich Elfride, der mit ihrem Mann nur zwei Zimmer bleiben, bei Marly Biemel beklagte (der Frau von Heideggers Schüler und späterem Biographen Walter Biemel), gibt diese zurück: «Frau Heidegger, wer ist in Polen einmarschiert? Wer hat die Polen von den Bürgersteigen gejagt? Also: Sie können sich nicht beklagen, wenn es jetzt Flüchtlinge bei Ihnen gibt!»[12] Heidegger selbst meinte später, die Einquartierung «wurde uns glücklicherweise dadurch erleichtert, dass wir freundliche Leute im Hause hatten».[13]

An der Freiburger Universität wartet eine schwere Zeit auf ihn. «Bei der ersten Reinigung», schreibt er, «wurde ich im September 1945 von der Militärregierung für disponibel erklärt» – also für verwendungsfähig. «Die Universität weigerte sich jedoch, meine Wiedereinstellung zu befürworten.»[14] In Tübingen steht er dafür nun auf Platz zwei einer Berufungsliste.[15] Nach Einsprüchen mehrerer Freiburger Professoren gegen seine Weiterbeschäftigung tagt der Bereinigungsausschuss erneut. Heidegger klagt am 15. Dezember gegenüber diesem Gremium über die Verzögerung und spricht von seinem «seit Wochen körperlich labilen Befinden».[16] Der Ausschussvorsitzende, der Botaniker Friedrich Oelkers, wendet sich an Jaspers mit der Bitte um eine gutachterliche Stellungnahme: «Ich persönlich kann mich der Tragik nicht verschließen, die seine Figur als Rektor überschattet. (…) Der Nationalsozialismus, den er sich zurechtgemacht hatte, hatte mit der Wirklichkeit nichts gemein. Aus diesem luftleeren Raume heraus agierte er als Rektor, fügte der Universität unendlichen Schaden zu und sah plötzlich überall Scherben um sich herumliegen.»[17]

Am 22. Dezember 1945 antwortet ihm Jaspers: «Er und Baeumler und Carl Schmitt sind die unter sich sehr verschiedenen Professoren, die versucht haben, geistig an die Spitze der nationalsozialistischen Bewegung zu kommen. Vergeblich. Sie haben wirkliches geistiges Können eingesetzt, zum Unheil des Rufes der deutschen Philosophie. Daher kommt ein Zug von Tragik des Bösen, den ich mit Ihnen wahrnehme.» Jaspers rät von einer weiteren Lehrerlaubnis mit deutlichen Worten ab, den ihm eigenen Gesichtspunkt der Erziehung betonend: «In unserer Lage ist die Erziehung der Jugend mit größter Verantwortung zu behandeln. Eine volle Lehrfreiheit ist zu erstreben, aber nicht unmittelbar herzustellen. Heideggers Denkungsart, die ihrem Wesen nach unfrei, diktatorisch, kommunikationslos erscheint, wäre heute in der Lehrwirkung verhängnisvoll.»[18] Für Jaspers' Haltung war das Gutachten zu Eduard Baumgarten mitentscheidend, durch das er sich persönlich verletzt fühlte, an dessen Authentizität man aber heute berechtigte Zweifel hegen kann.[19]

An den Historiker Rudolf Stadelmann, der ihn für den Tübinger Lehrstuhl hatte gewinnen wollen, schreibt Heidegger am 23. Januar 1946: «Heute hat mir der Rektor (gemäß ausdrücklichem Beschluss des Senats nur mündlich) eröffnet, dass der Senat mein (...) Emeritierungsgesuch einstimmig bewilligt habe, allerdings unter ‹Versagung der Lehrtätigkeit auf unbefristete Zeit›. Später soll bei Wohlverhalten *geprüft* werden, ob und wie ich vielleicht wieder zu einer Lehrtätigkeit zugelassen werden soll. Es könnte dann sogar (nach einem Gutachten von Jaspers über mich) das ‹der Universitätsidee Gegnerische und Gefährliche› in meinem Denken zur Geltung kommen.» Der Senat ließ ihm durch den Rektor empfehlen, sich «in der Öffentlichkeit bis auf weiteres völlig zurückzuhalten».[20]

Heidegger fragt in den «Schwarzen Heften»: «Wohin ist es mit den Deutschen gekommen? Nur dahin, wo sie immer waren – dass sie jetzt nur noch blöder und immer blöder die eigene Seele leugnen (...). So fürchterlich zum Ertragen Zerstörung und Verwüstung sind, die jetzt über die Deutschen und die Heimat gekommen, all das reicht nicht an die Selbstvernichtung, die jetzt im Verrat am Denken das Dasein bedroht.»[21] Solche egozentrischen Maßlosigkeiten sagt er nur sich selbst; in Briefen hält er sich zurück. Für ihn sei die Entfernung aus der Universität «schwer zu tragen», wie er schreibt, er gestehe gern, dass er «oft am Erliegen» sei. Er schweige, das Schweigen aber sei «die Bereitung der Sage des Zu-denkenden und dieses Bereiten ist das Er-fahren und dieses ein Tun und Handeln. Allerdings ‹existierend›, ohne ein Engagement nötig zu haben.»[22]

Existieren *im* Engagement war die Sache von Jean-Paul Sartre, der nun am Horizont von Heideggers Denken auftaucht.

Maurice Merleau-Ponty hatte im Vorwort zu seiner 1945 erschienenen «Phänomenologie der Wahrnehmung» von einer «Phänomenologie für uns» gesprochen, die es zu formulieren gelte, und die der Grund dafür sei, dass «nicht wenige unserer Zeitgenossen beim Lesen Husserls und Heideggers nicht so sehr das Gefühl der Begegnung mit einer neuen Philosophie wie das des Erkennens eines Erwarteten haben».[23] Der Krieg ist noch nicht zu Ende, da beginnt in Frankreich eine neue Epoche von Heideggers Ruhm, und zugleich entbrennt die Diskussion über ihn. 1943 war Jean-Paul Sartres Hauptwerk «Das Sein und das Nichts» erschienen, ein philosophisches Manifest absoluter Freiheit, ohne Einspruch der deutschen Besatzungsbehörden. Auf den französischen Stamm – die Philosophie von Descartes – waren Hegels, Husserls und Heideggers Zweige gepfropft worden. Von dieser Gemeinsamkeit, die zwischen Sartre und Merleau-Ponty schon früh eine über das Resistance-Engagement hinausgehende Verbundenheit gestiftet hatte, berichtete der Erstere: «Uns beide hatte ‹Sozialismus und Freiheit› trotz unseres Versagens zusammengeführt. Die Zeitumstände waren uns günstig: es bestand damals unter Franzosen eine unvergleichliche Transparenz der Herzen, die die andere Seite des Hasses war. Durch jene nationale Freundschaft hindurch, durch die einem von vornherein an jedem alles recht war, sofern er nur die Nazis hasste, erkannten wir uns; die wesentlichen Worte fielen: Phänomenologie, Existenz; wir erkannten, was uns wirklich am Herzen lag.»[24] Ende 1944, Paris ist befreit, beginnt die Polemik der kommunistischen Presse gegen Sartre, weil er sich auf Heidegger berufen hatte. Deutschland geht unter. Ein neuer, etwas irritierender Glanz um seinen Namen geht auf, von dem Heidegger zu dieser Zeit noch nichts ahnt.

Es war Frédéric de Towarnicki, der im Herbst 1945 die Kunde nach Freiburg und Meßkirch brachte. Der Zufall habe es gefügt, bekannte er später. Er, der Sohn einer polnischen Jüdin, die es verstanden hatte, in Frankreich jede Spur ihrer Herkunft zu verwischen, gehörte zur Besatzungsarmee in der französischen Zone. Mit ihm zusammen kam Alain Resnais, sein Freund, später ein bekannter Regisseur, der 1955 bei dem Film «Nacht und Nebel» Regie führte, die erste Dokumentation über die Deportationen und die deutschen Vernichtungslager. Ebenfalls dabei war der Hauptmann Fleurquin. Towarnicki hatte Sartre und die französische Übersetzung von «Was ist Metaphysik?» gelesen, auch «Vom Wesen des Grundes». Von Jean Beaufret kannte er Aufsätze über Heideggers Philosophieren.

Als Towarnicki zum ersten Mal das Haus am Rötebuckweg betritt, öffnet ihm Elfride Heidegger, «blond, immer noch jung wirkend, mit unglaublich großen blauen Augen».[25] Ihr Mann sei auf der Hütte. Towarnicki verspricht wiederzukommen und lässt zwei Hefte der Zeitschrift «Confluences» zurück, in denen Beaufrets Aufsätze erschienen waren. Beim nächsten Mal trifft er den Verehrten an und ist überrascht von dem Anblick. Sehr klein, gekleidet wie ein Bauer im Sonntagsstaat mit Kniebundhosen, die Haare schon silbern, der Blick aus den schwarzen Augen scharf, die Wangen hohl – der Hunger in Deutschland machte sich bemerkbar. In seinem Gesicht, erinnert sich Towarnicki, lag eine gewisse Trauer. Bald fragt er ihn direkt, ob er sich eine Debatte mit Sartre im französischen Kulturhaus in Lindau vorstellen könne. Heidegger ist überrascht, er war sich seines Ruhms in Frankreich nicht bewusst. Als er hört, dass Sartre Husserl-Kenner, Romancier, Dramatiker, Essayist und auch Journalist ist, verschlägt es ihm die Sprache. Dass das Treffen diesmal nicht zustande kommt, hatte nach Towarnickis Bericht organisatororische Gründe.

Als Towarnicki zurückkommt, bringt er drei Bücher mit: die französische Ausgabe der «Phänomenologie der Wahrnehmung», die ihm Raymond Queneau im Auftrag von Merleau-Ponty übergeben hatte, «Obstacle et valeur. La description de conscience», ein 1934 erschienenes Buch von René Le Senne, und Sartres «Das Sein und das Nichts», ebenfalls auf Französisch. «Nicht ohne Boshaftigheit tut er, als wiege er die tausend Seiten von Sartres Buch mit der Miene eines beeindruckten Kenners ab», berichtet Towarnicki von Heideggers erster Reaktion.[26] Tatsächlich war Heidegger positiv überrascht. An Sartre schrieb er in einem Brief, den Towarnicki überbrachte: «Hier begegnet mir zum ersten Mal ein selbständiger Denker, der von Grund aus den Bereich erfahren hat, aus dem heraus ich denke. Ihr Werk ist von einem so unmittelbaren Verstehen meiner Philosophie beherrscht, wie es mir noch nirgends begegnet ist.»[27] Das ist ein schönes Lob, aber es hält sich in genauen Grenzen: «Das Sein und das Nichts» wird keineswegs als eigenständiger Wurf beurteilt, sondern ausschließlich danach, wie er, Heidegger, darin verstanden wird.

Sartres Werk ist in die aufeinanderfolgenden Situationen des linken Intellektuellen eingebettet: Er ist Bürger einer laizistischen Republik, deren legitimierenden Mittelpunkt die Revolution bildet. Ein Mythos der Revolution, ihrer Siege und Niederlagen, wird für ihn zur bestimmenden Tendenz, ihre Stationen waren: der Spanische Bürgerkrieg (er spielt in den Roman «Zeit der Reife» hinein), die Volksfrontepisode mit ihren Fabrikbesetzungen (Überlegungen dazu finden sich in der viel späteren «Kritik der dialektischen Vernunft»), das Münchner Abkommen (Gegenstand des Romans «Der Aufschub») und der «Anschluss» Österreichs, die Resistance und die Befreiung: Sartre schrieb damals für ein von ihm imaginiertes «Theater der Freiheit» die Stücke «Die Fliegen» und «Geschlossene Gesellschaft» (Uraufführungen 1943 und 1944). Während des Kalten Kriegs zählen zu seinen «revolutionären» Stationen: die Aktionen der Kommunistischen Partei und der kommunistisch gelenkten «Friedensbewegung» der frühen fünfziger Jahre; dann, in der «Kritik der dialektischen Vernunft», schon der antikoloniale Kampf, die Entscheidung in Algerien, der Mai 1968, am Ende der Mao-Spontaneismus und der Besuch bei Andreas Baader in Stammheim. Aus der jeweiligen Situation des Kampfes heraus stellt Sartre seine Fragen.

«Sein und Zeit» las Sartre in der Kriegsgefangenschaft. In seinen späten Gesprächen mit Simone de Beauvoir berichtet er darüber: «Jean-Paul Sartre: ‹Ich weiß nicht, warum mir die Deutschen im Gefangenenlager Heidegger geschenkt haben; das bleibt ein Rätsel für mich.› Simone de Beauvoir: ‹Wie kam es dazu?› J.-P. S.: ‹Während meiner Gefangenschaft habe ich einem deutschen Offizier, der mich fragte, was mir fehle, geantwortet: Heidegger.› S. de B.: ‹Vielleicht weil Heidegger beim Regime gut angeschrieben war ...› J.-P. S.: ‹Vielleicht. Jedenfalls hat man ihn mir gegeben. Einen dicken und teuren Band. Es ist komisch, weil man uns ja nicht gerade verwöhnte, wissen Sie.› S. de B.: ‹Ja, ich weiß. Etwas bleibt mysteriös. Jedenfalls haben Sie damals Heidegger gelesen.›»[28]

Aus «Das Sein und das Nichts» las Towarnicki Heidegger eine längere Passage über das Skifahren vor. Unter anderem heißt es dort: «Der Sinn des *Skilaufs* ist nicht nur, mir schnelle Ortsveränderungen zu ermöglichen und eine technische Geschicklichkeit zu erwerben, auch nicht, zu *spielen*, indem ich nach Belieben meine Geschwindigkeit oder die Schwierigkeiten des Laufs steigere; er soll mir zugleich

Aus dem Traum von einer gemeinsamen Skifahrt mit Jean-Paul Sartre war nichts geworden. Von links nach rechts: Jörg, Martin, Hermann und Elfride Heidegger (die ausgezeichnet fuhr) mit ihrem Hund Fips 1953.

ermöglichen, dieses Schneefeld zu *besitzen.* Jetzt *mache ich etwas aus ihm.*»[29] Heidegger war begeistert und fasste spontan den Gedanken, eine gemeinsame Skifahrt mit Sartre im Schwarzwald könne die Kommunikation fördern: «Schön wäre es», schrieb er ihm, «wenn Sie im Verlauf des Winters einmal hierherkommen könnten. In unserer kleinen Skihütte können wir zusammen philosophieren und von dort aus Skitouren im Schwarzwald unternehmen.»[30]

Der Unterschied zwischen Sartre und Heidegger wird klar in der Analyse des Mit-Seins. Kann man – und das ist tatsächlich eine Hauptfrage der neueren Philosophie – von «Sein und Zeit» aus eine Idee des Anderen gewinnen, der «Intersubjektivität», wie es bei Husserl heißt? Schon Karl Löwith hatte diese Frage gestellt. Sartre ist kritisch: «Das empirische Bild, das die Heideggersche Intuition am besten symbolisieren würde, ist nicht das des Kampfes, sondern das der *Mannschaft.* Der ursprüngliche Bezug des andern zu meinem Bewusstsein ist nicht das *Du und Ich*, sondern das *Wir*, und das Heideggersche ‹Mitsein› ist nicht die klare und deutliche Position eines Individuums gegenüber einem andern Individuum, ist nicht die *Erkenntnis*, sondern die dumpfe Gemeinschaftsexistenz des Mitspielers mit seiner Mannschaft, diese Existenz, die der Rhythmus der Ruder oder die regelmäßigen Bewegungen des Steuermanns den Ruderern spürbar machen.»[31] Dagegen ist Sartres eigene Auffassung bündig ausgesprochen in einem einzigen Satz, der die Intersubjektivität allerdings ebensowenig erreicht: «Das Wesen der Beziehungen zwischen Bewusstseinen ist nicht das Mitsein, sondern der Konflikt.»[32]

Towarnicki berichtet, dass Heidegger von der Schärfe und Intensität von Sartres Analysen durchaus beeindruckt gewesen sei, von seiner Gabe, menschliches Verhalten zu beschreiben; er habe Sartres Manier des Philosophierens mit dem Romanhaften in Verbindung gebracht, was in Deutschland unmöglich sei. Sehr schnell habe er jedoch bekannt, dass er die «Phänomenologie der Wahrnehmung» von Merleau-Ponty bevorzugte.[33]

30. KAPITEL

Antwort an Sartre: Der «Brief über den ‹Humanismus›»

Erst im Winter 1946/47 kamen die Deutschen ganz unten an. Wie übel die Lage war, erfahren wir beiläufig aus einem Brief von Hannah Arendt an Gertrud Jaspers vom 22. April 1946: «Ich werde von nun an 3 Pakete monatlich schicken, da sich ja die Lebensmittelsituation verschlechtert hat.»[1] Erst mit dem beginnenden Kalten Krieg wurde die Versorgung der Deutschen zwingend im politischen Kalkül der westlichen Alliierten. Heidegger notierte 1946, schon im Umkreis seines im selben Jahr an Jean Beaufret adressierten und 1947 veröffentlichten «Briefs über den ‹Humanismus›», das höchste Vermögen liege darin, «nichts zu tun», also «sich nicht mehr aufreizen zu lassen zum Tun-Wollen und Tun-Sollen innerhalb der Verwahrlosung der ‹Welt› des Willens zum Willen, die durch ‹Moralismus› und ‹Humanismus› ‹geheilt› werden soll. Durch Moralprediger, die zugleich die tollsten und größten Scheußlichkeiten der Verwüstung eines Volkes aus Rachsucht zulassen.»[2] Das Wort vom «Moralismus» zielte vielleicht auf Jaspers, das vom «Humanismus» vielleicht schon auf Sartre – die beiden Philosophen, die nun immer öfter in einem Atemzug mit ihm genannt wurden. Heidegger war im Tiefsten verbittert. Seine berufliche Lage war prekär geworden, seine Ehe konnte, angesichts der Affäre mit Margot von Sachsen-Meiningen, in jedem Augenblick endgültig zerbrechen, das Land lag am Boden. Bereits im Dezember 1945 hatte er von seinem «seit Wochen körperlich labilen Befinden» gesprochen.[3]

Anfang 1946 kommt es zu einem «Nervenzusammenbruch», der

ein existentieller Zusammenbruch ist, Liebe und Ehe ebenso wie die professionelle Stellung betrifft und eingebettet ist in die Gesamtkatastrophe. Hilfe findet er in Badenweiler im Haus Baden bei Viktor Emil von Gebsattel, in einer psychiatrischen Privatklinik. Gebsattels Wesen kam Heidegger entgegen, er war einer der großen philosophierenden Ärzte des 20. Jahrhunderts. Er komme, so informiert Heidegger seine Frau, «von der Philosophie u. steht in ihr trotz der theologischen Grundorientierung, die nirgends eng ist».[4] Ein Seelenarzt mit weitestem Horizont trat Heidegger gegenüber. Der blieb (mit einer Unterbrechung) von Mitte Februar bis Mitte Mai.

Noch ist Heidegger müde und antriebslos, wohl auch durch die zeitweise fleischlose Kost: «Diese Woche hindurch habe ich richtig ‹vegetiert›», meldet er seiner Frau. Dann beginnt er zu wandern und kann bald von einer Besserung berichten: «Inzwischen fühle ich mich jeden Tag frischer. Jeden zweiten Tag bekomme ich eine Traubenzuckerspritze, was das Gesamtbefinden wohltätig beeinflusst. Seit gestern habe ich wieder das deutliche Gefühl, dass ich wieder ins Denken hinein komme u. aus neuer Kraft u. neuen Erfahrungen ans Werk gehen werde.» Im März beginnt eine Klärung, er spricht über die «Besinnung, die hier mein Denken durchmacht», was sich auf sein Verhältnis zu Prinzessin Margot bezieht. Das Zusammensein mit Gebsattel sei förderlich: «Er hilft mir, in einer schönen Weise in die mir zubestimmte Atmosphäre des Denkens hineinzuwachsen. Aber Du hast auch richtig gefühlt: er ist im Letzten sehr gebunden u. hofft im Stillen, dass mein Weg in seine Welt zurückführe. Das alles geschieht in sehr vornehmer Weise, zwingt mich auch zu mancher Auseinandersetzung und Klärung. Im eigentlichen muss ich wohl den Weg einsam gehen, ohne aus der Einsamkeit etwas Besonderes zu machen.»[5]

Gebsattel spricht Heidegger gegenüber von einer «‹Incubationszeit›, die jetzt offenbar zu Ende gehe». «Bei allem Harten u. Verwirrten u. Schmerzlichen» – gemeint ist sein Verhältnis zu Elfride und

Margot – «spüre ich eine verborgene Weisung.» Weiterhin wird Traubenzucker injiziert «als Reserve für die knappe kommende Zeit»[6] und für die noch kommenden inneren und äußeren Auseinandersetzungen: «Ich könnte nicht kräftig genug sein für den eigentlichen Gang, der mir jetzt erst bevorstünde», habe ihm Gebsattel erklärt.[7] Was ist der «eigentliche Gang»? Vermutlich der des Seins zur Sprache, wie der «Humanismus»-Brief ihn versteht: «Das Denken bringt nämlich in seinem Wesen nur das ungesprochene Wort des Seins zur Sprache. (...) Das Sein kommt, sich lichtend, zur Sprache. Es ist stets unterwegs zu ihr.»[8] Die Universität wollte ihn Ende Dezember 1946 definitiv nicht mehr, und er war nun auf Wegen, die in einem akademischen Kontext kaum mehr zu vermitteln waren. Dem subjektiven Befinden nach wird Heidegger geheilt: «Die Freiheit zu mir selbst ist neu entstanden u. darum gehe ich bereiter allem entgegen.»[9]

Viktor von Gebsattel war eng mit Rainer Maria Rilke befreundet gewesen. Auch von dem Dichter mag in den Gesprächen zwischen Arzt und Patient die Rede gewesen sein. Ein Gedicht Hölderlins, «Brod und Wein», fragte: «Wozu Dichter in dürftiger Zeit». Dürftig bedeutet bedürftig, arm, «in Not und Mangel lebend», wie das Wörterbuch der Brüder Grimm erklärt. Das Wort hatte im Dezember 1946, als Heidegger vor einem kleinen Kreis den Vortrag «Wozu Dichter?» anlässlich von Rilkes zwanzigstem Todestag hielt, eine akute, reale Evidenz für die Zuhörer. Aber keine Rede davon bei Heidegger. Dürftig ist die Zeit wegen eines anderen Mangels: «Das Weltalter ist durch das Wegbleiben des Gottes, durch den ‹Fehl Gottes› bestimmt.» Und nicht nur sei «kein Gott mehr sichtbar», der «eindeutig die Menschen und die Dinge auf sich versammelt und aus solcher Versammlung die Weltgeschichte und den menschlichen Aufenthalt in ihr fügt». So potenziert dürftig ist die Zeit geworden, dass sie nicht einmal mehr den «Fehl Gottes als Fehl» bemerkt. «Abgrund» und «Weltnacht» sind die Worte, welche nicht nur religiöse Fragen, sondern auch die Lebenswelt der unmittelbaren Nachkriegszeit heraufrufen. Dichter sind in solcher Lage jene, die «die Spur der entflohenen Götter spüren» und in den Abgrund hineinreichen.[10]

Heidegger stellt sich die Frage, und sie ist anfangs keineswegs schon beantwortet, ob Rilke einer von diesen maßgeblichen, eigentlichen Dichtern sei: «Wie verhält sich sein Dichten zum Dürftigen der Zeit? Wie weit reicht es in den Abgrund?» Gelten lässt Heidegger die «Duineser Elegien» und die «Sonette an Orpheus», sie sind ihm «das gültige Gedicht Rilkes». Das wesentliche Wissen, so Heidegger, sei das von Schmerz, Tod und Liebe, es droht der Zeit abhanden zu kommen, und deshalb ist sie dürftig. Bei Rilke findet er es, mindestens als eine «Spur zur Spur», wobei aber Undeutliches, Unkenntliches, Unentschiedenes und Fragliches kritisch angemerkt werden.[11]

Das Gedicht, dem er sich widmet, um zu einer begründeten Ansicht über Rilke zu kommen, stammt aus dem Jahr 1924:[12]

Wie die Natur die Wesen überlässt
dem Wagnis ihrer dumpfen Lust und keins
besonders schützt in Scholle und Geäst,
so sind auch wir dem Urgrund unsres Seins
nicht weiter lieb; es wagt uns. Nur dass wir,
mehr noch als Pflanze oder Tier
mit diesem Wagnis gehn, es wollen, manchmal auch
wagender sind (und nicht aus Eigennutz),
als selbst das Leben ist, um einen Hauch
wagender ... Dies schafft uns, außerhalb von Schutz,
ein Sichersein, dort, wo die Schwerkraft wirkt
der reinen Kräfte; was uns schließlich birgt,
ist unser Schutzlossein und dass wirs so
ins Offne wandten, da wirs drohen sahen

um es, im weitsten Umkreis irgendwo,
wo das Gesetz uns anrührt, zu bejahen.

Das Gedicht steht im Zeichen des Wagnisses. «Das Sein lässt das Seiende in das Wagnis los», sagt Heidegger, und deutet mit dieser ersten Auslegung keineswegs künstlich etwas in das Gedicht hinein, denn vom «Sein» spricht Rilke selbst. Das Sein ist sogar «das Wagnis schlechthin», und das Seiende ist nur, «insofern es das je und je Gewagte ist». Aber mit diesem Befund kann sich Heidegger noch nicht anfreunden, die ganze Bewegung beruhe im Willen, sagt er: «Insofern Rilke die Natur als das Wagnis vorstellt, denkt er sie metaphysisch aus dem Wesen des Willens.»[13] Damit steht er in einer Verwandtschaft mit Nietzsche, der «Wille als Wagnis» ist dem Willen zur Macht benachbart, weil zum Riskieren der Gefahr allein der Wille motivierend sein kann. Das bleibt aber nicht Heideggers letztes Wort in dieser Sache.

Man stößt im weiteren Verlauf auf längere Passagen, in denen die dichterischen Motive von Heideggers eigener Gedankensprache sichtbar werden. Man könnte von einer Rhapsodie über sein eigenstes Wortfeld sprechen, die um die Waage (Heidegger schreibt durchweg «Wage») kreist: «Wagen ist: auf das Spiel setzen. Heraklit denkt das Sein als die Weltzeit und diese als das Spiel des Kindes (Frg. 52): (...) ‹Weltzeit, Kind ist sie spielendes das Brettspiel; eines kindlichen Spiels ist die Herrschaft›. Bliebe das Losgeworfene außer Gefahr, dann wäre es nicht gewagt. (...) Das Wort ‹Wage› bedeutet im Mittelalter noch soviel wie Gefahr. Das ist die Lage, in der etwas so oder so ausschlagen kann. Darum heißt das Gerät, das sich in der Weise bewegt, dass es so oder so sich neigt, die Wage. Sie spielt und spielt sich ein. Das Wort Wage in der Bedeutung von Gefahr und als Name des Gerätes kommt von wägen, wegen, einen Weg machen, d.h. gehen, im Gang sein. Be-wägen heißt auf den Weg und so in den Gang bringen: wiegen. Was wiegt, heißt so, weil es vermag, die

Wage so oder so ins Spiel der Bewegung zu bringen. Was wiegt, hat Gewicht. Wagen heißt: in den Gang des Spieles bringen, auf die Wage legen, in die Gefahr loslassen.»[14]

Alles, was wir seit 1919 bei Heidegger über die Herausstellung der Möglichkeit, die Bewegung und die Bewegtheitscharaktere gelesen haben, über das Dasein als Spiel, über den Weg des Denkens, über das Wagnis, über Neigung und Gewichtsrichtungen im Dasein, ist hier versammelt, und es hat seine Mitte in dem Gerät, in dem alle diese Bestimmungen zusammenkommen: in der Waage. «Nach der Art ihres Verhältnisses zur Wage lassen sich die Bereiche des Seienden unterscheiden», heißt es wenig später.[15] Knapp und kritisch notierte Jaspers nach der Lektüre der Sammlung «Holzwege», in die Heidegger 1950 seinen Vortrag aufnahm: «Die Wortspiele: ‹Wagen›, – ‹Wage›.»[16] Von einem bloßen Wortspiel kann Jaspers sprechen, weil er in seinem Philosophieren ohne Beziehung zur Dichtung geblieben war, wie er auch von einer Sprachkrise nie betroffen, ja überhaupt die Sprache niemals Gegenstand seines Fragens wurde. Gerade ihm fehlte «die Gabe, *dichterisch zu denken*», wie Hannah Arendt sie Walter Benjamin ausdrücklich (und Heidegger implizit) zusprach.[17] Gewiss auf spielerische Weise, aber doch ernst sucht Heidegger, auf dem Weg einer Rilke-Auslegung nach einer möglichen Mitte seiner eigenen Gedankenwelt: Motive aus verschiedenen Schaffensepochen werden verbunden, verdichtet.

Aber noch befinden wir uns im Vorraum der Deutung, im Bereich des Seienden, des Willens und des Befehls. Hier ist der Mensch «als der vorsätzlich Sichdurchsetzende in das Schutzlossein gewagt. Die Wage der Gefahr ist in der Hand des so gewagten Menschen wesenhaft ungestillt. Der sich-wollende Mensch rechnet überall mit den Dingen und den Menschen als dem Gegenständigen. Das Verrechnete wird zur Ware. Alles wird ständig anders in neue Ordnungen umgewechselt. Der Abschied gegen den reinen Bezug richtet sich in der Unstille der ständig wägenden Wage ein. Der Abschied betreibt in der Vergegenständlichung der Welt gegen seine Absicht in das Unständige.» Am Ende zeigt sich hier, im Verrechnen der Ware, die Waage des Kaufmanns. In einem anderen Gedicht Rilkes liest Heidegger diesen Hinweis: «Wenn aus des Kaufmanns Hand / Die Wage übergeht / an jenen Engel, der sie in den Himmeln / stillt und beschwichtigt mit des Raumes Ausgleich ...» Wann geht sie über, fragt Heidegger, und: «Wer lässt die Wage vom Kaufmann übergehen an den Engel? Wenn ein solches Übergehen überhaupt geschieht, dann ereignet es sich im Bezirk der Wage.» Rilkes Hinweis «um einen Hauch / wagender» aufnehmend, legt Heidegger den Gedanken nahe, dass es eine andere Dimension des Wagens gibt: «Vom Tempel des Seins her denkend, können wir vermuten, was diejenigen, die manchmal wagender sind als das Sein des Seienden, wagen. Sie wagen den Bezirk des Seins. Sie wagen die Sprache.»[18]

Das Wagnis, so legt Heidegger dar, gehört zunächst noch zum Bereich des Willens. Die «Wagenderen» aber, «um einen Hauch / wagender», haben dem Durchsetzungswillen abgesagt. Das ist inzwischen Heideggers Grundintuition, seine entscheidende Lehre nach den Exzessen des Willens zur Macht, die hinter ihm liegen. Sie wird auch, wie wir bald sehen werden, seine Haltung zu Sartres Aktivismus bestimmen. Gerade im Jahr des Rilke-Vortrags, 1946, hatte er sich intensiv mit der chinesischen Lehre vom Tao beschäftigt, die der Geschäftigkeit absagt. Die Wagenderen «wollen in diesem Sinne nichts, weil sie williger sind». Ein weiteres Gedicht Rilkes, die neunte Duineser Elegie, gibt den Hinweis: «Erde, ist es nicht dies, was du willst: unsichtbar / in uns erstehn? (...) Erde, du liebe, ich will.» Solche gebe es, die «um einen Hauch / wagender» seien, hatte Rilke gesagt. Der Hauch wird nun der Schlüssel: Er ist das Element von Sprache und Dichtung. Deswegen kann Heidegger sagen: «Die Wagenderen sind die Sagenderen von der Art der Sänger. Ihr Singen ist allem vorsätzlichen Sichdurchsetzen entwendet. Es ist kein Wollen im Sinne des Begehrens. Ihr Gesang bewirbt sich nicht um etwas, was herzustellen wäre. Im Gesang räumt sich der Weltinnenraum selbst ein. Der Gesang dieser Sänger ist kein Werben und kein Gewerbe. Das sagendere Sagen der Wagenderen ist der Gesang.»[19]

Der Hauch «meint unmittelbar das Wort und die Sprache». Heidegger bemerkt, dass auf die Worte «um einen Hauch / wagender» in Rilkes Gedicht drei Punkte folgen, die das Verschwiegene sagen: dass jene Wagenderen nämlich die Dichter sind. Rilkes Gedicht ist – in einem großen Bogen der Deutung, in die Heidegger sich selbst hineinverwebt – zu einem Gedicht über das Dichten und die Dichter geworden. Die Frage des Anfangs – Wozu Dichter? – ist eingeholt. Der Hauch ist ein «anderer Hauch», er ist «ein Hauch um nichts».[20] Die Sphäre des Wollens ist ihm fremd. Dafür ist es den genuinen Dichtern gegeben, «das Heillose als ein solches» zu erfahren und gerade damit «der Spur des Heiligen» zu folgen. Und insofern – dies der Schluss der Deutung – gehört Rilke in Teilen seines Werkes zu jenen Dichtern «in dürftiger Zeit», deren Vorgänger Hölderlin war. Mit der Liebe zur Sprache und der Absage an das Wollen geht Heidegger in die Auseinandersetzung mit der Philosophie Jean-Paul Sartres.

Es gab um 1946 für die Deutschen viele Gründe, über den Humanismus nachzudenken. In Nürnberg fand der Prozess gegen die NS-Führungsriege statt, die der «Crimes against humanity», der Verbrechen gegen die Menschlichkeit, angeklagt war. Andererseits hatte das Potsdamer Abkommen der alliierten Staatslenker Churchill, Stalin und Truman eine Umsiedlung der Deutschen aus Polen, der Tschechoslowakei und Ungarn beschlossen, die «in an orderly and humane manner», in einer ordnungsgemäßen und menschlichen Weise, ablaufen solle, was sich bald als blutiger Witz erwies.[21] Ein Humanes, nämlich die «Würde des Menschen», finden wir im ersten Artikel des 1949 verabschiedeten Grundgesetzes.

Ende 1945 hielt Jean-Paul Sartre in Paris vor großem Publikum seinen Vortrag «Der Existentialismus ist ein Humanismus». Der Atheismus – noch war diese Weltanschauung in einem Land, das sich als die älteste Tochter der Kirche sah, nicht selbstverständlich – ist für Sartre die Voraussetzung des Humanismus, der so heiße, «weil wir den Menschen daran erinnern, dass es keinen anderen Gesetzgeber als ihn selbst gibt». Auch gebe es «kein anderes Universum als ein menschliches, das Universum der menschlichen Subjektivität».[22] Sartre hatte sich gegen Vorwürfe zu wehren, damit beginnt seine Rede: Die Kritik der Kommunisten lief darauf hinaus, der Existentialismus predige Verzweiflung und «Quietismus» – die Lehre also, man könne nichts tun, nur der Einsame sei dem Existentialismus zufolge der wirkliche Mensch, von Solidarität finde sich keine Spur. Aus den Reihen des katholischen Frankreich hielt man dem Existentialismus vor, er leugne die «Werte». Sartre muss sich mit solchen Fragen beschäftigen, weil er eine Verantwortung trägt: Der Existentialismus ist aus einer Sache weniger Intellektueller zu einer Mode geworden, es gibt «existentialistische» Musiker und Maler und einen äußeren Kreis reiner Bohème-Existentialisten. Weil er angegriffen wurde, muss sich der Existentialismus rechtfertigen, er kann es nur auf diesem Weg des «Humanismus».

Im Januar 1946 war in Frankreich eine Koalitionsregierung aus der katholisch dominierten Volksrepublikanischen Bewegung (MPR), der Kommunistischen Partei und den Sozialisten (SFIO) gebildet worden, die in dieser Konstellation bis zum Mai 1947 hielt. Die schwierige Balance musste enden, die Waage konnte sich nach der einen oder der anderen Seite neigen. Sartre empfindet sich als Teil einer demnächst möglicherweise siegreichen Revolution, einer großen Bewegung im politisch lebhaftesten Land der Welt: Man hatte 1944 die Befreiung erreicht, warum sollte nicht eine weitere Umwälzung möglich sein? Auch Albert Camus teilte damals noch diese Gewissheit: Seine Hauszeitung «Combat» trug den Untertitel «De la Résistance à la Révolution».

Jean-Paul Sartre im Winter 1946. Aus der Philosophie des Existentialismus war eine breite Bewegung der Intellektuellen und der Bohème geworden.

Das ist von vornherein der Unterschied zur Lage Heideggers, der in seinem an Jean Beaufret adressierten «Brief über den ‹Humanismus›» auf Sartre antworten wird: In dem Land, in dem Heidegger lebt, kann einstweilen von Politik keine Rede sein; Deutschland ist kein politisches Subjekt mehr. Das erklärt die unterschiedlichen Tonlagen der beiden Denker. Für Heidegger gehört die Vorstellung einer unmittelbaren politischen Wirksamkeit der Vergangenheit an. Auch deshalb ist sein Ton stiller, meditativer und im Grunde «hörender» als der Sartres.

Nach einem Besuch Towarnickis in Badenweiler berichtet Heidegger seiner Frau im April 1946 von langen Gesprächen: «Die Missverständnisse sind doch sehr groß; auch interessiert vielfach das Aktivistische mehr als das eigentlich philosophische Moment, wie ich aus den Zeitschriften ersehe, die Tow. daließ.»[23] Im Mai 1946 heißt es in einem Brief an ausländische Freunde: «Über den Zustand der Philosophie in der öffentlichen Welt bin ich nicht unterrichtet. Von Jean-Paul Sartre habe ich kürzlich erst nur wenige Seiten ‹gelesen›, wirklich studiert gar nichts.»[24] Jean Beaufret wurde nach der ersten Begegnung im November 1946 zu einem großen Freund, eigentlich zu Heideggers Generalkonsul in Frankreich. Er stiftet die Begegnungen mit René Char, Jacques Lacan und dem Maler Georges Braque, seiner Initiative verdanken sich die späteren Seminare in der Provence. Eine dauerhafte Universitätsstelle blieb ihm allerdings versagt; politisch wurde er in seinen späteren Jahren umstritten.

Tatsächlich konzentriert sich Sartre in seiner Rede über den Existentialismus auf das Aktivistische: «Die Lehre, die ich Ihnen vorstelle, ist dem Quietismus gerade entgegengesetzt, indem sie erklärt: Wirklichkeit ist nur im Handeln.» Er spricht von den politischen Parteien, von der möglichen, ja Verfassungsrang beanspruchenden Verstaatlichung bestimmter Schlüsselindustrien, von der Sowjetunion, dem Faschismus und dem Proletariat – all diese Themen gehören zum Bereich des «Handelns». Mehrfach geht er auf Heidegger ein. Zunächst sieht er eine Verbundenheit aller Existenzdenker, zu denen er auch Jaspers und Gabriel Marcel, den Vertreter eines christlichen Existentialismus, zählt: «Gemeinsam ist ihnen einfach die Tatsache, dass nach ihrer Ansicht die Existenz dem Wesen vorausgeht.» Frage man aber nach einem «Wesen, bei dem die Existenz der Essenz vorausgeht», dann laute die Antwort: «Dieses Wesen ist der Mensch oder, wie Heidegger sagt, das Dasein.» *Existenz* und *Handeln* führen zu einem weiteren Grundbegriff, dem des *Engagements*. Der Mensch entscheidet sich nicht für sich allein, sondern unausdrücklich für die «gesamte Menschheit», und diese Haltung bestimmt Sartres «Engagement»: «Zunächst muss ich mich engagieren», sagt er, «dann entsprechend der alten Formel handeln: ‹Man braucht nicht zu hoffen, um etwas zu unternehmen.›» Und noch ein Begriff wird wichtig: jener der *Werte*, die man dem Existentialismus abgesprochen hatte. Deshalb sagt Sartre: «Wenn der Mensch anerkannt hat, dass er, in der Verlassenheit, Werte setzt, kann er nur noch eins wollen: die Freiheit als Grundlage aller Werte.»[25]

Heidegger überlegte lange, auf welche Weise er sich künftig äußern solle. Der «Brief über den ‹Humanismus›» war dabei ein entscheidender Schritt. Die Bedeutung des Schweigens sollte erfasst werden, und zwar nicht als ein bloßes Nicht-Reden. Das Öffentliche überhaupt war ihm fragwürdig geworden, er sprach von seinem angestrebten «Weg ins Unöffentliche», wo er «nur noch durch Schweigen einen Wink vermitteln» wollte. Dann aber könnte ihn das Publikum für einen erloschenen Vulkan halten! Veröffentlichte er indes seine Arbeiten, dann sähe er schnell aus wie ein beliebiger Literat. Die Antwort auf Sartre wäre eine Weise der Äußerung mit hineinkomponierter Stille: «Verstummen möchte ich noch nicht. Aber Schweigen ist not. Dazu könnte vielleicht eine Veröffentlichung des Briefes über den ‹Humanismus› eine Gelegenheit sein.» Das rechte Schweigen, notiert er an anderer Stelle, «verschweigt auch noch sich selber. Darum redet es zu Zeiten, und sei es nur in der Sage der Schrift.»[26] Der «Brief» erschien 1947 in Bern, er zirkulierte in Abschriften aber schon vorher in Frankreich.

Heidegger antwortete auch deshalb, weil er in Sartre jemanden sah, dem gerade er nicht ausweichen konnte. Am 5. Oktober 1945 hatte er über sein Kant-Buch notiert: «Der IV. Abschnitt übersetzt ins Französische in *Qu'est-ce que la métaphysique?* durch H. Corbin, 1938. Wirkung auf Sartre entscheidend; von da an ‹Sein und Zeit› erst verstanden.»[27] Es gab also auch strategische Überlegungen. Gegenüber Sartre, den er im «Brief über den ‹Humanismus›» oft namentlich erwähnt, verfahrt er zwar in gewisser Weise systematisch, aber er kritisiert keine Theorien, keine Gedankenfolgen und eigentlich auch keine Argumente. Vielmehr nimmt er Worte und Begriffe, die bei Sartre im Mittelpunkt stehen, und hört sie auf ihre Voraussetzungen hin ab, auf ihre Plausibilität, auf ihre Angemessenheit. Es handelt sich mehr um eine Kritik der philosophischen Sprache, und auch sie ist nicht konfrontativ oder polemisch. Heidegger hat eine singuläre Form gefunden: Ohne einer einzigen Frage auszuweichen, aber auch ohne Angriffsgestus, bringt er die pathetische, aktivistisch-appellierende Begrifflichkeit von Sartres Essay zum Einsturz.

Wirklichkeit sei nur im Handeln, hatte Sartre gesagt: Der Mensch sei «nichts anderes als die Gesamtheit seiner Handlungen».[28] Heidegger beginnt seine Antwort ohne Umschweife, dramatisch nimmt er die Auseinandersetzung auf, und doch leise: «Wir bedenken das Wesen des Handelns noch lange nicht entschieden genug.» Das ist der erste Satz. Er zieht von Beginn an das Gespräch aus der aktivistisch-öffentlichen Sphäre, die Sartre im Auge hatte, auf sein eigenes Terrain herüber: «Das Denken handelt, indem es denkt.» Dieses Handeln sei «vermutlich das einfachste und zugleich das höchste, weil es den Bezug des Seins zum Menschen angeht». Mit einem einzigen Zug hat Heidegger sich zum Herrn der Auseinandersetzung gemacht. Denken ist ein «Lassen», ein «Sein-Lassen» im Gegensatz zum Wirken-Wollen. Und sofort verwandelt sich auch das Engagement: «Denken ist l'engagement par l'Être pour l'Être.» Denken *ist schon* Engagement – für das Sein, durch das Sein. Das mag geringer erscheinen, aber genau darum geht es ihm: «Das Denken durchragt das Handeln und Herstellen nicht durch die Größe seines Leistens und nicht durch die Folgen eines Wirkens, sondern durch das Geringe seines erfolglosen Vollbringens.»[29] Er entwindet Sartre dessen Grundbegriffe ohne eine einzige gewaltsame Geste.

Was den eigentlichen Humanismus angeht, so stellt Heidegger zunächst eine sprachkritische Überlegung an: Der Begriff sei römischer Herkunft und deshalb noch nicht angemessen durchdacht: Bestimmt werde die «humanitas des homo humanus aus dem Hinblick auf eine schon feststehende Auslegung der Natur, der Geschichte, der Welt, des Weltgrundes, das heißt des Seienden im Ganzen.» Man bleibe unbefragten Überlieferungen verhaftet: «Jeder Humanismus gründet entweder in einer Metaphysik oder macht sich selbst zum Grund einer solchen.» Das allgemeinste Wesen des Menschen werde immer schon vorausgesetzt, die Frage nach diesem Wesen könne nicht nur nicht gestellt werden, sondern sie erscheine gerade versperrt. Und so liege «das Eigentümliche aller Metaphysik darin, dass sie ‹humanistisch› ist».[30]

Was die Existenz betrifft, so verwahrt sich Heidegger gegen eine Nähe zu Sartres Verständnis: Dieser folge dem «überlieferten Begriff der existentia», während es ihm um «das Stehen in der Lichtung des Seins» gehe, das eben kein bloßes Vorhandensein bezeichne wie die lateinisch verstandene «existentia», sondern das, was in «Sein und Zeit» emphatisch «Dasein» hieß: Dies nenne er «die Ek-sistenz des Menschen.» Gegenüber dem sittlichen Pathos der «Werte» bei Sartre allerdings wird Heidegger nun doch grob: «Das Denken in Werten ist hier und sonst die größte Blasphemie, die sich dem Sein gegenüber denken lässt.» Warum? Weil «eben durch die Kennzeichnung von etwas als ‹Wert› das so Gewertete seiner Würde beraubt wird. (...) Es lässt das Seiende nicht: sein, sondern das Werten lässt das Seiende lediglich als das Objekt seines Wertens – gelten.» Gegen die Werte zu denken bedeute keineswegs, «für die Wertlosigkeit und Nichtigkeit des Seienden die Trommel rühren, sondern bedeutet: gegen die Subjektivierung des Seienden zum bloßen Objekt die Lichtung der Wahrheit des Seins vor das Denken bringen».[31]

Natürlich muss man vom Stil sprechen. Bei Sartre klingt er fast agitatorisch, bei Heidegger ist die Sprache aufs äußerste verlangsamt, gleitend von einem Wort zu anderen, verwandten; sie ist weniger definitorisch gesagt als strukturell gehört. Eine charakteristische Passage: «Sich einer ‹Sache› oder einer ‹Person› in ihrem Wesen annehmen, das heißt: sie lieben: sie mögen. Dieses Mögen bedeutet, ursprünglicher gedacht: das Wesen schenken. Solches Mögen ist das eigentliche Wesen des Vermögens, das nicht nur dieses oder jenes leisten, sondern etwas in seiner Her-kunft ‹wesen›, das heißt sein lassen kann. (...) Dieses Mögen ist das eigentlich ‹Mögliche›, jenes, dessen Wesen im Mögen beruht. (...) Das Sein als das Vermögend-Mögende ist das Mög-liche.»[32] Es sind solche Passagen, mit denen man Pädagogen und Heidegger-Schüler Georg Picht versteht, der einmal bekannte: «Nie wieder bin ich einem Menschen begegnet, der so zuhören konnte.»[33] Wenn Heidegger kurz darauf von der «stillen Kraft des Möglichen» spricht,[34] hört man ein Wort, das in der pietistischen Tradition für das Wirken des Heiligen Geistes einstand. Heidegger hatte nun seine Entwicklung, seine Umorientierung, sein Weitergehen nach «Sein und Zeit», zwanzig Jahre nach dem Erscheinen, weithin sichtbar gemacht, als der «Brief» 1947 erschien. Allein das unscheinbar anmutende Auftauchen des Liebens zeigt den ganzen Abstand.

Eine isolierte Notiz aus dem Jahr 1946, also aus dem Umkreis des «Humanismus»-Briefs, gibt in Form eines Zeit-Zahlenspiels eine merkwürdige Perspektive Heideggers auf sein eigenes Werk: «1807: Phänomenologie des Geistes. 1867: Das Kapital. 1927: Sein und Zeit.»[35] Es stimmt zu dieser Aufzeichnung, dass er nun erstmals eine Beziehung zum Denken von Marx aufnimmt. «Was Marx in einem wesentlichen und bedeutenden Sinne von Hegel her als die Entfremdung des Menschen erkannt hat, reicht mit seinen Wurzeln in die Heimatlosigkeit des neuzeitlichen Menschen zurück.» Indem, wie er kurz zuvor dargelegt hatte, die Heimatlosigkeit in der Seinsvergessenheit beruhe, etabliert er nun die Reihe Hegel, Marx, Heidegger nicht nur als Spiel, sondern im Ernst, und bekräftigt sie noch einmal anders. «Weil Marx, indem er die Entfremdung erfährt, in wesentliche Dimensionen der Geschichte hineinreicht, deshalb ist die marxistische Anschauung von der Geschichte der übrigen Historie überlegen.» Weder Husserl noch Sartre sähen aber «die Wesentlichkeit des Geschichtlichen im Sein», deshalb käme Sartre gar nicht an die Dimension, «innerhalb deren erst ein produktives Gespräch mit dem Marxismus möglich wird».[36] Ob Marx mit dem Begriff der Entfremdung angemessen verstanden ist, muss offen bleiben – ebenso gut könnte man nämlich vermuten, dass er damit entschärfend verphilosophiert wurde.

Die Stimmung des «Humanismus»-Briefs ist auf Verarmung eingestellt. Alles Prunkende ist abgestreift, mannigfaltig sind die Hinweise auf einfache Verhältnisse. «Der Mensch ist nicht der Herr des Seienden. Der Mensch ist der Hirt des Seins. In diesem ‹weniger› büßt der Mensch nichts ein, sondern er gewinnt, indem er in die Wahrheit des Seins gelangt. Er gewinnt die wesenhafte Armut des Hirten, dessen Würde darin beruht, vom Sein selbst in die Wahrnis seiner Wahrheit gerufen zu sein.» Deshalb auch sei das künftige Denken «nicht mehr die Philosophie, weil es ursprünglicher denkt als die Metaphysik, welcher Name das gleiche sagt. (...) Das Denken ist auf dem Abstieg in die Armut seines vorläufigen Wesens. Das Denken sammelt die Sprache in das einfache Sagen.» Man könnte von einer gedanklichen Arte Povera sprechen: «Das Denken lenkt mit seinem Sagen unscheinbare Furchen in die Sprache. Sie sind noch unscheinbarer als die Furchen, die der Landmann langsamen Schrittes durch das Feld zieht.»[37] Diese Figur kommt dem Selbstbild als denkender Landmann nahe, das er 1946 in einer Notiz gezeichnet hatte: «Heid-egger / einer, der auf unangebautes Land, Heide, trifft und diese eggt. / Aber der Egge muss er erst lang einen Pflug durch Steinäcker voraufgehen lassen.»[38]

Am Ende kam es doch noch zu einer persönlichen Begegnung, aber da war kein Funke mehr, der überspringen konnte, auch kein gemeinsames Skifahren und Philosophieren. Die Gelegenheit bot 1952 eine Einladung des französischen Kulturinstituts nach Freiburg. Heidegger erinnerte sich positiv, ja herzlich an ein schönes Gespräch, was Wunschdenken gewesen sein mag.[39] Späteren französischen Besuchern pflegte er zu sagen: Sie sitzen auf dem Stuhl von Jean-Paul Sartre! «In Freiburg, wo er einen Vortrag hielt, wurde er recht kühl empfangen», berichtet Simone de Beauvoir. «‹Ich habe mich täuschen lassen – aber das passiert mir nicht noch einmal!› sagte die

Frau des Leiters des Institut Français beim Verlassen des Saales. (…) Sartre schien ihnen dem Marxismus allzu nahezustehen. Er besuchte Heidegger in seinem Adlerhorst, der nur davon sprach, wie verletzend das Stück sei, das Gabriel Marcel über ihn geschrieben hatte. (*La dimension Florestan*, eine peinliche Satire auf den Heideggerschen Existentialismus, wurde erst ein Jahr später im Rundfunk gesendet, war aber bereits vorgelesen worden.) Da von nichts anderem die Rede war, ging Sartre nach einer halben Stunde weg. Mir erzählte er später, dass Heidegger dem Mystizismus anheimfalle. Mit runden Augen fügte er hinzu: ‹Und dabei plagen sich vierzigtausend Studenten und Professoren den ganzen lieben langen Tag mit Heidegger ab, stellen Sie sich das vor!›»[40] Das war wohl Simone de Beauvoirs Bild von Heidegger: ein verletzter, nur mehr im Unklaren hausender Geist, unfähig zu jedem Gespräch, das nicht seine eigene Gekränktheit thematisierte. Den man deshalb nach einer halben Stunde grob unhöflich zu verlassen jedes Recht hatte.

Towarnicki will dagegen von anderthalb Stunden des Zusammenseins wissen, was mehr Wahrscheinlichkeit für sich hat. Sartre hatte damals einen neuen Zenit seines Engagements erreicht, indem er sich für die sowjetfreundliche, kommunistisch dominierte Friedensbewegung aussprach. Stalin war noch am Leben, die antikommunistischen Intellektuellen nennt Sartre in seinem Pamphlet über die Kommunisten und den Frieden, wenn er sie nicht gleich zu den «Verrätern» zählt, leitmotivisch «klebrige Ratten».[41] So wurde aus der meisterhaften phänomenologischen Analyse des Klebrigen in «Das Sein und das Nichts» ein Beschimpfungsfuror. Sartres Sekretär Jean Cau schilderte die Begegnung ein wenig anders als Simone de Beauvoir: Sartre sei schlechtgelaunt zurückgekehrt. Freiburg erinnere an den Zauberberg und Heidegger selbst an den Alten vom Berge (nach dem geheimnisvollen, von seinen Anhängern als charismatisch verehrten muslimischen Terroranführer aus der Zeit der Kreuzzüge, Sartre mag an das gedacht haben, was man ihm von Todtnauberg erzählt hatte) oder auch an einen Oberst im Ruhestand. Was Sartre gefehlt habe, war eine großstädtische Atmosphäre mit lebhaften Intellektuellendisputen. Cau erinnerte sich an Sartres Worte über Heidegger: «Er kotzt auf das Engagement. Ich hatte ihm davon gesprochen. Er betrachtete mich mit einem Blick unendlichen Mitleids. Am Ende redete ich zu seinem Hut. Einem Jägerhut aus Gamsleder.»[42]

1947 hatte Herbert Marcuse seinen ehemaligen Lehrer in Todtnauberg besucht. Seit dem 1. April war Marcuse im Auftrag des amerikanischen State Department, des Außenministeriums der Vereinigten Staaten, auf Reisen in Deutschland und in Österreich gewesen. Im Ministerium war er seit September 1945 Chef der Sektion Mitteleuropa, nachdem er sich während des Krieges mit Analysen des deutschen Regimes im Geheimdienst OSS einen Namen gemacht hatte. Nach seiner Rückkehr schrieb er am 28. August 1947 mahnend an Heidegger und hielt ihm das NS-Engagement vor: «Viele von uns haben lange auf ein Wort von Ihnen gewartet, ein Wort, das Sie klar und endgültig von dieser Identifizierung befreien würde, ein Wort, das Ihre wirkliche, heutige Einstellung zu dem, was geschehen ist, ausdrückt. Sie haben ein solches Wort nicht gesprochen – wenigstens ist es nie aus der Privatsphäre herausgekommen. Ich – und sehr viele andere – haben Sie als Philosophen verehrt und unendlich viel von Ihnen gelernt. Aber wir können die Trennung zwischen dem Philosophen und dem Menschen Heidegger nicht machen – sie widerspricht Ihrer eigenen Philosophie.» Man könne sich nicht täuschen über ein Regime, «das Millionen von Juden umgebracht hat – bloß weil sie Juden waren, das den Terror zum Normalzustand gemacht hat und alles, was je wirklich mit dem Begriff Geist und Freiheit und Wahrheit verbunden war in sein blutiges Gegenteil verkehrt hat». Marcuse hofft, wie er Heidegger schreibt, auf ein «öffentliches Bekenntnis Ihrer Wandlung und Verwandlung». Der Brief kommt mit einem Lebensmittelpaket. «Meine Freunde haben sich sehr dagegen gewehrt und mir vorgeworfen, dass ich einem Mann helfe, der sich mit einem Regime identifiziert hat, das Millionen meiner Glaubensgenossen in die Gaskammern geschickt hat (...). Ich habe mich vor meinem eigenen Gewissen damit ausgeredet, dass ich das Paket dem Manne schicke, bei dem ich von 1928 bis 1932 Philosophie gelernt habe. Ich bin mir bewusst, dass das eine schlechte Ausrede ist. Der Philosoph von 1933–34 kann nicht ein völlig anderer sein als der vor 1933, umsoweniger, als Sie Ihre begeisterte Verteidigung des Nazistaates und des Führers philosophisch begründet und ausgedrückt haben.»[43]

Eine solche Gabe, die nur mit einer Ausrede gegenüber dem an sich strengeren Gewissen gerechtfertigt werden konnte, musste den Empfänger demütigen. Heidegger antwortete mit großer Verspätung erst im Januar 1948. Zunächst souverän: «Ich glaube, es ist in Ihrem Sinne und zur Beruhigung Ihrer Freunde, wenn ich den ganzen Inhalt an frühere Schüler verteilen ließ, die weder in der Partei waren, noch sonst irgendwelche Beziehungen zum Nationalsozialismus hatten. Auch in ihrem Namen danke ich Ihnen für die Hilfe.» Zur von Marcuse thematisierten Vernichtungspolitik des Nationalsozialismus – er spricht von «schweren berechtigten Vorwürfen» – bringt er die Entlastungsformeln der Zeit vor, indem er hinzufügen will, «dass statt ‹Juden› ‹Ostdeutsche› zu stehen hat und dann genauso gilt für einen der Alliierten, mit dem Unterschied, dass alles, was seit 1945 geschieht, der Weltöffentlichkeit bekannt ist, während der blutige Terror der Nazis vor dem deutschen Volk tatsächlich geheimgehalten worden ist». Vom Nationalsozialismus habe er eine «geistige Erneuerung des ganzen Lebens, eine Aussöhnung sozialer Gegensätze und eine Rettung des abendländischen Daseins vor den Gefahren des Kommunismus» erwartet.[44]

Marcuse meldet sich seinerseits mit einer gewissen Verspätung am 13. Mai 1948: «Ich wusste lange nicht, ob ich Ihren Brief vom 20.1.

beantworten sollte.» Was den Vergleich der nationalsozialistischen Vernichtungspolitik mit den Vertreibungen aus dem Osten angeht, könnte die Antwort nicht schärfer ausfallen: «Stehen Sie nicht mit diesem Satz außerhalb der Dimension, in der überhaupt noch ein Gespräch zwischen Menschen möglich ist – außerhalb des Logos? Denn nur völlig außerhalb dieser ‹logischen› Dimension ist es möglich, ein Verbrechen dadurch zu erklären, auszugleichen, zu ‹begreifen›, dass Andere so etwas ja auch getan hätten.» In diesem Augenblick hat Marcuse die Wahrheit auf seiner Seite, tatsächlich war Heideggers Gleichsetzung menschlich unmöglich. Aber im nächsten Moment hat auch er den Kontakt zur Wahrheit wieder verloren, wenn er beschönigend feststellt, bei der von Heidegger erwähnten «zwangsweisen Verpflanzung von Volksgruppen» sei «keine dieser Untaten vorgekommen (…) (vielleicht von einigen Ausnahmefällen abgesehen).» Marcuse schließt mit der Warnung vor einem wiederauflebenden Faschismus: «Es sieht so aus, als ob die Saat auf fruchtbaren Boden gefallen ist: vielleicht erleben wir noch die Vollendung dessen, was 1933 begonnen wurde. Ob Sie sie wiederum als ‹Erneuerung› ansprechen werden, weiß ich nicht.»[45]

Das war ein ominöser Satz. Im März 1947 hatte der amerikanische Präsident Harry S. Truman die sogenannte Truman-Doktrin verkündet, die einer weiteren Expansion der Sowjetunion Einhalt gebieten sollte. Diese außenpolitische Vorgabe war die Gründungsurkunde des Kalten Kriegs und der amerikanischen «Eindämmungspolitik». In Griechenland tobte noch ein Bürgerkrieg, im Iran wurde sowjetischer Druck empfunden. Der Gegensatz von «Freiheit» und «Totalitarismus» zieht sich durch Trumans Erklärung. An sich hätte das State Departement von seinen Mitarbeitern erwarten können, dass sie im Sinne dieser Regierungsabsichten handelten. Aber Marcuse legte seine Karten nicht jedem gegenüber auf den Tisch. Kurz nachdem sein Arbeitgeber den Antikommunismus zur Regierungspolitik erklärt hatte, verfasste Marcuse 1947 Thesen zur künftigen Position der «Kritischen Theorie», die das Gegenteil von Trumans Absichten zum Programm machten: Die Kritische Theorie, so schreibt er an Max Horkheimer, «verbündet sich mit *keiner anti-kommunistischen Gruppe oder Konstellation.* Die kommunistischen Parteien sind und bleiben die einzige anti-faschistische Macht. Ihre Denunziation muss eine rein theoretische sein. Sie weiß, dass die Verwirklichung der Theorie nur durch die kommunistischen Parteien möglich ist und der Hilfe der Sowjetunion bedarf. Dies Bewusstsein muss in jedem ihrer Begriffe enthalten sein. Mehr noch: in jedem ihrer Begriffe muss die Denunziation des Neo-Faschismus und der Sozialdemokratie die der kommunistischen Parteien überwiegen. Die bürgerliche Freiheit der Demokratie ist besser als totalitäre Regimentierung [sic], aber sie ist buchstäblich erkauft mit Jahrzehnten verlängerter Ausbeutung und verhinderter sozialistischer Freiheit.»[46]

So war Heidegger mit seiner Rechtfertigung, vom Nationalsozialismus habe er eine Rettung vor dem Kommunismus erhofft, bei Marcuse an den Falschen geraten: Von einer «Rettung des abendländischen Daseins von den Gefahren des Kommunismus» könne keine Rede sein, antwortete dieser seinem Lehrer – Kommunismus sei doch «selbst ein wesentlicher Bestandteil dieses Daseins».[47] In diesem Dialog sagte keiner der beiden Denker die ganze Wahrheit. Erst 1950 begann der scharf antikommunistische Senator Joseph «Joe» McCarthy seine Jagd auf Kommunisten im State Department, die aber keinen rechten Erfolg brachte. 1951 verließ Herbert Marcuse das Ministerium.

31. KAPITEL

Wiedersehen mit Hannah

1976 versandte die Berliner Akademie der Künste einen Fragebogen an ihre Mitglieder, der zur Dokumentation der Ausstellung «Als der Krieg zu Ende war» beitragen sollte. Unter anderem wurde gefragt: «Wann ‹normalisierten› sich, Ihrer Erinnerung nach, Ihre Lebens- und Arbeitsbedingungen? Wie und weshalb?» Heidegger trug handschriftlich ein: «etwa ab 1950».[1]

Um 1950 hatte sich die Verbitterung, die in aggressiven Notaten der «Schwarzen Hefte» fassbar wurde, weitgehend gelöst. 1949 war Heidegger von der Spruchkammer als «Mitläufer» eingestuft worden, der keinen «Sühnemaßnahmen» unterworfen wurde. Die Militärregierung erhob gegen seine reguläre Emeritierung keinen Einspruch.[2] Die öffentliche Vortragstätigkeit, nicht vor Studenten, sondern nun vor einem Elitepublikum, nimmt er Ende 1949 mit dem Zyklus «Einblick in das was ist» im traditionsreichen Club zu Bremen erstmals wieder auf, er wiederholt ihn im Kurhaus und Sanatorium auf Bühlerhöhe im März 1950. Am 6. Juni 1950 spricht er in der Bayerischen Akademie der Schönen Künste in München («Das Ding») und am 7. Oktober wiederum auf Bühlerhöhe zum Gedächtnis Max Kommerells. Heideggers Vorträge dort wirkten «wie eine Feier, eine Durchglühung», heißt es in den Aufzeichnungen des Besitzers und leitenden Arztes Gerhard Stroomann.[3]

Die eigentliche Emeritierung, die ihm eine Wiederaufnahme der Lehrveranstaltungen an der Freiburger Universität ermöglichte, folgte zwar erst im September 1951, aber schon 1950 kann er sich höchster Anerkennung der besten Gesellschaftskreise erfreuen. Im Dezember 1949 war der Sohn Jörg aus russischer Kriegsgefangenschaft heimgekehrt. 1950 erschien unter großer öffentlicher Aufmerksamkeit als erste umfangreiche Publikation seit dem Kant-Buch die Sammlung «Holzwege». Ihr geheimes Band ist die Frage, wo Gott sich «in dürftiger Zeit» verbirgt. Der Aufsatz über den «Ursprung des Kunstwerkes», der den Anfang macht, fragt nach dem Tempel und dem Gott. Die Abhandlung «Hegels Begriff der Erfahrung» deutet die «Phänomenologie des Geistes» als eine verkappte «Theologie des Absoluten hinsichtlich seiner Parusie im dialektisch-spekulativen Karfreitag. Hier stirbt das Absolute. Gott ist tot.»[4] Die darauffolgende Abhandlung widmet sich Nietzsches Wort «Gott ist tot».

Ebenfalls 1950 erschien die Festschrift «Anteile» zu seinem sechzigsten Geburtstag. Sie enthält Beiträge von Schülern wie Gadamer und Löwith, aber auch – in der für Heidegger so typischen Religionsaufteilung – von dem prominenten katholischen Denker Romano Guardini, dem Autor der Schrift «Vom Geist der Liturgie», und von Walter F. Otto, dem Verfasser des Werkes «Die Götter Griechenlands». Schließlich finden sich in der Festschrift Beiträge einer konservativen Dichtung und Literatur: von Ernst und Friedrich Georg Jünger, ehemaligen Nationalrevolutionären, inzwischen Fortschritts- und Technikskeptiker. Ersterer lotet den Nihilismus aus, der Letztere steuerte ein Gespräch des Helden Palamedes mit dem Kentauren Chiron bei; dieses, neben den Beitrag von Otto gestellt, ergibt die Konstellation einer deutschen Antike, eines Gesprächs mit den Griechen. Die Christlichkeit spricht aus Walter Bröckers Betrachtung über den Mythos vom Baum der Erkenntnis wie aus Guardinis Deutung von Dantes Göttlicher Komödie. Insofern war die Festschrift eine genaue, aus verschiedenen Perspektiven gegebene Antwort auf die theologische Verlustanzeige der «Holzwege».

Ernst Jünger hatte Heidegger am 16. September 1948 in Todtnauberg besucht, der Verleger Vittorio Klostermann hatte das Treffen

Ernst Jünger mit Siamkatze, 1947 in Kirchhorst. Er gehörte zu den wenigen Zeitgenossen, mit denen Heidegger sich intensiv und zeitweise sehr kritisch auseinandersetzte.

vermittelt.[5] Der Plan einer Zeitschrift lag in der Luft, «Pallas» sollte sie in «abendländischer», wiederum griechisch-deutscher Absicht heißen. Pallas Athene war die Schutzgöttin Athens, auch der Künste und der Wissenschaften. Der Verleger Ernst Klett wünschte sich Ernst und Friedrich Georg Jünger, Werner Heisenberg und Heidegger als Herausgeber, die im Zeitschriftenkopf firmieren sollten, zudem als operativ Verantwortlichen Gerhard Nebel, der bei Heidegger studiert hatte und mit Jünger befreundet war.[6] Am 7. Juni 1949 wandte sich Klett an Heidegger und drängte zur Zeitschrift, der Augenblick sei günstig: «Seit Beginn dieses Jahres ist deutlich spürbar, dass die niedere Rachsucht sich totzulaufen beginnt.»[7] Noch einmal wird die Stimmung der unmittelbaren Nachkriegszeit in diesem Satz deutlich – aber auch, dass diese Epoche zu Ende ging.

Heidegger war skeptisch. Am 11. Juni schreibt ihm Ernst Jünger, der die Bedenken teilt: «Wir alle befinden uns ja in einer Lage, in der man der Polemik möglichst nur den Stoff gibt, der unbedingt notwendig ist. (...) Es müssen die Gesichtspunkte vorwiegen, durch die das Opus der Mitarbeiter gefördert wird.»[8] Heidegger antwortet Jünger am 23. Juni: «Ich erinnere noch genau die Stelle des Weges, auf dem wir im vorigen Herbst von der äußersten Gefährdung derer sprachen, die heute versuchen, am Wesentlichen zu bleiben; dass es nicht Flucht sei, sondern höchste Freiheit, die Einsamkeit auszustehen. Aber der natürliche Drang, unmittelbar zu helfen, stützen und Leitseil zu bieten, drängt dann Dinge zu versuchen, die sich bei strenger Besinnung als irrig herausstellen.» Das gemeinsame Auftreten «würde zu einem Politikum, das vielleicht unsere letzte gewährte Position erschütterte oder doch endgültig verwirrte». Man müsse «im eigentlichen unangreifbar bleiben». Schon habe er über Dritte von einem jüdischen Emigranten, inzwischen amerikanischer Professor, erfahren, man sei «außerordentlich gespannt darauf, was aus der neuen Zeitschrift von Jünger und Heidegger würde».[9] Das sind die letzten Regungen der Verbitterung des Besiegten, bald ist von solchen Dingen keine Rede mehr.

Jüngers Essay «Über die Linie», sein Beitrag zur Festschrift «Anteile», gibt eine Bestandsaufnahme des Nihilismus. Die Linie ist der Nullmeridian, der Tiefststand. Im Zeichen einer von Nietzsche und Dostojewski erstmals ins Auge gefassten geistigen Verfassung werden die Gegenwart und die unmittelbar zurückliegende Vergangenheit betrachtet. Sie erscheinen als «Katastrophen», dieses Wort zieht sich durch den Essay als Ganzen. Städtebrände, Feuerstürme und Untergänge werden aufgerufen, nicht verschwiegen werden der Terror, die Liquidierungen, die «Apparatur des Schreckens», die «Vernichtungsstätten», die von den Regimes «in die Einöden verlegt» werden. Namhaft gemacht werden die Totenkopfverbände der SS und – hellsichtig bereits vor Hannah Arendts Wort von der «Banalität des Bösen» – der neue Typus des «normalen» Massenmörders, der nach der Tat ins Familienleben zurückkehrt. Jünger beschreibt Szenen des «Weltbürgerkrieges», in dem «völkermordende Mittel» zum Einsatz kommen. Keineswegs werden nur intellektuelle Formen des Nihilismus zum Thema, das Auffallende ist vielmehr die harte und schmerzliche Konkretheit der Bestandsaufnahme, die nichts von den Greueln verschweigt oder die Lage zurechtschönt. Am Ende stellt Jünger die Frage, was dieser Zeit standhalten könne, was über die Linie gehen könnte – es sind Dichten und Denken. Allein schon diese Zusammenstellung musste im Sinne Heideggers sein. Mit einer Skizze der Figur des Denkers klingt der Essay aus, und dieser Denker ist ganz nach Heideggers Bild gezeichnet, wenn von den Vorsokratikern die Rede ist und von «Holzwegen», jenem «schönen, sokratischen Wort».[10] Jünger ehrt Heidegger, indem er ihn als den Denker der Epoche sieht; von seiner physiognomisch-diagnostischen Denkweise her sucht er den Übergang zu Heidegger. Das war eine Geste von seltener Zugewandtheit: Das Eigene wird in die Schwebe gebracht, indem man es dem Anderen als Frage vorlegt.

Als 1955 die Festschrift zu Jüngers sechzigstem Geburtstag unter dem Titel «Freundschaftliche Begegnungen» erscheint, ist darin Heideggers in der Form eines ausführlichen Briefes gehaltene Antwort zu lesen: «Über ‹Die Linie›». Er lässt sich auf Jüngers Frage ein. Der Titel «Über die Linie» erlaubt zwei Lesarten: eine, die das aktive Überschreiten betont und «trans lineam», über die Linie, gehen will, und eine zweite, die Heidegger sich zu eigen macht und ein Nachdenken über die Linie meint, «de linea» wäre der entsprechende Titel. «Ihre Lagebeurteilung unter dem Namen trans lineam und meine Erörterung unter dem Namen de linea gehören zusammen. Jene schließt diese ein. Diese bleibt auf jene angewiesen.»[11]

Damit ist eine Solidarität der Bemühungen vorausgesetzt. Die Auseinandersetzung verläuft nicht konfrontativ, aber auch das gegenseitige Schulterklopfen zweier konservativer Intellektueller in der gemeinsamen Ablehnung des Nihilismus kann nicht die Absicht sein, das bliebe unterhalb des Anspruchs. Vielmehr hat man im Zusammenspiel von Jüngers Essay und Heideggers Antwort den seltenen Fall eines wirklichen geistigen Gesprächs. Als solches muss es aus dem sowieso schon Bekannten herausführen. Was Heidegger tut, möchte man einem Mikadospiel vergleichen: Aus einer Fülle wird Stäbchen für Stäbchen so sorgfältig herausgenommen, dass die Ordnung der verbleibenden nicht gestört wird. Zunächst fragt er, ob es sich überhaupt um eine Linie handelt. Ist der Nihilismus nicht vielmehr «ungewöhnlich breit»? «Deshalb ist die Null-Linie, wo die Vollendung zum Ende wird, am Ende noch gar nicht sichtbar.» Eine «Erörterung ihres Ortes» muss vorhergehen. In Jüngers Essay sei die «Position des Nihilismus (...) in gewisser Weise durch das Überqueren der Linie schon aufgegeben, *aber seine Sprache ist geblieben*». Das Wort «Gestalt» – verstanden als «Quelle der Sinngebung» – bleibe im Bereich des Willens zur Macht. Deshalb fragt Heidegger nun dringender: «In welcher Sprache spricht der Grundriss des Denkens, das ein Überqueren der Linie vorzeichnet? Soll die Sprache der Metaphysik des Willens zur Macht, der Gestalt und der Werte über die kritische Linie hinübergerettet werden?»[12]

Jüngers Essay hatte sich in Heideggers Richtung bewegt, als es hieß: «Der Augenblick, in dem die Linie passiert wird, bringt eine neue Zuwendung des Seins und damit beginnt zu schimmern, was wirklich ist.»[13] Heidegger nimmt den Satz nicht einfach hin. Er sei zunächst leicht zu lesen und dann doch schwer zu denken. «Vor allem möchte ich fragen, ob nicht eher umgekehrt die neue Zuwendung des Seins erst den Augenblick für das Passieren der Linie bringe.» Wäre denn das Sein etwas für sich, das sich dann außerdem noch dem Menschen zuwendet, wie es Jüngers Formulierung nahelegt? Dann würde man im alten Denkraum von «Subjekten» und «Objekten» verbleiben. Vermutlich, so Heidegger, «ist die Zuwendung selber, aber noch verhüllenderweise, Jenes, was wir verlegen genug und unbestimmt ‹das Sein› nennen». Und angenommen selbst, es wende sich ab: «Abwendung und Entzug sind (...) nicht nichts.» Das «Sein» löst sich in die «Zuwendung» auf, es ist kein für sich schon bestehendes Gegenüber. Gleiches gilt für das Nichts, auch zu ihm gehört «das gedenkende Menschenwesen», und schließlich auch zum Nihilismus. «Der Mensch steht nicht nur *in* der kritischen Zone der Linie. Er *ist* selbst, aber nicht er für sich und vollends nicht durch sich allein, diese Zone und somit diese Linie.» Indem er das Sein als Zuwendung auslegt, formuliert Heidegger einen wesentlichen Gedanken seines späteren Werks. Die Linie ist nicht etwas, das «wie ein Überschreitbares vor dem Menschen liegt. Dann fällt aber auch die Möglichkeit eines trans lineam und ihres Überquerens dahin.» Darauf folgt Heideggers Dekonstruktion in der härtesten Formulierung: «Der Versuch des Überquerens der Linie bleibt in ein Vorstellen gebannt, das in den Herrschaftsbereich der Seinsvergessenheit gehört. Darum spricht es auch in den metaphysischen Grundbegriffen (Gestalt, Wert, Transzendenz).»[14]

Den Schluss machen Überlegungen zu einer Sprache, einer «Sage», die solchen Strukturen und Prozessen angemessen wäre. Wo das Nachdenken, so Heideggers Resümee, «sich immer nur damit abgibt, auf den Sprachgebrauch des Denkens aufmerksam zu machen, bringt es keinen Nutzen. Aber zuweilen dient es dem, was das zu-Denkende braucht.» Was war Heideggers Absicht? In einer ungemein schönen Formulierung sagt er, es gehe ihm darum, den Titel «Über die Linie» in eine «höhere Mehrdeutigkeit zu heben».[15] Aus diesen Worten spricht eine Entspannung, eine Gelassenheit, die ihm in jüngeren Jahren noch nicht gegeben war.

Im September 1949 hatte Karl Löwith aus New York, wo er inzwischen an der New School unterrichtete, seine Grüße zu Heideggers sechzigstem Geburtstag gesandt. «Anteile», die Festschrift, enthält Löwiths

Beitrag «Weltgeschichte und Heilsgeschehen», eine Kurzfassung seines gleichnamigen Buches. Löwith übernimmt die Geste seines Lehrers, um ihr eine entgegengesetzte Richtungstendenz zu geben. Er folgt Heideggers Vorbild des radikalen Fragens, indem er die Thesen zur «Geschichtlichkeit» befragt und ihnen die Orientierung an der antiken *physis* gegenüberstellt. Heidegger beklagt die Seinsvergessenheit und ist in seinen Hauptgedanken absolut geschichtlich, Löwith hält den Geschichtsglauben für eine der großen Illusionen der Neuzeit, im Grunde aber schon der Monotheismen, und diagnostiziert eine Naturvergessenheit, die er am Beispiel Kierkegaards erläutert: «Es fehlt ihm der Glaube an die Schöpfung (...). Diesem existenz*theologischen* Ausfall der Schöpfung (...) entspricht in der Existenz*philosophie* aller Schattierungen der Mangel eines natürlichen Begriffs von der *Welt* als dem Immerseienden und Umfassenden, worin der Mensch von Natur aus lebt und auch stirbt.»[16]

Wenn Löwith gegen die Überschätzung der Geschichte polemisiert, will er die Naturvergessenheit als Vorgeschichte jedes Existentialismus aufdecken. Geschichtsphilosophie und ein Denken ausschließlich von der Geschichtlichkeit her sind Verdrängungen der Natur – das ist der polemische Sinn in Löwiths Wendung. Er hatte Biologie studiert und Philosophie, er schätzte unter den Junghegelianern vor allem den Materialisten Ludwig Feuerbach, nun macht er die Natur gegen die Geschichte geltend. Löwiths «stoischen Rückzug vom historischen Bewusstsein» diagnostizierte Jürgen Habermas 1963.[17] Heidegger kämpft gegen Naturalisierungen und Verdinglichungen, Löwith gegen Spiritualisierungen. Spinoza lobt er für das, was Heidegger zurückweisen musste: «Gott wird durch das Attribut der Ausdehnung naturalisiert.»[18]

Einen Dank für diesen Festschriftbeitrag, der inhaltlich opponierte, dabei aber ohne Polemik blieb, gab es nicht. Große Erbitterung aber erregte bald darauf Löwiths Buch «Heidegger – Denker in dürftiger Zeit», das 1953 erschien, in einzelnen Kapiteln aber seit

1951 in der «Neuen Rundschau» veröffentlicht worden war. Löwith argumentiert mit auffallender Härte. Er sieht eine Verwandtschaft zur Sophistik, spricht von Heideggers «Glasperlenspiel mit Worten», allerdings sei es eines mit «tödlichem Ernst» und einem leeren Kerngehäuse: Niemand werde behaupten können, er habe «wissentlich verstanden, was das Sein, dieses Geheimnis, ist, von welchem Heidegger redet».[19] 1952 äußert Heidegger sich brieflich gegenüber seinem Freund, dem Kunstschriftsteller Heinrich Wiegand Petzet, über Löwith, der «seit 1919 volle neun Jahre hindurch bei mir Vorlesungen und Übungen gemacht hat (und in Marburg fast jeden zweiten Tag ins Haus zu uns rannte, um mich auszuquetschen)». Nichts in dieser Affäre, so glaubt Heidegger, habe man dem Zufall überlassen: «Man hat jetzt, wo ich wieder hervortrete, den richtigen Mann für die richtigen Organe gewählt, um alles in der raffiniertesten Form im voraus zu zersetzen.»[20]

Wenn es in Löwiths Buch mit erkennbarer Spitze gegen Heideggers Sprache heißt, er wolle seine Kritik «innerhalb der Grenzen des Verständlichen» halten, dann notiert dieser, das sei die Sphäre des sogenannten gesunden Menschenverstandes: «In diesem Bezirk bewegt sich Löwiths ganze Schriftstellerei. Diese Haltung bekundete er schon als Student, weshalb ihn sein angeblicher Lehrer Husserl für philosophisch unbegabt hielt und ihn nicht zur Promotion zuließ.» Heidegger sieht Löwiths «hilflos ironisierende Bemerkungen» und fragt am Ende in reiner Verachtung: «Wann verschwindet endlich diese üble vergiftende und sterile Nörgelei aus dem heutigen Denken?»[21] Es ist die Verletztheit schlechthin, die aus Heidegger spricht; Abwägungen erlaubt er sich nicht mehr.

Die Korrespondenz kann unter diesen Bedingungen nicht wieder aufgenommen werden, erst aus dem Jahr 1958 ist ein Brief von Löwith überliefert (er hatte einen Vortrag Heideggers in der Heidelberger Akademie gehört), aus dem darauffolgenden ein kurzer von Heidegger, in dem immerhin eine Einladung für einen gelegentlichen

Besuch ausgesprochen wird. Löwith ließ an Heideggers siebzigstem Geburtstag eine Würdigung in der «Stuttgarter Zeitung» erscheinen, die freundlicher gehalten war als das Buch, von «meisterhaften Interpretationen im ganzen und einzelnen» ist jetzt die Rede.[22] Dennoch dauert es noch Jahre bis zu einem Wiedersehen.

Im Dezember 1949 betrat Hannah Arendt zum ersten Mal seit 1933 wieder deutschen Boden. Sie hatte die größten Vorbehalte gegen ihn gehabt. 1946 veröffentlichte sie in der unabhängig-linken «Partisan Review» den Essay «What is Existential Philosophy?», der dann auf deutsch 1947 in der Schriftenreihe von Jaspers' Zeitschrift «Wandlung» herauskam. Arendts Kritik an Heidegger ist nicht nur sachlich scharf, sondern zum Teil auch höhnisch formuliert. So fragt sie etwa, «ob Heideggers Philosophie nicht überhaupt nur deshalb, weil sie sich mit sehr ernsten Sachen beschäftigt, ungebührlich ernst genommen worden ist. Heidegger jedenfalls hat in seiner politischen Handlungsweise alles dazu getan, uns davor zu warnen, ihn ernst zu nehmen.»[23]

Seine Ideenwelt untersucht sie auf dem Stand, der ihr zugänglich war, also dem von «Sein und Zeit» und den nachfolgenden Veröffentlichungen zur Metaphysik und zum «Satz vom Grund» bis 1933. Es laufe dort alles auf das Selbst hinaus. In dieser absoluten Vereinzelung stelle sich heraus, dass «das Selbst der eigentliche Gegenbegriff zum Menschen ist». Die «Anwesenheit der Menschheit in jedem Menschen» werde gedanklich «vernichtet»: Das Selbst hat sich «als Gewissen an die Stelle der Menschheit gesetzt und das Selbstsein an die Stelle des Menschen». In «Sein und Zeit» entfielen, so Arendt, «alle jene Charaktere des Menschen, die Kant als Freiheit, Menschenwürde und Vernunft vorläufig skizziert hatte». Heidegger habe diesen Selbsten «in mythologisierenden Unbegriffen wie Volk und Erde» eine Gemeinsamkeit nachträglich untergeschoben. «Wenn es nicht zum Begriff des Menschen gehört, dass er mit anderen, die seinesgleichen sind, die Erde zusammen bewohnt, bleibt nur eine mechanische Versöhnung.» Das erinnert an Arendts Augustinus-Dissertation, in der sie die «Relevanz des Nächsten» betonte. Jaspers ist der leuchtende Gegentyp: Bei ihm seien die Mitmenschen «nicht (wie bei Heidegger) ein zwar strukturell notwendiges, aber das Selbstsein notwendig störendes Element».[24]

Heidegger lässt sie jedenfalls nicht los. Mit Jaspers tauscht sie sich über ihn aus. Was sie in ihren Briefen affektiv kommuniziert, lautet: Sag mir alles über ihn; was sie ausdrücklich schreibt, bedeutet: Er ist ein Lügner und ein Schuft. Die amerikanische Schriftstellerin Mary McCarthy, die ihr sehr nahestand und als einer der wenigen Menschen in alles eingeweiht wurde, hat davon berichtet, wie Arendt auch ihr gegenüber von Heideggers «Unaufrichtigkeit, seiner Kälte und Schwarzwälder Schlaumeierei» gesprochen habe.[25] Die verschiedenen Interviews werde Jaspers ja kennen, schreibt Arendt ihm am 9. Juli 1946, und fährt fort: «Nichts als törichte Lügnereien, mit einem, wie mir scheint, ausgesprochen pathologischen Einschlag. Aber das ist eine alte Geschichte.» Jaspers antwortet Arendt am 19. Oktober 1946: «Ihre Beurteilung Heideggers teile ich durchaus – leider.» Am 1. September 1949 schreibt er ihr: «Übrigens wechselte ich gelegentlich einige Briefe mit Heidegger. (…) Kann man als unreine Seele – d.h. als Seele, die ihre Unreinheit nicht spürt und nicht ständig daraus hinausdrängt, sondern gedankenlos im Schmutz fortlebt, – kann man in Unaufrichtigkeit das Reinste sehen? Oder wird er noch eine Revolution erleben? – Ich bin mehr als zweifelhaft, aber weiß es nicht. Sonderbar ist allerdings, dass er um etwas weiß, was heute kaum Menschen bemerken».[26]

Hannah Arendt antwortet am 29. September ähnlich zwiespältig: «Heidegger: Da man doch bekanntlich nicht konsequent ist, ich jedenfalls nicht, habe ich mich gefreut. Sie haben mit jedem Satz tausendmal recht. Was Sie Unreinheit nennen, würde ich Charakterlosigkeit nennen, aber in dem Sinne, dass er buchstäblich keinen hat, bestimmt auch keinen besonders schlechten. Dabei lebt er doch in einer Tiefe und mit einer Leidenschaftlichkeit, die man nicht leicht vergessen kann (...). Ich las den Brief gegen den Humanismus, auch sehr fragwürdig und vielfach zweideutig, aber doch das erste, was wieder auf dem alten Niveau ist. (...) Dies Leben in Todtnauberg, auf Zivilisation schimpfend und Sein mit einem y schreibend, ist ja doch in Wahrheit nur das Mauseloch, in das er sich zurückgezogen hat, weil er mit Recht annimmt, dass er da nur Menschen zu sehen braucht, die voller Bewunderung anpilgern; es wird ja so leicht nicht einer 1200 Meter steigen, um eine Szene zu machen. Und wenn es einer doch täte, so würde er lügen, das Blaue vom Himmel, und sich darauf verlassen, dass man ihn nicht ins Gesicht einen Lügner nennen wird. Er hat wohl geglaubt, dass er sich auf diese Manier von der Welt billigst loskaufen könne, aus allem Unangenehmen rausschwindeln, und nur Philosophie machen. Und dann ist ihm natürlich prompt diese ganze verzwickt-kindische Unehrlichkeit doch in das Philosophieren geschlagen.»[27] Das ist merkwürdig. Inhaltlich, philosophisch, moralisch absolut vernichtend, und doch ist die Laune des Briefes glänzend, Arendt genießt ihre Frechheiten, und wenn sie von einer Leidenschaft spricht, die man «nicht leicht vergessen kann», bricht mit einem Mal Wehmut heraus.

Im November 1949 kam Hannah Arendt nach Europa. Sie war inzwischen Executive Director der «Jewish Cultural Reconstruction», einer Organisation, die geraubte Kultur- und Kultgegenstände sicherzustellen hatte. Natürlich trifft sie Jaspers in Basel. An Heinrich Blücher schreibt sie am 3. Januar 1950: «In Deutschland ist wieder alles von Heidegger überschwemmt. Die ‹Holzwege› werde ich schicken oder mitbringen. Ob ich» – und nun die Fehlleistung: der Name ist nicht geschrieben – «sehen werde, weiß ich noch nicht, überlasse alles dem Zufall. Seine Briefe an Jaspers, die er mir zu lesen gab, alle wie früher: das gleiche Gemisch von Echtheit und Verlogenheit oder besser Feigheit, wobei beides gleichursprünglich ist.

Mir ist bei Jaspers die Lust auf Heidegger ein wenig vergangen. Es bleibt doch immer wieder dasselbe: das Gesetz, wonach Beziehungen angetreten sind.»[28]

Natürlich kann man hier gar nichts dem Zufall überlassen. Am 5. Februar steigert sich die Spannung ins Unerträgliche. Arendt hört in Heidelberg eine «absolut unerhört widerliche Geschichte, die Heidegger jetzt gegen Jaspers angerichtet hat, jetzt, wo er auf der anderen Seite versucht, mit allen Mitteln versucht, sich wieder zu befreunden». Wochen später wird sich alles in Luft aufgelöst haben, wie es mit Zuträgereien manchmal geht. Jetzt aber hat sie in dieser Aufregung «nicht mehr die allergeringste Lust, den Herrn wiederzusehen».[29] Und doch wird sie, wir ahnen es, am Montag «in Freiburg sein, sein müssen». Das erinnert an Heideggers allerersten Brief: «Ich muss heute Abend noch zu ihnen kommen und zu Ihrem Herzen sprechen.»[30]

Auf den 7. Februar datiert ist Heideggers Brief an Arendt, den er in ihrem Hotel abgibt (den sie aber nicht sofort erhält): «Ich freue mich über die Gelegenheit, unsere frühere Begegnung als ein Bleibendes jetzt eigens in die spätere Lebenszeit aufzunehmen.»[31] Hannah Arendt erschienen diese eröffnenden Worte «unendlich fern», wie Joachim Fest berichtet,[32] und tatsächlich zeigen sie alle Merkmale des umständlich-zeremoniösen Spätstils. Andererseits konnte Heidegger nach allem, was geschehen war, und nach dem schieren Zeitraum, der sie inzwischen von der letzten Begegnung trennte, nicht mit einer vertraulichen Sprache beginnen – die hätte, in der Vorwegnahme, Möglichkeiten versperrt, tatsächlich wieder zueinander finden zu lassen. Er bittet sie, um acht Uhr zu ihm zu kommen, Elfride habe «von allem Kenntnis», würde sie ebenfalls gern begrüßen, sei aber «verhindert» und außer Haus.[33]

Wie beschreibt Hannah Arendt den Abend? Sie kam von Jaspers, wo es «herrlich» war, «und ich hatte es nötig, wie sich herausstellen sollte».[34] «Denn von dort fuhr ich nach Freiburg, und» – wieder die

Fehlleistung des nichtgeschriebenen Namens – «erschien sehr bald im Hotel.» An anderer Stelle sagt sie, er habe, als er ihr Zimmer betrat, dagestanden «wie ein begossener Pudel».[35] «Wir haben, scheint mir, zum ersten Mal in unserm Leben miteinander gesprochen», meldet sie an ihren Mann. «Heute früh», fährt sie fort, also am 8. Februar, «kam es dann doch noch zu einer Auseinandersetzung mit seiner Frau – die macht ihm seit 25 Jahren, oder seit sie auf irgendeine Weise die Bescherung aus ihm rausgekriegt hat, offenbar die Hölle auf Erden. Und er, der doch notorisch lügt, wo er nur kann, hat eben offenbar, d.h. wie sich aus einem vertrackten Gespräch zu dritt ergab, nie in all den 25 Jahren geleugnet, dass dies nun einmal die Passion seines Lebens gewesen sei.» Triumph! Anders naturgemäß der Blick auf Elfride: «Die Frau, fürchte ich, wird solange ich lebe, bereit sein, alle Juden zu ersäufen.»[36]

Und wiederum anders klingt es am gleichen Tag bei Heidegger: «Meine Frau lässt Dich herzlich grüßen.» Eines wird aus seinem Brief deutlich: Was sich an diesem Mittwochmorgen des 8. Februar im Haus am Rötebuckweg abgespielt hatte, war mehr als ein «vertracktes Gespräch», es muss einer Katharsis geähnelt haben, die fällig gewesen war. Jede der beteiligten Personen wurde zur höchsten Klarheit über sich selbst und die anderen getrieben. Katharsis nicht im Schulsinne von «Furcht» und «Mitleid», sondern in dem weiteren einer dramatischen Erregung von Gefühlen, die eine Lösung der Spannungen ermöglicht und die Beteiligten erleichtert. Heidegger spricht poetisch: «Ein stilles Morgenlicht blieb, nachdem Du fortgefahren, in meiner Stube zurück.» Er ist jetzt allein. Von diesem Licht sagt er, seine Frau habe es «gerufen», aber Hannah habe «geholfen, es zu bringen». Er erwähnt einen «antwortend-lösenden Wiederstrahl», der aus dem *einen* Wort «vielleicht» von Hannah aufgeleuchtet sei – in welcher Situation es gefallen war, wissen wir nur aus Andeutungen. Elfride muss Hannah heftige Vorwürfe gemacht haben, deren «Ehrlichkeit und Eindringlichkeit» sie erschütterten. Jedenfalls öffnete das «vielleicht» Möglichkeiten und beendete nicht einfach eine Situation. Hannah Arendt geht noch weiter: «Aber ‹vielleicht› sagte ich aus einem plötzlichen Gefühl der Solidarität mit ihr heraus; und aus einer plötzlich aufsteigenden tiefen Sympathie.»[37]

In die Helle dieses Morgenlichtes, so Heidegger weiter, «trat *meine* Schuld des Verschweigens. Sie wird bleiben. Aber das Morgenlicht hat jetzt ein Dunkles fortgenommen, das über unserem frühen Begegnen und über dem Warten in der Entfernung lag.» In all den Jahren hat er an sie gedacht, belastet auch von einem Dunklen! Zum ersten Mal nimmt er eine Schuld auf sich, kein bloßes «Irren». Das Gespräch zwischen Hannah und Elfride führte, so sieht er es, «vom Missverstehen und Tasten zum Einklang der bemühten Herzen». Er hätte mit beiden Frauen offener sprechen müssen. «Dann wäre nicht nur das Vertrauen gewahrt gewesen, sondern die Wesensart meiner Frau wäre Dir deutlich geworden und all dies hätte uns geholfen. Jetzt ist jedoch der Augenblick gekommen, in dem dieses schwere Versäumnis nachgeholt und der Einklang lebendig wurde zu einem echten Wissen voneinander.» «Das Unversehene des gestrigen schönen Abends und des heutigen aufheyternden Morgens bleibt.» Es sei jäh gekommen wie ein Blitz, aber brauche eine lange Zeit, um «ausgetragen zu werden». Ihr Wiederkommen werde «das schönste sein; denn nun ist das Frühe und das Späte gleich rein ins Offene gebracht».[38] Dem Brief legt er ein Efeu-Blatt bei.

Man könnte meinen, Heidegger habe sich die Lage schönreden wollen. So ist es aber nicht. Denn am 9. Februar antwortet ihm Hannah Arendt (ohne Anrede) mit einem erhabenen, feierlichen Bekenntnis, in dem sie die schnodderige Sprechweise aus ihrem Brief an Blücher ablegt: «Dieser Abend und dieser Morgen sind die Bestätigung eines ganzen Lebens. Eine im Grunde nie erwartete Bestätigung. Als der Kellner Deinen Namen sagte (...), war es, als stünde plötzlich die Zeit still. Da kam mir blitzartig zu Bewusstsein, was ich vorher nicht mir und nicht Dir und keinem zugestanden hätte, dass

Heidegger schenkte Hannah Arendt beim ersten Wiedersehen diesen Postkartenabzug. Auf die Rückseite schrieb er: «H./Zum 6. Februar 1950/M.»

mich der Zwang des Impulses, nachdem Friedrich [der Romanist Hugo Friedrich] mir die Adresse gegeben hatte, gnädig bewahrt hat, die einzige wirklich unverzeihliche Untreue zu begehen und mein Leben zu verwirken.» Im Zwang des Impulses war die Gnade, nicht in Vernunft und Freiheit. Wieder ist da die einzigartige Gewissheit, dass zwischen ihnen etwas ist, das sich vom Leben niemals ablösen lässt – so wie er es ihr in seinem ersten Brief 1925 vorausgesagt hatte: «Sie werden fortan in mein Leben gehören».[39]

Im Nachklang dieser Tage, am 14. Februar, schreibt er an Elfride mit einer in dieser Korrespondenz ungewöhnlich feierlichen Anrede, die das Besondere der Situation auch für sie hervorhebt: «Meine liebe Frau! Ich danke Dir einfach, dass Du mir wieder hilfst.» Er habe die

Gewissheit, «dass ein Unzerstörbares zwischen uns waltet und bleibt. Durch mein Verhalten all die Jahre wurde es immer wieder schwer bedroht. Aber Du hast es immer wieder gerettet, und jedesmal wurde ich in das Bleibende dieses schmerzlichen Glückes zurückgebracht.» Er hat sich eine unlösbare Aufgabe gestellt, wie sich bald zeigen wird. Er muss Elfride die Sicherheit geben, dass er ihre Liebe und Ehe «trotz vielfachen gegenteiligen Anscheins nicht in der Dimension des bloß Praktischen oder gar Bequemen» begründet sieht. Sondern dass ihr «stetes Mitdasein bleibend eingeht in das, was an diesem Denken bleibend sein mag». Er sei sich bewusst, dass «jeder Handgriff u. Schritt nicht nur von Deinem Pflichtbewusstsein bewogen, sondern von der inneren Zugehörigkeit zu meinem Weg getragen ist». Dann jedoch kommt das «Aber», das «Andere», von dem er sofort versichert, es sei unzertrennlich «von der Liebe zu Dir u. von meinem Denken». «Ich nenne es Eros, den ältesten der Götter nach dem Wort des Parmenides.»[40] Tatsächlich heißt es in Fragment 13 von Parmenides: «Als ersten von allen Göttern ersann sie Eros.» «Sie» ist nach Fragment 12 «die Göttin, die alles lenkt», die vor allem «dem Männlichen das Weibliche schickt, dass es sich verbinde, und umgekehrt wieder / dem Weiblichen das Männliche».[41]

Typisch für Heidegger ist es, dass gleich wieder, zum dritten Mal auf den wenigen Zeilen, die Sprache auf sein Denken kommt, das stets die Mitte aller seiner Erwägungen bildet: «Der Flügelschlag jenes Gottes berührt mich jedesmal, wenn ich im Denken einen wesentlichen Schritt tue und mich ins Unbegangene wage.» Es ist etwas, das zu geschehen hat und ganz jenseits seiner Willensentscheidung liegt. Der Flügel des Eros «berührt mich vielleicht stärker u. unheimlicher als andere, wenn lang Geahntes in den Bezirk des Sagbaren herübergeleitet werden soll u. wenn doch noch auf lange Zeit das Gesagte in der Einsamkeit gelassen werden muss».[42]

Das ist der entscheidende Gedanke, mit dem er sich vor Elfride rechtfertigt: Eine neue Einsicht, ein anderes Wort kommt in den

Zeiten der erotischen Ergriffenheit. Wir haben bei Heidegger den Augenblick der Sprachkrise – das Intervall des Erzitterns zwischen dem «Sagbaren» und dem «Ungesagten», Geschwiegenen – kennengelernt, jetzt verortet er ihn und seine Überwindung in der Mitte seiner Existenz, in der erotischen Bannung. Vielleicht sind es vor allem diese Augenblicke – das hat er bisher verschwiegen –, die eine «Geschichtlichkeit» des Lebens stiften; sie sprengen das auf, was in «Sein und Zeit» die «Alltäglichkeit» genannt wurde. Die Wege des Denkens, heißt es in einer Aufzeichnung aus jener Zeit, «müssen stets den erfüllten Zauber einer ersten Begegnung erbringen».[43] Von der Lösung hängt für ihn *alles* ab, *das* ist es, was er Elfride hier mitteilt. «*Dem* rein zu entsprechen und doch das Unsere zu bewahren, dem Flug folgen und gut zurückzukehren, beides als gleichwesentlich u. gemäß zu vollziehen, das ist es, woran ich leicht versage u. dann entweder in die bloße Sinnlichkeit abgleite oder versuche, durch bloßes Arbeiten Unerzwingbares zu erzwingen.» Es muss ein anderes als das bloße Arbeiten da sein – das Spiel, «der Aphrodite Spiel», wie er es in einem Gedicht nennt, das er Elfride wenig später (wahrscheinlich zum Hochzeitstag) widmet. An sich aber weist er ihr den Bezirk von «Hera» zu, der exemplarischen (und ständig betrogenen) Gattin unter den Göttern.[44] Das ist eine Rolle, die ihr sämtliche emotionalen Kosten aufbürdet.

Heidegger liebte die Dichter, aber er hatte, als er Elfride kennenlernte, noch keine Sprache der Liebe, nur schwerfällig wusste er damals seine Gefühle verständlich zu machen. Hier offenbart er nun, dass er vom Wort als erotischem Ereignis etwas begriffen hat. Eingeführt aber hatte ihn in diesen Bezirk nicht Elfride, sondern seine Geliebte, Margot Prinzessin von Sachsen-Meiningen. Eine reine Wortfolge hören wir aus der Zeit ihrer Beziehung, die mit «*Gespräch und Zuspruch*» überschrieben ist und genau dies festhält: die Geburt des Wortes aus der Nähe der Liebe. «Der Wohllaut / die Süßigkeit / das Unbeholfene / das Zögernde / das plötzliche Klingen.»[45] Die

Stimme der Geliebten ist der Auslöser, ihr Wohllaut grenzt schon an den Gesang. Ihre Süßigkeit verspricht das Kommende, das aber nicht sofort kommen soll; alles wird ja nur schöner, wenn ein gewisser Widerstand überwunden werden kann, der sich hier als Unbeholfenheit und Zögern des Sprechens zeigt. Aber dann klingt es, plötzlich.

Heidegger hat Feinheiten des Liebesspiels entdeckt, die ihm vorher, wenn nicht unbekannt, so doch niemals thematisch in seinem Denken waren. Nicht dass er direkt wie ein Freudianer von der Sexualität reden würde, aber sie ist gemeint, wenn es heißt: «Das Rätsel des Lebens und das Geheimnis der Sprache ruhen einfach geschieden in der selben Wiege des Seyns, die das Denken jetzt das Ereignis nennt.» Das gehört zu dem Konvolut «Die Geburt der Sprache», im Untertitel «Ein Entwurf einer Ahnung», das «Frau Margot von Meiningen zum Geburtstag 1945» gewidmet ist – da wurde sie vierunddreißig Jahre alt. Schon das Wort «Geburt» zeigt, das etwas geschehen ist; früher wäre vom «Ursprung» oder vom «Anfang» die Rede gewesen. Ahnung ist etwas Vorläufiges, Unabgeschlossenes. Das Leitwort dieser Abhandlung ist «Huld», es meint, nach dem Grimmschen Wörterbuch, «die geneigte gesinnung der geliebten gegen den geliebten», auch das «freundliche des äuszern, anmut der erscheinung». In der Nähe steht das Wort «hold», «freundlich, geneigt, liebend», Goethe übersetzt «Grazie» mit «die Holde». Alles Schöne, sagt Heidegger in dieser Abhandlung, «ist stets nur der Abglanz des Holden».[46]

Die Huld nun stiftet «das Wesen des Wortes. / Die Stille der Huld ist der wiegende Schooß des Ereignisses». Höher kann Heidegger nicht greifen: Er versucht, sein Denken des Ereignisses in einer Sprache des Eros neu zu sagen. Und so fragt er: «Entspringt das Wort selbst dem Spiel des huldsamen Denkens?» Das jedenfalls war es, was er in dem großen Brief an Elfride angedeutet hatte. Auch das Geschlecht müsse seinem Wesen nach «aus dem Ereignis» und nicht aus der Biologie verstanden werden. «Das Gedächtnis der Tiefe zu sein, ist das Menschenwesen des inständig einzigen Weibes. / Das Gedächtnis der Höhe zu sein, ist das Menschenwesen des inständig einzigen Mannes.» Diesem libidinösen Dualismus entspringt ein kognitiver Prozess: «Die Tiefe erstaunt die Höhe. / Die Höhe ersinnt die Tiefe.» «Das Denken ist erstaunt durch die erstaunende Tiefe.» Weil Staunen von alters her die Stimmung der Philosophie ist, ist die stets neue Begegnung des Mannes mit dem «Weibe» die Voraussetzung von Wort und Gedanke. Zwischen der Tiefe und der Höhe ereignet sich die Sprache: «Er winket die Höhe zum Grüßen der Tiefe. / Sät aus der Höhe den Samen des Wortes. / Bringt aus der Tiefe sein Reifen zur Sage.»[47] So lautet die seinsgeschichtliche Begründung seines Fremdgehens.

Am 2. März 1950 kam Hannah Arendt wieder nach Freiburg. Da geschah, schreibt ihr Heidegger im Mai, «‹die Mitte›, die das Gewesene in das Währende brachte. Zeit versammelte sich in die vierte Dimension der Nähe, als sollten wir unmittelbar aus der Ewigkeit heraus – und in sie zurückkommen. Ob es wirklich sei, fragtest Du. Ach – auch das Seyn war durchschritten.» So redet man von mystischen Erfahrungen. Von dem «Wunder, das geschah», hatte er Arendt am 12. April geschrieben. Das «Ach» ist ein Unaussprechliches und mehr noch ein Hinweis auf alles, was Liebenden zustoßen kann. Das Gedicht «Sprache», das er ihr mit vier anderen im Mai 1950 schickt, geht diesen Bedeutungsnuancen nach: «‹Ach!› / Du Wink der Wonne, / Laut des Leides, / Einfalt ihrer Innigkeit, / Riss der Stille, / Frühste Fuge nächster Nähe (…) Du ‹Ach!› / Des Ungesprochenen ärmste Sage, aber Hort dem Wort: / die erste Antwort / und die letzte Frage.»[48]

«Ach» ist eine Interjektion. Mit den Interjektionen hatte sich Heidegger in seiner Habilitationsschrift über die «Kategorien- und Bedeutungslehre des Duns Scotus» auseinandergesetzt: Man könne zunächst vermuten, dass ihnen keine «selbständige Bedeutungsfunktion» zukomme, dies sei aber ein Irrtum: Ihr Bedeutungsgehalt stellt «immer Gemütsbewegungen» dar und sie haben folglich einen «Bezug zu *emotionalen Akten*».[49] Mit «Ach Du! Vertrauteste» beginnt der unmittelbar auf das Gedicht folgende Brief an Arendt.[50] Gedanken seiner eigenen Frühzeit begegnen ihm wieder, er kann sie sich aneignen; die Wiederbegegnung mit Hannah Arendt hat ihn befreit, gelöst.

Heidegger weiß nun, wie man eine Beziehung zum Klingen bringen kann. Und wenn es ihm gelingt, Hannah Arendt wiederzugewinnen, dann deshalb, weil er Klänge um sie zaubert. Er findet Töne, die auch sie zum Schwingen bringen. Seinen Brief vom 19. März lässt er beginnen mit dem bloßen Hinweis: «Bach, 3. Brandenburgisches Konzert / 2. Satz. Allegro», den vom 12. April mit «Beethoven. Opus 111. / Adagio, Schluss». Sie hatte ihm die Platte geschenkt, Opus 111 ist Beethovens letzte Klaviersonate. Für Hannah Arendt schreibt Heidegger den Gedichtzyklus «Sonata sonans», zu Deutsch: das klingende Klangwerk. «Im Erklingen / lässt der dunkle Ton / sich hell verschwingen / in das frühste Schon / in das längste Dann, / daran Eins das Andere gewann, / aus dem Selben fern entrückt / in das Selbe, nah verzückt / zum fernher sanften Finde-Kuss: / der Innigkeiten Überfluss.» So das erste Gedicht des Zyklus, das ebenso in den Kuss mündet wie das letzte, unbetitelte, allerdings wie noch vier andere mit «*Nur Dir*» überschrieben: «Und so nenn' es, / Du Vertraute, / *Dir* / in Deinem Herzen. // Dann verbrenn' es / *mir* / der's schaute, / zwischen zweien Kerzen. // *Uns* der Kuss der Nähe / aus dem Guss der Jähe.»[51]

Das Wiedersehen wurde zu einer der großen Glückserfahrungen seines Lebens. Sie schenkt ihm im Spätherbst noch eine Schallplatte, es muss sich um ein Quartett gehandelt haben, Heidegger schreibt: «Es ist schön, wie Du dann immer besonders nah bist, wenn diese großgedachten Klänge durch meine Stube ihre Wellen schwingen lassen.» An seinem Fenster steht jetzt ein Plattenspieler, «so können

Deine Platten erst zum vollen schönen Klingen kommen». Für einen Augenblick ist seine Technik-Ferne suspendiert, wenn er fortfährt: «‹Das Gestell› ist schon eine rätselhafte Sache.»[52] Diese Dimension fehlt in Hannah Arendts Korrespondenz mit Jaspers völlig, dort geht es diskursiver, moralischer, begrifflicher und politischer zu. Dafür gibt ihr Jaspers etwas Prosaisches, das Heidegger ihr lange versagte: Seine Anerkennung als Denkerin, in den fünfziger Jahren vor allem als Theoretikerin der Politik.

In Heidegger aber hat sie eine Klangwelt geweckt. Und im Gedicht kann er manche Wahrheit ergreifend sagen, die ihm in der Prosa nicht gelingen will. Unter dem Titel «November 1924» schickt er ihr am 11. März 1950 eine Erinnerung der Anfänge mit großer, bei ihm unerhörter Selbsteinsicht: «Stürzte aus entzogenen Gnaden / nur die eine mir noch zu! / dass auf allen künftigen Pfaden / bis ins Herz der reinen Ruh / immer wahrer ich bereue – / mir erneue jene kindlich Scheue / deren Blick Vertrauen klagte, / ahnend dann, wie ich versagte.»[53]

Vor allem das *eine* Wort «Du» ist es, das er auf seinen Klang hin hört, in ihm sammelt sich seine ganze Liebe. «Alles ist uns neu geschenkt», schreibt er ihr am 13. März: «Ich wusste dies, als ich Dir am 6. Februar wieder gegenüber stand und ‹Du!› sagte.» «DU» ist der Titel eines Gedichts, das er ihr im Februar geschickt hatte: «Wurf der Flamme, / Frühgefreyte! / Dies das Tor, an dessen Tiefe / jäh empor / zur stillen Weite / – dass Es riefe – / Wiederfinden sich verlor.» Mit den Worten «Du – Hannah – Du» schließt sein Brief vom 4. Mai (ebenso der vom 27. Juli), mit «Ach Du!» beginnt der nächste vom 16. Mai. Diesem Brief war ein separates Blatt beigelegt: Mit «*Dir* / Du – Hannah» beginnt es. Sie sei das «*eigentliche* ‹Und›» zwischen Jaspers und ihm. «Es ist schön, ein ‹Und› zu *seyn*. Aber es ist das Geheimnis der Göttin. Es ereignet sich *vor* aller Kommunikation. Es klingt aus dem tiefen Ton des ‹U› im ‹DU› –»[54]

Gerade in jener Zeit häufen sich die Aufzeichnungen über Sprache und Klang in den «Schwarzen Heften», und kaum ist zu entscheiden, ob er durch Hannah Arendts Nähe dazu angeregt wurde, oder ob diese Gedanken ihm erst die Nähe ermöglichten. «Die Stimme der Stille bringt das Gespräch der Sprache in seinen Klang. / Der Klang ist Einklang aus dem Ver-Hältnis. / Das Erklingen der Stille bringt den Ton der Erde ins Schwingen. (...) Der Klang lässt erklingen das Spiel in das Schwingen des Spiegelns. / Der Klang ist das Spiegel-Spiel von Welt.» «Der Klang fügt die Gebärde des Gesprächs.»[55]

Zu der Sprache der Klänge tritt die der Blumen. Die Silberdistel, die vor der Todtnauberger Hütte wächst, wird Heidegger zum Symbol. Zum Geburtstag schickt er Arendt Anfang Oktober eine von seiner Wiese, mit der er sich in ihre Nähe phantasieren kann. «Du sollst sie, wenn der Raum es zulässt, an einem seidenen Faden an die Decke über Deinem Ruhebett hängen. Sie spiegelt Dir von dort die Sonne wieder. Beim leisesten Hauch kommt sie ins Schweben und Drehen. Zuweilen bei trübem Wetter verschließt sie sich. Alles Gedenken und Grüßen ist in ihr. Wir hoffen nur, dass sie unversehrt im rechten Augenblick zu Dir gelangt.» An Stellen wie dieser merkt man, wie um 1950 Freude noch aus sehr einfachen Dingen kommen konnte. Es sind solche Verhältnisse, die Heideggers Denken geprägt haben. Nicht der finanzielle Aufwand adelt das Geschenk, sondern die sorgfältige Wahl: «Es war schon schwer», schreibt er ihr, «in diesem September, der nass und stürmisch und kalt war, eine schöne und Dir gemäße Distel zu finden. Sie soll alles in sich bergen und Dich täglich grüßen als ein Gewachsenes in der Nähe meines Denkens.»[56]

Behutsam versucht sie, ihm Themen aus ihrer Welt nahezubringen. Sie schickt ihm Kafka-Bände, die er als «großes Geschenk» annimmt: «Ich habe nur erst neugierig geblättert und merkte dabei, dass es eine große Arbeit sein wird, wirklich zu lesen.»[57] Weiter kommt diesmal von ihm keine Reaktion, erst 1967 wird er sich deutlicher über ein von ihr zugeschicktes kurzes Kafka-Prosastück äußern.

Es kam im Frühjahr 1950 auch zu sehr ernsthaften philosophischen Auseinandersetzungen. Da war zum einen das Gespräch «auf einem Gang ins Waldtal von der Sprache», das Heidegger am 16. Mai erwähnt und an das er noch Jahrzehnte später zurückdenkt. Unmittelbar darauf folgt der Satz: «*Du hast recht mit Versöhnung und Rache.* Ich denke viel darüber nach. In all diesem Denken bist *Du* so nah.»[58] Im Juni notiert Hannah Arendt Gedanken dazu, die vielleicht aus diesen Gesprächen stammen: Die Versöhnung zwischen den Völkern habe eine «unbarmherzige Grenze (...) – nämlich an dem, wovon man sagen muss: Dies hätte nie geschehen dürfen. Dies hatte Kant im Auge, als er die Regeln für den Krieg formulierte, in dem keine Handlungen vorkommen dürften, die einen späteren Frieden zwischen den Völkern unmöglich machen würden. / Das radikal Böse ist das, was nicht hätte passieren dürfen, d.h. das, womit man sich nicht versöhnen kann.»[59]

Davon muss jedenfalls eines ihrer Gespräche gehandelt haben, das Heidegger im April in einem Brief erwähnt.[60] Er hatte ihr sein Manuskript «Das Wesen der Macht» mitgegeben, in dem sich Gedanken über Macht und Verbrechen finden. Sie umkreisen eine Macht, die außerhalb von Sittlichkeit, Recht und Sitte «machtet». Ihr entsprechen die «großen Verbrecher». Nach sittlich-rechtlichen Maßstäben seien sie nicht zu beurteilen, auch «gibt es keine Strafe, die groß genug wäre, solche Verbrecher zu züchtigen. Jede Strafe bleibt wesentlich hinter ihrem Verbrecherwesen zurück.»[61] Heidegger bekennt nun Arendt gegenüber, er habe damals – um 1940 – «das noch nicht gesehen, was Du mit dem ‹radikal Bösen?› andeutest».[62]

Wie auch immer das Gespräch im Einzelnen verlaufen sein mag: Die Überlegung über das nicht zu Versöhnende muss, ausgesprochen oder nicht, beiden gegenwärtig gewesen sein. Von der Geste der Verzeihung nahm Hannah Arendt an, dass sie die Gleichheit und damit das Beziehungsfundament zerstöre. «Verzeihung zwischen Menschen kann nur heißen: Verzicht, sich zu rächen, schweigen und vorübergehen, und das heißt: der grundsätzliche Abschied – während Rache immer nah am Anderen bleibt und die Beziehung gerade nicht abreißt.» Versöhnung sieht sie als ein Drittes, ganz anders Geartetes: Sie habe ihren Ursprung «im Sich-abfinden mit dem Geschickten. (...) Mit dem Geschickten, weil es sich als Schicksal zeitlich auseinanderlegt, muss ich mich immer erst versöhnen, während ich mich mit dem Gegebenen, auch mit mir selbst, sofern ich auch mir gegeben worden und nicht von mir selbst gemacht worden bin, ein für allemal abfinden muss.»[63]

Wir haben es mit verschiedenen Freiheitsgraden und Bearbeitungsformen zu tun. Versöhnung nimmt dem anderen einen Teil seiner Last ab, dieser Akt «stellt Gleichheit wieder her. Dadurch ist Versöhnung das genaue Gegenteil der Verzeihung, die Ungleichheit herstellt.» Versöhnung ist ein Akt der Freiheit: Das, was der andere getan hat, wird zu etwas, «was mir nur geschickt ist, das ich akzeptieren kann oder dem ich, wie jeder Schickung, aus dem Wege gehen kann».[64] Etwa in diesen Bahnen mag sich das Gespräch bewegt haben, von dem Heidegger dann sagte, er denke «viel darüber nach». Eine Spur jedenfalls, die auch die Schwere dessen anzeigt, was da zwischen beiden zu bearbeiten war, findet sich in einem Gedicht bald danach: «Dein – aus Schmerz erblitzter / Nähe – großgestöhntes, / im Vertrautesten Versöhntes / ‹Ja!› / bleibt da.»[65]

1952 kommt es zu einer Distanzierung; auf mehr als anderthalb Jahrzehnte sollten sich Heidegger und Hannah Arendt nicht mehr sehen. Am 6. Juni meldet sie an Heinrich Blücher: «Freiburg hat mit erneuten Szenen der Dame geendet; ich weiß nicht recht, was ich machen soll.»[66] Sie besucht Heideggers Vorlesung «Was heißt Denken?», die viel später für sie so wichtig werden sollte: «Das Kolleg war wieder großartig», schreibt sie Blücher, «obwohl er absolut nicht in Form war und schlecht las. Sein Sohn, mit dem ich in der Vorlesung war, bemerkte nachher: ja, hier weht eine ganz abstrakte Luft. (...) Hat offenbar Angst vor dem Moment, da die Söhne aus dem Haus gehen und die Frau ihren einzigen Lebensinhalt verliert. Denn *er* sei immer erst in zweiter Linie gekommen – daher hat er seine Ruhe gehabt. Dies aber beginnt sich jetzt zu ändern, weil es absehbar ist, dass die Söhne weggehen. Diese ganze Geschichte ist wirklich eine Tragödie. Denn während sie nicht weiß, was sie tun soll, und einfach bösartig wird, liegen in Meßkirch ca. 50000 ungetippte Seiten, die sie in all den Jahren bequem hätte tippen können.»[67]

Offenbar hatte Heidegger Hannah Arendt indiskret (und illoyal seiner Frau gegenüber) Einzelheiten seines Ehelebens mitgeteilt. Sie ihrerseits wird die Verachtung, die sie gegenüber Elfride empfand, kaum kaschiert haben. «Wenn ich mir vorstelle, dass er in dies Milieu zwangsweise zurückfällt, sobald die Produktivität aussetzt, wird mir einfach schwindlig», schrieb sie an Blücher. Zweieinhalb Jahre zuvor hatte sie ihm geschrieben: «Sie ist leider einfach mordsdämlich.»[68] Zu spüren sind solche missgünstigen Schwingungen sowieso. Wie immer man über Elfride Heidegger denken mag: Diese Situation konnte sie aus Gründen der Selbstachtung nicht länger dulden. Heidegger, erkältet, schreibt am 5. Juni an Hannah Arendt: «Auch sonst fühle ich mich müd. / Es ist gut, wenn Du jetzt *nicht schreibst* und auch *nicht vorbei* kommst. Es ist alles *schmerzlich und schwierig.* Aber wir müssen es tragen.»[69] Da er zu dieser Zeit auch eine Liebesbeziehung zu Sophie Dorothee von Podewils hat, von der seine Frau weiß, drohen ihm die Dinge über den Kopf zu wachsen. An Elfride schreibt er, gleichfalls im Juni, aus Meßkirch: «Ich denke stets an alles. Ich werde doch noch auf den Weg finden. Ich bitte Dich um Deine Langmut.»[70]

Im November 1952 notiert Hannah Arendt, ihre Enttäuschung über den Ausgang des Besuchs verarbeitend, in ihrem Denktagebuch: «Wie immer man es ansieht, fraglos ist, dass ich in Freiburg in eine Falle gegangen (und *nicht* geraten) bin. Fraglos aber ist auch, dass Martin, ob er es weiß oder nicht, in dieser Falle sitzt, in ihr zu

Hause ist, sein Haus um die Falle herum gebaut hat; sodass man ihn nur besuchen kann, wenn man ihn in der Falle besucht, in die Falle geht. Also ging ich ihn in der Falle besuchen. Das Resultat ist, dass er nun wieder allein in seiner Falle sitzt.»[71] Angesichts des vorhergegangenen Debakels ist es naheliegend, in der «Falle», in die sie sehenden Auges hineingegangen war, eine Chiffre für Heideggers Ehe zu vermuten. Im Dezember schreibt ihr Heidegger einen ausführlichen, aber völlig unverbindlichen Brief, mit politischen Gedanken gewürzt, die aber auch nicht wirklich fassbar werden. An Jaspers meldet sie deshalb am 29. Dezember 1952 nur knapp: «Von Heidegger hörte ich nach langem Schweigen.»[72]

1953 muss sie ihm zu Geburtstag gratuliert haben, er dankt mit der Versicherung, «eine große Freude im Stunden- und Tages-Gang steten Erinnerns» erhalten zu haben. Die großartige Glut von 1950 ist erloschen, sie konnte im Medium des Briefs nicht dauern. Zu Weihnachten schickt sie ihm zwei Bilder, von denen man nichts Näheres weiß. Er ist erfreut, sie seien «in ihrer Weise echt und ausgezeichnet».[73]

Im Sommer 1953 schreibt Hannah Arendt die «wahre Geschichte von dem Fuchs Heidegger».[74] Es ist eine Art Tierfabel, ein wenig an Kafkas Geschichte «Der Bau» erinnernd, boshaft und höhnisch-mitleidig. Wie sie früher Todtnauberg mit einem Mauseloch verglichen hatte, so vergleicht sie die jetzige Lage Heideggers mit einem Fuchsbau, der aber eine Falle ist, in der der Erbauer selbst sich verfangen hat. Er hatte nämlich, nachdem er vielmals in Fallen gelaufen und sein Fell schon beschädigt war, beschlossen, «sich von der Fuchswelt ganz und gar zurückzuziehen». Er schafft sich eine eigene Falle als Fuchsbau und setzt sich hinein. Aber keiner sonst geht in die Falle. So schmückt er sie aus, dergestalt aber, dass jeder sah, dies ist «die schönste Falle der Welt». Nun besuchen ihn viele, gehen ein und aus, nur er selbst ist darin gefangen. «Der fallen-bewohnende Fuchs aber sagte stolz: So viele gehen in meine Falle, ich bin der beste aller

Füchse geworden. Und auch daran war etwas Wahres: niemand kennt das Fallenwesen besser, als wer zeitlebens in einer Falle sitzt.»[75]

Macht sie die Gegenrechnung auf zu seiner Abhandlung «Bauen Wohnen Denken»? Der Fuchs ist schlau, und Heidegger muss ihr irgendwann sehr stolz gesagt haben: «Die Leute sagen, der Heidegger ist ein Fuchs.» Der Fuchs aber ist in gewisser Weise geistesgestört. Es gebricht ihm an Klugheit in ganz absurdem Maß, indem er den Unterschied von Fallen und Nicht-Fallen nicht mehr erkennt, in diesem Punkt ist er von einer geradezu «haarsträubenden Unkenntnis». Andererseits besitzt er durch seine Missgeschicke eine große Erfahrung mit Fallen und fasst deshalb den «ganz neuen und unerhörten Gedanken» vom Bau als Falle, die aber nur für ihn passt. Dieser Fuchs verkennt ständig die Lage. Er kann «nicht wahrnehmen», er ist schlau in einem nur jeweils punktuellen Sinn, ihm fehlt die Urteilskraft, er ist kommunikationslos, und so führt ihn seine Intelligenz in die endgültige Gefangenschaft, auf die er am Ende stolz ist.[76]

Herzlicher wird es erst wieder 1954. Hannah Arendt nimmt Anteil an der Übersetzung von «Sein und Zeit» ins Englische. «Es wäre natürlich eine großartige und weittragende Sache», schreibt Heidegger ihr am 21. April, «wenn der Übergang meines Denkens in die angelsächsische Sprachwelt durch *Deinen* überprüfenden Blick hindurch ginge und von ihm überwacht würde.» Auch ihre Antwort ist durchaus herzlich: «Martin – / Dein guter Brief, der mich so verblüfft hat. (…) Du weißt, hoffe ich, dass Du mir schwerlich eine größere Freude hättest machen können. (Damit kommt, wenn es gelingt, etwas in die Reihe, was schon sehr früh nie recht in Ordnung war, und sich dann natürlich noch erheblich komplizierte).» Sie habe schon früher an etwas dieser Art gedacht, aber ihn nicht in die Verlegenheit bringen wollen, mit fadenscheinigen Ausreden wie «in der Philosophie nicht hinreichend bewandert» ablehnen zu müssen.[77]

Die Frage, ob Heidegger bereit ist, sie als eigenständige Denkerin und nicht nur als Schülerin anzuerkennen, beschäftigt Arendt sehr; eben dies ist der Punkt, der «nie recht in Ordnung war». Sie hat Zweifel, wie der Brief belegt, und tatsächlich musste die Art und Weise verletzen, in der Heidegger ihr seine Arbeiten in steter Folge zugesandt, aber über ihre sich bislang nur unverbindlich geäußert hatte. 1951 waren die «Origins of Totalitarianism» erschienen, auf deutsch 1955 unter dem Titel «Elemente und Ursprünge totaler Herrschaft» veröffentlicht. Sie hatte ihm das Buch angekündigt, er versprach in der Antwort, er werde «trotz der ‹Gegenständlichkeit› und meines unzureichenden ‹Englisch› hineinsehen».[78] Das war an sich schon mager genug, aber auch von diesem wenigen hörte man nie wieder etwas.

Wenn sie anderen gegenüber als seine Anwältin auftritt, schmeichelt sie ihm. Heidegger mag geahnt haben, dass er ihr eine Sicherheit der Anerkennung geben muss, und er versucht es auch: Er wünsche ihr *die* Arbeit, schreibt er ihr im Oktober 1954, «die Dich aus dem Innersten erfüllt», und im Dezember 1959: «Möchtest Du Freude haben an Deiner Arbeit.» Nicht zum ersten Mal erwähnt er (und er wiederholt es später), dass er «den Gesprächen über Sprache noch nachgehangen» habe.[79]

1960 erscheint ihr Buch «Vita activa oder Vom tätigen Leben». Dazu notiert sie auf einem Zettel: «Die Widmung dieses Buches ist ausgespart. / Wie sollte ich es Dir widmen, / dem Vertrauten, / dem ich die Treue gehalten / und nicht gehalten habe, / Und beides in Liebe.» Sie schickt diese Nicht-Widmung nicht ab, die Heidegger vielleicht, indem sie mit dem Wort «Liebe» endet, hätte beantworten können. Was sie ihm schreibt, ist stattdessen dies: «Du wirst sehen, dass das Buch keine Widmung trägt. Wäre es zwischen uns je mit rechten Dingen zugegangen – ich meine *zwischen*, also weder Dich noch mich –, so hätte ich Dich gefragt, ob ich es Dir widmen darf; es ist unmittelbar aus jenen ersten Freiburger Tagen entstanden und schuldet Dir in jeder Hinsicht so ziemlich alles. So wie die Dinge liegen, schien mir dies unmöglich; aber auf irgendeine Weise wollte ich Dir doch wenigstens den nackten Tatbestand sagen.»[80]

Darauf war nun kaum zu antworten. Die Korrespondenz ruht für fast fünf Jahre. 1961 schrieb sie ihm – wie wir aus ihrem Briefwechsel mit Jaspers wissen – sie sei «dann und dann da, er könne mich erreichen. Er meldete sich nicht.» Bei einer Einladung in Freiburg, zu der auch Heideggers und Husserls Schüler Eugen Fink, inzwischen Professor für Philosophie und Erziehungswissenschaft, gebeten worden war, sagte dieser ab, und zwar, wie Hannah Arendt zu wissen glaubt, «unter deutlichstem Hinweis auf Heidegger, der es ihm offenbar verboten hatte».[81] Arendt eröffnet Jaspers den für sie entscheidenden Aspekt: «Meine Erklärung – wenn man einmal die Möglichkeit irgendeiner Klatscherei außer acht lässt – ist, dass ich ihm zum ersten Mal im vorigen Winter eines meiner Bücher habe zukommen lassen, und zwar die ‹Vita activa›. Ich weiß, dass es ihm unerträglich ist, dass mein Name in der Öffentlichkeit erscheint, dass ich Bücher schreibe, etc. Ich habe ihm gegenüber mein Leben lang gleichsam geschwindelt, immer so getan, als ob all dies nicht existiere und als ob ich sozusagen nicht bis drei zählen kann, es sei denn in der Interpretation seiner Sachen; da war es ihm immer sehr willkommen, wenn sich herausstellte, dass ich bis drei und manchmal sogar bis vier zählen konnte. Nun war mir das Schwindeln plötzlich zu langweilig geworden, und ich habe eins auf die Nase gekriegt. Ich war einen Augenblick lang sehr wütend, bin es aber gar nicht mehr. Bin eher der Meinung, dass ich es irgendwie verdient habe – nämlich sowohl für Geschwindelthaben wie für plötzliches Aufhören damit.»[82]

Daran ist etwas Wahres, der Punkt von Hannah Arendts höchster Empfindlichkeit ihrem alten Lehrer gegenüber ist bezeichnet und sein Verhalten treffend analysiert. Und doch ist dieser Brief auch nicht ganz wahr, weil er die Kränkung nicht erwähnt, die Heidegger durch die gleichzeitig thematisierte und verweigerte Widmung empfunden haben musste. 1964 gratuliert sie ihm zum fünfundsiebzigsten Geburtstag; da er über ihre Adresse im Ungewissen ist, dankt er ihr erst im darauffolgenden April und schließt mit der Bemerkung: «Ich denke noch oft an unser Spaziergangsgespräch über die Sprache.»[83] Es liegt anderthalb Jahrzehnte zurück. Sie soll wissen, dass er sie nicht vergisst, keine Einzelheit.

32. KAPITEL

Münchner Akademie und Bremer Gesellschaft

Heideggers Wirksamkeit war bisher weitgehend auf die akademische Welt beschränkt, sie spielte sich in der Universität ab, in der Lehre, selbst im mondänen Davos blieb man unter Philosophen. Im Jahr 1950 wird diese Wirksamkeit ein gesellschaftliches Ereignis. In der Bayerischen Akademie der Schönen Künste steht sein Vortrag «Das Ding» auf dem Programm. Heidegger ist umstritten, man debattiert im Stadtparlament, ob man die Sache nicht irgendwie absagen könne, ein Redner nennt ihn den «einstigen Steigbügelhalter des Naziregimes».[1] Wir hören von Versuchen des Kultusministeriums, die Veranstaltung «durch zähes Widerstreben, Intrige, Entstellung, ja Drohung» zu verhindern.

In das Prinz-Carl-Palais in der Münchner Prinzregentenstraße kommen an einem heißen 6. Juni mehr als dreihundert Menschen, die überregionale Presse berichtet. Heideggers Freund Petzet weiß von einem Augenblick, als «eine von Neugier getriebene Menge den Saal der Akademie einfach stürmte; auf Stufen und Stühlen, in Nischen und Gängen drängten sich die Menschen, das mit Einladungskarten schon im Saal sitzende Publikum einkeilend».[2] Die Katholiken waren gespalten, es gab scharfe Ablehnung, aber auch interessierte Benediktiner und Jesuiten. Von diesen klerikalen – «schwarzen» – Reaktionen berichtet Heidegger in Andeutungen an Hannah Arendt: «Der Vortrag über das Ding war am 6. Juni in München; ich bin da etwas in die Höhle des bayrischen Löwen getreten, der im Unterschied zu den sonstigen Löwen ein schwarzes und außerdem sehr dickes Fell hat. Mit den überzähligen Sinnen spürte ich sogleich das Uneinheitliche und Beleidigte der Atmosphäre; zum Glück war auf meine besondere Bitte die Jugend mit da. Am Abend war im kleinsten Kreis ein gutes Gespräch; ich saß zwischen Orff und Guardini, gegenüber Max Pulver, der sich noch lebhaft an ein Gespräch in Zürich 1935 erinnerte.»[3]

In der «Zeit» vom 15. Juni berichtete Curt Hohoff: «Der kleine zierliche Mann, mit dem Gesicht eines französischen Weinbauern, las unter atemloser Stille seine Sätze von großen Blättern mit klarer Stimme ab. Der Bann der Persönlichkeit lag auf allen Gästen, einschließlich der – auf des Philosophen besonderen Wunsch – geladenen jungen Studenten.»[4] Anwesend war die kulturelle Prominenz: die Dichterin Ilse Aichinger und ihr späterer Mann Günter Eich, der 1959 den Georg-Büchner-Preis erhalten sollte, Carl Friedrich von Weizsäcker und der Nobelpreisträger Werner Heisenberg, Ernst und Friedrich Georg Jünger. Als Heidegger auf das «Geviert» von Erde und Himmel, dem Göttlichen und den Sterblichen zu sprechen kommt, verlässt ein anwesender Staatssekretär demonstrativ den Saal.

Den Vortrag «Das Ding» hatte Heidegger erstmals ein halbes Jahr zuvor im exklusiven Club zu Bremen gehalten, zusammen mit drei anderen: «Das Ge-stell», «Die Gefahr» und «Die Kehre». Dieser Kontext ist für das Verständnis entscheidend, und deshalb liest er auch «Die Kehre», einer Einladung Sophie Dorothee von Podewils' zu sich aufs Land folgend, am Tag nach dem Münchner Vortrag erneut, wieder vor einem kleinen Kreis.[5] Als er 1953 ein weiteres Mal nach München kommt und im Rahmen der Akademiereihe «Die Künste im technischen Zeitalter» über «Die Frage nach der Technik» spricht, nimmt er den Gedanken vom «Ge-stell» wieder auf. Zur Vorbereitung spricht er, wiederum in kleiner Runde, über «Wissenschaft und Besinnung». Nur in ihrem argumentativen Zusammenhang sind die Gedanken des Vortrags «Das Ding» wirklich verständlich – ansons-

Der gesellschaftliche, nicht mehr nur akademische Ruhm: Werner Heisenberg (stehend), Ernst Jünger und Martin Heidegger in der Bayerischen Akademie der Schönen Künste.

ten hört man (wie der «Zeit»-Berichterstatter Curt Hohoff) weiter nichts als eine «höchst erstaunliche grammatische Art, nämlich in Stab- und Schlussreimen» zu sprechen, «was innerhalb seiner These der Zugehörigkeit und des Spiegelspiels des (ge)ringen Gevierts der sich entringenden Dinge eine immanente Logik hat, einen Teil des Publikums aber weit hinter sich ließ».[6]

Worum es in dem Vortrag geht, das sind die unterschätzten Bedeutungspotentiale einer in der Lebenspraxis begegnenden Welt –

unterschätzt sind sie systematisch durch die Ansprüche der Wissenschaft, die Welt verbindlich erklären zu können, und den das Leben der Industriegesellschaft beherrschenden Zusammenhang von Wissenschaft und Technik. Keineswegs sind Heideggers Ausführungen naiv-kulturkritische, borniert-konservative Wissenschafts- und Technikkritik (dann hätten Heisenberg und Weizsäcker nicht zu kommen brauchen); ebenso wenig sind sie ein bloßes Wortgeklingel und missglücktes Reimen über das «Spiegel-Spiel» der Dinge (dann wären Ilse Aichinger und Günter Eich fehl am Platz gewesen). In dem Vortrag über «Das Ding» betreibt Heidegger vielmehr eine Art entgrenzter Phänomenologie der Lebenswelt als Alternative zum Szientismus. Er will den impliziten, unausgesprochen bleibenden Reichtum des schlichten Weltumgangs, der durch das Erklärungsmonopol der Wissenschaften verdeckt wird, zum Thema machen. Das motiviert seine Kritik an der Technik und an einseitig szientistischen Unternehmen, die ihm zufolge mit Erklärungen die alltäglichen latenten Sinnstrukturen verstellen. Daher auch Heideggers Abbau theoretischer Vorannahmen, den man bereits in der ersten uns bekannten Vorlesung von 1919 beobachten kann.

Eine eigentümliche Ruhe liegt über der Szene, als nun ein Krug beschrieben wird. Der Krug ist leer. Nein, sagt die Wissenschaft, der Krug «sei mit Luft angefüllt und mit alldem, was das Gemisch der Luft ausmacht». Hatte man sich durch eine «halbpoetische Betrachtungsweise» täuschen lassen? «Den Krug füllen, heißt, wissenschaftlich gesehen, eine Füllung gegen eine andere auswechseln.» Nun der phänomenologische Gegenzug: Die Wissenschaft weiß nichts von einem mit Wein gefüllten Krug, sie kennt nur einen Hohlraum, «in dem sich Flüssigkeit ausbreitet. Die Wissenschaft macht das Krug-Ding zu etwas Nichtigem, insofern sie die Dinge als das maßgebende Wirkliche nicht zulässt.»[7]

Heidegger scheut sich nicht, die Bedeutungspotentiale des Krugs maximal auszuschöpfen. Mit Staunen findet man sich, statt in der

Wissenschaft, in einem kosmischen Schauspiel wieder, das seinen eigenen Mythos zwanglos hervorbringt. «Wir ließen», sagt Heidegger von dem bisher diskutierten wissenschaftlichen Vorstellen, «die Leere des Kruges nicht *seine* Leere sein.» Der Krug fasst, indem er nimmt und behält. Vom Ausgießen ist der Krug als Krug «abgestimmt». Damit ist das Ding in einer Szene der Gabe situiert: «Ausgießen aus dem Krug ist schenken. (...) Das Krughafte des Kruges west im Geschenk des Gusses.» Im Wasser, das er aufgenommen hat, ist die Quelle präsent, mit dieser aber die Erde und der Regen und Tau des Himmels, wir sehen eine Hochzeit von Himmel und Erde im Wasser der Quelle. So steht es mit dem Trunk für die «Sterblichen».[8]

Aber der Krug kann auch im Weiheguss des Weins für die Göttlichen auftreten. Erde und Himmel, die Sterblichen und die Göttlichen bilden eine Welt, die Heidegger «das Geviert» nennt. Im Ding kommt dieses Geviert zusammen, und zwar in der Weise des Spiels, in immer neu sich bestimmenden Konstellationen, die die Seinsart von Möglichkeiten haben. Darum ging es ihm auch hier: einen Sachverhalt als möglichkeits-eröffnend zu beschreiben. «Dinge sind, je weilig nach ihrer Weise dingend, Spiegel und Spange, Buch und Bild, Krone und Kreuz.»[9] Da waren nun die von Hohoff ironisch bestaunten Stabreime.

1919 hatte er das Ergebnis seiner Untersuchungen so beschrieben: «alles welthaft, *‹es weltet›*».[10] Das hatte sein phänomenologisches Projekt von jeher gewollt: wegkommen von einer bloßen Aufstapelung des Vorhandenen im Erkennen, hin zu einer Welt. Das Vorhaben hat sich in den dreißig Jahren seither kaum verändert. «Welt», so heißt es nun, sei «das noch verborgene Spiegel-Spiel des Gevierts von Himmel und Erde, Sterblichen und Göttlichen».[11] Das ist qualitativ bestimmter als der erste Begriff der Welt, wie auch «Ding» reicher an Bedeutungen ist als das «Zeug». Explizit ist nun das Göttliche genannt, das in «Sein und Zeit» nur als Abwesendes erschließbar war, und die Rede von den «Sterblichen» erinnert an die Todesanalyse von damals. Die Erde hieß in «Sein und Zeit» noch «Gegend». Der Himmel trat auf, insofern der Blick zum Himmel eine erste Vergewisserung der Zeit ermöglicht. Auch der Himmel ist reicher geworden, er ist «der Sonnengang, der Mondlauf, der Glanz der Gestirne, die Zeiten des Jahres, Licht und Dämmer des Tages, Dunkel und Helle der Nacht, die Gunst und das Unwirtliche der Wetter, Wolkenzug und blauende Tiefe des Äthers».[12]

Heidegger ist es gelungen, aus einem Ding eine Szenenfolge zu entwickeln und diese in den «Glanz ihrer Einfalt» zu bringen, wie er sagt. Erste Voraussetzung ist «der Schritt zurück aus dem nur vorstellenden, d.h. erklärenden Denken in das andenkende Denken».[13] Denke so, dass die Welt zu leuchten beginnt. Die Wissenschaft vermag es nicht. Einmal war in den «Schwarzen Heften» vom «Glanz in den Augen der Mutter» die Rede.[14] Ihn hatte er gesucht, ihn hatte er wiedererstehen lassen.

Erst der Reichtum des «Dings» macht die Kritik der Technik und des Szientismus plausibel. Als Heidegger 1953 unter dem Titel «Die Frage nach der Technik» erneut in der Münchner Akademie spricht, sind die beiden Bremer Vorträge «Das Ge-Stell» und «Die Gefahr» zu einem zusammengezogen. Dabei war ein bestimmter Gedanke weggefallen. In dem Vortrag, den er 1949 in Bremen gehalten hatte, findet sich gegenüber der Münchner Version ein bedeutsamer Unterschied. Damals nämlich ging Heidegger zum ersten und einzigen Mal auf die Shoa ein. Den Kontext bildet die industrielle Welt. «Ackerbau ist jetzt motorisierte Ernährungsindustrie, im Wesen das Selbe wie die Fabrikation von Leichen in Gaskammern und Vernichtungslagern, das Selbe wie die Blockade und Aushungerung von Ländern, das Selbe wie die Fabrikation von Wasserstoffbomben.»[15] Von der «irrsinnigen Massenfabrikation von Leichen» sprach auch Hannah Arendt.[16] Anstößig bei Heidegger ist nicht die Rede vom Charakter der Massenfabrikation, sondern der entlastende Hinweis auf Taten der Alliierten, auf die Blockade zur Aushungerung schon im Ersten Weltkrieg, unter der er und seine Frau gelitten hatten, und die Tests mit Wasserstoffbomben im Augenblick der Bremer Rede. Schon gar nicht in diese Reihe gehört der Ackerbau. Oder er gehörte nur dann als «das Selbe» dorthin, wenn man eine ausschließlich technokratische Perspektive einnähme und alle anderen Erwägungen bewusst ausschlösse. Heidegger hatte sich in seiner Abwehr gegen jede Rede von einer deutschen Schuld schon bei Kriegsende festgelegt und änderte seine Position nicht mehr.

In München vermied er solche Gedanken ganz. «Diesmal hatten sich die Studenten fast mit Brachialgewalt Platz geschafft», berichtet Petzet.[17] Unter den Gästen waren 1953 der Schriftsteller Hans Carossa, dem Heidegger 1949 die Neuausgabe seiner Antrittsvorlesung «Was ist Metaphysik?» gewidmet hatte, und der spanischen Philosoph José Ortega y Gasset, an den sich Heidegger später in seinem Nachruf reizend als Partner im Dialog erinnerte: «Nach einigen kräftigen Zügen aus unseren Gläsern nahm unser Gespräch die Richtung auf die Frage nach dem Verhältnis des Denkens zur Muttersprache.»[18]

Technik, so lautet Heideggers Hauptthese, ist kein beliebiger Werkzeuggebrauch. Er sieht sie vielmehr als ein Ensemble industrieller Massenproduktion, dem absolute Dynamik eigen ist. «Das Entbergen, das die moderne Technik durchherrscht, hat den Charakter des Stellens im Sinne der Herausforderung. Diese geschieht dadurch, dass die in der Natur verborgene Energie aufgeschlossen, das Erschlossene umgeformt, das Umgeformte gespeichert, das Gespeicherte wieder verteilt und das Verteilte erneut umgeschaltet wird.» Den Inbegriff solcher Verhältnisse nennt er «das Ge-stell»: «Überall ist es bestellt, auf der Stelle zur Stelle zu stehen, und zwar zu stehen, um selbst bestellbar zu sein für ein weiteres Bestellen.»[19] In der früheren Bremer Fassung klingt das ein wenig schärfer, auch dadaistischer: Das Ge-Stell «rafft alles Anwesende in die Bestellbarkeit und ist so die Versammlung dieses Raffens. Das Ge-Stell ist:

Geraff. (...) Das Geraff rafft und zwar hinweg in das Getriebe des Betriebs. (...) Das Ge-Stell ist in sich die raffend treibende Zirkulation des Bestellens des Bestellbaren in das Bestellen.»[20]

In Bremen hatte er die Bedrohung direkt ins Auge gefasst: *«Im Wesen des Ge-Stells ereignet sich die Verwahrlosung des Dinges als Ding»* – weil es nicht mehr in seiner eigenen Wahrheit erkannt werde.[21] In München schloss Heidegger mit den Worten: «Je mehr wir uns der Gefahr nähern, um so heller beginnen die Wege ins Rettende zu leuchten, um so fragender werden wir. Denn das Fragen ist die Frömmigkeit des Denkens.»[22] Da erhob sich, wie Petzet berichtet, «ein Sturm aus tausend Kehlen zu einer Ovation, die nicht enden wollte. Ich hatte das Gefühl, als sei der Ring des Misstrauens und der Gehässigkeit um den Meister und Freund endlich gesprengt. Es war vielleicht sein größter öffentlicher Erfolg.»[23]

Als 1964 die erste englischsprachige Ausgabe von Herbert Marcuses Buch «Der eindimensionale Mensch» erschien, im Untertitel «Studien zur Ideologie der fortgeschrittenen Industriegesellschaft», hatte sich der ehemalige Schüler seinem Lehrer wieder angenähert. In diesem Buch, das die bald ausbrechenden weltweiten Revolten der akademischen Jugend inspirierte wie kaum ein anderes, las man unter positiver Bezugnahme auf Heideggers Abhandlungen «Wozu Dichter?» und «Die Frage nach der Technik»: «Die Wissenschaft von der Natur entwickelt sich unter dem *technologischen Apriori*, das die Natur als potentielles Mittel, als Stoff für Kontrolle und Organisation entwirft. Und das Erfassen der Natur als (hypothetisches) Mittel *geht* der Entwicklung aller besonderen technischen Organisation *voraus.*» Heideggers Begriff der Technik tritt (zwei Seiten später) in Kontakt mit einem Satz aus der «Dialektik der Aufklärung» von Adorno und Horkheimer: «Die Eliminierung der Qualitäten, ihre Umrechnung in Funktionen überträgt sich von der Wissenschaft vermöge der rationalisierten Arbeitsweisen auf die Erfahrungswelt.»[24]

Solche Verbindungen konnte damals nur Marcuse herstellen. Am

Ostersonntag 1968, als die Unruhen nach dem Attentat auf Rudi Dutschke eskaliert waren, schrieb Heidegger an seine Frau: «Dass die jungen Leute bei mir auftauchten, hängt vielleicht damit zusammen, dass ihr ‹Chefideologe› Marcuse Schüler von mir war. Ich werde ja hören, was sie vorbrachten.»[25]

Heidegger gibt die logischen Fragen nicht auf. Im Wintersemester 1955/56 hält er in Freiburg eine Vorlesung unter dem Titel «Der Satz vom Grund». «Nihil est sine ratione» – so lautet der Satz in der einfachsten Form, nichts ist ohne Grund. Er gehört zu den logischen Grundsätzen, er klinge in der Geschichte der Philosophie immer wieder an, sagt Heidegger, sei aber erst spät, in der frühen Neuzeit bei Leibniz, eigens als Satz formuliert worden. Die Inkubationszeit des Satzes war ungewöhnlich lang. Er enthält Voraussetzungen, die Heidegger erläutern will: «Ratio ist Kalkül, Rechnung im weiten und hohen und gewöhnlichen Sinne.» Und so bestimme Leibniz «mehr geschichtlich verborgen als historisch sichtbar (…) die Entwicklung der modernen Logik zur Logistik und zur Denkmaschine».[26]

1912, im Alter von dreiundzwanzig Jahren, hatte Heidegger sich erstmals mit der Bedeutung von Leibniz für die moderne Logik beschäftigt. Jetzt kehrt er zu diesen Fragen zurück und demonstriert zugleich, wie in ihnen die eigentliche Beschreibung dessen liegt, was jetzt ist. Der Satz vom Grund sei es, der «uns den Anspruch zuspricht, unter dem unser Zeitalter weltgeschichtlich steht». Der Name Leibniz, so Heidegger weiter, «steht deshalb in unseren Überlegungen nicht als Bezeichnung für ein vergangenes System der Philosophie. Der Name nennt die Gegenwart eines Denkens, dessen Stärke noch nicht ausgestanden ist.»[27] Heideggers Verhältnis zur Technik lässt sich nicht auf eine konservative Abwehr der Moderne reduzieren.

Allerdings gibt es gerade aus dem Jahr 1955 Passagen, in denen ernste und nachvollziehbare Sorgen anklingen. In der Rede «Gelassenheit», die Heidegger im Oktober in Meßkirch vorträgt, kommt

«Gewissheit» und «Wahrheit» muss man auseinanderhalten: Heidegger bei einem Kolloquium zu seinem siebzigsten Geburtstag.

er auf die Tagung der Nobelpreisträger in Lindau zu sprechen, bei der kurz zuvor von den versammelten Wissenschaftlern ein Manifest gegen den Einsatz von Nuklearwaffen beschlossen worden war. Unterzeichnet hatte es auch der Chemiker Wendell M. Stanley. Bei diesem aber findet Heidegger Gedankengänge, die ihn weit mehr erschüttern. In Lindau hatte Stanley erklärt: «Die Stunde ist nahe, wo das Leben in die Hand des Chemikers gelegt ist, der die lebendige Substanz nach Belieben auf- und abbaut und verändert.» Man bedenke nicht, kommentiert Heidegger, «dass sich hier mit den Mitteln der Technik ein Angriff auf das Leben und das Wesen des Menschen vorbereitet, mit dem verglichen die Explosion der Wasserstoffbombe wenig bedeutet».[28] Im Herbst 2020 haben Emmanuelle Charpentier und Jennifer Doudna für ihre Genome-Editing-Methode CRISPR/Cas9 den Nobelpreis für Chemie erhalten. Man kann das Genom von Lebewesen nun gezielt verändern.

33. KAPITEL

Freunde in Frankreich

Jean Beaufret hat in seinen Erinnerungen von Heideggers Staunen berichtet, als dieser mit seiner Frau im August 1955 zum ersten Mal nach Paris kam: «Eine spielende Stadt! Selbst der Polizist auf der Straße spielt mit seinem Stab.» Die Äußerung fällt in jene Zeit, als er seine älteren Überlegungen über das Sein als Spiel und die neueren über den «Zeit-Spiel-Raum» veröffentlicht hatte. Er kommt nach Frankreich nicht als ein tölpelhafter *Boche*, sondern als einer, der sich im ersten Moment in die veränderte, gegenüber Deutschland um eine Spur leichtere Umgebung einschwingen kann und das Wort für sie findet. Nichts von lastendem Ernst! Noch am Bahnsteig der Gare de l'Est hatte er für einen Augenblick innegehalten und mehr zu sich selbst gesagt: «Ich bin doch in Paris.» Elfride fragt ihn nach seinem Eindruck, er antwortet: «Ich bin erstaunt – über mich.»[1]

Dieses Erstaunen ist die erste, die Grundstimmung der Philosophie, nach dem Zeugnis Platons ebenso wie nach dem des Aristoteles. Der erstaunte Heidegger wird seinen französischen Hörern am 28. August im normannischen Cerisy etwas über das Staunen vortragen, wenn er unter dem Titel «Was ist das – die Philosophie?» spricht. Am Bahnhof empfingen ihn einige Tage zuvor Beaufret und Kostas Axelos, ein Heidegger-Marxist griechischer Herkunft, der in seiner Heimat zur Widerstandsbewegung gehört hatte. Beide sorgen dafür, dass dieser erste Frankreichaufenthalt für Heidegger ebenso wie für seine Gesprächspartner unvergesslich bleibt. Ein Deutscher wird,

Mit Jean Beaufret um 1955 vor der Hütte in Todtnauberg. Beaufrets geschickte Regie eröffnete Heidegger den Zugang zur französischen Intelligenz.

zehn Jahre nach Kriegsende, mit den höchsten Ehren empfangen, die das kulturelle Frankreich zu vergeben hatte.

An einem der ersten Abende trifft man den Dichter René Char, Freund von Albert Camus und wie dieser im Krieg Mitglied der Résistance. Bei Beaufret, unter einem Kastanienbaum im Pariser Arrondissement Ménilmontant, nimmt man in einer prächtigen Sommernacht das Abendessen ein; Elfride hatte gekocht und wird gelobt. Ein weiterer Gast ist der Übersetzer Roger Munier, der sich auch des Cerisy-Vortrags angenommen hatte. Die Begegnung muss unter einem guten Stern gestanden haben, in der Hochschätzung von Herman Melvilles Erzählung «Billy Budd» treffen sich der Dichter und der Denker bald. Für den Schluss des Cerisy-Vortrags hat Heidegger eine kurze Meditation über Dichtung und Philosophie geplant: «Weil nun aber die Dichtung, wenn wir sie mit dem Denken vergleichen, auf eine ganz andere und ausgezeichnete Weise im

Dienst der Sprache steht, wird unser Gespräch, das der Philosophie nachdenkt, notwendig dahin geführt, das Verhältnis von Denken und Dichten zu erörtern.» Wir wissen, dass dieser Gegenstand für Heidegger einer der liebsten war, bei dem er einer Erörterung nicht gern auswich, wenn sich die Gelegenheit denn einmal bot. Indes sprach diesmal eher Char, und Heidegger hörte ihm zu. Der Dichter äußerte, das Gedicht habe «kein Gedächtnis»; was ihn beanspruche, komme aus der Zukunft auf ihn zu. Nach Mitternacht begleitet man Char noch ein wenig, und Heidegger flüstert Beaufret auf Deutsch ins Ohr: «Treffend was Char sagte.» Tatsächlich sei, anders als das Gedicht, das Denken wesentlich ein Andenken.[2]

Jean Beaufret war, wie vermutlich drei Viertel der damaligen intellektuellen Prominenz des Landes, bei dem Psychoanalytiker Jacques Lacan in Behandlung. Er macht ihn auf Heidegger aufmerksam; schon an Ostern 1955 kommen beide gemeinsam nach Freiburg. Heidegger erteilt Lacan die Erlaubnis, den Aufsatz über Heraklit und den Logos, von dem es zu diesem Zeitpunkt bereits eine französische Version gibt, auf seine Weise neu zu übersetzen. Am 1. Februar 1956 spricht Lacan in seinem Seminar über Daniel Paul Schreber, den Gerichtspräsidenten, dem wir die umfangreichste Innenschilderung des Wahns verdanken: «Denkwürdigkeiten eines Nervenkranken». Im Verlauf des Seminars variiert Lacan seine bekannteste Formulierung: «Das Unbewusste ist, in seinem Grund, strukturiert, gewoben, verkettet und gesponnen von Sprache.»[3] Die Psychoanalyse verlangt aus sich heraus nach einem Denken der Sprache, sie ist ein sprachliches Ereignis: Lacans Beschäftigung mit Heideggers Auslegung des Logos war konsequent.

Auf dem Weg in die Normandie macht man in Guitrancourt auf Lacans Landsitz La Prévôté Station. Lacan sah sich in einem Kampf gegen das, was er als Entstellungen der Psychoanalyse ansah, vor allem gegen amerikanische Triebtheorien (auch gegen den Behaviorismus), und wollte den sprachlichen, rhetorischen Charakter des

1955 in der virtuellen Gegenwart von Marx und Freud. Von links nach rechts: Heidegger, Kostas Axelos, Jacques Lacan, Jean Beaufret, Elfride Heidegger und Sylvia Lacan, die zuvor mit Georges Bataille verheiratet gewesen war.

Unbewussten darlegen. In seinen besten Zeiten war es ihm gegeben, eine unvergleichlich breite Kenntnis der Philosophie für sein Unternehmen fruchtbar zu machen, der Wahrheit des Subjekts auf die Spur zu kommen, indem man die Schwierigkeiten des Verstehens steigerte. Eine genaue Kenntnis von Heideggers «Brief über den ‹Humanismus›» verrät eine Bemerkung gegenüber Octave Mannoni, der gefragt hatte, ob es ein Vergessen ohne Wiederkehr des Vergessens gebe: Ja, sagt Lacan, man müsse hier Heideggersche Begriffe ins Spiel kommen lassen: «Es gibt in jedem Eintritt des Seins in sein Haus des Sprechens einen Rand von Vergessen, eine lethe, die jeder aletheia komplementär ist.»[4] Lacan versuchte nicht nur, die Psychoanalyse neu zu begründen. Man kann von einer intellektuellen Geopolitik sprechen: Eine europäische, frankophone Lesart sollte gegen eine nach dem Zweiten Weltkrieg übermäßig stark gewordene anglophone aufgeboten werden. In Heideggers Nachlass findet sich ein Buch von Lacan mit handschriftlicher Widmung.[5]

Heidegger war es schon in «Sein und Zeit» darum gegangen, die rationalistischen Lesarten von «logos» zu entkräften, als gehe es um Urteil, Vernunft, Begriff, Definition und Grund – Lesarten, die von vornherein eine Beziehung zum Unbewussten, um die es Lacan ging, ausgeschlossen hätten.[6] Ebenso wird die naturalistische Interpretation zurückgewiesen, als handle es sich bloß um das stimmliche Verlautbaren. Das griechische Verb «legein» sei nicht vom Schall her gedacht, gibt Heidegger zu bedenken. In «Sein und Zeit» kann der Logos «offenbar machen», seine Tätigkeit ist «aufweisendes Sehenlassen» von etwas; er kann etwas «als Unverborgenes sehen lassen, *entdecken*».[7] Im Heraklit-Aufsatz kommt er zu der schönen, für jeden Psychoanalytiker kostbaren Formulierung: «Wir hören nicht, weil wir Ohren haben. Wir haben Ohren und wir können leiblich mit Ohren ausgerüstet sein, weil wir hören.» Auch vor das Lesen in der Schrift geht Heidegger zurück: Davor liege die Ährenlese, sie «hebt die Frucht vom Boden auf», die «Traubenlese nimmt die Beeren vom Rebstock ab». Sicher bedeute «logos» auch die Sprache, das Sagen und Reden, aber zunächst einfach «legen».[8] Lacan scheint in seiner Übersetzung mit Heidegger auch analytisch zu spielen, wenn er von der durchgehenden Metapher des «Legens» auf das Bett kommt, französisch «lit», das der Logos darstelle.[9]

Kostas Axelos erinnert sich an einen angenehmen Aufenthalt von fünf oder sechs Tagen. Neben den Ehepaaren Heidegger und Lacan war Beaufret beteiligt, ebenso Roger Munier. Einen irgendwie geistsprühenden Dialog gab es nicht, erfährt man mit einer gewissen Enttäuschung aus den Erinnerungen von Axelos: Heidegger empfand der Psychoanalyse gegenüber immer eine Distanz; und Lacan hatte zwar den Text über Heraklit und den Logos übersetzt, aber «auf seine Weise», wie Axelos wissend andeutet. Keine Diskussion von

Belang ist zu vermelden, man sprach über alltägliche Dinge. Das Hin- und Herübersetzen hemmte die Geistesblitze. Lacan verstand sehr gut Deutsch, sprach es aber nicht; Heidegger wollte auf Französisch kein einziges Wort sagen, er wusste, dass er einen starken Akzent und eine schlechte Aussprache hatte. Gemeinsam besuchte man die Kathedrale von Chartres, Lacan fuhr in seinem Citroën DS mit der bedenkenlosen Risikobereitschaft, für die er legendär wurde. Elfride Heidegger wurde es übel.[10]

Dann ging es weiter zum Kolloquium nach Cerisy. Die Veranstaltung hatte eine Vorgeschichte. In der Abtei von Pontigny hatten sich bis 1939 alljährlich Schriftsteller, Künstler und Philosophen zum geistigen Austausch getroffen – unter ihnen war 1938 auch Walter Benjamin gewesen. Ins Leben gerufen hatte diese Kolloquien Paul Desjardins. Seine Tochter Anne führte nach dem Krieg die Tradition fort, seit 1952 im Schloss von Cerisy, das sich im Besitz ihrer Familie befand. Anwesend waren bei Heideggers Vortrag Gilles Deleuze, der meist schwieg, Jean Starobinski, Paul Ricœur, Lucien Goldmann und Maurice de Gandillac – um nur einige der bekannteren Namen zu nennen. Man könnte von Heideggers Begegnung mit der Zukunft sprechen, manche der damaligen Teilnehmer kamen zwanzig oder dreißig Jahre später zu ihrer großen Wirkung. Die Veranstaltung zeigt, wie Heidegger unter den französischen Denkern beurteilt wurde. Maurice de Gandillac bemerkte den Unterschied zu den anderen Tagungen: Sonst habe in den Gesprächen ein Gleichgewicht geherrscht, diesmal stand ein Star seinem Publikum gegenüber. Und selbst Axelos musste zugeben, es habe sich um «Heidegger-Festspiele» gehandelt.[11] Er und Beaufret fungierten zugleich als Leibwache, um Heidegger vor zudringlichen Verehrern abzuschirmen.

Der Vortrag selbst erscheint als ein weit ausschwingendes Spiel um das Wort «stimmen». Das Thema sei «unbestimmt», gesteht Heidegger gleich zu Anfang zu, man müsse die Frage «genauer bestimmen». Wesenhaft «in einer Stimmung» ist das Denken nicht erst in neueren Zeiten geworden – schon Platon und Aristoteles machten darauf aufmerksam, dass die Philosophie und das Philosophieren in die Dimension des Menschen gehören, die wir «die Stimmung» nennen. Griechisch gesprochen: Es gibt ein Pathos des Philosophierens, und dieses, sagt Platon, sei das Erstaunen: Es «trägt und durchherrscht die Philosophie»; Aristoteles pflichtet bei. «Im Erstaunen halten wir an uns (être en arrêt). Wir treten gleichsam zurück vor dem Seienden – davor, dass es ist und so und nicht anders ist.» Hatte Heidegger nicht bei seiner Ankunft an der Pariser Gare de l'Est genau diesen Gestus des Innehaltens durchgespielt, wie eine Generalprobe des Vortrags? Und er präzisiert: «Es ist, als dieses Zurücktreten und Ansichhalten, zugleich hingerissen zu dem und gleichsam gefesselt durch das, wovor es zurücktritt.» Selbst die positivistische «Kälte des Rechnens» und die «Nüchternheit des Planens» sind Gestimmtheiten. «Was wir antreffen, ist nur dies: verschiedenartige Stimmungen des Denkens.»[12]

Neun Tage dauerte das Kolloquium. Nach Heideggers Vortrag, der zunächst auf Deutsch von ihm selbst gesprochen, dann in der Übersetzung von Munier, Axelos und Beaufret verlesen wurde, folgten an den anderen Tagen ein Text von Kant und ein Hölderlin-Gedicht, ein weiterer Tag war den Fragen und der Kritik der Teilnehmer gewidmet, auf die Heidegger antwortete. Im ersten Teil seines Vortrags hatte er noch einmal prägnant seinen Horizont formuliert: «Die oft gehörte Redeweise von der ‹abendländisch-europäischen Philosophie› ist in Wahrheit eine Tautologie. Warum? Weil die ‹Philosophie› in ihrem Wesen griechisch ist – griechisch heißt hier: die Philosophie ist im Ursprung ihres Wesens von der Art, dass sie zuerst das Griechentum, und nur dieses, in Anspruch genommen hat, um sich zu entfalten.»[13] Paul Ricœur, der zeitlebens ein enges Verhältnis zur Theologie hatte, fragte deshalb zu Recht nach der Rolle der biblischen Offenbarung in der Verfassung des abendländischen Denkens («pensée occidentale»), worauf Heidegger auf Deutsch antwortete, diese sei «keine Philosophie». Lucien Goldmann, der in der Zeit der deutschen Besatzung mit knapper Not in die Schweiz entkommen war, griff ihn wegen seiner Texte aus der NS-Zeit an. Heidegger antwortete abweisend: «Où voulez-vous en venir?» («Worauf sprechen Sie an?») – damit war die Diskussion beendet. Hätte man gemerkt, dass es sich bei den beiden Fragen von Ricœur und Goldmann in Wahrheit um eine einzige handelte, dann wäre es wirklich ernst geworden.

Nach dem Kolloquium setzte die Heidegger-Rezeption in Frankreich erst richtig ein. Goldmann veröffentlichte 1973 das Buch «Lukács und Heidegger», in dem er von einer philosophischen Parallelaktion gegen die «Verdinglichung» sprach. Gilles Deleuze führte in seinem 1962 erschienenen Buch «Nietzsche und die Philosophie» eine durchgehende, wenngleich auf die Fußnoten beschränkte Auseinandersetzung mit Heidegger, indem er gegen dessen Deutung des Willens zur Macht das anarchische, spielerische und pluralistische Motiv in Nietzsches Denken herausstellte. Und noch Paul Ricœurs 1990 publiziertes Buch «Das Selbst als ein Anderer» enthält eine ausführliche Beschäftigung mit «Sein und Zeit», wobei Ricœur die Überzeugungen, die ihn «an den biblischen Glauben binden», bewusst ausklammert; auf der Ebene der Motivation seien sie zwar da, aber ihm schwebe ein Typus der Philosophie vor, «in dem die tatsächliche Nennung Gottes abwesend ist».[14] Die Frage, die er 1955 in Cerisy gestellt hatte, hatte ihn nicht losgelassen.

In der Normandie besuchte man nach dem Ende des Kolloquiums Georges Braque. Noch 1947, als Heidegger die Ausstellung «Moderne französische Malerei von den Impressionisten bis zur Gegenwart» in München besucht hatte, war sein Urteil ganz ablehnend gewesen. In den «Schwarzen Heften» notierte er: «Was da jetzt gezeigt wird (Picasso, Braque, Juan Gris), ist kein Anfang, sondern das Ende und zwar das Ende der Verendung der Kunst. (...) Dieser Kunst ent-

In der realen Gegenwart der Kunstmoderne: Heidegger und Georges Braque in Varengeville.

spricht es, dass man sich willentlich zu ihr hinzwingt.»[15] Das ist, als man nach Varengeville-sur-Mer kommt, Vergangenheit; es gehört der verbitterten Epoche an, inzwischen war Heidegger durch Hannah Arendts Geschenk einer Braque-Mappe vertrauter mit dieser Kunst geworden.

Braque serviert seinen besten Weißwein. Er ist schon bei schwacher Gesundheit, das Aufstehen macht ihm Mühe, sodass er Heidegger auffordert, sich einfach umzuschauen. Beim Abschied gelingt Munier ein ergreifend schönes Foto der beiden Männer. Braque stirbt am 31. August 1963. Heidegger schreibt am 16. September an René Char einen Brief, in dem er Bezug auf ein prachtvolles Künstlerbuch nimmt, das Char und Braque gemeinsam gestaltet hatten:

Die «Lettera amorosa» waren mit Lithographien von Braque 1963 in Genf erschienen. «FÜR / RENÉ CHAR / zum Andenken an den großen Freund / GEORGES BRAQUE // (Im Anblick einer Lithographie zu ‹Lettera amorosa›) / Die einzig sachgerechte Auslegung seiner Kunst / schenkt uns der Künstler selbst durch die Vollendung / seines Werkes in das geringe Einfache.» Diese Widmung, die den Bildern eine «Verwandlung des Mannigfaltigen in die Einfalt des Selben» nachrühmt, erschien als Faksimile in einer Gedenkschrift für Braque.[16]

Auf der Rückfahrt von der Normandie fragte Heidegger nach der Gegend von Gérard de Nerval: Ob man dort vorbeikomme? Man hatte gemeinsam einige Sonette des romantischen Dichters gelesen, auch eine Passage aus der Erzählung «Sylvie», wo ein Paar eine Tante besucht. Die beiden jungen Leute finden das uralte Hochzeitskleid der Tante, schnell hat sich Sylvie damit kostümiert, der Erzähler findet einen entsprechenden Herrenanzug, man präsentiert sich der Tante. Diese stößt einen Schrei aus, weicht zurück, sagt unter Tränen «O mes enfants» – dann, noch in Tränen, lächelt sie. Heidegger muss bewegt gewesen sein, er habe nicht gewusst, dass eine Szene dieser Art in der französischen Literatur existierte. Für die Gegend vertröstet ihn Beaufret auf Paris. Schon in der Nähe der Metropole liegt der Park von Ermenonville, dort findet sich auch das Grabmal von Jean-Jacques Rousseau, ein wenig an Böcklins «Toteninsel» erinnernd, vor allem aber von Hölderlin im Gedicht «An die Ruhe» besungen: «des Weisen Grab / Des herrlichen, der, von der Pappel / Säuseln umweht, auf der Insel schlummert». Schweigend betrachtet Heidegger die Stätte.

Die Reise muss ihn – mehr als er vorher ahnen konnte – erfüllt haben. Beaufret hatte alles höchst vollkommen arrangiert. Denkt man an die drei späteren Seminare im provenzalischen Le Thor 1966, 1968 und 1969, dazu an die fortdauernde Nähe zu René Char, schließlich an die hingerissene Beziehung zur, für Heidegger natürlich schon halb griechischen, Landschaft der Provence, dann muss man von einer glückhaften Fügung sprechen, die dem alternden, heimatfixierten Mann eine Ferne eröffnete, die ihm rätselhaft vertraut wurde.

34. KAPITEL

Szenen einer Ehe

Es ist bezeichnend, dass Heideggers erste Besprechung als Theologiestudent 1910 sich dem Buch «Lebenslüge und Lebenswahrheit» gewidmet hatte. In einem Kontext von Wahrheit und Lüge taucht die «babylonische Venus» als Verführerin auf, ihr antwortet der «Wille des Fleisches».[1] Das ist eine wiederkehrende Konstellation in Heideggers Leben. Ein Abschnitt in seiner Biographie müsste die Überschrift «Vom Wesen der Unwahrheit» tragen. Der Ort dieser Unwahrheit ist die Ehe. Die Liebe zu Hannah Arendt und zu Elisabeth Blochmann war Elfride ursprünglich wohl verborgen geblieben; 1930 aber hegt sie, wie ihre Enkelin und Herausgeberin der Ehekorrespondenz Gertrud Heidegger berichtet, den «begründeten Verdacht», dass es andere Frauen im Leben ihres Mannes gibt.[2]

Es folgen Beziehungen mit Sophie Dorothee Gräfin Podewils, mit der Kunsthistorikerin und Ärztin Marielene Putscher, zu deren Buch «Raphaels Sixtinische Madonna. Das Werk und seine Wirkung» er einen Text beiträgt, schließlich 1958 mit der Nervenärztin Andrea von Harbou. Einzig die Liebe zu Dorothea («Dory») Vietta – sie dauerte bis zu ihrem tragisch frühen Tod im Sommer 1959 – wird in den Briefen fassbar, die er ihrer Schwester Elisabeth Baumgartner schrieb. Deren Haus bot Raum für gelegentliche Treffen: «Das Haus zwischen den blühenden Bäumen, / im Gegenüber zum stillen Waldhang», wie es am 19. April 1959 heißt; ein loser Zettel sagt: «Dorothea – / meine einzige Freude jetzt – / die Vorfreude im Zugehen / auf das Haus der Schwester / zum *Einen* Fest / *dieses* Jahres // Ob sich dort ein Wohnen zur Arbeit stiftet? m.» Mit Dorothea war er 1957 in die Provence gefahren. Gemeinsam mit Hildegard Feick schrieb sie Heideggers Manuskripte ab. Die besondere Innigkeit, die in dieser Liebe gewaltet haben muss, ist ebenfalls in den Briefen an ihre Schwester erkennbar. In einem Gedenkblatt schrieb er ihr: «Dorothea, Du *bleibst* im Gebet des Denkens.» Nach dem Tod der Geliebten hatte er die Schwester gebeten: «Geben Sie Dorothea, wenn dies mit Sicherheit ausführbar ist, *alle meine Briefe* der Geliebten Frau mit ins Grab. *Sie gehören Dorothea allein.* Ich erfülle damit, dies weiß ich, einen letzten Wunsch der immer Nahen.»[3]

Die Korrespondenz mit seiner Frau während der fünfziger Jahre kreist, für den Leser immer enger und immer bedrückender, um dieses Thema und wird noch dadurch komplizierter, dass Heidegger zwischendurch ankündigt, diese oder jene Beziehung sei nur mehr freundschaftlicher Natur, bis sich bald darauf das Gegenteil herausstellt. Hinzu kommt, dass manche Geliebte ihrerseits Kontakt mit Elfride aufnimmt. Zum Teil ist in den Briefen an seine Frau ein herablassender Ton zu hören, wenn er von den Geliebten spricht: «Und ich glaube auch, dass S.[ophie] D.[orothee] viel gelernt hat u. nach ihren Kräften sich müht. (...) Ich glaube auch, dass S. D. sich in einen sparsameren Briefwechsel findet.» Manchmal versichert er, im Verhältnis zu Frau von Podewils sei «jede Gefahr gebannt», kurz darauf trifft er sich mit ihr am Bodensee. Am 15. März 1946 hatte er seiner Frau geschrieben, nachdem beide erwogen hatten, nach Meßkirch zu ziehen, dass er auch deshalb sein Verhältnis zu Margot überdenke: «Klar ist mir dieses, dass ich in keiner Weise mit M. zusammenwohnen werde. (...) Und dann müsste auch M.s Beziehung zu Meßkirch geklärt u. so gestaltet werden, dass alles im Guten u. Gewandelten sich erfüllt.» Wenig später eine peinliche Komplikation: «Mit Deinem Brief zusammen kam ein kurzer Gruß von M., worin sie mir sagt, sie wolle Dir ihre Briefe an mich zum Lesen geben.» Am 13. Mai 1954, als er weiter mit Frau von Podewils verbunden ist, versichert er

Elfride, sich nie von ihr trennen zu wollen: «Ich kann es nicht, wenn es auch so scheinen mag, als sei ich in einer haltlosen Vergessenheit Dir ganz fern. Dies *war* zuweilen bei M.»[4]

Im November 1954 schreibt er ihr über seine Abenteuer im Reich des Eros. Nur um den Preis eines Erlöschens seiner schöpferischen Kraft könne er die Verhältnisse ganz aufgeben: «Aber meine Natur ist vielspältiger als Deine; und ich kann Dir durch keine Argumente beweisen, dass ich im – Ἔρως leben muss, um das Schöpferische, das ich noch als Ungelöstes und Letztes in mir spüre, noch wenigstens in eine unvollkommene Vorform zu bringen. / Mit dem bloßen ‹Willen› ist hier nichts zu leisten. Man kann vielleicht einen Strich ziehen u. auf das Alterswerk verzichten u. sich mit dem Nachlass beschäftigen. / Aber ich kann das nicht; ich vermag freilich auch nicht die heile u. freie Fühlung u. Verwandlung des Ἔρως; u. ich weiß, Dein Vertrauen habe ich zu sehr missbraucht, als dass Du hier in einem sicheren Gewährenlassen ruhig sein könntest.»[5]

Der Seitensprung sei nötig für sein Werk, es verlange nach einer Erregung, die Kräfte in ihm freisetzt und verfestigte Sichtweisen lockert. In diesen Sätzen steckt eine Wahrheit: Nur in Erregungen war Heidegger zum Philosophieren fähig, weil seine Philosophie selbst von Erregungszuständen handelte. Die Frage «Was ist Metaphysik?» hatte er nicht beantworten können, ohne von der Angst zu sprechen. Die Erregung war seinem Denken nicht äußerlich, sie war dessen eigentliches Element. Das Erschrecken-können gehörte zur Philosophie, und «Gestimmtheit» bedeutete in «Sein und Zeit» eine ebenso emotionale wie kognitive Kraft. Am 23. Juni 1956 schreibt er seiner Frau in ähnlichem Sinn: «Aber ich mühe mich dennoch mit dem Dämon fertig zu werden; vielleicht hast Du auch dafür nur das Wort ‹Schwäche›. Indes auch hier verstehe ich Dein Urteil – und bitte Dich nur, auch jetzt noch, nach so langer vergeblicher Zeit, mir Zeit zu lassen. / Wenn mein Dasein ohne Leidenschaft ist, verstummt die Stimme u. die Quelle springt nicht.»[6]

Neben dieser an den persönlichen Kern reichenden Rechtfertigung gibt es trivialere Entschuldigungen. Mit der Nervenärztin Andrea von Harbou trifft er sich 1958, und es geschieht ihm dabei, dass sie ihn «sehr bedrängte». Immerhin gesteht er zu, dass, «so sehr diese Frauen drängen, die Schuld doch bei mir blieb». Solche Begegnungen hätten aber, so versichert er Elfride, «schon von sich aus nichts Tragendes u. eigentl. Bedeutendes».[7] Es sind die gleichen Formeln, mit denen er nach 1945 die Übernahme des Rektorats hatte erklären wollen: Er habe sich «schließlich durch das Drängen vieler Kollegen der Universität, insbesondere des abgesetzten Rektors v. Möllendorf und des vorigen Rektors und damaligen Prorektors Sauer entschlossen, das Amt zu übernehmen»; nur «auf vielfaches Drängen» sei er bereit dazu gewesen; er konnte dem «fortgesetzten Drängen von Kollegen nicht ausweichen», war «im täglichen Drängen der Amtsgeschäfte» belastet; später erkannte er seinen «politischen Irrtum».[8] Wie denn auch in seiner Korrespondenz mit Elfride die Ereignisse im August 1952 als «alles Irrige und Gefehlte» benannt werden, sein Weg sei «von Irre und Schuld» umstellt. Am 28. Mai 1953 dankt er ihr für Verständnis «nach aller Irre».[9]

Am 28. Juni 1956 antwortet sie seiner Bitte um mehr Zeit in einem Brief, der nie abgeschickt wird. Es ist das einzige Schreiben von Elfride Heidegger, das in den Auswahlband der Ehekorrespondenz aufgenommen wurde. Es beginnt freundlich, um dann sofort zu kippen: «Ich hoffe, dass Du inzwischen gut in die Arbeit gekommen bist – ja Du hast Deine Arbeit, die der Mittelpunkt Deines ganzen Lebens ist, – was geschieht dann schon so am Rande! Darum wirst Du nicht begreifen, wie ich – durch Dich – aus meiner Mitte geworfen bin.» Und doch versucht sie noch, ihm entgegenzukommen: «Ich weiß doch um Deine Tat, um die Befeuerung, die Du brauchst u. ich habe auch jetzt wieder mich gemüht, das Beglückende für Dich zu sehen und sie als die, die schenken darf. Aber dass das alles nicht nur mit *Lüge* – nein mit dem unmenschlichsten Missbrauch meines

Vertrauens verbunden sein müsste, darüber bin ich immer noch voll Verzweiflung.» Er möge sich den umgekehrten Fall vorstellen, wenn etwa seine Geliebte (zu der Zeit war es vor allem Marielene Putscher) ihn mit einem anderen betrügen würde. «Wie erträgst Du das? Und ich soll es tragen können – nicht *einmal* – sondern immer wieder durch 4 Jahrzehnte durch? kann denn das ein Mensch, wenn er nicht oberflächlich ist oder versteinert? (...) Hast Du einmal darüber nachgedacht, was leere Worte sind – hohle Worte? Was *fehlt* solchen Worten?» Im Januar 1960 begann Elfride, unter einer schweren Depression zu leiden; der mit Heidegger befreundete Psychoanalytiker Medard Boss verschreibt Schlafmittel und Psychopharmaka. Langsam erholt sie sich. Sie liest, wie ihre Enkelin mitteilt, im Oktober 1960 die Fahnenkorrektur der beiden bei Neske erscheinenden «Nietzsche»-Bände und «fühlt sich dadurch wieder mehr gefordert und in seine Arbeit eingebunden».[10]

1969, Heidegger steht kurz vor seinem achtzigsten Geburtstag, schreibt er ihr aus Le Thor Zeilen, aus denen man das bekannte Geschehen erschließen kann: «Ich denke an Deinen Schmerz. Ich weiß aber auch, dass dies nicht genügt. Und so bin ich alle Tage und die wachen Nachtstunden traurig über mich selbst u. darüber, was ich Dir angetan habe.» Im November dankt er für ihr «immer neu mir geschenkte Vertrauen – das unverdiente». Auf den 10. April 1970 ist sein letzter Brief an sie datiert. Er hatte am 9. einen Vortrag in der Bayerischen Akademie der Schönen Künste gehalten: «Die Frage nach der Bestimmung der Kunst». Die Handschrift zittert. Unten auf dem Blatt liest man von Elfrides Hand: «*letzter Brief* (vor Augsburg) / der Zusammenbruch dort brachte endgültig alles ans Licht – seitdem waren wir nie mehr getrennt.» In Augsburg hatte es ein Rendezvous gegeben. Heidegger erlitt einen Schlaganfall, er ist auf der rechten Seite gelähmt und hat die Sprache verloren. «Er erholt sich vollständig; nur seine Handschrift bleibt verändert», merkt die Herausgeberin an.[11]

35. KAPITEL

Gegenspieler: Günter Grass und Theodor W. Adorno

Die neue Ära brach nicht erst 1968 an. 1962 war das Jahr der «Spiegel»-Affäre, langsam schwenkte die öffentliche Meinung nach links, was mit einem Geschmackswandel verbunden war: Die erste Single der Beatles erschien, und ebenfalls 1962 erschien Guido Schneebergers scharf kritische Dokumentation «Nachlese zu Heidegger» mit Schriften der NS-Zeit. 1963 begann in Frankfurt der Auschwitz-Prozess, in diesem Jahr trat Konrad Adenauer als Bundeskanzler zurück, Willy Brandt wurde Vorsitzender der SPD. Mit Paul VI. wurde zum letzten Mal ein Papst mit der Tiara, der Papstkrone, gekrönt. Der Abstand zur Vergangenheit wurde plötzlich deutlich, er wurde diskutiert, es gab kein anderes Thema mehr. Wer schrieb, musste sich zu diesem Abstand verhalten und ihn für sich noch einmal markieren.

1963 veröffentlichte der französische Germanist Robert Minder seinen sprachkritischen Essay «Hebel et Heidegger. Lumières et obscurantisme», der 1966 in seinen Aufsatz «Heidegger und Hebel oder die Sprache von Meßkirch» einging. Heidegger wird von Minder als ein «Talmi-Zarathustra» präsentiert, der «alle andern Dichter und Denker durch die Jahrtausende als wesensfremd verdächtigt, mit dem gelben Stern der Seinsentfremdung behaftet», sein Stil: «muffig treudeutsch».[1] Unter dem Titel «Hölderlin und die Deutschen» trug Minder seine Heidegger-Kritik 1965 bei einer Tagung der Hölderlin-Gesellschaft vor. Minder wurde 1963 der Johann-Peter-Hebel-Preis zugesprochen, den 1960 Heidegger erhalten hatte.

Die Nachkriegszeit ging zu Ende, eine sich selbst als «kritisch» verstehende Öffentlichkeit gewann Profil. Heidegger war nun Mitte siebzig, in einem Alter, da einem Angegriffenen der Widerstand schwieriger zu werden pflegt, große Gegenschläge waren von ihm nicht mehr zu befürchten, und wenn ganze Generationen abserviert werden sollen, dann passt man sie am besten in diesem Augenblick ab. Der Sphäre der kritischen Publizität hatte Jürgen Habermas 1962 eine Programmschrift gewidmet: «Strukturwandel der Öffentlichkeit». In dieser Öffentlichkeit mussten jetzt die Räume besetzt werden. 1963 erschien der Roman «Hundejahre» von Günter Grass. Der Schriftsteller war seit 1963 Mitglied der Berliner Akademie der Künste, wie Heidegger. Schon 1962 hatte sich die Akademie der Gruppe 47 (deren Spiritus Rector, Hans Werner Richter, deutlich mit der SPD sympathisierte) mit der Zuwahl von Walter Höllerer angenähert.

Thema des Romans von Grass ist das Verhalten der beiden Protagonisten Matern und Amsel im Nationalsozialismus, davor und danach. Es ist von Opportunismus und Verdrängung geprägt. Seinen Titel trägt das Buch, weil es leitmotivisch um die Schicksale von Hitlers Hund geht. Einer der beiden Hauptprotagonisten wird vor ein Kriegsgericht gestellt, weil er den «Führer» mit Redensarten beleidigt hatte, «in denen Worte vorkamen wie: Seinsvergessenheit, Knochenberg, Sorge-Struktur, Stutthof, Todtnau und Konzentrationslager». Stutthof war ein KZ nahe Danzig. «Niemand sprach von dem Knochenberg. Aber alle sahen rochen schmeckten ihn.» Heidegger wird durch Montage von Einzelworten assoziativ in das unüberbietbare Mordgrauen verwoben. Als man den Soldaten abführt, grölt er: «Du ontischer Hund! Alemannischer Hund! Du Hund mit Zipfelmütze und Schnallenschuhen! Was hast Du mit dem kleinen Husserl gemacht? (...) Du vorsokratischer Nazihund!»[2]

Heidegger ist in einem höheren Sinn Hitlers Zwillingsbruder: «Hör gut zu, Hund: Der wurde geboren in Meßkirch. Das liegt bei Braunau am Inn. Der und der Andere wurden abgenabelt im gleichen Zipfelmützenjahr. Der und der Andere haben sich gegenseitig erfunden.

Der und der Andere werden einst auf dem gleichen Denkmalsockel stehen.» Im eingeschlossenen Berlin des April 1945 nimmt der Führerhund Reißaus. Er war «vom Fernsinn durchstimmt» gewesen und muss um jeden Preis gefunden werden. Der Führungsstab Operation Wolfsgrube meldet in Heideggers Tonlage: «Zunächst und zumeist müssen Begegnisarten zwischen vom Fernsinn durchstimmtem Nichts und der zwölften Armee auf ihre Begegnisstruktur befragt werden. Allererst und im vorhinein sollen Einbruchsspielräume im Raum Königswusterhausen auf ihren Wasgehalt befragt werden. Der gebrauchend-hantierende Umgang mit Bezug verursachendem Gerät Wolfsgrube I und dem Zusatzgerät Wolfspunkt hat Ankunft zu bergen des vom Fernsinn durchstimmten Nichts.» Um vierzehn Uhr zwölf des 27. April ergeht der Führerbefehl an alle: «Jedes nichtende Verhalten laufender Transzendenz gegenüber wird ab sofort standrechtlich verfolgt.» Am 28. April erreicht ein Funkspruch der Armee Wenck das Führerhauptquartier: «Das entgleitenlassende Verweisen auf die versinkende Platzganzheit Groß-Berlin bis zur Endlichkeit transzendierender Zuwendung legt Endestruktur frei.» «Darauf Weltdämmer. Über die Trümmer der Zeugwelt klettert die Weltzeit.»[3]

Heideggers Sprache *ist* die des Nationalsozialismus. Das war genial-demagogisch gesehen und gemeint als öffentliche Vernichtung. «*Wer* hinter den Gemeinheiten der ‹Hundejahre› steckt, dürfte nun klar sein», schrieb Heidegger an seine Frau – er vermutete in Adorno den Stichwortgeber. Man informierte ihn über die Lage: «Heiliger u. Sepp Ruf erzählten, dass in der Akademie sehr scharfe Auseinandersetzungen waren wegen Graß. Jens soll sich sehr entschieden u. ausführlich gegen ihn gewendet haben. (…) Ich erklärte, dass ich nicht mehr hinkomme.»[4]

Eine komische Situation ergab sich 1971 in Israel, im Hause Gershom Scholems in der Jerusalemer Abarbanel Road. Werner Kraft, der Freund Scholems und Walter Benjamins, hat die Szene überliefert. Grass war angereist, rühmte sich seiner Heidegger-Entlarvungen und war sich offenbar des Beifalls sicher. «Da sagte Ernst Simon, zu Scholem gewandt, er glaube trotz allem, dass Heidegger ein großer Philosoph von geschichtlicher Wirkung sei, und er fragte Scholem, ob er das nicht auch glaube. Dieser sagte nach kurzem Nachdenken, ja, das glaube er auch.»[5] Damit war das Thema beendet. Erst 2006 offenbarte Grass einer erstaunten Öffentlichkeit, dass er der Division Frundsberg der Waffen-SS angehört hatte.

Eine ähnliche Enttäuschung in einem Kreis, dem er sich zugehörig geglaubt hatte, musste es für Heidegger bedeuten, dass die Hölderlin-Gesellschaft, in der er zuletzt am 6. Juni 1959 über «Hölderlins Himmel und Erde» gesprochen hatte, ebenfalls 1963, Adorno zu einem Vortrag einlud: «Parataxis. Zur späten Lyrik Hölderlins». Der Titel signalisierte, dass Adorno in der Form, nämlich in der gegliederten Folge der Sätze, den Schlüssel zum Verständnis sucht. Parataxe ist ein rhetorisches Verfahren, das eine Struktur durch Aneinanderreihung und nicht durch Über- und Unterordnung bildet. Es scheint sich auf den ersten Blick um einen niedrigeren Integrationsgrad der Sprache zu handeln. Adorno spricht von dem Kompositionsprinzip einer «Reihe» (dem Gegenteil einer hierarchisierenden Ordnung von Haupt- und Nebensätzen, diese wäre eine Hypotaxe) und sieht die «konstitutive Dissoziation»[6] Hölderlins als einen Zerfall, der höher stehe als die geglückte (oder nur anpolierte) verständig-gedankliche Syntheseleistung.

Demonstriert wird dies an der Hymne «Der Einzige»: «Es entbrennet aber sein Zorn; dass nämlich / Das Zeichen die Erde berührt, allmählich / Aus Augen gekommen, als an einer Leiter. / Diesmal. Eigenwillig sonst, unmäßig / Grenzlos, dass der Menschen Hand / Anficht das Lebende, mehr auch, als sich schicket / Für einen Halbgott, Heiliggesetztes übergeht / Der Entwurf. Seit nämlich böser Geist sich / Bemächtiget des glücklichen Altertums, unendlich, /

Der konzentrierte Blick ist geblieben, die Durcharbeitung der Manuskripte fordert ihn weiter: Heidegger gesehen von der Fotografin Digne Meller-Marcovicz in seinem Freiburger Arbeitszimmer.

Langher währt Eines, gesangsfeind, klanglos, das / In Maßen vergeht, des Sinnes Gewaltsames.» Adorno liest in diesen Zeilen einen Protest gegen die «Gewalttat» des synthetisierenden Prinzips. «Daher das abgesprengte ‹Diesmal›; die rondohaft assoziative Verbindung der Sätze; die zweimal verwendete, vom späten Hölderlin überhaupt begünstigte Partikel ‹nämlich›.» Der «sogenannte gedankliche Fortgang» sei produktiv zerstört: «Das verschafft der Form ihren Vorrang über den Inhalt, auch den gedanklichen.»[7]

Seine Kritik entwickelt Adorno aus diesem Befund. Heidegger lege Gedichte ohne Reflexion auf ihre Form aus, ganz auf Inhalte bedacht, er beginne mit dem «manifest von Hölderlin Gedachten» – hier schwingt ein Vorwurf der Naivität mit, der falschen Unmittelbarkeit in Heideggers Lektüre – und betreibe insofern eine «Entästhetisierung des Gehalts»; er verfahre «ohne Rücksicht auf die dialektische Brechung zwischen Form und Wahrheitsgehalt». Im Einzelnen geht es Adorno um Hölderlins Verhältnis zum Fremden, das bei Heidegger zurückgebogen werde in ein «endogamisches Ideal», «narzisstisch fixiert ans eigene Volk». Die «braunen Frauen» von Bordeaux, an die der Dichter im Gedicht «Andenken» erinnerte, würden von Heidegger nur mit «sichtbarem Unbehagen» erwähnt; vermutlich habe Heidegger 1943 «bereits die Erscheinung französischer Frauen als subversiv» befürchtet.[8] Man erkennt die Form solcher Darstellung: Es ist die Polemik. Dieses rhetorische Register war Heidegger fremd, er konnte nur schweigen. Erst mit einer gewissen Verzögerung schrieb er am 21. März 1968 an die Gesellschaft: «Ich erkläre hiermit meinen Austritt aus der Hölderlin-Gesellschaft.»[9]

1964 erschien Adornos Buch «Jargon der Eigentlichkeit. Zur deutschen Ideologie». «Jargon» meint die Sprache eines bestimmten Milieus, in diesem Fall eine pseudosakrale Bildungssprache, die sich seit den fünfziger Jahren in der öffentlichen Rede ausgebreitet hatte. «Eigentlichkeit» war ein zentrales Wort von «Sein und Zeit», Heidegger sollte den Modellfall abgeben für eine Ideologiekritik, die als Sprachkritik auftrat. Dass es um die «deutsche Ideologie» gehen sollte, verweist zurück auf Marx und Engels, die ein Konvolut von Manuskripten unter dem Titel «Die Kritik der deutschen Ideologie» hinterlassen hatten. Der Begriff der Ideologie setzt schon voraus, dass die gesellschaftlichen Verhältnisse, vor allem solche des Konflikts, durch Ideenkonstrukte verdeckt werden, die wiederum durch Analyse der «gesellschaftlichen Basis» aufgeschlüsselt und kritisiert werden können. Ein Soziologismus gehört zum Wesen der Ideologiekritik.

Das Gesellschaftliche soll unterstrichen werden, vor allem da, wo Adorno Heidegger gewisse Funde zugesteht, etwa bei der Beschreibung des «Geredes» in «Sein und Zeit»; dieses sei jedoch «in Wahrheit geschichtlichen Wesens» und bezeuge die «Verfilzung des Geistes mit der Zirkulationssphäre in einer Phase, in der der objektive Geist vom ökonomischen Verwertungsprozess wie von Schimmelpilzen überzogen wird».[10] Aus Heideggers 1943 verfasstem Nachwort zu der Vorlesung «Was ist Metaphysik?» liest Adorno einen «Enthusiasmus fürs irrationale Opfer» heraus. Das trifft einen heiklen Punkt. Man kann in Heideggers Sätzen aber auch das Bemühen erkennen, einer deutschen Nach-Stalingrad-Welt einen gewissen Trost nicht schlechterdings zu verweigern, wenn er schreibt: «Die Sucht nach Zwecken verwirrt die Klarheit der angstbereiten Scheu des Opfermutes, der sich die Nachbarschaft zum Unzerstörbaren zugemutet hat.»[11]

Einen entscheidenden Punkt trifft Adorno sicher, wenn er auf die Tendenz aller Existenzphilosophen in Richtung einer «heroisierenden Mythologie» hinweist.[12] Er sieht sie nicht nur bei Heidegger, sondern auch bei Jaspers. Heidegger hatte die Entschlossenheit charakterisiert als das «sich-Angst-zumutende, verschwiegene Sichentwerfen auf das eigenste Schuldigsein».[13] Nun liegt diese «heroische» Tendenz im Faktum des Handelns selbst, das im Unterschied zur bloßen Umsetzung eines Plans von vornherein risikoträchtig ist und in dieser Weise auch konzeptuell behandelt werden muss. Und es ist ebenso wenig zufällig, wenn sich dagegen in der materialistischen «Kritischen Theorie» und ihrem Umkreis die hedonistischen Lebensentwürfe stärker profilieren. Der frühe Adorno hatte vom Glück als der «opferlosen Erfüllung» gesprochen. Man wird inne, wie nah seine Utopie der von ihm verworfenen Massenkultur war: einem hedonistischen, emanzipatorisch-postindustriellen Komplex, der schlechthin alles verspricht. Walter Benjamin hatte seine Idee von Politik 1920 ähnlich formuliert: «Die Ordnung des Profanen hat sich aufzurichten an der Idee des Glücks.»[14]

In dem Stück «Sur l'eau» der «Minima Moralia» konkretisierte Adorno diesen Gedanken: «Rien faire comme une bête, auf dem Wasser liegen und friedlich in den Himmel schauen (...) könnte an Stelle von Prozess, Tun, Erfüllen treten (...). Keiner unter den abstrakten Begriffen kommt der Utopie näher als der vom ewigen Frieden.»[15] Halb in einem Sanatorium lebend, halb in einem karibischen Ferienresort, entlastet, dem Kampf ausweichend, ja aus der aufrechten Position in eine liegende übergehend, wie sie einem Patienten angemessen wäre – dies ist das letzte Wunschbild der Utopie.

Der Höhepunkt von Adornos Kritik findet sich im Schlusskapitel des «Jargons». Thema ist die Rolle des Todes in «Sein und Zeit». Das Argument gegen Heidegger setzt voraus, dass Fortschritte der Wissenschaft – oder der gesellschaftlichen Solidarität – erreichbar sein könnten, die dem Tod seinen Stachel nähmen, ja dass im Grunde nur Verstocktheit oder Missgunst gegen solche utopischen Perspektiven Heideggers Philosophie der Sterblichkeit motivierten. «Wie manche niederen Organismen nicht im selben Sinne sterben wie die höheren, individuierten, so ist angesichts des Potentials der Verfügung über organische Prozesse, das Umriss gewinnt, der Gedanke einer Abschaffung des Todes nicht (...) abzutun. Sie mag sehr unwahrscheinlich sein; denken jedoch lässt sich, was existentialontologisch nicht einmal sich denken lassen dürfte. Die Beteuerung der ontologischen Dignität des Todes aber wird nichtig bereits angesichts der Möglichkeit, dass an ihm, nach Heideggers Sprache ontisch, etwas sich änderte.»[16]

Etwas moderater, doch kaum weniger verstiegen, ist Adornos Vorstellung, die «Verdrängung» des Todes werde «erzwungen vom konventionalisierten, nach der Warenform gemodelten Leben, nicht von einer sei's auch negativen Struktur des Seins». Denkbar sei «ein gesellschaftlicher Zustand, in dem die Menschen den Tod nicht mehr verdrängen müssten, vielleicht anders ihn erfahren könnten als in Angst».[17] Adorno hat das Ziel seiner Ideologiekritik erreicht: Entweder Heidegger benannte unwissentlich und in verquerer Sprache gesellschaftliche, künftig veränderbare Verhältnisse, oder er ist durch den Hinweis auf gesellschaftliche und wissenschaftliche Utopien zu korrigieren. Die Erwartung einer umfassenden Heilbarkeit aller Existenzfragen, einschließlich der des Todes und der Angst vor ihm, der ultimativen Angst, durch psychotechnische, therapeutische oder sozialreformerische Maßnahmen, ist die letzte Steigerung der Utopien. Sie passte in eine Zeit, die sich atemberaubende Fortschritte wie die Mondlandung nur kontinuierlich in die Zukunft verlängert denken musste, um alles für möglich zu halten.

Die «Negative Dialektik», Adornos philosophisches Hauptwerk, will in den Kern des Heideggerschen Denkens eindringen. Das Versprechen der Sprachkritik soll eingelöst werden. Aber auch hier geht dem Argument eine Art Psychoanalyse der Philosophie voraus, die das «ontologische Bedürfnis» ausdeuten will: «Stillschweigend wird Ontologie verstanden als Bereitschaft, eine heteronome, der Rechtfertigung vorm Bewusstsein enthobene Ordnung zu sanktionieren.» Die Frage nach dem Sein, die Ontologie, ist also für Adorno nicht nur in ihrer Sprache, sondern ihrer ganzen Verfassung nach ideologisch, indem sie eine Ordnung gelten lässt, sogar gutheißt und legitimiert, die fremdbestimmend den Menschen gegenübertritt und keiner vernünftigen Rechtfertigung fähig ist. Gegen dieses «ontologische» Sicherheitsbedürfnis wird die allgemeine, gesellschaftliche und psychische Emanzipation geltend gemacht: «Wer von außen und in sich nicht mehr unterdrückt wäre, suchte keinen Halt, vielleicht nicht einmal in sich selbst.»[18]

Niemand hatte bisher Heidegger so umfassend herausgefordert. Adorno trug weder eine beliebige tagesaktuelle Polemik noch einen bloßen Schulstreit aus. Was auf dem Spiel stand, war nichts weniger als die intellektuelle Hegemonie in der Bundesrepublik, die philosophisch argumentierend erkämpft werden musste, aber aus dem engeren Bereich der Disziplin sofort ausstrahlte in die Pädagogik und damit in die Schulen, in die Theologie, die Psychologie, die Literatur- und Musikwissenschaft und vor allem in die Feuilletons. Der «Kritischen Theorie» gelang es, dass nun jeder akademischen Fachrichtung ein «kritisch» vorangestellt wurde. Adorno schmeichelte dem urbanen, spielerischen, ironischen Ton der meinungsbildenden Schicht ungleich mehr als Heidegger, indem er selbst im Literarischen und Artistischen zu Hause war, auch schlicht weltläufiger redete. Die Gesten psychoanalytischer und marxistischer Entlarvung waren unschwer zu erlernen und gaben ein Überlegenheitsgefühl. Durch seine Zweideutigkeit – eine Totalkritik der warenproduzierenden Gesellschaft gab er ebenso wie die Gewissheit, dass man sich mit ihr gut einrichten konnte – bekundete Adorno sich als Fleisch vom Fleisch des «feuilletonistischen Zeitalters», das Hermann Hesses «Glasperlenspiel» 1943 erstmals diagnostiziert hatte.

1966 war die «Negative Dialektik» erschienen. Ein einziges Organ der öffentlichen Meinung, der von Rudolf Augstein herausgegebene «Spiegel», besaß damals die Kühnheit, Heidegger mit einem Interview ein Forum zu bieten, das ihm gestatten würde, seine Sicht der Dinge darzulegen. Allerdings war das Nachrichtenmagazin zunächst, in der Ausgabe vom 7. Februar 1966, scharf polemisch gegen Heidegger aufgetreten: in einer Besprechung von Alexander Schwans Buch «Politische Philosophie im Denken Heideggers». Mit einem Leserbrief protestierte Heidegger gegen falsche Darstellungen des Rezensenten – nicht von Schwan selbst. Erhart Kästner, der viel mit der Anbahnung des «Spiegel»-Interviews zu tun hatte, schrieb am 21. März an Heidegger: «Niemand wird den ‹Spiegel›, seinen Ton lieben, sein Niveau überschätzen. Aber ich meine, man dürfte den günstigen Wind, der im Augenblick weht, wo Herr Augstein seinen Zorn, seinen Hohn auf den Grass hat, nicht unterschätzen.» Er höre auch, «zu meiner eigenen Verwunderung, dass Abneigung gegen die moderne Wissenschaftsvergötterung, eine tiefe Skepsis, Lieblingsgedanken Herrn Augsteins seien». Augstein bereitete sich sehr gut vor, wie Erhart Kästner weiter erfahren konnte: Walter Jens habe erzählt, «Herr Augstein liege in Kampen der Lektüre Ihres Nietzsche ob».[19]

Am 26. September fand das große Gespräch statt, Heidegger war erst kurz zuvor aus Le Thor zurückgekommen. Es durfte allerdings auf Heideggers Wunsch erst nach seinem Tod veröffentlicht werden, sodass der unmittelbare Effekt – er konnte seine Positionen im Zusammenhang darstellen – auf die damalige Zeit nicht eintrat. Eine schöne Nebenwirkung des Gesprächs war ganz undiskursiv: Der «Spiegel»-Fotografin Digne Meller-Marcovicz gelangen zwei Bilderserien, die eine in Todtnauberg, die andere im Rötebuckweg, beide von enormer gestischer Prägnanz. Der sprechende Heidegger zeigt im Ausdruck des Gesichts, in den Bewegungen der Hände keinerlei Vagheit und nichts Verwischtes.

Anderthalb Jahre zuvor hatte Augstein ein Gespräch mit Jaspers über die Verjährung von Mordtaten während der NS-Zeit geführt.[20] Ihm war daran gelegen, die zeitgeschichtlichen Debatten nicht nur politisch zu führen, sondern die Politik mit den höchsten argumentativen Möglichkeiten der Philosophie abzuhören. Kästner sagt es in einem Brief an Heidegger etwas sarkastischer: «Im Ganzen wird die Gesinnung freundlich sein, denn ich habe den Eindruck, als ob Herr Augstein seinen Indianerkopfschmuck mit Philosophenfedern anzureichern strebt. Die Gunst, die ihm Jaspers zuwendet, hat ihm Appetit auf mehr gemacht.»[21]

Und so beginnt das Gespräch mit Fragen nach Heideggers Verhalten im Nationalsozialismus – «Wir haben immer wieder festgestellt, dass Ihr philosophisches Werk ein wenig umschattet wird von nicht sehr lange währenden Vorkommnissen Ihres Lebens, die nie aufgehellt worden sind», heißt es in unübertrefflichem Understatement – und geht dann über in die Frage nach den möglichen Wirkungen des Denkens in der Gegenwart: «Kann überhaupt der Einzelmensch dieses Geflecht von Zwangsläufigkeiten noch beeinflussen, oder aber kann die Philosophie es beeinflussen oder können beide zusammen es beeinflussen, indem die Philosophie den einzelnen oder mehrere einzelne zu einer bestimmten Aktion führt?»[22]

Mit Rechten reden? Und das im «Spiegel»! Links Rudolf Augstein, in der Mitte Heinrich W. Petzet, Heideggers langjähriger Freund.

Der Zusammenhang beider Fragen war vom «Spiegel» als Konzept des ganzen Gesprächs intendiert. Deswegen folgen Fragen nach dem «absoluten technischen Staat», nach der «Nahtstelle zwischen Politik und Philosophie», nach dem Sinn von Heimat in der Welt der planetarischen Technik, nach der historischen Rolle der Deutschen und nach der Krise des demokratisch-parlamentarischen Systems.[23] Der «Spiegel»-Redakteur Georg Wolff schrieb im Anschluss an Kästner in einem gehobenen Ton, wie dieser wiederum Heidegger mitteilte: «Er schildert ausführlich, dass die Stunden bei Ihnen unter guten Sternen standen. Ich sehe, Sie haben die Herren völlig gewonnen, sie schwärmten.» Auch Heidegger war moderat angetan: «Die Begegnung mit Augstein und G. Wolff war ganz erfreulich.»[24]

Von Adorno hat Heidegger nie auch nur eine Zeile gelesen. Im Gespräch mit ihm, so erinnert sich der Fernsehjournalist Richard

Wisser, der Heidegger 1969 interviewt hatte, später, «benutze ich bewusst den Ausdruck ‹Negative Dialektik› als Schlüsselwort für Adornos Denkweise. (...) ‹Was versteht er denn darunter – eigentlich?› Heidegger dehnt das strittige Adjektiv, verschmitzt. Ich deute an, dass er seine Dialektik im Unterschied zu der positiven Hegelschen als ‹Denunziation› versteht (...) ‹Es wird kritisch reagiert›. Heideggers Kommentar: ‹Also doch ein Soziologe, kein Philosoph.›»[25]

36. KAPITEL

René Char und die Seminare in der Provence

Als der junge Hugo von Hofmannsthal mit seinem Hauslehrer eine Reise durch das südliche Frankreich macht, hält er seine Eindrücke literarisch fest: «Im Innern (...) ist die provenzalische Landschaft eintönig, wie die griechische.» Aber sie ist anders griechisch als in der Weise der Renaissance, des Klassizismus und Humanismus. Die Provence ist eine gegenwärtige, und das heißt: eine aufgeraute Antike. Hören wir noch einmal Hofmannsthal über diese Landschaft «mit gelben sonnverbrannten Hügeln, mit Oliven und Feigen und mit der eigenen Sprache, die wenig vom Französischen hat und viel vom Spanischen, manches auch vom verschollenen Italienisch der ‹Divina Commedia› und vom Griechisch der Phokäer und vom Arabisch der Mauren. In Rhythmus und Klangfarbe ist sie, wilder und dunkler als die übrigen romanischen Sprachen, dem Spanischen am nächsten.»[1]

So musste sie im September 1956 auch Heidegger erscheinen, der mit Elfride in diese Landschaft gefahren war, die ihm zeitweise zur zweiten Heimat wurde. Im Jahr darauf, wieder im September, fährt Heidegger mit seiner Geliebten Dory Vietta nach Aix-en-Provence.[2] Man trifft Jean Beaufret, mit dem Heidegger an dessen Publikationen arbeitet. «Er hatte seinen Freund mitgebracht», meldet er an Elfride, «den wir nach Cérisy in Paris am Abend vor der Abreise bei ihm trafen und der uns beiden nicht gefiel. (...) Frau Vietta war entsetzt – aber sonst findet sie B. sehr nett u. verstehend.»[3]

Im März 1958 hält Heidegger in Aix-en-Provence den Vortrag

«Hegel und die Griechen», von dem er annehmen konnte, dass er dem Genius loci entgegenkam. Das Griechische dieser Gegend sprach ihn an, der erst später nach Griechenland reiste. In einer kurzen, in der Universität gehaltenen Dankesrede, einer «Liebeserklärung an die Provence», hört man ihn beeindruckt – er kannte vom Süden bisher nur Rom. «Warum spreche ich hier in Aix-en-Provence? Ich liebe die Milde dieses Landes und seiner Dörfer. Ich liebe die Strenge seiner Berge. Ich liebe die Harmonie von beiden. Ich liebe Aix, Bibemus, das Gebirge Sainte-Victoire. Ich habe hier den Weg Paul Cézanne's gefunden, dem, von seinem Beginn zu seinem Ende, mein eigener Weg des Denkens in gewisser Weise entspricht. Ich liebe dieses Land mit seiner Meeresküste, weil sich darin die Nähe von Griechenland ankündigt. Ich liebe dies alles, weil ich überzeugt bin, dass es kein wesentliches Werk des Geistes gibt, das nicht seine Wurzel in einer ursprünglichen Bodenständigkeit hat.»[4]

Eine Aufzeichnung deutet an, wie Heidegger die Verwandtschaft mit dem Maler verstand: «Cézanne – sein Werk und er –; wie einer der uralten Bäume um Aix, die fest im Boden wurzeln und allen Winden standhalten. Er brachte es zuweg, der zu werden, der er war. Vermutlich ist dies in der Kunst um einiges leichter als im Denken, wo die Vieldeutigkeit des Meinens und Sprechens überall alles verwirrt und die einfachen Wege unversehens verschüttet.»[5] Cézannes «Der Gärtner Vallier» wurde Heidegger zu einem Mediationsbild. Gegenüber keinem anderen Künstler, van Gogh ausgenommen, reagierte Heidegger so empfänglich. Beide stehen an der Schwelle der modernen Kunst. Und seine Hochschätzung von Georges Braque mag auch dadurch zu erklären sein, dass dieser seinerseits sich in der Linie von Cézanne und van Gogh sehen wollte.

In der spätsommerlichen Provence hält Heidegger 1966, 1968 und 1969 Seminare ab. Nicht weit entfernt lebt René Char, in dessen Garten in Les Busclats 1966 die letzte Sitzung stattfindet («Heute sind wir im Haus des Dichters an den Lavendelfeldern versammelt»,[6] sagt

Der Dichter René Char, aufgenommen 1960, später Gastgeber der provenzalischen Seminare.

respektvoll das Protokoll). Ein wahlverwandter Geist, Albert Camus, hatte Char den «tragischen Optimismus des vorsokratischen Griechenlands» zugesprochen.[7] An Elfride schreibt Heidegger über Char: «Er wohnt in einem einfachen Landhaus mit schönen alten Sachen; er muss sehr reich sein. Vom Krieg her hat er ein sehr schmerzhaftes Rückenmarkleiden u. der Kampf gegen die Raketenbasis in der Nähe hat ihn sehr mitgenommen, zumal alles vergeblich sein wird.»[8] Das Land werde durch die militärische Nutzung «in einer unvorstellbaren Weise verwüstet», erklärte Heidegger im Gespräch mit dem «Spiegel».[9]

Von den Vorsokratikern hatte das erste Seminar gehandelt, zweimal sprach man über Parmenides, fünfmal über Heraklit. Die vorletzte Sitzung findet in Le Rebanqué statt, wo Marcelle Mathieu, «eine alte bäuerische Freundin René Chars», wie Heidegger sie später in seinem ungewöhnlich ausführlichen, detailreichen Nachruf nennt, ein kleines Berghaus für Gäste hatte. Auch diese Frau gehört ins Bild, denn ihr Wesen war so, «als wehte von der nicht allzuweit entfernten Meeresküste noch ein Hauch der alten griechischen Gastfreundschaft durch ihre schlichte Gastlichkeit».[10]

Das Seminarprotokoll, geführt von Beaufret, wird eröffnet mit einem Zitat aus Chars Gedichtband «Commune Présence»: «Auf seinen dichterischen Felsen erhob sich Le Thor. Der Spiegel der Adler, Mont Ventoux, ragte in der Sicht.» Auch das Motto der zweiten Sitzung stammt von Char: «Schlafe in meiner hohlen Hand, / Ölbaum, auf neuer Erde, / Vertrau, dass schön der Tag werde, / Was auch der Morgen erst fand.»[11] Der letzten Sitzung steht der Titel einer seiner Gedichtsammlungen voran: «Der Schlange zum Wohl». Eine Verherrlichung der Erde in dem an sie verhafteten Tier – vielleicht steckt in Adler und Schlange ein Hinweis auf die Tiere Zarathustras.

Das Setting der Seminare darf man als eine Art Gesamtkunstwerk verstehen, ein wenig zeremoniös arrangiert von Jean Beaufret, dessen gute Hand sich schon im Umkreis des Cerisy-Kolloquiums bewährt hatte. Eine hohe Landschaft mit antikem Kulturhintergrund, heroisiert in den Bildern des Adlers und des mythischen Bergs durch den wiedergeborenen vorsokratischen Griechen Char, den Dichter, dem der – im Protokoll ebenso respektvoll vorgestellte – «Denker»[12] zur Seite tritt. Gemeinsam ist man in der Auslegung vorsokratischer Philosophen begriffen; ein kleiner, sorgfältig ausgewählter, vibrierender Kreis von Teilnehmern, unter ihnen Giorgio Agamben, der zwei Jahre zuvor in Pier Paolo Pasolinis Evangelienfilm den Apostel Philippus gespielt hatte (Heidegger: «ein junger hochbegabter Italiener»)[13] und die Italienerin Ginevra Bompiani – beide werden sich später mit Walter Benjamin und Antonin Artaud beschäftigen, sie gehören einer neuen, nicht mehr ideologisch auf Heidegger fixierten Generation an. «Es ist eine Elite», schreibt Heidegger seiner Frau.[14]

Agamben und der Dichter Dominique Fourcade hatten ihn bei seiner Ankunft auf der Hotelterrasse mit Champagner begrüßt.

Und der Gehalt dessen, was ausgelegt wird, ist vom gleichen Stoff wie das ganze Arrangement: Es geht ein festlicher, gehobener Ton durch die Texte, vor allem gegen den Schluss hin, wenn der Kosmos thematisiert wird. Kosmos «ist ebenso auch, was das deutsche ‹Zier› besagt: der Glanz, das Strahlende, ursprünglich dasselbe Wort wie Zeus. In ihm wird das Licht des Himmels angesprochen.» Bei Homer ist Kosmos der Schmuck, bei Pindar erscheint er im «goldenen Sieg». Heidegger erläutert: «Es ist so, (...) weil die grundlegende Beziehung der griechischen Sprache zur Natur darin besteht, sie sich in ihrem Strahlen öffnen zu lassen und nicht, wie man es in der Neuzeit will, ihre Erscheinungen leicht berechenbar zu machen.»[15]

Die Neuzeit bedrängt auch hier. Man macht Ausflüge ins Land, Char führt «an die entlegensten und heimlichsten Orte».[16] Von Ferne sieht man die Montagne Sainte-Victoire. Mit Char, dem Aktivisten gegen die militärische Nutzung der Region, führt Heidegger, wie er Elfride berichtet, ein «schönes Gespräch» über die «heutige technische Welt und die Rettung der Landschaft. Er ist sehr verzweifelt.» Beaufret erklärt, das Hotelessen habe nicht mehr den Charakter der Landschaft, «es ist nach Verabredung der Hoteliers international gleichförmig geregelt» – aber Melonen und Trauben, so fügt Heidegger an, «gibt es in Fülle u. den einfachen Tischwein». Char gibt ihm Kräuter und Essenzen aus seinem «zauberhaften Garten» für Elfride mit. Zusammen fahren sie zum Gut von Marcelle Mathieu, das sie mit drei Söhnen bewirtschaftet, mit ihr zusammen essen sie im Hotel zu Abend. «Am Sonntag nachmittag las Fédier in R. Chars Garten unter einer großen Platane seine Übersetzung meines Hölderlin-Vortrags über ‹Griechenland› – R. Char war sehr betroffen.»[17]

Die Stimmung muss unvergleichlich gewesen sein. Von «durchglänzten Tagen» spricht der Brief eines nicht identifizierten Teilnehmers. Heidegger fand sich in einem Kreis, der ihm mit Achtung, ja Verehrung gegenübertrat, gleichzeitig war der Umgang «gelöst», freundschaftlich und nah. Hatte es je einen Augenblick gegeben, in dem Heideggers Auslegung des griechischen Glanzes und sein Erschrecken vor der gerade erst beginnenden technischen Landschaftszerstörung so zusammenstimmten wie in diesen provenzalischen Tagen der Noblesse und der Einfachheit? «Das waren Stunden hoher Gunst und glückhafter Ergriffenheit, deren Widerschein auf dem Gesicht eines jeden stand, auch, und wie sehr, Heideggers selbst.»[18]

37. KAPITEL

Paul Celan in Todtnauberg

Es gibt Beziehungen, so leuchtend oder so rätseldunkel, dass die Erinnerung an sie die Jahrhunderte überdauert, auch wenn sie nur für Augenblicke bestanden. Friedrich Schlegels Freundschaft mit Novalis, das Jugendbündnis von Hölderlin, Schelling und Hegel, die in Feindschaft umgeschlagene Freundschaft von Nietzsche und Wagner, die Beziehung von Walter Benjamin und Bertolt Brecht sind solche Augenblicke, die die Nachwelt nicht loslassen und nach immer neuen Deutungen verlangen. Paul Celans Besuch bei Heidegger im Sommer 1967, der in das Gedicht «Todtnauberg» mündete, gehört zu diesen wenigen Konstellationen, an denen allein man schon eine geistige Geschichte Deutschlands entwickeln könnte. Celan, geboren 1920 im damals rumänischen Czernowitz, verlor beide Eltern in der deutschen Vernichtungspolitik und überlebte in einem Arbeitslager. Sein Gedicht «Todesfuge» wurde zum Inbegriff einer Vergegenwärtigung der Greuel. In einem anderen Gedicht heißt es: «Denn tot sind die Engel und blind ward der Herr in der Gegend von Akra, / und keiner ist, der mir betreue im Schlaf die zur Ruhe hier gingen.»[1] Celan ist der Dichter einer Schöpfung, in der die Vernichtung gewaltet hat. Die Sammlung «Lichtzwang» erschien 1970, in Celans Todesjahr. Mannigfach findet sich in den Gedichten das Leben bereits in Frage gestellt, am deutlichsten in der Formulierung «Am Leben?» in dem Gedicht «Schaltjahrhunderte».

Dass es zu dem Besuch kam, hatte eine Voraussetzung in beider Selbstverständnis. Celan sprach emphatisch von der Dichtung und vom Dichter. 1967 begann aber ein anderer Begriff seine Karriere: Die Rede war nun von Literatur-, später auch von Textproduzenten. Man halte Celans Rede «Der Meridian» zur Verleihung des Büchnerpreises im Jahr 1960 daneben: Ausschließlich von den «Dichtungen» spricht Celan dort, nie von Büchners «Dramen» oder «Erzählungen». Und Heidegger wird in dem Gedicht «Todtnauberg» als der Denkende angesprochen: so, wie er gesehen sein wollte. Heidegger seinerseits liebte die feierliche Linie der dichterischen Tradition, die von Hölderlin über Trakl und Rilke zu Celan führte, ihm ging es um die «Nachbarschaft von Dichten und Denken», wie es in dem Band «Unterwegs zur Sprache» heißt.[2] Nur wegen dieser von beiden vorausgesetzten Gleichheit des Rangs konnte das Treffen stattfinden.

Die Sprache war der Raum dieses Treffens. Klaus Reichert berichtet in seinen Erinnerungen an Celan, dass genau hier die Nähe zu Freiburg und die Distanz zu Frankfurt (zur «Kritischen Theorie») begründet war. Er, Reichert, habe Celan nach dessen Rückkehr aus Freiburg bei einem Abendessen «nach der Begrüßung unhöflich-direkt die Frage gestellt: ‹Wie konnten Sie sich mit Heidegger treffen, nach allem, was Sie von seiner Vergangenheit wissen?› (…) Die Stimmung war heikel, die Luft zum Schneiden. Da begann Celan, einen seiner Monologe zu führen. Über das Amt des Dichters, wie er es verstand und von dem man heute nichts mehr wisse, wissen wolle. Alles sehr abstrakt, feierlich, abgehoben auf eine Ebene, auf der ‹ein Gespräch› mit uns nicht möglich war, aber geradezu schwärmerisch getragen von den Sympathien, die er in Freiburg erfahren hatte. Das gipfelte in dem – diesmal konkreten – Satz: ‹Und die Frau ist so reizend.› Da murmelte Frau von Kaschnitz, die sich bisher nur stumm über ihrem Teller dem Essen gewidmet hatte, auf ihre trockene Art: ‹Wir haben sie damals nur die Martinsgans genannt.› Celan erstarrte.»[3]

Dem Treffen in Todtnauberg waren Jahre der vorsichtigen Annäherung vorausgegangen. Aus dem Jahr 1954 – Celan hatte gerade die Vorlesung «Was heißt Denken» gelesen – stammt ein Briefentwurf: «An Martin Heidegger // Dieser schüchterne Gruß aus einer wunschdurchklungenen, / wunschbeseelten Nachbarschaft // vom Meer her / dieses Zeichen der Verehrung / aus einer kleinen fernen / wunschdurchklungenen Nachbarschaft // Herrn Martin Heidegger / dem Denk-Herrn // auf dem Weg über die Engelsbucht».[4] Das ist im provenzalischen La Ciotat geschrieben, am Meer, und dort gibt es eine Baie des Anges. Die Nachbarschaft – es ist die zwischen Heidegger und ihm. Sie ist weniger real und bereits da als vielmehr wunschbeseelt, wunschdurchklungen. Schüchtern und «klein» nähert sich Celan dem verehrten «Herrn». In dem Paradox einer fernen Nachbarschaft deutet sich an, dass es nicht einfach ist. Aber es ist alles offen, in einer romantischen Märchenatmosphäre, die Celan in den Gedichten damals schon hinter sich gelassen hatte. Zur fernen Nachbarschaft konnte er sich ermutigt fühlen, denn in dem Band, den er gerade gelesen hatte, war davon die Rede: «Die Wesensnähe zwischen Dichten und Denken schließt den Unterschied so wenig aus, dass die ihn vielmehr in einer abgründigen Weise erstehen lässt.»[5] Hier musste Celan sich anerkannt fühlen.

Als Heidegger im Sommer 1967 von dem Germanisten Gerhart Baumann erfuhr, dass Celan in Freiburg las, war er hocherfreut: «Schon lange wünsche ich, Paul Celan kennen zu lernen. Er steht am weitesten vorne und hält sich am meisten zurück. Ich kenne alles von ihm, weiß auch von der schweren Krise, aus der er sich selbst herausgeholt hat, soweit dies ein Mensch vermag. (...) Es wäre heilsam, P. C. auch den Schwarzwald zu zeigen.»[6] Der Vorschlag war plausibel, weil große Natur und Landschaft die Ordnung der Relevanzen verändern können, in der man sich eingerichtet hatte. Und so geschah es dann auch in der Gegend um Freiburg, wie Baumann berichtet: «Bei einem Gang durch die Umgebung rühmte Celan die reiche Gliederung der Höhenzüge, die vielgestaltigen, verschieden gefärbten Blickfelder, die sich zu eindrucksvoller Weitsicht öffneten.»[7] Warum sonst hätte sich Celan 1959 in der Bergwelt von Sils Maria mit Adorno treffen wollen, wenn nicht die Gestimmtheit dort eine andere als in Paris oder in Frankfurt war, ähnlich wie wohl im Fall von La Ciotat?

Vor Celans Lesung waren die Freiburger Buchhandlungen von Heidegger instruiert worden, ihre Schaufenster für großzügige Präsentationen von Celans Werk zu nutzen – was dieser dann auch erfreut bemerkte. Am Abend kam es zu einer kleinen Missstimmung, die von Heidegger aber gelassen aufgenommen wurde: «Als Heidegger vor der Veranstaltung im Hotel-Entree mit Celan auf dem Sofa zusammensaß, wollte Frau Baumann einen Schnappschuss der beiden ergattern und stellte sich in Positur. Da sprang Celan auf und schrie: ‹Keine Fotos, keine Fotos›. Hierauf lief er die Treppe nach oben in sein Zimmer und blieb eine halbe Stunde fort. Dann kam er zurück und meinte: Jetzt könne ein Foto gemacht werden. Frau Baumann dagegen: Jetzt hätte sie keine Lust mehr.»[8] Später am Abend schlug Heidegger vor, «in der Morgenfrühe hinaus in den Schwarzwald zu fahren. Der Bitte Celans, ein Hochmoor zu besuchen, käme man damit entgegen, zugleich wäre damit ein Besuch in seiner ‹Hütte› in Todtnauberg zu verbinden.» Kaum hatte sich Heidegger verabschiedet, da erhob Celan «Einwände und Bedenken gegen den Vorschlag, dem er kurz zuvor sich keineswegs widersetzt hatte: es falle ihm schwer, mit einem Manne zusammenzukommen, dessen Vergangenheit er nicht vergessen könne, das Missbehagen steigerte sich rasch zur Ablehnung.»[9]

Es bleibt unentschieden. Und doch findet die Fahrt statt, zunächst mit Baumanns Assistent Gerhard Neumann als Fahrer für Celan und Heidegger, Silvio Vietta kommt in einem zweiten Wagen mit, später wird Baumann, der noch Prüfungen abzunehmen hat, dazustoßen. Als er die Gruppe dann vor einem Café trifft, findet er zu seiner Überraschung Celan und Heidegger im Gespräch, und beide «in aufgeräumter Stimmung. (…) Von Celan war alle Schwere gewichen.»[10]

Was Klaus Reichert von dem aus Freiburg angereisten Celan

schildert, ist eine von mehreren Versionen, die von den Tagen um Todtnauberg überliefert sind. Sie ist die positivste, da sie, ähnlich wie Marie Luise Kaschnitz – «Was haben die in Freiburg aus ihm gemacht, was ist in ihm dort vorgegangen; er ist nicht wiederzuerkennen!»[11] –, von einer gewissen Euphorie Celans nach dem Freiburger Aufenthalt bei der Ankunft in Frankfurt berichtet. Die entgegengesetzte Deutung stammt von Jean Bollack, einem Freund Celans, der das Treffen von der Idee eines Strafgerichts über den Nazi Heidegger bestimmt sieht. Eine «vorprogrammierte Spazierfahrt», ein «präzises und im voraus entworfenes Szenario» glaubt Bollack in der Begegnung Paul Celans mit Heidegger zu erkennen.[12]

Für Bollack ist der Dichter bei dem Treffen mit Heidegger entschieden in der Rolle des Akteurs, der einen Plan verfolgt und das «gesetzte Ziel erreicht», was Bollack aus seiner sehr besonderen Perspektive auf das nach dem Treffen entstandenen Gedicht «Todtnauberg» beurteilt. Todes- und Gräbersymbolik beherrschten die Landschaft des Gedichts, die «halb- / beschrittenen Knüppel- / pfade im Hochmoor» erinnerten an die Lager, die oft in Mooren angelegt waren. Celan zwinge Heidegger bei dem gemeinsamen Spaziergang die «Wahrheit des Ortes» auf, die schon im Wort «Todtnauberg» auf die Organisation Todt verweise, der die Eltern des Dichters zum Opfer gefallen waren. Der Denker werde im Gedicht vor ein «Tribunal der Toten» gebracht.

Bollacks Interpretation hat alle Vorzüge der Zuspitzung, darunter auch den der Widerlegbarkeit. Celan traf auch später mit Heidegger zusammen – eine Tatsache, die mit der Anklage und Verurteilung, die Bollack in die Situation hineinliest, nur schwer in Einklang zu bringen ist. In Bezug auf diesen Unterschied heißt es bei Reichert: «Es brachte nichts, sich mit Bollack zu streiten, da er sich immer im Recht wusste.» Und die beiden Worte «Hoffnung» und «Herz» hätten in einem Gedicht, das einer Bestrafung galt, keinen Ort gehabt.[13] Schließlich gerät Bollacks Idee einer lückenlos durchgeplanten dichterischen Aktion ins Wanken, wenn man Baumanns Bericht von einer Folge wechselnder Entschlüsse dagegenhält.

Gerhart Baumann gibt eine stärker harmonische Ansicht, auch wenn er die enormen Spannungen im Einzelnen nicht verschweigt. Sein Assistent Gerhard Neumann, der im VW mit Celan und Heidegger hinauf in den Hochschwarzwald fuhr, zur Hütte in Todtnauberg, hat sich in seiner Autobiographie «Selbstversuch» merkwürdigerweise eher Bollack angeschlossen und sieht sich als den «Zeugen», besser müsste man wohl sagen: Prozessbeobachter. Neumanns Begründung ist eingebettet in komplexe sprachphilosophische Überlegungen. Er musste sich rechtfertigen. Denn seinen Aufsatz über die «absolute Metapher» hatte Celan zum Anlass genommen, mit ihm radikal zu brechen – er wollte nicht in die Tradition der «hermetischen» Dichtung gestellt werden, die auf Mallarmé zurückführte, sondern sah seinen Ort in einer durchaus auf Realien bezogenen Dichtungsart. Neumann also folgt Bollack, aber sein Ton dementiert sogleich diese Nähe. Er spricht von einer Form des «strategischen» Schweigens bei Celan: «Sie führt zur Erpressung eines Bekenntnisses durch Schweigen, wie Celan es als inszeniertes Ritual gegenüber Heidegger einsetzt.»[14] Eigentlich ist das ein ungeheuerlicher Satz. Neumann, der Bollacks Deutung übernimmt, widersetzt sich ihr zugleich.

Celans Gedicht «Todtnauberg» ist auf den 1. August datiert, in Frankfurt.

Todtnauberg

Arnika, Augentrost, der
Trunk aus dem Brunnen mit dem
Sternwürfel drauf,

in der
Hütte,

die in das Buch
– wessen Namen nahms auf
vor dem meinen? –,
die in dies Buch
geschriebene Zeile von
einer Hoffnung, heute,
auf eines Denkenden
kommendes
Wort
im Herzen,

Waldwasen, uneingeebnet,
Orchis und Orchis, einzeln,

Krudes, später, im Fahren,
deutlich,

der uns fährt, der Mensch,
der's mit anhört,

die halb-
beschrittenen Knüppel-
pfade im Hochmoor,

Feuchtes,
viel.[15]

Arnika, Augentrost: Das Gedicht erscheint zunächst schwer verständlich, das sollte die Leser aber nicht erschrecken. Wir versuchen, uns dem Gehalt in der schlichtesten Weise zu nähern, indem wir die Wirklichkeiten suchen, die darin thematisiert werden. Es beginnt schön und heilend, auch im Klang: «Arnika, Augentrost». Damit soll aber keine Beschreibung der beiden Blumen gegeben werden, auch kein visueller Eindruck, eine Farbe fehlt ebenso wie eine mögliche Gruppierung. Vergegenwärtigt sind die Pflanzen in ihren Namen. Der Ort der Namen ist das Gespräch. Eher möchte man deshalb von einem stenographischen Protokoll der Kommunikation sprechen, in der nur gerade diese beiden Blumennamen vergrößert werden.

Damit hat sich in der ersten Zeile schon das Formgesetz des Gedichts ausgesprochen. Ich folge der Darstellung von Klaus Reichert: «Gadamer schrieb später, Heidegger habe ihm berichtet, er und Celan hätten vor allem über Pflanzen gesprochen und Celan habe viel mehr Pflanzen und Pflänzchen gekannt als er.»[16] «Pflanzen beschäftigten Celan, nicht weniger ihre Namen», hat Gerhart Baumann von den Freiburger Tagen festgehalten.[17] Blumennamen spielen auch in dem Prosagedicht «Gespräch im Gebirg» eine Rolle, das die absichtlich versäumte Begegnung mit Adorno in Sils Maria als Hintergrund hat: «Da stehn sie also, die Geschwisterkinder, links blüht der Türkenbund, blüht wild, blüht wie nirgends, und rechts, da steht die Rapunzel.»[18] Auch hier also ein *Gespräch*, programmatisch hervorgehoben im Titel.

der / Trunk aus dem Brunnen mit dem / Sternwürfel drauf: Merkwürdigerweise berichtet Gerhard Neumann die Szene anders. Celan bemerkte «den würfelförmigen Kopf des Brunnens mit eingeschnitzten Kerben vor dem Haus, aus dessen Rohr Wasser sprudelte. Ich weiß noch, wie ich dachte: Es wäre passend, wenn Celan jetzt einen Schluck daraus trinken würde. Er tat das nicht – aber er schenkte der primitiven Einrichtung dieses Wasserspenders viel Aufmerksamkeit.» Und weiter: «Ich erinnere mich nun auch wieder (...) an die Worte über den Brunnen vor dem Haus und das vorsichtige Eintreten, den Eintrag in das Gästebuch.»[19] Mag nun Celan daraus getrunken haben oder nicht: Der Brunnen wurde beachtet und im Gespräch thematisiert. Deshalb wird er ins Gedicht aufgenommen.

in der / Hütte: Man ist eingetreten. Aber nicht ohne einen kommunikativen Akt, der das Betreten erst zu einer menschlichen und nicht nur physischen Wirklichkeit macht: «*die in das Buch / – wessen Namen nahms auf / vor dem meinen? –, / die in dies Buch / geschriebene Zeile von / einer Hoffnung, heute, / auf eines Denkenden / kommendes / Wort / im Herzen*». Der Gedanke «wessen Namen nahms auf / vor dem meinen?» bleibt in diesem Augenblick unausgesprochen, aber er bewahrt die Erinnerung an das Gespräch mit Gerhart Baumann am Vorabend, als Celan plötzlich an dem Plan einer Schwarzwaldfahrt zweifelte und geltend machte, es falle ihm schwer, mit einem Mann zusammenzutreffen, «dessen Vergangenheit er nicht vergessen könne». Wenn aber die «Hoffnung» im «Herzen» ist, gibt es selbst in diesem Schweren noch einen Möglichkeitshorizont, eine Fortsetzung wird nicht ausgeschlossen, es wird dem anderen nicht grundsätzlich abgesprochen, zu diesem Wort fähig zu sein. Allerdings, auch dies sagt Celan hier, ist dieses Wort bisher nicht gefallen.

Waldwasen, uneingeebnet, / Orchis und Orchis, einzeln: Waldwasen sind feuchte Wiesen, das Wort «Wasen», sagt das Deutsche Wörterbuch der Brüder Grimm, «führt auf den grundbegriff des feuchtseins». Botanisch betrachtet, «ist wasen das in der erde befindliche vielverzweigte wurzelwerk einer pflanze». Der «blumenschmuck und das grünen des wasens» würden öfter hervorgehoben, schließlich ist Wasen auch «das land, wo der abdecker (…) das vieh ausweidet und verscharrt, schindanger, in Süddeutschland und am Rhein üblich». Und so ist in diesen Teilen Deutschlands «Wasenmeister» eine verbreitete, zum Teil amtliche Bezeichnung für den Abdecker.[20] Da im Gedicht die Wasen ausdrücklich «uneingeebnet» sind, liegt eine unheimliche Assoziation in diese Richtung nahe.

Bei Orchis handelt es sich um das Knabenkraut, eine Pflanze aus

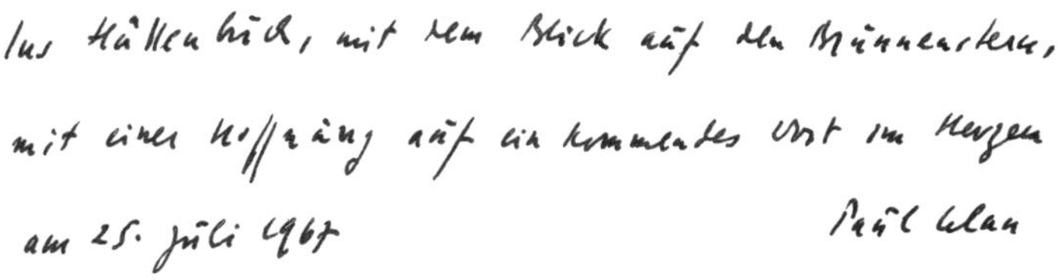
Ins Hüttenbuch, mit dem Blick auf den Brunnenstern,
mit einer Hoffnung auf ein kommendes Wort im Herzen
am 25. Juli 1967 Paul Celan

Die «Hoffnung auf ein kommendes Wort im Herzen»: Paul Celans Eintrag ins Hüttenbuch.

der Familie der Orchideen. Im März 1970 unternahm Baumann einen Spaziergang mit Celan bei Oberrotweil auf den Badberg, von dem er berichtet: «Diese Hügelszene besitzt etwas vom Charakter einer nördlichen Mittelmeerlandschaft; zahlreiche Exoten und Orchideenarten sind anzutreffen, denen Celan kenntnisreich nachspürte.» So wird man auch bei der Todtnauberg-Fahrt über das Knabenkraut gesprochen haben. Hören wir zum Zusammenhang der beiden Zeilen Baumanns Bericht über das Mittagessen, das nach der Rückfahrt von der Hütte stattfand: «Heidegger (...) ließ sich weitläufig über die Tier- und Pflanzenwelt des Gebirges aus. (...) Erneut fiel auf, wie kenntnisreich Celan und Heidegger Fisch- und Vogelarten, Bodenverhältnisse und Wachstumsbedingungen beschrieben.»[21] Deshalb mögen die uneingeebneten «Waldwasen» zur Sprache gekommen sein, an sich ist das Wort ungewöhnlich – ebenso wie das botanische Fachwort für Knabenkraut.

Krudes, später, im Fahren, / deutlich, // der uns fährt, der Mensch, / der's mit anhört: Krude ist das Rohe, «Ungekochte», Unkultivierte und Unfeine, auch das Grobe und Unverdauliche. Vielleicht hat es mit dem «Würgen» zu tun, das Celan bei Heidegger vermutet hatte. Jetzt also wird wirklich gesprochen, und Gerhard Neumann, der Fahrer, hört es: Die Situation des Sprechens wird noch einmal unterstrichen.

Von Neumann stammt das einzige direkte Zeugnis der Gespräche – allerdings bei der Auffahrt nach Todtnauberg, nicht *später* –, das er Elmar Tophoven im August 1967 in einem Brief mitteilte, dabei die «unverdaulichen» Worte zitierend: Heidegger sei «auf die bewusste (...) Diskussion um gewisse Worte» gekommen, «die er früher gesagt und geschrieben hat (völkisch, Führer usw.). Celan hat dann angefangen zu reden in jener Weise, die Ihr sicher an ihm kennt, wo einem der Atem stockt, einmal, weil es ungeheuerlich, zum anderen, weil es so unglaublich durchgeformt ist, dass kein Wort anstößt, aber die Sache in ihrer ganzen Krassheit (und beinahe wortlos) vor einem steht.»[22]

An seine Frau Gisèle Celan-Lestrange schrieb Celan: «Dann kam es im Auto zu einem ernsten Gespräch, bei dem ich klare Worte gebraucht habe. Herr Neumann, der Zeuge war, hat mir hinterher gesagt, dass dieses Gespräch eine epochale Bedeutung hatte.»[23] Reichert meldet Zweifel an: Neumann habe diese Formulierung nie aufgeschrieben. «Im Gespräch sagte er mir später, die Herren auf der Rückbank hätten beharrlich geschwiegen. Durfte das so gewesen sein? Durfte das überliefert werden? Blieb Celan lieber bei dem, was er aus irgendeiner höflichen Bemerkung Neumanns heraushören wollte?» In der fast fünfzig Jahre späteren Erinnerung sagt Neumann (wiederum über die Auffahrt, nicht die Rückfahrt), eine «gedrückte Stimmung» habe geherrscht: «Es wurde nicht viel geredet in diesem Klima der Erwartung von beiden Seiten, aus Heideggers Mund kamen stoßförmige Laute, Celan replizierte leise.» Neumann erinnert sich an seine damalige Assoziation: «rumänische Stimme – was auch immer das heißen mochte».[24]

die halb- / beschrittenen Knüppel- / pfade im Hochmoor: Celan hatte bei seiner Ankunft in Freiburg gegenüber Baumann die Bitte geäußert, «ein Hochmoor zu besuchen». Die Gründe lagen in seiner Lebensgeschichte: «Erinnerungen an das eigene Herkommen waren es auch, welche Celan bestimmten, Hochmoore aufzusuchen, sobald sich die Gelegenheit dazu bot.» Nach dem Mittagessen brach man deshalb auf, um das Horbacher Moor zu erreichen. «Wir ließen uns nicht beirren», erzählt Baumann, «obschon der Regen heftiger wurde, die Wolken zunehmend niedriger hingen, die Sichtweite sich eingegrenzt hatte. Wir verließen bei Horbach die Wagen und legten eine Wegstrecke am Ostrand des Moors auf eingelegten Rundhölzern zurück, die den nachgebenden Grund zu befestigten suchten. Unser Schuhwerk, vor allem dasjenige von Celan, war jedoch für die aufquellende Nässe nicht geeignet (...), so dass wir uns entschlossen, die Wanderung abzubrechen.»[25] Deshalb blieben die Knüppelpfade «halb- / beschritten».

Feuchtes, / viel: Wir wissen, dass es regnete und dass die Nässe aus dem Boden trat. Damit wurde der im Gespräch artikulierte Entschluss, den Gang abzubrechen, von den Wanderern begründet. Und mit diesem Entschluss verlässt man die Sphäre von Todtnauberg, hier endet sinnvollerweise das Gedicht, nämlich mit einem Punkt.

Celan steht in diesem Gedicht nicht als einsamer Beobachter vor einer fremden Landschaft, sondern ist von Anfang bis Ende in kommunikative Geschehnisse verwickelt, in denen alles erst seine Bedeutung erhält. Der Gegenstand des Gedichts, seine Wirklichkeit, sind nicht die äußeren Ereignisse dieses Tages, es sind die *Gespräche*. Nicht Dinge oder Symboliken an sich interessieren, sondern ihr konkreter Ort in dieser bestimmten Kommunikation. Die Abfolge der Verse entspricht der tatsächlichen Zeitfolge, von der Ankunft bei Heideggers Hütte bis zur letzten Station der Rückfahrt. Insofern ist auch nichts Hermetisches in diesem Gedicht; in ihm herrscht eine Einheit der Zeit, es bildet eine in sich gestalthafte Sequenz.

Wir verstehen das Gedicht nur dann, wenn wir Celans Poetik verstehen: eine Poetik des Gesprächs, die uns wiederum erst durch das Gedicht «Todtnauberg» verständlich wird. Das Gedicht, so heißt es in der Rede «Der Meridian», «will zu einem Andern, es braucht dieses Andere, es braucht ein Gegenüber. Es sucht es auf, es spricht sich ihm zu. Jedes Ding, jeder Mensch ist dem Gedicht, das auf das Andere zuhält, eine Gestalt dieses Anderen. Das Gedicht wird – unter welchen Bedingungen! – zum Gedicht eines – immer noch – Wahrnehmenden, dem Erscheinenden Zugewandten, dieses Erscheinende Befragenden und Ansprechenden; es wird Gespräch – oft ist es verzweifeltes Gespräch. Erst im Raum dieses Gesprächs konstituiert sich das Angesprochene, versammelt es sich um das es ansprechende und nennende Ich.»[26] Das Gedicht «Todtnauberg» erzählt die Geschichte eines kommunikativen Ereignisses, das immer noch scheitern kann, aber noch nicht gescheitert ist.

Celan war zum Zeitpunkt der Begegnung mit Heidegger Mitte vierzig, in einem Alter der höchsten Wirksamkeitserwartung. Die ungeheure Aufgabe eines Gesprächs mit Heidegger, und zwar eines Gesprächs mit Folgen, musste er sich zutrauen. Heidegger stand dagegen kurz vor seinem achtundsiebzigsten Geburtstag, er war in einem Lebensalter, in dem die Erfahrung eine hohe innere Stabilität und Kohärenz gewonnen hat und in dem Prozesse einer fundamentalen Selbstkritik, einer grundlegenden Revision der Gedankenwelt und des veränderten Blicks auf die eigene Entwicklung, kaum mehr erwartet werden dürfen. Man mag von Erstarrung sprechen oder von Weisheit.

Und so bestimmt ein Sprachspiel der Abgeklärtheit den Brief, mit dem Heidegger auf die Zusendung des Gedichts «Todtnauberg» antwortete, von dem Celan einen bibliophilen Privatdruck hatte herstellen lassen. Heidegger erhielt das erste Exemplar, Neumann das zweite. Das «kommende Wort», auf das Celan gehofft hatte, blieb aus. Das «Wort des Dichters», so Heidegger nun, sei «Ermunterung und Mahnung zugleich» – hier ist schon das Maximum seines Eingehens auf Celan erreicht –, in ihm sei «das Andenken an einen vielfältig gestimmten Tag im Schwarzwald aufbewahrt». Heidegger erinnert an die Freiburger Lesung: «Seitdem haben wir vieles einander zugeschwiegen. / Ich denke, dass einiges noch eines Tages aus dem Ungesprochenen gelöst wird.» Alles wird zugestanden und zugleich in ein Unbestimmtes verschoben. Dann wird der Ton altersgemäß umständlich und zeremoniös: «Ich werde mir von einem Buchbinder einen geeigneten Schuber machen lassen, darin Ihre Gabe gebührender Weise verwahrt bleibt.»[27]

Immer wieder war von einer für Heidegger fundamentalen Krisenerfahrung des Sprechens und des Wortes die Rede. Hier hat sie ihren Zenit erreicht, und sie kann nicht mehr als psychologische Krise betrachtet werden, auch nicht mehr wie das Schweigen seines Vaters und seines Großvaters. Wie immer man es sich zurechtlegt: Hier handelt es sich um ein Versagen. Man hat den Eindruck, dass Heidegger alles in eine ragende Höhe bringen konnte, wo niemand mehr zu belangen ist. Er war groß, aber er wollte noch größer sein. Der Mann, der das Wesen der Wahrheit ermitteln wollte, verbrachte nicht wenig Lebenszeit mit Ausreden.

Das 1971 von Heidegger für seine Frau verfasste «Vorwort zum Gedicht ‹Todtnauberg›» umspielt Celans Text, aber Heidegger benutzt diesen eher, um die Leistung seiner Frau – nach deren Plänen die Hütte in Todtnauberg gebaut worden war – ins rechte Licht zu stellen: «Doch / Hütte und Höhe, / zum Brunnen den Blick / aus gesammeltem Denken, / das Buch auf dem Tisch, / bezeugend die Freude der Gäste – / hast Du mir gefunden, / vordenkend in die Bestimmung.»[28] Gerade in seinen letzten Lebensjahren war Heidegger ungleich mehr als früher bemüht, Elfride, die er so oft betrogen hatte, zu danken – so wurde auch die nun bald entworfene Gesamtausgabe seiner Werke ihr gewidmet, und deshalb musste das Gedicht auf einen Ton reiner Freude gestimmt werden.

38. KAPITEL

Und wieder Hannah

Im Verhältnis von Hannah Arendt und Heidegger gibt es eine dritte Epoche, die keine schmerzlichen Enttäuschungen und Unterbrechungen mehr kennt. Die Herausgeberin des Briefwechsels lässt sie mit dem Herbst 1966 beginnen, mit Heideggers Gruß zu Arendts sechzigstem Geburtstag.[1] Von den Lebensaltern hatte er, der Kenner von Sein und Zeit, sehr bestimmte Vorstellungen. An einen Freund hatte er geschrieben: «Das Alter, das mit dem sechzigsten Geburtstag beginnt, ist der *Herbst* des Lebens. Der Herbst ist die erfüllte, die ausgeglichene und darum ausgleichende Zeit.» Er ist die «überlegene Zeit, die den Sinn weckt für den verborgenen Einklang aller Dinge. Das Zutrauen zum Herbst ist das gute Geleit in das Geheimnis des Alters.» Das lässt sich aus dem Sinn der Worte begründen. «Alter», sagt Heidegger, bedeute im Deutschen soviel wie Zeitabschnitt und Zeit. «*Das* Alter ist *die* Zeit.»[2] So grüßt er Hannah am 6. Oktober im ersten Satz seines Briefs und wünscht ihr «für den kommenden Herbst Deines Daseins alle Fördernis für die Aufgaben, die Du Dir selbst gestellt hast, und für diejenigen, die noch unerkannt auf Dich warten».[3]

Er grüßt sie *als* Philosophin: «Die Freudigkeit des Denkens wird sich von selbst immer neu einstellen und von der Besinnung darüber begleitet sein, was heute in dieser wirren Welt der Gedanke noch vermag.» Heidegger hatte nichts vergessen. In seinem allerersten Brief vom 10. Februar 1925 las man: «‹Freuen Sie sich!› – das ist mein Gruß für Sie geworden.» Es sei schon viel gewonnen, heißt es jetzt,

Hannah Arendt 1966. In diesem Jahr ihres sechzigsten Geburtstages begann die letzte, gelassene und warme Phase ihrer Beziehung, in der es nicht mehr zu scharfen Konflikten kam.

wenn dem Gedanken «gleichsam eine unterirdische Überlieferung gegönnt ist». Eine solche walte auch zwischen und in ihnen beiden, gleich im nächsten Satz heißt es: «Lang scheint die Zeit zu sein seit dem Auslegungsversuch von Platons *Sophistes.* Und doch ist mir oft, als sammele sich auf einen einzigen Augenblick, der das Bleibende birgt, das Gewesene.»[4] Er ergreift den Moment, um seine Geschichte mit der ihren wieder zu verknüpfen und sie damit zu einer geteilten zu machen: In seinem «Sophistes»-Seminar hatten sie sich zum ersten Mal gesehen. Er ruft die gemeinsame Geschichte auf als eine, die für ihn wesentlich wurde und blieb: der *Augenblick* birgt das *Bleibende.*

«Denken» ist das, was beide professionell betreiben, und zugleich ist es mehr: «An Dich denkend» ist Heideggers Abschiedsgruß in diesem Brief. Beigelegt ist seine Abschrift eines Gedichts des spätesten Hölderlin, das sie gleichsam zum Altern ermuntert: «Das Glänzen der Natur ist höheres Erscheinen, / Wo sich der Tag mit vielen Freuden endet, / Es ist das Jahr, das sich mit Pracht vollendet, / Wo Früchte sich mit hohem Glanz vereinen.»[5] Und er legt eine Fotografie bei, die den Blick aus der Hütte zeigt.

Ein Bündel von Botschaften, auf engstem Raum! Hannah Arendt weiß sie zu lesen – die Sprache der Liebe in Heideggers fast trockenen Worten, die nur unter der Oberfläche beben – und sie ist beglückt: «Auch meine Gedanken waren oft in der Sophistes-Vorlesung. Das Bleibende, scheint mir, ist wo man sagen kann – ‹Anfang und Ende immerfort dasselbe›.» Das Zitat stammt von Goethe, aus dessen eigenster Spät- und Alterweisheit, den persischen Dichter Hafis besingend. Der «Herbstbrief», wie sie ihn nennt, sei die «größte Freude» gewesen, «nämlich die größtmögliche Freude». «Er begleitet mich (...) und wird mich lange begleiten.»[6]

Irgendetwas Besonderes muss in diesem Brief gelegen haben. So nimmt auch Arendt die Rede vom Herbst auf, in Worten, die wie die Zeilen eines verlorenen Gedichts klingen: «Denen der Frühling das Herz bracht und brach, denen macht es der Herbst wieder heil.» Ihre ganze Geschichte liegt darin und wird mit dem Willen ausgesprochen, nun keine Zerstörung mehr zuzulassen. Indem sie ihre Worte in die seinen verwebt, stiftet sie Liebe als Form (nicht als Versicherung oder Bekenntnis). Es gibt Augenblicke, in denen sich bei ihr das Innige und das Verspielte treffen: «Sommerpläne sind noch ganz im Ungewissen», schreibt sie ihm im März 1968. «Schön wäre es, Dich wiederzusehen. – Schön wäre ein Gespräch. Jedenfalls denke ich, es geht Dir gut. Und werde fröhlich, wenn ich es denke.»[7]

Die Chronik der folgenden Jahre bestätigt die neue Festigkeit. Im August 1967 besucht sie ihn und kommt später in diesem Monat noch einmal zurück.[8] Erneut in Freiburg ist sie im September 1968. Im darauffolgenden Februar wird Karl Jaspers in Basel beerdigt:

Am 17. August 1967 fotografierte Hannah Arendt Heidegger mit ihrer Minox. Zu den Bildern schrieb er ihr: «Dank für die so schön geglückten Aufnahmen, die zugleich Phasen unseres Gesprächs, Unsichtbares im Sichtbaren, festhalten.»

«Ich möchte Dich sehr gerne sehen»,[9] schreibt sie an Heidegger, und kommt im März. Im Juni desselben Jahres sieht sie ihn erneut, noch einmal im August. Im Juli 1970 trifft sie ihn, der einen Schlaganfall überstanden hat, und noch einmal im August. Im März 1971 ist sie wieder bei Heideggers, dann vergeht mehr als ein Jahr, bis man sich im Juli 1972 wiedersieht, und dann noch einmal Ende September. Schon im Mai 1973 ist man wieder zusammen, einen zweiten Besuch, den sie geplant hatte, sagen Heideggers ab, er und Elfride sind zu erschöpft, sie werden in Meßkirch sein. Im Juli 1974 besucht sie ihn. Dann macht sie Ende Juni 1975, auf dem Weg von Marbach nach Zürich, in Freiburg Station. Ihr letzter Besuch findet wenige Wochen später statt, am 12. August, sie ist erschüttert, wie sehr er inzwischen abgebaut hat. Am 4. Dezember 1975 stirbt Hannah Arendt. Wann immer sie in Europa war, nahm sie sich Zeit für ihn, im Idealfall bei der An- und bei der Abreise.

Am 26. Juli 1967 sprach Hannah Arendt im Freiburger Auditorium Maximum über Walter Benjamin und seine Philosophie, die sich ihrerseits an den Grenzen von Dichten und Denken bewegt hatte. Der ungeheure Nachruhm hatte bereits eingesetzt. Heidegger kam in die Universität. Seit 1952 hatten sie sich nicht mehr gesehen; am Tag zuvor war er mit Paul Celan in Todtnauberg gewesen. Ihren Vortrag begann sie mit der Anrede «Verehrter Martin Heidegger, meine Damen und Herren!».[10] Im Saal gab es verhaltene Unruhe.

Am Tag danach trafen sie sich, Heidegger schenkte ihr die Reclamausgabe seiner Abhandlung «Der Ursprung des Kunstwerkes» mit einer Widmung.[11] Am 10. August meldete er ihr: «Am Tag nach unserem Zusammensein, am Freitag, d. 28. Juli, fand ich die Stelle, an die das Mallarmé-Zitat bei Benjamin gehört. Ich folgte dabei früheren Notizen, die Stellen über Denken und Dichten bei Mallarmé verzeichnen.»[12] Ihr Gespräch hatte die Sprache berührt, Benjamins Auffassung vom Übersetzen, die Vielheit ihrer Formen und Idiome, das Denken und das Schreiben, die Verschwiegenheit, das «unsterbliche» Wort und jene Worte, die «durch einen unvergleichlichen, einzigen Schlag» in den Bereich der Wahrheit kommen.[13] Das waren Dinge, für die Jaspers schlicht kein Organ hatte. Ein Bezirk war angesprochen, in dem nur Heidegger und sie sich treffen konnten.

Die Regelmäßigkeit, mit der nun die alte Liebe sublimiert und gelassen sich im Leben der beiden darstellt, ist das eine. Es kommt ein philosophischer Gleichklang hinzu, der nicht immer dagewesen war. Am 8. Mai 1954 hatte sie ihm von drei Arbeitsvorhaben geschrieben, die miteinander verbunden seien: «1. Von Montesquieu ausgehend eine Analyse der Staatsformen (...) 2. Vielleicht von Marx einerseits und von Hobbes andererseits ausgehend eine Analyse der grundverschiedenen Tätigkeiten, die von der vita contemplativa aus gesehen in den einen Topf der vita activa gewöhnlich geworfen wurden: also Arbeiten – Herstellen – Handeln, wobei Arbeiten und Handeln am Modell des Herstellens verstanden wurden: die Arbeit wurde ‹produktiv› und das Handeln im Mittel-Zweck-Zusammenhang interpretiert. (Dies könnte ich nicht, wenn ich es kann, ohne das, was ich in der Jugend bei Dir gelernt habe.) – Und 3. vom Höhlengleichnis (und Deiner Interpretation) ausgehend eine Darstellung des traditionellen Verhältnisses von Philosophie und Politik.»[14] Hier kreiste noch alles um das Politische, um eine *vita activa*. Nun dagegen, in Arendts letztem Lebensjahrzehnt, tritt das Denken selbst in den Vordergrund, zusammen mit dem Willen und der Urteilskraft. Aus diesen Teilen sollte ein Werk komponiert werden, das dann erst posthum und unabgeschlossen unter dem Titel «The Life of the Mind» erschien, «Vom Leben des Geistes».

Im Briefwechsel firmiert dieses Projekt zeitweise unter dem Titel «theoria» (θεωρία). Am 24. Oktober 1971 fragt Heidegger an, ob Arendt inzwischen mit ihren «Studien zur θεωρία» weitergekommen sei, und im Februar 1972: «Was macht die θεωρία? Wo jetzt überall von ‹Theorie› gefaselt wird, müsste Dein Buch dazwischen fahren. (Bei einem Vortrag von Horkheimer in der Schweiz ist der Kardinal Döpfner dort erschienen).» Hannah Arendt hatte das Vorhaben Heidegger gegenüber am 20. März 1971 erstmals angekündigt: «Über die nicht-tätigen menschlichen Tätigkeiten: Denken, Wollen, Urteilen. Ich habe keine Ahnung, ob es wird und vor allem, wann ich damit fertig sein werde. Vielleicht niemals. Sollte es aber gehen – darf ich es Dir widmen?» Er antwortet am 26. März: «Dein zweiter Band Vita activa wird so wichtig wie schwierig sein. (…) Du weißt, dass ich mich über Deine Widmung freuen werde.»[15]

Weil ihr eigenes Projekt mit der Frage nach dem Denken beginnen soll, lässt sie sich nun ganz auf das ein, was Heidegger mit dem «Denken» meint. Schon 1952 hatte sie zwei Stunden der Vorlesung «Was heißt Denken?» gehört.[16] 1968 ist sie an der amerikanischen Ausgabe der Vorlesung beteiligt und prüft die Korrekturfahnen. Sie liest die im Jahr zuvor erschienene Sammlung «Wegmarken», die ihr «Trost und Lichtblick» in einem trüben Winter werden: «Ich habe das Buch noch auf dem Schreibtisch, teils als Talisman aus Aberglauben, teils aber auch, weil ich nun (...) sehr gerne einfach aufschlage und herauslese.» Schon 1967 hatte sie Heidegger geschrieben, seine Abhandlung «Kants These über das Sein» sei eine «herrliche Arbeit». Am 13. Juli 1971 schreibt sie: «Deine Sachen begleiten mich, sie werden zu einer Art ständiger Umgebung. Ich las gerade nochmals den ganzen Hölderlinband, mit besonderer Aufmerksamkeit auf das, was Du darin über das Denken (...) sagst.»[17]

1969 verfasst sie zu seinem achtzigsten Geburtstag einen großen Vortrag, der im Rundfunk gesendet und dann in der Zeitschrift «Merkur» gedruckt wird, in Auszügen auch in der «Süddeutschen Zeitung»: Sie erreicht ein Maximum an öffentlicher Aufmerksamkeit. In der Fassung, die sie Heidegger schickt, heißt es handschriftlich: «Für Dich / zum 26. September 1969 / nach fünfundvierzig Jahren / wie seit eh und je. / Hannah». Man kann den Text für sich lesen, aber ebenso als konzentrierte Version dessen, was sich später in der Vorlesungsreihe «Das Denken» entfaltet: Es tritt hier in einer einzigen Gestalt zusammen, und diese nennt Arendt den «heimlichen König (...) im Reich des Denkens». Während man anderswo philosophiegeschichtliche Bildung erwerben konnte, sei es bei Heidegger, wie sie ihn zitiert, darum gegangen, «zwischen einem gelehrten Gegenstand und einer gedachten Sache» zu unterscheiden. Eine bohrende Qualität spricht sie diesem Denken zu, das auch nicht davor Halt mache, «sich zu seinen eigenen Resultaten eigentümlich destruktiv beziehungsweise kritisch» zu verhalten.[18] Wo aber, heißt es später in ihrem Buch «Das Denken», dem ersten Band des nachgelassenen Werks «Vom Leben des Geistes», hält sich das denkende Ich auf? Es ist, sagt Arendt, «streng genommen, nirgends; es ist heimatlos in einem ganz nachdrücklichen Sinne».[19]

Das ist *sie*, die da spricht, das *Mädchen aus der Fremde*. Er aber? Der Nationalsozialismus erscheint als «Versuchung», «seinen Wohnsitz zu ändern und sich in die Welt der menschlichen Angelegenheiten ‹einzuschalten› – wie man damals so sagte». Ein bleibender Vorwurf ergibt sich daraus für Hannah Arendt nicht: «Er war noch jung genug, um aus dem Schock des Zusammenpralls, der ihn nach zehn kurzen, hektischen Monaten vor 35 Jahren auf seinen angestammten Wohnsitz zurücktrieb, zu lernen und das Erfahrene in seinem Denken zu verwurzeln und anzusiedeln.» Auffallend und «vielleicht ärgerlich» möge man es immerhin finden, dass Heidegger und Platon «ihre Zuflucht zu Tyrannen und Führern nahmen». Am Ende bleibt etwas anderes: «Denn der Sturm, der durch das Denken Heideggers zieht – wie der, welcher uns nach Jahrtausenden noch aus dem Werk Platos entgegenweht – stammt nicht aus dem Jahrhundert. Er kommt aus dem Uralten, und was er hinterlässt, ist ein Vollendetes, das wie alles Vollendete heimfällt zum Uralten.»[20]

Das ist große Rhetorik, ganz auf das Register der Erhabenheit gestimmt. Feierlicher konnte man nicht sprechen. Nur in einer Anmerkung wird sie schärfer. Heideggers Irrtum über den Nationalsozialismus als angebliche «Begegnung der planetarisch bestimmten Technik und des neuzeitlichen Menschen» (von der 1953 in der «Einführung in die Metaphysik» die Rede gewesen war) sei «unerheblich gegenüber dem viel entscheidenderen Irren, das darin bestand, der Wirklichkeit in den Gestapokellern und den Folterhöllen der Konzentrationslager, die unmittelbar nach dem Reichstagsbrand entstanden, in angeblich bedeutendere Regionen auszuweichen». Genau diese Wirklichkeit zu dokumentieren, war Anfang 1933 die Aufgabe gewesen, der sich Arendt im Auftrag der zionistischen Vereinigung gewidmet hatte. Heidegger habe jedoch seinen Irrtum (von Arendt sarkastisch in Anführungszeichen gesetzt) «nach kurzer Zeit eingesehen und dann erheblich mehr riskiert, als damals an den deutschen Universitäten üblich war».[21] Die Maxime scheint hier ein «Im Zweifel für den Angeklagten» gewesen zu sein – jedes drastischere Wort hätte einen Bruch der Beziehung bedeuten können.

Im gleichen Jahr 1969 starb Karl Jaspers. In seiner letzten Aufzeichnung über Heidegger hatte er von einem felsigen Hochplateau im Gebirge gesprochen, wo sich seit jeher die Philosophen ihrer Zeit trafen. «Es scheint», so Jaspers, «dass dort heute niemand zu treffen ist. Mir aber schien es, als ob ich, vergeblich suchend in den ewigen Spekulationen, nach Menschen, die sie wichtig fänden, einen träfe, sonst niemanden. Dieser eine aber war mein höflicher Feind. Denn die Mächte, denen wir dienten, waren unvereinbar. Die Freude wurde bald zum Schmerz, zu einem eigentümlich trostlosen, als ob eine Möglichkeit versäumt würde, die greifbar nah war.»[22]

So war es Jaspers mit Heidegger ergangen. Die bisherigen Kritiken an dessen Denken erscheinen ihm «unleidlich». «Daher suche ich nach der Kritik, die wirklich wird in der Substanz des Denkens selber, nach dem Kampfe, der die Kommunikationslosigkeit des Unvereinbaren durchbricht, nach der Solidarität, die noch zwischen den Fremdesten dort möglich ist, wenn es sich um Philosophie handelt./Solche Kritik und solcher Kampf ist vielleicht unmöglich. Gleichsam einen Schatten von ihr möchte ich aufzufangen versuchen.»[23] Zu diesem Vorhaben einer Kritik, die eine Kommunikation nicht abbricht, sondern womöglich neu stiftet, haben sich viele Aufzeichnungen erhalten, abgeschlossen wurde es nicht. Am 2. März 1969 schickte Heidegger ein Kondolenztelegramm an Gertrud Jaspers: «Im Andenken an frühe Jahre verehrend teilnehmend».[24]

Im Dezember 1969 schrieb Elisabeth Blochmann zum letzten Mal an Heidegger. Die Korrespondenz, die sie 1947 wiederaufgenommen hatten, war freundschaftlich und von großer Wärme auf beiden Seiten. 1952 folgte sie einem Ruf an die Universität Marburg und wurde Direktorin des dortigen pädagogischen Instituts. Von ihrem letzten Brief hat sich ein Entwurf erhalten, der mit der Notiz «nur verkürzt abgeschickt» versehen ist. Sollte Heidegger ihn gelesen haben, dann musste er schmerzlich betroffen gewesen sein. Über seine kleine Schrift zum Glockenturm freute sie sich, dann aber folgte die Distanzierung: «Denn, verzeih, wenn ich wage, das in meiner so unphilosophischen Art zu sagen: ich meine, das Neue, dem rechnenden Denken entgegengesetzte Denken, auf das Du hintendierst, kann nur etwas der Jugendfrömmigkeit geheimnisvoll Verwandtes sein (...). Sonst bleibe ich der ‹Sache des Denkens› gegenüber etwas ratlos (...). Das ist meinem simplen common sense doch alles zu fremd. Das muss ich einmal sagen, lieber Martin, auch wenn es Dich enttäuscht, denn damit hängt auch meine Scheu zusammen, noch einmal das persönliche Gespräch zu suchen, sei es in Freiburg oder im geliebten Todtnauberg.» Eine gemeinsame Sprache gebe es für sie beide «nur noch in einem begrenzten aber umso kostbareren Bereich». Der Brief schließt mit den Worten: «Möchten wir uns auf der überwölbenden Brücke unserer Freundschaft in dem Bemühen um die rechte Erfüllung dieser geschenkten Lebensphase noch oft begegnen dürfen.»[25] Ihr Wunsch ging nicht in Erfüllung. Offenbar wurde ihr Brief von Heidegger nicht mehr beantwortet, 1972 starb Elisabeth Blochmann in Marburg.

Heidegger kannte und liebte Lao-tse. Sein chinesischer Schüler Paul Shih-Yi Hsiao hatte während seines Studiums im Rom der Kriegsjahre den Denker ins Italienische übersetzt und 1942 Heidegger ein Exemplar des Büchleins «Tao te king» geschenkt. Das nächste Treffen ergab sich zufällig und erst 1946 im noch durch Trümmer geprägten Freiburg. Im Gespräch forderte ihn Heidegger auf, mit «ihm zusammen das Taoteking des Lao-tse ins Deutsche zu übertragen. Ich sagte freudig zu.» Von da an fuhr Shih-Yi Hsiao an jedem Samstag hinauf zur Hütte. Er berichtet: «Als erstes nahmen wir uns die Kapitel über Tao vor, die ersichtlich die schwierigsten und wichtigsten sind. Durch die gründliche Gangart des Heideggerschen Denkens hatten wir am Ende des Sommers 1946 von den einundachtzig erst acht Sprüche bearbeitet.»[26]

Heidegger erbat sich von Shih-Yi Hsiao zwei Verse des fünfzehnten Kapitels in chinesischer Kalligraphie. So war er nicht unvorbereitet, als Hannah Arendt ihm ihren Essayband über Walter Benjamin und Bertolt Brecht mit der Widmung schickte: «Für Martin in Erinnerung an *dies und das* / Hannah am 3. April 1971». Über Brechts Gedicht «Legende von der Entstehung des Buches Taoteking auf dem Weg des Laotse in die Emigration» schrieb sie, es sei «eines der stillsten und tröstlichsten (...) unseres Jahrhunderts».[27] Tröstlich wegen seiner Lehre: «Dass das weiche Wasser in Bewegung / Mit der Zeit den mächtigen Stein besiegt. / Du verstehst, das Harte unterliegt.»[28]

Heidegger antwortete am 17. Mai, schon die Errichtung des von Elfride geplanten Alterssitzes berührend: «Wir danken für den schönen Blumengruß und für das Benjamin-Brechtbändchen. Die Zusammenstellung ist schon für sich aufschlussreich. Beide Texte erörtern Wesensfragen; ob die Leser dies merken?/In Deiner Widmung hast Du wohl mit Absicht für – dies und das – die Anführungszeichen weggelassen. (...) Die Fertigstellung des Hauses geht stetig voran. Ich werde in mein Arbeitszimmer ‹*Wenig*› mitnehmen.»[29] Damit signalisierte er ihr, dass er sehr genau gelesen und gehört hatte, und sich auf das von ihr angebotene Textspiel einließ. Denn so lautet die Strophe bei Brecht: «Und er packte ein, was er so brauchte: / Wenig. Doch es wurde dies und das. / So die Pfeife, die er abends immer rauchte, / Und das Büchlein, das er immer las. / Weißbrot nach dem Augenmaß.»[30] Die außerordentlich positive Reaktion auf die beiden Essays mag auch damit zu tun gehabt haben, dass Hannah Arendt ihm geschmeichelt hatte, indem sie Benjamin und Heidegger nebeneinanderstellte als Menschen, die dichterisch zu denken verstehen.

Heidegger muss das Gedicht, von dem Hannah Arendt erzählt, wie es Benjamin von Brecht nach Frankreich mitbrachte und den seit September 1939 internierten deutschen Emigranten vortrug, worauf es sich in den Lagern verbreitete,[31] wirklich geliebt haben, es gibt mehrere Zeugen dafür. Der eine ist Petzet, der fragte: «Erkannte er sich selbst darin wieder?»[32] Der andere, Towarnicki, hat eine kleine Burleske überliefert. Als er, wieder einmal in Freiburg, Heidegger für ein französisches Magazin um ein Interview bat, habe dieser gutgelaunt gefragt, warum er ihn denn unbedingt noch einmal in diesen «Zirkus» hineinziehen wolle. Towarnicki gab nicht auf, darauf Heidegger: Möge *er* doch einen Text schreiben, den man dann gemeinsam überarbeiten könne. Als Towarnicki erneut insistierte, erhob sich Heidegger, ging in sein Arbeitszimmer und kam mit Hut und einem Brecht-Band zurück. Dann las er die dreizehn langen Strophen dem Besucher vor, in gehobenem Ton, wie dieser sich erinnert, als handle es sich um eine ungeheuer lehrreiche Geschichte – was sie ja auch wirklich ist –, jedenfalls habe das Gedicht ihm ganz offensichtlich gefallen.[33] Und Heidegger schmeichelte wiederum Towarnicki, indem er ihn mit dem verdienstvollen Zöllner verglich, dem im Gedicht die Philosophie des Weisen Lao-tse eigentlich erst zu verdanken ist: «Denn man muss dem Weisen seine Weisheit erst entreißen. / Darum sei der Zöllner auch bedankt: / Er hat sie ihm abverlangt.»[34]

Im April 1930 hatte Walter Benjamin seinem Freund Gershom Scholem von dem Plan berichtet, «in einer ganz engen kritischen Lesegemeinschaft unter Führung von Brecht und mir im Sommer den Heidegger zu zertrümmern.»[35] Das lag fast ein halbes Jahrhundert zurück. Und Kurt Blumenfeld hatte an Hannah Arendt am 21. Mai 1958 geschrieben: «Gestern war Hanna Strauss aus New York bei mir. Sie erzählte mir begeistert von einer Unterhaltung mit Dir über Graphologie. Als sie sagte, sie hätte zwei Schreibproben von Dir zur Beurteilung erhalten, sagte ich: Heidegger und Walter Benjamin. ‹Hannah hat Dir das wahrscheinlich geschrieben›, meinte sie. – Ich bin glücklich, wie gut ich im Geiste mit Dir zusammen sein kann. Was Hanna Strauss zu den beiden Handschriften sagte, hat mir gefallen.»[36] Was ist Liebe? Wenn Heidegger Brecht liest, den ihm

Hannah Arendt nahegebracht hatte, und wenn Hannah Arendt zur Graphologin geht, um Aufschlüsse über Heidegger und Benjamin zu erhalten.

Arendts Vorlesungsreihe «Das Denken», der Grundstock ihres späteren Buches, wurde 1973 im schottischen Aberdeen im Rahmen der Gifford-Lectures vorgetragen, aber schon im Januar 1970 hatte sie an der University of Chicago Vorlesungen mit Seminaren über «Thinking» gehalten; posthum herausgegeben wurden Arendts Gifford-Lectures von Mary McCarthy. Vorangestellt sind Maximen Heideggers: «Das Denken führt zu keinem Wissen wie die Wissenschaften / Das Denken bringt keine nutzbare Lebensweisheit / Das Denken löst keine Welträtsel / Das Denken verleiht unmittelbar keine Kräfte zum Handeln.»[37] Als Herkunft wird das Buch «Was heißt Denken?» angegeben. Unter den Philosophen des 20. Jahrhunderts, die Arendt nennt, ist Heidegger der am häufigsten erwähnte, weit vor Jaspers; insgesamt führen Platon, Aristoteles und Kant. Arendt fragt, «was Denken denen bedeutet, die es betreiben». Das ist die Lücke, die sie schließen will: Weder Kant noch seine Nachfolger hätten «dem Denken als Tätigkeit oder gar den Erfahrungen des denkenden Ichs nennenswerte Aufmerksamkeit» geschenkt.[38]

Arendts Buch «Das Denken» ist ein fortlaufender Dialog mit Heidegger, zahlreich sind die Bezüge zwischen dem Text der Vorlesung und den Briefen aus den späten sechziger und den siebziger Jahren. In seiner Rede «Gelassenheit», 1955 in Meßkirch gehalten und 1959 veröffentlicht, von Hannah Arendt gelesen, hatte Heidegger von einer eigentümlichen Form des Nicht-Denkens gesprochen: «Wir alle, eingeschlossen diejenigen, die gleichsam von Berufs wegen denken, (...) sind oft genug gedanken-arm; wir alle sind allzu leicht gedanken-los. Die Gedankenlosigkeit ist ein unheimlicher Gast, der in der heutigen Welt überall ein- und ausgeht.» Man könne aber nur gedankenlos werden und von der Gedankenlosigkeit sprechen, weil der Mensch die Fähigkeit zum Denken besitze «und zum Denken bestimmt ist». Gegenwartstypisch sei die «Flucht vor dem Denken».[39]

In der Einleitung zu ihrem Buch über das Denken spricht Hannah Arendt über eines der Motive, die ihm zugrunde liegen: Bei der Beobachtung des Eichmann-Prozesses 1961 sei ihr aufgefallen, dass der Angeklagte «ganz gewöhnlich und durchschnittlich» gewesen sei und keineswegs «dämonisch» oder «ungeheuerlich» wie die üblichen Hollywood-Nazis. Und nicht schlichte Dummheit habe aus ihm gesprochen, sondern *«Gedankenlosigkeit».*[40] Insofern besteht zwischen Arendts politisch-philosophischen Untersuchungen der fünfziger Jahre, zu denen auch ihr Bericht «Eichmann in Jerusalem» zählt, und dem Buch über das Denken eine gewisse Kontinuität, sie geht der Sache auf den Grund. Kants Satz über das «schlechte Herz», das die Hauptursache der Dummheit sei, korrigiert sie in diesem Sinne: «Gedankenlosigkeit ist nicht Dummheit; sie findet sich auch bei hochintelligenten Menschen, und ihre Ursache ist nicht ein schlechtes Herz; wahrscheinlich kann umgekehrt Schlechtigkeit durch Gedankenlosigkeit entstehen.»[41] Sie hat Heidegger gelesen und zieht aus seiner Darlegung eine moralische Konsequenz.

«Ich werde den zweiten Band mit einer Analyse der Urteilskraft abschließen», schreibt Arendt am Ende von «Das Denken».[42] Ende Juli 1975 teilt sie Heidegger aus dem Tessin mit, wie es mit den weiteren geplanten Vorlesungen für Aberdeen steht: «Ob ich bis Oktober fertig werde – Urteilskraft – ist fraglich, beunruhigt mich aber nicht.» Im Antwortbrief vom 30. Juli, seinem letzten an sie, schreibt Heidegger nach Mitteilungen über einen lästigen Sommerschnupfen: «Alles andere mündlich, nur: die Urteilskraft ist eine schwierige Sache.»[43]

Vier Monate danach starb Hannah Arendt. Fünfzig Jahre lang kannten sie sich, liebten sich, verrieten sich, liebten sich wieder im Gespräch. Der Leser kann am Ende nicht mehr unterscheiden, was hier Eros ist und was philosophischer Dialog. Ungefähr diese Lebensform war das platonische Ideal gewesen.

39. KAPITEL

Versöhnung mit Löwith

Im Juni 1967 besuchte Löwith erstmals wieder Heidegger in Freiburg. Vorher hatte er ihm geschrieben, er reise für ein Kolloquium an: «Auch eine Bitte habe ich: ich sah im Seminar bei Marx eine ungewöhnlich gute Fotografie von Ihnen, vor etwa 4 Jahren aufgenommen. Könnte ich davon einen Abzug bekommen?»[1] Werner Marx, von dem hier die Rede ist, hatte bei Löwith im amerikanischen Exil promoviert und war seit 1964 Nachfolger auf dem Freiburger Lehrstuhl Heideggers. Der Brief war ein Signal der Nähe, eines Wunsches nach Vertrauen – eine persönliche und keine sachliche Botschaft. Löwith hatte eine Affinität zu physiognomischen Betrachtungsweisen, zu Ausdrucksgestalten. Schon 1920 hatte er Heidegger davon berichtet, einem Bekannten eine Schriftprobe des Lehrers zur Analyse überlassen zu haben.[2]

Der Besuch scheint in guter Atmosphäre stattgefunden zu haben. Heidegger hörte Löwiths Vortrag «Atheismus als philosophisches Problem», am 20. Juni besuchte Löwith ihn zu Hause, und Heidegger schickte ihm danach einen Gruß «zur Erinnerung». Im Juli 1970 schrieb Heidegger an Löwith, diesmal auch das Denken seines Schülers anerkennend: «Herzlichen Dank für Ihre meisterhafte Darstellung der ‹Hegel-Renaissance›, die Einsichten in ihren Sinn und die Kennzeichnung ihrer Grenzen.»[3]

1973 wird der inzwischen sechsundsiebzigjährige Löwith krank und erholt sich nicht mehr. Am 5. Mai schreibt ihm Heidegger ein letztes Mal, er hatte durch Gadamer vom Zustand seines Schülers erfahren: «In den Tagen der Krankheit zieht sich die Welt ins Einfache zusammen und zurück. In unserem Alter gar denken wir an den Abschied und zugleich an die Anfänge unserer Wege.»[4] In der Erinnerung an «unsere» Wege nimmt Heidegger eine Verbundenheit an, die aber nicht in eine Identität mündet; es handelt sich nicht um einen Weg, sondern um Wege, die als unterschiedene hinzunehmen sind.

Dem Brief beigelegt ist der Text «Wege», den Heidegger ausdrücklich nicht als Gedicht bezeichnen möchte. Er stammt aus dem Jahr 1971 und hat einen eigentümlichen Ton, da er überhaupt keine Behauptung mehr beabsichtigt. Nur eine Bewegung ist da, die Bewegung eines Denkens. Aber selbst der Gegenstand dieses Denkens ist nicht mehr eindeutig definiert, sondern höchstens in Form einer Frage, als ein Darauf-hindeuten präsent. Am ehesten ist noch das Denken selbst der «Gegenstand».

Wege

Wege,
Wege des Denkens,
gehende selber, entrinnende.
Wann wieder kehrend,
Ausblicke bringend worauf?
Wege, gehende selber,
ehedem offene, jäh die verschlossenen,
spätere. Früheres zeigend,
weigernd Erlangtes, bestimmt
dem Verzicht.
Wege, lockernd die Schritte
Aus Anklang geringen Geschicks.
Und wieder die Not zögernden Dunkels
im wartenden Licht.

Man kann von einer Pendelbewegung sprechen, zwischen Entrinnen und Wiederkehren, zwischen offen und verschlossen, später und früher, zwischen einem Ehedem und dem plötzlichen Jäh, Erlangtem und Verweigertem, worauf man verzichtet hat, zwischen Dunkel und Licht, zwischen den gelockerten Schritten und dem Zögern und Warten. Die Geschichte seines Denkens erblickt Heidegger unter dem Gesichtspunkt einer schwingenden Bewegung, diese ist der einzige Inhalt. Folgerichtig heißt es in einer anderen Spruchfolge aus dieser spätesten Epoche: «Höre das Her / Schweige das Hin.» Passend dazu stellt sich im selben Text das Bild einer Waage ein: «Stille die Waage / Wage die Stille.»[5] Heidegger hat sich ganz von Behauptungen entfernt, von Resultaten des Denkens kann gar keine Rede mehr sein. Ein erstes Prinzip wird verweigert, wofür auch das Wort «Anklang» steht, das immer schon auf ein anderes hinweist, das ihm vorherging: ein Synonym wäre «Gegenliebe».

Heidegger geht auf Löwiths Lage ein, die eines Todkranken: «Mein Wunsch ist, die Krankheit möge für Sie ohne Qual sein und Ihnen die Kraft des Vorausdenkens lassen, das Rilke in einem der ‹Sonette an Orpheus› ins dichtende Wort gebracht hat: ‹Sei allem Abschied voran, ...›.»[6] Was sagt Rilkes Gedicht, inwiefern ist es eine passende Gabe für einen Todgeweihten?

Sei allem Abschied voran, als wäre er hinter
dir, wie der Winter, der eben geht.
Denn unter Wintern ist einer so endlos Winter,
dass, überwinternd, dein Herz überhaupt übersteht.

Sei immer tot in Eurydike –, singender steige,
preisender steige zurück in den reinen Bezug.
Hier, unter Schwindenden, sei, im Reiche der Neige,
sei ein klingendes Glas, das sich im Klang schon zerschlug.

Sei – und wisse zugleich des Nicht-Seins Bedingung,
den unendlichen Grund deiner innigen Schwingung,
dass du sie völlig vollziehst dieses einzige Mal.

Zu dem gebrauchten sowohl, wie zum dumpfen und stummen
Vorrat der vollen Natur, den unsäglichen Summen,
zähle dich jubelnd hinzu und vernichte die Zahl.[7]

Auffallend ist der fünfmal wiederholte Imperativ «Sei», der sich von einem Sein herschreibt, das schon vom Nicht-Sein überschattet ist. Es war dieses Gedicht, das für Heidegger in den letzten Jahren seiner eigenen *meditatio mortis*, seinem Nachdenken über den Tod immer wichtiger wurde. Dreimal hat er es, mit minimalen Variationen, zum Medium seines Denkens gemacht, ich zitiere die dritte Fassung:[8]

Wo aber sind wir,
wenn wir uns mühen,
Rilkes Zuruf zu vollziehen:
«*Sei* allem Abschied voran …»?
Wohnende im Tod?
Unbetretenes Gelände,
das – Ende nicht, nicht Wende –
ungehörter Klang
von An-Fang
in reine Nichtung:
Urfigur des Seyns –
unzugangbar der Vernichtung –
im Selbander Eins:
Fernste Gegend
Nächster Nahnis.

Ins Auge fällt der abweichend von Rilkes Text durch Kursivierung hervorgehobene Imperativ «Sei». Heidegger interpretiert das Gedicht nicht. Er nimmt es als Sprungbrett, um zu den Fragen von «Sein und Zeit» zurückzukehren: Dort hatte er von einem «Sein zum Ende» gesprochen,[9] überhaupt die Bedeutungsdimensionen des «Endens» analysiert. Der Tod war die reine Verneinung des Daseins. Mit der «Nichtung» hatte er sich in «Was ist Metaphysik?» auseinandergesetzt. Auch von der «Vernichtung» war dort die Rede gewesen.[10]

Was nun aber, im «Spruch» zu Rilke, ausfällt, ist die Angst, die für Heidegger früher die ganze Thematik geprägt hatte. In «Sein und Zeit» hatte sie die Szene beherrscht: «Die Befindlichkeit aber, welche die ständige und schlechthinnige, aus dem eigensten vereinzelten Sein des Daseins aufsteigende Bedrohung seiner selbst offen zu halten vermag, ist die Angst. In ihr befindet sich das Dasein vor dem Nichts der möglichen Unmöglichkeit seiner Existenz. Die Angst ängstet sich um das Seinkönnen des so bestimmten Seienden und erschließt so die äußerste Möglichkeit.»[11] Nun stehen «Nichtung» und «Seyn» beieinander, fern und in nächster Nähe, aber ihr Verhältnis ist beruhigt. Der Text mag auf das Jahr 1973 zu datieren sein. Die Frage war geblieben, aber Gelassenheit ist auch hier eingekehrt.

Karl Löwith starb am 26. Mai 1973, Heidegger genau drei Jahre später, am 26. Mai 1976. Solch eine Kreuzung der Wege «in extremis» wird man als Zeichen einer prekären, von Problemen belasteten und dennoch bewahrten Nähe nehmen können: Friedrich Gundolf etwa starb am Geburtstag seines Meisters Stefan George, von dem er sich unter Schmerzen hatte trennen müssen. Schon in seiner Studentenzeit hatte ein Kommilitone zu Löwith geäußert: «Ja, Heidegger scheint mir für Sie eine Art ‹Schicksal› zu sein – Sie reagieren merkwürdig heftig in Ihrem Verhältnis zu ihm und seiner Philosophie», was sich als hellsichtig erwies.[12] In ihrem Kondolenzbrief an Elfride vom 30. Mai 1976 schrieb Löwiths Frau Ada Löwith: «Aber vor allem bin ich durchdrungen von der nicht wegzudenkenden Bedeutung dieses großen Lehrers im Leben meines lieben Mannes und des ungeheuren Glücks des wieder freundschaftlichen Vorzeichens der letzten Zeit. (...) Ich weiß wohl am besten, wie ihn die letzten freundschaftlichen Briefe seines großen Lehrers zutiefst erfreut haben.»[13]

Heidegger war etwas kaum zu Erhoffendes gelungen, was auch ihn selbst erleichtert haben musste: Er hatte mit zweien seiner emigrierten Schüler, mit Hannah Arendt und Karl Löwith, aus den Ruinen der Liebe und der Freundschaft ein Verhältnis des Vertrauens wieder aufbauen und sie beglücken können, und beide waren für dieses Glück bereit gewesen. In seinen Gesprächen mit Gadamer bemerkte Silvio Vietta, es sei ja schön, «dass diese Beziehung so einen versöhnlichen Abschluss gefunden hat». Gadamers Antwort ist in ihrem Lakonismus unübertrefflich: «Das wusste er schon zu machen.»[14]

40. KAPITEL

Planung des Nachruhms: Die Gesamtausgabe

Am 13. Dezember 1915, kurz nach dem Kennenlernen, hatte Heidegger an Elfride geschrieben, er könne nicht allein sein Leben schlechthin und allgemein, sondern vor allem sein philosophisches Vorhaben nur in der Verbindung mit ihr verstehen: «Das große Glück drückt mich zu Boden – am Ende erleben gerade philosophische Naturen so ungewöhnliches Glück noch in seiner ganzen Fülle. (...) In dieser schweren Wucht des Erlebens spüre ich die Probleme wie Riesenblöcke auf der Seele liegen (...) u. ich greife nach dem Hammer des langwierigen, in dunklen Stollen des Abstrakten sich tastend vorwärtsschleppenden Erkenntnissuchens – u. einmal saust er nieder u. die Bergwand kracht auseinander (...) u. *Du*, Seelchen, lehnst zitternd an meiner Schulter u. spürst noch das Beben meines Arms, der noch von des Hammers Schwere durchströmt ist.»[1]

Heideggers Hauptanliegen in diesem Brief, einem der ersten an sie, ist es, Elfride nicht nur im Unbestimmten seine Liebe zu versichern, sondern ihr auch eine Stellung in seinem Leben *als Philosoph* zuzuschreiben. Er spricht deshalb von einer «Sendung», auf die er sein Leben bezogen sieht: «Und diese hohe feierliche, überzeitliche Sendung ist nun in die Engelshände der ‹Heiligen› gelegt» – gemeint ist nicht eine echte Heiligkeit, die Anführungszeichen verweisen auf Agnes Günthers Roman «Die Heilige und ihr Narr», aus dem Heidegger auch den Kosenamen «Seelchen» entnommen hatte –, «die ganze Flut tiefsten Erlebens umströmt das harte Ringen – die Rosen streut das Seelchen auf den steilen Bergpfad zu den ragenden Firnen reiner Erkenntnis.»[2]

Das eigentlich Großartige seiner seelischen Aufschwünge ist, dass er alles in ihnen Antizipierte wahr macht, nichts davon bleibt unerfüllt oder leere Versprechung. Natürlich nicht im lyrischen Strömen der Jugend, sondern in der prosaischen, aber wirklichen und gefügten Form des Alters. Als die Gesamtausgabe seiner Werke auf den Weg kommt, die mehr als hundert Bände umfassen wird, ist dem ersten Band der «Frühen Schriften», 1978 erschienen, die Widmung vorangestellt: «Die Gesamtausgabe / ist / meiner Frau Elfride geb. Petri / gewidmet. / Ihr inständiger Beistand / auf dem langen Weg / war die Hilfe, / derer ich bedurfte. M. H.» Heideggers Enkel Arnulf Heidegger hat dazu angemerkt, welche Genugtuung diese Widmung Elfride gab: «Sie dürfte daran Anteil gehabt haben, dass sie ihren Mann um fast 16 Jahre überlebte.»[3]

Schon im Herbst 1974 hatte er ihr die Zeilen *«Die Gesamtausgabe»* geschenkt: «Was wäre – / ohne den lebenslangen / inständigen Beistand / Deiner Liebe?»[4] Natürlich kann von einer Gleichheit gar keine Rede sein – Elfride hat, wie Arnulf Heidegger richtig sagt, «nahezu sechs Jahrzehnte ihres fast hundert Jahre währenden Lebens in den Dienst ihres Mannes gestellt»,[5] und deshalb wurde diese Ehe der beiden kein Intellektuellenmythos wie die Beziehung von Jean-Paul Sartre und Simone de Beauvoir, die umso heller strahlt, als man sie sich gern opferlos ausmalt. Dass dort wiederum von einer Familie nicht gesprochen werden konnte, dass es keinen Platz für Kinder gab, steht auf einem anderen Blatt. Ehe und Familiengründung verlangen immer an mindestens einer Seite Opfer, sie sind schwer und nur in seltenen Fällen idealisierbar.

In zwei Gesprächen (Ende 1973, Anfang 1974) wurde die Gliederung der Gesamtausgabe festgelegt. Zu dieser Zeit, so berichtet Arnulf Heidegger, «beginnt Martin Heidegger, Entwürfe, Skizzen, Gedankensplitter niederzuschreiben, die letztlich in einem Vor-

Im Juni 1968 auf der Hütte, wieder gesehen von Digne Meller-Marcovicz, die Heidegger schon für den «Spiegel» fotografiert hatte.

wort für die Gesamtausgabe münden sollen. Die Kräfte (...) lassen jedoch merklich nach.»[6] Im September meldet Heidegger an Hannah Arendt: «Inzwischen hast Du vermutlich vernommen, dass ich mich zu einer Gesamtausgabe entschlossen habe, genauer: zur Verzeichnung der Richtlinien für sie. Das verlangt viel Überlegen und Aufzeichnen, damit eine so chaotische Edition wie die ‹Husserliana› vermieden wird.»[7] Knapp ein Jahr später entschuldigt er sich für eine lange Briefpause: «Aber die Überlegungen für die ‹Gesamtausgabe› beanspruchen doch mehr Kraft und Zeit, als ich annahm.»[8]

Vor allem wollte Heidegger der Lektüre seines Werks bestimmte Wege weisen. An Imma von Bodmershof schickte er zu ihrem achtzigsten Geburtstag, der am 10. August 1975 gefeiert wurde, und zugleich «Im Andenken an Norbert» – gemeint ist ihr im Ersten Weltkrieg gefallener Verlobter, der Hölderlin-Herausgeber Norbert von Hellingrath – einige «Texte» mit dem Titel «Denken – als Weg». Das war die Frage, die anlässlich der nun in Bewegung gebrachten Gesamtausgabe wieder aufgeregt wurde. Deshalb steht dort: «Weg wird nie zum Werk.»[9]

Im selben Text lesen wir: «Weg – der niemals ein Verfahren». Der Weg kenne «kein Beweisen» und fliehe das «Vermitteln». Vor allem aber sei er keine Methode, obwohl das griechische Wort «hodos» für Weg auch in «methodos» steckt. Das «Verfahren», sagen die Anmerkungen zu diesen wenigen Texten, sei «die Einrichtung des Vorgehens gegen ... einer Sache als anwesender nachstellen; sie als Gegenstand feststellen; sie ‹stellen› im Sinne des Herausforderns in die Bestellbarkeit».[10] Wo der Weg in dieser Weise betont wird, treten die Resultate in ihrer Bedeutung zurück gegenüber der Kraft des Weiterfragens.

Aus dem Dankesbrief Imma von Bodmershofs erfahren wir, wie Heidegger sein Geschenk gestaltet hatte: «Dass Sie mir in diesem wunderschönen Kästchen Ihre Edelsteine schickten, das bedeutete die Freude, die echte Freude und Weihe des Tages.»[11] Als ein beständiges Echo-Geben von Weg und Denken wird man diese Sammlung verstehen können, und in ihrem Zeichen konnte Heidegger sich mit der Idee der Gesamtausgabe befreunden.

41. KAPITEL

Späteste Gedanken: Das Ende der ontologischen Differenz

In die Provence zu reisen ist Heidegger nicht mehr fähig. Das letzte Seminar mit den französischen Freunden findet im September 1973 bei ihm zu Hause in Freiburg statt, kurz vor seinem vierundachtzigsten Geburtstag. Am 16. April 1973 hatte er an seinen bewährten Übersetzer Roger Munier geschrieben: «Als Thema schwebt mir vor: Husserls VI. Untersuchung aus den ‹Logischen Untersuchungen›, genauer der 2. Abschnitt ‹Sinnlichkeit und Verstand› und daraus ‹die kategoriale Anschauung.› Für mich handelt es sich darum, eine Einübung in eine Phänomenologie des Unscheinbaren wirklich zu vollziehen; durch Lesen von Büchern gelangt niemand zum phänomenologischen ‹Sehen›.»[1]

Es handelt sich um ein Kapitel, das einst für ihn selbst bedeutsam gewesen war – es geht darin um das Recht, überhaupt vom Sein zu sprechen und sich mit ihm zu befassen. Das Sein, sagt Husserl hier, «erfüllt sich (...) in keiner Wahrnehmung. Hier erinnern wir uns an den Kant'schen Satz: *Das Sein ist kein reales Prädikat.*» Auch ist das Sein, wie Husserl sofort zugesteht, kein sinnlich Wahrnehmbares: «Die Farbe kann ich sehen, nicht das Farbig-*sein*. Die Glätte kann ich fühlen, nicht aber das Glatt-*sein*.»[2]

Husserl erläutert die «kategoriale Anschauung» am Beispiel einer Dingwahrnehmung: Wir gehen um einen Gegenstand herum und sehen seine verschiedenen Seiten. Es ist der identische Gegenstand, aber auf dieser Stufe ist seine Identität mit sich selbst noch nicht eigens zum Thema geworden, denn diese liegt außerhalb der schlichten Wahrnehmung. Erst in einer zweiten Stufe kann die Identität selbst gegenständlich werden, wir machen eine neue Wahrnehmung, «die uns zum Bewusstsein bringt: das jetzt und vordem Wahrgenommene sei ein und dasselbe.» Einfache Worte wie «und», «oder», «beides», «eins von beiden» sind nicht mit Händen zu greifen: «Ich kann *A* malen und *B* malen, kann beide auch im selben Bildraum malen; aber das *beide*, das *A und B* kann ich nicht malen.» Und so ist auch das Sein kein Gegenstand sinnlicher Wahrnehmung. Der Ort des Seins ist das Urteil, hier «kommt das *ist* als Bedeutungselement vor». Und genauer ist es gegeben in der Erfüllung des Urteils: «Nicht nur das im Bedeutungsteil *Gold* Gemeinte erscheint nun selbst, und insgleichen das *gelb*, sondern es erscheint *Gold-ist-gelb*.» Husserls Befund lautet, *«dass ein Sein nur im Urteilen erfassbar ist»*. Es gehört zur Gruppe der «Gegenstände höherer Ordnung».[3]

Teilnehmer des Seminars sind Jean Beaufret, François Fédier (Übersetzer der «Beiträge zur Philosophie»), François Vezin (ein Schüler von Beaufret, später Übersetzer von «Sein und Zeit»), Henri-Xavier Mongis (der gleichfalls Heidegger übersetzte) und Jacques Taminiaux (ein Belgier, der sich mit Husserl beschäftigt hatte und später in Boston lehrte). Das Seminar ist in mehr als einer Hinsicht bemerkenswert. Zunächst wegen der neuen Würdigung von Karl Marx. Bisher war für Heidegger Nietzsche derjenige gewesen, der die Verfassung der Gegenwart im «Willen zur Macht» auf den Begriff gebracht hatte. Das ändert sich jetzt. Heidegger, so berichtet das Sitzungsprotokoll, «schlägt die ‹Frühschriften› von Marx auf und liest folgenden Satz (…): ‹Radikal sein ist die Sache an der Wurzel fassen. Die Wurzel für den Menschen ist aber der Mensch selbst.› / Auf dieser These, erläutert Heidegger, beruht der gesamte Marxismus. Der Marxismus denkt nämlich von der Produktion aus: gesellschaftliche Produktion der Gesellschaft (die Gesellschaft produziert sich selbst) und Selbstreproduktion des Menschen als soziales Wesen. Indem er so denkt, ist der Marxismus eben das Denken von heute, wo schlechthin die Selbstherstellung des Menschen und der Gesellschaft herrscht. / Ich möchte behaupten, oder vielmehr vermuten, sagt Heidegger, dass die Selbstherstellung des Menschen die Gefahr der Selbstzerstörung hervorbringt.»[4]

Die Wirklichkeit der Erde, so fährt Heidegger laut Protokoll fort, sei beherrscht vom «*Progressionszwang*». Dieser bedinge einen «Produktionszwang, der mit einem Zwang zu immer neuen Bedürfnissen gekoppelt ist». Das Überlieferte kann in dieser Lage nur noch als das Überholte präsent sein. «Marxismus und Soziologie nennen das, wozu die Wirklichkeit von heute nötigt, ‹Zwänge›. / Heidegger nennt ihr Gemeinsames in dem Wort Ge-stell.» In unserer Epoche sei «alles und jedes mittels der Berechnung einer Bestellung vollständig verfügbar. (...) Der Mensch nach Marx, jener Mensch, der sich selbst seine eigene Wurzel ist, ist eben der Mensch dieser Produktion und des zu ihr gehörigen Verbrauchs. Das ist der Mensch unserer Gegenwart.»[5]

Das Seminargespräch führt in ein kulturkritisches Räsonnement über Konsumverzicht und die «Wohnmaschinen», die kein Zuhause mehr geben. «Alle Fragen, die wir besprechen, bemerkt Heidegger, bringen die Wirklichkeit von heute ins Spiel.» Man sehe sich «in Wahrheit letzten Entscheidungen gegenüber, die diese Wirklichkeit uns zu übernehmen zwingt». Der Satz von Marx über den Menschen als die Wurzel sei «kein politischer Satz, sagt Heidegger, sondern ein metaphysischer, der im Horizont der von Feuerbach vollzogenen Umkehrung der Metaphysik Hegels durchsichtig wird.» Auch seine eigene Marx-Auslegung sei nicht politisch, fügt Heidegger an: «Sie denkt auf das Sein hinaus und auf die Weise, wie es sich zuschickt. Mit diesem Ausblick und in dieser Sicht kann ich sagen: mit Marx ist die Position des äußersten Nihilismus erreicht.»[6]

Mit der kritischen Diskussion von Husserls Auffassung des Seins hatte das Seminar begonnen, mit einer Auslegung des Parmenides schließt es. Aber nicht Rückkehr ist damit gemeint, sondern ein Zukehren zum frühen Denken des Seins «im *Echo* des Parmenides».

Seit langem denkt Heidegger über einen Abbau der «ontologischen Differenz» nach. In diesem Seminar legt er seine Karten auf den Tisch. Den ersten Vers des sechsten Fragments von Parmenides übersetzt er zunächst mit «*Ist* nämlich Sein». Aber kann man nicht nur vom Seienden sagen, dass «es ist»? Das Griechische sei zeigender, sagt Heidegger, was in diesem Fall bedeute, das Wort «einai» mit «Anwesen» zu übersetzen statt mit «Sein». «Zu denken ist somit: (...) ‹anwest nämlich Anwesen.›» Das Resultat seiner lebenslangen Beschäftigung ist eine «offenbare Tautologie», wie er sogleich zugesteht: «In der Tat! Es ist eine echte Tautologie: nur einmal das Selbe nennt sie und zwar als es selbst. / Wir sind hier im Bereich des Unscheinbaren: anwest Anwesendes selbst.»[7]

Die Leser dieses Protokolls werden Zeugen einer allerletzten Destruktion. Wie aber, hatte Heidegger einmal in seinen Aufzeichnungen gefragt, «wenn die Destruktion das eigene Denken angeht und angehen muss?»[8] Dann wird aus dem Denker der Differenz der Denker des Selben. Die «ontologische Differenz», die Unterscheidung von Sein und Seiendem, hatte seine Philosophie geradezu definiert. In der Marburger Vorlesung «Grundprobleme der Phänomenologie» nannte er sie 1927 erstmals beim Namen: «Wir müssen den Unterschied zwischen Sein und Seiendem eindeutig vollziehen können, um dergleichen wie Sein zum Thema der Untersuchung zu machen. Diese Unterscheidung ist keine beliebige, sondern diejenige, durch die allererst das Thema der Ontologie selbst gewonnen ist. Sie ist eine die Ontologie allererst konstituierende. Wir bezeichnen sie als die *ontologische Differenz*, d.h. als die Scheidung zwischen Sein und Seiendem.»[9]

Es zeige sich, hatte er dagegen in einer Aufzeichnung aus den sechziger Jahren festgehalten, «dass schon der Name ‹ontologische Differenz› alles verbaut und irreführt».[10] Auch die ontologische Differenz ist ein Holzweg, sogar der entscheidende. Man muss zurückgehen. Nun also denkt er «das Selbe». So schildert er es in dem Gedicht

«Ortschaft», das vermutlich auf die Zeit des letzten Seminars zu datieren ist: «Die das Selbe denken / im Reichtum seiner Selbigkeit, / gehen lange Wege / Einfältigem entlang / zum Einfachen / einer im ‹Unzugangbar› / sich bergenden Ortschaft / ungedachter Orte.»[11] An anderer Stelle stößt man auf bloße Wortfolgen, die diesen Gedanken experimentierend umkreisen: «Das Selbige selber selbander» oder «sei selber selbander».[12]

Eine Aufzeichnung über Cézanne aus dem Jahr des Seminars führt den Gedanken noch einmal aus: «Was Cézanne la realisation nennt, ist / das Erscheinen des Anwesenden in der Lichtung / des Anwesens – so zwar, dass die Zwiefalt beider / verschwunden ist in der Einfalt des reinen / Scheinens seiner Bilder. / Für das Denken ist dies die Frage nach der / Überwindung der ontologischen Differenz zwischen / Sein und Seiendem. / Diese Überwindung wird aber / nur möglich, wenn die o. Di. zuvor als solche erfahren / und bedacht ist, was wiederum nur geschehen kann / auf dem Grunde der in ‹Sein und Zeit› gefragten / Seinsfrage.»[13]

Da, wo er nun angelangt ist, geht der Weg nicht mehr weiter, er ist ausgeschritten, ein logischer Endpunkt erreicht. Er selbst hat dieses Ende gefunden und dargelegt. Wem sonst war es je gegeben, nach einem so langen Leben noch das Ende auszukomponieren? Denn das war es, was er den Teilnehmern des Seminars vermitteln wollte: Wie er mit Husserls «kategorialer Anschauung» des Seins begonnen hatte und nun mit Parmenides zu einem Endpunkt gekommen ist. Er weiß auch, wie selten die Sicht von diesem Punkt aus gelingen kann: «Doch kaum je gewährt ist / reines Ende den Wegen des Denkens. / Es hieße: // noch unterwegs.»[14]

Heidegger macht sich einen Satz des späten Goethe über das «Bemerken» zu eigen, und der positive Bezug auf Goethe ist schon an sich ungewöhnlich für ihn: «Allein wer bescheidet sich nicht gern, dass reine Bemerkungen seltner sind, als man glaubt? Wir vermischen so schnell unsere Empfindungen, unsere Meinung, unser

Urteil, mit was wir erfahren.» Heidegger zitiert diesen Satz andeutend in seiner Anmerkung zu einem Spruch: «Dichtendes Denken: / lichtend beschenken, / nicht endend schränken / das Wegfeld der Eignis, / vermutend den Gang / des ‹Bemerkens›.» Ein langer Weg von der Metaphysik zu den «reinen Bemerkungen»! Es ist wie in manchen Legenden von fernöstlichen Weisen, die nach langer Meditation zur obersten Einfachheit gefunden haben. Auch im Seminar verweist Heidegger auf Goethes Satz, mit dem Hinweis, dass es bei Parmenides um genau diese Schwierigkeit gehe: «dahin zu gelangen, das *Anwesend: Anwesen* in den Blick zu fassen».[15]

Heidegger muss den ganzen Weg zurückgehen, wenn er sagt, dieses von ihm jetzt anvisierte Denken sei «weder ein Urteilen» – mit einer Abhandlung zur Lehre vom Urteil hatte sein Philosophieren begonnen – «noch ein Beweisen» – er schreibt in jenen Jahren von einem Denken, das «kein Beweisen kennt»[16] – «noch ein Begründen» – hier denken wir an seine zweimalige Bearbeitung des «Satzes vom Grund» –, sondern «eher ein Sichgründen auf das Erblickte».[17] Nun muss die Sprache nicht mehr stocken an unmöglichen Formulierungen wie «das Sein ist». Einfalt ist das allerletzte Leitwort: «Einfalt blüht den Liedern und Gedanken / das Sichverdanken späten Winken / aus dem Dunkel des Geschicks.»[18]

Seine Wendung bereitet, wie er hofft, «den Gang in das Wegfeld vor, in der sich das einfache Sagen / in der Weise eines Nennens des Vorenthaltenen findet / dem das Denken ausgesetzt bleibt». Das reine Nennen ist nicht mehr der Aussagesatz des Urteils. Ebenfalls zwischen 1972 und 1975 dürfte dieses Lob des Nennens entstanden sein: «Fragender wird Denken / schlicht zum Weg des Sagens, / dem ein Nennen genügt.»[19] Das «reine Nennen» gibt es wirklich. Die Rhetorik kennt es unter dem Namen der «nominatio», also der Nennung Gottes in Urkunden, dann auch der «invocatio», der Anrufung – genauer: der Anrufung Gottes. Der junge Messdiener Martin wird sie oft gesprochen und gehört haben.

Heideggers Denken sammelt sich nun auf Weniges, aber es wird nicht etwa unkonzentriert oder redundant. Er liest in Hellingraths Hölderlin-Ausgabe, parallel dazu Imma von Bodmershofs «Erinnerungen an Norbert».[20] Und doch gibt es dramatische Abspannungen. Eine sichtlich erschütterte Hannah Arendt berichtet am 16. August 1975 ihrem Freund Glenn Gray über die letzte Begegnung: «Ich sah Heidegger ohne jeglichen unangenehmen Vorfall oder Missgeschicke. Und doch war es eine ziemlich traurige Angelegenheit ... Heidegger war müde, doch das ist nicht das richtige Wort dafür; er war unnahbar, unerreichbar wie nie zuvor, wie erloschen. (Die letzten beiden Worte im Original Deutsch). Es stimmt, wie Sie schon feststellten, dass Elfride viel netter zu ihm ist als jemals zuvor; wir beide, Elfride und ich, unterhielten uns eine Weile und sie schien wirklich besorgt und überhaupt nicht feindselig. Sie ließ Martin und mich alleine, ohne ständig von allen Seiten reinzuschauen. (...) Er sagte zwei Dinge von einiger Wichtigkeit: er arbeitet immer noch an seinen ‹65 Seiten› (...). Diese Seiten sollen die Quintessenz seiner Philosophie enthalten, aber ich bezweifle sehr, dass er mehr tun wird als zu wiederholen, was er schon zuvor und wahrscheinlich viel besser gesagt hat. Die zweite Äußerung: in zehn Jahren – das sagte er sehr apodiktisch – sind die Russen hier; der russische Botschafter war schon in Marbach, um sich die Beute anzuschauen. Ich versuchte, diese These zu diskutieren, aber er sank in seine merkwürdige Apathie zurück, reagierte einfach nicht. Physisch fand ich ihn nicht sehr verändert vor, und es scheint, glaubt man dem Arzt, dass er ganz gesund ist. Doch die Veränderung gegenüber dem letzten Jahr ist in allem – die Bewegungen eingeschlossen – enorm. Auch hört er sehr schlecht; man ist nie sicher, ob er verstanden hat oder es einfach stehen lässt. Offensichtlich bin ich noch immer sehr deprimiert.»[21]

Und doch war Hannah Arendt die erste, die starb. Heidegger schickte dem amerikanischen Freundeskreis ein Beileidstelegramm und schrieb Ende Dezember noch einmal ausführlicher an Hans

Jonas: «Ihr Brief machte mir erst deutlich, wie entschieden und stetig Hannah die Mitte eines großen vielgestaltigen Kreises war. Jetzt laufen seine Radien ins Leere; es sei denn – was wir alle erhoffen, sie fülle sich neu durch die verwandelte Gegenwart der Abgeschiedenen. Dass dies in reichem Maße auf eine inständige Weise geschehen möge, ist mein einziger Wunsch. Sonst aber vermögen jetzt Worte nur wenig.»[22]

Im Frühjahr 1976 verschlechterte sich Heideggers Gesundheitszustand. Elfride spricht gegenüber Imma von Bodmershof von einem leichten Schwächeanfall, den er erlitten habe: «Seitdem lag er die meiste Zeit des Tages auf seiner Liege oder auch im Bett – konnte aber täglich am späten Nachmittag aufstehen und mit meiner Hilfe ein wenig im blühenden Garten umhergehen. *Leichte*, durch Kreislaufstörungen bedingte Schmerzen konnte ich (...) durch Massage der betroffenen Stellen beheben. (...) Dass dies der Anfang zum Ende hin sei, haben wir uns nicht verschwiegen.»[23]

Heidegger wusste es nicht nur, sondern er bewahrte mit diesem Wissen ein hohes Maß von gerade noch möglicher Souveränität. So, wie er die Gesamtausgabe in die Wege geleitet hatte, deren erster Band im zweiten Halbjahr 1975 erschienen war, so begann er nun mit großer Umsicht, Vorbereitungen für sein Begräbnis zu treffen.

42. KAPITEL

Die Kastanie

Die letzte handschriftliche Botschaft Martin Heideggers vom 24. Mai 1976 ging an den Theologen Bernhard Welte, dem Heideggers Heimatstadt Meßkirch die Ehrenbürgerwürde verlieh; die beiden Männer waren seit langem befreundet. Der Brief endet mit den Worten: «Denn es bedarf der Besinnung, ob und wie im Zeitalter der technisierten gleichförmigen Weltzivilisation noch Heimat sein kann.»[1] Das war damals, vor bald fünfzig Jahren, eine *Sorge*; heute ist es eine *Angst.* Emmanuel Levinas, der vor 1933 in Freiburg Vorlesungen bei Husserl und Heidegger gehört hatte und wohl als erster Franzose überhaupt auf Heidegger aufmerksam geworden war, hatte nach Juri Gagarins erstem Weltraumflug 1961 einige Gedanken niedergeschrieben, die an Klarheit nichts zu wünschen übriglassen. Die Heimat an sich sei das Falsche, fast schon das Verbrechen selbst: «Das Eingepflanztsein in eine Landschaft, die Verbundenheit mit dem Ort, ohne den das Universum bedeutungslos würde und kaum existierte – eben dies ist die Spaltung der Menschheit in Einheimische und Fremde.» Das Lokalkolorit der sesshaften Kultur gelte es abzustreifen, mitsamt allen Partikularismen, denn man müsste, sagt Levinas, «unterentwickelt sein, um sie als Daseinsgründe zu beanspruchen und in ihrem Namen um einen Platz in der modernen Welt zu kämpfen.» Das sei die Botschaft von Gagarins Weltraumflug: «Was vielleicht mehr als alles andere zählt, ist die Tatsache, den Ort verlassen zu haben. Eine Stunde hat ein Mensch außerhalb jedes Horizonts existiert – alles um ihn herum war Himmel, oder genauer, alles war geometrischer Raum. Ein Mensch existiert im Absoluten des homogenen Raums.»[2]

Als hätte er diese Konsequenz eines praktisch gewordenen, zerstörerischen Szientismus vorausgeahnt, hatte der junge Heidegger im Marburger Sommersemester 1925 festgehalten: «Homogen ist der reine Raum der Metrik, der Geometrie, weil diese die eigentümliche Struktur des Umhaften zerstört haben, um nur so die Möglichkeit der Entdeckbarkeit des homogenen Raumes zu erzielen und damit die Natur in ihren Bewegungsvorgängen als reine Ortsveränderungen in der Zeit berechnen zu können, wobei alles Berechnen selbst nur eine bestimmte Art der Appräsentation ist.»[3] Und schon Mitte der vierziger Jahre hatte er «die halb eingestandene, halb geleugnete Heimatlosigkeit des Menschen hinsichtlich seines Wesens» diagnostiziert, die ersetzt werde «durch das Einrichten der Eroberung der Erde als eines Planeten und den Ausgriff in den kosmischen Raum».[4]

Zwei Tage nach seinem Brief an Welte starb Heidegger. Welches waren seine letzten Worte? Gab es überhaupt «letzte Worte»? Heideggers Enkelin Gertrud hat dies bestritten: «Am 26. Mai wacht er morgens nicht mehr auf.»[5] Dagegen stehen zwei andere Überlieferungen. Petzet und Ernst Nolte verdanken wir die plausibelste Version. Ihnen zufolge starb Heidegger «in der Frühe, ohne Krankheit, ohne Todeskampf, mit dem Wort ‹Dank› an seine Frau auf den Lippen».[6]

Ganz im Zeichen des Dankes hatte sein Verhältnis zu Elfride in den letzten Lebensjahren gestanden. Am 26. September 1973, an seinem vierundachtzigsten Geburtstag, hatte er Elfride die Sammlung «Gedachtes» in einer neuen und erweiterten Fassung gewidmet: «Dir / zum Dank / für das Wohnen / dreiundvierzig Jahre hindurch / im schönen Haus // und für das Bauen unseres Alterssitzes / darin uns eine schickliche Weile / beschieden sei.» An seinem fünfundachtzigsten Geburtstag hatte Heidegger geschrieben – und es Elfride

(«Dir») zugedacht: «Unverloren Du mir in der Irrnis – / Denken: angemutet erst aus fernster Eignis, / das kein Wanken / kennt, nur Danken.»[7] Das ist noch reiner, noch abgelöster von einzelnen Verdiensten Elfrides.

Mit dem Priester und Religionsphilosophen Bernhard Welte, der in Freiburg lehrte, hatte Heidegger seit langem in gutem Kontakt gestanden. Beide stammten aus Meßkirch, schon die Mütter waren befreundet gewesen. Heidegger grüßte Welte am Ende seiner Briefe, die er mit ihm seit 1945 wechselte, oft mit Formeln wie «in landsmannschaftlichem Gedenken».[8] Welte hatte bei Heidegger studiert, er war Sekretär des Erzbischofs Conrad Gröber gewesen, dem Heidegger seit seiner Zeit im Konstanzer erzbischöflichen Gymnasialkonvikt Entscheidendes verdankte. Welte hatte in mehreren Studien zu zeigen versucht, dass eine Auseinandersetzung mit Heideggers Gedankenwelt für die Theologie sinnvoll sein könne. In diesem Mann fand Heidegger die Versicherung einer über alle lebensgeschichtlichen Brüche hinwegreichenden räumlich-heimatlichen und ebenso spirituellen Kontinuität mit der Welt seiner Kindheit. Solche Empfindungen sind in ihrer stabilisierenden, Sinn und Vertrauen stiftenden Bedeutung für die allerletzte Lebensepoche nicht zu unterschätzen, und Heidegger hatte das enorme Glück, in Welte einen solchen Beistand gefunden zu haben.

Im Oktober 1975 hatte Welte im peruanischen Lima über Gott im Denken Heideggers gesprochen und brieflich davon berichtet. Im Antwortschreiben bat ihn Heidegger um einen Besuch, der dann am Abend des 14. Januar 1976 stattfand. «Heidegger überraschte mich», berichtet Welte, «nach wenigen einleitenden Worten mit der Mitteilung, er wolle, wenn es einmal so weit sei, auf dem Friedhof in Meßkirch, unserer gemeinsamen Heimat, begraben sein. Und er bat mich, bei diesem Begräbnis zu sprechen. Diese Mitteilung und diese Bitte bewegten mich sehr. Ich sagte zu, der Bitte nachzukommen, wenn ich auch noch lange darüber nachdenken müsse.» Im Februar schrieb er an Heidegger: «Was die beiden Bitten angeht, die Sie mir vorgetragen haben, so ist die eine so groß, dass ich auch nur Dank empfinden kann dafür und dass ich sie in meinen Gedanken mit mir trage. Ich hoffe, es wird mir dafür ein reifes und gutes Wort geschenkt.»[9]

Die Aufgabe war nicht leicht. Musste doch gerade Welte die Heftigkeit von Heideggers Ausfällen gegen die Kirche klar vor Augen stehen. Es konnte auch gar keine Rede davon sein, dass Heidegger etwa eine Generalbeichte ablegen und dann, mit den Sterbesakramenten versehen, als ein heimgekehrter verlorener Sohn der Kirche beerdigt werden würde. Welte stand vor einer schwierigen Situation: Er durfte am Grab keine Unwahrheit sagen und hatte andererseits Brücken zu finden. Dafür war er vorbereitet wie kein anderer.

In den «Schwarzen Heften» hatte Heidegger bald nach Kriegsende geschrieben: «‹Prophetie› ist die Technik der Abwehr des Geschicklichen der Geschichte. Sie ist ein Instrument des Willens zur Macht. Dass die großen Propheten Juden sind, ist eine Tatsache, deren Geheimes noch nicht bedacht worden. (…) ‹Prophetie› ist die vorwärtsgerichtete Historie und darum die technische Vollendung des Wesens der Historie.»[10] Und in der Erläuterung von Hölderlins Hymne «Andenken» hatte es geheißen: «Die Dichter sind, wenn sie nach ihrem Wesen sind, prophetisch. Sie sind aber keine ‹Propheten› nach der jüdisch-christlichen Bedeutung dieses Namens. Die ‹Propheten› dieser Religionen sagen nicht erst nur voraus das voraufgründende Wort des Heiligen. Sie sagen sogleich vorher den Gott, auf den die Sicherheit der Rettung in die überirdische Seligkeit rechnet.»[11] Das war gedacht aus dem Geist eines «höheren» Antisemitismus: Propheten seien am Ende nur Heilserrechner.

Diese Deutung hatte Heidegger schon wenige Jahre später ausdrücklich widerrufen. Am 18. Juni 1950 schrieb er an den Studenten Hartmut Buchner (und veröffentlichte den Brief in den «Vorträgen und Aufsätzen»): «Der Fehl Gottes und des Göttlichen ist Abwesenheit. Allein, Abwesenheit ist nicht nichts, sondern sie ist die gerade erst anzueignende Anwesenheit der verborgenen Fülle des Gewesenen und so versammelt Wesenden, des Göttlichen im Griechentum, im Prophetisch-Jüdischen, in der Predigt Jesu.»[12] Das war eine entscheidende Korrektur, auch wenn sie als solche nicht ausgewiesen wurde. Und es ist *diese* Version, die Welte in seiner Grabrede aufnahm. Heidegger habe der Epiphanie des «göttlichen Gottes» entgegengeharrt.[13]

Tatsächlich fassbar und zu rechtfertigen ist diese Deutung vor allem mit Heideggers Abhandlung «Nietzsches Wort ‹Gott ist tot›», der wir im Kontext der Götteranrufungen des Jahres 1943 begegnet sind. Heidegger sieht in Nietzsches Wort einen Notschrei: Jemand sucht Gott, indem er von Gottes Tod schreit: «Vielleicht hat da ein Denkender wirklich de profundis geschrieen?»[14] «De profundis» – aus der Tiefe rufe ich, Herr, zu dir – sind die Anfangsworte des 130. Psalms im Alten Testament. Welte interpretiert angemessen: «*De profundis*, aus der Tiefe, das ist der Psalm, der aus der Tiefe der Gottesferne zum göttlichen Gott ruft. Der Ruf, den Heidegger Nietzsche zugedacht hat, war gewiss auch sein eigener Ruf.»[15]

Die Kirche legte sich seit Mitte des 20. Jahrhunderts Integrationsformeln für jene zurecht, die ihren Glauben verloren hatten. Welte nennt ihn in der Grabrede den «größten Suchenden dieses Jahrhunderts».[16] 1910 hatte Walter Benjamin die Erzählung «Die drei Religionssucher» veröffentlicht.[17] Heidegger hatte gefragt: «Ist das Wohnen der Menschen heute der Aufenthalt im Vorenthalt des Hohen?» Welte fragte: «Ist es der Sache angemessen, Martin Heidegger christlich zu beerdigen? Ist es der Botschaft des Christentums angemessen, ist es dem Denkweg Heideggers angemessen? Er jedenfalls hat es gewünscht.»[18]

Heidegger wiederum hatte, um an seiner postchristlichen Haltung keinen Zweifel zu lassen, seine Beerdigung nicht nur mit Welte, sondern auch mit Anrufungen der Götter geplant. Das Verhalten-Christliche der Zeremonie verbindet sich mit der Herkunftswelt, die Welt von Hölderlins Göttern aber mit seiner Reife. Im Frühjahr 1976 hatte er die Auswahl von «Worten Hölderlins» getroffen, die am Grab, wie seine Anweisung lautete, «langsam und schlicht» zu sprechen seien.[19]

Noch vor dem Text steht der bibliographische Nachweis: «entnommen dem IV. Bd. seiner Werke, den Norbert v. Hellingrath gestaltet hat»,[20] es ist der Band, den Heidegger mit ins Grab nahm. Es sind Gedichte, die nach den Bedingungen des Erscheinens der Götter fragen. Aus «Brod und Wein» stammt die uns seit der Griechenlandfahrt vertraute Frage: «Aber die Thronen, wo? die Tempel, und wo die Gefäße (...)?» Aus dem Gedicht «An die Deutschen» die nächste Frage: «Aber kommt, wie der Stral aus dem Gewölke kommt, / Aus Gedanken vielleicht, geistig und reif die That?» Dann die Gewissheit: «Wenn aber / Ein Gott erscheint, auf Himmel und Erd und Meer / Kömmt allerneuende Klarheit.»[21] Sogleich darauf die Botschaft aus dem Gedicht «Die Titanen»: «Nicht ist es aber / Die Zeit. Noch sind sie / Unangebunden. Göttliches trift untheilnehmende nicht.»[22]

Die Zeilen aus dem Gedicht «Die Titanen» lagen Heidegger besonders am Herzen: Die «Untheilnehmenden», die vom Göttlichen sich nicht wollten treffen lassen, waren für ihn inzwischen der beherrschende Faktor geworden. Am 8. Dezember 1974 hatte er die drei Zeilen in seinen Weihnachtsgruß an Imma von Bodmershof eingefügt.[23] Am 10. Februar 1976, ein gutes Vierteljahr vor seinem Tod, geht er in einem Brief an sie noch einmal auf diese Worte ein: «Schon die Weise, in der die Worte auf die drei Zeilen verteilt sind – mit dem geheimnisvollen ‹aber›, lässt sich kaum in ihrer Tragweite ausdenken. Und wer hört sie heute noch im Lärm der Massenmedien und ihrer schreienden Forderung, alles – auch Dichten und Denken – der Praxis dienstbar zu machen, die in Wahrheit nur sich in das verblendete Treiben der ‹Untheilnehmenden› verliert? Doch was ist Theilnahme? Finden wir noch ihr Eigenes (...)? / Aber wie sollen die Heutigen zur Erfahrung dieses Sachverhaltes gebracht, ja auch nur vorbereitet werden? Die Unruhe dieser Frage führt mich immer wieder zu den angezeigten drei Verszeilen des Dichters zurück. In ihnen ist auf die einfachste Weise das versammelt, was Hölderlin der heutigen Weltzivilisation zu sagen hat. / Aber er wird zum Jakobiner umgefälscht.»[24]

1969 war die Studie «Hölderlin und die Französische Revolution» von Pierre Bertaux erschienen, in welcher der Verfasser die These vertrat, bei der Geisteskrankheit des Dichters habe es sich um die Simulation eines politisch Verfolgten, eines heimlichen Jakobiners gehandelt. 1971 war das in der Tendenz ähnliche Theaterstück «Hölderlin» von Peter Weiss auf die deutschen Bühnen gekommen. Imma von Bodmershof greift Heideggers Sorgen auf, hält aber dagegen, der Mensch könne auf die Dauer kein «animal rationale» bleiben und antwortet mit einem von ihr gedichteten Haiku: «Der Trinkbecher leer / trocken Brot – doch der Kirschbaum / schwellt seine Knospen.»[25]

Den Schluss der Beerdigungszeremonie machten wiederum Verse aus «Brod und Wein», die die Trauernden entlasten konnten: «So komm! dass wir das Offene schauen.»[26] Heideggers Sohn Hermann trug sie am Grab vor.

Der Grabstein zeigt kein Kreuz, sondern einen stilisierten achtstrahligen Stern, wie der Brunnen in Todtnauberg. «Nur auf einen Stern zugehen, und sonst nichts», hatte Heidegger geschrieben.[27] Denken bedeutete ihm die «Beschränkung auf einen Gedanken, der einst wie ein Stern am Himmel der Welt stehen bleibt».[28] Einen solchen Stern gibt es: Es ist der Polarstern, der über die Jahrtausende den Wanderern und Seeleuten feste Orientierung bot. Jede Bewegung sei ein «Unterwegssein zu», hatte es im Sommersemester 1922 in seiner Aristoteles-Auslegung geheißen: «ihrem Sinne nach ein noch nicht Erreichthaben ihres Worauf; sie ist gerade als Zugehen darauf: Lernen, Gehen, Hausbau».[29] Der Stern steht bei Heidegger im engsten Zusammenhang mit dem Denken, er ist der unerreichbare, aber die Richtung weisende Punkt, auf den der Weg zugeht: Das in absoluter Kürze auszusprechende Symbol eines philosophischen Lebens.

Heidegger wurde neben seinen Eltern und der Schwägerin Liesel beerdigt.[30] Der Ärztin Ingeborg Böttger, die in den zwanziger Jahren bei ihm studiert hatte, verdanken wir eine briefliche Schilderung des letzten Weges: «Das Erschütterndste und Bewegendste ist für mich natürlich die Beerdigung gewesen. Die blühenden Kastanienbäume um die Kapelle, der Strom der Besucher aus Meßkirch, die Gruppe der Professoren, Dichter, Freunde, darunter der alte Ernst Jünger. Der Männer- und Knabenchor, mit einer Musik-Kapelle? Ich weiß nicht mehr. Die Feier in der Kapelle. Ich konnte nicht hineingehen, vor zu den schweigenden Angehörigen, blieb an der Tür, um auf den Sarg zu sehen, mit dem Gefühl: ‹Ziehe deine Schuhe aus ...› – dann der Zug, der Sarg, getragen von den Stadtverordneten, ein Sarg, der mich in seiner antiken Form, mit der flachen Wölbung, an Les Aliscampes erinnerte – die Feldblumen, die wir auf den Sarg streuten, ich eine Rispe Salbei (für einen Arzt passend), und die Schwertlilie aus dem verwunschenen Garten am Bodensee, der dem verstorbenen Freunde Bissier gehört hatte.»[31]

Achte auf die Welt, auf die Zeit, auf den Augenblick, hatte Heidegger gelehrt. Die Erde sei ihrem Wesen nach die «blühend fruchtende», schrieb er 1951.[32] Angemessen und nicht-technisch verstanden ist sie als die blühende: «Sanftes Blühn / der unversehrten / Erde – // Werde / ihres unverwehrten / Feuers Glühn.»[33] Das Blühen ist an sich schon ein Gruß: «Hannah (...) die blühenden Kirschbäume grüßen und grüßen Dich», hatte er der Freundin am 12. April 1950 geschrieben.[34] Blühen und Denken gehören zusammen, in der Blüte ist das Licht, wie es das Gedicht «Denken» formuliert: «Denken ist das stille

Wann immer Heidegger von der eigentümlichen Verfasstheit seines Denkens sprach, war ihm die Metapher vom «Weg» die liebste. Er glaubte, das Wort «Bewegung» hänge mit der Waage zusammen.

Wohnen, / ist der stillste Dank. // Denken ist das scheue Schonen / ist der kühle Trank // Auf dem Weg, da sanft verglühen / Lichter ohne Zahl / Rosen gleich, die nie verblühen, / grüßend Strom und Tal.»[35] Und seiner Frau schrieb er im Mai 1918: «freu Dich an den Kastanienkerzen, am Sönnchen und an einem schönen Buch».[36]

Seiner Mutter war das Amt gegeben worden, die Kirche im Mai mit Blumen auszuschmücken. Für Ingeborg Böttger war die Blüte in der Stunde der Beerdigung besonders erschütternd, die Konstellation war in der Familie gewissermaßen erblich. Denn wieder war der Mai gekommen, «Dein geliebter Maimonat», wie er nach dem Tod des Vaters, ebenfalls an einem Maitag, an seine Mutter geschrieben hatte, um dann hinzuzufügen: «Jetzt werden die Bäume (...) bald in Blüte stehen und Du sollst es als Zeichen nehmen, dass Leben Sichfreuen heißt, auch da, wo Schweres zu tragen ist.»[37]

Der Kastanie eigentümlich sind gesteigerte, kaskadenartige Blüten. Sie gehören in unser Bild von Heidegger. Aber nur ein einziger Mensch muss das so nachdrücklich empfunden haben, dass er es formulieren konnte: Hoseki Shinichi Hisamatsu, der japanische Zen-Mystiker und Professor für Philosophie in Kyoto, Heideggers Altersgenosse aus dem Jahrgang 1889. Am 11. Mai 1958 war er mit Heidegger in Wien gewesen, als dieser seinen Vortrag über Stefan George hielt. Im Mai 1977, ein Jahr nach Heideggers Tod, schrieb er in wunderbarer Kalligraphie das Gedicht «Begegnung in Wien»: «Kastanien in Wien – / oh, wie erblühen sie herrlich / im Andenken an / den großen Denker!»[38] Das wird man nicht mehr «Philosophie» nennen, sondern Erleuchtung.

1971 erschien die französische Übersetzung von «Was heißt Denken?», Gérard Granel hatte für Heideggers Wort «Ab-bau» den Neologismus «dé-construction» gewählt, um den Abstand von *Zerstörung* und *Destruktion* deutlich zu machen. Allerdings war das Wort schon 1967 in Jacques Derridas «Grammatologie» aufgetaucht. 1975 erwähnte man Heidegger gegenüber den Namen Derrida. Walter Biemel berichtet, dass Heidegger Derridas Entwicklung verfolgte und Freude an dem hatte, was er sah.[1] Derrida wiederum plante nun, gemeinsam mit den Philosophen Philippe Lacoue-Labarthe und Jean-Luc Nancy sowie dem Philosophiehistoriker Lucien Braun, der wenig später Präsident der Universität Straßburg wurde, einen Besuch in Freiburg. Wieder eine neue Konstellation: Unbefangene Leser waren in Frankreich herangewachsen, die nicht auf eine Apologie aus waren, nichts weg-entschuldigen wollten, die aber von Heidegger lernten. Vor allem Jacques Derrida steigerte Heideggers sprachgebundenes Denken noch einmal in eine weltliterarisch informierte und hochgradig verspielte Kunst des Lesens philosophischer Texte. Zweimal war 1975 ein Treffen vereinbart worden, zweimal sagte Elfride ab: Heidegger war matt und fühlte sich nicht wohl.

Braun und Lacoue-Labarthe kamen bald nach Heideggers Tod. Im Sterbezimmer sahen sich die beiden Besucher nach den Büchern um, die ihren Weg in Heideggers letztes Refugium gefunden hatten. Auf dem Nachttisch neben dem Bett lagen ein Band Hölderlin, etwas von Goethe und ein Suhrkamp-Band mit Gedichten von Paul Celan.

Der Denker gab den Dichtern das letzte Wort, dem der Griechennähe und dem Dichter der jüdischen Existenz im 20. Jahrhundert. Er war Celan das «kommende Wort» schuldig geblieben, aber nicht diese letzte Geste der letzten Tage.

An der Wand hing ein kleines Bild von Georges Braque.[2] Ob es aus der «herrlichen Braque-Mappe aus Paris» stammte, die ihm Hannah Arendt im Frühjahr 1950 geschickt hatte? «Die Margeriten, die Sonnenblumen und der blaue Krug sind die allerschönsten Blätter», hatte er ihr geschrieben, «aber überall diese großleuchtenden Farben.»[3] Spuren einer Lebensgeschichte, die wie keine andere die volle Emphase des Wortes *Weg* verträgt.

Anhang

Prolog

1 Vom Geheimnis des Glockenturms, GA 13, S. 113. 2 GA 36/37, S. 3. 3 GA 13, S. 5. 4 GA 13, S. 83. 5 Ebd., S. 80. 6 GA 81, S. 334. 7 Ebd., S. 325.

1. Kapitel Die Glocken von Meßkirch

1 BW Elfride, S. 21. 2 Hannah Arendt: Martin Heidegger ist achtzig Jahre alt. In: Günther Neske (Hrsg.): Martin Heidegger im Gespräch. Pfullingen 1988, S. 232f. 3 GA 13, S. 113. 4 Ebd. 5 Ebd., S. 114. 6 Ebd. 7 Ebd., S. 114f. 8 Ebd., S. 115. 9 Ebd., 115f. 10 GA 75, S. 59. 11 Ebd. 12 BW Eltern, S. 198. 13 GA 16, S. 247. 14 Ebd., S. 341. 15 Ebd., S. 342. 16 BW Eltern, S. 198. 17 GA 16, S. 342. 18 Ebd. 19 Ebd., S. 343. 20 Ebd., S. 37; BW Jünger, S. 84. 21 GA 16, S. 280. 22 Beschlüsse der ersten Synode der Altkatholiken des deutschen Reiches. Bonn 1875, S. 5. 23 Zitiert nach Paul Matussek: Analytische Psychosentherapie. Band 2. Heidelberg 1997, S. 51. 24 Jürgen Kaube: Denkende Pferde, denkt an die Leser! In: Frankfurter Allgemeine Zeitung, 8. August 2005.

2. Kapitel Wahrheit, Glaube und Philosophie

1 Helmuth Vetter: Grundriss Heidegger. Ein Handbuch zu Leben und Werk. Hamburg 2014, S. 387. 2 GA 16, S. 37. 3 Ebd., S. 38. 4 Vorwort, GA 1, S. 56. 5 Konrad H. Jarausch: Students, Society and Politics in Imperial Germany. The Rise of Academic Illiberalism. Princeton, NJ 1982, S. 140. 6 Karl Marx, Friedrich Engels: Das Manifest der Kommunistischen Partei. London 1848, S. 6. 7 Fritz K. Ringer: Die Gelehrten. Der Niedergang der deutschen Mandarine 1890–1933. München 1987, S. 29. 8 GA 13, S. 1. 9 Ebd. 10 Ebd. 11 Ebd. 12 Ebd., S. 2. 13 Ebd. 14 Ebd., S. 3. 15 Ebd. 16 GA 16, S. 3. 17 Ebd., S. 5. 18 Ebd. 19 Ebd. 20 Ebd., S. 3. 21 Ebd. 22 Ebd. 23 Ebd., S. 5. 24 GA 16, S. 8. 25 Ebd., S. 7. 26 Ebd., S. 7f. 27 Ebd., S. 11 28 Ebd. 29 GA 13, S. 6. 30 Lukas 22,42–43. 31 GA 13, S. 6. 32 GA 81, S. 7. 33 Jarausch, Students, Society and Politics, S. 138f. 34 GA 16, S. 41. 35 Ebd., S. 26. 36 Ebd., S. 27. 37 Ebd., S. 19. 38 Ebd., S. 25. 39 Ebd., S. 26. 40 GA 81, S. 5. 41 GA 16, S. 20. 42 Ebd., S. 15. 43 Ebd. 44 BW Elfride, S. 22. 45 GA 16, S. 29. 46 Georg Trakl: Melancholie des Abends. In: ders.: Dichtungen und Briefe. Hrsg. von Hans Weichselbaum. Salzburg/Wien 2020, S. 17. 47 Frühe Schriften, GA 1, S. 55. 48 Ebd., S. 56. 49 GA 81, S. 5. 50 GA 2, S. 17,

235, 236, 179. 51 Ebd., S. 361. 52 Besinnung, GA 66, S. 416. 53 Carlo Michelstaedter: Überzeugung und Rhetorik. Aus dem Italienischen übersetzt und herausgegeben von Sabine Mainberger und Federico Gerratana. Frankfurt 1999, S. 106ff., 122. 54 Georg Lukács: Metaphysik der Tragödie. In: ders.: Die Seele und die Formen. Essays. Neuwied 1971, S. 222f. 55 Franz Rosenzweig: Der Stern der Erlösung. Frankfurt 1921, S. 7.

3. Kapitel
Ein Anfang mit Logik und Geschichte

1 GA 16, S. 38. 2 Donald Gillies: Logicism and the Development of Computer Science. In: A. C. Kakas, F. Sadri (Hrsg.): Computational Logic. Logic Programming and Beyond. Lecture Notes in Computer Science, Berlin/Heidelberg 2002. 3 Martin Davis: The Universal Computer. The Road from Leibniz to Turing. New York 2000. 4 GA 1, S. 41. 5 Martin J. Rees: Unsere Nachfahren werden Maschinen sein. Der Händedruck zwischen Mensch und E. T. findet wohl niemals statt. Die Zukunft gehört anorganischen Lebensformen. In: Neue Zürcher Zeitung, 21. Oktober 2017. 6 Immanuel Kant: Werke. Band 8. Hrsg. von Ernst Cassirer. Berlin 1923, S. 334. 7 Edmund Husserl: Logische Untersuchungen I. Prolegomena zur reinen Logik. Tübingen 1968, S. VII. 8 Ebd., S. 51. 9 Ebd., S. 55. 10 Edmund Husserl: Philosophie als strenge Wissenschaft. Hrsg. von Wilhelm Szilasi. Frankfurt am Main 1971, S. 33. 11 GA 1, S. 64. 12 Ebd. 13 Ebd. S. 65. 14 Ebd., S. 170. 15 Ebd., S. 179. 16 Ebd., S. 186. 17 Jack Zupko: Thomas of Erfurt. plato.stanford.edu/entries/erfurt/. 18 BW Rickert, S. 17. 19 Ebd., S. 18. 20 Ebd., S. 95. 21 Ebd., S. 95f. 22 GA 1, S. 354. 23 Ebd. 24 Ebd., S. 211. 25 Ebd., S. 263. 26 Ebd., S. 213. 27 Ebd., S. 215. 28 Ebd., S. 275. 29 Ebd., S. 283. 30 Ebd. 31 Ebd., S. 281. 32 Ebd., S. 290. 33 Ebd., S. 398. 34 GA 12, S. 87. 35 GA 80.1, S. 3. 36 Ebd., S. 7. 37 Ebd. 38 Ebd., S. 8. 39 Ebd., S. 11. 40 Ebd., S. 13. 41 Hans-Georg Gadamer: Philosophische Lehrjahre. Frankfurt am Main 2012, S. 213. 42 GA 1, S. 417. 43 Ebd., S. 423. 44 Ebd., S. 424. 45 Ebd., S. 423. 46 Ebd., S. 432. 47 Ebd., S. 431. 48 Walter Benjamin: Gesammelte Schriften. Band I: Abhandlungen. Unter Mitwirkung von Theodor W. Adorno und Gershom Scholem hrsg. von Rolf Tiedemann und Hermann Schweppenhäuser. Frankfurt am Main 1974, S. 869. 49 Walter Benjamin: Gesammelte Briefe. Hrsg. vom Theodor-W.-Adorno-Archiv, Christoph Gödde und Henri Lonitz. Frankfurt am Main 1995–2000, Band 1, S. 344. 50 Theodor W. Adorno: Über Walter Benjamin. Frankfurt am Main 1970, S. 70. 51 Benjamin, Gesammelte Schriften I, S. 700.

4. Kapitel
Elfride Petri, das «Seelchen»

1 Zitiert nach Edwin Kuna, Hannelore Kuna: Erster Weltkrieg – Kriegssplitter aus Berlin in Wort und Bild. Grambin 2019, S. 127. 2 Marielouise Janssen-Jurreit: Sexismus. Über die Abtreibung der Frauenfrage. Frankfurt am Main 1976, S. 251. 3 Ebd., S. 254. 4 Spöttisch schrieb Hannah Arendt am 6. Juni 1952 ihrem Mann von einem Besuch im Hause Heidegger: «Am aufschlussreichsten ist die Bibliothek der Dame, die ich mir gründlichst besichtigt

habe. Unter etwa 100 Büchern eine komplette Sammlung von Gertrud Bäumer und ein Haufen einfachen Schundes. Dazwischen etwa ein Dutzend anständiger Bücher, die alle als Geschenke von ihm inskribiert sind. Hat aber gar nichts geholfen.» Hannah Arendt, Heinrich Blücher: Briefe 1936–1968. Hrsg. von Lotte Köhler. München 1996, S. 283. 5 BW Elfride, S. 24. 6 Ebd., S. 19. 7 Ebd. 8 Silvio Vietta hat erstmals auf den Zusammenhang hingewiesen. 9 GA 1, S. 360. 10 Ebd. 11 BW Elfride, S. 19. 12 GA 81, S. 9. 13 BW Elfride, S. 20. 14 Ebd. 15 Ebd. 16 Ebd., S. 23. 17 Ebd., S. 21. 18 Ebd., S. 33. 19 Ebd., S. 37. 20 Ebd., S. 35. 21 Ebd., S. 36f. 22 GA 1, S. 191. 23 Brief vom 5. März 1916, BW Elfride, S. 37. 24 BW Rickert, S. 32. 25 GA 1, S. 410. 26 Ebd., S. 405. 27 Ebd., S. 407. 28 Ebd., S. 409. 29 Ebd., S. 406. 30 Ebd. 31 Ebd., S. 411.

5. Kapitel
Ehemann und Privatdozent

1 BW Eltern, S. 55. 2 BW Müller, S. 140. 3 Ebd. 4 BW Elfride, S. 35. 5 Ebd., S. 32. 6 Ebd., S. 38. 7 Ebd., S. 38f. 8 Ebd., S. 40. 9 Ebd. 10 Ebd., S. 41. 11 Ebd., S. 42. 12 Ebd., S. 41. 13 Ebd., S. 41, 44. 14 Ebd., S. 44f. 15 Ebd. 16 GA 13, S. 7; «sinnjenseitige» in der Handschrift. 17 GA 65, S. 14. 18 Ebd., S. 34. 19 Ebd., S. 97. 20 BW Elfride, S. 45. 21 BW Eltern, S. 51. 22 Ebd., S. 16. 23 Ebd., S. 14. 24 Ebd. 25 Ebd., S. 14. 26 Ebd. 27 BW Elfride, S. 56. 28 GA 81, S. 14. 29 Ebd. 30 Ebd. 31 Ebd., S. 15. 32 Ebd. 33 Ebd. 34 Ebd., S. 16. 35 Über den Anfang, GA 70, S. 9. 36 GA 81, S. 17. 37 GA 70, S. 131. 38 BW Elfride, S. 94. 39 GA 81, S. 16f. 40 BW Elfride, S. 316. 41 Ebd., S. 69f. 42 Ebd., S. 80. 43 Ludwig Meidner: Friedrichstraße in Berlin (Nacht), 1912; Ernst Ludwig Kirchner: Friedrichstraße, 1919. 44 George Grosz: Ein kleines Ja und ein großes Nein. Sein Leben von ihm selbst erzählt. Hamburg 1955, S. 98. 45 Walter Benjamin: Gesammelte Schriften. Band IV: Kleine Prosa. Baudelaire-Übertragungen. Hrsg. von Tillman Rexroth, Hermann Schweppenhäuser und Rolf Tiedemann. Frankfurt am Main 1972, S. 472. 46 BW Elfride, S. 72. 47 Vgl. die Verse Bertolt Brechts: «Nachdenkend, wie ich höre, über die Hölle / Fand mein Bruder Shelley, sie sei ein Ort / Gleichend ungefähr der Stadt London.» 48 BW Elfride, S. 74. 49 Ebd., S. 75. 50 Ebd., S. 77. 51 Ebd. 52 Ebd., S. 80. 53 Ebd., S. 81. 54 GA 2, S. 393. 55 BW Elfride, S. 82. 56 BW Eltern, S. 161. 57 Ebd., S. 40. 58 Ebd. 59 Ebd., S. 41.

6. Kapitel
Stil der Intensität

1 GA 66, S. 41. 2 Karl Löwith: Mein Leben in Deutschland vor und nach 1933. Ein Bericht. Hrsg. von Frank-Rutger Hausmann. Stuttgart 2007, S. 46. 3 Gadamer, Philosophische Lehrjahre, S. 212. 4 Hans Jonas: Heideggers Entschlossenheit und Entschluss. In: Neske, Heidegger im Gespräch, S. 226. 5 Hans Jonas: Erinnerungen. Nach Gesprächen mit Rachel Salamander. Hrsg. von Christian Wiese. Frankfurt 2003, S. 80. 6 Karl Jaspers: Notizen zu Martin Heidegger. Hrsg. von Hans Saner. München 1978, S. 34. 7 BW Blochmann, S. 7. 8 Ebd., S. 92. 9 Ebd., S. 96. 10 Ebd., S. 98f. 11 Ebd., S. 99. 12 Ebd., S. 14. 13 Ebd. 14 Ebd., S. 12. 15 BW Elfride, S. 86. 16 Ebd., S. 85. 17 BW Elfride,

S. 39. 18 Martin Heidegger – ein Unzeitgemäßer und seine Zeit. SWR 1976. https://www.youtube.com/watch?v=K-BCjJfKxu8, ab 1 St. 10 Min. 19 GA 97, S. 303. 20 Hans Jonas: Wissenschaft als persönliches Erlebnis. Göttingen 1987, S. 15. 21 Gadamer, Philosophische Lehrjahre, S. 219. 22 Zitiert nach Klaus Bohnenkamp: Rudolf Kassner und Martin Buber. Eine fast vergessene Beziehung. In: Hofmannsthal-Jahrbuch zur europäischen Moderne. Band 28. Baden-Baden 2020, S. 207. 23 BW Elfride, S. 22. 24 BW Bruder, S. 17. 25 GA 97, S. 50. 26 BW Elfride, S. 21. 27 Max Weber: Wirtschaft und Gesellschaft. Grundriss der verstehenden Soziologie. Hrsg. von Johannes Winckelmann. Tübingen 2002, S. 294. 28 Der Begriff der Zeit, 1924, GA 64, S. 17. 29 Hans Dieter Zimmermann: Martin und Fritz Heidegger. Philosophie und Fastnacht. München 2005, S. 25. 30 BW Bruder, S. 18. 31 GA 12, S. 242. 32 GA 97, S. 341. 33 Ernst Nolte: Der junge Student und der berühmte Professor. Erinnerungen an Martin Heidegger aus dem letzten Kriegsjahr 1944/45. In: Tumult – Zeitschrift für Konsensstörung, Herbst 2015. Zitiert nach: Lorenz Jäger: Es ging ums Ganze. Zum Tod von Ernst Nolte. In: Frankfurter Allgemeine Zeitung, 18. August 2016. 34 So berichtet es Frédéric de Towarnicki: «Il y avait dans le regard de Heidegger une intensité qui rappelait le regard de Picasso.» Martin Heidegger. Souvenirs et Chroniques. Paris 1999, S. 104. 35 «Une sorte de génie au regard percant et malicieux surgi des profondeurs de la Forêt-Noir et prêt à y disparaitre aussitôt.» Ebd., S. 110.

7. Kapitel
In der Nähe von Edmund Husserl

1 Zur Sache des Denkens, GA 14, S. 97. 2 BW Elfride, S. 47. 3 Ebd., S. 56. 4 Ebd., S. 57. 5 Gadamer, Philosophische Lehrjahre, S. 31. 6 Zitiert nach Husserl, Philosophie als strenge Wissenschaft, S. 104f. 7 Ebd., S. 12. 8 Ebd. 9 Gerda Walther: Zum anderen Ufer. Vom Marxismus und Atheismus zum Christentum. Remagen 1960, S. 211. 10 Husserl, Philosophie als strenge Wissenschaft, S. 10. 11 Karl Jaspers: Mein Weg zur Philosophie. In: ders.: Wahrheit und Bewährung. Philosophieren für die Praxis. München 1983, S. 11. 12 Walther, Zum anderen Ufer, S. 244. 13 Ebd., S. 210. 14 BW Blochmann, S. 12. 15 BW Elfride, S. 92. 16 GA 56/57, S. 4. 17 Ebd. 18 Ebd. 19 Ebd. 20 Walter Benjamin: Das Leben der Studenten. In: ders.: Gesammelte Schriften. Band II: Aufsätze, Essays, Vorträge. Hrsg. von Hermann Schweppenhäuser und Rolf Tiedemann. Frankfurt am Main 1977, S. 81. 21 GA 56/57, S. 5. 22 Ebd., S. 3. 23 Ebd., S. 71. 24 Ebd., S. 72. 25 Ebd., S. 73. 26 Ebd., S. 86. 27 Ebd., S. 85. 28 Ebd., S. 109. 29 Edmund Husserl, Ideen zu einer reinen Phänomenologie und phänomenologischen Philosophie. Erstes Buch: Einführung in die reine Phänomenologie. Tübingen 2002, S. 7. 30 Ebd. 31 Ebd., S. 164. 32 Edmund Husserl, Philosophie als strenge Wissenschaft, S. 36. 33 Ebd., S. 91. 34 GA 58, S. 36. 35 Ebd., S. 78. 36 Vgl. das Seminar in Zähringen 1973: «In ‹S.u.Z.› wird nicht mehr vom Bewusstsein gesprochen. Es wird einfach beiseitegelegt – für Husserl war das ein klares Ärgernis! Anstatt ‹Bewusstsein› finden wir Dasein.» GA 15, S. 379. 37 Husserl, Ideen, S. 73f. 38

GA 65, S. 90. 39 GA 58, S. 103. 40 Ebd., S. 69. 41 Ebd., S. 103. 42 Ebd. S. 68. 43 Ebd., S. 36. 44 Ebd., S. 246. 45 BW Elfride, S. 97. 46 Ebd., S. 96. 47 Ebd. 48 Ebd. 49 Ebd., S. 96f. 50 Ebd., S. 97. 51 Ebd., S. 98. 52 Ebd., S. 99. 53 Ebd., S. 110 54 Ebd., S. 113.

8. Kapitel Freundschaft mit Karl Jaspers

1 Gadamer, Philosophische Lehrjahre, S. 215, 201. 2 Zur Seinsfrage, GA 9, S. 416. 3 Karl Jaspers: Schicksal und Wille. Autobiographische Schriften. Hrsg. von Hans Saner. München 1967, S. 15. 4 GA 81, S. 262. 5 Jaspers, Notizen zu Martin Heidegger, S. 77. 6 GA 97, S. 91. 7 Zitiert nach Bohnenkamp, Rudolf Kassner und Martin Buber, S. 206f. 8 BW Arendt, S. 110. 9 Hannah Arendt: Denktagebuch 1950–1973. Erster Band. Hrsg. Von Ursula Ludz und Ingeborg Nordmann. München/Berlin/Zürich 2016, S. 13. 10 Jaspers, Schicksal und Wille, S. 42. 11 BW Jaspers, S. 222. 12 Jaspers, Notizen zu Martin Heidegger, S. 135. 13 BW Elfride, S. 143. 14 Ebd., S. 115. 15 Ebd., S. 162. 16 Jaspers, Notizen zu Martin Heidegger, S. 135. 17 Gadamer, Philosophische Lehrjahre, S. 202. 18 BW Elfride, S. 104. 19 GA 9, S. 1ff. 20 Karl Jaspers: Psychologie der Weltanschauungen. Berlin 1919, S. 227. 21 Ebd., S. 228. 22 Ebd., S. 229. 23 Ebd., S. 231. 24 Ebd., S. 250. 25 GA 9, S. 10. 26 Ebd., S. 11. 27 Ebd. 28 Ebd., S. 39. 29 Ebd., S. 37. 30 Ebd., S. 39. 31 GA 61, S. 84f. 32 Ebd., S. 87. 33 Ebd., S. 90. 34 Ebd., S. 100. 35 Ebd., S. 101. 36 Ebd. 37 Ebd., S. 101f. 38 Ernst Bloch: Erbschaft dieser Zeit. Frankfurt 1973, S. 35. 39 Ebd., S. 33. 40 Ebd., S. 41. 41 Siegried Kracauer: Das Ornament der Masse. Essays. Frankfurt 1963, S. 311. 42 GA 61, S. 103. 43 Ebd., S. 107. 44 Ebd. 45 Ebd., S. 108. 46 Ebd., S. 136. 47 BW Jaspers, S. 21. 48 Ebd., S. 33. 49 Ebd., S. 35. 50 BW Elfride, S. 143f. 51 Jaspers, Notizen zu Martin Heidegger, S. 33f. 52 Jaspers, Psychologie der Weltanschauungen, S. 107. 53 Ebd., S. 108.

9. Kapitel Philosophieren mit Karl Löwith

1 BW Löwith, S. 16, 18. 2 BW Elfride, S. 110. 3 BW Löwith, S. 40. 4 Ebd., S. 23. 5 BW Elfride, S. 127. 6 Löwith, Mein Leben, S. 67. 7 Friedrich Gundolf, Erich von Kahler: Briefwechsel 1910–1931. Mit Auszügen aus dem Briefwechsel Friedrich Gundolf – Fine von Kahler. Hrsg. von Klaus Pott. Göttingen 2012, S. 412. 8 BW Löwith, S. 46. 9 Ebd., S. 54. «Sie beide» meint Löwith und den Husserl-Schüler Oskar Becker, der später einer der philosophischen Lehrer von Jürgen Habermas wurde. 10 Ebd., S. 54f. 11 Karl Löwith: Heidegger. Denker in dürftiger Zeit. Sämtliche Schriften. Band 8. Heidelberg 1984, S. 200. 12 BW Löwith, S. 121; 6. November 1924. 13 Ebd., S. 116.

10. Kapitel Paulus, Augustinus und die Mystik

1 Ebd., S. 53. 2 GA 1, S. 410. 3 BW Elfride, S. 97. 4 BW Arendt, S. 247. 5 GA 1, S. 410. 6 BW Elfride, S. 100. 7 GA 16, S. 17. 8 Ebd., S. 40. 9 GA 1, S. 402. 10

GA 60, S. 301f. 11 BW Elfride, S. 78. 12 Ebd. 13 Ebd., S. 79. 14 Ebd., S. 79f. 15 Ebd., S. 86. 16 Ebd., S. 89. 17 Ebd., S. 106. 18 Ebd., S. 107. 19 Leo Löwenthal hat in seiner Studie «Die Auffassung Dostojewskis im Vorkriegsdeutschland», die 1934 in der Zeitschrift für Sozialforschung erschien, auf die Rezeption innerhalb eines nationalen und völkischen Mythos hingewiesen (Zeitschrift für Sozialforschung, Bd. 3, Heft 3, 1924, S. 355f.). In dieser Lesart «wird Dostojewskis angebliche Interpretation der russischen Volksseele zum Prototyp der irrationalen Mythologie». Bei Dostojewski fehle – und damit kommt Löwenthal auf das hedonistische Grundanliegen der «Kritischen Theorie» zurück – «die Kategorie des irdischen Glücks». (Ebd., S. 362.) 20 GA 60, S. 342. 21 Ebd., S. 334. 22 Ebd., S. 309. 23 Ebd. 24 Ebd., S. 320. 25 BW Blochmann, S. 11. 26 BW Elfride, S. 100. Gemeint ist Rudolf Otto und sein enorm einflussreiches Buch «Das Heilige». 27 BW Löwith, S. 20. 28 BW Elfride, S. 112. 29 Jakob Wassermann: Mein Weg als Deutscher und Jude. Zitiert nach: Jacob Rosenthal: «Die Ehre des jüdischen Soldaten». Die Judenzählung im Ersten Weltkrieg und ihre Folgen. Frankfurt am Main 2007, S. 195. 30 GA 60, S. 72. 31 Ebd., S. 68. 32 Ebd., S. 70. 33 Ebd., S. 89. 34 Ebd., S. 90. 35 Ebd., S. 98. 36 Ebd., S. 99. 37 Ebd. 38 Ebd., S. 246. Dazu ganz ausgezeichnet Jean Grondin: Heidegger und Augustin. Zur hermeneutischen Wahrheit. http://mapageweb.umontreal.ca/grondinj/pdf/heidegger_augustinus.pdf. 39 GA 60, S. 246. 40 Ebd., S. 205. 41 Ebd., S. 207 42 Ebd., S. 219. 43 Ebd., S. 224.

11. Kapitel
Denkort: Die Hütte von Todtnauberg

1 Max Kommerell: Briefe und Aufzeichnungen 1919–1944. Hrsg. von Inge Jens. Olten 1967, S. 380. 2 GA 16, S. 642. 3 BW Elfride, S. 122. 4 GA 16, S. 642. 5 François Fédier: Andenken ... In: Neske, Günther (Hrsg.): Erinnerung an Martin Heidegger. Pfullingen 1977, S. 79. 6 Ebd., S. 79f. 7 Schöpferische Landschaft: Warum bleiben wir in der Provinz?, GA 13, S. 9. 8 Georg Wolff: Haus und Hütte. In: Neske, Erinnerung an Martin Heidegger, S. 290. 9 Ebd., S. 290. 10 Ebd., S. 291. 11 GA 16, 428f. 12 Ebd., S. 429. 13 Ebd., S. 643. 14 Ebd., S. 641. 15 Kommerell, Briefe und Aufzeichnungen, S. 382. 16 GA 16, S. 642f. 17 Gadamer, Philosophische Lehrjahre, S. 116. 18 Johann Baptist Lotz: Im Gespräch. In: Neske, Erinnerung an Martin Heidegger, S. 158. 19 Ebd., S. 159. 20 GA 13, S. 9. 21 Ebd., S. 10. 22 Ebd. 23 Zitiert nach Marc Buggeln, Michael Wildt: Arbeit im Nationalsozialismus. www.geschichte.hu-berlin.de/de/bereiche-und-lehrstuehle/dtge-e20jhd/dokumente/publikationen/publikationen-buggeln/Buggeln_Wildt_Einleitung.pdf. 24 GA 16, S. 206. 25 Ebd., S. 205. 26 GA 13, S. 10. 27 Ebd. 28 Ebd. 29 Zitiert nach Magdalena Droste: Ambitionen und Ambivalenzen. Oskar Schlemmer 1933/34. In: Wolfgang Ruppert: Künstler im Nationalsozialismus. Die «deutsche» Kunst, die Kunstpolitik und die Berliner Kunsthochschule, Köln 2015, S. 195. 30 GA 13, S. 12f. 31 Hans Jonas: Heideggers Entschlossenheit und Entschluss. In: Neske, Martin Heidegger im Gespräch, S. 224. 32 GA 13, S. 75. 33 Ebd., S. 86. 34 Ebd., S. 76. Vgl. Heideggers viel spätere

Formulierung: «Das sinnende Denken durchscheint die wesentlichen Erfahrungsbereiche wie Morgenlicht, das die Nacht verwahrt, damit es den Tag ergebe – und alles so, als sei es nichts.» Ebd., S. 153. 35 Ebd., S. 85. 36 Der Begriff der Zeit, GA 64, S. 70. 37 Ebd., S. 77. 38 Ebd., S. 78. 39 Ebd., S. 79. 40 Kommerell, Briefe und Aufzeichnungen, S. 377. 41 GA 64, S. 21. 42 Frédéric de Towarnicki: À la rencontre de Heidegger. Souvenirs d'un messager de la Forêt-Noire. Paris 1993, S. 28. 43 Paul Scheerbart: Glasarchitektur. Berlin 1914, S. 18. 44 Benjamin, Gesammelte Schriften II, S. 218. 45 Bloch, Erbschaft dieser Zeit, S. 229. 46 Ernst Kállai: Zehn Jahre Bauhaus. In: Die Weltbühne, Heft 4, 21. Januar 1930, S. 135. 47 GA 81, S. 5. 48 Kommerell, Briefe und Aufzeichnungen, S. 382. 49 Ebd., S. 382.

12. Kapitel Mit Aristoteles und einem Stoßtrupp Marburg erobern

1 BW Jaspers, S. 22. 2 Ebd., S. 25. 3 Zitiert nach Martin Heidegger: Phänomenologische Interpretationen zu Aristoteles (Anzeige der hermeneutischen Situation). Mit einem Essay von Hans-Georg Gadamer. Hrsg. von Günther Neumann, Frankfurt am Main 2013, S. 82. 4 BW Elfride, S. 123f. 5 BW Jaspers, S. 33f. 6 Ebd. 7 Ebd., S. 36. 8 BW Elfride, S. 128. 9 BW Jaspers, S. 37. 10 Ebd., S. 39. 11 BW Elfride, S. 129. 12 BW Jaspers, S. 41. 13 BW Elfride, S. 133. 14 Eckhardt Köhn: Trachtenhermeneutik. Fragen zu Heideggers Anzug in den Marburger Jahren. In: Merkur – Zeitschrift für europäisches Denken, Heft 10, Oktober 2020, S. 93–98. 15 Ebd., S. 96. 16 GA 62, S. 209. 17 Husserl, Ideen, S. 17. 18 Ebd., S. 19. 19 GA 63, S. 3. 20 Ebd., S. 5. 21 Ebd., S. 47. 22 Ebd., S. 205. 23 Ebd., S. 391. 24 Ebd., S. 395. 25 Ebd., S. 397. 26 Ebd., S. 398. 27 Ebd., S. 385. 28 Ebd., S. 386. 29 Ebd., S. 347. 30 Ebd. 31 Ebd., S. 345. 32 Ebd., S. 348. 33 Ebd., S. 7. 34 Hans-Georg Gadamer, Silvio Vietta: Im Gespräch. München 2002, S. 62. 35 Ebd. 36 Ebd., S. 60. 37 Ebd., S. 59. 38 Ebd., S. 55. 39 Ebd., S. 38. 40 Hans-Georg Gadamer: Wahrheit und Methode. Grundzüge einer philosophischen Hermeneutik. Gesammelte Werke. Band 1: Hermeneutik I. Tübingen 1986, S. 274. 41 Ebd., S. 264. 42 Ebd., S. 271. 43 Ebd., S. 273. 44 Ebd., S. 274. 45 Ebd. 46 Gadamer/Vietta, Im Gespräch, S. 36. 47 Gadamer, Wahrheit und Methode, S. 274f.

13. Kapitel Hannah Arendt, Schülerin und Geliebte

1 GA 56/57, S. 69. 2 Ebd. 3 Ebd., S. 74. 4 Ebd., S. 75. 5 GA 2, S. 76. 6 GA 21, S. 148. 7 GA 63, S. 99. 8 Ebd., S. 151. 9 BW Arendt, S. 79. 10 Ebd., S. 268; 4. Mai 1950. 11 Ebd., S. 18. 12 Jonas, Erinnerungen, S. 114. 13 GA 79, S. 161. 14 BW Arendt, S. 11. Diesem «muss» entspricht in merkwürdiger Spiegelung, dass Hannah Arendt 1950 an Heinrich Blücher schreibt, sie «müsse» zu ihm nach Freiburg fahren. 15 Ebd., S. 11. 16 Ebd., S. 11. 17 Ebd., S. 11f. 18 Arendt, Denktagebuch, S. 38f. 19 BW Arendt, S. 11. 20 Ebd., S. 13. 21 GA 64, S. 83. 22 GA 2, S. 510 23 BW Arendt, S. 13. 24 GA 2, S. 543. 25 Günther Anders: Die Kirschenschlacht. Dialoge mit Hannah Arendt und ein akademisches Nachwort.

München 2012, S. 11f. 26 BW Arendt, S. 42, 35, 29. 27 Ebd., S. 367f. 28 Ebd., S. 14. 29 Ebd., S. 22f. 30 Ebd., S. 21. 31 Ebd., S. 23. 32 Ebd., S. 22. Hören wir auf das Wort «banal» und denken an ihre Schrift «Eichmann in Jerusalem. Ein Bericht von der Banalität des Bösen». 33 Ebd., S. 24. 34 Ebd., Abb. 12. 35 Ebd., S. 23. 36 Ebd. 37 Ebd., S. 25. 38 Ebd., S. 26. 39 Ebd., S. 26f. 40 Ebd., S. 27. 41 Ebd., S. 26. 42 GA 64, S. 70. 43 BW Arendt, S. 59. 44 Ebd., S. 62. 45 Ebd., S. 40. 46 Ebd., S. 45. 47 Ebd., S. 30. 48 Ebd., S. 375. 49 Ebd., S. 11. 50 Ebd., S. 377. 51 Ebd., S. 278. 52 Ebd., S. 54. 53 Ebd. 54 Zum extremen Arbeitstempo vgl. Hans Ulrich Gumbrecht: 1926. Ein Jahr am Rand der Zeit. Frankfurt am Main 2001, S. 508ff. 55 BW Arendt, S. 54. 56 Ebd., S. 55. 57 Ebd. 58 Ebd. 59 Ebd., S. 56. 60 Ebd., S. 57. 61 Ebd., S. 58. 62 Ebd., S. 59. 63 Ebd., S. 65. 64 Ebd. 65 Ebd., S. 11. 66 Ebd., S. 65. 67 Ebd., S. 66. 68 Ebd., S. 11. 69 GA 20, S. 226. 70 GA 64, S. 44. 71 Hannah Arendt: Der Liebesbegriff bei Augustin. Versuch einer philosophischen Interpretation. Hrsg. von Frauke A. Kurbacher. Hamburg 2018, S. 68. 72 Hannah Arendt: Was ist Existenz-Philosophie? Meisenheim 1990, S. 47. Vgl. die prägnante Formulierung von Hans-Martin Schönherr-Mann: «Arendt greift auf Heideggers Welt-Begriff zurück, den sie indes in der Perspektive der Mitwelt zur Pluralität der Menschen öffnet, so dass Politik und Öffentlichkeit keinen bloß entfremdenden, sondern einen Welt überhaupt erst konstituierenden Charakter gewinnen.» Hannah Arendt: Wahrheit, Macht, Moral. München 2006, S. 20. 73 Arendt, Der Liebesbegriff, S. 3. 74 «It has frequently been observed that terror can rule absolutely only over men who are isolated against each other and that, therefore, one of the primary concerns of all tyrannical government is to bring isolation about. Isolation may be the beginning of terror; it certainly is its most fertile ground; it always is its result.» Hannah Arendt: Totalitarianism. Part three of The Origins of Totalitarianism. New York und London 1951, S. 172. 75 Arendt, Der Liebesbegriff, S. 93. 76 In Hannah Arendts Schrift zitiert auf S. 6, 9 und 21. 77 Ebd., S. 95. 78 Ebd., S. 96. 79 Ebd., S. 109. 80 Ebd., S. 35. 81 BW Löwith, S. 99. 82 Ebd., S. 121. 83 Ebd., S. 50f. 84 Günther Anders: Über Heidegger. Hrsg. von Gerhard Oberschlick. München 2001, S. 11. 85 Günther Anders: Die Antiquiertheit des Menschen. Über die Seele im Zeitalter der zweiten industriellen Revolution. München 1956, S. 217. 86 BW Arendt, S. 66. 87 Ebd., S. 67. 88 Ebd. 89 Vgl. BW Arendt, S. 281. 90 GA 28, S. 193. 91 BW Arendt, S. 13. 92 Ebd., S. 67. 93 Ebd., S. 68. 94 Ebd. 95 Ebd. 96 Anders, Kirschenschlacht, S. 36. 97 Jonas, Erinnerungen, S. 282. 98 BW Arendt, S. 77. 99 Hannah Arendt, Günther Anders: Schreib doch mal hard facts über Dich. Briefe 1939 bis 1975, Texte und Dokumente. Hrsg. von Kerstin Putz. München 2016, S. 62. 100 Anders, Kirschenschlacht, S. 22. 101 Arendt/Blücher, Briefe, S. 584. 102 Hans Jonas, Erinnerungen, S. 69. 103 Anders, Kirschenschlacht, S. 67. 104 Vgl. Lorenz Jäger: In keinem Besitz verwurzelt. Politik als Beruf und Abenteuer. Hannah Arendt und Kurt Blumenfeld in ihren Briefen: Vereint, doch auf getrennten Wegen. In: Frankfurter Allgemeine Zeitung, 24. Mai 1995. 105 Hannah Arendt, Kurt Blumenfeld: In keinem Besitz verwurzelt. Die Korrespondenz. Hrsg. von Ingeborg Nordmann und Iris Pilling. Hamburg 1995, S. 349f. 106 Ebd.,

S. 359. 107 So Ingeborg Nordmann, ebd., S. 354. 108 BW Jaspers, S. 121f. 109 Ebd., S. 122. 110 BW Arendt, S. 17. 111 Ebd., S. 68. 112 Ebd. 113 Ebd., S. 69.

14. Kapitel Das Jahrhundertwerk: «Sein und Zeit»

1 GA 2, S. 56 2 Ebd. 3 Ebd., S. 57 4 Ebd. 5 Ebd. 6 Ebd., S. 191. 7 Ebd., S. 58. 8 Ebd., S. 94. 9 Ebd., S. 139. 10 Ebd., S. 157. 11 Ebd. 12 Ebd., S. 73. 13 Ebd., S. 58. 14 Ebd., S. 59. 15 Ebd., S. 235. 16 Ebd., S. 169. 17 Ebd. 18 Ebd. 19 Ebd. 20 Ebd. 21 Ebd., S. 170. 22 Ebd., S. 224. 23 Ebd., S. 231. 24 Ebd., S. 231. 25 Ebd., S. 490f. 26 Ebd., S. 395. 27 Ebd., S. 236. 28 Ebd. 29 Ebd., S. 236. 30 Ebd., S. 237. 31 Ebd. 32 GA 13, S. 5. 33 Ebd., S. 90. 34 GA 2, S. 315. 35 Ebd., S. 337. 36 Ebd., S. 352. 37 Ebd., S. 353. 38 Ebd., S. 355ff. 39 Ebd., S. 356. 40 Ebd., S. 290. 41 Ebd., S. 368. 42 Ebd., S. 365. 43 Ebd., S. 395. 44 Ebd., S. 43. 45 Ebd., S. 304. 46 GA 21, S. 17, 129. 47 Ebd., S. 5. 48 Ebd., S. 292. 49 GA 16, S. 8. 50 GA 2, S. 295. 51 Ebd., S. 290. 52 Ebd., S. 534. 53 Ebd., S. 501f. 54 Ebd., S. 517. 55 Ebd., S. 510. 56 Ebd., S. 514. 57 Ebd., S. 514. 58 Ebd., S. 517. 59 Ebd., S. 507. 60 Ebd., S. 542. 61 Ebd., S. 508. 62 Ebd. 63 GA 20, S. 147. 64 BW Elfride, S. 148. 65 Ebd., S. 149. 66 Ebd., S. 149. 67 Ebd., S. 150, 152. 68 Ebd., S. 154. 69 Ich folge hier der Enkelin; ebd., S. 137. 70 Ebd., S. 157. 71 BW Jaspers, S. 96. Zur Diskussion eines möglichen Zeitsinnes bei Vögeln äußert sich Heidegger in der Vorlesung vom Sommersemester 1934; GA 38A, S. 135ff. 72 BW Jaspers, S. 115. 73 Husserl, Logische Untersuchungen I, S. 25. 74 Ebd., S. 15. 75 Ebd., S. 231. 76 GA 9, S. 174, 192. 77 Ebd., S. 122. 78 Ebd., S. 163. 79 Ebd., S. 164. 80 Ebd., S. 165. 81 GA 16, S. 58. 82 Ebd., S. 59. 83 Ebd. 84 BW Jaspers, S. 125. 85 Zitiert nach Karl Schumann: Husserl-Chronik. Denk- und Lebensweg Edmund Husserls. Den Haag 1977, S. 379. 86 Ebd., S. 356. 87 Edmund Husserl: Nachwort zu meinen «Ideen zu einer reinen Phänomenologie und phänomenologischen Philosophie». In: Jahrbuch für Philosophie und phänomenologische Forschung. Band 11. Halle 1930, S. 550. 88 Ebd., S. 551. 89 Ebd. 90 BW Löwith, S. 53. 91 GA 2, S. 228. 92 Ebd., S. 264. 93 GA 9, S. 64. 94 GA 2, S. 185. 95 Ebd., S. 253. 96 Ebd. 97 Vgl. dazu Norbert Fischer, Friedrich-Wilhelm von Herrmann (Hrsg.): Heidegger und die christliche Tradition. Annäherung an ein schwieriges Thema. Hamburg 2007.

15. Kapitel Löwith opponiert

1 BW Löwith, S. 59. 2 Ebd., S. 61. 3 Löwith, Mein Leben, S. 6. 4 Ebd., S. 21. 5 Ebd. 6 BW Löwith, S. 26. 7 Karl Löwith: Das Individuum in der Rolle des Mitmenschen. Ein Beitrag zur anthropologischen Grundlegung der ethischen Probleme. Hrsg. von Giovanni Tidona. Freiburg im Breisgau 2013, S. 146. 8 Ebd. 9 Ebd., S. 249. 10 BW Löwith, S. 148. 11 Gadamer, Philosophische Lehrjahre, S. 44. 12 BW Löwith, S. 167, 169. 13 GA 2, S. 157. 14 Ebd. 15 Maurice Merleau-Ponty: Phänomenologie der Wahrnehmung. Berlin 1965, S. 508. 16 BW Löwith, S. 56. 17 BW Elfride, S. 44. 18 GA 7, S. 77. 19 Ebd., S. 89ff. 20 Ebd., S. 91f. 21 Ebd., S. 92.

16. Kapitel
Mit Ernst Cassirer in Davos

1 GA 28, S. 33. 2 GA 3, S. 306. 3 Ebd., S. 309. 4 Ebd. 5 Ebd. 6 GA 3, S. 309f. 7 Ernst Cassirer: Philosophie der symbolischen Formen. Band I: Die Sprache. Darmstadt 1973, S. 11. 8 Ebd. 9 Ebd. 10 Ebd., S. V. 11 Zitiert nach John Michael Krois: Ernst Cassirer 1874–1945. Eine Kurzbiographie. https://agora.sub.uni-hamburg.de//subcass/kurzbiographie.pdf. 12 BW Jaspers, S. 52. 13 GA 94, S. 276. 14 Otto Friedrich Bollnow: Gespräche in Davos. In: Neske, Erinnerung an Martin Heidegger, S. 26. 15 Ebd., S. 28. 16 BW Jaspers, S. 120f. 17 Ebd., S. 123. 18 BW Elfride, S. 160. 19 BW Blochmann, S. 30. 20 BW Elfride, S. 160f. 21 GA 3, S. 271. 22 Ebd., S. 274. 23 Ebd., S. 275. 24 Ebd., S. 273. 25 Ebd., S. 286. 26 Ebd., S. 287. 27 Ebd., S. 289. 28 Ebd., S. 291. 29 Ebd., S. 292. 30 Ebd. 31 Ebd., S. 293. 32 Ebd. 33 Ebd., S. 284. 34 Ebd., S. 295f. 35 Ebd., S. 291. 36 Ebd., S. 290f. 37 Zitiert nach Hans Jonas: Entschlossenheit ohne Verantwortung. Begegnung und Bruch mit Heidegger. Gespräch mit Andreas Isenschmidt. In: ders.: Fatalismus wäre Todsünde. Gespräche über Ethik und Mitverantwortung im dritten Jahrtausend. Hrsg. von Dietrich Böhler. Münster 2005, S. 66. 38 GA 3, S. 270. 39 Ebd. 40 Ernst Cassirer: Philosophie der symbolischen Formen. Dritter Teil: Phänomenologie der Erkenntnis. Darmstadt 1972, S. 173. 41 Ebd., S. 190.

17. Kapitel
Stille Glut: Elisabeth Blochmann

1 BW Blochmann, S. 21. 2 Ebd., S. 36. 3 Ebd., S. 28. 4 Ebd., S. 23. 5 Ebd., S. 16. 6 Hermann Heidegger: Martin Heidegger war kein Antisemit. In: Friedrich-Wilhelm von Herrmann, Francesco Alfieri: Martin Heidegger. Die Wahrheit über die Schwarzen Hefte. Berlin 2017, S. 279. 7 BW Blochmann, S. 23. 8 Ebd. 9 Ebd. 10 Ebd., S. 24. 11 Ebd., S. 31. 12 Ebd. 13 Ebd., S. 32. 14 Ebd. 15 GA 9, S. 114. 16 Ebd., S. 115. 17 GA 29/30, S. 141. 18 Ebd., S. 244. 19 Ebd. 20 Ebd., S. 247. 21 Ebd., S. 244. 22 Ebd., S. 245ff.

18. Kapitel
Der Weg in den Nationalsozialismus

1 Benjamin, Gesammelte Schriften IV, S. 147. 2 GA 2, S. 508. 3 Ebd., S. 507. 4 Ebd. 5 Ebd., S. 508. 6 Ebd. 7 Aristoteles: Metaphysik. Schriften zur Ersten Philosophie. Hrsg. von Franz F. Schwarz. Stuttgart 1991, S. 205. 8 GA 2, S. 508. 9 GA 9, S. 198f. 10 Ebd., S. 190. 11 GA 80.1, S. 393. 12 GA 9, S. 199. 13 BW Elfride, S. 164. 14 Ebd., S. 164. 15 GA 16, S. 755. 16 BW Müller, S. 130. 17 GA 16, S. 756. 18 Ebd., S. 757f. 19 Ebd., S. 758. 20 Volker Hagedorn: Unheimliches Abendland. Der Fall Eggebrecht. In: Die Zeit, 17. Dezember 2009. 21 BW Elfride, S. 165. 22 Ebd., S. 166. 23 BW Fritz, S. 20. 24 Aufzeichnung des Staatssekretärs v. Bülow über eine Unterredung des Reichskanzlers mit dem Amerikanischen Botschafter, 2. Juli 1931. In: Akten der Reichskanzlei.

Weimarer Republik. Die Kabinette Brüning I/II. Band 2. www.bundesarchiv.de/AktenReichskanzlei/1919-1933/1100/bru/bru2p/kap1_1/para2_104html. 25 Aristoteles, Metaphysik, S. 223f. 26 GA 33, S. 3. 27 Ebd., S. 173. 28 Ebd., S. 171. 29 Ebd., S. 172f. 30 Ebd., S. 217f. 31 Ebd., S. 218. 32 Ebd. 33 Ebd., S. 219, 222. 34 BW Fritz, S. 20. 35 BW Blochmann, S. 43f. 36 BW Elfride, S. 170. 37 GA 80, S. 338f. 38 Walter Benjamin: Gesammelte Schriften. Band III. Kritiken und Rezensionen. Hrsg. von Hella Tiedemann-Bartels. Frankfurt am Main 1971, S. 259. 39 Benjamin, Gesammelte Schriften VI, S. 480. 40 Ebd., S. 98. 41 BW Fritz, S. 26. 42 Ebd. 43 Ebd., S. 28. 44 Ebd., S. 27. 45 BW Elfride, S. 175. 46 Ebd., S. 176. 47 Ebd. 48 Erich Eyck: Geschichte der Weimarer Republik. Band 2. Erlenbach-Zürich 1956, S. 502. 49 BW Elfride, S. 176. 50 Zitiert nach www.bundesarchiv.de/aktenreichskanzlei/1919-1933/01a/vpa/vpa2p/kap1_1/para2_6.html. 51 BW Fritz, S. 30f. 52 Zitiert nach Simon J. Walter: Kein Sonderweg des deutschen Zionismus. Die «arabische Frage» in der Jüdischen Rundschau. Düsseldorf 2019. https://docserv.uni-duesseldorf.de/servlets/DerivateServlet/Derivate-52990/WALTER2019.pdf. 53 BW Elfride, S. 176. 54 Ebd., S. 177. 55 BW Blochmann, S. 50. 56 Ebd., S. 51. 57 Ebd. 58 Ebd. 59 Ebd., S. 52. 60 Ebd., S. 52f. 61 Ebd., S. 52. 62 Ebd. 63 GA 94, S. 19. 64 Ebd., S. 1. 65 GA 99, S. 187. 66 GA 94, S. 68. 67 Ebd., S. 56. 68 Ebd., S. 43. 69 GA 80.1, S. 315. 70 Ebd., S. 314. 71 GA 34, S. 145. 72 GA 35, S. 1. Vgl. GA 94, S. 20: *«Wir müssen uns aus der Philosophie herausphilosophieren.»* 73 GA 35, S. 1. 74 Ebd. 75 GA 94, S. 30. 76 Ebd., S. 27. 77 Ebd., S. 109. 78 Ebd. 79 Ebd., S. 111.

19. Kapitel
Die Heideggersche Linke: Herbert Marcuse

1 BW Jaspers, S. 102. 2 Herbert Marcuse: Enttäuschung. In: Neske, Erinnerung an Martin Heidegger, S. 162. 3 Ebd. 4 Herbert Marcuse: Beiträge zu einer Phänomenologie des Historischen Materialismus. In: Herbert Marcuse, Alfred Schmidt: Existenzialistische Marx-Interpretation. Frankfurt am Main 1973, S. 67. 5 Ebd. 6 Herbert Marcuse: Die Studentenbewegung und ihre Folgen. Nachgelassene Schriften. Band 4. Hrsg. von Peter Erwin Jansen, Springe 2004, S. 110. 7 Theodor W. Adorno: Keine Angst vor dem Elfenbeinturm. In: Der Spiegel, 5. Mai 1969. 8 Wladimir Iljitsch Lenin: Was tun? Brennende Fragen unserer Bewegung. In: ders.: Werke. Band 5. Berlin 1963, S. 385. 9 Herbert Marcuse: Hegels Ontologie und die Theorie der Geschichtlichkeit. Frankfurt am Main 1968, S. 8. 10 Marx und Freud inspirierten ein Vierteljahrhundert später Marcuses Buch «Eros and Civilization. A philosophical inquiry into Freud», deutsch unter dem Titel «Triebstruktur und Gesellschaft. Ein philosophischer Beitrag zu Sigmund Freud». 11 Marcuse, Hegels Ontologie, S. 291. 12 Ebd., S. 306. 13 Ebd., S. 330. 14 Ebd., S. 331. 15 Ebd., S. 332f. 16 Ebd., S. 364. 17 Herbert Marcuse: Enttäuschung. In: Neske, Erinnerung an Martin Heidegger, S. 162.

20. Kapitel
«Alles Große steht im Sturm»: Heidegger 1933

1 Löwith, Mein Leben, S. 41. 2 BW Fritz, S. 31. 3 Phaidros 251e–252b, in der Über-

setzung von Friedrich Schleiermacher. 4 BW Elfride, S. 58. 5 Ebd., S. 59. 6 Ebd., S. 60. 7 Ebd., S. 59. 8 Ebd., S. 60. 9 BW Jaspers, S. 256. 10 BW Elfride, S. 186; 19. März 1933. 11 Ebd., S. 185. 12 BW Jaspers, S. 257. Vgl. die Variante: «Sehen Sie Hitlers Hände, und sie sehen sofort das Außerordentliche.» In: Jaspers, Notizen zu Martin Heidegger, S. 168. 13 BW Jaspers, S. 153. 14 Ebd., S. 152f. 15 GA 16, S. 93. 16 Ebd. 17 Ebd., S. 761f. 18 BW Jaspers, S. 257. 19 Ebd. 20 Ebd. 21 Ebd. 22 Jaspers, Notizen zu Martin Heidegger, S. 181. 23 BW Jaspers, S. 257. 24 Jaspers, Notizen zu Martin Heidegger, S. 180. 25 Vgl. Mona Ozouf: La fête révolutionnaire. 1789–1799, Paris 1976. 26 GA 16, S. 82. 27 Victor Farias: Heidegger und der Nationalsozialismus. Mit einem Vorwort von Jürgen Habermas. Frankfurt 1989, S. 151. 28 GA 16, S. 125f. 29 Ebd., S. 128. 30 Ebd., S. 131. 31 Ebd., S. 150. 32 Ebd., S. 151. 33 Ebd., S. 764. 34 Ebd., S. 170. 35 Ebd., S. 178. 36 Ebd., S. 197. Vgl. ebd., S. 211. 37 Ebd., S. 233. 38 Ebd., S. 240. 39 GA 9, S. 103. 40 Ebd., S. 104. 41 Ebd. 42 Ebd. 43 Ebd., S. 105. 44 Ebd., S. 121. 45 Ebd., S. 121f. 46 Ebd., S. 122. 47 GA 56/57, S. 110. 48 Löwith, Mein Leben, S. 34. 49 GA 16, S. 107. 50 Gadamer/Vietta, Im Gespräch, S. 41. 51 GA 16, S. 108f. 52 GA 36/37, S. 182. 53 GA 16, S. 112. 54 Ebd. 55 GA 36/37, S. 7. 56 Ebd., S. 8. 57 GA 16, S. 116. 58 Ebd., S. 113. 59 Ebd., S. 114. 60 Ebd., S. 115. 61 BW Löwith, S. 293. 62 Löwith, Mein Leben, S. 44. 63 Zitiert nach Axel Schmitt: «Der kleine M. im roten Samt. Eva D. Becker wirft in der Zeitschrift ‹Exil› einen Blick auf das Verhältnis von Elisabeth Blochmann und Martin Heidegger». https://literaturkritik.de/id/7157. 64 Löwith, Mein Leben, S. 35. 65 BW Blochmann, S. 66. 66 BW Jaspers, S. 155. 67 GA 16, S. 104. 68 Ebd., S. 190. Vgl. die Vorlesung vom Sommersemester: «ob wir als Volk uns selbst noch wollen oder ob wir uns selbst nicht mehr wollen». GA 36/37, S. 14. 69 GA 16, S. 190. 70 Ebd., S. 191f. 71 GA 94, S. 141. 72 Ebd. 73 Ebd., S. 142f. 74 Ebd., S. 130. 75 Ebd. 76 Ebd. 77 Ebd., S. 135. 78 Ebd., S. 138. 79 Ebd., S. 139. 80 So Heideggers Übersetzung in GA 39, S. 125. 81 GA 36/37, S. 90. 82 Ebd., S. 92. 83 Ebd., S. 92f. 84 Ebd., S. 93. 85 Ebd., S. 91. 86 Ebd. 87 Ebd. 88 Ebd., S. 94. 89 Ebd., S. 207. 90 GA 16, S. 272. 91 Ebd., S. 277. 92 Ebd., S. 87f. 93 Ebd., S. 787. 94 Ebd. 95 Ebd. 96 Ebd., S. 85. 97 Ebd., S. 121. 98 Ebd., S. 122. 99 BW Löwith, S. 184f. Bei der Schrift wird es sich um die Broschüre «Kierkegaard und Nietzsche oder philosophische und theologische Überwindung des Nihilismus», Frankfurt am Main 1933, gehandelt haben. Vgl. BW Löwith, S. 294. 100 Löwith, Mein Leben, S. 57. 101 GA 16, S. 132. 102 Ebd. 103 Ebd., S. 141. 104 Ebd. 105 Ebd., S. 147. 106 Ebd., S. 774. 107 Schreiben vom 17. Januar 1946 an den Vorsitzenden des politischen Bereinigungsausschusses; ebd., S. 417f. 108 Ebd., S. 184. 109 In: Zeitschrift für Sozialforschung. Jg. 3, Genf 1934, S. 161ff. 110 Ebd., S. 190. 111 Ebd., S. 193. 112 Herbert Marcuse: Ideengeschichtlicher Teil. In: Studien über Autorität und Familie. Forschungsberichte aus dem Institut für Sozialforschung. Paris 1936, S. 211. 113 Ebd. 114 Ebd., S. 210f.

21. Kapitel Metapolitik des Metafaschismus: Hölderlin und der Staat

1 GA 94, S. 164, 163, 218. 2 GA 38 A, S. V, VI, VII. 3 Ebd., S. 154. 4 Ebd., S. 154, 155, 65. 5 Ebd., S. 158, 163, 164, 167f. 6 GA 94, S. 115. 7 BW Elfride, S. 178. 8 GA 94, S. 168. 9 Ebd., S. 168, 166. 10 BW Elfride, S. 188. 11 GA 39, S. 134. Vgl. die wörtliche Übernahme dieser Formulierung in Heideggers Brief an Elisabeth Blochmann vom 21. Dezember 1934, in: GA 16, S. 335. 12 GA 94, S. 183. 13 Zu Hegel heißt es, er sei «einer der Hauptträger und Gestalter der ‹deutschen Bewegung› (…) zwischen 1770 und 1820» (GA 36/37, S. 17), zu Hölderlin, er sei «der Deutscheste der Deutschen» (GA 16, S. 333). 14 GA 16, S. 191. 15 Ebd., S. 97. 16 GA 86, S. 101, 111, 115, 643. 17 Ebd., S. 95, 636, 615, 349. 18 Ebd., S. 148, 651, 350, 365, 163. 19 Ebd., S. 72, 73. 20 Carl Schmitt, Der Führer schützt das Recht. Zur Reichstagsrede Adolf Hitlers vom 13. Juli 1934, in: Deutsche Juristen-Zeitung 39 (1934), S. 946f. 21 GA 86, S. 72, 169. 22 Ebd., S. 97. Homer. Odyssee. Übersetzt von Rudolf Alexander Schröder. Berlin 1948, VI. Gesang, Vers 9ff. 23 Ebd., S. 609. 24 GA 2, S. 82. 25 BW Blochmann, S. 83, 23. 26 GA 39, S. 82. 27 Ebd., S. 4, 1, 10, 11. 28 Ebd., S. 51, 80. 29 Ebd., S. 81, 94, 95, 81f., 95. 30 Ebd., S. 290, 292f. 31 Ebd., S. 98, 97. 32 BW Elfride, S. 22f. 33 GA 39, S. 101. 34 Ebd., S. 105. 35 GA 94, S. 320. 36 BW Jaspers, S. 161. 37 Löwith, Mein Leben, S. 38. 38 GA 16, S. 430, 404. 39 Löwith, Mein Leben, S. 59. 40 Beiträge zur Philosophie (Vom Ereignis), GA 65.

22. Kapitel Rudolf Carnaps antimetaphysischer Angriff

1 Zitiert nach Michael Friedmann: Carnap, Cassirer, Heidegger. Geteilte Wege. Frankfurt am Main 2004, S. 22. 2 GA 9, S. 70f. 3 Rudolf Carnap: Scheinprobleme in der Philosophie. Das Fremdpsychische und der Realismusstreit. Frankfurt am Main 1971, S. 32. 4 Der Wiener Kreis. Ausgewählte Texte. Hrsg. von Christian Damböck. Stuttgart 2013, S. 12. 5 Rudolf Carnap: Mein Weg in die Philosophie. Hrsg. von Willy Hochkeppel. Stuttgart 1993, S. 105, 108f. 6 Der Wiener Kreis, S. 32. 7 Ebd., S. 8. 8 GA 96, S. 235. 9 Rudolf Carnap: Überwindung der Metaphysik durch logische Analyse der Sprache. In: Der Wiener Kreis, S. 43. 10 Ebd., S. 55, 56. 11 GA 8, S. 107. 12 Ebd. 13 Der Wiener Kreis, S. 58. 14 GA 8, S. 107, 109, 117. 15 Der Wiener Kreis, S. 65, 71. 16 GA 40, S. 227. 17 Ebd., S. 228. 18 Ebd., S. 58. 19 Ebd., S. 208. 20 Jürgen Habermas: Mit Heidegger gegen Heidegger denken. Zur Veröffentlichung von Vorlesungen aus dem Jahre 1935. In: ders.: Philosophisch-politische Profile. Frankfurt am Main 1984, S. 72. 21 GA 40, S. 233.

23. Kapitel Das Kunstwerk

1 GA 5, S. 49. 2 GA 65, S. 277. 3 GA 94, S. 340. 4 GA 65, S. 91. 5 GA 94, S. 316. 6 GA 65, S. 390, 119, 141. 7 GA 94, S. 324. 8 GA 5, S. 19. 9 Ebd., S. 20, 21, 25. 10 Ebd., S. 27, 29. 11 Ebd., S. 27f. 12 Ebd., S. 30f. 13 Ebd., S. 33, 32. 14 Benjamin, Gesammelte Schriften I, S. 984. 15 Ebd., S. 441. 16 Ebd.,

S. 443, 437. 17 GA 5, S. 26f. 18 Vgl. Benjamin, Gesammelte Schriften I, S. 440. 19 GA 5, S. 30. 20 Benjamin, Gesammelte Schriften I, S. 440. 21 GA 5, S. 28. 22 GA 65, S. 399, 91, 274, 275, 441. 23 Benjamin, Gesammelte Schriften I, S. 455.

24. Kapitel Sommersemester 1939

1 GA 95, S. 151. 2 GA 47, S. 106, 107, 106. 3 GA 5, S. 94. 4 BW Fritz, S. 51. 5 GA 47, S. 57, 49, 55. 6 Ebd., S. 319, 272, 273.

25. Kapitel Arbeiter und Mobilmachung: Ernst Jünger lesen

1 BW Fritz, S. 54. 2 BW Elfride, S. 205. 3 Ebd., S. 206. 4 BW Fritz, S. 55. 5 Jonas, Erinnerungen, S. 186. 6 Max Horkheimer: Die Juden und Europa. In: Zeitschrift für Sozialforschung/Studies in Philosophy and Social Science 8 (1939/40), S. 132. 7 GA 69, S. 179, 182, 183, 184, 154. 8 GA 90, S. 227, 218. Zu Ernst Jünger vgl. Lorenz Jäger: Zeitsprünge. In: Bunter Staub. Ernst Jünger im Gegenlicht. Hrsg. von Alexander Pschera. Berlin 2008, S. 344ff.; Lorenz Jäger: Der Tag, an dem Ernst Jünger starb. In: ders.: Signaturen des Schicksals. Berlin 2012, S. 86f. 9 GA 96, S. 275. 10 GA 90, S. 213. 11 GA 66, S. 27. 12 Ernst Jünger: Der Arbeiter. Herrschaft und Gestalt. Stuttgart 2014, S. 139. 13 Ebd., S. 72. 14 GA 90, S. 259, 247, 263. 15 Ebd., S. 217, 226. 16 Ebd., S. 227f., 231. 17 Ebd., S. 230, 231. 18 GA 69, S. 209. 19 Ebd., S. 202, 194. 20 Ebd., S. 194. 21 BW Fritz, S. 17. 22 GA 2, S. 170. 23 Ebd., S. 171. 24 GA 69, S. 208f.

26. Kapitel Der Weltkrieg

1 GA 96, S. 198. 2 GA 52, S. 100. 3 Max Kommerell: Die Dichtung in freien Rhythmen und der Gott der Dichter. In: ders.: Gedanken über Gedichte. Frankfurt am Main 1995, S. 432, 431. 4 Ebd., S. 431. 5 Ebd., S. 433f. 6 GA 4, S. 51. 7 Ebd., S. 51, 52. 8 Ebd., S. 52, 53. 9 GA 2, S. 51. 10 GA 4, S. 76. 11 GA 2, S. 183, 217. 12 GA 4, S. 61. 13 Ebd., S. 64, 76, 77. 14 BW Fritz, S. 71. 15 GA 49, S. 4. 16 Ebd., S. 73, 74. 17 GA 51, S. 36, 37, 38. 18 Ebd., S. 39, 68, 48. 19 Wilhelm Nestle: Die Vorsokratiker. Jena 1922, S. 109. 20 GA 51, S. 94. 21 Ebd., S. 108, 120, 119. 22 Ebd., S. 119, 118 (ähnlich GA 71, S. 40), 121. 23 Ebd., 122, 121. 24 GA 96, S. 240. 25 Vgl. Bogdan Musial: «Konterrevolutionäre Elemente sind zu erschießen». Die Brutalisierung des deutsch-sowjetischen Krieges im Sommer 1941. Berlin 2000, S. 252ff. 26 GA 96, S. 242. 27 BW Fritz, S. 72. 28 Ebd., S. 73. 29 GA 70, S. 80f. 30 BW Elfride, S. 214, 215. 31 Hermann Heidegger: «Er war ein lieber Vater». In: Die Zeit, 6. März 2014. 32 BW Elfride, S. 215. 33 GA 96, S. 263, 271, 272. 34 GA 50, S. 7. 35 Ebd., S. 8. 36 GA 6.2, S. 444. 37 GA 96, S. 254. 38 GA 50, S. 26, 56, 55f., 56f., 81, 84. 39 Zitiert nach Andreas Hillgruber: Die Zerstörung Europas. Beiträge zur Weltkriegsepoche 1914 bis 1945. Berlin 1997, S. 318. 40 GA 96, S. 243. 41 Ebd., S. 262. 42 Hannah Arendt: Vor Antisemitismus ist man nur noch auf dem Monde sicher. Beiträge für die deutsch-jüdische Emigrantenzeitung «Aufbau» 1941–1945. München 2019, S. 211 (Beitrag vom 14. November 1941). 43 GA 49, S. 96. 44 BW Löwith, S. 88. 45 GA 97, S. 3. 46 GA 4, S. 80. 47 GA 97, S. 17. 48 GA 52, S. 4. 49 Zitiert

nach Cornelia Schmitz-Berning: Vokabular des Nationalsozialismus. Berlin 2007, S. 66. 50 GA 52, S. 123. 51 Ebd., S. 132. 52 Ebd., S. 131. 53 Ebd., S. 123, 124. 54 GA 96, S. 263. 55 GA 52, S. 103f. 56 GA 71, S. 43. 57 Kommerell, Briefe und Aufzeichnungen, S. 384, 385. 58 Ebd., S. 388. 59 Kommerell, Die Dichtung in freien Rhythmen, S. 456f., 478, 479, 481. 60 Kommerell, Briefe und Aufzeichnungen, S. 396, 398. 61 Ebd., S. 399. 62 Ebd., S. 400, 401, 401f. 63 Ebd., S. 405. 64 GA 16, S. 364. 65 GA 2, S. 38. 66 GA 52, S. 66. 67 Ebd., S. 70. 68 GA 71, S. 78, 79. 69 GA 78, S. 65f., 67, 68. 70 Ebd., S. 69, 70. 71 Ebd., S. 81. 72 Ebd., S. 81, 192, 38.

27. Kapitel
Das Denken der Untergänge

1 Walter Kempowski: Echolot. Ein kollektives Tagebuch. Januar und Februar 1943. Band II: 18. bis 31. Januar 1943. München 1997, S. 387. 2 John Toland: Adolf Hitler. Biographie 1889–1945. Aus dem Amerikanischen von Uwe Bahnsen. Augsburg 2006, S. 858. 3 BW Elfride, S. 219. 4 GA 4, S. 13 (Gedichtzitate im Folgenden ebd., S. 9ff.). 5 Ebd., S. 15, 19. 6 Ebd., S. 26. 7 Ebd., S. 14, 29f., 31. 8 GA 5, S. 268, 267. 9 Walter Kempowski: Echolot. Ein kollektives Tagebuch. Januar und Februar 1943. Band III: 1. bis 15. Februar 1943. München 1997, S. 122. 10 Zitiert nach www.bpb.de/geschichte/nationalsozialismus/weisse-rose/61028/flugblatt-vi. 11 Walter Jens: Nachruf der Akademie der Künste Berlin. In: Neske, Erinnerung an Martin Heidegger, S. 152. 12 GA 55, S. 44, 45, 46, 49, 50. 13 Zitiert nach Hans-Christian Harten: Himmlers Lehrer. Die Weltanschauliche Schulung in der SS 1933–1945. Paderborn 2014, S. 203. 14 GA 55, S. 50, 52, 53, 58. 15 Ebd., S. 86, 181.

28. Kapitel
Kriegsende

1 GA 75, S. 297. 2 BW Fritz, S. 112. 3 GA 50, S. 97, 103, 105. Vgl. GA 97, S. 35: «Immer deutlicher wird, dass wir für das, was jetzt ist, noch nicht das Wort haben.» 4 Ebd., S. 115, 116. 5 BW Elfride, S. 224. 6 BW Fritz, S. 112, 113. 7 Georg Picht: Die Macht des Denkens. In: Neske, Erinnerung an Martin Heidegger, S. 204f. 8 BW Elfride, S. 225. 9 Ebd., S. 227. 10 Ebd., S. 228. 11 GA 97, S. 33. 12 BW Elfride, S. 231, 232, 233. 13 GA 97, S. 37f. 14 BW Fritz, S. 117. 15 BW Elfride, S. 235. 16 GA 77, S. 3. 17 GA 88, S. 209ff. 18 Carl Friedrich von Weizsäcker: Begegnungen in vier Jahrzehnten. In: Neske, Erinnerung an Martin Heidegger, S. 241. 19 GA 77, S. 143. 20 Ebd., S. 158. 21 Ebd., S. 240. 22 Ebd., S. 236, 237. 23 Ebd., S. 212, 207, 208. 24 Ebd., S. 209. 25 Ebd., S. 240.

29. Kapitel
In der Verbitterung

1 GA 97, S. 99. 2 Ebd., S. 99f. 3 Ebd., S. 88f. 4 Ebd., S. 87. 5 Ebd., S. 148. 6 Ebd., S. 129. 7 Dokumentiert in Fritz Bauer Institut (Hrsg.): Auschwitz. Geschichte, Rezeption und Wirkung. Frankfurt am Main/New York 1996, S. 197. 8 Karl Jaspers: Die Schuldfrage. Von der politischen Haftung Deutschlands. München 1996, S. 29. 9 GA 97, S. 129. 10 Ebd., S. 128. 11 GA 16, S. 426. 12 Zitiert nach Walter Biemel: En-

tretien de 6 Decembre 1999. In: Dominique Janicaud (Hrsg.): Heidegger en France. Band II: Entretiens. Paris 2001, S. 44. 13 GA 16, S. 433. 14 Ebd., S. 432. 15 BW Jaspers, S. 269. 16 GA 16, S. 409. 17 BW Jaspers, S. 269. 18 Ebd., S. 272. 19 Siehe oben, S. 289f. 20 GA 16, S. 419. 21 GA 97, S. 83. 22 GA 16, S. 421. 23 Merleau-Ponty, Phänomenologie der Wahrnehmung, S. 3. 24 Jean-Paul Sartre: Porträts und Perspektiven. Reinbek bei Hamburg 1971, S. 155. 25 Towarnicki, À la rencontre de Heidegger, S. 25. 26 Ebd., S. 37. «Non sans malice, il feint de soupeser les milles pages du livre de Sartre avec la mimique d'un connaisseur impressionée.» 27 Zitiert nach Hugo Ott: Martin Heidegger schreibt an Jean-Paul Sartre. In: Perspektiven der Philosophie 20 (1994), S. 416. 28 Simone de Beauvoir: Die Zeremonie des Abschieds. Gespräche mit Jean-Paul Sartre. August–September 1974. Übersetzt von Uli Aumüller und Eva Moldenhauer. Reinbek bei Hamburg 1986, S. 229. 29 Jean-Paul Sartre: Das Sein und das Nichts. Versuch einer phänomenologischen Ontologie. Übersetzt und hrsg. von Traugott König. Reinbek bei Hamburg 1993, S. 998. 30 Zitiert nach Ott, Martin Heidegger schreibt an Jean-Paul Sartre, S. 417. 31 Sartre, Das Sein und das Nichts, S. 447. 32 Ebd., S. 747. 33 Towarnicki, Martin Heidegger, S. 96.

30. Kapitel Antwort an Sartre: Der «Brief über den ‹Humanismus›»

1 Hannah Arendt, Karl Jaspers: Briefwechsel 1926–1969. Hrsg. von Lotte Köhler und Hans Saner. München 1993, S. 74. 2 GA 97, S. 122. 3 GA 16, S. 409. 4 BW Elfride, S. 241. 5 Ebd., S. 240, 244, 245. 6 Ebd., S. 246. 7 BW Fritz, S. 136. 8 GA 9, S. 361. 9 BW Elfride, S. 247. 10 GA 5, S. 269, 270, 272. 11 Ebd., S. 274, 275. 12 Rainer Maria Rilke: Sämtliche Werke. Band II. Frankfurt am Main 1956, S. 261. 13 GA 5, S. 279. 14 Ebd., S. 280f. 15 Ebd., S. 313. 16 Jaspers, Notizen zu Martin Heidegger, S. 64. 17 Hannah Arendt: Benjamin/Brecht. Zwei Essays. München 1971, S. 62. 18 GA 5, S. 313f., 314, 315, 310. 19 Ebd., S. 319, 316. 20 Ebd., S. 317f., 318. 21 https://history.state.gov/historicaldocuments/frus1945Berlinv02/d1383. 22 Jean-Paul Sartre: Der Existentialismus ist ein Humanismus und andere philosophische Essays 1943–1948. Übersetzt von Werner Bökenkamp u.a. Reinbek bei Hamburg 2000, S. 176, 175. 23 BW Elfride, S. 248. 24 GA 97, S. 115. 25 Sartre, Der Existentialismus ist ein Humanismus, S. 161, 148, 149, 152, 161, 172. 26 GA 97, S. 85, 233, 363. 27 GA 3, S. 251. 28 Sartre, Der Existentialismus ist ein Humanismus, S. 161. 29 GA 9, S. 313, 361. 30 Ebd., S. 321. 31 Ebd., S. 325, 323f., 349. 32 Ebd., S. 316. 33 Georg Picht: Die Macht des Denkens. In: Neske, Erinnerung an Martin Heidegger, S. 203. 34 GA 9, S. 317. 35 GA 97, S. 131. 36 GA 9, S. 339, 340. 37 Ebd., S. 342, 364. 38 GA 97, S. 62. 39 Towarnicki, Martin Heidegger, S. 100, 85. 40 Simone de Beauvoir: Der Lauf der Dinge. Reinbek bei Hamburg 1976, S. 280. 41 Jean-Paul Sartre: Les Communistes et la paix. Deutsche Übersetzung in: ders.: Krieg im Frieden 1: Aufrufe, Artikel, Pamphlete 1948–1954. Hrsg. von Traugott König, übersetzt von Eva Moldenhauer. Reinbek bei Hamburg 1982, S. 81 u.ö. 42 Towarnicki, Martin Heidegger, S. 86 (dort auch das Zitat von Jean Cau). 43 Herbert

Marcuse, Martin Heidegger: Briefwechsel. In: Peter-Erwin Jansen (Hrsg.): Befreiung denken – Ein politischer Imperativ. Materialienband über Herbert Marcuse. Offenbach 2000, S. 111f. 44 GA 16, S. 430f. 45 Herbert Marcuse, Martin Heidegger: Briefwechsel. In: Jansen, Befreiung denken, S. 114f. 46 Zitiert nach Emil Walter-Busch: Geschichte der Frankfurter Schule. Kritische Theorie und Politik. München 2010, S. 213. 47 Herbert Marcuse, Martin Heidegger: Briefwechsel. In: Jansen, Befreiung denken, S. 114.

31. Kapitel Wiedersehen mit Hannah

1 Archiv der Akademie der Künste, AdK-W-1785a. 2 Vetter, Grundriss Heidegger, S. 398. 3 BW Ficker, S. 140. 4 GA 5, S. 202. 5 BW Jünger, S. 301. 6 Ebd., S. 246. 7 Ebd. 8 Ebd., S. 9. 9 Ebd., S. 12, 13. 10 Ernst Jünger: Über die Linie. In: Anteile. Martin Heidegger zum 60. Geburtstag. Frankfurt am Main 1950, S. 249, 256, 250, 260, 261f., 268, 277, 283. 11 GA 9, S. 386. 12 Ebd., S. 393, 394, 398, 405. 13 Ernst Jünger: Über die Linie. In: Anteile, S. 275. 14 GA 9, S. 406, 407, 411, 412, 421. 15 Ebd., S. 425, 406. 16 Karl Löwith: Wissen, Glaube und Skepsis. Göttingen 1956, S. 67. 17 Habermas, Philosophisch-politische Profile, S. 195. 18 Karl Löwith: Gott, Mensch und Welt in der Metaphysik von Descartes bis zu Nietzsche. Göttingen 1967, S. 238. 19 Löwith, Denker in dürftiger Zeit, S. 133, 138. 20 Heinrich W. Petzet: Auf einen Stern zugehen. Begegnungen und Gespräche mit Martin Heidegger 1929 bis 1976. Frankfurt am Main 1983, S. 98, 99. 21 GA 73.2, S. 1314, 1315. 22 Löwith, Denker in dürftiger Zeit, S. 228. 23 Arendt, Was ist Existenz-Philosophie?, S. 28. 24 Ebd., S. 35, 37, 38, 32, 38, 47. 25 Joachim Fest: Das Mädchen aus der Fremde. Hannah Arendts schwierige Liebe zu Deutschland und Heidegger. In: Der Spiegel, 12. September 2004, S. 145. 26 Arendt/Jaspers, Briefwechsel, S. 84, 99, 177 27 Ebd., S. 178. 28 Hannah Arendt/Heinrich Blücher, Briefe 1936–1968, hrsg. von Lotte Köhler, München 1996, S. 190. 29 Ebd., S. 206. 30 BW Arendt, S. 11. 31 Ebd., S. 73. 32 Fest, Das Mädchen aus der Fremde, S. 146. 33 BW Arendt, S. 73. 34 Arendt/Blücher, Briefe, S. 207. 35 Fest, Das Mädchen aus der Fremde, S. 146. 36 Arendt/Blücher, Briefe, S. 207f. 37 BW Arendt, S. 75, 73, 76. 38 Ebd., S. 74, 75. 39 Ebd., S. 75f., 11. 40 BW Elfride, S. 263, 264. 41 Parmenides, Die Fragmente, hrsg. und übersetzt von Ernst Heitsch, München 1974, S. 45, 43. 42 BW Elfride, S. 264. 43 GA 98, S. 388. 44 BW Elfride, S. 264, 265. 45 GA 74, S. 112. 46 Ebd., S. 51, 43, 208, 45. 47 Ebd., S. 47, 119, 50, 48, 47, 53, 49. 48 BW Arendt, S. 98, 93, 108f. 49 GA 1, S. 397. 50 BW Arendt, S. 109. 51 Ebd., S. 89, 93, 99, 103. 52 Ebd., S. 119, 121. 53 Ebd., S. 86. 54 Ebd., S. 89 (statt «6. Februar» muss es «7. Februar» heißen), 79, 110 55 GA 98, S. 294, 295. 56 BW Arendt, S. 118, 119. 57 Ebd., S. 112. 58 Ebd., S. 109. 59 Hannah Arendt, Denktagebuch, Band 1: 1950–1973, hrsg. von Ingeborg Nordmann und Ursula Ludz, München 2002, S. 7. 60 BW Arendt, S. 94. 61 GA 69, S. 77. 62 BW Arendt, S. 93f. 63 Arendt: Denktagebuch 1, S. 3, 4. 64 Ebd., S. 4, 6. 65 BW Arendt, S. 101. 66 Arendt/Blücher, Briefe, S. 282. 67 Ebd., S. 282f. 68 Ebd., S. 283, 208. 69 BW Arendt, S. 136. 70 BW Elfride, S. 274. 71 Arendt, Denktagebuch 1, S. 266. 72 Arendt/Jaspers,

Briefwechsel, S. 242. 73 BW Arendt, S. 138, 139. 74 Arendt, Denktagebuch, S. 403f. 75 BW Arendt, S. 383. 76 Ebd., S. 382. 77 Ebd., S. 140, 144, 141. 78 Ebd., S. 126. 79 Ebd., S. 147, 148, 147. 80 Ebd., S. 319, 149. 81 Arendt/Jaspers, Briefwechsel, S. 484. 82 Ebd., S. 494. 83 BW Arendt, S. 150.

32. Kapitel Münchner Akademie und Bremer Gesellschaft

1 Petzet, Auf einen Stern zugehen, S. 76. 2 Ebd., S. 79. 3 BW Arendt, S. 111. 4 Curt Hohoff: Martin Heidegger in München. In: Die Zeit, 15. Juni 1950. 5 Neske, Erinnerung an Martin Heidegger, S. 208. 6 Hohoff, Martin Heidegger in München. 7 GA 7, S. 171, 172. 8 Ebd., S. 173f., 174. 9 Ebd., S. 184. 10 GA 56/57, S. 73. 11 GA 79, S. 46. 12 GA 7, S. 179f. 13 Ebd., S. 182, 183. 14 GA 97, S. 341. 15 GA 79, S. 27. 16 Hannah Arendt: Elemente und Ursprünge totaler Herrschaft. Antisemitismus, Imperialismus, totale Herrschaft. München 2005, S. 921. 17 Petzet, Auf einen Stern zugehen, S. 81. 18 GA 13, S. 128. 19 GA 7, S. 17. 20 GA 79, S. 32f. 21 Ebd., S. 47. 22 GA 7, S. 36. 23 Petzet, Auf einen Stern zugehen, S. 81f. 24 Herbert Marcuse: Der eindimensionale Mensch. Studien zur Ideologie der fortgeschrittenen Industriegesellschaft. Neuwied/Berlin 1972, S. 168, 171. 25 BW Elfride, S. 368. 26 GA 10, S. 155, 51. 27 Ebd., S. 160, 51. 28 GA 16, S. 525.

33. Kapitel Freunde in Frankreich

1 Jean Beaufret: En France. In: Neske, Erinnerung an Martin Heidegger, S. 9. 2 Ebd. 3 Jacques Lacan: Le Séminaire. Livre III: Les Psychoses. Paris 1981, S. 135. 4 Jacques Lacan: Freuds technische Schriften. Das Seminar. Buch I. Weinheim 1990, S. 245. Im Original: «Il y a dans toute entrée de l'être dans son habitation de paroles une marge d'oubli, un lethe complementaire de toute aleteheia.» Le Séminaire. Livre I: Les écrits techniques de Freud. Paris 1975, S. 216. 5 Janicaud, Heidegger en France 2, S. 209. 6 GA 2, S. 44, 282. 7 Ebd., S. 33. 8 Logos (Heraklit, Fragment 50), GA 7, S. 220, 215, 214. 9 In einer überaus schönen und detailreichen Untersuchung ist Jean-Paul Resweber diesen Fragen nachgegangen: De la traduction à l'interprétation. In: Le Portique, Band 31, S. 27ff. https://journals.openedition.org/leportique/2677. 10 Janicaud, Heidegger en France 2, S. 12f. Lacans Schwiegersohn berichtet, er habe niemals eine rote Ampel beachtet. Vgl. die schöne Schilderung von Lacans Verhältnis zu Autos von Jamieson Webster: Riding Cars with Jacques Lacan. In: The New York Review of Books, 21. August 2021. www.nybooks.com/daily/2019/08/21/riding-in-cars-with-jacques-lacan/. 11 Ebd., S. 13. 12 GA 11, S. 7, 22, 23, 24. 13 GA 11, S. 9f. 14 Paul Ricœur: Das Selbst als ein Anderer. München 2005, S. 35, 36. Vermutlich ist Ricœur gemeint, wenn Heidegger am 8. Juni 1951 an Max Müller schreibt, er bitte, ihn bei einem geplanten Treffen zu entschuldigen «und Herrn Riqueur mitzuteilen, dass ich ihn morgen (…) hier auf dem Rötebuck erwarte». BW Müller, S. 29. 15 GA 97, S. 300f. 16 GA 13, S. 183.

34. Kapitel
Szenen einer Ehe

1 GA 16, S. 4f. 2 BW Elfride, S. 169. 3 Silvio Vietta, «Etwas rast um den Erdball ...» Martin Heidegger. Ambivalente Existenz und Globalisierungskritik. Paderborn 2015, S. 191, 205, 108, 197. 4 BW Elfride, S. 280, 284, 285, 244f., 298f. 5 Ebd., S. 304. 6 Ebd., S. 313. 7 Ebd., S. 326. 8 GA 16, S. 374, 397, 568, 569, 430. 9 BW Elfride, S. 274f., 285. 10 Ebd., S. 314, 341. 11 Ebd., S. 376, 378, 380.

35. Kapitel
Gegenspieler: Günter Grass und Theodor W. Adorno

1 Robert Minder: Dichter in der Gesellschaft. Erfahrungen mit deutscher und französischer Literatur. Frankfurt am Main 1966, S. 249, 251, 258. 2 Günter Grass: Hundejahre. Reinbek bei Hamburg 1968, S. 292, 274, 292. 3 Ebd., S. 352, 310, 311, 312, 313. 4 BW Elfride, S. 352, 354. 5 Zitiert nach Lorenz Jäger: Unterschied. Widerspruch. Krieg. Zur politischen Theologie jüdischer Intellektueller. Wien 2015, S. 135. 6 Theodor W. Adorno: Parataxis. Zur späten Lyrik Hölderlins. In: ders.: Gesammelte Schriften. Band 11: Noten zur Literatur. Hrsg. von Rolf Tiedemann unter Mitwirkung von Gretel Adorno, Susann Buck-Morss und Klaus Schultz. Frankfurt am Main 1974, S. 471. 7 Ebd., 471f., S. 472. 8 Ebd., S. 454, 456, 457, 458. 9 Theodor Pfizer: Die Ausnahme. In: Neske, Erinnerung an Martin Heidegger, S. 194. 10 Theodor W. Adorno: Negative Dialektik. Jargon der Eigentlichkeit. Gesammelte Schriften. Band 6. Hrsg. von Rolf Tiedemann unter Mitwirkung von Gretel Adorno, Susann Buck-Morss und Klaus Schultz. Frankfurt am Main 1970, S. 480. 11 Ebd., S. 520f. 12 Ebd., S. 499. 13 GA 2, S. 382. 14 Walter Benjamin: Theologisch-Politisches Fragment. In: Benjamin, Gesammelte Schriften II, S. 203. 15 Theodor W. Adorno: Minima Moralia. Reflexionen aus dem beschädigten Leben. Gesammelte Schriften. Band 4. Hrsg. von Rolf Tiedemann unter Mitwirkung von Gretel Adorno, Susann Buck-Morss und Klaus Schultz. Frankfurt am Main 2003, S. 179. 16 Adorno, Gesammelte Schriften 6, S. 517f. 17 Ebd., S. 516. 18 Ebd., S. 69, 102. 19 BW Kästner, S. 85, 91. 20 Karl Jaspers: Wohin treibt die Bundesrepublik? Tatsachen. Gefahren. Chancen. München 1966, S. 17ff. 21 BW Kästner, S. 89. 22 «Spiegel»-Gespräch mit Martin Heidegger (23. September 1966). In: GA 16, S. 652, 671. 23 Ebd., S. 671, 673, 677, 679, 680. 24 BW Kästner, S. 91, 93. 25 Richard Wisser: Nachdenkliche Dankbarkeit. In: Neske, Martin Heidegger im Gespräch, S. 67.

36. Kapitel
René Char und die Seminare in der Provence

1 Hugo von Hofmannsthal: Südfranzösische Eindrücke. In: ders.: Erzählungen, Reisen. Hrsg. von Lorenz Jäger. Frankfurt am Main 1999, S. 71. 2 BW Elfride, S. 322. 3 Ebd., S. 323. 4 Liebeserklärung an die Provence (20. März 1958), GA 16, S. 551. 5 GA 100, S. 233f. 6 Martin Heidegger: Vier Seminare. Le Thor (1966/1968/1969) – Zähringen (1973). Frankfurt 1977, S. 18. 7 Iris Radisch: Camus. Das Ideal der Einfachheit. Eine Biographie. Reinbek bei Hamburg 2014, S. 236. 8 BW Elfride, S. 359. 9 GA 16,

S. 670. 10 Andenken an Marcelle Mathieu (Januar 1973), ebd., S. 731. 11 GA 15, S. 272, 275. 12 Ebd., S. 284. 13 BW Elfride, S. 358. 14 Ebd., S. 359. 15 GA 15, S. 281, 282. 16 Heidegger, Vier Seminare, S. 148. 17 BW Elfride, S. 360, 361, 359, 360. 18 Heidegger, Vier Seminare, S. 147, 148.

37. Kapitel Paul Celan in Todtnauberg

1 Paul Celan: Ein Lied in der Wüste. In: ders.: Mohn und Gedächtnis. Hrsg. von Jan Bürger. München 2012, S. 7. 2 GA 12, S. 199. 3 Klaus Reichert: Paul Celan. Erinnerungen und Briefe. Berlin 2020, S. 104. 4 Zitiert nach Hans-Peter Kunisch: Todtnauberg. Die Geschichte von Paul Celan, Martin Heidegger und ihrer unmöglichen Begegnung. München 2020, S. 51. 5 Was heißt Denken?, GA 8, S. 139. 6 Gerhart Baumann: Erinnerungen an Paul Celan. Frankfurt am Main 1992, S. 59f. 7 Ebd., S. 72. 8 Gerhard Neumann: Selbstversuch. Freiburg im Breisgau 2018, S. 309. 9 Baumann, Erinnerungen an Paul Celan, S. 68. 10 Ebd., S. 70. 11 Ebd., S. 72. 12 Jean Bollack: Vor dem Gericht der Toten. Paul Celans Begegnung mit Martin Heidegger und ihre Bedeutung. In: Neue Rundschau 109 (1998), Heft 1. 13 Reichert, Paul Celan, S. 106. 14 Neumann, Selbstversuch, S. 300. 15 Paul Celan: Lichtzwang. Vorstufen, Textgenese, Endfassung. Hrsg. von Markus Heilmann u.a. Frankfurt am Main 2008, S. 48ff. 16 Reichert, Paul Celan, S. 196f. 17 Baumann, Erinnerungen an Paul Celan, S. 50. 18 Faksimiliert in «Wir vom Archiv». Fundstücke aus der Handschriftensammlung des Deutschen Literaturarchivs in Marbach. Mit Vorbemerkungen von Lorenz Jäger und Ulrich Ott. Marbach am Neckar 1997, S. 31. 19 Neumann, Selbstversuch, S. 315, 316. 20 Lemma «wasen» in: Deutsches Wörterbuch von Jacob und Wilhelm Grimm. Band 27. München 1984. 21 Baumann, Erinnerungen, S. 50, 72. Baumann notierte auch: «Den geologischen Verhältnissen wandte Celan ebensoviel Aufmerksamkeit zu wie den vegetativen.» Ebd., S. 51. 22 Neumann, Selbstversuch, S. 319. 23 Zitiert nach Reichert, Paul Celan, S. 106. 24 Neumann, Selbstversuch, S. 311. 25 Baumann, Erinnerungen an Paul Celan, S. 68, 51, 70. An anderer Stelle schreibt Baumann: «Ein erster Anlauf am Horbacher Moor musste wegen heftigen Regens abgebrochen werden, nachdem wir soeben seinen Rand erreicht und auf dem Knüppelpfad ein kurzes Wegstück zurückgelegt hatten.» Ebd., S. 51. 26 Paul Celan: Der Meridian. Endfassung, Entwürfe, Materialien. Hrsg. von Bernhard Böschenstein u.a. Frankfurt am Main 1999, S. 94. 27 Zitiert nach Kunisch, Todtnauberg, S. 191. 28 GA 81, S. 346.

38. Kapitel Und wieder Hannah

1 BW Arendt, S. 153. 2 GA 16, S. 436, 435. 3 BW Arendt, S. 153. 4 Ebd., S. 153, 11, 153. 5 Ebd., S. 154. 6 Ebd., S. 155. 7 Ebd., S. 155, 166. 8 «Ich bin froh und dankbar, dass ich in Freiburg war.» Brief vom 24. September 1967, ebd., S. 159. 9 Ebd., S. 169. 10 Ebd., S. 322, nach dem Zeugnis von Joachim Storck. 11 Ebd. 12 Ebd., S. 155. 13 Mallarmé: «Les langues imparfaites en cela que plusieurs, manque la suprême: penser étant écrire sans accessoires, ni chuchotement mais tacite encore l'immortelle

parole, la diversité, sur terre, des idiomes empêche personne de proférer les mots qui, sinon se trouveraient, par une frappe unique, elle-même matériellement la vérité.» Von Walter Benjamin zitiert in: Die Aufgabe des Übersetzers. In: Benjamin, Gesammelte Schriften IV, S. 17. 14 BW Arendt, S. 145f. 15 Ebd., S. 226, 208, 209. 16 Ebd., S. 310. 17 Ebd., S. 310, 159, 211. 18 Ebd., S. 179, 182, 181, 185. 19 Hannah Arendt: Vom Leben des Geistes. Band I: Das Denken. München/Zürich 1989, S. 195. 20 Ebd., S. 244. 21 Ebd., S. 245. 22 Jaspers, Notizen zu Martin Heidegger, S. 263. 23 Ebd. 24 BW Jaspers, S. 220. 25 BW Blochmann, S. 119f. 26 Shih-Yi Hsiao: Wir trafen uns am Holzmarktplatz. In: Neske, Erinnerung an Martin Heidegger, S. 121, 125, 126. 27 BW Arendt, S. 342, 343. Hervorhebung L. J. 28 Bertolt Brecht: Ausgewählte Werke in sechs Bänden. Band 3: Gedichte I. Frankfurt am Main 1997, S. 297. 29 BW Arendt, S. 210. Hervorhebung L. J. 30 Brecht, Ausgewählte Werke 3, S. 296. 31 Arendt, Benjamin/Brecht, S. 101. 32 Petzet, Auf einen Stern zugehen, S. 227. 33 Towarnicki, À la rencontre de Heidegger, S. 123f. 34 Brecht, Ausgewählte Werke 3, S. 298. 35 Benjamin, Gesammelte Briefe 3, S. 522. 36 Arendt/Blumenfeld, Korrespondenz, S. 215. 37 Arendt, Vom Leben des Geistes I, S. 11. 38 Ebd., S. 21, 23. 39 GA 16, S. 518, 519. 40 Arendt, Vom Leben des Geistes I, S. 14. 41 Ebd., S. 23. 42 Ebd., S. 211. 43 BW Arendt, S. 254, 255.

39. Kapitel
Versöhnung mit Löwith

1 BW Löwith, S. 190. 2 Ebd., S. 29. 3 Ebd., S. 191. 4 Ebd., S. 193. 5 GA 81, S. 45. 6 BW Löwith, S. 193. 7 Rainer Maria Rilke: Die Sonette an Orpheus. In: ders.: Die Gedichtzyklen. Hrsg. von Beda Allemann. Frankfurt am Main 1966, S. 515f. 8 GA 81, S. 294. 9 GA 2, S. 339ff. 10 GA 9, S. 114ff., 113. 11 GA 2, S. 352. 12 BW Löwith, S. 145. 13 Ebd., S. 202f. 14 Gadamer/Vietta, Im Gespräch, S. 57.

40. Kapitel
Planung des Nachruhms: Die Gesamtausgabe

1 BW Elfride, S. 20f. 2 Ebd., S. 23. 3 Arnulf Heidegger: Zur Entstehungsgeschichte der Gesamtausgabe von Martin Heidegger. In: Seefahrten des Denkens. Dietmar Koch zum 60. Geburtstag. Hrsg. von Alina Noveanu, Julia Pfefferkorn und Antonino Spinelli. Tübingen 2017, S. 151. 4 GA 81, S. 40. 5 Heidegger, Zur Entstehungsgeschichte der Gesamtausgabe, S. 151. 6 Ebd., S. 150. 7 BW Arendt, S. 251f. 8 Ebd., S. 253. 9 GA 81, S. 43. 10 Ebd., S. 43, 46. 11 BW Bodmershof, S. 135.

41. Kapitel
Späteste Gedanken: Das Ende der ontologischen Differenz

1 Heidegger, Vier Seminare, S. 146f. 2 Husserl, Logische Untersuchungen II/2, S. 137. 3 Ebd., S. 149f., 160, 139, 140, 147. 4 GA 15, S. 387. 5 Ebd., S. 388. 6 Ebd., S. 389, 393. 7 Ebd., S. 395, 397. 8 GA 73.2, S. 1330. 9 GA 24, S. 22. 10 GA 73.2, S. 1330f. 11 GA 81, S. 302. 12 GA 73.2, S. 1475, 1480. 13 GA 81, S. 347f. 14 Ebd., S. 352. 15 Ebd., S. 300, 399. 16 Ebd., S. 43. 17 GA 15, S. 406. 18

GA 81, S. 302. 19 Ebd., S. 348, 45. 20 BW Bodmershof, S. 134. 21 Zitiert nach Antonia Grunenberg: Hannah Arendt und Martin Heidegger. Geschichte einer Liebe. München 2008, S. 404ff., 448. 22 BW Arendt, S. 259. 23 BW Bodmershof, S. 152.

42. Kapitel Die Kastanie

1 GA 13, S. 243. 2 Emmanuel Levinas: Heidegger, Gagarin und wir. In: ders.: Schwierige Freiheit. Versuch über das Judentum. Übersetzt von Eva Moldenhauer. Frankfurt am Main 1992, S. 175f. 3 GA 20, S. 316. 4 GA 67, S. 253. 5 BW Elfride, S. 381. 6 Ernst Nolte: Heidegger. Politik und Geschichte im Leben und Denken. Berlin/Frankfurt am Main 1992, S. 275. 7 GA 81, S. 323, S. 40. 8 BW Welte, S. 42. 9 Ebd., S. 148, 45. 10 GA 97, S. 159. 11 GA 4, S. 114. 12 GA 7, S. 185. 13 BW Welte, S. 126. 14 GA 5, S. 267. 15 BW Welte, S. 126. 16 Ebd., S. 127. 17 Benjamin, Gesammelte Schriften II, S. 892ff. 18 BW Welte, S. 126f. 19 GA 16, S. 749. 20 Ebd. 21 Aus dem Gedicht «Versöhnender, der du Nimmergeglaubt». 22 GA 16, S. 749ff. 23 BW Bodmershof, S. 123. 24 Ebd., S. 143. 25 Ebd., S. 150, 151. 26 GA 16, S. 751. 27 GA 97, S. 30. 28 Ebd., S. 168. 29 GA 62, S. 386. 30 BW Elfride, S. 381. 31 Zitiert nach Petzet, Auf einen Stern zugehen, S. 234. Les Alyscampes ist eine antike Nekropole in der Provence. Den Maler Julius Bissier hatte Heidegger schon im Ersten Weltkrieg bei der Postüberwachungsstelle kennengelernt. 32 GA 7, S. 151. 33 Die Erde, GA 13, S. 24. 34 BW Arendt, S. 95. 35 GA 81, S. 22. 36 BW Elfride, S. 65. 37 BW Eltern, S. 66. 38 Hoseki Shinichi Hisamatsu: Begegnung in Wien. In: Neske, Erinnerung an Martin Heidegger, S. 218.

Epilog

1 Zitiert nach Walter Biemel: Entretien de 6 Decembre 1999. In: Janicaud, Heidegger en France II, S. 41: «Il suivait aussi Derrida et, à mon avis, il se réjouissait de voir cela.» 2 Janicaud, Heidegger en France II, S. 209. 3 BW Arendt, S. 90f.

Siglen

BW Arendt: Hannah Arendt, Martin Heidegger: Briefe 1925 bis 1975 und andere Zeugnisse. Hrsg. von Ursula Ludz. Frankfurt am Main 2013.

BW Blochmann: Martin Heidegger, Elisabeth Blochmann: Briefwechsel 1918–1969. Hrsg. von Joachim W. Storck. Marbach am Neckar 1990.

BW Bodmershof: Martin Heidegger, Imma von Bodmershof: Briefwechsel 1959–1976. Hrsg. von Bruno Pieger. Stuttgart 2000.

BW Elfride: «Mein liebes Seelchen!». Briefe Martin Heideggers an seine Frau Elfride 1915–1970. Ausgewählt und kommentiert von Gertrud Heidegger mit einem Nachwort von Hermann Heidegger. München 2005.

BW Eltern: Martin Heidegger: Briefwechsel mit seinen Eltern (1907–1927) und Briefe an seine Schwester (1921–1967). Hrsg. von Jörg Heidegger und Alfred Denker. Freiburg im Breisgau 2013.

BW Ficker: Martin Heidegger, Ludwig von Ficker: Briefwechsel 1952–1967. Hrsg. von Matthias Flatscher. Stuttgart 2004.

BW Fritz: Heidegger und der Antisemitismus. Positionen im Widerstreit. Mit Briefen von Martin und Fritz Heidegger. Hrsg. von Walter Homolka und Arnulf Heidegger. Freiburg im Breisgau 2016.

BW Jaspers: Martin Heidegger, Karl Jaspers: Briefwechsel 1920–1963. Hrsg. von Walter Biemel und Hans Saner. Frankfurt am Main 1990.

BW Jünger: Ernst Jünger, Martin Heidegger. Briefwechsel 1949–1975. Unter Mitarbeit von Simone Maier hrsg. und kommentiert von Günter Figal. Stuttgart 2008.

BW Kästner: Martin Heidegger, Erhart Kästner: Briefwechsel 1953–1974. Hrsg. von Heinrich W. Petzet. Frankfurt am Main 1986.

BW Löwith: Martin Heidegger, Karl Löwith: Briefwechsel 1919–1973. Hrsg. von Alfred Denker. Freiburg im Breisgau 2016.

BW Müller: Heidegger, Martin: Briefe an Max Müller und andere Dokumente. Hrsg. von Holger Zaborowski und Anton Bösl. Freiburg im Breisgau/München 2004.

BW Rickert: Martin Heidegger, Heinrich Rickert: Briefwechsel 1912 bis 1933 und andere Dokumente. Hrsg. von Alfred Denker. Frankfurt am Main 2002.

BW Welte: Martin Heidegger, Bernhard Welte: Briefe und Begegnungen. Hrsg. von Alfred Denker und Holger Zaborowski. Stuttgart 2003.

GA: Martin Heidegger: Gesamtausgabe. Frankfurt am Main 1975ff.

Übersicht Gesamtausgabe (GA)

I. Abteilung: Veröffentlichte Schriften 1910–1976

1 Frühe Schriften (1912–1916)
2 Sein und Zeit (1927)
3 Kant und das Problem der Metaphysik (1929)
4 Erläuterungen zu Hölderlins Dichtung (1936–1968)
5 Holzwege (1935–1946)
6.1 Nietzsche I (1936–1939)
6.2 Nietzsche II (1939–1946)
7 Vorträge und Aufsätze (1936–1953)
8 Was heißt Denken? (1951–1952)
9 Wegmarken (1919–1961)
10 Der Satz vom Grund (1955–1956)
11 Identität und Differenz (1955–1957)

12 Unterwegs zur Sprache (1950–1959)
13 Aus der Erfahrung des Denkens (1910–1976)
14 Zur Sache des Denkens (1962–1964)
15 Seminare (1951–1973)
16 Reden und andere Zeugnisse eines Lebensweges (1910–1976)

II. Abteilung: Vorlesungen 1919–1944

Marburger Vorlesungen 1923–1928

17 Einführung in die phänomenologische Forschung
18 Grundbegriffe der aristotelischen Philosophie
19 Platon: Sophistes
20 Prolegomena zur Geschichte des Zeitbegriffs
21 Logik. Die Frage nach der Wahrheit
22 Die Grundbegriffe der antiken Philosophie
23 Geschichte der Philosophie von Thomas von Aquin bis Kant
24 Die Grundprobleme der Phänomenologie
25 Phänomenologische Interpretation von Kants Kritik der reinen Vernunft
26 Metaphysische Anfangsgründe der Logik im Ausgang von Leibniz

Freiburger Vorlesungen 1928–1944

27 Einleitung in die Philosophie
28 Der deutsche Idealismus (Fichte, Schelling, Hegel)
29/30 Die Grundbegriffe der Metaphysik. Welt – Endlichkeit – Einsamkeit
31 Vom Wesen der menschlichen Freiheit. Einleitung in die Philosophie
32 Hegels Phänomenologie des Geistes
33 Aristoteles, Metaphysik IX, 1–3. Von Wesen und Wirklichkeit der Kraft
34 Vom Wesen der Wahrheit. Zu Platons Höhlengleichnis und Theätet
35 Der Anfang der abendländischen Philosophie

36/37 Sein und Wahrheit

38 A Logik als die Frage nach dem Wesen der Sprache (Neuedition nach dem Originalmanuskript)

39 Hölderlins Hymnen «Germanien» und «Der Rhein»

40 Einführung in die Metaphysik

41 Die Frage nach dem Ding

42 Schelling: Vom Wesen der menschlichen Freiheit

43 Nietzsche: Der Wille zur Macht als Kunst

44 Nietzsches metaphysische Grundstellung im abendländischen Denken

45 Grundfragen der Philosophie. Ausgewählte «Probleme» der «Logik»

46 Zur Auslegung von Nietzsches II. Unzeitgemäßer Betrachtung

47 Nietzsches Lehre vom Willen zur Macht als Erkenntnis

48 Nietzsche: Der europäische Nihilismus

49 Die Metaphysik des deutschen Idealismus

50 Nietzsches Metaphysik/Einleitung in die Philosophie

51 Grundbegriffe

52 Hölderlins Hymne «Andenken»

53 Hölderlins Hymne «Der Ister»

54 Parmenides

55 Heraklit

Frühe Freiburger Vorlesungen 1919–1923

56/57 Zur Bestimmung der Philosophie

58 Grundprobleme der Phänomenologie

59 Phänomenologie der Anschauung und des Ausdrucks

60 Phänomenologie des religiösen Lebens

61 Phänomenologische Interpretationen zu Aristoteles

62 Phänomenologische Interpretationen ausgewählter Abhandlungen des Aristoteles zu Ontologie und Logik

63 Ontologie. Hermeneutik der Faktizität

III. Abteilung: Unveröffentlichte Abhandlungen

Vorträge – Gedachtes

64 Der Begriff der Zeit (1924)
65 Beiträge zur Philosophie (Vom Ereignis) (1936–1938)
66 Besinnung (1938/39)
67 Metaphysik und Nihilismus
68 Hegel
69 Die Geschichte des Seyns
70 Über den Anfang
71 Das Ereignis
72 Die Stege des Anfangs (1944)
73 Zum Ereignis-Denken
74 Zum Wesen der Sprache und Zur Frage nach der Kunst
75 Zu Hölderlin – Griechenlandreisen
76 Leitgedanken zur Entstehung der Metaphysik ...
77 Feldweg-Gespräche (1944/45)
78 Der Spruch des Anaximander
79 Bremer und Freiburger Vorträge
80.1 Vorträge 1915 bis 1932
80.2 Vorträge 1935 bis 1967
81 Gedachtes

IV. Abteilung: Hinweise und Aufzeichnungen

82 Zu eigenen Veröffentlichungen
83 Seminare: Platon – Aristoteles – Augustinus
84 Seminare: Kant – Leibniz – Schiller
85 Seminar: Vom Wesen der Sprache
86 Seminare: Hegel – Schelling
87 Nietzsche: Seminare 1937 und 1944

88 Seminare: 1. Die metaphysischen Grundstellungen des abendländischen Denkens. 2. Einübung in das philosophische Denken
89 Zollikoner Seminare
90 Zu Ernst Jünger
91 Ergänzungen und Denksplitter
92 Ausgewählte Briefe 1
93 Ausgewählte Briefe 2
94 Überlegungen II–VI
95 Überlegungen VII–XI
96 Überlegungen XII–XV
97 Anmerkungen I–V
98 Anmerkungen VI–IX
99 Vier Hefte I und II
100 Vigiliae und Notturno
101 Winke I, II
102 Vorläufiges I–IV

Ergänzend

Martin Heidegger: Phänomenologische Interpretationen zu Aristoteles (Anzeige der hermeneutischen Situation). Mit einem Essay von Hans-Georg Gadamer. Hrsg. von Günther Neumann. Frankfurt am Main 2013.

Martin Heidegger: Vier Seminare. Le Thor (1966/1968/1969) – Zährungen (1973). Frankfurt 1977.

Weitere Literatur

Adorno, Theodor W.: Keine Angst vor dem Elfenbeinturm. In: Der Spiegel, 5. Mai 1969.

Adorno, Theodor W.: Minima Moralia. Reflexionen aus dem beschädigten

Leben. Gesammelte Schriften. Band 4. Hrsg. von Rolf Tiedemann unter Mitwirkung von Gretel Adorno, Susann Buck-Morss und Klaus Schultz. Frankfurt am Main 2003.

Adorno, Theodor W.: Negative Dialektik. Jargon der Eigentlichkeit. Gesammelte Schriften. Band 6. Hrsg. von Rolf Tiedemann unter Mitwirkung von Gretel Adorno, Susann Buck-Morss und Klaus Schultz. Frankfurt am Main 1970.

Adorno, Theodor W.: Über Walter Benjamin. Frankfurt am Main 1970.

Adorno, Theodor W.: Parataxis. Zur späten Lyrik Hölderlins. In: ders.: Gesammelte Schriften. Band 11: Noten zur Literatur. Hrsg. von Rolf Tiedemann unter Mitwirkung von Gretel Adorno, Susann Buck-Morss und Klaus Schultz. Frankfurt am Main 1974.

Anders, Günther: Die Antiquiertheit des Menschen. Über die Seele im Zeitalter der zweiten industriellen Revolution. München 1956.

Anders, Günther: Die Kirschenschlacht. Dialoge mit Hannah Arendt und ein akademisches Nachwort. München 2012.

Anders, Günther: Nihilismus und Existenz. In: Die Stockholmer Neue Rundschau. Auswahl. Frankfurt am Main 1949.

Anders, Günther: Über Heidegger. Hrsg. von Gerhard Oberschlick. München 2001.

Anteile. Martin Heidegger zum 60. Geburtstag. Frankfurt am Main 1950.

Arendt, Hannah, Günther Anders: Schreib doch mal hard facts über Dich. Briefe 1939 bis 1975, Texte und Dokumente. Hrsg. von Kerstin Putz. München 2016.

Arendt, Hannah: Der Liebesbegriff bei Augustin. Versuch einer philosophischen Interpretation. Hrsg. von Frauke A. Kurbacher. Hamburg 2018.

Arendt, Hannah, Heinrich Blücher: Briefe 1936–1968. Hrsg. von Lotte Köhler. München 1996.

Arendt, Hannah, Kurt Blumenfeld: In keinem Besitz verwurzelt. Die Korrespondenz. Hrsg. von Ingeborg Nordmann und Iris Pilling. Hamburg 1995.

Arendt, Hannah, Karl Jaspers: Briefwechsel 1926–1969. Hrsg. von Lotte Köhler und Hans Saner. München 1993.

Arendt, Hannah: Benjamin/Brecht. Zwei Essays. München 1971.

Arendt, Hannah: Denktagebuch 1950–1973. Erster Band. Hrsg. von Ursula Ludz und Ingeborg Nordmann. München/Berlin/Zürich 2016.

Arendt, Hannah: Elemente und Ursprünge totaler Herrschaft. Antisemitismus, Imperialismus, totale Herrschaft. München 2005.

Arendt, Hannah: Totalitarianism. Part three of The Origins of Totalitarianism. New York/London 1951.

Arendt, Hannah: Vom Leben des Geistes. Band I: Das Denken. München/Zürich 1989.

Arendt, Hannah: Vor Antisemitismus ist man nur noch auf dem Monde sicher. Beiträge für die deutsch-jüdische Emigrantenzeitung «Aufbau» 1941–1945. München 2019.

Arendt, Hannah: Wahrheit, Macht, Moral. München 2006.

Arendt, Hannah: Was ist Existenz-Philosophie? Meisenheim 1990.

Aristoteles: Metaphysik. Schriften zur Ersten Philosophie. Hrsg. von Franz F. Schwarz. Stuttgart 1991.

Baumann, Gerhart: Erinnerungen an Paul Celan. Frankfurt am Main 1992.

Beauvoir, Simone de: Der Lauf der Dinge. Reinbek bei Hamburg 1976.

Beauvoir, Simone de: Die Zeremonie des Abschieds und Gespräche mit Jean-Paul Sartre. August–September 1974. Übersetzt von Uli Aumüller und Eva Moldenhauer. Reinbek bei Hamburg 1986.

Benjamin, Walter: Gesammelte Briefe. Hrsg. vom Theodor-W.-Adorno-Archiv, Christoph Gödde und Henri Lonitz. Frankfurt 1995–2000.

Benjamin, Walter: Gesammelte Schriften. Band I: Abhandlungen. Unter Mitwirkung von Theodor W. Adorno und Gershom Scholem hrsg. von Rolf Tiedemann und Hermann Schweppenhäuser. Frankfurt am Main 1974.

Benjamin, Walter: Gesammelte Schriften. Band II: Aufsätze, Essays, Vorträge. Hrsg. von Hermann Schweppenhäuser und Rolf Tiedemann. Frankfurt am Main 1977.

Benjamin, Walter: Gesammelte Schriften. Band III. Kritiken und Rezensionen. Hrsg. von Hella Tiedemann-Bartels. Frankfurt am Main 1971.

Benjamin, Walter: Gesammelte Schriften. Band IV: Kleine Prosa. Baudelaire-Übertragungen. Hrsg. von Tillman Rexroth, Hermann Schweppenhäuser und Rolf Tiedemann. Frankfurt am Main 1972.

Beschlüsse der ersten Synode der Altkatholiken des deutschen Reiches. Bonn 1875.

Biemel, Walter: Martin Heidegger in Selbstzeugnissen und Bilddokumenten. Reinbek bei Hamburg 1973.

Blasius, Dirk: Weimars Ende. Bürgerkrieg und Politik 1930–1933. Göttingen 2005.

Bloch, Ernst: Erbschaft dieser Zeit. Frankfurt 1973.

Bohnenkamp, Klaus: Rudolf Kassner und Martin Buber. Eine fast vergessene Beziehung. In: Hofmannsthal-Jahrbuch zur europäischen Moderne. Band 28. Baden-Baden 2020.

Bollack, Jean: Vor dem Gericht der Toten. Paul Celans Begegnung mit Martin Heidegger und ihre Bedeutung. In: Neue Rundschau 109, Jg. 1998, Heft 1.

Brecht, Bertolt: Ausgewählte Werke in sechs Bänden. Band 3: Gedichte I. Frankfurt am Main 1997.

Brecht, Franz Josef: Heidegger und Jaspers. Die beiden Grundformen der Existenzphilosophie. Wuppertal 1948.

Büchin, Elsbeth, Alfred Denker: Martin Heidegger und seine Heimat. Stuttgart 2005.

Buggeln, Marc, Michael Wildt: Arbeit im Nationalsozialismus. www.geschichte.hu-berlin.de/de/bereiche-und-lehrstuehle/dtge-e20jhd/dokumente/publikationen/publikationen-buggeln/Buggeln_Wildt_Einleitung.pdf.

Caputo, John D.: The Mystical Element in Heidegger's Thought. New York 1986.

Carnap, Rudolf: Mein Weg in die Philosophie. Hrsg. von Willy Hochkeppel. Stuttgart 1999.

Carnap, Rudolf: Scheinprobleme in der Philosophie. Das Fremdpsychische und der Realismusstreit. Frankfurt am Main 1971.
Cassirer, Ernst: Philosophie der symbolischen Formen. Erster Teil: Die Sprache. Zweiter Teil: Das mythische Denken. Dritter Teil: Phänomenologie der Erkenntnis. Darmstadt 1973.
Cassirer, Ernst: Substanzbegriff und Funktionsbegriff. Untersuchungen über die Grundfragen der Erkenntniskritik. Darmstadt 1969.
Celan, Paul: Der Meridian. Endfassung, Entwürfe, Materialien. Hrsg. von Bernhard Böschenstein u.a. Frankfurt am Main 1999.
Celan, Paul: Ein Lied in der Wüste. In: ders.: Mohn und Gedächtnis. Hrsg. von Jan Bürger. München 2012.
Celan, Paul: Lichtzwang. Vorstufen, Textgenese, Endfassung. Hrsg. von Markus Heilmann u.a. Frankfurt am Main 2008.
Damböck, Christian: Der Wiener Kreis. Ausgewählte Texte. Stuttgart 2013.
Davis, Martin: The Universal Computer. The Road from Leibniz to Turing. New York 2000.
Denker, Alfred (Hrsg.): Heidegger und die Anfänge seines Denkens. Heidegger-Jahrbuch 1. München 2004.
Denker, Alfred, Holger Zaborowski (Hrsg.): Zur Hermeneutik der «Schwarzen Hefte». Heidegger-Jahrbuch 11. München 2017.
Derrida, Jacques: Vom Geist. Heidegger und die Frage. Frankfurt am Main 1992.
Droste, Magdalena: Ambitionen und Ambivalenzen. Oskar Schlemmer 1933/34. In: Wolfgang Ruppert: Künstler im Nationalsozialismus. Die «deutsche» Kunst, die Kunstpolitik und die Berliner Kunsthochschule. Köln 2015.
Eilenberger, Wolfram: Zeit der Zauberer. Das große Jahrzehnt der Philosophie 1919–1929. Stuttgart 2018.
Eyck, Erich: Geschichte der Weimarer Republik. Band 2. Erlenbach-Zürich 1956.
Farias, Victor: Heidegger und der Nationalsozialismus. Mit einem Vorwort von Jürgen Habermas. Frankfurt 1989.

Fischer, Norbert, Friedrich Wilhelm von Herrmann: Heidegger und die christliche Tradition. Annäherung an ein schwieriges Thema. Hamburg 2007.

Friedmann, Michael: Carnap, Cassirer, Heidegger. Geteilte Wege. Frankfurt am Main 2004.

Gadamer, Hans-Georg, Silvio Vietta: Im Gespräch. München 2002.

Gadamer, Hans-Georg: Philosophische Lehrjahre. Frankfurt am Main 2012.

Gadamer, Hans-Georg: Wahrheit und Methode. Grundzüge einer philosophischen Hermeneutik. Gesammelte Werke. Band 1: Hermeneutik I. Tübingen 1986.

Gebsattel, Viktor Emil von: Prolegomena einer medizinischen Anthropologie. Berlin/Göttingen/Heidelberg 1954.

Geier, Manfred: Martin Heidegger. Reinbek bei Hamburg 2005.

Gillies, Donald: Logicism and the Development of Computer Science. In: A. C. Kakas, F. Sadri (Hrsg.): Computational Logic. Logic Programming and Beyond. Lecture Notes in Computer Science, Berlin/Heidelberg 2002.

Grass, Günter: Hundejahre. Reinbek bei Hamburg 1968.

Grondin, Jean: Heidegger und Augustin. Zur hermeneutischen Wahrheit. http://mapageweb.umontreal.ca/grondinj/pdf/heidegger_augustinus.pdf.

Grosser, Florian: Revolution denken. Heidegger und das Politische 1919–1969. München 2011.

Grosz, George: Ein kleines Ja und ein großes Nein. Sein Leben von ihm selbst erzählt. Hamburg 1955.

Grunenberg, Antonia: Hannah Arendt und Martin Heidegger. Geschichte einer Liebe. München 2008.

Gumbrecht, Hans Ulrich: In 1926. Living at the Edge of Time. Harvard 1998. (Deutsch: 1926. Ein Jahr am Rand der Zeit. Frankfurt am Main 2001.)

Gundolf, Friedrich, Erich von Kahler: Briefwechsel 1910–1931. Mit Auszügen aus dem Briefwechsel Friedrich Gundolf – Fine von Kahler. Hrsg. von Klaus Pott. Göttingen 2012.

Günther, Agnes: Die Heilige und ihr Narr. Stuttgart 1923.
Habermas, Jürgen: Philosophisch-politische Profile. Frankfurt am Main 1992.
Hachmeister, Lutz: Heideggers Testament. Der Philosoph, der Spiegel und die SS. Berlin 2014.
Hagedorn, Volker: Unheimliches Abendland. Der Fall Eggebrecht. In: Die Zeit, 17. Dezember 2009.
Heidegger, Arnulf: Zur Entstehungsgeschichte der Gesamtausgabe von Martin Heidegger. In: Seefahrten des Denkens. Dietmar Koch zum 60. Geburtstag. Hrsg. von Alina Noveanu, Julia Pfefferkorn und Antonino Spinelli. Tübingen 2017.
Heidegger, Hermann, Iris Radisch: «Er war ein lieber Vater». In: Die Zeit, 6. März 2014.
Herrmann, Friedrich Wilhelm von, Francesco Alfieri: Martin Heidegger. Die Wahrheit über die Schwarzen Hefte. Berlin 2017.
Hillgruber, Andreas: Die Zerstörung Europas. Beiträge zur Weltkriegsepoche 1914 bis 1945. Berlin 1997.
Hofmannsthal, Hugo von: Südfranzösische Eindrücke. In: ders.: Erzählungen, Reisen. Hrsg. von Lorenz Jäger. Frankfurt 1999.
Homer: Odyssee. Übersetzt von Rudolf Alexander Schröder. Berlin 1948.
Homolka, Walter, Arnulf Heidegger (Hrsg.): Heidegger und der Antisemitismus. Positionen im Widerstreit. Mit Briefen von Martin und Fritz Heidegger. Freiburg 2016.
Husserl, Edmund: Logische Untersuchungen I. Prolegomena zur reinen Logik. Tübingen 1968.
Husserl, Edmund: Logische Untersuchungen II/1. Untersuchungen zur Phänomenologie und Theorie der Erkenntnis. Tübingen 1968.
Husserl, Edmund: Logische Untersuchungen II/2. Elemente einer phänomenologischen Aufklärung der Erkenntnis. Tübingen 1968.
Husserl, Edmund: Ideen zu einer reinen Phänomenologie und phänomenologischen Philosophie. Erstes Buch: Einführung in die reine Phänomenologie. Tübingen 2002.

Husserl, Edmund: Nachwort zu meinen «Ideen zu einer reinen Phänomenologie und phänomenologischen Philosophie». In: Jahrbuch für Philosophie und phänomenologische Forschung. Band 11. Halle 1930.
Husserl, Edmund: Philosophie als strenge Wissenschaft. Hrsg. von Wilhelm Szilasi. Frankfurt am Main 1971.
Jäger, Lorenz: In keinem Besitz verwurzelt. Politik als Beruf und Abenteuer. Hannah Arendt und Kurt Blumenfeld in ihren Briefen: Vereint, doch auf getrennten Wegen. In: Frankfurter Allgemeine Zeitung, 24. Mai 1995.
Jäger, Lorenz: Unterschied. Widerspruch. Krieg. Zur politischen Theologie jüdischer Intellektueller. Wien 2015.
Janicaud, Dominique (Hrsg.): Heidegger en France. Band 2: Entretiens. Paris 2001.
Jansen, Peter-Erwin (Hrsg.): Befreiung denken – Ein politischer Imperativ. Ein Materialienband zu Herbert Marcuse. Offenbach 2000.
Janssen-Jurreit, Marielouise: Sexismus. Die Abtreibung der Frauenfrage. Frankfurt 1976.
Jarausch, Konrad H.: Students, Society and Politics in Imperial Germany. The Rise of Academic Illiberalism. Princeton, NJ 1982.
Jaspers, Karl: Mein Weg zur Philosophie. In: ders.: Wahrheit und Bewährung. Philosophieren für die Praxis. München 1983.
Jaspers, Karl: Schicksal und Wille. Autobiographische Schriften. Hrsg. von Hans Saner. München 1967.
Jaspers, Karl: Die Schuldfrage. Von der politischen Haftung Deutschlands. München 1996.
Jaspers, Karl: Notizen zu Martin Heidegger. Hrsg. von Hans Saner. München 1978.
Jaspers, Karl: Psychologie der Weltanschauungen. Berlin 1919.
Jaspers, Karl: Wohin treibt die Bundesrepublik? Tatsachen. Gefahren. Chancen. München 1966.
Jonas, Hans: Entschlossenheit ohne Verantwortung. Begegnung und Bruch mit Heidegger. Gespräch mit Andreas Isenschmidt. In: ders.: Fatalis-

mus wäre Todsünde. Gespräche über Ethik und Mitverantwortung im dritten Jahrtausend. Hrsg. von Dietrich Böhler. Münster 2005.
Jonas, Hans: Erinnerungen. Nach Gesprächen mit Rachel Salamander. Hrsg. von Christian Wiese. Frankfurt 2003.
Jonas, Hans: Wissenschaft als persönliches Erlebnis. Göttingen 1987.
Jünger, Ernst: Der Arbeiter. Herrschaft und Gestalt. Stuttgart 2013.
Kállai, Ernst: Zehn Jahre Bauhaus. In: Die Weltbühne, Heft 4, 21. Januar 1930.
Kant, Immanuel: Prolegomena zu einer jeden künftigen Metaphysik, die als Wissenschaft wird auftreten können. Hamburg 1957.
Kant, Immanuel: Logik. In: Immanuel Kants Werke. Band 8. Hrsg. von Ernst Cassirer. Berlin 1923.
Kaube, Jürgen: Denkende Pferde, denkt an die Leser! In: Frankfurter Allgemeine Zeitung, 8. August 2005.
Kempowski, Walter: Echolot. Ein kollektives Tagebuch. 4 Bände. München 1997.
Köhn, Eckhardt: Trachtenhermeneutik. Fragen zu Heideggers Anzug in den Marburger Jahren. In: Merkur – Zeitschrift für europäisches Denken, Heft 10, Oktober 2020, S. 93–98.
Kommerell, Max: Briefe und Aufzeichnungen 1919–1944. Hrsg. von Inge Jens. Olten 1967.
Kommerell, Max: Die Dichtung in freien Rhythmen und die Religiosität der Dichter. In: ders.: Gedanken über Gedichte. Frankfurt am Main 1995.
Kracauer, Siegfried: Das Ornament der Masse. Essays. Frankfurt 1963.
Krois, John Michael: Ernst Cassirer 1874–1945. Eine Kurzbiographie. https://agora.sub.uni-hamburg.de//subcass/kurzbiographie.pdf.
Kuna, Edwin, Hannelore Kuna: Erster Weltkrieg – Kriegssplitter aus Berlin in Wort und Bild. Grambin 2019.
Kunisch, Hans-Peter: Todtnauberg. Die Geschichte von Martin Heidegger, Paul Celan und ihrer unmöglichen Begegnung. München 2020.
Lacan, Jacques: Freuds technische Schriften. Das Seminar. Buch I. Weinheim 1990.

Lacan, Jacques: Le Séminaire. Livre I: Les écrits techniques de Freud. Livre III: Les Psychoses. Paris 1975/1981.
Lenin, Wladimir Iljitsch: Was tun? Brennende Fragen unserer Bewegung. In: ders.: Werke. Band 5. Berlin 1963.
Lenz-Medoc, Paulus: Max Scheler und die französische Philosophie. In: Philosophisches Jahrbuch 61, 1951.
Levinas, Emmanuel: Heidegger, Gagarin und wir. In: ders.: Schwierige Freiheit. Versuch über das Judentum. Übersetzt von Eva Moldenhauer. Frankfurt am Main 1992.
Löwith, Karl: Das Individuum in der Rolle des Mitmenschen. Ein Beitrag zur anthropologischen Grundlegung der ethischen Probleme. Hrsg. von Giovanni Tidona. Freiburg im Breisgau 2013.
Löwith, Karl: Der japanische Geist. Mit einem Vorwort von Lorenz Jäger. Berlin 2013.
Löwith, Karl: Gott, Mensch und Welt in der Metaphysik von Descartes bis zu Nietzsche. Göttingen 1967.
Löwith, Karl: Heidegger. Denker in dürftiger Zeit. Sämtliche Schriften. Band 8. Heidelberg 1984.
Löwith, Karl: Mein Leben in Deutschland vor und nach 1933. Ein Bericht. Hrsg. von Frank-Rutger Hausmann. Stuttgart 2007.
Löwith, Karl: Wissen, Glaube und Skepsis. Göttingen 1956.
Lukàcs, Georg: Die Seele und die Formen. Essays. Neuwied 1971.
Lukàcs, Georg: Heidegger redivivus. In: ders.: Existenzialismus und Marxismus. Berlin 1951.
Mann, Thomas: Deutsche Ansprache. In: ders.: Ein Appell an die Vernunft. Essays. Band 3. Frankfurt 1994.
Marcuse, Herbert: Beiträge zu einer Phänomenologie des Historischen Materialismus. In: Herbert Marcuse, Alfred Schmidt: Existenzialistische Marx-Interpretation. Frankfurt am Main 1973.
Marcuse, Herbert: Der eindimensionale Mensch. Studien zur Ideologie der fortgeschrittenen Industriegesellschaft. Neuwied/Berlin 1972.
Marcuse, Herbert: Der Kampf gegen den Liberalismus in der totalitären

Staatsauffassung. In: Zeitschrift für Sozialforschung, Jg. 3, Genf 1934.
Marcuse, Herbert: Die Studentenbewegung und ihre Folgen. Nachgelassene Schriften. Band 4. Hrsg. von Peter-Erwin Jansen. Springe 2004.
Marcuse, Herbert: Hegels Ontologie und die Theorie der Geschichtlichkeit. Frankfurt 1968.
Marcuse, Herbert: Ideengeschichtlicher Teil. In: Studien über Autorität und Familie. Forschungsberichte aus dem Institut für Sozialforschung. Paris 1936.
Marcuse, Herbert: Triebstruktur und Gesellschaft. Ein philosophischer Beitrag zu Sigmund Freud. Frankfurt 1968.
Martin Heidegger – ein Unzeitgemäßer und seine Zeit. SWR 1976. https://www.youtube.com/watch?v=K-BCjJfKxu8.
Matussek, Paul: Analytische Psychosentherapie. Band 2. Heidelberg 1997.
Mehring, Reinhard: Heideggers «große Politik». Die semantische Revolution der Gesamtausgabe. Tübingen 2016.
Merleau-Ponty, Maurice: Phänomenologie der Wahrnehmung. Übersetzt und eingeführt von Rudolf Boehm. Berlin 1966.
Michelstaedter, Carlo: Überzeugung und Rhetorik. Aus dem Italienischen übersetzt und herausgegeben von Sabine Mainberger und Federico Gerratana. Frankfurt 1999.
Minder, Robert: Dichter in der Gesellschaft. Erfahrungen mit deutscher und französischer Literatur. Frankfurt 1966.
Musial, Bogdan: «Konterrevolutionäre Elemente sind zu erschießen». Die Brutalisierung des deutsch-sowjetischen Krieges im Sommer 1941. Berlin 2000.
Neske, Günther (Hrsg.): Martin Heidegger im Gespräch. Pfullingen 1988.
Neske, Günther (Hrsg.): Erinnerung an Martin Heidegger. Pfullingen 1977.
Nestle, Wilhelm: Die Vorsokratiker. Jena 1922.
Neumann, Gerhard: Selbstversuch. Freiburg im Breisgau 2018.

Nolte, Ernst: Der junge Student und der berühmte Professor. Erinnerungen an Martin Heidegger aus dem letzten Kriegsjahr 1944/45. In: Tumult – Zeitschrift für Konsensstörung, Herbst 2015.

Nolte, Ernst: Heidegger. Politik und Geschichte im Leben und Denken. Berlin/Frankfurt am Main 1992.

Ott, Hugo: Martin Heidegger, Unterwegs zu seiner Biographie. Frankfurt 1988.

Ott, Hugo: Martin Heidegger schreibt an Jean-Paul Sartre. In: Perspektiven der Philosophie 20 (1994).

Otto, Rudolf: Das Heilige. Über das Irrationale in der Idee des Göttlichen und sein Verhältnis zum Rationalen. München 1970,

Ozouf, Mona: La Fête révolutionnaire. 1789–1799. Paris 1976.

Petzet, Heinrich W.: Auf einen Stern zugehen. Begegnungen und Gespräche mit Martin Heidegger 1929 bis 1976. Frankfurt am Main 1983.

Platon: Phaidros, Parmenides, Theaitetos, Sophistes. Sämtliche Werke. Band 4. Reinbek bei Hamburg 1964.

Pöggeler, Otto (Hrsg.): Heidegger. Perspektiven zur Deutung seines Werkes. Königstein im Taunus 1984.

Pöggeler, Otto: Der Denkweg Martin Heideggers. Pfullingen 1963.

Pöggeler, Otto: Heideggers Begegnung mit Paul Celan. In: Disputatio philosophica. International Journal on Philosophy and Religion, Band 1, Heft 1, 1999.

Radisch, Iris: Camus – Das Ideal der Einfachheit. Eine Biographie. Reinbek bei Hamburg 2014.

Rees, Martin J.: Unsere Nachfahren werden Maschinen sein. Der Händedruck zwischen Mensch und E. T. findet wohl niemals statt. Die Zukunft gehört anorganischen Lebensformen. In: Neue Zürcher Zeitung, 21. Oktober 2017.

Reichert, Klaus: Paul Celan. Erinnerungen und Briefe. Berlin 2020.

Resweber, Jean-Paul: De la traduction à l'interprétation. In: Le Portique, Band 31, 2013.

Ricœur, Paul: Das Selbst als ein Anderer. München 2005.

Rilke, Rainer Maria: Die Sonette an Orpheus. In: ders.: Die Gedichtzyklen. Hrsg. von Beda Allemann. Frankfurt am Main 1966.

Ringer, Fritz K.: Die Gelehrten. Der Niedergang der deutschen Mandarine 1890–1933. München 1987.

Rohkrämer, Thomas: Martin Heidegger. Eine politische Biographie. Paderborn 2020.

Rosenthal, Jacob: «Die Ehre des jüdischen Soldaten». Die Judenzählung im Ersten Weltkrieg und ihre Folgen. Frankfurt am Main 2007.

Rosenzweig, Franz: Der Stern der Erlösung. Frankfurt 1921.

Safranski, Rüdiger: Ein Meister aus Deutschland. Heidegger und seine Zeit. Frankfurt am Main 2001.

Sartre, Jean-Paul: Das Sein und das Nichts. Versuch einer phänomenologischen Ontologie. Übersetzt und hrsg. von Traugott König. Reinbek bei Hamburg 1993.

Sartre, Jean-Paul: Der Existentialismus ist ein Humanismus und andere philosophische Essays 1943–1948. Übersetzt von Werner Bökenkamp u.a. Reinbek bei Hamburg 2000.

Sartre, Jean-Paul: Krieg im Frieden 1: Aufrufe, Artikel, Pamphlete 1948–1954. Hrsg. von Traugott König, übersetzt von Eva Moldenhauer. Reinbek bei Hamburg 1982.

Sartre, Jean-Paul: Porträts und Perspektiven. Reinbek bei Hamburg 1971.

Scheerbart, Paul: Glasarchitektur. Berlin 1914.

Schmitt, Axel: Der kleine M. im roten Samt. Eva D. Becker wirft in der Zeitschrift «Exil» einen Blick auf das Verhältnis von Elisabeth Blochmann und Martin Heidegger. In: Literaturkritik.de, 6. Juni 2004.

Schmitt, Carl: Der Führer schützt das Recht. Zur Reichstagsrede Adolf Hitlers vom 13. Juli 1934. In: Deutsche Juristen-Zeitung 39 (1934), S. 946f.

Schmitz-Berning, Cornelia: Vokabular des Nationalsozialismus. Berlin 2007.

Schönherr-Mann, Hans-Martin: Hannah Arendt. Wahrheit, Macht, Moral. München 2006.

Schumann, Karl: Husserl-Chronik. Denk- und Lebensweg Edmund Husserls. Den Haag 1977.

Storck, Joachim W. (Hrsg.): Max Kommerell 1902–1944. Marbacher Magazin 34, Marbach 1985.

Thomä, Dieter (Hrsg.): Heidegger-Handbuch. Stuttgart 2013.

Towarnicki, Frédéric de: À la rencontre de Heidegger. Souvenirs d'un messager de la Forêt-Noire. Paris 1993.

Towarnicki, Frédéric de: Martin Heidegger. Souvenirs et Chroniques. Paris 1999.

Trawny, Peter: Heidegger und der Mythos der jüdischen Weltverschwörung. Frankfurt 2015.

Trawny, Peter: Heidegger. Eine kritische Einführung. Frankfurt am Main 2016.

Trawny, Peter: Heidegger-Fragmente. Eine philosophische Biographie. Frankfurt 2018.

Tugendhat, Ernst: Der Wahrheitsbegriff bei Husserl und Heidegger. Berlin 1984.

Vetter, Helmuth: Grundriss Heidegger. Ein Handbuch zu Leben und Werk. Hamburg 2014.

Vietta, Silvio: «Etwas rast um den Erdball ...» Martin Heidegger. Ambivalente Existenz und Globalisierungskritik. Paderborn 2015.

Walter, Simon J.: Kein Sonderweg des deutschen Zionismus. Die «arabische Frage» in der Jüdischen Rundschau. Düsseldorf 2019. https://docserv.uni-duesseldorf.de/servlets/DerivateServlet/Derivate-52990/WALTER2019.pdf.

Walter-Busch, Emil: Geschichte der Frankfurter Schule. Kritische Theorie und Politik. München 2010.

Walther, Gerda: Zum anderen Ufer. Vom Marxismus und Atheismus zum Christentum. Remagen 1960.

Weber, Max: Wirtschaft und Gesellschaft. Grundriss der verstehenden Soziologie. Hrsg. von Johannes Winckelmann. Tübingen 2002.

Weber, Max: Wissenschaft als Beruf. Eine Debatte. Hrsg. von Matthias Bormuth. Berlin 2017.

Webster, Jamieson: Riding Cars with Jacques Lacan. In: The New York Review of Books, 21. August 2021. www.nybooks.com/daily/2019/08/21/riding-in-cars-with-jacques-lacan/.

«Wir vom Archiv». Fundstücke aus der Handschriftensammlung des Deutschen Literaturarchivs in Marbach. Mit Vorbemerkungen von Lorenz Jäger und Ulrich Ott. Marbach 1997.

Zaborowski, Holger: Eine Frage von Irre und Schuld? Martin Heidegger und der Nationalsozialismus. Frankfurt am Main 2010.

Zimmermann, Hans Dieter: Martin und Fritz Heidegger. Philosophie und Fastnacht. München 2005.

Zupko, Jack: Thomas of Erfurt. plato.stanford.edu/entries/erfurt/.

DANK

Danken möchte ich meiner Frau Sophie. Sodann all den Menschen und Institutionen, die mir in den vergangenen Jahren Forschungs- und Diskussionsmöglichkeiten eröffneten, aber auch manchen, deren einfache Präsenz mich förderte: Tilman Allert, dem Archiv der Akademie der Künste in Berlin, Gudrun Borggreve, Matthias Bormuth, Bazon Brock, Hans Ulrich Gumbrecht, Friederike Haupt, Arnulf Heidegger, Carin Jaichner, Peter-Erwin Jansen, Vittorio Klostermann, Joe Paul Kroll, Thomas Kuzias, Hannah Lühmann, Thomas Regehly, Andreas Rötzer, der Stanford University, Peter Trawny und Sibylle Wagner. Dankbar erinnere ich mich der verstorbenen Professoren Dietmar Kamper und Heinz Maus, die 1977/78 in Marburg über meine ersten unbeholfenen Versuche, mir auf Heidegger einen Reim zu machen, ihre schützende Hand hielten. Schließlich: Peter Sloterdijks Essay-Band «Nicht gerettet. Versuche nach Heidegger» hätte ich schon 2001 in der ersten Auflage und nicht erst 2019 in der zweiten lesen sollen.

S. 19: Staatsarchiv des Kantons Thurgau / StATG 9'46, 3.0.17 / S. 21, 33, 45: Arnulf Heidegger / S. 49: ullstein bild / S. 73: Arnulf Heidegger / S. 80: akg-images / Estate of George Grosz, Princeton, N.J. / VG-Bildkunst, Bonn 2021 / S. 89: Arnulf Heidegger / S. 107: Deutsches Literaturarchiv Marbach / S. 120: bpk / Bildarchiv Foto Marburg / S. 135: bpk / Digne Meller Marcovicz / S. 141: Digne Meller Marcovicz / Deutsches Literaturarchiv Marbach / S. 151: Arnulf Heidegger / S. 153: Deutsches Literaturarchiv Marbach / S. 158: picture-alliance / dpa / DB / S. 165: akg-images / S. 181: Courtesy of the Hannah Arendt Bluecher Literary Trust / Art Resource, NY / S. 202: https://medium.com/@anthonyjwallace/trendy-fads-and-irrational-deci sions-an-age-old-curse-of-the-human-mind-d2406b2c3096 / S. 225: Privatarchiv Dr. H. Ritter, Dokumentationsbibliothek Davos / S. 229: Deutsches Literaturarchiv Marbach / S. 246: akg-images / S. 260: Peter und Harold Marcuse / Peter-Erwin Jansen / S. 270: Nachlass Constantin von Dietze / Universitätsarchiv Freiburg / S. 275: Stadtarchiv Freiburg / S. 279: Deutsches Literaturarchiv Marbach / S. 282: picture-alliance / akg-images / S. 297: akg-images / S. 312: https://de.wikipedia.org/wiki/Rudolf_Carnap; Lizenz: CC BY-SA 4.0 / S. 325: bpk / IMEC, Fonds MCC / Gisèle Freund / S. 332: Courtesy of the Leo Baeck Institute, New York / S. 343: Deutsches Literaturarchiv Marbach / S. 355: bpk / DR / adoc-photos / S. 377: Stadtarchiv Freiburg / S. 394: Arnulf Heidegger / S. 405: getty images / Lipnitzki / S. 419: akg-images / S. 432: Deutsches Literaturarchiv Marbach / S. 450: bpk / Bayerische Staatsbibliothek / Felicitas Timpe / S. 457: Schnell / Deutsches Literaturarchiv Marbach / S. 460: Arnulf Heidegger / S. 462: Jacques-Alain Miller / S. 467: François Fédier / S. 479, 486: bpk / Digne Meller Marcovicz / S. 490: getty images / Jean-Regis Roustan / S. 503: picture alliance / Rolf Haid | Rolf Haid / S. 509: getty images / Fred Stein Archive / S. 511: Hannah Arendt / Deutsches Literaturarchiv Marbach / S. 530: bpk / Digne Meller Marcovicz / S. 548: bpk / Digne Meller Marcovicz